Jahrbuch Junger Zivilrechtswissenschaftler 2004

Europäisches Privatrecht

Jahrbuch
Junger Zivilrechtswissenschaftler
2004

Europäisches Privatrecht
Über die Verknüpfung von nationalem und Gemeinschaftsrecht

Göttinger Tagung
8. bis 11. September 2004

Für die Gesellschaft Junger Zivilrechtswissenschaftler e. V.

herausgegeben von

Andrea Tietze, Mary-Rose McGuire, Christian Bendel,
Lorenz Kähler, Nicole Nickel, Barbara Reich, Kathrin Sachse,
Eileen Wehling

RICHARD BOORBERG VERLAG
Stuttgart · München · Hannover · Berlin · Weimar · Dresden

Zitierweise: Jb.J.ZivRWiss. 2004, S. ...

> *Bibliografische Information Der Deutschen Bibliothek*
>
> Die Deutsche Bibliothek verzeichnet diese Publikation
> in der Deutschen Nationalbibliografie; detaillierte
> bibliografische Daten sind im Internet über
> **http://dnb.ddb.de** abrufbar.

ISBN 3-415-03573-5

© Richard Boorberg Verlag GmbH & Co KG, 2005
www.boorberg.de

Gesamtherstellung: Laupp & Göbel GmbH, Nehren
Papier: säurefrei, aus chlorfrei gebleichtem Zellstoff hergestellt;
    alterungsbeständig im Sinne von DIN-ISO 9706.

Vorwort

Der vorliegende Band dokumentiert die Beiträge der 15. Jahrestagung der Gesellschaft Junger Zivilrechtswissenschaftler, die vom 8.-11. September 2004 an der Georg-August-Universität Göttingen stattfand. Die Veranstaltung stand unter dem Generalthema ‚Europäisches Privatrecht: Über die Verknüpfung von nationalem und Gemeinschaftsrecht'.

Der Einfluss des Gemeinschaftsrechts war bereits mehrfach Gegenstand von Tagungen der Gesellschaft Junger Zivilrechtswissenschaftler. Anlass für die (neuerliche) Wahl des Themas war die zwischenzeitliche Entwicklung, die einen quantitativen und qualitativen Fortschritt des gemeinschaftsrechtlichen Normenbestands mit sich gebracht hat. Während die Europäische Gemeinschaft seit Anfang der achtziger Jahre punktuell gesellschaftliche Probleme geregelt hat, wie beispielsweise durch die Produkthaftungs- und Verbraucherkreditrichtlinie, ist heute das Ziel einer umfassenden europäischen Kodifikation in greifbare Nähe gerückt. So wurde infolge des Wiener Aktionsplans durch zahlreiche Verordnungen und Richtlinien ein Binnenmarktprozessrecht geschaffen. Schließlich zeigen die Mitteilung der Kommission an den Rat und das Europäische Parlament über ein Europäisches Vertragsrecht 2001 sowie der Aktionsplan für ein kohärenteres Europäisches Vertragsrecht 2003, dass auch im Bereich des materiellen Rechts eine vergleichbare Regelungsdichte angestrebt wird.

Diese neue Qualität des Gemeinschaftsprivatrechts, seine Umsetzung in das nationale Recht und die Frage nach der Verknüpfung zwischen diesen unterschiedlichen Rechtsmaterien stellt eine Herausforderung an die nationalen Rechtsordnungen und damit zugleich an die Rechtswissenschaft dar. Die Göttinger Tagung versteht sich als Diskussionsbeitrag zu den dadurch aufgeworfenen Fragen: Neben dem Zusammenspiel von europäischem und nationalem Recht standen vor allem der Aktionsplan und die Bestrebung der Europäischen Kommission, einen ‚Gemeinsamen Referenzrahmen' zu schaffen, aber auch einzelne Rechtsakte auf dem Gebiet des Privat- und Verfahrensrechts sowie Entscheidungen des EuGH im Zentrum der Göttinger Tagung. Die Beiträge und Diskussionen waren dabei nicht primär der Erörterung bzw. Kritik des Istzustandes, sondern der Auslotung von Chancen und Grenzen der Weiterentwicklung des Gemeinschaftsprivatrechts gewidmet. Auch die ersten Entwürfe zur Vereinheitlichung des Vertragsrechts, wie beispielsweise die Principles of European Contract Law oder die Vorarbeiten der Study Group on a European Civil Code, waren Gegenstand der Diskussion. Die Auseinandersetzung um das richtige Maß und eine angemessene Methode der Vereinheitlichung zogen sich wie ein roter Faden durch die Beiträge aus allen Teildisziplinen des Privatrechts.

Für die freundliche Begrüßung der Tagungsteilnehmer an der Universität Göttingen möchten wir uns bei dem Präsidenten der Georg-August-Universität Göttingen, Prof. Dr. *Horst Kern*, und dem Studiendekan der Juristischen Fakultät, Prof. Dr. *Joachim Münch*, bedanken.

Prof. Dr. *Uwe Diederichsen* danken wir herzlich für seinen Eröffnungsvortrag, den Referentinnen und Referenten für ihre Beiträge sowie den Teilnehmerinnen und Teilnehmern für ihre rege Beteiligung an den anspruchsvollen Diskussionen. Unser Dank gilt nicht zuletzt allen Teilnehmern, deren Beiträge wir aufgrund der Vielzahl der Einsendungen leider nicht berücksichtigen konnten, die aber die Diskussion durch ihre Teilnahme vertieft und belebt haben.

Dank schulden wir außerdem allen, die sich für die Organisation der Tagung begeistern ließen und die durch ihren großen Einsatz den entsprechenden Rahmen für die Tagung geschaffen haben, nicht zuletzt den Hilfskräften für ihren Beitrag zum reibungslosen Ablauf der Tagung. Dieser Dank geht auch an *Christine Trotzky*, die die Drucklegung des Tagungsbandes betreut hat.

Die Tagung wurde großzügig unterstützt vom Verlag C. H. Beck, von der Hanns Martin Schleyer-Stiftung im Rahmen der Förderinitiative ‚Interdisziplinäre Dozenten-Kolloquien', von Freshfields Bruckhaus Deringer Rechtsanwälte, dem Juristischen Seminar der Georg-August-Universität Göttingen sowie vom RWS-Verlag und der Deutschen Notarrechtlichen Vereinigung. Für die gewährte Förderung möchten wir uns außerdem bedanken bei: Carl Heymanns Verlag, C.F. Müller Verlag, Gieseking Verlag, Luchterhand Verlag, MANZ Verlag, MLP Göttingen III, Mohr Siebeck Verlag, Sellier.European Law Publishers, der Sparkasse Göttingen und der Stadt Göttingen; bei Schulthess Juristische Medien, dem Neuen Wissenschaftlichen Verlag, dem Nomos Verlag und Lexis Nexis ARD Orac für Sachspenden. Für die teils langjährige Unterstützung der Vereinigung sei allen im Namen der Gesellschaft Junger Zivilrechtswissenschaftler gedankt. Unser Dank gilt darüber hinaus insbesondere dem Verlag Richard Boorberg für das Verlegen des Tagungsbandes und namentlich Dr. *Arnd-Christian Kulow* für die tatkräftige Unterstützung, ohne die die Ausrichtung der Göttinger Tagung nicht möglich gewesen wäre.

Die nächste Jahrestagung der Gesellschaft Junger Zivilrechtswissenschaftler wird vom 14. bis 17. September 2005 in Bremen, die 17. Jahrestagung 2006 voraussichtlich in Leipzig stattfinden.

Göttingen, im Januar 2005

Andrea Tietze
Mary-Rose McGuire

Inhaltsverzeichnis

Uwe Diederichsen
Mein Europa 9

Kristina Riedl
Vom Unsinn wissenschaftlicher Kodifikationsprojekte 31

Inge Kroppenberg
Amnesie und Autorität – Potenzial und Grenzen des rechtshistorischen
Beitrags zu einem europäischen Privatrecht im Europa
der Kodifikationen 61

Michael Stürner
Common Law, Civil Law und Europäisches Privatrecht – zur
Angleichung methodischer Ansätze in den Gemeinschaftsrechtsordnungen .. 79

Mel Kenny
Der Igel und der Fuchs: Die engen Parameter des *Ius Commune*-Ansatzes 99

Michael Hassemer
Zwingendes europäisches Privatrecht: Zivilrecht ohne Vertragsfreiheit? 121

Matthias Weller
Zwingendes babylonisches Privatrecht – ein Kommentar 145

Aurelia Ciacchi
Der Aktionsplan der Europäischen Kommission für ein kohärenteres Vertragsrecht: Wo bleibt die Rückbindung an die Europäische Verfassung? 151

Gralf-Peter Calliess
Europäisches Vertragsrecht: Falsche Fronten und neue Perspektiven 173

Matthias Leistner
Verbraucherschutz oder Recht des unlauteren Wettbewerbs? Die
aktuellen Initiativen der Europäischen Kommission auf dem Feld der
unlauteren Geschäftspraktiken 185

Ilka Klöckner
Möglichkeit und Grenzen einer grenzüberschreitenden europäischen
Präjudizienbindung zur Absicherung einer einheitlichen
Auslegung des angeglichenen Privatrechts 231

Katarina Röpke/Klaus Heine
Zur Rolle supranationaler Gesellschaftsformen im Regulierungswettbewerb
– eine juristische und ökonomische Betrachtung 265

Georg Bitter
Niederlassungsfreiheit für Kapitalgesellschaften in Europa:
Gläubigerschutz in Gefahr? 299

Stefan J. Geibel
Auf dem Weg zu einem europäischen Recht der Kreditsicherheiten? 335

Jakob Fortunat Stagl
Der Eigentumsübergang beim Kauf beweglicher Sachen – Gedanken
über die Methode der Rechtsvereinheitlichung am Beispiel
der Study Group on a European Civil Code 369

Robert Freitag
Vertrauen ist gut, Kontrolle ist besser: Positive Kompetenzkonflikte
im Europäischen Zuständigkeits- und Anerkennungsrecht
de lege lata und *de lege* ferenda 399

Verzeichnis der Autoren und Herausgeber 435

Mein Europa*)

Uwe Diederichsen

I.

Eines der zahlreichen Bücher zur Geschichte Europas beginnt mit dem Satz: "Europa ist nicht nur ein Kontinent, sondern auch eine Idee"[1]. Ein Erdteil also wie Asien, Afrika, Amerika oder Australien? Im Gegensatz zu diesen fehlt Europa von seiner Gestalt her ganz und gar eine sinnfällige Abgrenzung zu Asien. Was sind schon der Ural als Gebirgszug und als Fluß, die beiden Binnenmeere Kaspisches und Asowsches Meer mit der Manytsch-Niederung dazwischen und das Schwarze Meer im Vergleich zu Atlantik und Pazifischem Ozean, die Amerika so sichtbar zum Kontinent machen? Nein, Europa ist geographisch kein eigenständiger Erdteil. Es ist – wie es im Brockhaus heißt – "ein Endland Asiens, mit dem es den Kontinent Eurasien bildet. Allein geschichtliche, wirtschaftliche und kulturelle Gründe rechtfertigen, Europa als selbständigen Erdteil aufzufassen"[2]. Nein, wir müssen unseren Anfangssatz umkehren: Europa ist kein Kontinent, sondern nur eine *Idee*!

Nach den Desastern der ersten Hälfte des 20. Jahrhunderts wurde in dessen zweiter Hälfte die "Idee Europa" schnell zum politischen Schlagwort. Damit war aber nur die Vereinigung der europäischen Staaten unter irgendeiner der hierfür staats- und völkerrechtlich in Betracht kommenden juristischen Katego-

---

*) Der folgende Beitrag gibt den auf der 15.Tagung der Gesellschaft Junger Zivilrechtswissenschaftler am 8.9.2004 in der Aula der Universität Göttingen gehaltenen Festvortrag wieder. Allerdings habe ich die literaturwissenschaftlich-juristische Analyse der Erzählungen verschiedener europäischer Autoren zum Motiv falscher Schmuckstücke aus Platzgründen hier weglassen müssen, dafür aber einige andere Stellen präzisiert.

[1] R Bartlett, *The Making of Europe. Conquest, Colonization and Cultural Change, 950-1350*, dt. Die Geburt Europas aus dem Geist der Gewalt. Eroberung, Kolonisierung und kultureller Wandel von 950 bis 1350 (1996), 11.

[2] Brockhaus, Enzyklopädie in 20 Bd., Bd. 5, (1968), 763.

rien gemeint: der EGKS-Vertrag, die EMRK, die EWG, EVG, EG und EU[3]. Das waren und sind dann aber doch zugleich auch immer wieder juristische Verkürzungen jener Idee, von der noch eben davor die Rede war[4], und wir – obwohl Juristen – könnten doch heute abend vielleicht einmal diesen engen Begriff der rechtlichen Einigung Europas und die damit zusammenhängenden Probleme hinter uns zurücklassen und uns auf das Meer jener weiten Idee von Europa hinauswagen[5].

Daß wir es bei der kulturellen Entfaltung des Anhängsels von Asien mit einer europäischen Sonderentwicklung zu tun haben, hat die Wissenschaft schon seit Jahrzehnten beschäftigt. Warum ist es gerade in diesem Raum zu der explosionsartigen Herrschaft der Technik und der darauf aufbauenden und sie selbst fortentwickelnden industriellen Revolution gekommen? Warum wechselten sich ausgerechnet in diesem Teil der Erde selbstquälerische Frömmigkeit und mönchische Askese ab mit sinnenfrohem Gottvertrauen und höchstem Kunstverstand? Warum hat sich gerade hier neben tiefer Religiosität eine extrem rational eingestellte Wissenschaft ausgebildet? Warum konnten sich hier Kapitalismus und Kolonialismus entwickeln? Warum wurden gerade hier parlamentarisch-demokratische Systeme begründet?[6]

Weiß eigentlich jeder, daß es eine Initiative von fünf Verlegern unterschiedlicher Sprache und Nationalität gibt, die in München, Oxford, Barcelona, Rom

---

[3] Vgl. zur historischen Entwicklung der europäischen Integration *W. Hakenberg*, Grundzüge des Europäischen Gemeinschaftsrechts, 3. Aufl. (2003), 1 ff.

[4] Wie sehr diese Idee (neben der wissenschaftlich-historischen Aufgabe herauszufinden, was eigentlich alles zu Europa gehört) in der Zeit des Kalten Kriegs und des Eisernen Vorhangs auch einen politischen Gestaltungsauftrag enthielt, wurde unserer Generation besonders klargemacht durch *O. Halecki*, The Limits and Divisions of European History (1950), dt. Europa. Grenzen und Gliederung seiner Geschichte (1957). Die Grundthese des Buches war die, daß Osteuropa nicht weniger europäisch sei als Westeuropa. Davor jedenfalls liegt die Verdrängung aus dem Mittelmeerraum durch die Ausdehnung des Islam und die mit dem Reich Karls d. Gr. sichtbarlich abgeschlossene Verlagerung dessen, was Europa bedeutete, in den nordwestlichen Raum des heutigen Europa (vgl. dazu *E. Kornemann*, Weltgeschichte des Mittelmeerraumes (1967); vgl. u. Fn. 64).

[5] Wer sich eine Vorstellung von den Ideen und Menschen machen will, die von der Physik bis zum Theater das moderne Denken geprägt haben, sollte sich mit dem 1097 Seiten umfassenden, ebenso belehrenden wie spannend geschriebenen Buch von *P. Watson*, A Terrible Beauty (2000), dt. Das Lächeln der Medusa (2001), beschäftigen.

[6] Vgl. *M. Mitterauer*, Warum Europa? Mittelalterliche Grundlagen eines Sonderwegs, 3. Aufl. (2004). Eine Gegeninterpretation unternimmt etwa der spanische Historiker *J. F. Làzaro*, Europa ante el Espejo (1994), dt. Europa im Spiegel. Eine krit. Revision der europäischen Geschichte (1995). – Zur Entwicklung von Europas Selbstverständnis gehören auch die vielen Umwege und ideologischen Zerrbilder (vgl. etwa das seinerzeit viel gelesene Buch von *Ph. Hiltebrandt*, Ideen und Mächte. Der Aufstieg des Abendlandes seit dem Untergang der antiken Welt (1937), 19 ff., mit seinem obskuren und ganz unreflektierten Rassebegriff). Nichts macht einen so anfällig dafür, selbst einer Ideologie aufzusitzen, wie die Arroganz gegenüber anderen Ideologien.

und Paris eine Reihe mit dem Titel "Europa bauen" begründet haben? Der Herausgeber *Jacques Le Goff* beruft sich im Vorwort zu seinem Buch "Die Geburt Europas im Mittelalter" auf die Geschichte unseres zwischen Atlantik, Asien und Afrika gelegenen Europa und meint dann: "Auf dieses Vermächtnis, das seit der Antike, ja seit prähistorischer Zeit dieses Europa befähigt hat, gerade wegen seiner *Einheit und Vielfalt* einen solchen Reichtum an Kulturgut, eine solch *außergewöhnliche Kreativität* zu entfalten, muß sich die Zukunft stützen."[7]

Unsere Zukunft heute abend ist die vor uns liegende Stunde. Schon wegen der Kürze dieser Zeit kann es nicht darum gehen, alles aufzugreifen, was Europa zu dem erstaunlichen geistigen Kontinent gemacht hat, dessen Bewohner wir sind, aber wir wollen es uns auf dem Weg zu einer Vorstellung davon, was die Geistigkeit Europas ausmacht, auch nicht einfach machen. Einmal soll es darum gehen, gleichsam im Vorfeld juristisch-institutioneller Verfestigungen uns vor so einfachen Rechnungen zu bewahren, als seien das Phänomen und das Problem Europa schon durch das bloße Zusammenzählen von Nationen zu erklären und zu lösen[8]. *Zum andern* wollen wir uns vergegenwärtigen, wie in der Entstehung der Einheit und der bunten Mannigfaltigkeit der Kultur das Recht geradezu archetypartige Bedeutung hatte[9]. Zu diesem Zweck kann man in direktem

---

[7] *J. Le Goff*, L'Europe est-elle née au Moyen Age? (2003), unter Hinzufügung der Hervorhebungen zit. nach der dt. Übersetzung, 2. Aufl. (2004), 7; vgl. bereits *C. Dawson*, The making of Europe (1936), dt. Die Gestaltung des Abendlandes (1950); *H. Dannenbauer*, Die Entstehung Europas, 2 Bde (1959/62); ferner *J. Fleckenstein*, Die Grundlegung der europäischen Einheit im Mittelalter, in: Ordnung und formende Kräfte des Mittelalters (1989), 127 ff. Die politische Forderung nach einer "Europäisierung des Geschichtsbildes" hatte *E. R. Curtius*, Europäische Literatur und lateinisches Mittelalter, 7. Aufl. (1969), 17, schon 1948 erhoben.

[8] Der Erkenntniswert einer diskursiven Geschichtsschreibung läßt sich in einem kurzen Vortrag nicht erreichen (vgl. etwa *M. Salewski*, Geschichte Europas. Staaten und Nationen von der Antike bis zur Gegenwart (2000)). Im übrigen empfinde ich es immer wieder als ein bestaunenswertes Phänomen, wieviel inhaltliche Übereinstimmungen es in der Vielfalt nationaler Unterschiedlichkeiten gab, etwa das Entstehen der bürgerlichen Familie und ihrer Ideale, Gleichartigkeit der Rechtsprobleme trotz größter Unterschiedlichkeit der Rechtsordnungen usw. (vgl. vor allem *M. Fuhrmann*, Bildung. Europas kulturelle Identität (2002); ferner *W. Reinhard*, Lebensformen Europas. Eine historische Kulturanthropologie (2004)).

[9] Zu dem in vielfacher Bedeutung verwendeten Begriff des Archetypus (wörtl.: das zuerst Geprägte, die Urform) vgl. *J. Mittelstraß* (Hrsg.), Enzyklopädie Philosophie und Wissenschaftstheorie, 5 Bde. (1995), Sonderausgabe (2004), Bd. 1, 154 f. Nicht unähnlich den von *C. G. Jung* beschriebenen Urbildern scheint auch das Recht in seinen "juristischen" Strukturen und Inhalten dem kollektiven Unbewußten eingeschrieben und wird in der Geschichte der Menschheit zur sich immer wiederholenden Erfahrung (vgl. *C. G. Jung*, Über die Archetypen des kollektiven Unbewußten, in: *ders.*, Bewußtes und Unbewusstes (1960), 11 ff).

Zugriff auf das Recht und auf Europa europäische Rechtsgeschichte als Geschichte des Rechts in Europa betreiben[10].

Reizvoll ist es aber auch – und dies ist *schließlich* immer wieder "mein" Europa gewesen – auf dem Weg zu den Ursprüngen und dem Wesen Europas in der Fülle von Kulturerscheinungen die Aufmerksamkeit auch auf die Werke der Dichtung und auf andere Kulturerscheinungen zu richten, in denen Recht bisweilen bewußt reflektiert wird, oft jedoch eher auch nur assoziativ auftaucht. Das ist ganz unsicherer Boden, ja man kommt sich dabei bisweilen vor wie auf einer Fahrt über dunkles Meer, unter dessen Oberfläche es von Fischen und Untieren wimmelt. Man weiß, daß sie dort unten sind, und ist sich bei manchen Wesen, die man in der Tiefe unter sich herumhuschen sieht, dann zuweilen auch nicht ganz sicher, ob es sich um reale Kreaturen oder um bloße Bildungen unserer Phantasie handelt.

Sicher ist lediglich, daß innerhalb unserer Kultur das Recht keineswegs nur in seiner juristischen Form verhaltensregelnder, verbindlicher Rechtsnormen auftritt, sondern daß es sich in der Religion, in der Plastik und Malerei und besonders auch in der Literatur tausendfältig widerspiegelt bis hin zu der für einen Juristen ungewöhnlichen Erfahrung, dass die sich mit der so genannten Schönen Literatur beschäftigende Wissenschaft, aber etwa auch die Theologie, nur *hermeneutische Geschwister der Jurisprudenz* sind. Für diese Erkenntnis hat in der Moderne erst wieder *Hans-Georg Gadamer* in seinem berühmten Werk "Wahrheit und Methode" Verständnis erweckt[11]. Wir müssen uns hier im wesentlichen auf die Berücksichtigung von Literatur und Literaturwissenschaft beschränken, können so aber auch, wie ich hoffe, erkennen, wie nützlich im interdisziplinären Konzert die Jurisprudenz als Hilfswissenschaft sein kann, wie viel aber auch umgekehrt Literatur und Literaturwissenschaft zum Verständnis unserer Rechtsnormen beizutragen vermögen.

II.

Manche Menschen haben die Vorstellung, Europa müsse sich im Laufe der Zeit zu einer europäischen Nation entwickeln. Andere Staaten nutzen die Möglichkeit, um auf der Bühne, die Europa heute bietet, ihrem eigenen Nationalismus zu frönen. In der Tat ist Europa in der Neuzeit zu einem *Raum von Nationen* geworden. Aus dem jeweiligen Bewußtsein der politisch-kulturellen Eigenständigkeit, dem Nationalgefühl, entwickelte sich der im 19. Jahrhundert immer

---

10   So etwa das hinreißend materialreiche Buch von *H. Hattenhauer*, Europäische Rechtsgeschichte (1992), 4. Aufl. (2004) (hier zit. nach der 1. Aufl.).
11   Vgl. insoweit *H.-G. Gadamer*, Wahrheit und Methode (1960), 4. Aufl. (1975); s.a. J. *Mittelstraß*, (o. Fn. 9), Bd. 2, 85 ff. m.w.Nw.

stärker werdende Wille, dieser Zusammengehörigkeit vor allem anderen in der als Staat organisierten politischen Gemeinschaft einen nach innen bindenden und auch nach außen verbindlichen juristischen Ausdruck zu verleihen. England und Frankreich hatten das Glück, schon vor Entstehung des Nationalbewußtseins zum Einheitsstaat geworden zu sein. Diese Länder hatten damit bereits das juristische Kleid, in das sie nur hineinzuschlüpfen brauchten, als der Nationalismus für die Völker zum prägenden Bestandteil ihres verfassungspolitischen Selbstverständnisses wurde. Trotzdem ist von der ursprünglichen Idee Europas her die Nation in ihrer psychologischen Bedingtheit *nur eine ahistorische Verkürzung.*

Um sich zu verdeutlichen, wie vergleichsweise geringfügig das, was wir unter Europa verstehen, wenn wir an die Geschichte Europas insgesamt denken, mit Nation zu tun hat, braucht man nur an Epochen oder große historische Ereignisse zu denken, die sich attributiv mit bestimmten Nationen verbinden. Beispielsweise die "Italienische Renaissance": die damit bezeichnete verinnerlichende Aneignung der antiken Kultur im Quattro- und Cinquecento begann – soviel ist richtig – in Italien. Aber die Stadtstaaten von Florenz, Mailand oder Ferrara waren weit davon entfernt, die italienische Nation zu verkörpern. Und umgekehrt beschränkte sich der mit der Renaissance verbundene Kulturschub auch gar nicht auf Italien, sondern erfaßte binnen kurzem sämtliche Nachbarländer.

Oder nehmen wir die Französische Revolution. Ihre Bedeutung für den Gedankenhaushalt Europas kann gar nicht hoch genug eingeschätzt werden. Aber umgekehrt hat auch die Angst vor dem Terror, zu dem sie entartete und mit dem die von ihr begründeten Freiheitsrechte begriffsmäßig verbunden schienen, die europäischen Monarchien weit mehr als ein Jahrhundert lang geschützt und beispielsweise in Deutschland das Bürgertum auf lange Zeit zur politischen Unreife verdammt.

Europa – das ist die geschichtlich einzigartige Vorstellung von der Zusammengehörigkeit in der Vielfalt. Dieses Empfinden der Gemeinsamkeit entstand offenbar schon sehr früh und jedenfalls lange vor der Entwicklung kollektiver Nationalgefühle. Erstaunlich ist nur, *wie* früh dieses Bewußtsein, eine Einheit zu bilden, auch schon mit dem Wort "Europa" zum Ausdruck gebracht worden ist. So heißt es etwa in der Vita der *heiligen Gertrud,* der Tochter Pippins d.Ä. und Äbtissin des Klosters von Nivelles in Südbrabant, die im 7. Jahrhundert gelebt hat, sie sei "allen Bewohnern Europas wohlbekannt" gewesen[12].

---

12   Vgl. *Le Goff,* (o. Fn. 7), 38. Ein ähnliches Zeugnis findet sich in der Fortsetzung der Chronik Isidors von Sevilla, in der die Krieger Karl Martells, nachdem sie im Oktober 732 nach der sieben Tage dauernden Schlacht bei Poitiers die Araber zurückgeschlagen hatten und *in suas patrias* zurückkehrten, *Europenses* genannt werden (vgl. *Fleckenstein,* [o. Fn.7], 137).

Unter Europa – das sollten wir gerade wegen unserer säkularisierten Sicht der Dinge nicht vergessen – ist in diesen frühzeitigen Verwendungen als Gebietsbezeichnung das *christliche Abendland* zu verstehen. Welch motivierende und die europäischen zentrifugalen Energien gegebenenfalls aber auch bündelnde Kraft es – in uns noch greifbarer historischer Nähe – besaß, läßt sich etwa an der Abwehr der Türkengefahr Ende des 17. Jahrhunderts erkennen. Als die Türken im Jahre 1683 die Stadt Wien belagerten und damit die christlich-abendländische Kultur im Habsburger Reich in tödliche Bedrängnis geriet, da ist Wien – im Gegensatz zur Eroberung der oströmischen Kaiserstadt Konstantinopel durch den türkischen Sultan *Mehmed II.* mehr als zwei Jahrhunderte zuvor (1453)[13] – von einem europäischen Entsatzheer unter dem polnischen König *Jan Sobieski* gerettet worden[14].

Für dieses vor- und übernationale Gefühl der Völker, in Europa zusammenzugehören, lassen sich ganz unterschiedliche Phänomene als Beispiele anführen. Ich nenne als Spätformen etwa die heute noch lebendige Tradition des europäischen Hochadels, untereinander zu heiraten, oder jene edle, wie aus der Zeit des sich universal verstehenden mittelalterlichen Rittertums erhalten gebliebene Geste, daß im 1. Weltkrieg die Alliierten, nachdem sie *Manfred Frhr. von Richthofen*, den erfolgreichsten deutschen Jagdflieger, abgeschossen hatten, ihn am nächsten Tag mit allen militärischen Ehren bestatteten[15]. Demgegenüber hängt etwa die Internationalität der Wissenschaft in den Akademien und Universitäten zunächst mit der Universalität der Kirche, dann aber auch sehr schnell mit dem Wesen rationaler Forschung zusammen und wird deshalb – von nationalen Konflikten allenfalls unterbrochen – von der Zeit ihrer Entstehung im Mittelalter bzw. der frühen Neuzeit an bis in die Gegenwart gepflegt[16].

---

13 Vgl. *Salewski*, (o. Fn. 8), 533 ff.
14 Vgl. *Salewski*, (o. Fn. 8), 752 ff.
15 Vgl. *P. Kilduff, The Red Baron: beyond the legend* (1999); *E. Cichon*, Auf roten Schwingen. Das Fliegerleben des Manfred Freiherr von Richthofen (2000); *E. Rice*, Manfred von Richthofen (2003).
16 Der Schweizer *Leonhard Euler* (1707-83) studierte in Basel Theologie und Mathematik, wurde 1727 an die Petersburger Akademie berufen, ging 1741 an die Berliner Akademie und kehrte, nachdem er 1755 auch auswärtiges Mitglied der Pariser Akademie geworden war, 1766 nach Petersburg zurück. Der in der Nähe von Neapel geborene *Tomas von Aquin* (1225-1274) studierte bei *Albertus Magnus* in Köln und wurde Magister der Theologie in Paris, der italien. Staatstheoretiker *Marsilius von Padua* im Jahre 1313 Rektor der Pariser Universität. *Nikolaus Kopernikus* studierte in Krakau Mathematik und Astronomie, in Bologna weltliches und geistliches Recht und in Padua und Ferrara Medizin. Die Studentenschaften der einzelnen Universitäten waren so international, daß sie sich nach *nationes* gliederten (*R. A. Müller*, Geschichte der Universität (1990), 21 f.; *H. Grundmann*, Vom Ursprung der Universität im Mittelalter, 2. Aufl. (1964), 17 f.). Die Universitäten trugen als Institution darüber hinaus aber auch dazu bei, die Frage nach der sozialen Herkunft irrelevant sein zu lassen und Standesschranken zu überwinden (*Grundmann*, a.a.O., 19 f. und 22 ff.).

III.

Vollends relativiert sich der Nationalgedanke für das Verständnis von Europa, wenn wir den Zustand des Raums, um dessen Definition als Europa die heutige politische Diskussion kreist, in einem frühen Stadium betrachten, also etwa eine Karte, die uns eine Vorstellung davon gibt, welche Völker um das 6. Jahrhundert Europa und seine Umgebung bewohnten[17].

Damals war zum Beispiel das Gebiet der heutigen Türkei zentraler Bestandteil des oströmischen Reiches, in dem man durchweg altgriechisch sprach[18], während die Reichssprache Latein geblieben war, so daß auch der wichtigste Teil des von Kaiser *Justinian* geschaffenen Gesetzeswerks sich des Lateinischen bediente. Just hier und in diesen Jahren entstand nämlich das *Corpus Iuris Civilis*, in welchem man vielleicht nicht das beste, wohl aber, jedenfalls was die historische Wirkung anlangt, das bedeutendste Gesetzbuch der Rechtsgeschichte sehen muß[19] und – wenn diese wegen unseres metajuristischen Anliegens nur scheinbare Abschweifung gestattet ist – jedenfalls ein Gesetzbuch auch mit noch einer weiteren einzigartigen Besonderheit: Selbst die kürzeste Darstellung der Geschichte der römischen Literatur versäumt es nicht, neben Philosophen, Dichtern und Historikern wie Cicero, Horaz und Tacitus auch auf die Bedeutung des Corpus iuris für die allgemeine Geschichte der römischen Literatur hinzuweisen[20].

Die Vorfahren der heutigen Türken gehörten zu jener Zeit noch zu den turkmenischen Nomadenvölkern. Sie faßten erst fünfhundert Jahre später, zum Islam übergetreten und über den Irak kommend, in Ostanatolien Fuß, nachdem der Seldschukensultan Alp Arslan im Jahre 1071 in der Schlacht bei Manzikert den byzantinischen Kaiser Romanos IV. Diogenes vernichtend geschlagen und gefangen genommen hatte. Aber schon im Jahre 1080 erobern sie, von den byzantinischen Parteien in ihren Thronstreitigkeiten als Hilfstruppen sogar

---

17 Vgl. etwa *Meyers* Enzyklopädisches Lexikon in 25 Bden, Bd. 8 (1973), 312.
18 Vgl. *W. Schubart*, Justinian und Theodora (1943), 243 ff. sowie zum folgenden 75 ff.
19 Vgl. zur Entstehungsgeschichte des Corpus iuris: *M. Bretone*, Storia del Diritto Romano, 3. Aufl. (1989), dt. Geschichte des Römischen Rechts, 2. Aufl. (1998); zu seiner Bedeutung: *M. Fuhrmann*, Europas fremd gewordene Fundamente (1995), 107: "eines der zwölf wichtigsten Bücher der Welt"; *Hattenhauer*, (o. Fn. 10), 96 ff., ferner 178 und 254 ff.: "Siegeszug" auf dem Kontinent und "heiliges Buch" der Juristen; *H. Brandt*, FAZ vom 17.9.2004, Nr. 217, 41: Justinian als "Gründungsvater des neuzeitlichen europäischen Rechts". In der "Geistergeschichte" der Wiederbelebung eines längst gestorbenen Rechts hebt *W. Seagle* (The Quest for Law (1941), dt. Weltgeschichte des Rechts (1958), 250) das für die Geistesgeschichte vielleicht bedeutendste Moment hervor: nicht aus der Raison seiner Autorität sondern aus der Autorität seiner Raison habe es sich durchgesetzt (unter Berufung auf *M. Smith*, The Development of European Law (1928)): *non ratione imperii sed imperio rationis*.
20 Vgl. bspw. *K. Büchner*, Römische Literaturgeschichte, 5. Aufl. (1980), 544.

angeworben, Nicaea, Sommerresidenz der byzantinischen Kaiser und die Stadt, in der im Jahre 325 das Konzil stattgefunden hatte, auf dem das Nicänische Glaubensbekenntnis beschlossen worden war.

Doch zurück zu unserer Landkarte des 6. Jahrhunderts! An der Nord- und Westküste des Schwarzen Meeres saßen die Goten, nordwestlich der Krim die Ostgoten, die Westgoten oberhalb des Unterlaufs der Donau, von wo sie sich im Jahre 378 aufmachten, um – nach einer Wanderung um das halbe Mittelmeer herum – in Spanien ein Reich zu gründen, das bis 711 bestanden hat. Um 400 siedelten zwischen Weichsel und Oder noch die Wandalen; aber nachdem auch sie sich 406 aufgemacht hatten, zogen sie bis nach Nordafrika, wo ihre Herrschaft bis 534 dauerte. Das heutige Schleswig-Holstein und das nördliche Niedersachsen wurden von den Angeln und Sachsen bewohnt, bis diese auf den Gedanken kamen, im Jahre 449 als Angelsachsen den östlichen Teil von England zu besiedeln. Die Briten behielten zwar den Westen ihrer Insel, glichen den Landverlust aber dadurch aus, daß ein Teil von ihnen noch im selben Jahr nach Frankreich auswich: ihr seinerzeitiges "Britannia" heißt heute Bretagne.

Einen ähnlich kurzen, aber historisch noch viel bedeutsameren Ortswechsel nahmen die Franken vor, als sie sich aus dem Weser-Rhein-Raum nach Südwesten wandten und das weit über das Staatsgebiet der heute dort siedelnden *Grande Nation* hinausreichende Reich der Franken gründeten. Ja die Franzosen! Im Europa des späten 6. Jahrhunderts gab es sie so wenig, wie es Engländer, Spanier, Italiener, Holländer oder Deutsche in Europa gab. Stattdessen finden wir Reiche der Westgoten, der Franken, in Ober- und Mittelitalien der Langobarden, im Nordwesten der Iberischen Halbinsel das kleine Reich der Sweben und zwischen Weichsel und Donau das doch recht große Reich der Awaren.

Reiche entstanden und gingen wieder zugrunde in dieser Zeit oder wechselten den Herrscher. So eroberte Karl der Große 773/74 das Reich der Langobarden und setzte sich die langobardische Krone aufs Haupt. Auch ganze Völker gingen verloren. Zwischen 791 und 803 vernichtete Karl der Große das Reich der Awaren. In einer Urkunde aus dem Jahre 822 werden sie zuletzt erwähnt; dann sind sie, wie so viele andere Völker auch, spurlos aus der Geschichte verschwunden.

IV.

Als Volk wesentlich dauerhafter erwiesen sich dagegen die germanischen *Burgunder*. Auch im Sinne von Einheit, Vielfalt und Kreativität war ihr Schicksal augenscheinlich viel "europäischer"; und genau deshalb wollen wir unsere Aufmerksamkeit im folgenden einmal auf sie konzentrieren. Gegen 100 n.Chr. von Skandinavien aus über Bornholm losgewandert, hört man von ihnen im 2. Jahrhundert aus dem Gebiet zwischen Weichsel und Oder. Im 4. Jahrhundert reichte ihr Ausbreitungsbereich vom oberen Main bis zum Rhein und im Süden bis Schwäbisch Hall. Zwischen 406/407 wechselte das Volk über den Rhein, begab sich unter römische Oberherrschaft und ließ sich zwischen Mainz und Worms nieder.

Aber auch dort blieb es kaum länger als eine Generation, dann zog es weiter nach Norden in die römische Provinz Belgica. Hier bereitete ihnen *Flavius Aëtius*, der letzte große römische Feldherr, der mit allen Kräften den Zerfall des römischen Reiches aufzuhalten versuchte[21], zusammen mit den ihm damals noch verbündeten Hunnen[22], im Jahre 446 eine entsetzliche Niederlage, in welcher der burgundische König mit seiner ganzen Sippe den Tod fand. Die Reste des geschlagenen Volksstamms siedelte er als Föderaten am Westteil des Genfer Sees an[23]. Von dort aus haben die Burgunder dann jedoch mit einer erstaunlichen Regenerationskraft in den Wirren des untergehenden römischen Reiches ein neues, sich bis in das Rhônetal ausdehnendes Reich gegründet, dessen Hauptstadt Lyon wurde.

Bei Burgund noch einen Augenblick zu verweilen und es jetzt zum Paradigma für das ganze Europa zu machen, bietet sich deshalb an, weil es über mehrere Jahrhunderte unter den verschiedensten Aspekten Gestalt und Gestaltung des großen Europas im Kleinen vor- und durchgespielt hat.

Das gilt bereits dafür, daß sich mit Burgund nicht die Vorstellung eines festen geographischen Raumes verbindet, sondern eines historischen Gebildes von wechselnder Ausdehnung und vor allem auch mit wechselnden räumlichen Mittelpunkten[24]. Die Parallele zu Europa trifft aber natürlich vor allem auf den äußeren und inneren Reichtum zu, der sich von der Romanik und Gotik des 11.-13. Jahrhunderts dann vor allem unter den Großen Herzögen in den Lebens- und Geistesformen des 14. und 15. Jahrhunderts im Herzogtum Burgund (in Flandern und im Artois) entwickelte[25] und den der große niederländische Kul-

---

21 Vgl. *K.Rosen*, DieVölkerwanderung (2002), 70 f.
22 Erst fünf Jahre später, im Jahre 451, fand die Schlacht auf den Katalaunischen Feldern statt, in der er mit Hilfe der Westgoten, Alanen und Franken den großen Sieg über den Hunnenkönig Attila errang. Vgl. dazu *Salewski*, (o. Fn. 8, 242): "Das Zusammenstehen gegen Attila hat in der europäischen Geschichte zum ersten Mal ahnen lassen, daß die Nationen dieses Kontinents, wenn sie sich nur halbwegs einig waren, keinen außereuropäischen Gegner zu fürchten hatten."
23 Zu den Einzelheiten der Rechtsbedingungen, unter denen dies geschah, vgl. *H. Conrad*, Deutsche Rechtsgeschichte, Bd. I, 2. Aufl. (1962), 2. Teil 1. Abschn. 3. Kap., 62. Das Wichtigste war wohl die Aufteilung von Haus und Hof samt dem dazugehörigen Ackerland zwischen Burgundern und Römern, zunächst wohl im Verhältnis 1/3 zu 2/3, bei späteren Landnahmen je zur Hälfte (*Rosen*, [o. Fn. 21], 71).
24 Vgl. zu Europa bereits o. Fn. 4 sowie zu den geographischen Voraussetzungen und dem geschichtlichen Werden Burgunds *Th. Droste*, Burgund. Kernland des europäischen Mittelalters (1993), 11 ff.
25 Dazu *Droste*, (o. Fn. 24), 19 ff. und 171 ff.

turhistoriker *Johan Huizinga* als "Herbst des Mittelalters" so faszinierend geschildert hat[26]. Das alles dürfen wir an dieser Stelle freilich nur berühren. Darauf genauer einzugehen verbietet schon die Gerechtigkeit, weil wir auch andere Höhepunkte der europäischen Kulturgeschichte unerwähnt lassen müssen. Kehren wir also in das Jahrhundert zurück, in welchem die Entwicklung Burgunds für Europa typisch gewesen ist, und damit in jene Zeit, in welcher die Burgunder zwischen Genfer See und Rhône noch ein Volk der Germanen waren.

Denn hier am Anfang der Geschichte Europas geschieht geradezu lehrbuchhaft das, was die Mediävisten als typische Elemente für die Entwicklung eines einheitlichen europäischen Selbstverständnisses herausgearbeitet haben. Es sind vor allem *drei Phänomene*, für die man im übrigen fast alle anderen Germanenstämme genauso als Beispiele heranziehen könnte. Weshalb wir uns heute abend an die Burgunder halten wollen, geschieht wegen eines zusätzlichen vierten Phänomens.

V.

Das erste Phänomen betrifft die *Religion*. Wie die meisten christlich gewordenen Germanenstämme[27] waren die Burgunder zunächst Arianer[28]. *Aríus* hatte das Problem, wie der Monotheismus mit der Vorstellung von Gottvater und Gottes Sohn zu vereinbaren sei, dahin gelöst, daß er Christus die wahre Gottesnatur absprach und ihn nur für *gottähnlich* erklärte. Demgegenüber hatte sich das Konzil von Nizäa (325) zu der Lehre des *Athanasius* bekannt, daß Gottvater und Sohn *wesensgleich* seien[29]. Diese sog. *Homousie*[30] wurde unter Einbezie-

---

26 *J. Huizinga, Herfstij der Middeleeuwen* (1919=, dt.Herbst des Mittelalters (1924), hier zit. nach *K. Köster* (Hrsg.), 8. Aufl. (1961). Kaum ein anderes europäisches Land, geschweige denn Europa insgesamt, hat in der "Spannung des Lebens" (so die Überschrift des 1. Kap.) in einer solchen das ganze Leben mit so viel Kreativität und Intensität durchziehenden Vielfalt je wieder eine solche Einheit erreicht.

27 Vgl. *P. Brown*, Die Entstehung des christlichen Europa, dt. von *P. Hahlbrock* (1999), 95 ff.

28 Ursache waren weniger dogmatische Vorstellungen als die Tatsache, daß der gotische Bischof *Wulfila* († 383) dem arianischen Bekenntnis angehörte und mit seiner gotischen Bibelübersetzung, die auch eine eigene gotische Liturgie enthielt, das religiöse Leben der Ostgermanen bestimmte (vgl. *Conrad*, [o. Fn. 23], 1. Kap., 54).

29 Vgl. die nach wie vor lesenswerte Darstellung bei *E. Gibbon, The Decline and Fall of the Roman Empire, abridged version by D. A. Saunders* (1980), 387 ff. (Kap. XXI des Originals): *"From the age of Constantine to that of Clovis and Theodoric, the temporal interests both of the Romans and Barbarians were deeply involved in the theological disputes of Arianism."*

30 Von ὁμός (homós) = ebenderselbe, der gleiche und οὐσία (Usía) = das Sein, das Dasein.

hung des Heiligen Geistes zur Trinitätslehre weiterentwickelt und macht den Kern des noch heute als für die katholische und evangelische Kirche verbindlichen apostolischen Glaubensbekenntnisses aus[31].

Es erscheint geistesgeschichtlich als etwas Außerordentliches, daß die Burgunder wie die übrigen Germanen ihren Arianismus aufgegeben haben. Von den römischen Christen wäre er als heillose Häresie empfunden worden, weil für sie das mit dem Christentum verbundene Kernversprechen, die Erlösung des Menschen, davon abhing, daß auch Christus *Gott* und nicht nur ein Mensch war. Es scheint also, daß die Abwendung vom Arianismus dem künftigen Europa einen gefährlichen Bruch erspart hat[32]. Für uns Juristen ist daran jedoch noch zweierlei zusätzlich bemerkenswert:

Damals nämlich entschied sich Europa für die Glaubenseinheit, die aber mit der Trinitätsproblematik theologisch-dogmatisch eine sehr viel kompliziertere Lösung war und eine sehr viel stärkere geistige Herausforderung darstellte[33]. Das nächste Mal, in der Reformation, beschritt Europa in einer vergleichbaren Situation den über die Bartholomäusnacht in Frankreich bis zu den Greueln des 30jährigen Krieges in Deutschland reichenden und sich somit als wahrhaft mörderisch erweisenden anderen Weg der Vielfalt. Auf diesem erblühte dann freilich auf wunderbare Weise die Produktivität der verschiedenen Kulturen. Man denke nur an die letztlich der Gegenreformation zu verdankenden Wallfahrtskirchen des Rokoko in Süddeutschland oder an die kulturhistorisch segensreiche Rolle, welche die französischen Hugenotten in Deutschland gespielt haben.

Für unser Thema heute abend ist freilich sehr viel bedeutsamer, daß selbst diese scheinbar rein theologischen Fragestellungen nicht ohne juristischen Bezug sind, hat sich doch *die christliche Dogmatik essentiell über das römische Rechtsdenken entwickelt.*

So leitet sich, um das erste Beispiel zu nennen, der zentrale dogmatische Ausdruck für die christlichen Glaubensgeheimnisse und Gnadenmittel, die Sakramente, aus dem römischen Gerichtswesen her. *Sacramentum* war ursprünglich in dem als Wette angelegten Zivilprozeß die von den Parteien als Kaution hinterlegte Strafsumme oder das Haftgeld, das mit dem Verlust des Prozesses verwirkt war[34], und bedeutete später metonymisch dann auch gleich den Prozeß

---

31 Vgl. Nr. 804 des Evangelischen Gesangbuchs der Ausgabe für die Ev.-Lutherischen Kirchen in Niedersachsen usw. (1994).
32 So wörtlich *Le Goff*, (o. Fn. 7), 37.
33 Dieser innerkirchliche Konflikt hat die Kirchengeschichte sechshundert Jahre beschäftigt (*Salewski*, [o. Fn. 8], 231).
34 Vgl. *Kaser/Hackl*, Das römische Zivilprozeßrecht, 2. Aufl. (1996), § 12, 81 ff. Daß die hinterlegten "Wett"einsätze *sacramentum* hießen, hat dazu geführt, daß man sich den frühen Prozeß als Gottesurteil vorstellte (krit. allerdings *F. Wieacker*, Römische Rechts-
(Fortsetzung auf der nächsten Seite)

selbst[35]. Seinen eigentlichen Weg in die christliche Dogmatik hat das Wort *sacramentum* dann freilich über seine weitere Bedeutung als "Eid" gefunden, so daß aus der lateinischen weihevollen Verpflichtung (vor allem zum Kriegsdienst) das religiöse Geheimnis werden konnte[36].

Für das zweite Beispiel zur Priorität der Jurisprudenz bei der Entstehung theologischer und juristischer Begriffe müssen wir noch einmal auf die Dreieinigkeitslehre zurückkommen. Bei ihr geht es darum, Vater, Sohn und Heiligen Geist als drei *Personen* zu begreifen, zugleich aber das Christentum als monotheistische Religion aufrechtzuerhalten. Weder das Hebräische noch das Griechische des 1. Jahrhunderts hatten nun für das, was wir als Person bezeichnen, ein entsprechendes Wort. Unser Begriff der Person als Ausdruck für die Identität eines menschlichen Individuums entstand zuerst im römischen Recht[37]; erst von dort ist er in die Theologie gelangt[38].

---

geschichte, Erster Abschnitt (1988), § 13 I 4 b, 273 f., und § 15 I 3 b, 313, m.Nw.). Zum Verfahren im einzelnen *E. Sander*, in: Ziegler/Sontheimer (Hrsg.), Der kleine Pauly, Lexikon der Antike, 5 Bde., Bd. 4 (1972), Sp. 1489, *Sacramentum* unter 1.

35 Metonymie (Umbenennung) ist der übertragene Gebrauch eines Wortes für einen verwandten Begriff (z.B. "die Tassen" hereintragen statt "das Geschirr"). Hier im übrigen ein Beispiel dafür, daß die in der Literatur so bedeutsamen rhetorischen Figuren auch in der Rechtssprache eine Rolle spielen (vgl. dazu *Diederichsen*, Rechtswissenschaft und Rhetorik, in: Classen/Müllenbrock (Hrsg.), Die Macht des Wortes. Aspekte gegenwärtiger Rhetorikforschung (1992), 205 ff., 214 ff.).

36 Vgl. *Sander*, (o. Fn. 34), unter 2. und 3.

37 Entscheidend ist der mit der Person verknüpfte Begriff der Rechtsfähigkeit und daß etwa *Gaius* (*Institutionum commentarii quattuor*, hrsg. v. B. Kübler (1928), I.9 und IV.1-5) den Rechtsstoff einteilte in *personae*, *res* und *actiones* und bei letzteren wiederum die *actio in rem* von der *actio in personam* unterschied. Unter diesen Umständen fiel es nicht ins Gewicht, wenn der Ausdruck *persona* bei den Römern noch nicht zum juristischen Fachausdruck wurde, sondern daß man ihn unter Einbeziehung der (im übrigen nicht rechtsfähigen und daher juristisch wie Sachen behandelten) Sklaven bisweilen i.S. von "Mensch" verwendete (vgl. *Gaius*, Inst. I.9; *Ulpian*, Dig.50, 17, 22). Vgl. *M. Kaser*, Das römische Privatrecht, Erster Abschnitt, 2. Aufl. (1971), § 64, 270 f.; Zweiter Abschnitt, 2. Aufl. (1975), § 206, 112 f.; *Bund*, in: Der kleine Pauly (o. Fn. 34), Bd. 4 Sp. 657.

38 Vgl. *S. Schlossmann*, Persona und πρόσωπον im Recht und im christlichen Dogma (1906); *K. Aland*, Geschichte der Christenheit, Bd. 1 (1980); ferner *P. Weigandt*, Gott – Vater, Sohn und Heiliger Geist oder Von der Dreieinigkeit Gottes, zit. nach dem mir vom Verf. freundlicherweise zur Verfügung gestellten Vortragsmanuskript, 2002, 6 und 12.

VI.

Was für die Vereinheitlichung des religiösen Bekenntnisses galt, hat in Burgund aber auch für das allgemeine Verständigungsmittel, nämlich für seine *Sprache*, gegolten. Sie ist das zweite europäische Phänomen dieses Volkes, in Wirklichkeit aber wiederum nur Teil eines gesamteuropäischen Phänomens. Von der burgundischen Sprache, die dem Altnordischen nahe stand, sind nämlich nur wenige Reste erhalten geblieben: etwa das Runenalphabet als Zauber auf einer Gewandspange und über siebzig in der Landwirtschaft gebräuchliche burgundische Wörter, die noch in den frankoprovenzalischen Mundarten nachweisbar sind[39]. Der Grund dafür liegt darin, daß die Burgunder wie in der Religion so auch in ihrer Sprache sich rasch romanisiert haben.

Die *lateinische Sprache* setzte sich nicht nur am burgundischen Königshof sondern auch in den höheren Schichten des Volkes durch. Und Burgund war beileibe nicht die einzige Tochter von Mutter Latein, Latein wurde vielmehr zur Muttersprache von ganz Europa[40], und dies nicht nur für die eigentlichen romanischen Sprachen (Italienisch, Spanisch, Französisch usw.), sondern auch die englische Sprache verfügt über ein reiches lateinisches Erbe, wie das Lateinische überhaupt in weiten Bereichen einen Schlüssel zum europäischen Wortschatz bietet[41].

Fast noch wichtiger aber dürfte es gewesen sein, daß die lateinische Sprache über lange Jahrhunderte die Kirchensprache gewesen ist, daß sie seit der Scholastik die Sprache der Philosophie und der Wissenschaft war, ob es sich nun um die Medizin oder Biologie handelte[42]. Mit der römischen Sprache übernahm man aber auch die Denkformen und wesentliche Inhalte der Kultur der Römer: angefangen bei der Rhetorik bis hin zu den antiken Mythen und Fabeln[43], und dies trotz des so ganz andersartigen Christentums mit seinen zunächst ausgesprochen intoleranten Totalitätsansprüchen.

---

39 Vgl. *E. Gamillscheg, Romania Germanica*, 3 Bde (1936); *A. Mentz*, Ztschr. für das Altertum, Bd. 85, 1955; *J. Bleiker, Vox Romania*, Bd. 22, 1963; *W. v. Wartburg*, Ztschr. für romanische Philologie, Bd. 80, 1964.
40 Vgl. das Spiel, das *Carl Vossen* mit dieser Metapher trieb, wenn er für sein Buch über Europas Sprachen und ihre Herkunft in der Auflagenfolge zwischen 1968 und 1992 zwischen den Titeln "Mutter Latein und ihre Töchter" und "Latein. Muttersprache Europas" hin- und herwechselte (hier zit. nach der 13.Aufl. [1992]).
41 *Vossen*, a.a.O., 60 ff., 102 ff. und 155 ff.
42 *Vossen*, a.a.O., 42 ff., 22 ff und 28 ff.
43 Vgl. *A. Weische*, Zur Bedeutung der römischen Rhetorik, in: K. Büchner (Hrsg.), Latein und Europa (1978), 147; ferner *K. Maurer*, Präsenz der römischen Dichtung in der europäischen Literatur, a.a.O., 243 ff.

VII.

Kein Wunder also, wenn sich mit der Sprache in Burgund recht bald auch das *Recht* romanisierte[44]. Und in der Tat ist dies unser drittes europäisches Phänomen in Burgund[45]. Wie die Volksrechte der übrigen Germanenstämme bediente sich auch König Gundobad für seine Anfang des 6. Jahrhunderts erlassenen Gesetze[46] der lateinischen Sprache, gleichgültig, ob sie sich an die germanischen Siedler oder an die ihnen zahlenmäßig weit überlegenen Römer richteten, und nahm viel vom römischrechtlichen Gedankengut auf, auch wenn die Gesetze im wesentlichen zur Eindämmung von Sippenfehden endlose kasuistisch geordnete Bußkataloge enthielten oder lediglich ein geordnetes Verfahren gewährleisten sollten[47]. Im übrigen stellte Burgund auch hier nur wieder unter Beweis, daß es sich im Kleinen so verhielt, wie sich später bei der Rezeption des römischen Rechts auch Europa im Großen verhalten sollte[48].

Man mag die legislatorische Qualität der *leges barbarorum* bemängeln[49]. Entscheidend ist, daß diese aus der Bausubstanz des römischen Rechts geschaffenen germanischen Gesetzgebungswerke schon im frühen Mittelalter das zukünftige Europa weiterhin *auf das Recht als Lebensmacht verpflichteten*[50] – eine Entwicklung, die in der Gegenwart ihren Höhepunkt in der Vorstellung von einem Rechtsstaat gefunden hat, der die Freiheit des einzelnen in besonderem Maße und in besonderer Weise zu sichern unternimmt[51].

---

44 Vgl. dazu *Hattenhauer*, (o. Fn. 10), 91 f.
45 Vgl. zu den Volksrechten der Germanen (den sog. *leges barbarorum*) allgemein: *Conrad*, (o. Fn. 23), a.a.O., 3. Kap., 62 f; *H. Mitteis*, Deutsche Rechtsgeschichte, 3. Aufl. (1954), Kap. 18 II 5, 61. *F. Wieacker*, Vom Lebenswert des Rechts, in: Büchner, (o. Fn. 43), 84 ff.
46 Es handelte sich um die lex Gundobada und die lex Romana Burgundionum, die später von Gundobads Sohn König Sigismund ergänzt und nochmals aufgezeichnet wurden. Mit ihnen sollte nicht das Recht der Vorfahren befestigt, sondern ein Ausgleich zum Recht der Romanen gefunden werden (*Hattenhauer,* [o. Fn. 10], 91 f.).
47 Vgl. *Mitteis,* (o. Fn. 45), Kap. 18 I 1, 56 f.
48 Die Rezeption des römischen Rechts in Deutschland stellt keinen Ausnahmefall in Europa dar (vgl. *F. Wieacker*, Privatrechtsgeschichte der Neuzeit, 2. Aufl. (1967), zur ersteren 97 ff., zu letzterem 124 f.).
49 So etwa *Mitteis*, a.a.O.
50 Vgl. *Le Goff,* (o. Fn. 7), 47. Grundlage für die Entstehung der Volksrechte war der Gedanke, "daß es jenseits des Stammes- und Gebotsrechts noch ein universales Recht der im Imperium geeinten Ökumene, d.h. nun der Christenheit, gebe, an dem Überlieferungs- und Gebotsrecht sich messen lassen müßten" (*Wieacker*, in: Büchner, [o. Fn. 43], 92).
51 Dazwischen lassen sich eine Fülle interessanter Beobachtungen machen, z.B. die von *Bartlett,* (o. Fn. 1), daß für die Lösung gleichartiger Probleme (wie die Besiedlung neuer Landstriche) auch in weit auseinander liegenden Regionen (Osteuropa und Spanien) die rechtlichen Rahmenbedingungen (Privilegien für Neusiedler) ziemlich ähnlich ausfallen.

(Fortsetzung auf der nächsten Seite)

VIII.

Religion, Sprache, Recht – es gibt eine Fülle weiterer Erscheinungen, mit denen das Mittelalter die Neuzeit und nicht zuletzt auch unser modernes Europa geprägt hat. Die Burgunder aber geben mit ihrem Schicksal noch das Beispiel für ein viertes rechtsrelevantes Phänomen europäischer Geistigkeit, nämlich der Selbstvergewisserung durch historische und literarische Reflexion.

Unverkennbar bildet der Untergang der aus Worms aufgebrochenen Burgunder den historischen Hintergrund des *Nibelungenliedes*[52]. In ihrem König Gundahar erkennen wir leicht den König Gunther des Nibelungenlieds wieder; unschwer übersetzen wir auch den Namen König Etzels aus der um 1200 im Donauraum geschaffenen Dichtung in den des Hunnenkönigs Attila zurück, der, wie wir uns erinnern, des Aëtius Verbündeter gewesen war[53].

Wer würde sich an dieser Stelle nicht gern auf den Inhalt des Epos einlassen: wie Siegfried Kriemhild, die Schwester des Burgunderkönigs Gunther, heiratet und von dessen Lehnsmann Hagen von Tronje hinterrücks ermordet wird; wie Kriemhild als Witwe mit ihrer Rache wartet, bis sie 13 Jahre danach König Etzels Gemahlin geworden ist, wie sie ihre drei Brüder und das Heer der Burgunder angeblich zum Zweck einer großen Aussöhnung in die Hunnenburg einlädt, um sie dann alle zusammen auf grauenvolle Weise hinmetzeln zu lassen.

Im Gegensatz zu dem Zusatz im deutschen Titel ("[...] aus dem Geist der Gewalt") handelt das Buch sehr viel mehr von den Mechanismen der Befriedung und Schaffung von Wohlstand durch Rechtsregelungen, etwa neben der bereits gen. Siedlungspolitik (vgl. 145 ff. und 217 ff.), durch Gewährung von Freiheit (153 ff. und 205 ff.), Bildung von Stadtrechtsfamilien (212 ff.), Bewältigung kultureller Gegensätze mittels Sprache und Recht (239 ff.) und schließlich durch "Europäisierung Europas", nämlich Schaffung neuer Konvertibilitäten: Heilige und Namen (327 ff.), Münzen und Urkunden (337 ff.) usw. Zu den Ursprüngen der europäischen Rechtskultur im Mittelalter vgl. auch *Wieacker*, (o. Fn. 48), 26 ff.

52 Text des Epos etwa bei W. Golther (Hrsg.), *Der Nibelunge Nôt* (in Auswahl, aber mit mittelhochdeutscher Sprachlehre und kurzem Wörterbuch), 6. Aufl. (1928); mit Übersetzung: A. Heusler (Hrsg.), Das Nibelungenlied, Mittelhochdeutsch und übertragen von K. Simrock (Tempel-Klassiker o.J.); Bartsch/de Boor (Hrsg.), Das Nibelungenlied. Zweisprachig, 22. Aufl. (1996); Das Nibelungenlied, Mittelhochdeutsch/ Neuhochdeutsch, übers. und komm. v. S. Grosse (1997, 2001). Zur Verbindung des Epos mit der Geschichte der Burgunder vgl. L. Mackensen, Die Nibelungen. Sage, Geschichte, ihr Lied und sein Dichter (1984), 44 ff.

53 Für das darin noch durchscheinende pure Entsetzen mag die Schlacht auf den Katalaunischen Feldern wenige Jahre später mit motivbildend gewesen sein, in der 180000 Mann gefallen, die Toten im eigenen Blute davongeschwommen sein und die Geister den Kampf noch nach der Schlacht fortgesetzt haben sollen (vgl. *Mackensen*, [o. Fn. 52], 46 f.; *Rosen*, [o. Fn. 21], 72; *Hiltebrandt*, [o. Fn. 6], 86 f.).

Dieses große Epos ist europäisch nicht nur darin, daß es sich seinen Stoff aus verschiedenen Teilen Europas zusammensucht, aus Island, Skandinavien, Frankreich und Deutschland, daß es ihn mit zeitgenössischen Elementen des höfischen und ritterlichen Lebens der Stauferzeit verbindet[54] und ihn unter Gestaltung bedeutender menschlicher Charaktere wie Siegfried und Kriemhild, Hagen von Tronje und die beiden Brüder des Königs Gernot und Giselher zu einem atemberaubenden Plot verdichtet – nicht anders, als in der späteren Erzähltradition die Dichter und Schriftsteller der verschiedenen Länder voneinander lernen.

Das Nibelungenlied steht aber auch schon dafür, *wie Literatur zeitgenössisches Recht widerspiegelt*, indem sie es zur ihrem Gegenstand macht und so selber zur rechtshistorischen Quelle wird[55]. Das Epos läßt aber obendrein erkennen, daß in unserer Kultur auch die Entstehung von Rechtsnormen keineswegs ganz autonom erfolgt, sondern daß *die Vorstellungen darüber, was Recht und was Unrecht ist*, gleichsam von innen heraus wesentlich auch *von der Literatur mitbestimmt* werden[56].

---

54 Vgl. *B. Nagel*, Das Nibelungenlied. Stoff – Form – Ethos, 2. Aufl. (1970); *J.-D. Müller*, Das Nibelungenlied (2002), 17 ff.
55 Z.B. für die Form der Eheschließung (27. Aventiure V. 1680 ff.). Ferner hat *Hattenhauer*, (o. Fn. 10, 155 ff.) darauf aufmerksam gemacht, wie das Nibelungenlied bei Schilderung der Eheschließung zwischen Siegfried und Kriemhild die Durchsetzung des neuen kirchenrechtlichen Grundsatzes *consensus facit nuptias* gegenüber dem germanischen Vormundschaftsprinzip literarisch umsetzt (vgl. 6. und 10. Aventiure V. 332 ff. und 607 ff.). Zu Genugtuung und Schadensersatz durch *suone* (= Versöhnung, Ausgleich) *Müller*, (o. Fn. 54), 83 ff. Weitere Beispiele führt *H. Holzhauer* in seiner Düsseldorfer Abschiedsvorlesung an: "Vom Recht im Nibelungenlied", hier zit. nach dem mir freundlicherweise vom Autor überlassenen Vortragsmanuskript (2004): die Bahrprobe (3 ff.; Nibelungenlied, 17.Aventiure V.1043 ff.); der Nibelungenhort als Morgengabe (11; dazu auch *Müller*, a.a.O, 85 f.) usw.
56 Z. B. familiensoziologisch das Ethos der Freiheit der Partnerwahl und die Ablehnung des Frauenraubs (vgl. 3. Aventiure V. 33 ff. und 113 ff. [vgl. dazu sofort auch u. unter X.) oder die Auswirkungen der Lehnshoheit auf das Verhältnis der Frauen untereinander (14. Aventiure zum Streit der Königinnen). Von *Holzhauer*, (o. Fn. 55) wird ausführlich die Rache behandelt (7 ff.; vgl. dazu auch *R. Schmidt-Wiegand*, Kriemhilds Rache. Zu Funktion und Wertung des Rechts im Nibelungenlied, in: N. Kamp/J. Wollasch (Hrsg.), Tradition als historische Kraft (1982), 372 ff.). Sucht man nach Fernwirkungen des Epos, so braucht man sich nur an die fatale Rolle zu erinnern, die die Vorstellung der "Nibelungentreue" für die Entstehung des 2. Weltkriegs bei Kaiser Wilhelm II. gespielt hat.

IX.

Juristisch-literarische Gewebe – in ihrer Vielfalt innerhalb der thematischen Einheit schon typisch europäisch! könnte man denken. Aber war das jemals anders? Wenden wir uns auf der Suche nach einer Antwort auf diese Frage zum Schluß doch einmal dem Anfang von alldem zu. Wo kommt Europa eigentlich her? Wie so vieles andere wissen wir auch das wieder einmal von den alten Griechen. Sie haben uns den Mythos von der phönizischen Königstochter überliefert, in die sich Zeus verliebte[57].

Um sie zu gewinnen, nahm er die Gestalt eines weißen Stieres an und gesellte sich zu den Herden, die Hermes auf seine Anordnung hin zum syrischen Strand am Ufer des östlichen Mittelmeeres hinabgetrieben hatte, wo die Prinzessin blumenpflückend mit ihren Gefährtinnen spielte. Das schöne Tier gab sich so zahm und zutraulich, daß sich das Mädchen in seiner Nähe immer sicherer fühlte und schließlich auf seinen Rücken kletterte. Behutsam trug der Stier sie zum Ufer, und bevor sie wußte, was geschah, tauchte er ins Wasser und schwamm hinaus, immer weiter und weiter, die ganze Nacht hindurch, bis sie nach Kreta kamen, wo Europa die Geliebte des Zeus wurde und ihm drei Söhne gebar: Minos, Rhadamanthys und Sarpedon[58].

Minos, der älteste von ihnen, machte sich zum Herrn über die Meere und wurde zum angesehensten Herrscher der damaligen zivilisierten Welt. Vor allem aber führte er auf Kreta *Gesetze* ein, die ihm angeblich sein Vater Zeus eingegeben hatte[59]. Nach Homer schlichtete er, wie er es bereits zu Lebzeiten getan hatte, nunmehr im Hades die Streitigkeiten der Bewohner[60], bis er zusammen mit seinem Bruder Rhadamanthys – um deren beider *Gerechtigkeit* willen – zum *Totenrichter* in der Unterwelt bestellt wurde[61]. Man sieht, die Vorstellung von der besonderen Beziehung Europas zum Recht hat ihren Ursprung bereits in der Antike.

---

[57] Zu anderen Überlieferungssträngen vgl. *H. von Geisau*, in: Der kleine Pauly (o. Fn. 34), Bd. 2 (1967), Sp. 446 unter 1.
[58] *Apollodor* 3, 1, 1f.; *Homer*, Ilias 14, 321 f.; *Ovid*, Metamorphosen 2, 836-885; *Crowell's Handbook of Classical Mythology* (1970); dt. Reklams Lexikon der antiken Mythologie, 3. Aufl. (1981), 189 f.
[59] Reklams Lexikon (o. Fn. 58), 348.
[60] *Homer*, Odyssee 11, 568 ff.
[61] *Hunger*, 222 f.

X.

Eine der selbständigsten dichterischen Gestaltungen ihres Mythos stammt von dem römischen Dichter Horaz, einem der großen Dichter der Goldenen Latinität unter Kaiser Augustus[62]. Wir wollen uns auf die erste und die letzte Strophe desjenigen Teils seines Gedichts beschränken, in welchem er ihre Geschichte erzählt: zunächst wie sie Vertrauen zu dem Stier faßt.

> So hat auch Europa den schneeweißen Körper
>
> dem listigen Stier anvertraut; doch inmitten der Tücken
>
> des von Ungeheuern wimmelnden Meeres
>
> erblaßt die Verweg'ne.

> *sic et Europe niveum doloso*
>
> *credidit tauro latus et scatentem*
>
> *beluis pontum mediasque fraudes*
>
> *palluit audax.*

Ich lasse beiseite, wie Europa sich in der dunklen Nacht auf dem Meer mit Selbstvorwürfen martert, ihre Kindesliebe vergessen und den Namen Tochter verwirkt zu haben, und wie sie alle möglichen Todesarten als Strafe erwägt, aber auch innerlich gegen den Entführer wütet[63], bis Venus ihr gebietet einzuhalten und ihr in der letzten Strophe zuruft:

---

62 *Horaz* (65-8 v. Chr.), Buch III seiner Oden, Nr. 27.
63 Sie bezeichnet ihn als *infamis*, was an sich "verrufen, verrucht, abscheulich" bedeutet. G. Williams (*The Third Book of Horace's Odes* (1969/79), 141) macht aber zu Recht darauf aufmerksam, daß *infamis* auch eine juristisch-technische Bedeutung hat: Die Rechtsfolgen der *infamia* war die Minderung der Ehrenstellung (Ausschluß von Munizipalämtern usw.), Voraussetzung etwa die Verurteilung wegen einer Straftat und insb. wegen Vergewaltigung eines jungen Mädchens (vgl. *D. Medicus*, in: Der kleine Pauly, [o. Fn. 34], Sp. 1406 f.).

Noch weißt du nicht, daß du des unbesiegbaren[64] Zeus
Gattin bist. Hör auf zu schluchzen! Lerne, tapfer zu tragen
dein großes Geschick. Ein Teil des Erdkreises
wird deinen Namen tragen.

uxor invicti Jovis esse nescis.
mitte singultus, bene ferre magnam
disce fortunam; tua sectus orbis
nomina ducet.

Horaz kannte das Schicksal der phönizischen Königstochter und wußte, daß sie die Gemahlin von Zeus werden und ihren Namen einem Erdteil geben würde. Und er läßt ihr durch Venus zureden "zu lernen, ihr großes Schicksal tapfer zu tragen". Aber der Dichter konnte nicht wissen, was aus Europa, dem Erdteil, der nach seiner Prinzessin benannt worden ist, einmal werden würde. Zu dem Erdteil, den wir Europa nennen, gehören schon rein geographisch ganz andere Regionen als zur Zeit des Augustus[65].

Und inzwischen ist dieser Teil der Erde auch alt geworden. Eine lange Strecke der Geschichte Europas liegt schon hinter uns. Aber ist es nicht doch so, daß es noch immer das Schicksal Europas ist, sich "weißen Stieren" anzuvertrauen und über trügerische Gewässer zu schwimmen, in deren Tiefen es von gefährlichen Fischen und scheußlichem Getier wimmelt? Mit dem psychologisch faszinierenden Oxýmoron[66] erlaubte Horaz seiner Prinzessin, bei all den von ihr durchzustehenden Schrecken zu "erbleichen", wenn sie nur "kühn" den Anfang wage (*palluit audax*).

Wem das junge Mädchen sich anvertraute, das wußte sie nicht. Und auch wir wissen nicht, was bei einem Unternehmen, das wir beginnen, herauskommt.

---

64 *invictus* = unbesiegt, unüberwindlich. V. 73 läßt sich auch übersetzen: "Du verstehst es nicht, Gattin des unbesiegten Jupiter zu sein" (so *W. Wili*, Horaz und die augusteische Kultur, 2.Aufl. (1965), 250); dagegen jedoch überzeugend schon *W. Kießling* (Q. Horatius Flaccus. Oden und Epoden, 2.Aufl. (1890), 302), weil das Adjektivattribut dann beziehungslos wäre, während der Hinweis auf des Gottes Allmacht Europa doch offenbar trösten soll).

65 Vgl. bereits o. Fn. 4. Zum Zshg. zwischen dem Namen Europa und dem Erdteil und zu den antiken Vorstellungen von dessen Ausdehnung vgl. *H. Treidler*, in: Der kleine Pauly (o. Fn. 34), Sp. 448 f. unter 2.

66 D.h. der rhetorischen Figur, in der man zwei einander eigentlich widersprechende Begriffe zusammenstellt.

Aber wir werden nie etwas gewinnen, wenn wir nichts unternehmen; und kein unbesiegbarer Gott wird uns über die Tiefen und Untiefen des Meeres hinwegtragen, wenn wir nur Furcht vor der Arglist der andern kennen und Vertrauen zu haben unfähig sind.

Wer richtig zugehört hat, wird wahrscheinlich längst gemerkt haben, daß das Meer hier als Metapher für das Leben steht. Im Leben wie auf dem Meer befinden wir uns mitten in lauter trügerischen Situationen (*mediasque fraudes*). Aber der weiße Stier ist nur scheinbar "dolos"; in Wirklichkeit hat er mit Europa Außergewöhnliches vor. Und abgesehen davon ist er ohnehin unbesiegbar, so daß Europa recht tat, sich ihm "anzuvertrauen". Im lateinischen Text steht an dieser Stelle *credidit*, wovon sich unser juristisches Lehnwort Kredit ableitet, ebenso wie schon die Ausdrücke *fraus* und *dolosus* wie das darin enthaltene *dolus* auch juristische *termini technici* sein können.

Die lateinische Sprache selbst eines römischen Lyrikers wie Horaz steckt also voller Rechtsvokabeln. Daß auch das "sich (dem Stier) anvertrauen" der Europa in seinem Gedicht stofflich etwas von den entsprechenden juristischen Begriffen vorhält, das läßt sich an Hand eines anderen Gedichts plausibel machen, in welchem Horaz im Jahre 24 v. Chr. den Dichter Vergil über den Tod des gemeinsamen Freundes Quintilius Varus zu trösten versucht und in welchem die juristisch-technische Konnotation ganz offensichtlich ist. Darin heißt es: "Viele vortreffliche Männer weinen um ihn, Vergil, niemand aber mehr als du. Aber ach! So fromm du auch bist, vergeblich forderst du von den Göttern den Quintilius zurück" – und jetzt fügt Horaz hinzu: *non ita creditum*, das heißt: "den den Göttern nicht so (nämlich wie ein Darlehen, das sie zurückgeben müßten) anvertrauten"[67].

Auch Europa vertraut Zeus ihren Leib an. Zunächst nur spielerisch. Aber als er sie aufs Meer mitnimmt und nach Kreta entführt, bekommt dieses Anvertrauen existentielle Bedeutung. Zeus ist der Gott, aber er ist in diesem Mythos für Europa zugleich auch der Mann, der sie zur Frau und zur Mutter macht und der die Verantwortung für sie übernimmt – im übrigen in fürsorglichster Weise und jedenfalls ganz anders, als wir das von den übrigen Liebschaften von Zeus gewohnt sind[68]. Da eine Ehe des Gottes mit einer Sterblichen nicht in Betracht kam – um einmal einen juristischen Ausdruck metaphorisch zu gebrauchen:

---

67 Vgl. Od. I. 24, 9-12: *multis ille bonis flebilis occidit, / nulli flebilior quam tibi, Vergili. / tu frustra pius heu non ita creditum / poscis Quintilium deos.*
68 Danaë zum Beispiel, die ihr Vater aus Angst, ihr könne Ähnliches zustoßen wie der Europa, in einen Turm sperrt, der dann doch nicht verhindern kann, daß Zeus sie mit einem Goldregen schwängert, wird von ihrem Vater mit ihrem Sohn in einer Truhe auf dem Meer ausgesetzt, ohne daß ihr Zeus geholfen hätte (vgl. Reklams Lexikon der antiken Mythologie [o. Fn. 58], 143 unter Hinweis auf *Apollodor* 2, 2-4; *Hygin, Fabulae* 63).

zwischen Göttern und Menschen gab es kein *conubium*[69] – verheiratete Zeus Europa mit dem König Asterios von Kreta, der, da er keine eigenen Söhne hatte, die drei Knaben Europas adoptierte[70].

Nun haben wir uns mit dem "Recht der Europa" so weit aufs offene Meer hinausgewagt, daß zum Europarecht einen assoziativ auch nur einigermaßen überzeugenden Rückweg zu finden kaum möglich scheint. Also wollen wir es dabei belassen – ja, offen gestanden habe ich sogar mit Absicht darauf verzichtet, meine Hoffnungen und Bedenken zur Entwicklung des Europarechts hier vorzutragen. Denn wichtiger schien es mir, daß wir uns einmal folgendes bewußtmachen: Mag in dem Begriff "Europarecht" das "Recht" kategorial dasselbe sein wie in jedem nationalen Recht, so ist doch mit dem Wortbestandteil "Europa" unendlich viel mehr umgriffen, als wir Juristen mit unserem eigentlichen Handwerkszeug je begreifen können oder gar beeinflussen sollten.

Die Jurisprudenz, d.h. das Denken in den Kategorien des Rechts, gehört zu unserer europäischen Kultur. Oft bestimmt sie unser menschliches Dasein ganz wesentlich, aber nicht selten sind mittelbar auch nichtjuristische Erfahrungen für die Bedeutung von Rechtsnormen oder für das, was als Recht gelten soll, maßgeblich. Ich muß gestehen, dieses Geflecht heterogener Assoziationen, dieses Bezugssystem ganz verschiedenartiger Wertungen, diese vielfältigen Zusammenhänge im Großen oder auch nur im Nebensächlichen, dieses Wahrnehmen und Ernstnehmen unserer geschichtlichen Erfahrungen – dieser unendliche Reichtum innerhalb der Einheit eines geistigen Kontinents, zu dem eben als ein Teil auch die Jurisprudenz gehört: das ist für mich Europa!

In diesem Sinne wäre ich schon dankbar, wenn Europarechtler bei ihrer rechtspolitischen und rechtsdogmatischen Tagesarbeit ab und zu innehielten und sich fragten, ob das, was sie tun, auch wirklich *dem* Europa zugutekommt, das – von der antiken Mythologie über eine mehr als zweitausendjährige Geschichte, in der Vielfältigkeit seiner Elemente und der innerhalb der wechselseitigen Beziehungen wirkenden zentrifugalen und zentripetalen Kräfte – auf den verschiedensten und ausgefallensten Gebieten einen unglaublichen Fundus aufgebaut hat, ein kulturelles Kapital, dessen bloße Verwaltung die Denkgewohnheiten der Jurisprudenz überschreitet, dessen Möglichkeiten zu erhalten und sich weiter entfalten zu lassen aber für die Legitimation des ganzen Europarechts vielleicht das überzeugendste Argument ist.

---

69 Vgl. zur römisch-rechtlichen Eheebenbürtigkeit Kaser, (o. Fn. 37), § 74 II 4, 315 f. und passim.
70 Vgl. Reklams Lexikon der antiken Mythologie (o. Fn. 58), 190.

Vom Unsinn wissenschaftlicher Kodifikationsprojekte

Kristina Riedl

I. Einleitung
II. „Unsinn" als Zweckverfehlung
III. Die fünf laufenden Kodifikationsprojekte zur Schaffung einheitlicher Regeln des Privatrechts
  1. Kommission zum Europäischen Vertragsrecht (Lando-Kommission)
  2. Académie des Privatistes Européens (Gandolfi-Gruppe)
  3. European Group on Tort Law (Tilburg/Wien-Gruppe)
  4. Study Group on a European Civil Code (ECC-Study-Group)
  5. Kommission für Europäisches Familienrecht (CEFL)
IV. Drei Referenzebenen, auf die sich der Unsinn bezieht
  1. Ebene I: Vom Unsinn, Privatrecht in der Europäischen Union zu vereinheitlichen
    a) Verwirklichungskosten übersteigen den Nutzen
    b) Systemunterschiede sind zu groß
    c) Sprachenvielfalt in der Union macht Vereinheitlichung unmöglich
    d) Rechtskulturen werden nivelliert
    e) Fehlendes Gemeinschaftsgefühl
    f) EU-Kodex findet keine Kompetenzgrundlage im EG-Vertrag
    g) Sekundärzersplitterung zerstört formale Einheitlichkeit
    i) Das europäische Mehr-Ebenen-Regime braucht kein Einheitsrecht
    h) Versteinerungseffekt macht Kodex wertlos
    j) Einheitsrecht zerstört den Wettbewerb der Systeme
  2. Ebene II: Vom Unsinn, Privatrecht in der Europäischen Union durch wissenschaftliche Projekte zu vereinheitlichen
    a) Wissenschaftler sind nicht die einzigen Akteure
    b) Legitimitätsproblem und Demokratiedefizit
    c) Projektkollision
    d) Ressourcenproblematik
  3. Ebene III: Vom Unsinn einzelner Arbeitsmethoden
    a) Leichtfertiger Umgang mit einer verantwortungsvollen Aufgabe
    b) Mangelnde Qualität der Vorarbeiten
    c) Transparenzdefizit
    d) Mangelhafte Teamzusammensetzung und nationale Ungleichgewichtungen
    e) Sprachenproblematik
    f) Selbstüberschätzung
V. Verbesserungsvorschläge

I. Einleitung*

„Vom Unsinn wissenschaftlicher Kodifikationsprojekte" – die Wahl des Titels hat in den Reihen der Jungen Zivilrechtswissenschaftler unterschiedliche Reaktionen ausgelöst, die zwischen Zustimmung und Entrüstung angesiedelt waren. Zugegeben, die Formulierung ist provokant. Um herauszufordern? Gewiss auch. Doch der Hauptgrund ist ein persönlicher: Als ich vor neun Jahren die damals druckfrischen *Principles of European Contract Law* (PECL) der Lando-Kommission[1] in die Hände bekam, befiel mich eine derartige Begeisterung für die Idee der wissenschaftlichen Vereinheitlichung des Vertragsrechts, dass ich meine Dissertation[2] den privaten Kodifikationsprojekten widmete. Darin stellte ich diese Projekte in sehr positivem Lichte dar, nämlich als wertvolle Vermittler zwischen nationalem Recht und Gemeinschaftsrecht.

Dieser Tagungsbeitrag ist Ausdruck der persönlichen Weiterentwicklung meiner damaligen – zu euphorischen – Ansichten. Anlass gibt meine heutige Einsicht, dass seit der Gründung der Lando-Kommission nicht der Erfolg eingetreten ist, den sich ihre Schöpfer erhofft hatten: Abgesehen von einigen wenigen Entscheidungen des niederländischen Hoge Raad, des englischen House of Lords, des Australischen Federal Court und der International Chamber of Commerce, die in ihren Urteilsausführungen in den Jahren 1995 bis 2002 ganz allgemein auf die PECL Bezug nahmen[3], gibt es bislang keine Nachweise, dass private Parteien die PECL als Vertragsbasis wählen, und weder der EG-Gesetzgeber noch irgendein nationaler Gesetzgeber hat sich bislang bei legislatorischen Maßnahmen auf die PECL gestützt. Hat die Lando-Kommission also ihr Ziel verfehlt?

II. „Unsinn" als Zweckverfehlung

Die Verwendung des Wortes „Unsinn" im Zusammenhang mit wissenschaftlichen Kodifikationsprojekten ist nicht nur provokant, sondern auch erklärungs-

---

* *Mary-Rose McGuire*, Mitveranstalterin der Tagung, sei an dieser Stelle für ihre professionelle Betreuung und engagierte Beratung herzlichst gedankt.
1 *Lando/Beale* (Hrsg.), Principles of European Contract Law. Part I: Performance, Non-Performance and Remedies (1995).
2 *Riedl*, Vereinheitlichung des Privatrechts in Europa. Wissenschaftliche Initiativen im Europäisierungsprozess (2004).
3 Z.B. Hoge Raad, C99/315HR vom 13.7.2001 (Bezugnahme des Generalanwalts auf die PECL). Vgl www.unilex.info und www.rechtspraak.nl, sowie die Nw. bei *Basedow*, Nationale Justiz und Europäisches Privatrecht (2002); *Heutger*, Global Jurist Topics, Volume 4, Issue 2, 2004, 3 ff., http://www.bepress.com/gj/topics/vol4/iss2/art1; und *McGuire/Kähler*, GPR 4/03-04, 170 ff. (in Fn. 42)

bedürftig. Wie im allgemeinen Sprachgebrauch so wird auch in diesem Zusammenhang unter „Unsinn" verstanden „*den Zweck verfehlen*" oder „*nicht zielführend sein*". Wenn Unsinn also Zweckverfehlung meint, dann ist zunächst der Zweck der gegenständlichen Projekte zu ermitteln. Erst dann lässt sich erklären, worin der Unsinn – die Zweckverfehlung – nach Ansicht der Autorin liegen soll.

Der angestrebte Zweck wissenschaftlicher Kodifikationsprojekte liegt in der *Vereinheitlichung des Privatrechts in der Europäischen Union durch die Schaffung einheitlicher Privatrechtsregeln für alle Mitgliedstaaten*[4]. Gemeint sind hier also ausschließlich „kodifikatorische" Projekte, das sind jene, die den Anspruch erheben, Entwürfe eines EG-Zivilgesetzbuchs *her*zustellen. Hingegen zielt der Beitrag nicht auf jene wissenschaftlichen Initiativen, die indirekt zur Rechtsharmonisierung in Europa beitragen wollen, indem sie Rechtsregeln so *dar*stellen, wie sie tatsächlich in den Mitgliedstaaten angewendet werden („nicht-kodifikatorische" Projekte)[5].

In der Europäischen Union existiert wirksames vereinheitlichtes Privatrecht nur in pointillistischer, fragmentarischer Form (Richtlinien, Verordnungen und Übereinkommen[6]) sowie ansatzweise in der Rechtsprechung des EuGH. Diese Situation halten kodifikatorische Projekte für ungenügend und verbesserungswürdig, und sie plädieren für eine andere (zusätzliche) regulatorische Maßnahme: für die Schaffung eines kohärenten und konsistenten Rechtstextes durch den EG-Gesetzgeber. Zu diesem Zweck fertigen kodifikatorische Projekte konkrete Regelungsentwürfe an, die als Vorschläge an den EG-Gesetzgeber zur Schaffung eines EG-Zivilgesetzbuchs gedacht sind. In der Frage der konkreten Ausgestaltung dieser Vorschläge unterscheiden sich die Strategien der einzelnen Projekte: Sie reichen von der Formulierung allgemeiner Prinzipien des Vertragsrechts (Lando-Kommission), des Haftungsrechts (European Group on Tort Law) oder des Familienrechts (Commission of European Family Law) bis hin zu detaillierten Entwürfen eines Vertragsrechtsgesetzbuchs (Gandolfi-Gruppe) oder gar eines Gesetzbuchs des gesamten Vermögensrechts (ECC-

---

4   Der Begriff „Vereinheitlichung" versteht sich hier als Oberbegriff und umfasst sowohl die Angleichung von Rechtsregeln als auch die Vereinheitlichung von Rechtsregeln i.e.S.
5   Nicht-kodifikatorische Projekte treten für „schleichende" Rechtsvereinheitlichung ein, etwa mittels Änderung der Juristenausbildung oder mit Hilfe rechtsvergleichender Studien, die Gemeinsamkeiten und Unterschiede in den Rechtsordnungen aufdecken. Z.B. erstellt das Trento-Common-Core-Projekt rechtsvergleichende „Landkarten" (vgl. http://www.jus.unitn.it/dsg/common-core/home.html) oder das Casebook-Projekt verfasst Sammlungen einzelstaatlicher Rspr. und Gesetze, die als Nachschlagewerke und Unterrichtsmaterialien dienen sollen (vgl. http://www.rechten.uni maas.nl/casebook/). Zu diesen und weiteren Initiativen vgl. *Riedl*, (o. Fn. 2).
6   EG-Übereinkommen gem. Art. 293 EG-Vertrag und internationale Übereinkommen wie die Convention on the International Sale of Goods 1980 (CISG).

Study-Group). Dementsprechend unterschiedlich fallen Regelungsdichte der Entwürfe (von Grundprinzipien bis Detailregelungen) und Sachgebiete (von einzelnen Teilbereichen bis hin zum gesamten vermögensrechtlich relevanten Privatrecht) aus.

Worin soll nun aber die Unsinnigkeit kodifikatorischer Projekte liegen? Hier lassen sich drei Referenzebenen ausmachen: Ebene I ist die abstrakteste und bezieht sich auf den Zweck der wissenschaftlichen Projekte; Ebene II bezieht sich auf das angewendete Mittel und Ebene III auf die konkret angewandten Methoden[7]:

- Ebene der Vereinheitlichung *an sich* (Zweck): „Vom Unsinn, das Privatrecht in der Europäischen Union zu vereinheitlichen".
- Ebene der Vereinheitlichung *durch wissenschaftliche* Projekte (Mittel): „Vom Unsinn, Privatrecht in der Europäischen Union durch wissenschaftliche Projekte zu vereinheitlichen".
- Ebene der *konkreten Vorgehensweisen* (Methoden): „Vom Unsinn einzelner Arbeitsmethoden".

Vor den Ausführungen zu den drei Referenzebenen werden die fünf laufenden kodifikatorischen Projekte kurz vorgestellt.

III. Die fünf laufenden Kodifikationsprojekte zur Schaffung einheitlicher Regeln des Privatrechts

1. Kommission zum Europäischen Vertragsrecht (Lando-Kommission)

Das erste Projekt war die Lando-Kommission. Sie begann Ende der 1970er Jahre als lose Arbeitsgruppe über die Erfüllung und Pathologie von Verträgen und formierte sich 1982 offiziell zur „Kommission zum Europäischen Vertragsrecht" (Commission on European Contract Law – Lando-Kommission)[8]. Die Gruppe bestand aus über 20 Rechtswissenschaftlern aus einigen EG-Mitgliedstaaten, die versuchten, aus rechtsvergleichenden Untersuchungen der nationalen Privatrechte jene Regeln des allgemeinen Vertragsrechts zu gewinnen, die sich – nach Meinung der Gruppe – „am besten als europäische Prinzipien" eignen. Das langfristige Ziel war der Entwurf eines europäischen Gesetzbuchs

---

7 Aus Platzgründen wird hier auf die inhaltlichen Lösungsvorschläge der Projekte nicht eingegangen, vgl. dazu den Beitrag von *J.F. Stagl* im selben Band.
8 http://www.ufsia.ac.be/~estorme/CECL.html oder: http://www.cbs.dk/departments/law/staff/ol/commission_on_ecl/. Benannt ist die Gruppe nach ihrem Gründer und Vorsitzenden, Professor Ole Lando (Handelsschule Kopenhagen).

der Schuldverhältnisse[9]. Die erste Ausgabe der *Principles of European Contract Law* (PECL I) wurde 1995 veröffentlicht[10], die erweiterte Version im Jahr 2000 (PECL II)[11], und in ihrer letzten Sitzung 2001 erklärte die Lando-Kommission die Arbeiten am dritten und letzten Teil für beendet (PECL III)[12]. Alle PECL bestehen wie ihr amerikanisches Vorbild, das Restatement on Contracts[13], aus Regeln, Beispielen und Kommentaren.

Was die inhaltliche Organisation betrifft, so wurde zuerst das Recht der zentralen Bereiche des Vertragsrechts bearbeitet: Vertragserfüllung, Nichterfüllung und Rechtsmittel bei Nichterfüllung (PECL I). Zwischen 1992 und 1996 entwarf die Lando-Kommission in acht Treffen die PECL II, die zusätzlich Vertragsabschluss, Stellvertretung, Gültigkeit von Verträgen und Vertragsauslegung regeln. Zwischen 1996 und 2001 konzipierte die 25-köpfige „dritte Generation" der Lando-Kommission[14] die PECL III (Mehrheit von Schuldnern und Gläubigern, Abtretung, Schuldübernahme und Schulderlass, Aufrechnung, Verjährung, Rechtswidrigkeit, Bedingungen und Verzugszinsen). Seit 2001 führt die ECC-Study-Group die Arbeiten fort.

2. Académie des Privatistes Européens (Gandolfi-Gruppe)

Die „Académie des Privatistes Européens" (Academia dei Giusprivatisti Europei – Gandolfi-Gruppe – Pavia-Gruppe) wurde 1990 von Giuseppe Gandolfi in Pavia gegründet[15]. Sie ist eine Vereinigung von 45 Rechtswissenschaftlern aus den 15 „alten" Mitgliedstaaten, die ein einheitliches europäisches Vertragsgesetzbuch entworfen hat[16].

---

9   Siehe *Lando/Beale* (Hrsg.), Principles of European Contract Law, Part I: Performance, Non-performance and Remedies (1995), xvii.
10 *Lando/Beale* (Hrsg.), Principles of European Contract Law, Part I: Performance, Non-performance and Remedies (1995).
11 *Lando/Beale* (Hrsg.), Principles of European Contract Law, Part I and II combined and revised, 2. Aufl. (= *Kommission für Europäisches Vertragsrecht* (Hrsg.), Grundregeln des Europäischen Vertragsrechts, Teile I und II (2000), deutsche Ausgabe von *von Bar/Zimmermann*).
12 *Lando/Clive/Prüm/Zimmermann* (Hrsg.), The Principles of European Contract Law – Part III (2003). Vgl. auch: http://www.cbs.dk/departments/law/staff/ol/commission _on_ecl/.
13 Zum Restatement siehe *Riedl*, (o. Fn. 2), 141 ff.
14 Vgl. http:www.mpipriv-hh.mpg.de/deutsch/Forschung/PrinciplesEuropContLaw.html.
15 Vgl. http://www.unil.ch/ spul/allez_savoir/as7/7actu4; *Sonnenberger*, RIW 2001, 409 ff.; *Lurger*, Grundfragen der Vereinheitlichung des Vertragsrechts in der Europäischen Union (2002), 13 f. und 98 ff.
16 Vgl. *Académie des Privatistes Européens* (Hrsg.), Code Européen des Contrats. Avant-Projet I (unveröffentlichtes Manuskript 1995); *Gandolfi/Academia dei Giusprivatisti Europei* (Hrsg.), Code Européen des Contrats (2000) und die italienische Übersetzung: *Alpa/Buccico* (Hrsg.), Il Codice Civile Europeo (2001).

Dieser Entwurf basiert auf dem IV. Buch des italienischen Codice Civile (über Verträge), „weil es einen Mittelweg zwischen dem französischen und dem deutschen Zivilrecht darstelle und Handelsrecht und allgemeines Zivilrecht geglückt vereine"[17]. Zusätzlich wurde der so genannte „McGregor-Code" aus 1972 einbezogen, ein nie realisierter Vertragsrechtsentwurf von Harvey McGregor im Auftrag der englischen Law Commission, der erstmals den Brückenschlag zwischen civil law und common law wagte[18].

3. European Group on Tort Law (Tilburg/Wien-Gruppe)

Die "European Group on Tort Law" (Tilburg/Wien-Gruppe)[19] entwirft seit 1992 unter der Leitung von Jaap Spier[20] europäische Prinzipien des Haftungsrechts. Die Rohfassung dieser „Principles of European Tort Law" (PETL) ist seit April 2004 im Internet zugänglich[21]. Das Projekt besteht aus 21 Professoren aus einigen EG-Mitgliedstaaten sowie USA, Israel, Südafrika, Schweiz und Argentinien[22]. Die Gruppe ist institutionell mit dem „European Centre of Tort and Insurance Law" (ECTIL) in Wien verbunden.

Ziel des Projekts ist die Herstellung eines Entwurfs für ein vereinheitlichtes Schadenersatzrecht in der Europäischen Union[23]. Dazu wurden in regelmäßigen Arbeitstreffen aktuelle und zukünftige Entwicklungen im Schadenersatzrecht diskutiert (z.B. zur Erneuerung des Schweizer Haftungsrechts) und auf rechtsvergleichender Basis eine Sammlung des künftigen europäischen Schadenersatzrechts erarbeitet. Hierfür wurden in kleinen Arbeitsgruppen Länderreports („Hypoteticals") erstellt (Themen: Haftungsgrenzen, Haftungsvoraussetzungen wie Rechtswidrigkeit, Kausalität, Schaden und Verschulden, Gefährdungshaftung und Geschäftsherrenhaftung, Fahrlässigkeit; Beweislast und Fristen) und in Buchform veröffentlicht[24].

---

17 Vgl. *Gandolfi*, Una proposta di rilettura del quarto libro del codice civile nella prospettiva di una codificazione europea, Rivista Trimestriale di Diritto Procedurale e Civile (1989), 217 ff.
18 *McGregor*, Contract Code – Drawn up on behalf of the English Law Commission (1972).
19 Vgl. die Website der Tilburg/Wien-Gruppe auf http://civil.udg.es/tort/ und http://civil.udg.es/EUROCENTRE.htm (ECTIL). Zur Entstehungsgeschichte siehe *Koziol* unter http://civil.udg.es/tort/HK_Vienna1998.htm.
20 Spier ist Generalanwalt am niederländischen Obersten Gerichtshof in Den Haag.
21 http://civil.udg.es/tort/Principles/text.htm und ZEuP 2/2004.
22 U.a. Konstantinos Kerameus (Griechenland), Bernhard Koch, Attila Fenyves und Helmut Koziol (Österreich), Ulrich Magnus (Deutschland), Geneviève Viney (Frankreich), Pierre Widmer und Michel R. Will (Schweiz), Michael Faure, Jaap Spier (Niederlande), H. Rogers (Leeds); vgl. http://civil.udg.es/tort/members.htm.
23 *Koziol*, http://civil.udg.es/tort/HK_Vienna1998.htm auf 2 von 3.
24 *Spier* (Hrsg.), The Limits of Liability. Keeping the Floodgates Shut (1995); *Spier* (Hrsg.), The Limits of Expanding Liability. Eight Fundamental Cases in a Comparative Perspective (1998); *Koziol* (Hrsg.), Unification of Tort Law: Wrongfulness (1998); *Spier*
(Fortsetzung auf der nächsten Seite)

Die Ergebnisse wurden in der Vollversammlung beraten, und ein von der Gruppe gewählter „Reporter" erstellte einen ersten unkommentierten PETL-Entwurf, der 36 Artikel umfasst und an alle Mitglieder der European Group on Tort Law zur Stellungnahme verteilt sowie im Internet publiziert wurde[25].

4. Study Group on a European Civil Code (ECC-Study-Group)

Die ECC-Study-Group wurde 1998 von Arthur Hartkamp gegründet und ist ein umfangreiches wissenschaftliches Projekt zur Erarbeitung eines „pan-europäischen" Gesetzbuchs[26].

Die ECC-Study-Group ist ein europaweites Netzwerk aus über 80 Professoren und Dissertanten aus 20 Ländern und damit das größte der akademischen Kodifikationsprojekte. Es verteilt sich auf sechs permanente Arbeitsgruppen, so genannte „Working Teams", die an verschiedenen Universitäten angesiedelt sind: 1. Hamburg; 2. Osnabrück; 3. Salzburg; 4. Edingburg; 5. Utrecht, Tilburg[27] und Amsterdam, die zusammen das „Dutch Working Team" bilden sowie 6. Paris zusammen mit Nancy. In Wien gibt es eine assoziierte Projektgruppe zum Versicherungsvertragsrecht. Eine „Co-ordinating Group" aus 30 Professoren aller Mitgliedstaaten überprüft regelmäßig den Inhalt der Arbeiten. Organisatorische Belange wie Zeitpläne, Agenden und Zusammenkünfte werden von einem siebenköpfigen „Steering Committee" geregelt (Leiter: von Bar, Osnabrück).

Inhaltlich werden die Bereiche Schuldrecht, allgemeines und besonderes Vertragsrecht, außervertragliche Schuldverhältnisse und Sachenrecht bearbeitet (Hamburg-Gruppe: Kreditsicherheiten[28]; Osnabrück-Gruppe: außervertragliche Schuldverhältnisse[29]; Utrecht-Team: (Konsumenten-)Kauf, Tilburg-Team: Dienstleistungen, Amsterdam-Team: Dauerschuldverhältnisse, insbesondere Vertriebssystemverträge[30]; Salzburg-Gruppe: Eigentumsübergang beweglicher Sachen; Paris/Nancy-Gruppe: Financial Services; Edinburg-Gruppe: Trust; Wiener Projektgruppe: Versicherungsvertragsrecht). Hinsichtlich des allgemeinen Vertragsrechts stützt sich die ECC-Study-Group sowohl inhaltlich als auch

---

(Hrsg.), Unification of ort Law: Causation (2000); *Magnus* (Hrsg.), Unification of Tort Law: Damages (2001); *Koch/Koziol* (Hrsg.), Unification of Tort Law: Strict Liability (2002).
25 Vgl. Fn. 21.
26 Siehe http://www.sgecc.net/ sowie http://www.elsi.uos.de/privatelaw/index sowie das position paper „Aims & Working Methods".
27 Dieses „Tilburg Team" ist nicht zu verwechseln mit der European Group on Tort Law, die sich „Tilburg/Wien-Gruppe" nennt.
28 http:www.mpipriv-hh.mpg.de/deutsch/Forschung/Kreditsicherheiten.html.
29 Vgl. http://europe.uos.de/ECC/index.htm.
30 Siehe http://ecc.kub.nl in Punkt 2 („The Dutch Team").

formal auf die PECL ihres Vorgängerprojekts Lando-Kommission[31], bezieht aber auch Verbraucherrecht mit ein.

Die Entwurfsarbeiten in den einzelnen Arbeitsgruppen werden von jungen Wissenschaftlern (Doktoranden, Habilitanden und Senior Researchers) aus allen EU-Mitgliedstaaten ausgeführt, die unter der Leitung von einem oder mehreren Professoren stehen. Die Ergebnisse ihrer rechtsvergleichenden Studien und Diskussionen sind „Position Papers", die der übergeordneten Co-ordinating Group laufend zur Stellungnahme übermittelt und im Internet publiziert werden. Sie enthalten neben der Analyse der relevanten nationalen Rechtsregeln Entwürfe von neuen Regeln (so genannte „Principles") sowie ausführliche Kommentare und Anmerkungen[32].

5. Kommission für Europäisches Familienrecht (CEFL)

Das jüngste Projekt, die „Kommission für Europäisches Familienrecht" (Commission on European Family Law – CEFL)[33] wurde 2001 in Utrecht gegründet[34] und besteht aus 25 Experten des Familienrechts aus fast allen Mitgliedstaaten und anderen europäischen Ländern.

Ziel der CEFL ist es, *„wegbereitende theoretische und praktische Überlegungen zur Harmonisierung des Familienrechts in Europa zu entwickeln"*[35]. Dies soll durch mehrere Schritte erreicht werden: Zunächst will die CEFL einen Überblick über den gegenwärtigen Stand der Familienrechte in den einzelnen Mitgliedstaaten erarbeiten und so den gemeinsamen Kern der Lösungen der verschiedenen Rechtsprobleme ausfindig machen. Endziel ist die Formulierung von *Prinzipien des Europäischen Familienrechts* (PEFL).

Die CEFL besteht aus dem Organisationskomitee (Vorsitzende: Katharina Boele-Woelki) und einer 22-köpfigen Expertengruppe. Die CEFL richtete 2001 eine virtuelle Literaturdatenbank zum Thema „Europäisches Familienrecht" ein[36]. Weiters veranstaltet die CEFL Tagungen, die erstmals im Familienrecht interna-

---

31 Z.B. baut sie ebenfalls auf dem einheitlichen Begriff der non-performance auf.
32 Die Position Papers sind veröffentlicht unter: http://ecc.kub.nl Punkt 3. Vgl. auch *Heutger*, ERPL 2002, 155 ff. sowie *Magnus*, ZEuP 2004, 562.
33 Vgl. http://www.law.uu.nl/priv/cefl, *Antokolskaia*, ERPL 2003, 28 ff. sowie *Walter Pintens*, ZEuP 2004, 548.
34 Gründungsmitglieder waren: Katharina Boele-Woelki (Utrecht), Walter Pintens (Leuven), Frédérique Ferrand (Lyon), Nigel Lowe (Cardiff), Dieter Martiny (Frankfurt/Oder) und Dieter Schwab (Regensburg).
35 Vgl. http://www2.law.uu.nl/priv/cefl auf der Startseite.
36 Vgl. http://www.intersentia.be/English/series2.shtml.

tional ausgerichtet sind[37]. Außerdem veröffentlicht die Gruppe im Internet umfangreiche Fragebögen („Questionnaires"), zu denen die Mitglieder der Expertengruppe „national reports" in deutscher, englischer oder französischer Sprache verfassen, die ebenfalls im Internet abrufbar sein werden[38]. Derzeit gibt es noch keinen Entwurf europäischer Familienrechtsregeln.

IV. Drei Referenzebenen, auf die sich der Unsinn bezieht

Die fünf genannten kodifikatorischen Projekte fertigen Entwürfe von Regelwerken an, die Bausteine für eine neue europäische Privatrechtsordnung bilden sollen. Diese Entwürfe sind nicht nur als bloße Inspirationsquellen für nationale und internationale Gesetzgeber bei der Schaffung neuer Gesetze, RL, VO und Übereinkommen gedacht, sondern in erster Linie als direkte und konkrete Vorarbeiten zu einer EG-Kodifikation: Das ausdrückliche Ziel der fünf kodifikatorischen Projekte liegt in der Verwirklichung eines EU-Privatrechtsgesetzbuchs[39]. Aber können diese Projekte diesem Ziel gerecht werden? Das gilt es nun für jede der drei genannten Referenzebenen zu untersuchen.

1. Ebene I: Vom Unsinn, Privatrecht in der Europäischen Union zu vereinheitlichen

Meiner Ansicht nach sind Vereinheitlichungsprojekte bereits deshalb unsinnig, weil die umfassende Vereinheitlichung des Privatrechts durch eine regulatorische Maßnahme an sich ein unsinniges Unterfangen ist. Die Unsinnigkeit be-

---

37 Z.B. „Perspectives for the unification and harmonisation of family law in Europe" (Utrecht 2002), Tagungsband: *Boele-Woelki*, Perspectives for the Unification and Harmonisation of Family Law in Europe (2003).
38 http://www2.law.uu.nl/priv/cefl oder http://www.intersentioa.be/English/series2.shtml.
39 Für die ECC-Study-Group: *von Bar*, in: Schulte-Nölke/Schulze (Hrsg.), Europäisches Vertragsrecht im Gemeinschaftsrecht, Schriftenreihe der Europäischen Rechtsakademie Trier, Band 22 (2002), 268 f.: „[...]einen verbindlichen einheitlichen Rechtstext von der Art [...], wie wir ihn hier auf dem Kontinent heute mit den Zivilgesetzbüchern kennen [...]"; für die European Group on Tort Law: http://civil.udg.es/tort/Principles/project. htm unter „goals and objectives": „[...] Identifying the common principles of European tort law is obviously indispensable if it would come to such a European civil code"; für die Lando-Kommission vgl. http://www.cbs.dk/departments/ law/staff/ol/commission_on_ecl/: „their main purpose is to serve as a first draft of a part of a European Civil Code". Für die Gandolfi-Gruppe: *Gandolfi*, in: Académie des Privatistes Européens/Academy of European Private Lawyers (Hrsg.), Code Européen des Contrats Avant-Projet, livre premier (1995): „On a alors décidé de recourir à l'instrument de la loi pour mettre en oevre l'uniformisation ou l'unification." Am zurückhaltendsten, aber doch auf Eingang in einen Europäischen Civil code hoffend, ist die CEFL: vgl. *Pintens*, ZEuP 2004, 556.

zieht sich hier auf die Schaffung eines einheitlichen, kohärenten Regelwerks für die Europäische Union (also „Kodifikation" von Detail- und/oder Grundregeln). Auf dieser Ebene stelle ich das Ziel dieser Projekte an sich in Frage und spreche ihnen damit gleichsam die „Berechtigung zur Recht-Fertigung" ab (wer eine EG-Kodifikation des Privatrechts ablehnt, der lehnt jene Projekte als unsinnig ab, die sich eine solche Kodifikation zum Ziel gesetzt haben). Einige Argumente, die gegen die Sinnhaftigkeit einer regulatorischen Vereinheitlichung des Privatrechts in Form eines EU-Zivilgesetzbuchs sprechen, seien hier angeführt:

a) Verwirklichungskosten übersteigen den Nutzen

Jede Umstellung und Neueinführung verursacht Kosten in Form von Geld und Zeit. Abschreckendes Beispiel ist die Rechtschreibreform: die Neufassung und der Druck von Büchern, Lehrmitteln, Kommentaren, Formularen, Briefpapieren etc. hat Unmengen an Geld und Zeit verschlungen, und nun wird der Sinn der Reform selbst sogar in Frage gestellt. Bei der Einführung eines EG-Zivilgesetzbuchs würden ebensolche Kosten entstehen (und außerdem Kosten für die „Umschulung" von Juristen sowie erhöhte Rechtsunsicherheit in der Anfangsphase). Die Kostenersparnis eines EG-Zivilgesetzbuchs – so wird behauptet, aber nicht bewiesen[40] – läge in der Vereinfachung der Rechtslage, wodurch z.B. Transaktionskosten für grenzüberschreitende Verträge wegfielen (z.B. Kosten für ausländische Anwälte, Übersetzungen, Dolmetscher etc.). Es ist aber höchst fraglich, ob diese Kostenersparnis wirklich so enorm ist, wie behauptet. Bislang ist nicht errechnet worden, wann sich ein solcher Kodex amortisiert; Studien dazu gibt es nicht. Ich behaupte: ein Kodex amortisiert sich nicht.

Der Grund liegt darin, dass in eine solche Berechnung nicht nur finanzielle Kosten, sondern auch „kulturelle" Kosten einzubeziehen sind. Folgende Argumente (b - j) betreffen nichtpekuniäre Kostenfaktoren, die ebenso ins Gewicht fallen und die bei genauerer Betrachtung derart schwer wiegen, dass die Sinnhaftigkeit eines EG-Gesetzbuchs ernsthaft bezweifelt werden muss.

b) Systemunterschiede sind zu groß

Jede Rechtsordnung ist geprägt durch die zugrunde liegende Einheitlichkeit des Systems (i.S.v. konstruktiven Grundzusammenhängen). Diese Systemunterschiede zwischen den Rechtsordnungen sind so groß, dass sie die Rechtsvereinheitlichung unmöglich machen.

Je größer der räumlich umfasste Bereich, desto schwieriger ist Rechtsvereinheitlichung, da mit der Zahl der Rechtsordnungen die Zahl der Systeme steigt[41]. Die Europäische Union umfasst mittlerweile 25 Systeme und wird noch wachsen. Zugegeben, einige Rechtssysteme sind einander ähnlicher als andere (z.B.

---

40 Vehementester Fürsprecher ist Ole Lando, vgl. z.B. *Lando*, ERPL 1997, 525 ff., 526.
41 Ähnlich bereits *Müller-Freienfels*, AmJCompL 1968, 185.

lassen sich die kontinentaleuropäischen Rechtsordnungen zur Systemgruppe des civil law zusammenfassen; hier ist Rechtsvereinheitlichung *relativ* einfach), doch die Brücke zu den anglo-amerikanischen common law Systemen scheint mir trotz gegenteiliger Behauptungen[42] momentan noch unüberwindbar.

Zum Beispiel gibt es im Deliktsrecht derart große Unterschiede (und zwar nicht nur zwischen den Systemen des common law und des civil law, sondern auch z.b. zwischen Deutschland und Frankreich), dass es bislang keinen legislatorischen Ansatz zur Vereinheitlichung des gesamten Rechtsgebietes des Schadenersatzrechts gegeben hat. Die einzige Initiative der Europäischen Union beschränkte sich auf den Bereich der Produkthaftung[43]; der Versuch, die Haftung für fehlerhafte Dienstleistungen zu harmonisieren, scheiterte. Ebenso schlug der Ansatz des Europarats fehl, eine Konvention über „Liability for Substances Harmful to the Environment" (Lugano Abkommen) zu verwirklichen[44].

Zwar lässt sich argumentieren, dass alle westlichen Rechtsordnungen von einer liberalen Grundeinstellung geprägt sind, die einheitliche Grundprinzipien (Vertragsfreiheit, Privateigentum, Wettbewerbsfreiheit, private Verantwortlichkeit, Niederlassungsfreiheit etc.) anerkennt; eine Vereinheitlichung lasse sich daher – zumindest im wirtschaftsnahen Privatrecht – auf eine solide gemeinsame Basis stützen[45]. Doch trotz dieser (vermeintlichen) Gemeinsamkeiten in mitgliedstaatlichen Regelungen bestehen in den konkreten Ausgestaltungen und Umsetzungen so gewichtige Regelungsunterschiede, insbesondere in materiellen Einzelregelungen und Rechtsinstitutionen und –figuren, aber auch im Normenaufbau, dass diese Abweichungen eine echte Rechtsvereinheitlichung äußerst schwierig[46] wenn nicht unmöglich[47] machen.

---

[42] Am vehementesten *Zimmermann*, The Law of Obligations. Roman Foundations of the Civilian Tradition (1996).

[43] RL 85/374/EWG des Rates zur Angleichung der Rechts- und Verwaltungsvorschriften der Mitgliedstaaten über die Haftung für fehlerhafte Produkte vom 25.7.1985, ABl 1985 L 210/29 vom 7.8.1985, geändert durch RL 1999/34 des Europäischen Parlaments und des Rates vom 10.5.1999, ABl 1999 L 141/20 vom 4.6.1999.

[44] Convention on Civil Liability for Damage resulting from Activities Dangerous to the Environment, CETS No. 150. Zum aktuellen Stand vgl.: http://conventions.coe.int/treaty/Commun/ChercheSig.asp?NT=150&CM=8&DF=20/03/01&CL=ENG (bis heute liegt keine einzige Ratifikation vor; Stand: 10.10.2004).

[45] Z.B. *Müller-Graff*, in: ders., Gemeinsames Privatrecht in der Europäischen Gemeinschaft, 2. Aufl. (1999), 11 ff.; *Posch*, Grundzüge fremder Privatrechtssysteme (1995), 154 ff.; *Lando*, ULR 1998, 536 f.

[46] Vgl *Lurger*, Grundfragen der Vereinheitlichung des Vertragsrechts in der Europäischen Union (2002), 46 ff.

[47] *Legrand*, MLR 1996, 44 ff.; *ders*, ICLQ 1996, 52 ff. Vgl. zu den Systemunterschieden auch *Riedl*, (o. Fn. 2), 50 ff.

c) Sprachenvielfalt in der Union macht Vereinheitlichung unmöglich

Eines der größten Probleme der Rechtsvereinheitlichung im europäischen (im Unterschied zum amerikanischen) Rechtsraum ist die Vielzahl der involvierten Sprachen[48]. Die Europäische Union operiert inzwischen mit 20 gleichberechtigten Amtssprachen, in denen sämtliche Rechtstexte abgefasst sind, um dem Postulat der Sprachenvielfalt gerecht zu werden[49]. Dies mag zwar die gerechteste Lösung sein; doch für die Übersetzung ist ein enormer und vor allem kostenintensiver Verwaltungsaufwand nötig. Abgesehen vom finanziellen Aspekt stellt das Übersetzen von Rechtstexten spezifische Anforderungen an die Genauigkeit und das sprachliche Geschick des Übersetzers und erfordert rechtsvergleichende Tätigkeit auf höchstem Niveau, denn Fachtermini erfahren mit der Zeit nationale Eigenprägungen, und ihr Bedeutungsgehalt erschließt sich erst aus dem Zusammenhang des zugrunde liegenden Rechtssystems. Für die Übersetzung von Rechtstexten sind nicht nur viel mehr Mühe und Zeit aufzubringen als beim Verfassen der ursprünglichen Texte; sondern es lauern auch zahlreiche Gefahren (sprachliche Missverständnisse und Ungenauigkeiten, unterschiedliche Übersetzungstechniken), sodass sich einmal mehr die Frage stellt, ob Rechtsvereinheitlichung an sich überhaupt sinnvoll ist.

Die durch die europäische Sprachenvielfalt verursachten Schwierigkeiten bei der Rechtsvereinheitlichung betreffen nicht nur das Übersetzen bestehender Normen in die verschiedenen Sprachen der Mitgliedstaaten, sondern auch das Konzipieren neuer Regeln (das bei den meisten laufenden Projekten in englischer Sprache erfolgt). Das größte Risiko besteht hier darin, dass die unkritische Übernahme von allgemeinsprachlichen Bedeutungen in die juristische Fachsprache zu Verständnis- und Übersetzungsfehlern führen kann. Die sehr spezifischen juristischen Begriffe können bei der Übertragung in eine andere Sprache ihre ursprüngliche Bedeutung verändern.

Ein Beispiel ist das schwedische „dröjsmal", das zwar mit „Verzug" übersetzt wird, im schwedischen Recht aber mehr als nur Fristüberschreitung bei der Erfüllung eines vertraglichen Versprechens bedeutet. Auch das EG-Recht hat eine eigene Begrifflichkeit aufgebaut, die – wenngleich in den EG-Amtssprachen formuliert – nicht immer mit den entsprechenden nationalen Rechtsbegriffen übereinstimmt. Gleiches gilt für Begriffe im internationalen Einheitsrecht (z.B. „breach of contract" im CISG und „non-performance" in den PECL)[50].

---

48 Vgl. *Bruha/Seeler* (Hrsg.), Die Europäische Union und ihre Sprachen (1998); *Pescatore*, ZEuP 1998, 1 ff.; *De Groot/Schulze* (Hrsg.), Recht und Übersetzen (1999); *Sandrini* (Hrsg.), Übersetzen von Rechtstexten (2000); und allgemein: *O. Spengler*, Der Untergang des Abendlandes (1923), 11 und 94.
49 Vgl. http://europa.eu.int/comm/education/policies/lang/languages/lang/europeanlanguages_de.html
50 Vgl. *Hesselink*, Global Jurist Frontiers 2001, Art. 4, 18 ff.

Besonders trügerisch ist es, wenn eine Sprache in mehreren Rechtsordnungen gesprochen wird, wie etwa in den verschiedenen Ländern des deutschen, französischen oder englischen Sprachkreises (man denke an die Unterschiede zwischen deutschem, österreichischem und schweizerischem Recht oder zwischen englischem und amerikanischem common law). Solche herkunftsgleichen Rechtssprachen sind historisch zwar verwandt, doch divergieren sie im Detail (und juristische Arbeit erfordert Genauigkeit im Detail). Selbst regionale Rechtsvereinheitlichung bleibt nicht von der Sprachenproblematik verschont[51].

Von der Rechtsvereinheitlichung und der daraus unweigerlich folgenden Konfrontation mit fremden Rechtssprachen sind nicht nur jene Rechtswissenschaftler betroffen, die den laufenden Kodifikationsprojekten angehören. Sollte einer der geplanten Regelungsentwürfe je Gesetzeskraft erlangen, werden auch Unternehmensjuristen, Anwälte und Richter (etwa wenn es in einem Verfahren um die Auslegung dieser Regelwerke geht) mit der Sprachenproblematik von Einheitsrecht konfrontiert sein. Dem Gebot europaweit einheitlicher Anwendung wird ohne Kenntnis der ausländischen Rechtsprechung und Literatur nicht zu genügen sein. Doch die wenigsten Juristen verfügen heute über eine ausreichende Fremdsprachenausbildung, zumal eine durchschnittliche Fremdsprachenausbildung wegen der Bindung der juristischen Fachsprache an das jeweilige Rechtssystem nicht ausreichen würde.

d) Rechtskulturen werden nivelliert

Rechtsordnungen unterscheiden sich nicht nur durch Rechtssprache, Inhalt und Gestaltung ihrer Rechtsregeln, sondern zu einer Rechtsordnung gehören weitere Merkmale, die ihren „Stil" ausmachen[52]. Es handelt sich um ein Geflecht aus sozialen, kulturellen, methodischen, institutionellen und psychologischen Faktoren, welche die Rechtskultur einer Rechtsordnung bilden[53]. Dazu zählen Eigenheiten wie die Art der Sachverhaltsanalyse, der Begründung und Fassung der Urteile, die Stellung der Wissenschaft, die Ausbildung der Juristen, die Kontakte zwischen den juristischen Berufsgruppen, das Selbstverständnis der juristischen Berufsgruppen (etwa das Gefühl der Zusammengehörigkeit oder der Stellenwert der Richter und ihrer Urteile) oder das durch Verhaltensmuster, Erwartungen und Wertvorstellungen geprägte Verhältnis der Bürger zu „ihrem" Recht. Legrand nennt diese Eigenheiten einer Rechtsordnung „*Mentalités*"[54].

---

51 Vgl. für Skandinavien: *Almén*, Das skandinavische Kaufrecht (1922), vi ff.
52 Vgl. *Zweigert/Kötz*, Einführung in die Rechtsvergleichung, 3. Aufl. (1996), 67 ff.
53 Vgl. auch *Collins*, ERPL 1995, 353 ff.; *Basedow*, ZEuP 1996, 370; *Hesselink*, The new European legal culture (2001); sowie *Lurger*, Grundfragen der Vereinheitlichung des Vertragsrechts in der Europäischen Union (2002), 46 ff.
54 *Legrand*, MLR 1996, 44 f.; *ders*, ICLQ 1996, 52 ff.

Man muss nicht *Savignys* „Volksgeist"[55] beschwören, um zu erkennen, dass sich diese Faktoren nicht vereinheitlichen oder nivellieren lassen: etwa die historischen, kulturellen, sozialen und wirtschaftlichen Zusammenhänge, die bei der Entwicklung einer Rechtsordnung eine Rolle gespielt haben, aber auch der Stellenwert der Zivilgesetzbücher in den nationalen Rechtstraditionen. So ist der Code Civil ein Bestandteil des kulturellen Erbes Frankreichs und „seiner" Revolution. Demgegenüber ist das NBW ein juristisches Regelwerk, das den praktischen Bedürfnissen des modernen Rechtslebens Rechnung trägt; entsprechendes gilt für den UCC. In England, wo Gesetze nur eng begrenzte Regelungsbereiche umfassen, stieße hingegen der Vorschlag, eine umfassende Privatrechtskodifikation einzuführen, wohl m.E. auf starken Widerstand bei den meisten Juristen und Praktikern.

Rechtskultur lässt sich nicht vereinheitlichen wie Normen. Daher vollzieht sich durch Normenänderung leicht ein Bruch mit den vorhandenen Rechtskulturen. Pure Romantik verkörpern jene zu optimistischen Meinungen (z.B. Zimmermann[56], Schulze[57] und Coing[58]), die im Sinne Hallsteins[59] das vereinende „Europäische Wesen" betonen, wonach die europäische Rechtsgemeinschaft bereits historisch verankert sei und sich ihre Quellen und ihr Ursprung in gemeinsamen Kulturbegriffen wie der lateinischen Sprache, römischem bzw. kanonischem Recht und ius commune widerspiegelten[60]. Sie verkennen, dass jede Rechtskultur Ausdruck einer modernen pluralistischen und demokratischen Gesellschaft ist[61]. Vor dem Aufzwingen fremder bzw. künstlich geschaffener Rechtskulturen ist zu warnen. Jede regulatorische Rechtsvereinheitlichung würde rechtskultu-

---

55 Vgl. *von Savigny*, Vom Beruf unserer Zeit für Gesetzgebung und Rechtswissenschaft, in: Hattenhauer (Hrsg.), Thibaut und Savigny (1973), 75. Siehe auch *Legrand*, MLR 1996, 81.
56 Z.B. *Zimmermann*, JZ 1992, 8 ff.; *ders*. Römisches Recht und Europäische Rechtseinheit, Veröffentlichungen der J. Jungius-Gesellschaft Hamburg (1993), 151 ff.
57 Z.B. *Schulze*, in: ders. (Hrsg.), Europäische Rechts- und Verfassungsgeschichte (1991).
58 Z.B. *Coing*, NJW 1990, 937 ff.; *ders*, in: FS Hallstein (1966), 166 ff.
59 Vgl. *Hallstein*, RabelsZ 1964, 211 ff.
60 Dieses Argument griff das deutsche BundesVerfG in seiner Entscheidung zur Stellung des EuGH als gesetzlicher Richter auf: Es begründete mit Hinweis auf die gemeineuropäische Rechtsüberlieferung und Rechtskultur, dass der EuGH selbst zur Rechtsfortbildung befähigt sei, weil „die Mitgliedstaaten die Gemeinschaft mit einem Gericht ausstatten wollten, dem Rechtsfindungswege offen stehen sollten, wie sie in jahrhundertelanger gemeineuropäischer Rechtsüberlieferung und Rechtskultur ausgeformt worden sind", BVerfGE 75, 243 f., Beschluss des 2. Senates Nr. 10 vom 8.4.1987.
61 Ählich kritisch: *Caroni*, ZNR 16 (1994), 84 ff., *Brauneder*, ZNR 15 (1993), 225 ff. und *Rückert*, RJ 11 (1992), 122 ff.

relle Unterschiede nivellieren[62] und ist m.E. ein zum Scheitern verurteiltes Vorhaben, weil Recht untrennbar mit Mentalitäten verbunden ist[63].

e) Fehlendes Gemeinschaftsgefühl

Zusätzlich würde die Vereinheitlichung des Privatrechts in der Europäischen Union in Form einer Kodifikation durch einen psychologischen Faktor verhindert: den Rechtsanwendern in den Mitgliedstaaten fehlt das europäische Gemeinsamkeitsgefühl[64]. Ein Kodex verkörpert die Identität eines Staates. Die Europäische Union ist kein Staat. Rechtsanwender in den Mitgliedstaaten identifizieren sich in geringerem Maße mit der Europäischen Union als mit ihrem eigenen Staat. Sie haben kein europäisches Gemeinschaftsbewusstsein, und ich bezweifle, dass sie ein solches je entwickeln werden. Insgesamt mangelt es in Europa an einer „rechtskulturellen" Integration, die den Bürgern und vor allem nationalen Juristen ihre „europäische Berufung" unmittelbar bewusst macht. Die EU-Bürger werden sich voraussichtlich immer vorrangig als Bürger ihres Mitgliedstaates fühlen und deshalb einen EU-Kodex wohl nicht als „ihren" Kodex akzeptieren. Ein EG-Zivilgesetzbuch wird m.E. nicht nachhaltig zur „kulturellen" Integration Europas beitragen.

f) EU-Kodex findet keine Kompetenzgrundlage im EG-Vertrag

Der EG-Vertrag sieht weder einen klaren Auftrag der Gemeinschaft zur Rechtsangleichung vor[65], noch bilden die einzelnen Ermächtigungsgrundlagen im EG-Vertrag eine angemessene Ausgangsbasis für eine umfassende Vereinheitlichung in Form eines EG-Zivilgesetzbuchs: Zwar zählen die „Grundsätze" in Art. 3 Abs. 1 lit. h EG *„die Angleichung der innerstaatlichen Rechtsvorschriften, soweit dies für das Funktionieren des Gemeinsamen Marktes erforderlich ist"* zu den Aufgaben der Europäischen Gemeinschaft, knüpfen diese aber an funktionale Kriterien und setzen damit der Rechtsvereinheitlichung Schranken. Rechtsvereinheitlichung darf nur so weit gehen, wie sie für das Funktionieren des Gemeinsamen Marktes notwendig ist (so genannte „Marktfinalität")[66]. An

---

62 Vgl. *Legrand*, MLR 1996, 44 ff.; *ders*, ICLQ 1996, 52 ff.
63 Siehe dazu auch *Joerges*, Ein europäisches Zivilgesetzbuch als einzige Lösung? Kooperation statt Hierarchie: Legitimationsprobleme und Argumentationsstrategien am Beispiel des Privatrechts, Frankfurter Rundschau/Forum Humanwissenschaften, Dienstag, 5.11.2002; *ders.*, Global Jurist Topics, Volume 2, No. 2, Article 1, http://www.bepress.com/ gj/topics/vol2/iss2/art1. (Italienische Übersetzung: Un codice civile 'davveoro l'unica soluzione?, XXI:1 Rivista Critica del Diritto Privato 2003, 3 ff.)
64 *Basedow*, in: Immenga/Möschel/Reuter (Hrsg.), FS Mestmäcker (1996), 363. Allerdings muss ich eingestehen, dass sich dieses Argument auch ins Positive umkehren ließe: ein Kodex kann unter Umständen auch das Gemeinschaftsbewusstsein der EU-Bürger fördern.
65 Siehe auch *Müller-Graff*, NJW 1993, 16 ff.
66 *Müller-Graff*, Gemeinsames Privatrecht in der Europäischen Gemeinschaft, 2. Aufl. (1999).

die Angleichung des Privatrechts in seiner Gesamtheit dachten die Schöpfer des EG-Vertrags erwiesenermaßen nicht[67]; so fehlen die Begriffe Privatrecht und Privatrechtsangleichung im EG-Vertrag, und auch gemäß der offiziellen Interpretation des EG-Vertrags aus Brüssel verfügt die Europäische Gemeinschaft über keine ausdrückliche Kompetenz zur *umfassenden* Gesetzgebung im Bereich des Privatrechts[68]. Außerdem ist Art. 3 EG-Vertrag keine Ermächtigungsgrundlage, sondern legt nur Grundsätze fest. Kontrovers ist, ob sich (innerhalb der Schranken der Marktfinalität) aus einzelnen Ermächtigungsgrundlagen im EG-Vertrag eine Gemeinschaftskompetenz zur Vereinheitlichung des Privatrechts ableiten lässt.

Strittig ist z.B. die Frage, ob eine umfassende Regelung des Privatrechts auf Grundlage der Art. 94, 95 EG möglich wäre. Nach überwiegender Ansicht wird dies abgelehnt: Art. 95 ist „nicht breit genug", um weitere Harmonisierungsmaßnahmen zu stützen, Art. 94 ist „zu wenig flexibel"[69]. Ebenso strittig und m.E. abzulehnen ist, dass sich eine EG-Kodifikation auf Art. 308 EG-Vertrag stützen lasse. Art. 308 sieht ergänzend zu den Einzelermächtigungen eine Abrundungsklausel für den Fall vor, dass weiterer Handlungsbedarf besteht: „*Erscheint ein Tätigwerden der Gemeinschaft erforderlich, um im Rahmen des Gemeinsamen Marktes eines ihrer Ziele zu verwirklichen, und sind in diesem Vertrag die hierfür erforderlichen Befugnisse nicht vorgesehen, so erlässt der Rat einstimmig auf Vorschlag der Kommission und nach Anhörung des Europäischen Parlaments die geeigneten Vorschriften*". Demnach ist Art. 308 EG nur unter zwei Voraussetzungen anwendbar: erstens, wenn eine andere Rechtsgrundlage im EG-Vertrag nicht gefunden wird, weil die notwendigen Kompetenzen nicht ausreichen; zweitens muss das Handeln der Gemeinschaft zur Erreichung eines bestimmten Zieles notwendig sein[70]. Hinter der Formulierung

---

67 Nw. bei *Riedl*, (o. Fn. 2), 19 und 34 ff.
68 Nw. bei *Basedow*, RevIntDrComp 1998, 11. A.A. ist das Europäische Parlament, das in seiner Entschließung vom 26.5.1989 in Punkt F feststellt, dass zur „Vereinheitlichung umfassender Bereiche des Zivilrechts [...] die Bestimmungen des Vertrags und der Einheitlichen Akte [...] in vollem Umfang die entsprechenden Rechtsgrundlagen [enthalten], um dieses Ziel zu erreichen" – allerdings ohne Nw. der rechtlichen Grundlage!
69 Vgl. *von Borries*, ZEuP 1996, 197. Immerhin vertritt *Tilmann*, ERPL 1997, 471, dass Art. 95 EG mit seinem Mehrheitssystem, der aktiven Beteiligung des Parlaments, dem erweiterten Instrumentarium und der zwingenden Auslegung durch den EuGH zumindest im Bereich des Verbraucherschutzes eine ausreichende Rechtsgrundlage für ein EG-Zivilgesetzbuch darstelle; *Basedow*, RevIntDrComp 1998, 7 ff, will sogar die Kodifikation des europäischen Vertragsrechts auf eine RL gem. Art. 95 EG stützen; *Lurger*, Grundfragen der Vereinheitlichung des Vertragsrechts in der Europäischen Union (2002), 104-112, sieht in Art. 95 EG zumindest für die Vertragsrechtsvereinheitlichung eine ausreichende Kompetenzgrundlage.
70 Gemeint sind alle im EG-Vertrag erwähnten Ziele, also neben Artt. 2-4 EG-Vertrag auch die in den einzelnen Bestimmungen verankerten Ziele. Vgl. *Kapetyn/van Themaat*, Introduction to the Law of the European Community, 2. Aufl. (1989), 114.

steckt die Absicht, den Gemeinsamen Markt tatsächlich zu gewährleisten bzw. sein Funktionieren wirksamer zu machen. Art. 308 EG kann jedoch nicht zur Setzung neuer oder zur Änderung bestehender Vertragsziele herangezogen werden[71], also keine Kompetenzen außerhalb der Aufgabenzuweisung von Art. 3 iVm Art. 5 EG begründen[72]. Der EuGH hat in einem Gutachten festgestellt, dass der Rahmen dieser Ermächtigungsgrundlage dann überschritten wird, wenn der (demokratisch nicht legitimierte) Rat den Mitgliedstaaten Veränderungen auferlegt, die verfassungsrechtliche Dimensionen annehmen[73]. M.E. hat die umfassende Vereinheitlichung des Privatrechts der Mitgliedstaaten in Form eines EG-Zivilgesetzbuchs eine solche verfassungsrechtliche Reichweite[74].

g) Sekundärzersplitterung zerstört formale Einheitlichkeit

Sekundärzersplitterung ist die nachträgliche Zerstörung des auf EG-Ebene erzielten Einheitsrechts durch mehrere, auf der Ebene der Mitgliedstaaten angesiedelte Faktoren, etwa durch Übersetzungsfehler, durch unterschiedliche Umsetzung des Textes durch nationale Gesetzgeber; durch unterschiedliche Auslegung und Anwendung des Textes durch nationale Gerichte sowie durch Fehlen einer einheitlichen Gerichtsbarkeit.

Ein EU-weit einheitlicher Gesetzestext alleine bedeutet noch nicht die gleichförmige Anwendung durch die nationalen Gerichte, weil die Auslegung niemals (zumindest ohne einen einheitlichen EG-Privatrechtsgerichtshof) in allen Mitgliedstaaten auf die gleiche Weise erfolgen kann[75]. Zu unterschiedlich sind die Rechtstraditionen, das Rechtsdenken, der dogmatische Hintergrund und die politischen und wirtschaftlichen Systeme. Die divergierenden sozialen, politischen und ökonomischen Kontexte und die vom jeweiligen Heimatrecht geprägten Vorverständnisse der Rechtsanwender üben *de facto* einen viel stärkeren Einfluss auf den Rechtfindungsprozess und das Auslegungsergebnis aus als der gleichlautende Text des Einheitsrechts. Nationale Gerichte neigen dazu, einem internationalen Rechtsbegriff die gleiche Bedeutung wie in ihrer heimi-

---

71 BVerfGE 89, 155, 210 (Maastricht-Urteil).
72 Vgl. z.B. *Franzen*, ZEuP 1995, 796 ff.
73 Gutachten 2/94 des EuGH vom 28.3.1996 (Slg. 1996, I-1759), in dem der EuGH eindeutig verneint, dass die EG über die Kompetenz verfügt, auf der Basis von (ex-)Art. 235 EG der EMRK beizutreten (Rn. 35): „Eine solche Änderung des Schutzes der Menschenrechte in der Gemeinschaft [...] wäre von verfassungsrechtlicher Dimension und ginge daher ihrem Wesen nach über die Grenzen des Art. 235 hinaus. Sie kann daher nur im Wege einer Vertragsänderung vorgenommen werden."
74 Zu den Schwierigkeiten, die gerade auch in dieser Hinsicht die vom Aktionsplan angedachten Instrumente eines „gemeinsamen Referenzrahmens" und eines „optionellen Regelungsinstruments" aufwerfen, vgl. die kritische Bewertung von *Najork/Schmidt-Kessel*, GPR 1/03-04, 5 ff. (insb. 6 und 10 ff.).
75 A.A. *McGuire/Kähler*, GPR 4/03-04, 170 ff., allerdings zustimmend in der Frage der *freiwilligen* Heranziehung eines gemeinsamen Referenzrahmens (173).

schen Rechtsordnung beizumessen. Der Einheitstext erfährt durch divergierende Umsetzungs-, Auslegungs-, Anwendungs- und Lückenfüllungspraktiken in den Mitgliedstaaten schnell eine unterschiedliche Bedeutung[76].

Bereits nationale und regionale Rechtsvereinheitlichung sind davon betroffen, z.b. wurden in den Benelux-Staaten Rechtsvorschriften aus der napoleonischen Zeit, die sich erhalten haben und ihrem Inhalt nach völlig identisch sind, im Lauf der Zeit in jedem Land verschieden ausgelegt, weiterentwickelt und führen heute ein Eigenleben. Ein anderes Beispiel ist die Rezeption des schweizerischen ZGB in der Türkei, wo sich die Auslegung des rezipierten Gesetzestextes und die in der sozialen Wirklichkeit gelebten Traditionen und Bräuche derart wechselseitig beeinflussten, dass sich schon nach wenigen Jahren ein Recht eigenständigen Charakters herausbildete[77].

Selbst das innerstaatliche Recht kommt nicht ohne Höchstgerichte aus, um die einheitliche Auslegung im eigenen Lande zu sichern – umso größer ist die Gefahr der divergierenden Auslegung für das internationale Einheitsrecht. Sekundärzersplitterung stellt daher das eigentliche Ziel, Rechtseinheit durch Einheitsrecht zu gewährleisten, in Frage. Nach kurzer Zeit bestünde trotz der formalen Geltung von Einheitsrecht eine EU-weite Rechtseinheit nur dem Anschein nach, weil durch divergierende Auslegungen die mühevoll vereinheitlichten Regeln inhaltlich wieder auseinanderdriften. Der EG-Gesetzgeber vernachlässigt die dringliche Frage nach einer umfassenden Justizreform (z.B. Schaffung eines einheitlichen Privatrechtsgerichtshofs; prozessuale Umsetzung der vom Aktionsplan vorgesehenen Maßnahmen etc.)[78]. Mansel spricht von „Lebenslüge" des Einheitsrechts, sofern es Auslegung und Lückenfüllung allein den Gerichten der beteiligten Staaten überlasse und dadurch seine Re-Nationalisierung erlaube[79].

i) Das europäische Mehr-Ebenen-Regime braucht kein Einheitsrecht

Die Rechtsentwicklungen auf EU-Ebene gehorchen einer anderen Logik als die Rechtsordnungen auf nationaler Ebene: Das europäische Privatrecht wird nicht nur von einem souveränen Gesetzgeber geschaffen. Vielmehr ist die Europäisierung des Privatrechts das wahrscheinlich komplizierteste Phänomen unserer Zeit: Es handelt sich um einen mehrschichtigen Prozess, an dem vielerlei unterschiedliche Akteure beteiligt sind (EuGH, Kommission, Parlament, Rat, Ausschüsse, nationale Gerichte, die vom EuGH Vorabentscheidungen erbitten, private Parteien, die EuGH-Urteile erwirken, widerstreitende höchstgerichtliche

---

76 Vgl. *Kegel*, Sinn und Grenzen der Rechtsangleichung (1971), 44.
77 Vgl. *Zweigert/Kötz*, Einführung in die Rechtsvergleichung, 3. Aufl. (1996), 175 ff. m.w.Nw.
78 In der Literatur gibt es eine Reihe von Wortmeldungen zu einer Justizreform in Europa, stellvertretend für viele: *Basedow*, Nationale Justiz und Europäisches Privatrecht (2002).
79 Vgl. *Mansel*, JZ 1991, 532.

Senate, Konsumentenvereine etc.). Hier gibt es kein übergeordnetes System, sondern ein komplexes und vielschichtiges Mehr-Ebenen-Regime[80]. Es ist daher nicht nur höchst fraglich, ob ein Kodex in dieses Regime eingebettet werden kann; eine Kodifikation würde auch genau diesen langsamen Entwicklungsprozess konterkarieren, an dem sich viele Akteure auf mehreren Ebenen beteiligen.

h) Versteinerungseffekt macht Kodex wertlos

Mit der Forderung nach Bewahrung des Charakters eines Mehr-Ebenen-Regimes hängt der so genannte Versteinerungseffekt zusammen. Die Versteinerungsproblematik liegt in der Natur jeglichen Gesetzesrechts: Rechtssätze, die in Gesetzestext gegossen werden (normiertes Recht) können „versteinern": sie lassen sich nur noch verhältnismäßig schwer an geänderte Umstände anpassen, z.B. können sie nicht auf neue wirtschaftliche oder technische Entwicklungen antworten. Auch ein EG-Kodex wäre der Gefahr der Versteinerung ausgeliefert: die Möglichkeit der Anpassung an geänderte Umstände ist durch einen Kodex viel weniger gegeben als in einem beweglichen Mehr-Ebenen-System.

j) Einheitsrecht zerstört den Wettbewerb der Systeme

Das Argument, dass durch die Schaffung eines einheitlichen Privatrechtsgesetzbuchs der Wettbewerb der Privatrechtssysteme zerstört wird, passt ebenfalls zur Auffassung der Europäischen Union als Mehr-Ebenen-Regime. Zwischen den einzelnen nationalen Rechtsordnungen herrscht ein förderlicher Wettstreit, der die Rechtsentwicklung insgesamt positiv beeinflusst[81]. Die Rechtsvielfalt in der Europäischen Union regt zu kreativen Lösungen an. Z.B. können Unternehmer legitimerweise die Vorteile anderer Rechtsordnungen ausnützen, indem sie etwa den Sitz ihres Unternehmens in einen Mitgliedstaat mit günstigen Rechtsregeln verlegen[82]. Ebenso können private Vertragsparteien das günstigste Recht wählen. Geschickte Akteure profitieren vom Wettbewerb der Systeme. Die Rechtsvielfalt bleibt erhalten und bildet ein „Konzert der Stimmen in Europa", das zum Bild des Europäischen Mehr-Ebenen-Regimes passt. Ein EG-Zivilgesetzbuch würde hingegen eine Verarmung der Vielfalt bedeuten.

---

80   Zur Auffassung des Europäischen Systems als Mehr-Ebenen-Regime vgl. *Joerges*, in: Joerges/Teubner (Hrsg.), Rechtsverfassungsrecht. Recht-Fertigung zwischen Privatrechtsdogmatik und Gesellschaftstheorie (2003), 7 ff.
81   Vgl. z.B. *Lurger*, Grundfragen der Vereinheitlichung des Vertragsrechts in der Europäischen Union (2002), 136 ff. m.w.Nw.
82   Vgl. EuGH Rs. C-212/97, *Centros Ltd. v. Erhvervs- og Selskabsstyrelsen*, vom 9.3.1999, Slg. 1999 I-1459.

2. Ebene II: Vom Unsinn, Privatrecht in der Europäischen Union durch wissenschaftliche Projekte zu vereinheitlichen

Aus mehreren Gründen ist es unsinnig, wenn Professoren in Eigenregie Projekte gründen, um die Kodifikation des europäischen Privatrechts zu betreiben.

a) Wissenschaftler sind nicht die einzigen Akteure

Wissenschaftler sind nicht die einzigen Akteure im Europäisierungsprozess; die Europäische Union ist ein Mehr-Ebenen-Regime mit vielen unterschiedlichen Akteuren. Doch Wissenschaftler sehen über diese Tatsache hinweg und erklären sich für berufen, die Zukunft des europäischen Privatrechtssystems zu bestimmen, indem sie Regelungen entwerfen, die für alle Akteure im Mehr-Ebenen-Regime gelten sollen. Viele dieser Wissenschaftler sind Privatrechtler oder Rechtsvergleicher, die sich kaum mit dem europäischen Wirtschaftsrecht beschäftigt haben, geschweige denn je in der Praxis tätig waren. Auffällig viele Professoren sind Romanisten oder Rechtshistoriker (Gandolfi, Mayer-Maly, Mattei, Schulze, Zimmermann), die sich ein ius commune modernum herbeisehnen und eine Aufwertung ihrer Disziplinen[83]. Warum soll die Schaffung einer neuen Privatrechtsordnung für die Union *ausschließlich* in der Hand einiger selbsternannter Rechtswissenschaftler liegen? Warum soll dieser Prozess „verwissenschaftlicht" werden? In Wahrheit ist diese Vorgehensweise ein höchst problematisches Unterfangen: ein undemokratischer Prozess ohne ausreichende Legitimation.

b) Legitimitätsproblem und Demokratiedefizit

Bislang agieren die wissenschaftlichen Kodifikationsprojekte ohne klaren gesetzgeberischen Auftrag: Erstens ist nicht geklärt, ob der EG-Vertrag überhaupt eine Kompetenzgrundlage für ein gemeinsames regulatorisches Privatrecht vorsieht (dazu bereits oben IV 1. f). Zweitens hat sich der EG-Gesetzgeber bislang nicht definitiv für ein derart detailliertes Regelungswerk, wie es die Gruppen entwerfen, ausgesprochen (aus dem Aktionsplan der Kommission geht m.E. die konkrete Ausgestaltung und rechtliche Qualifikation des „Gemeinsamen Referenzrahmens" noch nicht hervor[84]). Drittens ist offiziell noch kein klarer Auftrag an ein Projekt erfolgt, ein Regelungswerk auszuarbeiten. Die bislang ergangenen Entschließungen des Parlaments[85] und Mitteilungen der

---

83   Ich gestehe aber ein, dass die Beschäftigung mit dem Römischen Recht und der Rechtsgeschichte unabdingbare Voraussetzungen sind, wenn man sich ernsthaft mit der Europäisierung des Privatrechts befassen will. Hingegen wehre ich mich gegen eine Überbetonung dieser Disziplinen.
84   Vgl. die ausführliche Analyse von *Najork/Schmidt-Kessel*, GPR 1/03-04, 5 ff.
85   EP, „Entschließung zu den Bemühungen um eine Angleichung des Privatrechts der Mitgliedstaaten" vom 26.5.1989 (A2-0157/89, ABl 1989 C 158/400 vom 28.6.1989); EP, „Entschließung zur Angleichung bestimmter Bereiche des Privatrechts der Mitglied-
(Fortsetzung auf der nächsten Seite)

Kommission[86] sind noch nicht als gesetzgeberische Aufträge zu qualifizieren, allerdings ist bereits in Fachkreisen bekannt, dass eine Auftragserteilung an ein so genanntes „Network of Excellence" unmittelbar bevorsteht.

Worauf gründen die Projekte ihre Legitimation, wie rechtfertigen sie ihre Art der „Recht-Fertigung"[87]? Es handelt sich um den Versuch, Rechtsvereinheitlichung auf „informellem" Weg zu betreiben, abseits autoritativer Geltungskraft legislatorischer Maßnahmen, rein durch persönliches Engagement von „weisungsfreien und unabhängigen" Wissenschaftlern. Hinter den Projekten stehen zurzeit weder Auftraggeber in Gestalt von nationalen oder supranationalen Gesetzgebern noch internationalen Organisationen; weder handelt es sich um Gesetzgebungskonferenzen noch um Arbeitsgruppen im Rahmen von diplomatischen Konferenzen. Aber: nur aus persönlicher Überzeugung tätig zu werden, rechtfertigt es noch nicht, Vorreiter eines EG-Zivilgesetzbuches zu sein. Die meisten Projekte (CEFL, European Group on Tort Law) schweigen zur Legitimationsfrage. Einige Projekte versuchen eine Rechtfertigung, indem sie ihre Legitimation aus zwei Faktoren ableiten wollen: erstens aus der Beteiligung rechtswissenschaftlicher Fachleute aus allen europäischen Mitgliedstaaten; und zweitens aus der Qualität ihrer Arbeiten. Ein Beispiel ist die Lando-Kommission, die sich „Autorität durch Überzeugungskraft" erhofft[88].

Das ist problematisch, und zwar nicht nur deshalb, weil die Gefahr besteht, dass unbefangene Leser, denen ein Regelungsentwurf in die Hände fällt, diesen als unumstößlichen Succus der geltenden Rechtsregeln in Europa missverstehen könnten. Problematisch ist ein weiteres Irreführungsrisiko: Auf den ersten Blick nimmt sich zwar die „Munition" dieser Projekte bescheiden aus: Alle Gruppen nennen sich „weisungsfrei" und „politisch neutral"[89]. Ihre Aufgabe ist – angeblich – akademisch: nämlich den intellektuellen Grundstock zur Evaluierung der

---

staaten vom 6.5.1994 (A3-0329/94, ABl 1994 C 205/518 vom 25.7.1994); EP, Entschließung vom 16.3.2000, ABl 2000 C 373/323; EP, „Entschließung zur Annäherung des Zivil- und Handelsrechts der Mitgliedstaaten", Protokoll vom 15.11.2001 (A5-0384/2001, keine Veröffentlichung im ABl).

[86] Mitteilung der Kommission an den Rat und das Europäische Parlament zum Europäischen Vertragsrecht, KOM (2001) 398 endg., ABl C 2001/255 vom 13.9.2001; Mitteilung der Kommission an den Rat und das Europäische Parlament „Ein kohärenteres Europäisches Vertragsrecht – Ein Aktionsplan", KOM (2003) 68 endg., vom 12.2.2003; Mitteilung der Kommission an das Europäische Parlament, den Rat, den Europäischen Wirtschafts- und Sozialausschuss und den Ausschuss der Regionen. Erster Bericht über die Durchführung der Maßnahmen des Aktionsrahmens „Aktualisierung und Vereinfachung des Acquis Communautaire" vom 24.10.2003, KOM (2003) 623 endg.

[87] Zum doppeldeutigen Begriff der "Recht-Fertigung" vgl. *Wiethölter*, in: Joerges/Teubner (Hrsg.), Recht-Fertigung zwischen Privatrechtsdogmatik und Gesellschaftstheorie (2003).

[88] Vgl. *Lando/Beale*, The Principles of European Contract Law, Part 1 (1995), Introduction.

[89] Vgl. z.B. http://ecc.kub.nl Punkt 1 (Introduction: Background).

Vorzüge eines potentiellen legislativen Textes zu legen. Angeblich frei von direkten politischen Einflüssen und mit den harmlosen Methoden der Rechtsvergleichung unter unterschiedlich starker Einbeziehung rechtsgeschichtlicher Forschungen erhoffen sich die Projekte Autorität durch inhaltliche Qualität und Überzeugungskraft ihrer Leistungen sowie durch die Beteiligung namhafter Wissenschaftler. Auf den zweiten Blick ist dies aber sehr wohl eine eindeutig politische Agenda[90]: die Schaffung eines EG-Zivilgesetzbuches ist an sich schon eine politische Entscheidung und keine rein wissenschaftliche Frage. Umso mehr sind es die konkreten Inhalte eines solchen Gesetzbuchs, die von den Projekten vorgegeben werden[91].

Ist das legitim? Wohl kaum. Selbst wenn die EG-Kommission noch in diesem Jahr einen konkreten gesetzgeberischen Auftrag an das eine oder andere Projekt erteilen wird, so ist die Ausarbeitung eines EG-Zivilgesetzbuchs durch Wissenschaftler ein undemokratischer Vorgang, der sich im „elfenbeinernen Turm" abspielt. Diese Vorgehensweise ist zu einseitig wissenschaftlich, da die Praxis dabei nicht einbezogen wird. Es ist nicht demokratisch, wenn sich jemand eigenmächtig zum „Vorreiter" eines EG-Gesetzbuchs deklariert und behauptet, dass die inhaltliche Qualität der Entwürfe eine adäquate „Recht-Fertigung" im doppelten Sinne des Wortes darstellen könne. Gegen eine übermäßig fachmännische, gelehrte Kodifikation wird es m.E. wohl zumindest in Großbritannien ein Referendum geben.

c) Projektkollision

Auffällig ist, dass seit der Möglichkeit der finanziellen Förderung wissenschaftlicher Vereinheitlichungsprojekte im Rahmen des 2002 gestarteten „PF-6-Programms" der EG-Kommission[92] einige neue Projekte entstanden sind, etwa das Forschungsnetzwerk „Uniform Terminology for European Private Law"[93], die Kommission zum Europäischen Familienrecht (CEFL)[94], die Europäische

---

90 Vgl. *Kennedy*, The Political Stakes in "Merely Technical" Issues of Contract Law, ERPL 2002, 7 ff.; *Mattei*, Global Jurist Frontiers 2002, 9 f.; sowie *Schwartz/Scott*, The Political Economy of Private Legislatures, University of Pennsylvania Law Review 1995, 595 ff.
91 Eine in diesem Zshg. interessante, aber aus Platzgründen nicht weiter zu verfolgende Frage ist auch, inwieweit die Bezeichnung der geplanten Regelungswerke als „Principles" eine problematische Verharmlosung darstellt.
92 http://europa.eu.int/comm/research/fp6/index_en.html. Vgl. auch EP und Rat, Beschluss 15/2002/EG vom 27.6.2002 über das 6. Rahmenprogramm der Europäischen Gemeinschaft im Bereich der Forschung, technologischen Entwicklung und Demonstration als Beitrag zur Verwirklichung des Europäischen Forschungsraums und zur Innovation, ABl 2002 L 232/1 vom 29.8.2002. Zum Budget der EU für wissenschaftliche Forschungsprojekte vgl. http://www.cordis.lu/fp6/budget.htm.
93 http://www.cordis.lu/improving/home.html.
94 http://www2.law.uu.nl/priv/cefl.

Forschergruppe zum geltenden Gemeinschaftsprivatrecht (Acquis-Gruppe)[95] und die Society of European Contract Law (SECOLA)[96]. Darüber, ob die Aussicht auf finanzielle Förderung das ehrliche Interesse an der Rechtsvereinheitlichung überwiegt, kann keine Aussage getroffen werden, da die wahre Motivation einzelner Gruppen oder Professoren von Außenstehenden nicht einsichtig ist. Tatsache ist jedoch, dass es durch solcherlei Neugründungen zu sinnloser und kontraproduktiver Doppelarbeit, Kräftevergeudung, Rechtsverwirrung und Rechtsunsicherheit kommt.

d) Ressourcenproblematik

Wissenschaftliche Kodifikationsprojekte haben ein strukturelles Problem: um ihr Ziel erreichen zu können, ist ein großer Organisationsapparat nötig. Lando-Kommission und Gandolfi-Gruppe hatten weder Sitz, Sekretariat noch Budget. Unter diesen schlechten Bedingungen fanden nur selten Treffen statt. Die US-amerikanischen Restatements, die sich viele Projekte zum Vorbild nehmen, kommen unter vergleichsweise besseren Bedingungen zustande: hinter den Restatements steht das American Law Institute, das über einen enormen Organisationsapparat verfügt. Außerdem erheben die Restatements nicht den Anspruch, Kodifikationsentwürfe zu sein, sondern sind (bloße) Sammlungen geltender Rechtssätze. Überdies fällt beim American Law Institute der Sprachfaktor weg.

Gerade die Sprachenvielfalt in Europa (vgl. Punkt IV.1.c) verursacht bei wissenschaftlichen Vereinheitlichungsprojekten ein besonderes strukturelles Problem. Denn wissenschaftliche Projekte verfügen nicht über ausreichende infrastrukturelle und humane Ressourcen, um der Sprachenproblematik gerecht zu werden. Um die (meist in englischer Sprache) erarbeiteten Rechtstexte in die Sprachen der übrigen Mitgliedstaaten übersetzen zu können, wäre ein enormer Übersetzungsdienst nötig, über den bislang nur die Europäische Union verfügt. Die Erarbeitung von Rechtstexten in englischer Sprache durch Wissenschaftler des Kontinents ist problematisch, weil allzu leicht Missverständnisse und sprachliche Ungenauigkeiten auftreten (näheres dazu unten, Punkt 3.e).

3. Ebene III: Vom Unsinn einzelner Arbeitsmethoden

Einige Methoden und Strategien wissenschaftlicher Vereinheitlichungsprojekte sind unsinnig, weil sie weder angemessen noch ausreichend sind für die Schaffung eines EG-Privatrechtsgesetzbuchs. Diese Kritik richtet sich konkret gegen einzelne Vorgehensweisen, die private wissenschaftliche Kodifikationsprojekte anwenden. Dafür lassen sich mehrere Argumente nennen.

---

95 http://www.acquis-group.org/.
96 http://www.secola.org.htm.

a) Leichtfertiger Umgang mit einer verantwortungsvollen Aufgabe

Die meisten Leiter/innen der Projekte erledigen ihre Aufgaben als „Nebenjobs", denn sie üben daneben seinen/ihren Beruf als Universitätsprofessor/in aus. Immerhin widmen sich die meisten Forschungsassistenten in der ECC-Study-Group ihrer spezifischen Aufgabe ausschließlich.

Zum leichtfertigen Umgang mit einer verantwortungsvollen Aufgabe gehört auch, dass bereits die Auswahl der Regelungen und Gerichtsurteile für einen Länderreport eine politische Entscheidung darstellt, und die Abfassung eines solchen Reports eine höchst subjektive Angelegenheit ist. Die einzelnen Research Assistants können dieser Verantwortung kaum gerecht werden, und aus persönlichen Gesprächen ist hervorgegangen, dass sich einige ihrer Schlüsselposition auch gar nicht bewusst sind[97]. Bei der ECC-Study-Group fällt auf, dass die einzelnen nationalen Arbeitsgruppen unkoordiniert und ohne übergreifendes System agieren: Jedes Working Team bestimmt selbst seine Arbeitsmethoden und Zeitpläne. Die Folge ist, dass z.B. die Amsterdam Working Group bereits Grundregeln des Vertragsrechts veröffentlichte, noch bevor das Salzburger Working Team über die entscheidenden Fragen des Eigentumsübergangs entschieden hatte[98].

b) Mangelnde Qualität der Vorarbeiten

Hinzu kommt die organisatorisch und inhaltlich mangelhafte Qualität der Vorarbeiten, die keine optimalen Ergebnisse liefert. Der erste große Kritikpunkt betrifft die seltenen Arbeitstreffen: Gandolfi-Gruppe und Lando-Kommission trafen sich nur einmal jährlich, die European Group on Tort Law kommt nur zweimal jährlich zusammen, und die CEFL trifft sich überhaupt nur alle zwei Jahre auf einer Konferenz. Der zweite Kritikpunkt betrifft die Überbetonung nationaler Eigeninteressen; zwei Beispiele seien angeführt: Die Gandolfi-Gruppe baute inhaltlich auf dem italienischen Codice Civile auf; die Leitung der ECC-Study-Group ist von niederländischen und deutschen Professoren dominiert. Der dritte Kritikpunkt wendet sich gegen die unzureichende Erarbeitung der relevanten Hintergrundfaktoren von bestehenden Rechtsregeln sowie der konzipierten Lösungsvorschläge: In einigen Projekten wird der rechtsgeschichtliche Hintergrund überhaupt nicht erforscht, Rechtkulturen ignoriert, Marktbedürfnisse nicht eruiert. Ebenso oberflächlich werden die technischen Möglichkeiten der Umsetzung der Lösungsvorschläge bzw. die

---

97 Immerhin könnte man argumentieren, dass die Ergebnisse der Researcher ohnehin von Professoren bzw. einem übergeordneten „Advisory Council", in dem alle Rechtsordnungen vertreten sind, kontrolliert und moniert werden.
98 Allerdings ließe sich argumentieren, dass die Entwürfe am Ende (d.h. wenn alle Working Teams ihre Entwürfe abgeliefert haben) noch einmal zur Gänze und in der Gesamtschau überarbeitet werden, wie das bei den PECL der Fall war. Doch selbst dann bezweifle ich, dass das Ergebnis in einem kohärenten Regelungswerk bestehen wird.

Auswirkungen solcher Regelungen in den einzelnen Rechtsordnungen erforscht[99]. Wo bleiben Rücksichtnahmegebot und soziale Ausgewogenheit (z.b. haben Lando-Kommission und Gandolfi-Gruppe Verbraucherschutzfragen völlig ausgeklammert)? Wo bleibt echte Rechtstatsachenforschung? Vor allem: wo bleibt das geltende EG-Recht? (z.B. fehlte die Integration von geltendem EG-Richtlinienrecht bei Lando-Kommission zumindest in der Anfangsphase und bei Gandolfi-Gruppe völlig).

c) Transparenzdefizit

Hinzu kommt bei allen fünf Kodifikationsprojekten ein Transparenzdefizit. Als interessierter aber eben außenstehender Beobachter hat man wenig Gelegenheit, Einblick in die Entscheidungsprozesse der Projekte zu gewinnen. Zwar stellen vier der fünf Kodifikationsprojekte ihre Zwischenergebnisse und Endprodukte auf Websites zur Diskussion. Auf diesen virtuellen Informations- und Kommunikationsforen sollen nach den Vorstellungen der Projektmanager weit verzweigte Forschungsnetzwerke entstehen. Doch die einzelnen Gruppen sind im Internet nicht leicht zu finden (die Gandolfi-Gruppe übrigens gar nicht); Internetadressen verändern sich zuweilen, Website-Inhalte werden nicht aktualisiert (z.b. Lando-Kommission zuletzt im Januar 2004, ECC-Study-Group in Osnabrück zuletzt im März 2004, das „Dutch Team" der ECC-Study-Group zuletzt im Juli 2001, European Group on Tort Law zuletzt im Juli 2003, CEFL zuletzt im Juni 2004). Deshalb halte ich es für fraglich, ob Anregungen von Außen überhaupt wahrgenommen werden (so wurde etwa eine elektronische Anfrage, die ich im August 2004 via Homepage an die European Group on Tort Law stellte, bis heute nicht beantwortet). Ein virtuelles Diskussionsforum sollte täglich betreut werden. Auch müssten fairerweise virtuelle Weiterverweise in Form von Hyperlinks zu anderen Projekten führen, damit beim Besucher der betreffenden Website nicht der falsche Eindruck entsteht, dass die von ihm besuchte Projektgruppe die einzige ihrer Art sei (als einziges Projekt verweist die ECC-Study-Group auf die PECL). Insgesamt ist zu wenig Transparenz vorhanden. Das liegt auch daran, dass den Projekten ein gutes Marketing fehlt, das die Anliegen und Arbeiten der Gruppen in der Öffentlichkeit bekannt macht (und zwar nicht nur in der juristischen Fachwelt, sondern auch bei den betroffenen Fachkreisen und Interessenvertretungen).

d) Mangelhafte Teamzusammensetzung und nationale Ungleichgewichtungen

In meiner Dissertation habe ich festgestellt, dass die Projekte durch ihre Arbeiten nationales Recht in die Diskussion über den Europäisierungsprozess hinein-

---

[99] Vgl dazu auch *Lurger*, Die Europäisierung des Vertragsrechts aus vertragstheoretischer und verfassungsrechtlicher Perspektive, unveröffentlichtes Manuskript (2003), 19; *Hesselink*, Principles of European Contract Law (2001), 49, 53 ff.; *Kennedy*, ERPL 2002, 7 (17 ff., 27 f.); *Mattei/Robilant*, ERPL 2002, 29 (57) m.w.Nw.

tragen[100]. Dies ist an sich ein begrüßenswerter Beitrag zur Europäisierung des Privatrechts. Doch wenn die Beteiligten bei der Rechtsvereinheitlichung aus Heimatstolz die ihnen vertraute heimische Lösung für die beste halten, wird das Ergebnis in schlechten Kompromissen bestehen: nicht die für alle betroffenen Rechtsordnungen optimale Lösung setzt sich durch, sondern entweder ein schlechtes Gemisch oder die Lösung der zahlenmäßig überlegenen Repräsentanten. Eine weitere Gefahr in diesem Zusammenhang besteht darin, dass befreundete Wissenschaftler aus unsachlichen Motiven (etwa aus Höflichkeit) Kompromisse bei der Formulierung von Lösungsvorschlägen eingehen (z.B. waren in der Gandolf-Gruppe sämtliche Mitglieder mit Gandolfi, der den Kodifikationsentwurf verfasste, befreundet). Deshalb genügt es nicht, dass pro Mitgliedstaat nur eine Person vertreten ist, weil eine nicht kontrollierbare Gefahr einer zu subjektiven Darstellung (etwa in Länderreports) besteht.

Noch schlechter ist es um die Objektivität des Entscheidungsfindungsprozesses bestellt, wenn in den Projekten potentiell betroffene Rechtsordnungen überhaupt nicht vertreten sind. Tatsächlich sind bislang in keinem einzigen Kodifikationsprojekt sämtliche 25 EU-Staaten durch Repräsentanten vertreten bzw. nicht einmal alle 25 Rechtsordnungen in die Arbeiten einbezogen. Im Gegenteil, häufig werden bei den rechtsvergleichenden Untersuchungen nur die „wichtigsten" europäischen Rechtsordnungen in Betracht gezogen. Der Grund liegt in einer mangelhaften Teamzusammensetzung, die bei allen fünf Kodifikationsprojekten zu beklagen ist. Auf der einen Seite handelt es sich um einen zu engen Kreis an Beteiligten, auf der anderen Seite herrscht in einigen Projekten eine Überrepräsentation von Rechtsordnungen. Z.B. fehlten bzw. fehlen bei allen Projekten außer der CEFL die neuen Mitgliedstaaten gänzlich (in der Lando-Kommission wurden etwa Beitrittskandidaten nicht einbezogen, obwohl längst absehbar war, dass sich die Europäische Union um diese Staaten erweitern würde). Weiters ist in der ECC-Study-Group eine ungerechtfertigte Überrepräsentation von niederländischen und deutschen Professoren zu kritisieren; in der Gandolfi-Gruppe fällt das Missverhältnis zu Gunsten südeuropäischer Rechtsordnungen aus; diese Ungleichgewichtungen haben zuweilen auch zur Folge, dass Wissenschaftler fremde Rechtsordnungen bearbeiten, wie z.B. in der ECC-Study-Group, wo ein deutscher Research Assistant für irisches Recht verantwortlich war. In Bezug auf die mangelhafte Teamzusammensetzung ist noch einmal auf die fehlende Beteiligung von Praktikern (z.B. Richter, Anwälte, Notare und Interessenvertretungen) hinzuweisen.

e) Sprachenproblematik

Mit der auf den abstrakten Ebenen I und II geschilderten Sprachenproblematik ist auch ganz konkret jedes einzelne Projekt konfrontiert: Keines der fünf Kodifikationsprojekte verfügt über ausreichende organisatorische und finanzielle

---

100   Riedl, (o. Fn. 2), 251 ff.

Mittel, um dem Beispiel des EG-Übersetzungsdienstes (Übersetzung jedes Dokuments in alle 20 Amtssprachen) folgen zu können. Deshalb einigte man sich in allen Projekten auf Englisch (bei der Gandolfi-Gruppe auf Französisch) als Arbeitssprache und als Sprache zur Erstellung des Regelungsentwurfs. Doch die Erarbeitung von Rechtstexten in englischer Sprache durch Wissenschaftler des Kontinents ist problematisch, weil aufgrund der Komplexität der juristischen Fachsprache Missverständnisse und sprachliche Ungenauigkeiten vorprogrammiert sind. Auch stellen alle Projekte die Übersetzung ihrer Regelungsentwürfe in andere Amtssprachen in Aussicht. Doch um die in englischer (bzw. französischer) Sprache erarbeiteten Rechtstexte samt Anmerkungen und Kommentaren korrekt in die Sprachen der übrigen Mitgliedstaaten übersetzen zu können, ist ein enormer Übersetzungsaufwand nötig. Die Lösung, die erarbeiteten Regelungswerke von jungen Research Assistants in deren Muttersprachen zu übersetzen, ist problematisch, weil diese kaum den spezifischen Anforderungen, die an einen Übersetzer juristischer Texte gestellt werden, gerecht werden können. Somit birgt der Sprachfaktor nicht nur das Risiko von Ungenauigkeiten und Missverständnissen bei der Erarbeitung, sondern auch die Gefahr der späteren Sekundärzersplitterung der Entwurfstexte durch mangelhafte Übersetzungen.

f) Selbstüberschätzung

Die selbst gestellte Aufgabe der fünf Kodifikationsprojekte, ein EG-Zivilgesetzbuch zu konzipieren, ist angesichts der Zahl der betroffenen Rechtsordnungen und der davon unweigerlich betroffenen Rechtssprachen und -kulturen nicht bewältigbar. Hier überschätzen sich die Projekte. Die anspruchsvolle Zielsetzung erfordert unter anderem intensive rechtsvergleichende Vorarbeiten, die von kleinen Arbeitsgruppen in wenigen Arbeitstreffen deshalb nicht bewältigt werden können, weil erstens ein permanenter – und nicht nur sporadischer – Austausch zwischen allen am jeweiligen Projekt Beteiligten erfolgen muss, zweitens bei der Erarbeitung jedes einzelnen Teilgebietes auch wirklich *alle* 25 betroffenen Rechtsordnungen in der Europäischen Union einzubeziehen sind und drittens auch rechtshistorische, soziale und wirtschaftliche Untersuchungen erforderlich sind. Selbst die ECC-Study-Group, die wohl über das am besten organisierte Netzwerk verfügt, kann m.E. nur dem ersten Erfordernis (permanenter Austausch zwischen den Beteiligten) annähernd gerecht werden.

V. Verbesserungsvorschläge

Rechtswissenschaftler wollen Beiträge zur Europäisierung des Privatrechts leisten? Das sollen sie auch. Aber nicht als selbsternannte Vorreiter eines EG-Zivilgesetzbuchs, dessen Sinnhaftigkeit an sich in diesem Beitrag in Frage gestellt wurde.

Die Entscheidung für oder gegen eine EG-Privatrechtskodifikation ist letztlich keine wissenschaftliche, sondern eine politische, die vom EG-Gesetzgeber bzw. von den Mitgliedstaaten zu treffen ist. Sollten diese politischen Entscheidungsträger eine Kodifikation befürworten (was m.E. nicht wünschenswert ist), würden die wissenschaftlichen Kodifikationsprojekte erstmals eine politische Daseinsberechtigung erlangen. Sollte der EG-Gesetzgeber einem Projekt den konkreten Auftrag zur Ausarbeitung eines solchen Regelwerks erteilen, dann würde dieses eine Projekt zumindest formal (!) an Legitimation gewinnen.

Der politischen Entscheidung für eine Kodifikation dürfen wissenschaftliche Kodifikationsprojekte nicht vorgreifen. Wenn sie es aber für notwendig und sinnvoll halten, konkrete Lösungsvorschläge auszuarbeiten, so müssen sie ihre internen Entscheidungsfindungs*prozesse*, deren Mangelhaftigkeit in diesem Beitrag aufgezeigt wurde, verbessern:

- Zu fordern ist die Einbeziehung aller Akteure des Mehr-Ebenen-Regimes bereits im Entwurfstadium (Fachleute aus Wissenschaft *und* Praxis: Verbrauchervertreter, Unternehmensvertreter, die nationale Anwaltschaft, Richter, Soziologen, Wirtschafter und Politikwissenschafter). Damit ließen sich auch die bisherigen sozio-kulturellen Defizite (z.B. mangelnde Integration von Wertvorstellungen, von Verbraucherschutzanliegen, fehlende Rechtstatsachenforschung oder Nichtbeachtung der wirtschaftlichen Auswirkungen einzelner Lösungsvorschläge) kompensieren.

- Wichtig zur Sicherstellung eines objektiven Entscheidungsfindungsprozesses ist auch die gleichmäßige Einbeziehung *aller* EG-Mitgliedstaaten und auch der Beitrittskandidaten in den Entscheidungsfindungsprozess – und zwar nicht nur durch einen einzigen Repräsentanten pro Projekt, sondern durch mindestens zwei Vertreter.

- Darüber hinaus lässt sich der Entscheidungsfindungsprozess verbessern durch intensivere Koordination zwischen den einzelnen Projekten, um Doppelarbeit und Widersprüche in den Ergebnissen zu verhindern.

- Darüber hinaus ist mehr Transparenz zu fordern. Eine umfassendere und aktuellere Dokumentation der Entwürfe und Entwurfsarbeiten würde bereits eine höhere Transparenz der Arbeiten wissenschaftlicher Kodifikationsprojekte mit sich bringen und damit die Akzeptanzprobleme von Außenstehenden verringern. Z.B. wäre die Integration von Verweisen auf andere kodifikatorische und nicht-kodifikatorische Projekte in Form von Hyperlinks ein einfaches Mittel.

- Eine wichtige institutionelle Maßnahme gegen die drohende Sekundärzersplitterung wäre die Umstrukturierung der Gerichtsbarkeit, etwa die Einrichtung eines übergeordneten Privatrechtsgerichtshofs. Dies

müssten jene Projekte, die sich eine EG-Privatrechtskodifikation wünschen, viel vehementer fordern.
- Um dem Sprachenproblem entgegenzuwirken, wäre die Einbeziehung juristisch geschulter Dolmetscher eine Möglichkeit, wenngleich diese Maßnahme die Sprachproblematik nicht beseitigen kann.

All diese Verbesserungsmaßnahmen dürfen nicht darüber hinwegtäuschen, dass die Schaffung einer EG-Kodifikation einen massiven Eingriff in die bisherige Entwicklung der nationalen Privatrechte darstellen würde, der reiflich überlegt werden muss. Ich bin der Meinung, dass die politischen Entscheidungsträger den zahlreichen bereits bestehenden nicht-kodifikatorischen Projekten mehr Aufmerksamkeit schenken sollten, also jenen Projekten, die auf informellem Weg zur Verbesserung des Europäisierungsprozesses beitragen, etwa durch rechtsvergleichende Darstellungen von bestehenden Rechtsregeln und Fallentscheidungen, welche Rechtsanwendern, Lehrenden und Studierenden als Informationsquelle dienen. Dazu gehören z.B. das Trento-Common-Core-of-European-Private-Law-Project (Trento-Gruppe)[101], das Ius-Commune-Casebooks-for-the-Common-Law-of-Europe (Casebook-Project)[102], das Forschungsnetzwerk „Common Principles of European Private Law"[103], das European Center of Tort and Insurance Law (ECTIL)[104], die Society of European Contract Law (SECOLA)[105] und die noch nicht im Internet vertretene Social Justice Group, die sich am intensivsten um eine Auslotung der vom Normenmaterial verdeckten Wertvorstellungen bemüht.

Diese nicht-kodifkatorischen Projekte können die Defizite kodifikatorischer Projekte insofern ausgleichen, als sie nicht nur die normativen Gemeinsamkeiten und Unterschiede der nationalen Rechtsordnungen erarbeiten, sondern auch die bestehenden Rechtskulturen und Wertvorstellungen einbeziehen und diese den Lesern ihrer Arbeiten – seien es Gesetzgeber, Wissenschaftler, Praktiker oder Studenten – vermitteln. Dadurch tragen nicht-kodifikatorische Projekte zu einer Sensibilisierung bei der Arbeit mit den Rechtsordnungen und bei der Diskussion über die Vereinheitlichung des Privatrechts in Europa bei.

---

101 http://www.jus.unitn.it/dsg/common-core/home.html.
102 http://www.unimass.nl/~casebook oder http://www.law.kuleuven.ac.be/casebook/steering.php.
103 http://www.uni-muenster.de/Jura.fwr/Schulze (unter „Arbeitsschwerpunkte")
104 http://civil.udg.es/ EUROCENTRE.htm.
105 http://www.secola.org.htm.

Amnesie und Autorität

Potenzial und Grenzen des rechtshistorischen Beitrags zu einem
europäischen Privatrecht im Europa der Kodifikationen*

Inge Kroppenberg

I. Einführung: Von Dombaumeistern und Wasserbauingenieuren
II. Die ambivalente Kodifikation – Kontinuität in der Zäsur
 1. Das Bürgerliche Gesetzbuch als „blinder Fleck" im rechtshistorischen
 Selbstverständnis
 2. Die Verwandlung des Rechts durch Kodifizierung
 a) Amnesie als doppelte Strategie der Kodifikation
 b) Autorität durch Unsicherheitsabsorption
III. Parameter der Rechtsgeschichte im Kontext der europäischen Rechtsangleichung
 1. Rechtsgeschichte als selbstbewusste Mittlerin zwischen Recht und Geschichte
 2. Historische Rechtsvergleichung im europäischen Rechtsquellenpluralismus

I. Einführung: Von Dombaumeistern und Wasserbauingenieuren

In *Jakob* und *Wilhelm Grimms* Sammlung Deutscher Sagen findet sich die düstere Geschichte des Dombaumeisters zu Köln.[1] Er erlangt Kenntnis davon, dass zugleich mit dem Kirchenbau die Errichtung einer Wasserleitung in Angriff genommen werden soll. Der Baumeister brüstet sich damit, das große Münster eher fertig stellen zu können als den bescheideneren Wasserbau, weil nur ihm und seiner Frau bekannt sei, wo die Quelle entspringe. Der Bau des Doms nimmt raschen Fortgang, der Wasserbauer aber verzweifelt und die Quelle nicht finden kann. Durch eine List wird der Gattin des Dombaumeisters das Geheimnis von deren Ursprung entlockt. Die Quelle liegt interessanterweise direkt unter den Fundamenten des Münsters. Als der Dombaumeister sein Geheimnis verraten sieht und die Wasserleitung in kurzer Zeit vor dem baulichen Abschluss steht, verflucht er den Dombau, und es nimmt mit ihm das sagentypische böse Ende. Das weitere Schicksal des Münsters aber zeichnet die Legende

* Die Vortragsform wurde beibehalten.
[1] *Jacob* und *Wilhelm Grimm*, Deutsche Sagen. Zwei Bände in einem Band. Vollständige Ausgabe nach dem Text der dritten Auflage 1891 (1974), 217 f.

wie folgt: „Hat man fortbauen wollen, so war, was an einem Tag zusammengebracht und aufgemauert stand, am andern Morgen eingefallen, und wenn es noch so gut eingefügt war und aufs festeste haftete, also dass von nun an kein einziger Stein mehr hinzugekommen ist."[2]

Verlassen wir nun das Schreckensszenario im mittelalterlichen Köln und unternehmen zwei Zeitreisen in das neuzeitliche Deutschland, zunächst eine in das zweite Jahrzehnt des 19. Jahrhunderts.

Hier treffen wir auf einen anderen berühmten Baumeister des Rechts, *Friedrich Carl von Savigny*, im Jahre 1814 herausgefordert von einem „Wasserbauer" namens *Anton Friedrich Justus Thibaut* im so genannten Kodifikationsstreit.[3] Der hält die Zeit für reif, mit den Arbeiten an einem „allgemeinen Bürgerlichen Recht für Deutschland" zu beginnen. Er begründet seine Auffassung rechtspolitisch, weiß aber offenbar wenig über den rechtswissenschaftlichen Schlüssel oder die Quelle für ein solches Unternehmen zu sagen. *Von Savigny* belehrt ihn. In seiner Schrift „Vom Beruf unsrer Zeit für Gesetzgebung und Rechtswissenschaft" (1814) wird das wissenschaftliche Programm für zwei Generationen von „Dombaumeistern" entworfen, die so genannte Historische Rechtsschule.[4] Mit der historisch-systematischen Methode soll insbesondere das Römische Recht ideengeschichtlich durchdrungen und durch Systematisierung modernisiert werden.[5] Rechtswissenschaftler sind zu dieser Zeit zugleich Rechtshistoriker und Rechtspolitiker.[6] Die Geschichte ist das *Arkanum* des geltenden Rechts.

---

2   *Jacob* und *Wilhelm Grimm*, (o. Fn. 1), 217.
3   Zu dessen Vorgeschichte und Verlauf *Hattenhauer*, in: ders. (Hrsg.), Thibaut und Savigny. Ihre programmatischen Schriften, 2. Aufl. (2002), 25 ff. Die gängige antagonistische Interpretation des Streits falsifiziert *Rückert*, Idealismus, Jurisprudenz und Politik bei Friedrich Carl von Savigny (1984), 160 ff., 187 ff., 418 f.
4   *Hattenhauer*, (o. Fn. 3), 30 f.
5   Die Begründung der historischen Rechtswissenschaft verlief in mehreren Entwicklungsstufen. Eingehend *Jakobs*, Die Begründung der geschichtlichen Rechtswissenschaft (1992), 239 ff., 302 ff., 362 ff.
6   Tatsächlich handelt es sich um das Wirken zweier Generationen. Die neueste *von Savigny*-Forschung hat aufgezeigt, dass der Begründer der Historischen Rechtsschule aus der Geschichte „nicht unmittelbar Normen gewinnen wollte" (zuletzt *Kriechbaum*, in: Zimmermann/Knütel/Meincke [Hrsg.], Rechtsgeschichte und Privatrechtsdogmatik (1999), 41, 61 ff., m.w.Nw.). Durch die Systembildung des Römisch-Gemeinen Rechts hat er geltendes Recht freilich verdichtet, qualitativ verändert und so neues Recht geschaffen. In diesem weiteren Sinne war *von Savigny* durchaus (rechts-)politisch tätig (*Behrends*, in: ders./Henckel [Hrsg.], Gesetzgebung und Dogmatik (1989), 9, 26 ff.: s. aber *Rückert*, [o. Fn. 3], 396 ff.). Erst die jüngere Generation der Historischen Rechtsschule wandte sich dem Kodifikationsprojekt zu, ersetzte den „Volksgeist" durch den Gesetzgeber. Die Abgrenzung vom Lehrer *von Savigny*, die zugleich eine Rechtfertigung ist, zeichnet für die Person *Windscheids* nach: *Falk*, Ein Gelehrter wie Windscheid. Erkundungen auf den Feldern der so genannten Begriffsjurisprudenz (1989), 174 ff.; s. auch *Jakobs*, Wissenschaft und Gesetzgebung im bürgerlichen Recht nach der Rechtsquellenlehre des 19. Jahrhunderts (1983), 101 ff., 111 ff.; *Zimmermann*, in: ders./- *(Fortsetzung auf der nächsten Seite)*

Seine Kenner rekonstruieren aus der Historie eine gewaltige Kathedrale: das System des Gemeinen-Römischen Rechts.[7] Die Frucht dieser herkulischen Arbeit ist am Ende des Jahrhunderts das erste nationalstaatliche Gesetzbuch in Deutschland, das BGB.

Wir besteigen die Zeitmaschine erneut und lassen uns in der Gegenwart absetzen. Im Jahre 2004 geht es wiederum um die Errichtung eines großen Werks, die Schaffung eines europäischen Privatrechts. Doch ist man sich nicht einig, welche Gestalt dieses genau haben soll. Auf der Baustelle stehen zwei Ausführungen zur Diskussion: eine Art europäischer Wasserpipeline – Kind einer rechtlichen Ingenieurskunst, die auf die Harmonisierung der *geltenden* Rechte setzt – und eine Euro-Kathedrale, deren Bausteine die verschiedenen Varianten der gemeinsamen europäischen Rechtstradition sind.[8] Die rechtshistorischen „Dombaumeister" der heutigen Zeit wollen dazu durch die Kodifikationen der Nationalstaaten hindurch auf das architektonische Fundament des *ius commune* zugreifen. Sie verstehen diese Aufgabenstellung programmatisch[9] und stellen sich bewusst in die Nachfolge der *Savigny'schen* Mission.[10] In Europa scheint ein neues goldenes Zeitalter des Dombaus anzubrechen.

Hier setzt meine Kritik an. Auch die rechtshistorischen Türme wachsen nur selten in den Himmel (unten II.). Umgekehrt muss man aber nicht fürchten, rechtshistorische Ruinen zurückzulassen, wenn man die gemeineuropäische Vision gegen ein auf den ersten Blick bescheideneres Konzept eintauscht. Vielmehr kann sich die Rechtsgeschichte bei der Schaffung eines europäischen Rechtsraums durchaus selbstbewusst und wirkungsvoll einbringen (unten III.). Vorab noch zwei begriffliche Präzisierungen: Wenn ich im Folgenden von „Rechtsgeschichte" spreche, meine ich damit vor allem die in Deutschland

---

Knütel/Meincke, Rechtsgeschichte und Privatrechtsdogmatik (1999), 1, 12 f. Zur jüngeren *Windscheid*-Diskussion *Thiessen*, in: Peer/Faber et al. (Hrsg.), Jb.J.ZivRWiss 2003 (2004), 29, 37, m.w.Nw. in Fn. 46.

7 Die architektonische Metaphorik wird für Kodifikationen nicht selten gewählt. Wenn *Windscheid* das Bürgerliche Gesetzbuch als „Dom nationaler Herrlichkeit" bezeichnet (in: Oertmann [Hrsg.], Gesammelte Reden und Abhandlungen [1904], 25, 48), wird das Bild Teil des „Mythos BGB". *Flume*, ZIP 2000, 1427, 1429, spricht immerhin von einem „Kulturdenkmal".

8 Zum Begriff der europäischen Rechtstradition *Mohnhaupt*, in: Lück/Schildt (Hrsg.), Recht – Idee – Geschichte. Beiträge zur Rechts- und Ideengeschichte für Rolf Lieberwirth anlässlich seines 80. Geburtstags (2000), 657, 658, 672: „Mehrebenenstruktur" des mittelalterlichen römisch-kanonischen Rechts in Europa, dem eine Ebene partikularer Rechte vorgelagert war.

9 *Zimmermann*, AcP 193 (1993), 121, 171 f.; *ders.*, in: Die Antike in der europäischen Gegenwart (1993), 151, 168.

10 *Zimmermann*, (o. Fn. 6), 1, 39 Fn. 265: „Zurück zu Savigny!"; *ders.*, Savignys Vermächtnis. Rechtsgeschichte, Rechtsvergleichung und die Begründung einer Europäischen Rechtswissenschaft (1998) (= *ders.*, L.Q.R. 112 [1996], 576 ff.); *ders.*, in: Schulze (Hrsg.), Europäische Rechts- und Verfassungsgeschichte (1991), 61 ff.

betriebene römische Rechtsgeschichte. Das ist natürlich auch dem Umstand geschuldet, dass zu Ihnen eine romanistische Nachwuchswissenschaftlerin aus Deutschland spricht. Es hat aber vor allem damit zu tun, dass das erwähnte rechtsgeschichtliche „Euro-Projekt" eine spezifisch deutsche Vorgeschichte hat und in weiten Teilen römischrechtlich geprägt ist.[11]

II. Die ambivalente Kodifikation – Kontinuität in der Zäsur

1. Das Bürgerliche Gesetzbuch als „blinder Fleck" im rechtshistorischen Selbstverständnis

Um zu verstehen, welche Welten die Rechtsgeschichte des 19. Jahrhunderts von der des Jahres 2004 trennen, verzichten wir auf die Segnungen der Zeitmaschinentechnik. Als wir uns ihrer bedienten, ist uns entgangen, dass zwischen den beiden Zeitpunkten eine Ära zu Ende gegangen ist und eine neue Epoche begonnen hat. Das Ereignis, das die Zäsur schafft, ist die Kodifikation des Bürgerlichen Gesetzbuchs. Sie beendet die rechtliche Autorität der Quellen, indem sie das tradierte wissenschaftliche Recht von den nunmehr positivierten Normen scheidet und aus einem scheinbar organischen Ganzen ein „Vorher" und ein „Nachher" macht.[12] Das Gemeine-Römische Recht wird aus seinem Dienst für das geltende Recht entlassen[13], die Pandektenwissenschaft wird zum Gegenstand historischer Forschungen.[14] Ob sich die juristischen Zeitgenossen dieses Effekts und seiner Folgen vollumfänglich bewusst waren, muss in der Rückschau bezweifelt werden. Die Stellungnahmen aus der Zeit sind genauso widersprüchlich[15] wie die heutigen:[16] Während *Theodor Mommsen* meinte, zur

---

11 Die Entwicklung in der germanistischen Schwesterdisziplin zeichnet nach: *Dilcher*, in: Caroni/ders. (Hrsg.), Norm und Tradition. Welche Geschichtlichkeit für das Recht? (1998), 109 ff.; s. auch *Thieme*, in: FS Schmelzeisen (1980), 274 ff. Zur Kanonistik *Landau*, in: Schulze (Hrsg.), Europäische Rechts- und Verfassungsgeschichte (1991), 39 ff.
12 *Picker*, AcP 201 (2001), 763, 775.
13 Zum Beitrag der Germanisten zur Kodifikation des Zivilrechts *Sellert*, in: Behrends/ders., Der Kodifikationsgedanke und das Modell des Bürgerlichen Gesetzbuches (BGB) (2000), 83 ff.
14 *Schlosser*, Privatrechtsgeschichte der Neuzeit, 9. Aufl. (2001), 266.
15 *Honsell*, Historische Argumente im Zivilrecht. Ihr Gebrauch und ihre Wertschätzung im Wandel unseres Jahrhunderts, 63 ff. Zur Diskussion des Verhältnisses von Rechtsgeschichte und Rechtsdogmatik im frühen 19. Jahrhundert *Rückert*, in: Küttler/Rüsen/Schulin (Hrsg.), Geschichtsdiskurs, Bd. 3: Die Epoche der Historisierung (1997), 298, 308; *Kriechbaum,*, (o. Fn. 6), 41, 44 f.
16 Zur Frage wird auch aus der Rückschau überwiegend Entstehungs-, nicht Wirkungsgeschichte betrieben (kritisch *Caroni*, ZNR 2001, 293, 294 f.; *ders.*, Index 29 [2001], 55 ff.; *Luig*, ZNR 2001, 303, 306). S. z.B. *Picker*, AcP 201 (2001), 763, 768, Fn. 11, im
(Fortsetzung auf der nächsten Seite)

Tagesordnung des „römischen Rechtsstudiums" übergehen zu können, „wenn die Wogen, welche das deutsche Gesetzbuch hervorgerufen hat, sich beruhigt haben werden"[17], wird *Hermann Kantorowicz* mit dem Diktum zitiert, es sei „höchste Zeit, die unglückliche Ehe zwischen Rechtsgeschichte und Rechtsdogmatik zu scheiden."[18]

Die Kodifikation ist auch die Geburtsstunde der Rechtsgeschichte als neuem Fach.[19] Die Pandektistik kommt mit der Romanistik nieder.[20] Große rechtshistorische Leistungen des 20. Jahrhunderts wurden überhaupt erst möglich, weil die Disziplin vom geltenden Recht und der Rechtspolitik nicht mehr in Anspruch genommen war.[21] Ein prominentes Beispiel ist *Lenels* Rekonstruktion der im *Corpus Iuris Civilis* kompilierten antiken römischen Juristenschriften in der *Palingenesia Iuris Civilis*[22], ein weiteres die Aufgabe der Jagd nach dem archetypischen[23] Text in der Interpolationenforschung.[24] Die Rechtsgeschichte litt in

---

Hinblick auf *Jakobs*, (o. Fn. 6), 1983, 19 ff., Fn. 18: „Unterschätzung der Zahl der ‚dezidierten' Stimmen gegen die Verbindung von Geschichte und Dogmatik". Im Ganzen passen die uneinheitlichen Stimmen nicht recht zu der Einschätzung *Klippels*, Juristische Zeitgeschichte. Die Bedeutung der Rechtsgeschichte für die Zivilrechtswissenschaft (1985), 8 f.: „Dass die Einführung des BGB Konsequenzen für die Stellung der Rechtsgeschichte innerhalb der Rechtswissenschaft [...] haben musste, war den Zeitgenossen bewusst." Ähnlich *ders.*, in: Köbler (Hrsg.), FS Kroeschell (1987), 145, 147.

17 *T. Mommsen*, DJZ 5 (1900), 257; zitiert bei *Caroni*, Saggi sulla storia della codificazione (1998), 181; *ders.*, in: ders./Dilcher (Hrsg.), Norm und Tradition, Welche Geschichtlichkeit für das Recht? (1998), 77, 90; fast wörtlich übereinstimmend *Lenel*, DJZ 8 (1903), 515; zitiert bei *T. Honsell*, (o. Fn. 15), 63 f., m. Fn. 27. Ähnliches liest man bei *Windscheid*, (o. Fn. 7), 25, 48: „Wenn die Herrschaft des *Corpus Iuris* in Deutschland beseitigt sein wird, dann erst recht werden sich die Hörsäle der Lehrer des römischen Rechts füllen, und zu ihren Füßen werden die heranwachsenden Geschlechter lernen."

18 *Kantorowicz*, Monatsschrift für Kriminalpsychologie und Strafrechtsreform 4 (1907/08), 108; zitiert bei *Picker*, AcP 201 (2001), 763, 768 Fn. 12; *ders.*, in: Klippel (Hrsg.), Colloquia für Dieter Schwab zum 65. Geburtstag (2000), 137, 140 f.

19 *Wieacker*, Privatrechtsgeschichte der Neuzeit, 2. Aufl. (1996), 416 ff.: „Entdeckung der Rechtsgeschichte"; *Caroni*, ZNR 1994, 85, 94, m. w. Nw. in Fn. 35; *Landau*, ZNR 1980, 117, 129; s. auch *Bucher*, ZEuP 8 (2000), 394, 450, 522 ff.

20 *H. J. Wolff*, in: Esser/Thieme (Hrsg.), FS vom Hippel (1967), 687, spricht insofern von einem „Wandel"; s. auch *Mayer-Maly*, TR 62 (1994), 47 f.: „emanzipatorischer Effekt". Das ist zwar die gängige Lesart, wägt aber nicht genügend die neuartige Qualität des Fachs Rechtsgeschichte.

21 *Zimmermann*, in: Schmoeckel/Rückert/ders. (Hrsg.), Historisch-kritischer Kommentar zum BGB, Bd. 1: Allgemeiner Teil, §§ 1-240 (2003), vor § 1 Rn. 37, charakterisiert diesen Umstand als die Freiheit von „gemeinrechtlichen Anwendbarkeitsrücksichten".

22 Das betont auch *Stein*, Römisches Recht und Europa. Die Geschichte einer Rechtskultur, 3. Aufl. (1999), 208 f.

23 Zum Begriff *Wieacker*, Römische Rechtsgeschichte (1988), 118, m. Fn. 28; *Wenger*, Die Quellen des römischen Rechts (1953), 844.

24 *Kaser*, Anzeiger der Österreichischen Akademie der Wissenschaften 116 (1979), 83 ff = Römische Rechtsquellen und angewandte Juristenmethode (1986), 112 ff. S. auch *Mayer-Maly*, TR 62 (1994), 47, 52, m.w.Nw. u. Erläuterungen zur Genese d. Diskussion.

Deutschland trotzdem an einer Art von latentem Phantomschmerz.[25] Für sie war die Kodifikation ein ambivalenter Vorgang[26]: einerseits der Beweis für den Erfolg der eigenen historisch-systematischen Wissenschaftsmethode, andererseits aber eben auch das äußere Anzeichen eines Geheimnisverrats, der nicht nur in Legenden mindestens mit Bedeutungsverlust bestraft wird.[27] Hier haben die „Krisengefühle" ihren Ursprung, die Rechtshistoriker, zumal die Romanisten, bis heute verspüren.[28]

Auch der Aufbruch der Rechtsgeschichte zu den neuen Ufern der europäischen Rechtsangleichung ist nicht gänzlich frei von diesen alten Reflexen. Vor allem ausländische Rechtshistoriker haben darauf aufmerksam gemacht, dass der Zugang zur nationalstaatlichen Kodifikation hierzulande immer noch kein unverkrampfter ist.[29] Das Bürgerliche Gesetzbuch wird – um direkt an die Tradition *von Savignys* anzuschließen[30] – nicht selten disqualifiziert, in dem es als bloßer „Entwicklungspunkt"[31] oder „Durchgangsstadium"[32] zur europäischen

---

25 Er lässt sich bis in die Sprache hinein verfolgen (zum Beispiel bei *Picker*, in: Bungert [Hrsg.], Das antike Rom in Europa (1985), 289, 297). Der *applikative*, d.h. operativ geltungsbezogene Gebrauch der Rechtsgeschichte bleibt weiterhin das Ideal, die *Kontemplation* wird zum Sinnbild des Verlusts früherer „Tatkraft", obwohl sie doch das Charakteristikum jeder wissenschaftlichen Betrachtung ist. Die Terminologie geht zurück auf *Wieacker*, in: Strasser (Hrsg.), FS Schwind (1978), 355 ff. (= *Wieacker*, in: Simon [Hrsg.], Ausgewählte Schriften, Bd. 1 (1983), 27 ff.).
26 *Zimmermann*, (o. Fn. 21), vor § 1 Rn. 37: „So führte gerade der enorme Erfolg der Privatrechtswissenschaft im 19. Jahrhundert dazu, ‚dass sie sich ihre eigene Basis entzog'"; s. auch *ders*. (o. Fn. 6), 1, 33 f. Der Gedanke wurde erstmals von *Koschaker*, Europa und das römische Recht, 4. Aufl. (1966), 293, formuliert.
27 *Rüthers*, Rechtsdogmatik und Rechtspolitik unter dem Einfluss des Richterrechts (2003), 7 f. Der Beitrag findet sich im Internet unter http://www.irp.uni-trier.de/15-Ruethers.pdf.
28 *Schmoeckel*, http://www.rewi.hu-berlin.de/online/fhi/debatte/0005schmoeckel.htm, Rn. 2; *Picker*, (o. Fn. 18), 137 f.; *Zimmermann*, (o. Fn. 6), 1, 30 ff.; *Koschaker*, (o. Fn. 26), 337 ff., 345 ff. Zur Genese der „Krisen"-Debatte in der Rechtsgeschichte: *Klippel*, (o. Fn. 17), 1 ff.; s. auch *H. J. Wolff*, (o. Fn. 20), 687, 690, m. Fn. 6; und vor allem *Gagnér*, Zur Methodik neuerer rechtsgeschichtlicher Untersuchungen, Bd. 1: Eine Bestandsaufnahme aus den sechziger Jahren (1993), 9 ff., 40 ff., mit den internationalen Bezügen der Diskussion.
29 *Caroni*, ZNR 1994, 85, 95.
30 *Zimmermann*, AcP 193 (1993), 121, 173: „am *Vorgestern* der supranationalen Tradition anknüpfen" (*Hervorhebung nicht im Original*).
31 *Zimmermann*, AcP 202 (2002), 244, 250 f.; *ders*., (o. Fn. 21) vor § 1 Rn. 40; unter Berufung auf *Windscheid*, in: Oertmann (Hrsg.), Gesammelte Reden und Abhandlungen (1904), 66, 75 f.
32 *Zimmermann*, JZ 1992, 8, 20. Pointiert *ders*., Roman Law, Contemporary Law, European Law. The Civilian Tradition today (2001), 100: „If, then, the BGB merely constitutes a transitional stage within an ongoing tradition, it is entirely unnatural to regard 1 January 1900 as a kind of cut-off point separating past and present." Kritisch *Rittner*, JZ 1995, 849, 854.

Rechtseinheit begriffen wird[33], in das die Rechtsgeschichte ihr brachliegendes Kapital wieder investieren möchte.[34] Das ist die eine Seite.

Die andere ist, dass die Unerlässlichkeit rechtsgeschichtlichen Wissens für das Verständnis der Kodifikation von Rechtshistorikern stets betont worden ist. Beides geht nicht recht zusammen. Warum sollte man Mühe auf die Erläuterung eines Gesetzbuchs verwenden, das als bloßer Wartesaal für den Transit nach Europa beschrieben wird? Und wie lässt sich eigentlich begründen, man könne ohne rechtsgeschichtliche Kenntnisse das geltende Recht nicht verstehen[35], wenn gleichzeitig – auch von Rechtshistorikern – konstatiert wird, dass „historische Argumente im Bereich der Zivilrechtsdogmatik keine Anerkennung mehr finden, von den Studenten in der Lehre kaum nachgefragt werden, und in wissenschaftlichen Arbeiten rechtshistorische Reminiszenzen nur *colorandi causa* eingestreut werden?"[36]

Die Fragen rühren an das Mark rechtshistorischen Selbstverständnisses in Deutschland. Meine These ist, dass das Bürgerliche Gesetzbuch nicht so marginal ist, wie bisweilen glauben gemacht wird.[37] Der Umstand, dass die zivilrechtliche Dogmatik rechtshistorisches Wissen in „Vorbemerkungen, Exkurse und Fußnoten abgedrängt hat"[38], scheint mir außerdem ein recht zuverlässiger Gradmesser dafür zu sein, wie sehr die ursprünglich organische Verbindung zwischen geltendem Recht und rechtshistorischer Betrachtung heute – sagen wir es

---

33 Zur evolutiven Kontinuität des Zivilrechts der europäischen Kodifikationen *Zimmermann*, in: Miller/ders., The Civilian Tradition and Scots Law. Aberdeen Quincentenary Essays (1997), 259, 285: „Intellectual unity beyond codification"; *ders.*, (o. Fn. 10), 32 f.

34 Insb. *Caroni* betont, dass die Kodifikation weithin „nur als negative Strategie" wahrgenommen wird (*ders.*, ZNR 1994, 85, 95), und hält Kritik an diesem Vorgehen für „überfällig" (*ders.*, ZNR 2004, 1, 3).

35 *Zimmermann*, JZ 2000, 1102, 1102; wieder gegeben bei *Haferkamp*, in: Jahrbuch 2000 der Berliner Wissenschaftlichen Gesellschaft (2001), 135, 138, m. Fn. 11. Der Beitrag findet sich im Internet unter http://www.humboldt-forum-recht.de/2-2001/Drucktext.html. Ähnlich *Zimmermann*, ZRG RA 115 (1998), 99, 109 f.: „Die Ergebnisse dogmengeschichtlicher Untersuchungen [...] sind unentbehrlich für das Verständnis des gegenwärtigen Rechtszustandes."

36 *H. Honsell*, in: Eckert (Hrsg.), Der praktische Nutzen der Rechtsgeschichte. Hans Hattenhauer zum 8. September 2001 (2002), 245, 245 f.

37 Die Kodifikation mag nicht der einzige Ausdruck der Trennung von Rechtsgeschichte und Rechtsdogmatik sein (*Picker*, in: Klippel, [o. Fn. 18], 140 f.; *ders.*, AcP 201 [2001], 763, 775 ff.; s. auch *Zimmermann*, [o. Fn. 6], 1, 32), aber der wichtigste. *Rückert*, in: Caroni/Dilcher (Hrsg.), Norm und Tradition. Welche Geschichtlichkeit für das Recht? (1998), 21, 23, spricht von einer „Verschärfung".

38 *Basedow*, in: Zimmermann/Knütel/Meincke (Hrsg.), Rechtsgeschichte und Privatrechtsdogmatik (1999), 79.

vorsichtig – gelockert ist.[39] Die Rechtsgeschichte hat hier mehr als ein bloßes Vermittlungsproblem.[40]

2. Die Verwandlung des Rechts durch Kodifizierung

a) Amnesie als doppelte Strategie der Kodifikation

Legen wir uns zur Überprüfung dieser Thesen im Folgenden die Frage vor, was mit dem Recht geschieht, wenn es kodifiziert wird, um daran die Qualität dieses Akts und seine Auswirkungen auf die Rechtsgeschichte zu messen. Vorangestellt sei eine kurze Definition des Begriffs „Kodifikation": Mit ihr wird gemeinhin die Zusammenfassung der Rechtssätze eines Rechtsgebiets in einem einheitlichen Gesetzeswerk beschrieben. Sie verschriftlicht das Recht, erhebt den Anspruch auf Vollständigkeit, sollte übersichtlich gegliedert sein und ein einheitliches begriffliches Instrumentarium systematisch einsetzen.[41] Im hiesigen Zusammenhang interessanter sind die beiden Effekte, die die Kodifizierung für das Recht und seine Verfügbarkeit in Rechtsbewusstsein und Rechtspraxis hat. Sie lassen sich mit den Begriffen „Amnesie" und „Autorität" umschreiben.

„Amnesie" bedeutet, dass die Kodifikation tendenziell vergessen macht, was vorher an Recht galt. Indem Überflüssiges und Verfehltes ausgesondert, Rechtsinstitute „verschlankt" und in eine neue Systematik gebracht werden, wird die Kodifikation zum neuen Fixpunkt des geltenden Rechts. Sie bezieht ihre Geltungskraft gerade aus der Auswahl von Regelungsalternativen. Diejenigen Möglichkeiten, die es nicht bis in das Gesetzeswerk geschafft haben, werden zwar nicht vollständig aus dem Horizont des Rechtserlebens entfernt. Sie bleiben als mögliche Themen des Rechts präsent, in dem sie für den Fall der Änderung der *lex lata* vorgehalten werden.[42] Doch verliert dieses Hintergrundwissen im recht-

---

39 *Rittner*, in: Dieckmann/Frank/Hanisch/Simitis (Hrsg.), FS Müller-Freienfels (1986), 509, 509 f., formuliert das in Frageform: „Ist nicht das geltende Recht, namentlich seit den Kodifikationen, so eigenständig geworden, dass das *Corpus Iuris Civilis Justinians* und das Gemeine Recht für den Zeitgenossen doch allmählich verblassen, vom klassischen Römischen Recht ganz zu schweigen?"

40 In diese Richtung offenbar *Klippel*, in: Eibach/Lottes (Hrsg.), Kompass der Geschichtswissenschaft (2002), 126, 133.

41 *Seiler*, in: Behrends/Sellert (Hrsg.), Der Kodifikationsgedanke und das Modell des Bürgerlichen Gesetzbuches (BGB) (2000), 104, m.w.Nw. in Fn. 1; *Dölemeyer*, in: Cancik (Hrsg.), Der neue Pauly, Bd. 14 (1999), Stichworte: Kodifizierung/Kodifikation, Sp. 103 ff.; *Caroni*, (o. Fn. 17), 4 ff., m.w.Nw.; *ders.*, in: Erler/Kaufmann (Hrsg.), Handwörterbuch zur deutschen Rechtsgeschichte (HRG), Bd. 2 (1978), Stichwort: Kodifikation, Sp. 907 ff.; s. auch *Safferling*, in: Helms/Neumann et al. (Hrsg.), Jb.J.ZivRWiss 2001 (2001), 133 ff., 150 ff.; *Zimmermann*, (o. Fn. 33), 259, 259 ff.; *ders.*, European Review of Private Law 1995, 95 f.; zur Entwicklung des Kodifikationsgedankens *Wieacker*, in: FS Boehmer (1954), 34, 35 ff.

42 *Luhmann*, Ausdifferenzierung des Rechts (1999), 125; *ders.*, Rechtssoziologie, 3. Aufl. (1987), 210 f.

lichen Diskurs seine unmittelbare Anschlussfähigkeit.[43] Das Alte muss nicht ständig wieder thematisiert werden, Verweisketten auf die unter Umständen verschlungene Geschichte einer Vorschrift erscheinen als überflüssig. Der Bezug auf die Vorschriften des Bürgerlichen Rechts reduziert Komplexität und sorgt so dafür, dass das Rechtsgespräch nicht überlastet wird, sondern effektiv bleibt. In diesem kommunikativen Selbstreinigungsprozess hat „Vergessen" eine durchaus positive Funktion.[44] Es schafft Raum für Neues und trägt dem Umstand Rechnung, dass wir, wenn wir einen rechtlichen Diskurs führen, nicht immer bei Null anfangen können.[45] Für den Rechtsdogmatiker ist diese Erkenntnis keiner besonderen Erwähnung wert; er weiß, dass sich das Recht, um funktionsfähig zu bleiben, periodisch entlasten muss.[46]

Die Kehrseite: Die Kodifikation tilgt die Erinnerung an ihre Quellen. *Wieacker* hat diesen Vorgang für ein anderes großes Gesetzeswerk, die justinianische Kodifikation des *Corpus Iuris Civilis* mit der Metapher des „textuellen Mordes an der Mutterliteratur"[47] umschrieben. In dem Bild kommt das Gewaltsame des Vergessens deutlich zum Ausdruck. Es wird insbesondere von denjenigen schmerzhaft empfunden, die sich von Berufs wegen mit dem beschäftigen, was vergessen wird. Dieses Bewusstsein hat sich freilich bei den Rechtshistorikern des 20. Jahrhunderts erst mit einer gewissen Verzögerung eingestellt. Der Übergang zum kodifizierten Recht wurde zunächst eher als Kontinuitätszusammenhang gesehen.[48] Der Grund: Vergessen hat eine zeitliche Dimension. Für eine gewisse Zeitspanne nach dem Inkrafttreten der Kodifikation behält das rechtshistorische Wissen für das geltende Recht seine Attraktivität. Ein typi-

---

43 *Luhmann*, Das Recht der Gesellschaft (1993), 106.
44 *Smith/Emrich* (Hrsg.), Vom Nutzen des Vergessens (1996).
45 *Luhmann*, in: Baecker (Hrsg.), Einführung in die Systemtheorie (2002), 303 f.
46 Das gilt nicht nur für die Rechtsanwendung, wie *Seiler*, in: K. Schmidt (Hrsg.), Rechtsgeschichte und Rechtsdogmatik, Hamburger Ringvorlesung (1990), 109, 111, und *Rüthers*, (o. Fn. 27), 28, betonen. Auch in der Rechtswissenschaft „ist es unmöglich, alles jedes Mal erneut zu diskutieren" (*Alexy*, Theorie der juristischen Argumentation, 2. Aufl. (1991), 329). S. des Weiteren zur „Entlastungsfunktion" der Dogmatik *Basedow*, (o. Fn. 38), 79, 88, m.w.Nw. in Fn. 54; *Pawlowski*, Methodenlehre für Juristen, 3. Aufl. (1999), Rn. 784, m.w.Nw. in Fn. 60.
47 *Wieacker*, Textstufen klassischer Juristen (1960), 111: „Im Gegenteil sollte ja die Kompilation selbst zum Mörder ihrer gesamten Mutterliteratur werden." S. auch *Behrends*, ZNR 2001, 295, 297: „Entwertung der älteren Rechtsliteratur". Im Fall des *Corpus Iuris Civilis* ist das besonders augenfällig, weil *Justinian* die Benutzung der Quellen formell verboten hat (Const. Tanta 10 = CI. 1.17.2.10: *nemine audente comparare ea quae antiquitas habebat et quae nostra auctoritas introduxit*. Es soll also niemand wagen, das was alt ist, mit dem, was wir eingeführt haben, zu vergleichen). Zudem existieren die materialen Träger der antiken Juristenschriften, aus denen das Werk zusammengestellt wurde, nicht mehr, sondern mussten mühsam rekonstruiert werden (o. 1., bei Fn. 22). Dazu *Vismann*, Akten. Medientechnik und Recht, 2. Aufl. (2001), 73 f., 104.
48 *Caroni*, ZNR 2004, 1, 3; *ders.*, (o. Fn. 17), 179 ff.; *ders.*, (o. Fn. 17), 89 ff.; *T. Honsell*, (o. Fn. 15), 63, spricht treffend von einem „Interesse an Kontinuität".

sches Werk der Übergangszeit ist etwa die letzte Auflage des Pandektenlehrbuchs von *Windscheid*, in dem *Kipp* nach der Erörterung des jeweiligen gemeinrechtlichen Instituts einen Überblick über die Vorschriften des noch jungen BGB gibt.[49] Die Zusammenschau der beiden Rechte verliert in dem Maße an Bedeutung, wie sich in der nationalstaatlichen Wissenschaft und Rechtsprechung[50] eine eigenständige Zivilrechtsdogmatik entwickelt.[51] Das historische Gedächtnis reißt ab, die Kommunikation über das *ius commune* als Beitrag zum geltenden Recht wird schwierig. Die Rechtsgeschichte, die es in Deutschland gewohnt war, dass man bei ihr um Rat nachsuchte, muss sich nun selbst ins Gespräch bringen. Das ist mühsam.

b) Autorität durch Unsicherheitsabsorption

Ob der eine oder andere Rechtshistoriker die Mithilfe bei der Kodifizierung des Bürgerlichen Gesetzbuchs im Stillen bedauert hat, ist eine müßige Frage. Denn geschaffen wurde ein nationales Gesetzbuch, das auch im Ausland hohe Anerkennung genießt[52] und für sich steht. Vielleicht haben Sie den Tenor der *laudationes* anlässlich des 100-jährigen Geburtstags des BGB noch im Ohr. Man bezog sich mit Recht auf dessen autoritativen Charakter.[53] „Autorität" ist der zweite Effekt eines gelungenen Kodifikationsprojekts.[54] Sie gründet sich auf

---

49   *Windscheid/Kipp*, Lehrbuch des Pandektenrechts unter vergleichender Darstellung des deutschen Bürgerlichen Rechts, 3 Bde, 9. Aufl. (1906).
50   *Falk/Mohnhaupt* (Hrsg.), Das BGB und seine Richter. Zur Reaktion der Rspr. auf die Kodifikation des deutschen Privatrechts (1896-1914) (2000); s. auch *Rüthers*, (o. Fn. 27), 17 ff.
51   Begriffsklärungen bei *Rüthers*, (o. Fn. 27), 5; *Diederichsen*, in: Zimmermann/Knütel/-Meincke (Hrsg.), Rechtsgeschichte und Privatrechtsdogmatik (1999), 65, 66 ff.; *Kötz*, in: K. Schmidt (Hrsg.), Rechtsdogmatik und Rechtspolitik. Hamburger Ringvorlesung (1990), 75, 79; *Seiler*, (o. Fn. 46), 111: Rechtsdogmatik als „zusammenhängende Ordnung von juristischen Begriffen und Regeln, die allgemeine Anerkennung und Befolgung beanspruchen". Des Weiteren *Canaris*, in: Leser/Isomura (Hrsg.), FS Kitagawa (1992), 59, 75 f.; *Hassemer*, in: Handwörterbuch zur deutschen Rechtsgeschichte (HRG), Bd. 4, Stichwort: Rechtssystem und Rechtsdogmatik (1990), Sp. 385 ff., 394; *Alexy*, (o. Fn. 46), 307 ff.; *Esser*, AcP 172 (1972), 97, 113.
52   Zuletzt *Spickhoff*, in: Diederichsen/Sellert (Hrsg.), Das BGB im Wandel der Epochen (2002), 157, 167 ff.
53   *Schmoeckel*, NJW 1996, 1697, 1705: „ist eine Festschrift erforderlich"; *Gernhuber*, in: Nörr (Hrsg.), 40 Jahre Bundesrepublik Deutschland – 40 Jahre Rechtsentwicklung (1990), 115, 118 ff.: „Akzeptanz"; *Seiler*, (o. Fn. 41), 107: „Meisterwerk"; und die Nw. o. Fn. 7; *Kaser*, in: L'Europa e il Diritto Romano. Studi in memoria di Paul Koschaker, Bd. 1 (1954), 543, 551 ff., 562. Das Bild eines Gesetzbuchs im Umbruch zeichnet *Schulze*, DRiZ 1997, 369 ff., das einer über weite Zeitabschnitte seiner Geltung „chancenlosen" Kodifikation *Rückert*, JZ 2003, 749 ff.; *ders.*,(o. Fn. 21), vor § 1 Rn. 91 ff., 113 ff.
54   Auch die Entfaltung von „Autorität" braucht Zeit. Für das Bürgerliche Gesetzbuch zeigen das eindrücklich auf: *Schulte-Nölke*, in: Willingmann/Glöckner et al. (Hrsg.), Jb.J.ZivRWiss 1996 (1997), 9, 19; *ders.*, NJW 1996, 1705, 1709 f.; *Stürner*, JZ 1996,
(Fortsetzung auf der nächsten Seite)

der Positivierung des Rechts. Unsicherheit wird absorbiert, weil die Kodifikation ein neues Referenzsystem schafft: formal, indem durch die Schriftfassung eine neue Textökonomie entsteht[55], materiell, indem die Kodifikation ein verdichtetes Substrat dessen enthält, was vorher rechtens war. Sie bewahrt einerseits die Weisheit ihrer Mutterliteratur, ist aber andererseits abstrakter und komplexer als das alte Recht. Denn sie hat von ihm gelernt und aus seinen Alternativen gewählt.[56] *La codificazione che conferma e quella che rinnova* (die Kodifikation, die bestätigt und die, die erneuert) – so hat *Caroni* die beiden Stabilität und Autorität stiftenden Merkmale treffend beschrieben.[57] Das Bürgerliche Gesetzbuch steht in der römisch-gemeinrechtlichen Tradition[58], es ist jedoch ein *aliud*, das mehr ist als die Summe seiner Quellen.[59]

Rechtsgeschichte in Deutschland hat sich auf diese Autorität stets bezogen. Denn sie hat sie in anderer Funktion selbst geschaffen, als das BGB kodifiziert wurde. Bis heute sind die Angehörigen der Disziplin in aller Regel auch Kenner

---

741 ff.; *Schubert*, in: Hofmeister (Hrsg.), Kodifikation als Mittel der Politik. Vorträge und Diskussionsbeiträge über die deutsche, schweizerische und österreichische Kodifikationsbewegung (1986), 11, 28.

55 Zur Bedeutung des Verschriftungsakts für die Kodifikation *Caroni*, (o. Fn 17), 4 f. Allgemein zur Bedeutung der Verschriftlichung für das Recht vgl. einerseits *Sellert*, in: ders. (Hrsg.), Das Gesetz in der Spätantike und frühem Mittelalter (1992), 67 ff.; *Weitzel*, in: Günther/Ludwig (Hrsg.), Schriftlichkeit und Recht. Ein interdisziplinäres Handbuch, Halbbd. 1 (1994), 610 ff.; jew. m.w.Nw.; und andererseits *Vismann*, (o. Fn. 47), 17 ff.; des Weiteren *Fögen*, Römische Rechtsgeschichten. Über Ursprung und Evolution eines sozialen Systems (2002), 82 ff., m.w.Nw.

56 In diesem Sinne „mimt die Kodifikation Vergangenheit" (*Caroni*, ZNR 2004, 1, 3). Sie ist eine *continuità larvata* (*Caroni*, [o. Fn. 17], 179 ff.; *ders.*, [o. Fn. 17], 89 ff.), die über den Geltungscode einer Vorschrift nicht unmittelbar verfügbar ist. Das unterschätzen *Wacke/Baldus*, ZNR 1995, 283, 286.

57 *Caroni*, (o. Fn. 17), 96 ff. ; *ders.*, (o. Fn. 17), 189 f., s. auch 53. Hier wird betont, dass *von Savigny* die qualitative Andersartigkeit des kodifizierten Rechts keineswegs entgangen war: „Egli aveva infatti intuito prima e meglio di altri che la codificazione, quand'anche comprendesse solo diritto preesistente, *ne modificava ora la forma dell'autorità'*. Istituiva un nuovo ordine formale', tracciava un *nuovo* orizzonte, si disponeva come un *nuovo* cosmo retto da *nuove* gerarchie." (Er wies nämlich früher und deutlicher als andere darauf hin, dass die Kodifikation, indem sie das bestehende Recht zusammenfasst, nicht lediglich ihre Geltungsform wandelt. Tatsächlich etabliert sie eine neue formale Ordnung, eröffnet einen neuen Horizont, breitet sich aus wie ein neuer Kosmos, der von neuen Ordnungsprinzipien bestimmt wird.).

58 *Behrends*, (o. Fn. 13), 9: „romanistische Kodifikation"; *Wieacker*, Industriegesellschaft und Privatrechtsordnung (1974), 10: „Frucht der Pandektenwissenschaft." S. auch *Zimmermann*, The Law of Obligations, The Roman Foundation of the Civilian Tradition, 2. Aufl. (1996), XIII.

59 Wie hier *Halpérin*, ZNR 2001, 300, 302. Anders *Zimmermann*, (o. Fn. 9), 151, 162: „Dabei wird [...] übersehen, dass die im Pandektenrecht des 19. Jahrhunderts gesammelten Ergebnisse der Tradition des *ius commune* in vielen Bereichen nur festgeschrieben worden sind."

des geltenden Privatrechts. So wird verständlich, dass eine Identifikation mit der *lex lata* eingetreten und ein hohes Maß an rechtsgeschichtlichem Sachverstand auf die historische Erklärung der geltenden Vorschriften gewandt worden ist. Rechtsgeschichte hat sich in Deutschland – im Gegensatz zu anderen Ländern[60] – immer auch in den Dienst des geltenden Rechts gestellt. Sie hat der oft beklagten Geschichtsvergessenheit in Rechtsprechung und Dogmatik den Kampf angesagt.

Das ist von der am BGB orientierten dogmatischen Zivilrechtswissenschaft, wenn überhaupt, nur mit mäßigem Interesse aufgenommen worden, eben weil das Gesetz als Bezugssystem so vorzüglich funktioniert. Rechtshistoriker reflektieren, auch wenn sie geltungsbezogen argumentieren, über *gewordenes* Recht, wo sie über *geltendes* Recht sprechen müssten, um einen anschlussfähigen Diskurs zu führen.[61] Im Nationalstaat sitzt die an der Erklärung der Kodifikation orientierte Rechtsgeschichte in der „Amnesie-Falle". Indem sie ihr Schicksal mit dem der Rechtsdogmatik verknüpft, nimmt sie zudem mittelbar an deren Krisen teil[62] und adaptiert insbesondere eine traditionelle Eigenart der Wissenschaft vom geltenden Zivilrecht: Die Dogmatik hebt den Blick über die nationalen Grenzen traditionell eher langsam.[63]

---

60 Für die in Österreich betriebene Rechtsgeschichte hat das *Mayer-Maly*, RJ 4 (1985), 268, 269, gelegentlich betont; ähnlich für die romanischen Länder *Ranieri*, in: Schulze (Hrsg.), Europäische Rechts- und Verfassungsgeschichte (1991), 89, 100. Vielleicht ist es angesichts des erfolgreichen „Exports" des Bürgerlichen Gesetzbuchs nach Japan kein Zufall, dass sich auch japanische Rechtshistoriker mit dem Verhältnis ihres Fachs zur Rechtsdogmatik befassen. S. *Tanaka*, in: Legal History Review Hoseishi-kenkyu 40 (1990), 153 ff.

61 *Caroni*, ZNR 2004, 1, 7.

62 Die Fragestellungen, die unter dem Stichwort „Krise der Kodifikation" (Nw. bei *Stürner*, JZ 1996, 741, 750, m. Fn. 92; zuerst *Wieacker*, [o. Fn. 41], 34, 47 ff.) oder „De-" bzw. „Re-Kodifikation" (Nw. bei *Safferling*, [o. Fn. 41], 133, 147 ff.) verhandelt werden, betreffen zumindest mittelbar auch „Krisen" der Dogmatik (*Esser*, AcP 172 [1972], 97, 115). So dürfte das falsche Kodifikationsideal von der „Lückenlosigkeit der Dogmatik" (dazu *K. Schmidt*, Die Zukunft der Kodifikationsidee. Rechtsprechung, Wissenschaft und Gesetzgebung vor den Gesetzeswerken des geltenden Rechts (1985), 17 ff.) die (Wunsch-)Vorstellung von der systemischen Geschlossenheit der Dogmatik begünstigt haben. Die Verbindung wird auch in der besonderen Verantwortung deutlich, die der Dogmatik für die Kodifikation zugesprochen wird (*Seiler*, [o. Fn. 13], 105, 117).

63 *Basedow*, (o. Fn. 38), 79, 91 f.: „Die am positiven geltenden Recht orientierte Dogmatik bedarf also der Ergänzung durch die Einbeziehung ausländischer Erfahrungen [...]. Die Erfahrung lehrt freilich, dass die Komplementarität von Rechtsdogmatik und Rechtsvergleichung eher eine theoretische Erkenntnis ist. Die rechtswissenschaftliche Forschung blickt, wenn sie rechtsdogmatisch ausgerichtet ist, nur selten über Grenzen und beschränkt sich, wenn sie rechtsvergleichend vorgeht, oft auf Empfehlungen an die Rechtspolitik." Ähnlich *ders.*, Nationale Justiz und Europäisches Privatrecht – Eine Vernetzungsaufgabe (2003), 20 ff.; *Kötz*, (o. Fn. 51), 75, 77.

Solange eine gemeineuropäische Methodenlehre noch in den Kinderschuhen steckt[64], bedarf sie dazu der Unterstützung durch die Rechtsvergleichung, die sich als Disziplin just in dem Augenblick formiert, indem die Kodifikationen den unmittelbaren Verfügbarkeitszusammenhang des *ius commune* aufgehoben haben.[65] Die Rechtsgeschichte droht mit der Ausrichtung auf die nationale Dogmatik eigenes Kapital zu verspielen; denn sie ist – ebenso wie ihre „Zwillingsschwester", die Rechtsvergleichung[66] – eine internationale Wissenschaft, die nicht erst „europäisiert" werden muss.[67] Das lässt sich schon daran ablesen, dass ihre Angehörigen es gewohnt sind, Italienisch, Spanisch, Französisch, Niederländisch und Englisch zu lesen, wenn nicht gar aktiv zu beherrschen, um mit den Kollegen im Ausland kommunizieren zu können. Das „Sprachenproblem", das bisweilen als „Hindernis auf dem Weg nach Europa" vorgestellt wird, stellt sich mithin für den Rechtshistoriker gerade nicht.[68]

III. Parameter der Rechtsgeschichte im Kontext der europäischen Rechtsangleichung

1. Rechtsgeschichte als selbstbewusste Mittlerin zwischen Recht und Geschichte

Sie werden bemerkt haben, dass sich die Frage, ob und was die Rechtsgeschichte zur Schaffung eines einheitlichen europäischen Rechtsraums positiv

---

64 *Gruber*, Methoden des internationalen Einheitsrechts (2004); *Diedrich*, in: Immenhauser/Wichtermann (Hrsg.), Jb.J.ZivRWiss 1998 (1999), 45 ff., 67 ff.; *Flessner*, JZ 2002, 14 ff.

65 Dazu *Gebauer*, Grundfragen der Europäisierung des Privatrechts. Eine Untersuchung nationaler Ansätze unter Berücksichtigung des italienischen und deutschen Rechts (1998), 53 ff.; *Zweigert/Kötz*, Einführung in die Rechtsvergleichung auf dem Gebiete des Privatrechts, 3. Aufl. (1996), 49 ff.; *Kötz*, (o. Fn. 51), 75, 76 ff.; *Coing*, Europäisches Privatrecht, Bd. 2: 19. Jahrhundert. Überblick über die Entwicklung des Privatrechts in den ehemals gemeinrechtlichen Ländern (1989), 56 ff.; *ders.*, Europäische Grundlagen des modernen Privatrechts (1986), 13 f.: „eine der erstaunlichsten Erscheinungen in der Geschichte der Rechtswissenschaft im 19. Jahrhundert"; *ders.*, in: v. Caemmerer/Schlochauer/Steindorff (Hrsg.), FS Hallstein (1966), 116 ff., 120. Aus der Sicht des öffentlichen Rechts *Stolleis*, in: ders., Konstitution und Intervention. Studien zur Geschichte des öffentlichen Rechts im 19. Jahrhundert (2001), 170, 172 ff.

66 *Kötz*, JZ 1992, 20.

67 Den Begriff hat *Coing* in seinem Beitrag „Europäisierung der Rechtswissenschaft", NJW 1990, 937 ff., geprägt. W.Nw. bei *Zimmermann*, AcP 193 (1993), 121, 172 Fn 274.

68 Das übersieht *Repgen*, in: Weber/Steinbeck et al. (Hrsg.), Jb.J.ZivRWiss 1997 (1998), 9, 29 ff.; allgemein zum „Sprachenproblem" *Kieninger*, in: Willingmann/Glöckner et al. (Hrsg.), (o. Fn. 54), 245, 259 f.; *Weir*, ZEuP 3 (1995), 368 ff.

beitragen kann, schon angesichts der fortgeschrittenen Vortragszeit nicht länger aufschieben lässt. In der rechtshistorischen Disziplin ist man sich darüber nicht einig. Eine Antwort geht dahin, die unhistorische „Verhexung"[69] der Rechtsgeschichte durch die normativen Ansprüche der Dogmatik zu bannen, in dem man sie als Geschichtswissenschaft im weiteren Rahmen der Sozial- und Kulturwissenschaften etabliert.[70] Das ist das Programm des großen Gegenentwurfs zur „klassischen" geltungsbetonten Art, Rechtsgeschichte zu betreiben.[71] Er will statt zur europäischen Rechtseinheit einen Beitrag zur Geschichtsforschung leisten. Für die hiesige Fragestellung interessiert der Ansatz also nur insoweit, als das fachliche Selbstverständnis der Rechtsgeschichte die Erfolgsaussichten ihres Beitrags zur Schaffung eines Privatrechts für Europa mitbestimmt.

Die Auseinandersetzung über die Frage, ob die Rechtsgeschichte ihre Erkenntnisinteressen von der Rechts- oder Geschichtswissenschaft bezieht, hat, so legitim sie ist, die Disziplin Kraft gekostet, und es scheint fraglich, ob sie immer an geeigneter Stelle investiert worden ist. *Hans Thieme* hat das Dilemma schon 1950 auf den Punkt gebracht: „Der Rechtshistoriker gilt bei den Juristen als guter Historiker und bei den Historikern als guter Jurist."[72] Er ist weder bei den Rechts- noch bei den Geschichtswissenschaftlern ganz zu Hause. Man sollte nicht daraufhin hin arbeiten, diese Position zwischen den Stühlen[73] zugunsten einer vermeintlich klaren fachlichen Verortung aufzugeben. Die Aufgabe der doppelten Ausrichtung[74] würde in beiden Richtungen mit der Herabstufung der Rechtsgeschichte zu einer bloßen Hilfswissenschaft erkauft – in einem Fall der Rechtsdogmatik, im anderen Fall der Allgemeinen Geschichtswissenschaft. Am Rechtsprojekt „Europa" kann man am Ende wirkungsvoller mitwirken, wenn man sich mit dem Standort an der „Schnittstelle" zwischen Recht und Geschichte anfreundet, ihn selbstbewusst besetzt und nicht zuletzt dadurch die Aufgaben eines Mittlers zwischen beiden Welten übernimmt, dass man sich bis auf Weiteres zu einem Methodenpluralismus bekennt.[75] Das

---

69 *Stolleis*, RJ 4 (1985), 251, 254; des Weiteren *Simon*, RJ 4 (1985), 272 ff.; *Ogorek*, in: Simon (Hrsg.), Rechtswissenschaft in der Bonner Republik. Studien zur Wissenschaftsgeschichte der Jurisprudenz (1984), 12 ff., 82, und passim; *Fenske*, in: Grimm (Hrsg.), Rechtswissenschaft und Nachbarwissenschaften, Bd. 2 (1976), 35 ff., 52; *Grimm*, ebd., 9 ff. S. auch die aktuelle Debatte „Wozu Rechtsgeschichte?" in: RG 3 (2003), 12 ff.; RG 4 (2004), 12 ff.

70 Programmatisch etwa *Senn*, Rechtshistorisches Selbstverständnis im Wandel (1982), 195 ff.; speziell zum Verhältnis von Rechtsgeschichte und Soziologie *Senn*, ZNR 1993, 66, 68 f.; *Landau*, VSWG 61 (1974), 145 ff.; s. auch *Rückert*, ZRG GA 115 (1998), 1 ff., 38 ff.

71 Umfangreiche Nw. bei *Picker*, AcP 201 (2001), 763, 770 f., Fn. 26.

72 *Thieme*, in: FS Gierke zu seinem goldenen Doktorjubiläum am 25. Oktober 1948 (1950), 266, 288.

73 *Rückert*, ZRG GA 115 (1998), 1 ff., 52.

74 *Klippel*, (o. Fn. 40), 126, 131 ff., spricht von einer „doppelten Aufgabe".

75 *Klippel*, (o. Fn. 40), 126, 132.

schafft eine Form von beobachtender Distanz, die vielleicht einsam macht[76], in jedem Fall aber Voraussetzung und Kennzeichen wissenschaftlicher Betätigung ist.

2. Historische Rechtsvergleichung im europäischen Rechtsquellenpluralismus

Ich möchte im Folgenden abschließenden Teil meines Vortrags versuchen, einige Gedanken zu formulieren, die eine Rechtsgeschichte an der „Schaltstelle" zwischen Recht und Geschichte bei der Schaffung eines europäischen Rechtsraums einbringen kann. Das ist kein vermittelnder Standpunkt zwischen geschichtlicher Auffassung und juristischer Applikation schlechthin[77], sondern nur einer, der Anschlussfähigkeit im europäischen *Rechts*angleichungsdiskurs (wieder-)herstellen soll. Um das zu erreichen, muss die Zäsurwirkung der Kodifikation und mit ihr die Emanzipation[78] der Rechtsdogmatik von der Rechtsgeschichte anerkannt werden.

Diese Einsicht erlaubt es, mit der eigenen Vergangenheit Frieden zu schließen, indem sie die große Leistung der Kodifikatoren würdigt. Aus ihr folgt nicht, dass in postpositivistischen Zeiten keine Rechtsgeschichte mehr betrieben werden kann, sondern nur, dass das heute – wo es nicht um Rechts*vereinheitlichung*, sondern Rechts*angleichung* geht[79] – nicht mehr mit dem methodischen Arsenal und rechtspolitischen Programm des 19. Jahrhunderts geschehen darf.[80] Das besagt nichts weniger, als dass das Wissen um die gemeinsame europäische Rechtstradition unter dem dogmatischen Binärcode von „Geltung" oder „Nichtgeltung" nicht nutzbar gemacht werden kann. Nicht aber heißt es, dass es für das Recht, und hier insbesondere für die Rechtswissenschaft, ohne Erkenntniswert sei und deshalb der Geschichtsforschung zugeschlagen werden müsse.

Was bleibt, wenn man die Rechtsgeschichte aus dem Korsett des Geltungsbezugs entlässt, ist zunächst einmal ein überreich bestücktes Zeughaus an erprobten Rechtsfiguren und Pro- und Contra-Argumenten.[81] Die Waffen der

---

76 „Die Einsamkeit des Rechtshistorikers": Titel des Beitrags von *Caroni*, ZNR 2004, 1 ff.
77 *Rückert*, (o. Fn. 37), 28: „wenig diskutiert." Wichtige erkenntnistheoretische Brücken über den „Methodenantagonismus" in der Rechtsgeschichte baut *Picker*, AcP 201 (2001), 763, 802 ff.
78 *Wieacker*, (o. Fn. 19), 423.
79 *Schulze*, DRiZ 1997, 369, 373.
80 *Basedow*, AcP 200 (2000), 445, 461 ff.; *Ulmer*, JZ 1992, 1, 5; *Schulze*, in: Müller-Graff (Hrsg.), Gemeinsames Privatrecht in der europäischen Gemeinschaft (1993), 71, 82; *Schulze*, in: ders., Europäische Rechts- und Verfassungsgeschichte (1991), 3, 35 f. S. auch die Diskussionsbeiträge von *Müller-Graff* und *Sellert*, in: Diederichsen/Sellert (Hrsg.), (o. Fn. 52), 185 ff.
81 *H. Honsell*, (o. Fn. 36), 245, 250; *Seiler*, in: Eckert (Hrsg.), Der praktische Nutzen der Rechtsgeschichte. Hans Hattenhauer zum 8. September 2001 (2002), 537, 547; *Zimmermann*, (o. Fn. 58), VIII: „treasure house of the *ius commune*"; *Knütel*, ZEuP 4
(Fortsetzung auf der nächsten Seite)

Zunft unter der Anleitung eines kundigen Zeugmeisters im dialektischen Gespräch prägnant und wirksam führen lernen, heißt nichts weniger als das juristische Handwerk beherrschen. Zugegeben: Dass kann man auch in der Rechtsdogmatik. Jedoch dürfte es kein Zufall sein, dass einige der prominentesten Vertreter der heutigen Zivilrechtswissenschaft, die einem größeren Publikum eher aufgrund ihrer rechtsdogmatischen Arbeiten bekannt sind – ich nenne hier nur die Namen *Medicus* und *Flume* – „gelernte" Rechtshistoriker sind. Das zeigt nicht nur, dass eine fruchtbare Verbindung zwischen Rechtsgeschichte und Dogmatik *in persona* offenbar leichter herzustellen als theoretisch zu begründen ist[82], sondern vor allem, dass der rechtshistorisch geschulte Jurist ein guter Jurist ist.

Er ist es deshalb, weil er an einer „Musterrechtsordnung" wie der römischen sein juristisches Vermögen geschult hat. Zum Rechtswissenschaftler wird er, weil er ein Verständnis von den vergangenen, aber potenziell aktualisierbaren Alternativen zum geltenden Recht hat[83] und vor allem ein Wissen um die Halbwertszeit von Rechtsvorschriften. Derartig „de-" oder „entpositiviert"[84] kann der Rechtshistoriker sein methodisch-heuristisches Wissen auch gegenwartsbezogen einsetzen.[85] Denn Argumente sind *per se* zeitlose Wesen.[86] Er betreibt

---

(1994), 244, 273; *ders.*, Rida 41 (1994), 186, 186; *ders.*, in: Ludwig (Hrsg.), Die Antike in der europäischen Gegenwart (1993), 43, 67 f.; *Wieacker*, Romanitas 10 (1970), 201, 216: „größter Thesaurus spezifisch zivilrechtlicher Erfahrung, den die Weltgeschichte des Rechts kennt".

82   S. etwa *Stürner*, JZ 1996, 741, 752: „Das wohl eindrucksvollste Werk gegenwärtiger Ausbildungskultur ist das Bürgerliche Recht von *Medicus*, mit seiner nach Anspruchsgrundlagen geordneten Darstellung des BGB. Es bringt das Systemdenken im bürgerlichen Recht einerseits auf einen imponierenden Höhepunkt, wie ihn nur die strenge Schulung am Römischen Recht und an der Pandektistik ermöglicht, berücksichtigt andererseits aber auch die methodischen Anstöße der Interessenjurisprudenz und des Fallrechts." Hier sind die beiden Facetten „juristischer Identität" – die des Rechtshistorikers und des Dogmatikers – offensichtlich gut miteinander vernetzt. Die Verbindung besteht in der unangestrengten Übertragung der an rechtsgeschichtlichen Materien geschulten Methode. Wird dagegen rechtshistorisches Wissen für das geltende Recht inhaltlich in Anspruch genommen, dürften die Identitäten aufgrund der mangelnden Anschlussfähigkeit des Diskurses eher getrennt sein. Wie hier *Luig*, RJ 5 (1986), 290, 311. Anders *Schulze*, in: Caroni/Dilcher (Hrsg.), Norm und Tradition. Welche Geschichtlichkeit für das Recht? (1998), 257, 259.

83   *Zimmermann*, (o. Fn. 10), 33.

84   *Bucher*, in: Schmidlin (Hrsg.), Vers un droit privé européen commun? – Skizzen zum gemeineuropäischen Privatrecht (1994), 7 ff., 23.

85   Der Gegenwartsbezug rechtshistorischer Betrachtung ist dabei gerade nicht auf die unmittelbare Vorgeschichte des geltenden Rechts beschränkt: *Caroni*, ZNR 2004, 1, 4 ff.; *Grimm*, Recht und Staat in der bürgerlichen Gesellschaft (1987), 407; *Landau*, VSWG 61 (1974), 145, 150 ff. S. die Nw. o. II. 1., bei Fn. 16.

86   *H. Honsell*, (o. Fn. 36), 245, 250: „zeitlose Struktur"; *Seiler*, (o. Fn. 81), 537, 547: „überzeitliche Bedeutung." Des Weiteren *Nörr*, ZEuP 2 (1994), 67, 75: „Dekontextualisierung".

dann auf europäischer Ebene historische Rechtsvergleichung[87], die das Bürgerliche Gesetzbuch als „Ideen-Werkstatt" für Europa begreift und dafür seine Eigenschaft als *lex lata* operativ in den toten Winkel nimmt.[88] Der Verlust der kodifikatorischen Einheit des Zivilrechts ist für ihn kein Schreckensbild[89], sondern bedeutet nicht mehr als die „Rückkehr zur Normalität einer pluralen komplexen Rechtsordnung."[90]

Die Neuausrichtung der Rechtsgeschichte trifft sich hier mit dem Strukturwandel des geltenden Privatrechts, in dem der Monismus geschlossener Rechtsordnungen auf der Basis nationaler Kodifikationen objektiv bereits einem Pluralismus fragmentarischer Privatrechte aus verschiedensten Rechtsquellen Platz gemacht hat.[91] Ob es freilich gelingen wird, der Angleichung „von oben nach unten" die „von unten nach oben" entgegenzusetzen, also gewissermaßen „Brüssel" mit dem Geist von „Bologna" zu begegnen[92], ist eine Frage, deren Beantwortung unter anderem von zwei Faktoren abhängt: inwieweit die überkommene Identifikation von Recht mit dem (nationalen) Gesetz abgeschmolzen[93] und mit ihr die Überschätzung des kodifizierten Rechts in der Wissen-

---

87 Die historische Rechtsvergleichung wurde als methodischer Ansatz im Zeitalter des Postpositivismus bereits von *Koschaker*, (o. Fn. 26), 346, empfohlen (s. auch *Zimmermann*, [o. Fn. 10], 1, 38, m.w.Nw. in Fn. 263; *Behrends*, Labeo 44 [1998], 26, 58; *Schulze*, ZEuP 1 [1993], 442, 464 ff., sowie die Beiträge von *Cordes, Ewald, Flessner, Graziadei, Johnston, Luig* und *Reimann*; alle ZEuP 7 [1999]). Man muss sie freilich von der rechtsgeschichtlichen Methode begrifflich und inhaltlich differenzieren (*Klippel*, [o. Fn. 40], 126, 132; *Rückert*, RJ 11 [1992], 122, 138 ff.; *Landau*, VSWG 61 [1974], 145, 152 ff., in Auseinandersetzung mit *Mayer-Maly*, JZ 1971, 1 ff.: „Die Wiederkehr von Rechtsfiguren"). Das Verbindende zwischen den beiden Disziplinen betonen dagegen *Graziadei*, in: Schulze/Ajani (Hrsg.), Gemeinsame Prinzipien des Europäischen Privatrechts (2003), 11 ff.; *Junker*, JZ 1994, 921, 923; *Kötz*, (o. Fn. 65), 27 ff., m.w.Nw.; ders., JZ 1992, 20, 21. Kritisch mit Blick auf die Bestimmung des Historischen in *Kötz'* Ansatz *Luig*, ZEuP 5 (1997), 405, 421 ff.
88 *Luig*, Quaderni Fiorentini 14 (1985), 601, 616 f.
89 O. II. 2 b), Fn. 62.
90 *Dilcher*, AcP 184 (1984), 247, 287. Gleiches gilt für die Rückkehr zu einer europäischen Rechtswissenschaft. Grundlegend *Coing*, Die ursprüngliche Einheit der europäischen Rechtswissenschaft (1968), 149 ff.
91 Aus rechtshistorischer Perspektive *Schulze*, (o. Fn. 80), 257, 261 ff., 267; s. auch ders., DRiZ 1997, 369, 372 ff.; *Broggini*, ZfRV 1997, 221, 221 f.; *Berman/Reid*, ZEuP 3 (1995), 3, 34. Aus dogmatischer Sicht: *Safferling*, (o. Fn. 41), 133 ff.; *Basedow*, AcP 200 (2000), 445 ff.; *Schulte-Nölke/Schulze*, in: dies. (Hrsg.), Europäische Rechtsangleichung und nationale Privatrechte (1999), 11, 18 f.: „Mischrecht".
92 Das Bild ist von *Picker*, AcP 201 (2001), 763, 851, entlehnt. S. auch *Coing*, Von Bologna bis Brüssel. Europäische Gemeinsamkeiten in Vergangenheit, Gegenwart und Zukunft (1989).
93 Zu Depositivierungstendenzen in der Rspr. des Bundesgerichtshofs zum Internationalen Einheitsrecht *Basedow*, in: Canaris et al. (Hrsg.), FS 50 Jahre BGH, Festgabe aus der Wissenschaft, Bd. 2 (2000), 777 ff.

schaft vom geltenden Zivilrecht bereits im Schwinden begriffen ist.[94] Das müssen Rechtsdogmatiker einschätzen. Wenn sie dabei neben ihrem Ingenieursdiplom über ein Zertifikat im Dombau verfügen, ist das dem Vorhaben sicher förderlich.

---

[94] *Ranieri,* (o. Fn. 60), 89, 101.

Common Law, Civil Law und Europäisches Privatrecht

Zur Angleichung methodischer Ansätze in den
Gemeinschaftsrechtsordnungen

Michael Stürner

I. Einleitung
II. Grundlagen
   1. Rechtskreise
   2. Die Rechtsetzungstechnik des Common Law
      a) Systemdenken im Common Law
      b) Die Rolle der statutes
   3. Die Bedeutung der Kodifikation im Civil Law
   4. Das Verhältnis zum Europäischen Privatrecht
III. Konvergenz der Systeme: Eine Bestandsaufnahme
   1. Neuerungen im englischen Prozessrecht
   2. Annäherung in Stil und Methodik
      a) Wandel in der Rechtsetzung
      b) Wandel in der Rechtsanwendung
      c) Vermischung der Rechtsfindungsmethoden
IV. Eine gemeineuropäische Methodenlehre?
   1. Ansätze im Bereich des harmonisierten Rechts
   2. Erweiterung auf nicht harmonisiertes Recht?
      a) Mangel an rechtsvergleichender Erfahrung
      b) Fehlen einer „Absicherung von oben"
V. Ausblick: Der Aktionsplan der Kommission

I. Einleitung

„Die Rechtskultur der abendländischen Zivilisation", so schrieb *Gustav Radbruch* im Jahre 1958, „zerfällt in zwei grundverschiedene Rechtsgebiete: die Länder der [...] nach dem Vorbild des Justinianischen Gesetzbuches geschaffenen Kodifikationen, andererseits die Länder des angelsächsischen Case-Law."[1]

---

1 *Radbruch*, Der Geist des englischen Rechts, 4. Aufl. (1958), 7 f.

Knapp 50 Jahre danach beschäftigt die Harmonisierung des Privatrechts in der Europäischen Union Juristen in Europa und weltweit. Kontrovers diskutiert wird dabei die Frage, ob dieser Prozess „von unten", also ohne legislatorische Tätigkeit, oder „von oben", etwa durch ein Europäisches Zivilgesetzbuch, gefördert werden soll. Die Befürworter einer Harmonisierung von unten legen Wert auf die Anerkennung rechtskultureller Unterschiede innerhalb der Union; diese dürften nicht durch legislatorische Maßnahmen nivelliert werden.[2] Die Gegenansicht verweist auf die unifikatorische Kraft der großen Kodifikationen und will diesen Gedanken auf den europäischen Rechtsraum übertragen.[3]

In den nun folgenden Ausführungen will ich anhand einer Untersuchung der methodischen Instrumente in den beiden großen Rechtssystemen der Europäischen Union, dem Common Law und dem Civil Law, der Tragfähigkeit der Ausgangsthese *Radbruchs* in der heutigen Zeit nachgehen und den Stand der Harmonisierung von unten und deren weiteres Potenzial darstellen. Nicht davon zu trennen ist selbstverständlich die Frage nach deren Verhältnis zur legislatorischen Rechtsvereinheitlichung. Ich werde bei den unterschiedlichen historischen Ausgangspunkten von Common Law und Civil Law beginnen und anschließend Anzeichen für eine methodische Konvergenz beider Systeme untersuchen. Dies führt dann zu Überlegungen, ob die Zeit reif ist für eine eigenständige Methodenlehre des Privatrechts in Europa.

II. Grundlagen

1. Rechtskreise

Die Rechtsordnungen der Welt werden gemeinhin in Rechtskreise eingeteilt.[4] Dies erleichtert die Übersicht und erlaubt die Konzentration auf wesentliche

---

2   Vgl. allgemein etwa *Schulze*, ZEuP 1993, 442, 473; *Collins*, ERPL 3 (1995), 353; *Sandrock*, JZ 1996, 1, 6 ff.; *Markesinis*, ERPL 5 (1997), 519; *Berger*, ERPL 9 (2001), 21, 24 ff.; *Luther*, RabelsZ 45 (1981), 253 (zum Eherecht); vgl. in anderem Zshg. auch *Flume*, ZIP 2000, 1427, 1429 (BGB als „Kulturdenkmal"). Radikal gegen jede Rechtsvereinheitlichung *Legrand*, MLR 60 (1997), 44.

3   Vgl. z.B. *Basedow*, CMLR 33 (1996), 1169, 1181 ff.; *ders.*, ERPL 9 (2001), 35, 40 ff.; *Lando*, ERPL 5 (1997), 525, 531 f.; *Drobnig*, in: Martiny/Witzleb (Hrsg.), Auf dem Wege zu einem Europäischen Zivilgesetzbuch (1999), 109, 116 ff.; *Schwintowski*, JZ 2002, 205.

4   Lehrbücher und Grundrisse folgen üblicherweise dem Aufbau nach Rechtskreisen, vgl. *David/Grasman*, Einführung in die großen Rechtssysteme der Gegenwart, 2. Aufl. (1988); *Zweigert/Kötz*, Einführung in die Rechtsvergleichung, 3. Aufl. (1996); *Schwenzer/Müller-Chen*, Rechtsvergleichung (1996); *David/Jauffret-Spinosi*, Les grands systèmes juridiques de droit contemporains, 11. Aufl. (2002). Weitere Nw. bei *Rösler*, JuS 1999, 1186, 1187 Fn. 25.

Gemeinsamkeiten und Unterschiede. Als geradezu fundamental gilt dabei – ganz im Sinne *Radbruchs* – noch immer die Unterscheidung von Common Law und Civil Law. Ersteres wird gemeinhin mit Fallrecht gleichgesetzt, letzteres mit kodifiziertem Gesetzesrecht. Diese Betrachtung setzt primär historisch an. Sie wird jedoch seit geraumer Zeit in Frage gestellt, weil sie von der Rechtswirklichkeit überholt sei.[5] In der Tat scheint eine übertriebene Betonung der Unterschiede zwischen den Rechtskreisen Gegnern der Harmonisierung der Privatrechtsordnungen in Europa willkommene Argumente zu liefern.[6] Dabei wird jedoch die Leistungsfähigkeit der Rechtskreislehre überstrapaziert.[7] Diese soll in erster Linie einen rein deskriptiven Charakter behalten und nicht für sich in Anspruch nehmen, rechtskulturelle Gräben zu ziehen, wo keine sind. Die Zuordnung einer Rechtsordnung zu einem Rechtskreis kann je nach Standpunkt und Ziel unterschiedlich ausfallen.[8] So kann man zwanglos Civil Law und Common Law gemeinsam unter den Oberbegriff „westlich-industrialisierter Rechtskreis" fassen.[9] Auch wenn vor allem *Reinhard Zimmermann* nachgewiesen hat, dass es immer einen rechtskulturellen Austausch zwischen Common Law und Civil Law gegeben hat,[10] so verlief die geschichtliche Entwicklung der beiden Systeme freilich weitgehend voneinander getrennt. Was sind also die Merkmale, die Common Law und Civil Law so unterschiedlich erscheinen lassen?

2. Die Rechtsetzungstechnik des Common Law

Das spezifisch englische Systemverständnis lässt sich nur über eine historische Betrachtung erschließen. Die Wurzeln des Common Law liegen im Richterrecht; diese bilden den Kern des Systems.

a) Systemdenken im Common Law

Das englische Recht hat seit den Anfängen im 11. Jahrhundert eine ganz eigene Systematik entwickelt.[11] Das starre System der forms of action brachte eine

---

5   *Kübler*, JZ 1977, 113, 118; *Zimmermann*, ZEuP 1993, 4; *Gordley*, ZEuP 1993, 498; *Stein*, ZEuP 1997, 385; *Brüggemeier*, in: Assmann/Brüggemeier/Sethe (Hrsg.), Unterschiedliche Rechtskulturen – Konvergenz des Rechtsdenkens (2001), 1, 2 ff.
6   Vgl. vor allem die Arbeiten von *Legrand*, ICLQ 45 (1996), 52, 55 ff.; ders., MLR 60 (1997), 44, 53 ff.
7   Vgl. hierzu *Kötz*, ZEuP 1998, 493, 497 ff.
8   Vgl. *David/Jauffret-Spinosi*, (o. Fn. 4), 16.
9   So z.B. der Ansatz von *Sawer*, in: International Encyclopedia of Comparative Law, Vol. II, Ch. 1 (Stand 1973), 14 ff.; ähnlich *Merryman*, in: Cappelletti (Hrsg.), New Perspectives for a Common Law of Europe (1978), wieder abgedruckt in: The Loneliness of the Comparative Lawyer (1999), 17, 30.
10 Umfassend *Zimmermann*, The Law of Obligations. Roman Foundations of the Civilian Tradition (1990) sowie ders., ZEuP 1993, 4 ff.; vgl. auch *Samuel*, ZEuP 1995, 375 sowie *Smits*, The Making of European Private Law (2002), 95.
11 Hierzu *Schmitthoff*, JZ 1967, 1 ff.; *Samuel*, ZEuP 1995, 375, 383 ff.

punktuelle Rechtsfortbildung hervor; neue Rechtsregeln konnten sich gewissermaßen nur um die zulässigen Klageformen, die writs, herum entwickeln.[12] Aufgrund der verfahrensrechtlichen Zwänge konnte sich daher lange kein abstrakter Zusammenhang zwischen den verschiedenen writs herausbilden.[13] Die juristische Logik und damit das System des Common Law wurden vom Lebenssachverhalt bestimmt und nicht vom subjektiven Recht wie nach kontinentalem Rechtsdenken.[14] Der Grundsatz der Bindung an Präjudizien (stare decisis) bewirkte auch nach der Abschaffung des Aktionensystems im späten 19. Jahrhundert,[15] dass Juristen die ausgefeilte Technik des distinguishing benutzten, mit der ein Rechtsproblem aus der unerwünschten Bindungswirkung eines Präjudizes herausgelöst werden kann.[16] *Gustav Radbruch* kam durchaus mit Bewunderung zu dem Schluss, dass das englische Case Law „zwischen Starrheit und Geschmeidigkeit geteilt ist, dass es je nach der Art der Sache und nach der Natur des Rechtes bald starr ist, bald geschmeidig".[17]

Gesetzgebung durch ein Legislativorgan wurde nur dann für notwendig gehalten, wenn in Einzelfällen Schwächen des Common Law auszugleichen waren.[18] Während die Gesetzgebung auf dem Kontinent durch die Rezeption des römischen Rechts stark beeinflusst wurde, was in vielen Bereichen zu Kodifizierungen führte, blieb das Common Law hiervon weitgehend unberührt.[19] Eine Rezeption des römischen Rechts wie im Spätmittelalter auf dem Kontinent gab es in England nicht.[20] Prägend für die englische Rechtstradition war die Überzeu-

---

12 Aus der Notwendigkeit, diese Defizite auszugleichen, entwickelte sich die Equity-Rspr. des Court of Chancery, vgl. dazu *Stürner*, Die Anfechtung von Zivilurteilen (2002), 18 f.
13 *Samuel*, ZEuP 1995, 375, 384.
14 *Samuel*, ZEuP 1995, 375, 395 f. spricht daher von einer linearen Systematik.
15 Durch die Judicature Acts 1873/75. Vgl. hierzu *Odgers*, A Century of Law Reform (1901), 203 ff.; *Jacob*, The Reform of Civil Procedural Law (1982), 301 ff. und *van Caenegem*, in: International Encyclopedia of Comparative Law, Vol. XVI, Ch. 2 (Stand 1973), 103 ff.
16 Hierzu *Raz*, The Authority of Law (1979), 180, 183 ff. sowie mit Bezug auf das deutsche Recht *Langenbucher*, Die Entwicklung und Auslegung von Richterrecht (1996), 99 ff.
17 *Radbruch*, (o. Fn. 1), 37.
18 *Wilson*, in: Leipold/Lüke/Shozaburo (Hrsg.), Gedächtnisschrift für Peter Arens (1993), 431, 435.
19 Zur Diskussion in England im frühen 20. Jahrhundert über die Einführung einer Kodifikation nach dem Vorbild des BGB vgl. *Dittmann*, Das Bürgerliche Gesetzbuch aus Sicht des Common Law (2001), 365 ff.; zu Kodifikationsbestrebungen im ausgehenden 20. Jahrhundert *North*, RabelsZ 46 (1982), 490.
20 Vgl. *Zweigert/Kötz*, (o. Fn. 4), § 14 IV. Es ist jedoch auffällig, welche strukturelle Ähnlichkeit das mittelalterliche Common Law mit dem römischen Recht auch ohne dessen Rezeption hatte. Siehe dazu *Samuel*, ZEuP 1995, 375; *Wilson*, (o. Fn. 18), 432; *Pollock/Maitland*, The History of English Law, 2. Aufl. (1898), Band 2, 558 ff. sowie die
(Fortsetzung auf der nächsten Seite)

gung, dass Probleme am besten dann gelöst werden, wenn sie in einem konkreten Fall auftauchen. Die Versuche der kontinentalen Kodifikationen, bereits ex ante Regelungen zu treffen, führt danach zu einem Verlust derjenigen Flexibilität, die im Common Law durch ein einzelfallorientiertes Richterrecht bewahrt werden sollte. Pragmatismus statt Dogmatik prägt diese Rechtsauffassung. Eine Rechtsregel wird nicht von einer allgemeineren Regel abgeleitet. Vielmehr gilt der umgekehrte Zusammenhang: Die Rechtsbildung erfolgt nach der induktiven Methode, wonach sich eine allgemeine Regel grundsätzlich nur aus einer Vielzahl von Einzelfallentscheidungen entwickeln kann.[21]

b) Die Rolle der statutes

Erst durch weitreichende Reformbestrebungen im 19. Jahrhundert nahm der Einfluss des Parlaments als Gesetzgeber zu. Durch den Beitritt des Vereinigten Königreichs zu den Europäischen Gemeinschaften zum 1. Januar 1973 und die dadurch notwendig gewordene Rechtsangleichung stieg die Zahl der formellen Gesetze (statutes) noch an. Wegen der Parlamentssouveränität gehen Gesetze den Präjudizien vor; gleichwohl haben die Gesetze in der Regel das bestehende Fallrecht in erster Linie ergänzt und nur ausnahmsweise auch korrigiert. Die traditionelle Auffassung, dass einem Gesetz im System des Common Law gewissermaßen nur die Rolle eines Präjudiziensatzes zukommt, spiegelt sich deutlich in der Art und Weise wider, wie statutes in der Regel aufgebaut sind: kasuistisch, einzelfallbezogen, deskriptiv.[22] Systembildende Anstrengungen fehlen hier zumeist völlig; dies verwundert nicht weiter, ist doch im Bereich des Common Law bereits die Idee eines konsequent durchgeregelten Privatrechts keinesfalls selbstverständlich.[23] Die für das kontinentale Recht prägende Auffassung, dass Systembildung normativ wirkt, ist dem Common Law fremd.[24] Keinesfalls entspricht es englischer Tradition, ein ganzes Rechtsgebiet zu kodifizieren.[25] Gewiss gibt es Teilkodifikationen wie den Sale of Goods Act oder den Insolvency Act. Diese haben aber mehr den Charakter von Konsolidierungsgesetzen, die das bisher geltende Recht lediglich übersichtlich zusammenfassen.[26]

Die Praxis übte eine tiefe Abneigung gegen legislatorische Eingriffe in das Case Law. Stellvertretend sei hier *Sir Frederic Pollock* zitiert, der einmal sagte, „Parliament generally changes the law for the worse, and that the business of the

---

Monographien von *Peter*, Actio und Writ (1957) und von *Buckland/McNair*, Roman Law and Common Law, 2. Aufl. (1952).
21 Vgl. *Cardozo*, The Nature of the Judicial Process (1921), 22 f.; *Schmitthoff*, JZ 1967, 1, 3 sowie *Andrews*, English Civil Procedure (2003), Rn. 38.69.
22 Beispiel bei *Samuel*, ZEuP 1995, 375, 397; vgl. auch *Zweigert/Kötz*, (o. Fn. 4), § 18 III.
23 *Basedow*, JuS 2004, 89.
24 *Samuel*, ZEuP 1995, 375, 396.
25 Hierzu *Schmitthoff*, JZ 1967, 1 sowie *Kötz*, MLR 50 (1987), 1 ff.
26 Vgl. *Schmitthoff*, JZ 1967, 1.

judge is to keep the mischief of its interference within the narrowest possible bounds".[27] Bis ins 19. Jahrhundert hinein wurde an den (damals einzigen) Universitäten Oxford und Cambridge nur das römische Recht gelehrt, nicht aber das englische.[28] Eine wissenschaftliche Durchdringung des Common Law mit der Folge von Forderungen nach Rationalisierung des Rechts hatte daher nicht in dem Maße stattgefunden, wie dies auf dem Kontinent der Fall war; das englische Recht verharrte in sachverhaltsbezogenen Denkkategorien.[29] Gesetzesvorhaben wurden – ohne wissenschaftliche Begleitung – in Kommissionen vorbereitet.[30] Zwar ist das englische Recht rasch zu einer vollwertigen Disziplin an den Universitäten geworden; die Beteiligung der Rechtswissenschaft an Gesetzesvorhaben ist allerdings immer noch die Ausnahme.[31]

3. Die Bedeutung der Kodifikation im Civil Law

Das kontinentale Civil Law hat sich völlig anders entwickelt. Mit der Gesetzestechnik der Kodifikation werden für ein ganzes Rechtsgebiet in abstrakt-genereller Weise Verhaltensregeln aufgestellt. Eine Bindung an Präjudizien gibt es formell nicht;[32] ein Gerichtsurteil schafft nicht neues Recht, sondern stellt es nur fest. Den Gesetzen liegen allgemeine Rechtsprinzipien zugrunde, die bei der Auslegung und der Lückenfüllung durch den Rechtsanwender herangezogen werden. Grundlage für die Kodifikation von Rechtsgebieten, also deren bewusst geplante, systematische, logischen Gesichtspunkten folgende Zusammenstellung,[33] war auf dem Kontinent eine umfassende wissenschaftliche Aufarbeitung der verschiedenen Rechtsquellen durch die Rechtslehre. Das kontinentale Systemdenken hat zum Idealziel, dass neue Rechtsprobleme anhand eines normativen Vergleichs bruchlos in das System eingeordnet werden können.[34]

Das Ideal einer allumfassenden Kodifikation ging im 18. Jahrhundert so weit, dass eine richterliche oder wissenschaftliche Interpretation des Gesetzes für

---

27 *Pollock*, Essays on Jurisprudence and Ethics (1882), 85.
28 *Zweigert/Kötz*, (o. Fn. 4), § 14 IV; *Wilson*, (o. Fn. 18), 433 f.
29 Vgl. *Samuel*, ZEuP 1995, 375, 384.
30 *Wilson*, (o. Fn. 18), 438.
31 Dies beklagt *Wilson*, (o. Fn. 18), 436, 454 f.
32 Diese folgt auch nicht aus dem allgemeinen Gleichheitssatz (Art. 3 Abs. 1 GG), vgl. Staudinger/*Coing*, BGB, 13. Aufl. (1995), Einl. Rn. 227. Eine Ausnahme gilt z.B. für die Entscheidungen des Bundesverfassungsgerichts, die gem. § 31 BVerfGG Bindungswirkung und in bestimmten Fällen sogar Gesetzeskraft haben. Ein Revisionsurteil entfaltet nach § 563 Abs. 2 ZPO bei der Zurückverweisung an das Berufungsgericht für dieses ebenfalls Bindungswirkung; diese hat aber rein innerinstanzielle Wirkung. Rechtstatsächlich entfalten vor allem höchstrichterliche Urteile eine starke Autorität, vgl. dazu u. III 2 c.
33 Zum Begriff *Zimmermann*, ERPL 3 (1995), 95, 96 ff.; *Zweigert/Kötz*, (o. Fn. 4), § 11 II; *Sawer*, (o. Fn. 9), 14, 28 ff.; *Smits*, (o. Fn. 10), 77 ff.
34 Vgl. *K. Schmidt*, Die Zukunft der Kodifikationsidee (1985), 39 ff.; *Zimmermann*, ERPL 3 (1995), 95, 97; *Samuel*, ZEuP 1995, 375, 395 f.

unzulässig gehalten wurde.³⁵ *Friedrich II.* wollte mit dem Preußischen Allgemeinen Landrecht von 1794 bekanntlich ein Gesetzbuch schaffen, das für jedermann verständlich sein und dabei alle materiellen Rechtsprobleme erfassen sollte,³⁶ „so daß das Geschäft des Richters in einer Art mechanischer Anwendung bestehen könnte", wie *Savigny* später sarkastisch schrieb.³⁷

4. Das Verhältnis zum Europäischen Privatrecht

Beim Europäischen Privatrecht handelt es sich um eine im Verhältnis zu Common Law und Civil Law sehr junge, unfertige und fragmetarische Rechtsordnung. Unter diesen Begriff fasse ich hier die Summe derjenigen Privatrechtsnormen, die den europäischen Staaten gemein sind. Wichtigster Bestandteil des Europäischen Privatrechts sind Regeln des Gemeinschaftsprivatrechts, also vor allem Verordnungs- und Richtlinienrecht, aber auch primäres EG-Recht.³⁸ Daneben steht das Konventionalprivatrecht, also diejenigen Normen, die in rechtsvereinheitlichenden internationalen Abkommen zu finden sind, insbesondere das EuGVÜ und das EVÜ.³⁹ Schließlich gehört auch die Summe derjenigen nationalen Normen zum Bestand des europäischen Privatrechts, die den europäischen Staaten gemein sind.⁴⁰ Darunter fallen Allgemeine Rechtsgrundsätze, wie sie in den UNIDROIT Principles und in den Lando Principles verkörpert sind, aber auch angeglichenes nationales Recht.⁴¹ Dies erschließt sich daraus, dass die privatrechtliche Rechtsetzung auf europäischer Ebene nahezu ausschließlich mit dem Instrument der Richtlinie erfolgt. Zur Geltung gegenüber ihrem eigentlichen Adressaten, dem Bürger, bedarf eine Richtlinie zunächst der Umsetzung in nationales Recht. Eine nicht umgesetzte Richtlinie entfaltet nach der Rechtsprechung des EuGH keine horizontale Direktwirkung zwischen Privatleuten.⁴² Das europäische Richtlinienrecht ist daher unvollstän-

---

35 Vgl. *Sawer*, (o. Fn. 9), 14, 30.
36 Vgl. dazu *Dilcher*, ZEuP 1994, 446, 453 ff.
37 *Savigny*, Vom Beruf unserer Zeit für Gesetzgebung und Rechtswissenschaft ‚1814, 87 f.
38 Grundlegend *Müller-Graff*, Gemeinsames Privatrecht in der Europäischen Gemeinschaft, 2. Aufl. (1999), 20 ff.; vgl. auch *Klauer*, Die Europäisierung des Privatrechts (1997), 21; *Gebauer*, Grundfragen der Europäisierung des Privatrechts (1998), § 11; *Leible*, in: Martiny/Witzleb, (o. Fn. 3), 53, 57; *Basedow*, AcP 200 (2000), 445, 449 ff.; *Riesenhuber*, Europäisches Vertragsrecht (2003), Rn. 32 ff.
39 *Basedow*, AcP 200 (2000), 445, 454 ff.; *Riesenhuber*, (o. Fn. 38), Rn. 41 ff.; *Gebauer*, (o. Fn. 38), § 10.
40 *Basedow*, AcP 200 (2000), 445, 457 ff.; *Gebauer*, (o. Fn. 38), 1998, § 9; *Grundmann*, Europäisches Schuldvertragsrecht (1999), 1. Teil Rn. 8 f.; enger wohl *Riesenhuber*, (o. Fn. 38), Rn. 55 ff.
41 Nach *Flessner*, JZ 2002, 14, 15 fallen hingegen sämtliche Normen der Landesprivatrechte unter den Begriff des Europäischen Privatrechts. Die Zuordnung wird damit jedoch konturlos; sie zeigt nicht deutlich genug, dass das Europäische Privatrecht eine noch im Entstehen begriffene Rechtsordnung ist.
42 EuGH Rs. C-91/92, NJW 1994, 2473 (*Faccini Dori*); EuGH Rs. C-192/94, NJW 1996, 1401 (*El Corte Ingles*).

dig ohne den Bestand der es umsetzenden Normen der nationalen Rechtsordnungen.

Damit ist bereits die Zielrichtung der nachfolgenden Ausführungen angezeigt: Versteht man die nationalen Rechtsordnungen als integralen Bestandteil einer europäischen Privatrechtsordnung, so ist die Konvergenz der beiden Systeme für die Konsolidierung des Europäischen Privatrechts von enormer Bedeutung. Eine Untersuchung des materiellen Rechts ist bereits sehr aufschlussreich. Vielleicht noch wichtiger ist aber eine Bestandsaufnahme der „sekundären" Merkmale eines Systems, insbesondere der Methodik der Rechtsgewinnung und Rechtsanwendung.[43] Eine Harmonisierung des materiellen Rechts führt nicht automatisch zu einer Angleichung der Rechtswirklichkeit, wenn dieses in verschiedenen Rechtsordnungen mit einem völlig unterschiedlichen Grundverständnis angewandt wird. Dies bringt mich zur Frage der Konvergenz der Methodik in Common Law und Civil Law.

III. Konvergenz der Systeme: Eine Bestandsaufnahme

Es ist eine Binsenweisheit rechtsvergleichend tätiger Juristen, dass verschiedene Rechtsordnungen für auftretende Probleme zumeist ähnliche Lösungen finden. Dies gilt in zunehmendem Maße für das englische Common Law und das kontinentale Civil Law, aus deren Reservoir das Europäische Privatrecht gespeist wird. Nahezu unbestritten ist daher die These von der langsamen Konvergenz der beiden Systeme.[44] Diese wurde vor allem für das materielle Recht belegt. Erwähnt sei hier nur die Lockerung der englischen doctrine of privity of contract und die Anerkennung, dass ein Vertrag auch Rechtswirkungen gegenüber Dritten entfalten kann.[45] Wie im Folgenden zu zeigen sein wird, gilt sie

---

43 Vgl. *Kötz*, ZEuP 1998, 493, 505.
44 *Merryman*, (o. Fn. 9), 17 ff.; *Glenn*, Rev.int.dr.comp. 1993, 559 ff.; *Reimann*, in: *ders.* (Hrsg.), The Reception of Continental Ideas in the Common Law World 1820-1920 (1993), 7 ff.; *Markesinis*, in: ders. (Hrsg.), The Gradual Convergence (1994), 1, 2, 20, 30 ff.; *Vranken*, Fundamentals of European Civil Law (1997), 212 ff.; vorsichtiger *Kötz*, ZEuP 1998, 493, 500 ff. Dagegen insb. *Legrand*, ICLQ 45 (1996), 52, 55 ff.; *ders.*, MLR 60 (1997), 44. Weitere Nw. finden sich bei *Smits*, (o. Fn. 10), 103 f. Aus amerikanischer Sicht bewegt sich das englische Recht hingegen vor allem Richtung US-amerikanisches Common Law, vgl. *Levitsky*, Am.J.Comp.L. 42 (1994), 347, 380.
45 Seit dem Erlass des Contracts (Rights of Third Parties) Act 1999 ist der Vertrag zugunsten Dritter Bestandteil des englischen Rechts, das sich damit nun auf Augenhöhe mit den Rechtsordnungen des Civil Law befindet, die sämtlich diese Konstruktion kennen, vgl. *Palmer*, ERPL 11 (2003), 8, 10 und rechtsvergleichend *Lorenz*, in: Markesinis, (o. Fn. 44), 65, 72 ff. Bereits vorher hat die Rspr. Schutzwirkungen eines Vertrags gegenüber Dritten anerkannt, vgl. *White v. Jones* [1995] 2 WLR 187, HL und hierzu *Zimmermann*, ZEuP 1996, 675.

aber auch für das Prozessrecht und ebenso im Bereich der juristischen Methodik.

1. Neuerungen im englischen Prozessrecht

Die vielleicht bemerkenswerteste Annäherung des Common Law an das Kontinentalrecht hat sich in einem Gebiet vollzogen, das die Privatrechtsangleichung nur mittelbar betrifft: dem Verfahrensrecht. Die Unterschiede in der Ausgestaltung des Zivilprozesses hätten nicht größer sein können: Das adversary system des Common Law stand für strikte Parteiherrschaft; der Rechtsstreit wurde als eine Art Privateigentum der Parteien betrachtet.[46] Die Rolle des Richters beschränkte sich auf die eines neutralen Beobachters, der einen Sieger ermittelt im Kampf der Parteien, den Lord *Denning* einmal so beschrieben hat: „In litigation as in war. If one side makes a mistake, the other can take advantage of it. No holds are barred."[47] Das Prinzip der Mündlichkeit war so stark ausgeprägt, dass jedes Dokument, auf das sich die Parteien bezogen, in der Verhandlung vorgelesen werden musste.[48]

Auf dem Kontinent dominierten in unterschiedlichen Ausprägungen soziale Prozessauffassungen mit dem Richter als der für den Prozessfortgang bestimmenden zentralen Figur und den Anwälten als eher passiven Teilnehmer der Verhandlung. Für anglo-amerikanische Begriffe ist diese Aufgabenverteilung traditionell so fremd, dass sie schlagwortartig als „inquisitorisch" bezeichnet wurde.[49]

Die unter der Leitung von Lord *Woolf* gestalteten und im Jahre 1999 in Kraft getretenen Civil Procedure Rules (CPR)[50] beschneiden das traditionelle adversary system, indem sie dem Gericht die Verantwortung für den Fortgang des Verfahrens zuweisen und es zu diesem Zweck mit einer weitreichenden Prozessleitungsmacht ausstatten.[51] „Ultimate responsibility for the control of litigation must move from the litigants and their legal advisors to the court", so die Vorgabe von Lord *Woolf*.[52] Auch der Grundsatz der Mündlichkeit wurde eingeschränkt; die Parteien müssen nun das Verfahren umfangreich schriftlich vorbe-

---

46 *Jacob*, The Fabric of English Civil Justice (1987), 8.
47 *Burmah Oil Co. Ltd. v. Governor and Co. of the Bank of England* [1979] 1 WLR 473, 484 (CA).
48 *Jacob*, (o. Fn. 46), 19 f.
49 Vgl. die Nw. bei *Kötz*, in: FS Zajtay (1982), 277, 280 ff. Im Grundsatz besteht jedoch Einigkeit darüber, dass auch der deutsche Zivilprozess ein adversary system ist, vgl. dazu *Stürner*, ZVglRWiss 99 (2000), 310, 329 f. m.w.Nw.
50 Zu den CPR *Sobich*, JZ 1999, 775; *Stürner*, ZVglRWiss 99 (2000), 310; *Greger*, JZ 2002, 1020, 1026 ff.; *Andrews*, (o. Fn. 21), Rn. 2.01 ff.
51 Case management, rule 3.1 CPR. Vgl. dazu *Andrews*, (o. Fn. 21), Rn. 13.12 ff.
52 Access to Justice Final Report (1996), 14. Ähnlich die Einschätzung von Richter *Lightman*: „The judges are the masters now.", CJQ 17 (1998), 373, 389.

reiten.[53] Bei Verfahren bis zu einem Streitwert von £ 15.000 werden die Kosten ähnlich dem deutschen Gebührenrecht anhand einer Tabelle bereits vor Prozessbeginn festgelegt.[54]

Was in dem hier interessierenden Zusammenhang aber noch wichtiger ist: Die Umsetzung der Reform des Zivilprozesses erfolgte in Form einer Kodifikation.[55] Diese beschränkt sich nicht auf eine Zusammenfassung der bisherigen Regeln, sondern läutet einen radikalen Stilwechsel ein und ist in sich kohärent. Überdies wurden den CPR allgemeine Prinzipien vorangestellt, die von den Gerichten bei der Auslegung der Normen und bei der Ermessensausübung zu berücksichtigen sind. Auch das Common Law bringt generelle Rechtsgrundsätze hervor; dies ist dabei selbstverständlich nicht neu. Es wurde bereits erwähnt, dass sich diese langsam aus einer Vielzahl von Einzelentscheidungen herauskristalisieren. Geradezu revolutionär ist aber die Tatsache, dass die Prozessmaximen der CPR nicht nur eine Konsolidierung der bisherigen gefestigten Rechtsprechung darstellen, sondern dass der dem englischen Prozessrecht in der Form bisher unbekannte Grundsatz der Verhältnismäßigkeit gewissermaßen von oben verordnet wurde.[56]

2. Annäherung in Stil und Methodik

Damit scheint aber ein Wandel eingeläutet, der tiefer geht als etwa die Anerkennung vertraglicher Drittwirkungen. Das englische Parlament drängt die einstigen Protagonisten der Rechtsetzung, die Richterschaft, durch ein dichter werdendes Netz aus formellen Gesetzen immer stärker aus der rechtsschöpferischen Verantwortung. Nun haben die Richter mit den Civil Procedure Rules ein Gesetz anzuwenden, das als Kodifikation ausgestaltet ist, Generalklauseln beinhaltet und sich somit offenbar an der für das Civil Law charakteristischen, deduktiven Rechtsfindungsmethode orientiert. Was bedeutet dies für den Bestand und die Entwicklung des Europäischen Privatrechts? Jedenfalls so viel, dass die „Angleichung von unten" weiter fortschreitet, und zwar im Bereich der Rechtsetzung und der Rechtsanwendung.

a) Wandel in der Rechtsetzung

Wenn als Hauptcharakteristikum der Rechtsetzung im Civil Law die umfassende Regelung eines Rechtsgebiets in einem systematisch aufgebauten Gesetz-

---

53　Pre-action protocols, statements of case, skeleton arguments und trial bundles. Vgl. dazu *Dreymüller*, ZVglRWiss 101 (2002), 471, 474 ff.
54　Für den sog. fast track: rule 46.2 (1) CPR. Zu betonen ist, dass auch das deutsche Zivilprozessrecht näher an die Nachbarrechtsordnungen herangerückt ist: Durch das am 1.1.2002 in Kraft getretene ZPO-RG wurde vor allem das Rechtsmittelrecht grundlegend umgestaltet; eingehend hierzu *Stürner*, (o. Fn. 12).
55　Vgl. rule 1.1 (1) CPR; hierzu *Stürner*, ZVglRWiss 103 (2004), 349, 352 ff.
56　Ausführlich hierzu *Stürner*, ZVglRWiss 103 (2004), 349, 366 ff.

buch identifiziert wurde, so muss diese Erkenntnis relativiert werden. Das BGB regelt schon längst nicht mehr alle Teile des Zivilrechts. Wesentliche Bereiche, insbesondere das Verbraucherschutzrecht, wurden in der zweiten Hälfte des vergangenen Jahrhunderts ausgelagert und in Nebengesetzen niedergelegt. Europaweit konstatierte man einen allgemeinen Bedeutungsverlust der großen Kodifikationen, der unter dem Begriff der Dekodifikation zusammengefasst wurde.[57]

Auch wenn in Deutschland durch die Schuldrechtsreform dieser Entwicklung über die Integration verschiedener Nebengesetze in das BGB gegengesteuert wurde, so kann dies nicht verbergen, dass im Zeitalter sich immer schneller fortentwickelnder technischer Neuerungen das Rechtsetzungsinstrument der Kodifikation schlicht zu schwerfällig ist, mit der Entwicklung Schritt zu halten. Dies gilt unabhängig davon, ob diese Veränderung über EG-Richtlinien von außen vorgegeben wird oder nicht. Der Gesetzgeber ist mit der Aufgabe, neue Rechtsmaterien rasch, vielfach innerhalb einer Umsetzungsfrist, in das fragile System einer Kodifikation einzuordnen, schlicht überfordert. So wird mit Recht bezweifelt, dass das modernisierte und „re-kodifizierte" BGB als Vorbild für ein Europäisches Zivilgesetzbuch taugt.[58]

Umgekehrt hat sich die Rechtsetzung durch Präjudizien in der Urform des Common Law als unfähig erwiesen, bei neu auftauchenden rechtlichen Problemen für ausreichende Rechtssicherheit zu sorgen, so dass eine Aktivität des Gesetzgebers zwingend erforderlich wurde. *Guido Calabresi* sprach daher schon vor über 25 Jahren mit Bezug auf das amerikanische Recht von einer „statutorification" des Common Law.[59]

b) Wandel in der Rechtsanwendung

Auch die Rechtsanwendung hat sich in beiden Rechtssystemen verändert. Bemerkenswert ist vor allem die Liberalisierung der Auslegungsmethoden im englischen Common Law.[60] Die Ursache für den lange praktizierten Formalismus bei der Auslegung liegt in der großen Bedeutung des Grundsatzes der Parlamentssouveränität. Nach dem klassischen Verfassungsverständnis, wie es *Dicey* geprägt hat, sind der Gesetzgebungskompetenz des Parlaments keine

---

57 Der Begriff geht zurück auf *Natalino Irti*, L'età della decodificazione, 3. Aufl. (1989). Zum Altern von Kodifikationen *Wieacker*, in: FS Boehmer (1954), 34, 47 ff.; *Kübler*, JZ 1969, 645; vgl. auch *Kötz*, MLR 50 (1987), 1 ff.; *K. Schmidt*, (o. Fn. 34), 13 ff., 47 ff.
58 Vgl. z.B. *Lando*, RabelsZ 67 (2003), 231, 244 f. („Irrgarten von Regeln"); *Dauner-Lieb*, NJW 2004, 1431, 1432.
59 *Calabresi*, A Common Law for the Age of Statutes (1982), 1.
60 Vgl. hierzu umfassend *Vogenauer*, Die Auslegung von Gesetzen in England und auf dem Kontinent (2001), 665 ff.

Grenzen gesetzt.[61] Ist ein Rechtsbereich durch statutes geregelt, so kann ein Gericht keine hiervon abweichende Entscheidung mehr treffen. Die Auslegung erfolgte daher herkömmlicherweise stets streng nach dem Wortlaut;[62] jede erweiternde Auslegung wurde als „legislation" betrachtet[63] und käme einer Verletzung der Parlamentssouveränität gleich.[64]

In den letzten Jahrzehnten setzte sich – nicht zuletzt durch die fortwährenden Anstöße von Lord *Denning* – die Erkenntnis durch, dass sich eine Auslegung auch und gerade am Sinn und Zweck des Gesetzes auszurichten hatte.[65] Diese Entwicklung wurde durch den Beitritt des Vereinigten Königreichs zu den Europäischen Gemeinschaften beschleunigt: Die Auslegung von Richtlinien genauso wie die Auslegung der diese umsetzenden Normen darf sich nicht auf eine Interpretation des Wortlauts beschränken; vielmehr gilt nach dem europarechtlichen Effektivitätsgebot[66] der Grundsatz der europafreundlichen Auslegung.[67] Lord *Denning* rechtfertigte diesen Ansatz mit bemerkenswertem Pragmatismus: „Just as in Rome, you should do as Rome does. In the European Community, you should do as the European Court does." [68]

---

61 *Dicey*, Law of the Constitution, 1. Aufl. (1885), 39 f. schreibt hierzu: „The principle of parliamentary sovereignty means neither more nor less than this, namely, that Parliament [...] has, under the English constitution, the right to make or unmake any law whatever; and, further, that no person or body is recognised by the law of England as having a right to override or set aside the legislation of Parliament."

62 Literal interpretation, vgl. *Zweigert/Kötz*, (o. Fn. 4), § 18 III; *Fikentscher*, Methoden des Rechts in vergleichender Darstellung, Band II (1975), 111 ff.; *Bankowski/MacCormick*, in: MacCormick/Summers, Interpreting Statutes (1991), 359, 365 ff. Zu den weiteren traditionellen Auslegungsmethoden golden rule und mischief rule *Vogenauer*, (o. Fn. 60), 676 ff., 863 ff.

63 Vgl. die Entscheidung des House of Lords in *James Buchanan & Co. Ltd. v. Babco Forwarding and Shipping (UK) Ltd.* [1978] AC 141, 156, wo Viscount *Dilhorne* sagte: „I know of no authority for the proposition that one consequence of this country joining the European Economic Community is that the courts of this country should now abandon principles as to construction long established in our law. The courts have rightly refused to encroach on the province of Parliament and *have refused to engage in legislation*." [Hervorhebung vom Verf.].

64 Vgl. *Everling*, RabelsZ 50 (1986), 193, 209; *Levitsky*, Am.J.Comp.L. 42 (1994), 347, 349 ff.

65 Purposive approach, vgl. *Carter v. Bradbeer* [1975] 1 WLR 1204, 1206 f., HL (Lord *Diplock*); *James Buchanan & Co. Ltd. v. Babco Forwarding and Shipping (UK) Ltd.* [1977] QB 208, 213 f., CA (Lord *Denning*); vgl. aber die hierauf ergangene Entscheidung des House of Lords, o. Fn. 63.

66 Die Mitgliedstaaten müssen dem Gemeinschaftsrecht zur Geltung verhelfen, st. Rspr. des EuGH, vgl. EuGH Rs. C-6/90 u. C-9/90, Slg. 1991 I-5357 = NJW 1992, 165, Rn. 41 ff. (*Francovich*); EuGH Rs. C-224/01, NJW 2003, 3539 (*Köbler*), Rn. 58 m.w.Nw.

67 Grundlegend EuGH Rs. C-106/89, Slg. 1990 I-4135 (*Marleasing*); näher u. IV 1.

68 *James Buchanan & Co. Ltd. v. Babco Forwarding and Shipping (UK) Ltd.* [1977] QB 208, 214 (CA).

Im Jahre 1992 schließlich fiel die letzte Bastion des genuin britischen Auslegungsformalismus: die exclusionary rule. In der berühmten Entscheidung *Pepper v. Hart*[69] erlaubte das House of Lords im Rahmen der historischen Auslegung erstmals die Hinzuziehung der Parlamentsprotokolle, der so genannten Hansards, als Quelle für die Auslegung. Dieser Schritt war nahezu unvermeidlich geworden, nachdem die Rechtsprechung anerkannt hatte, dass die Konsultation der Entstehungsgeschichte des jeweiligen Sekundärrechtsakts zur richtlinienkonformen Auslegung zwingend erforderlich war.[70]

c) Vermischung der Rechtsfindungsmethoden

Betrachtet man die Methoden der Rechtsfindung, so stellt man eine allmähliche Übernahme der eigentlich systemfremden Ansätze fest. Der englische Richter muss sich an die deduktive Arbeitsweise gewöhnen; der kontinentale Rechtsanwender an die induktive.

Die immer weiter steigende Zahl der Gesetze und insbesondere die Tatsache, dass die in nationales Recht umzusetzenden Richtlinien meist den Denkkategorien des Civil Law folgen und auslegungsbedürftige Generalklauseln enthalten, führt dazu, dass der im Common Law geschulte Rechtsanwender immer stärker an die deduktive Rechtsfindungsmethode herangeführt wird. Die Reform des englischen Prozessrechts zeigt, dass ein systematischer Aufbau sowie die Verwendung von Generalklauseln und allgemeinen Auslegungsprinzipien auch bei rein nationalen Rechtsmaterien hoffähig geworden sind. Es wird Zeit brauchen, bis dieser Wandel verinnerlicht ist. Noch scheinen sich die Richter bei jedem Urteil neu daran erinnern zu müssen, dass nun eine neue Ära angebrochen ist, in der „overriding principles" zu beachten sind und nicht mehr altes Case Law.[71]

Umgekehrt ist die Rolle des Richters als Ersatzgesetzgeber im Civil Law von immer größerer Bedeutung.[72] Unabhängig von der formellen Geltung einer doctrine of binding precedent kommt in einem System, das mit Generalklauseln operiert, dem Präjudiz für die Rechtspraxis fast ein höherer Stellenwert zu als der Norm selbst. Dies zeigt sich sehr deutlich in der praktischen Arbeitsweise eines Richters oder Rechtsanwalts. Fast jedes Urteil ist in Spezialzeitschriften veröffentlich; systematische Datenbanken ermöglichen die Recherche nach Stichworten. Welcher praktisch tätige Jurist, der einem unbekannten Rechts-

---

69 *Pepper (Inspector of Taxes) v. Hart* [1992] 3 WLR 1032. Vgl. dazu *Vogenauer*, (o. Fn. 60), 969 ff.
70 *Pickstone v. Freemans plc* [1989] 1 AC 66, 112, 121 f. In *Pepper v. Hart* wurde diese Entscheidung nicht umsonst als „a major inroad on the exclusionary rule" bezeichnet, [1992] 3 WLR 1032, 1052 f. (Lord *Browne-Wilkinson*).
71 Nw. bei *Stürner*, ZVglRWiss 103 (2004), 349, 356 ff.
72 Vgl. dazu *Berger*, Formalisierte oder „schleichende" Kodifizierung des transnationalen Wirtschaftsrechts (1996), 90 ff.; *ders.*, The Creeping Codification of the Lex Mercatoria (1999), 95 ff.; *Kramer*, in: Assmann/Brüggemeier/Sethe, (o. Fn. 5), 31, 36 ff.

problem nachgeht, wird also nicht seine Überlegungen mit einer Suche danach beginnen, ob der Fall bereits entschieden wurde? Ähnlich verfahren die Obergerichte. Von einer gefestigten Rechtsprechung wird in der Regel nicht abgewichen. Der BGH formulierte dies einmal wie folgt: „Ein Abgehen von der Kontinuität der Rechtsprechung kann nur ausnahmsweise hingenommen werden, wenn deutlich überwiegende oder sogar schlechthin zwingende Gründe dafür sprechen."[73]

Die Instanzgerichte folgen in aller Regel der ober- oder höchstgerichtlichen Rechtsprechung; das Abweichen hiervon verpflichtet das Untergericht unter Umständen zur Zulassung von Berufung bzw. Revision.[74] Für den Rechtsanwalt ist die Kenntnis und Befolgung der ober- und höchstrichterlichen Rechtsprechung zur Vermeidung von Haftungsrisiken überlebensnotwendig: Nach der Rechtsprechung des BGH haftet ein Rechtsanwalt für Fehler, die auf Unkenntnis der Rechtsprechung beruhen.[75] Er hat sich daher grundsätzlich an der höchstrichterlichen Rechtsprechung zu orientieren[76] und darf in der Regel auch auf ihren Fortbestand vertrauen.[77] Man kann also mit Fug und Recht von einer autoritativen Überzeugungskraft (persuasive authority) oder einer faktischen Bindungswirkung[78] der obergerichtlichen Urteile im kontinentalen Recht sprechen,[79] die ein Abweichen nur bei zwingenden sachlichen Gründen zulassen.[80] Ein solcher sachlicher Grund – und damit ist der Bogen zum Common Law gespannt – ist natürlich auch die mangelnde Vergleichbarkeit der Lebenssachverhalte. In der Rechtspraxis dominiert demzufolge eine dem Common Law ähnliche induktive Methode. Die Technik des distinguishing dürfte jedem Praktiker zumindest in ihrer Zielsetzung vertraut sein.

---

73 BGHZ (GrS) 85, 64, 66. Ausführlich zu Inhalt und Grenzen der Präjudizwirkung *Langenbucher*, (o. Fn. 16), 106 ff., 126 ff. sowie *Krebs*, AcP 195 (1995), 171, 182 ff.
74 § 511 Abs. 2 Nr. 2, Abs. 4 S. 1 Nr. 2 Alt. 2 ZPO (Berufung) bzw. § 543 Abs. 1 Nr. 2, Abs. 2 S. 1 Nr. 2 Alt. 2 ZPO (Revision). Zur Verpflichtung, Rechtsmittel in Divergenzfällen zuzulassen vgl. nur MünchKommZPO/*Rimmelspacher*, Aktualisierungsband (2002), § 511 Rn. 79.
75 BGH NJW 1983, 1665; BGH NJW-RR 1993, 243, 245; BGH NJW 2001, 675, 678.
76 BGH NJW 1993, 3323, 3324. Darüber hinaus müssen auch einschlägige Literatur und Kommentare bekannt sein, nach der Judikatur des OLG Hamm sogar der Palandt, vgl. die Nw. bei *Rinsche*, Haftung des Rechtsanwalts und Notars, 6. Aufl. (1998), I, 118. Ausführlich und kritisch dazu *Vollkommer/Heinemann*, Anwaltshaftungsrecht, 2. Aufl. (2003), Rn. 228 ff.
77 BGH NJW 1993, 3323, 3324.
78 Vgl. *Olzen*, JZ 1985, 155, 157.
79 Staudinger/*Coing*, (o. Fn. 32), Einl. Rn. 228 f.; *Vollkommer/Heinemann*, (o. Fn. 76), Rn. 222.
80 Staudinger/*Coing*, (o. Fn. 32), Einl. Rn. 229; *Krebs*, AcP 195 (1995), 171, 182 ff.; *Berger*, Formalisierte oder „schleichende" Kodifizierung des transnationalen Wirtschaftsrechts (1996), 94.

In der Rechtswirklichkeit konvergieren beide Systeme daher auch methodisch.[81] Dies wirft die Frage auf, ob es als Substrat dieser Konvergenz oder als deren Katalysator auch eine genuin europäische Methodenlehre gibt.

IV. Eine gemeineuropäische Methodenlehre?

1. Ansätze im Bereich des harmonisierten Rechts

Für den Bereich der Richtlinieninterpretation ist die gemeineuropäische Methodenlehre bereits Realität. Im Urteil *Marleasing*[82] hat der EuGH das Gebot richtlinienkonformer Interpretation nationalen Rechts postuliert. Für den Geltungsbereich einer Richtlinie ist damit ein europaweiter methodischer Ansatz vorhanden; die Richtlinie bildet dabei den Referenzrahmen.[83] Erwähnenswert ist, dass die Schweiz diesen Ansatz, auch ohne EU-Mitglied zu sein, autonom nachvollzieht.[84]

Der EuGH legt in ständiger Rechtsprechung das primäre und sekundäre Gemeinschaftsrecht autonom aus.[85] Die Rechtsvergleichung spielt dabei als methodisches Instrument eine wichtige Rolle, um die Bedeutung einzelner Tatbestandsmerkmale zu ermitteln.[86] Dies zeigt sich besonders deutlich bei der Frage, ob die Umsetzung von Richtlinien in nationales Recht den Anforderungen des EG-Rechts genügt. Gleiches gilt für die Entwicklung von Richterrecht.[87] Auch die vom EuGH entwickelten „Allgemeinen Rechtsgrundsätze" des Gemeinschaftsrechts sind das Ergebnis rechtsvergleichender Tätigkeit.[88] Auf diese Weise destilliert das Gericht aus den gemeinsamen Traditionen und Prinzipien der Mitgliedstaaten den Standard eines europäischen Grundrechtsschutzes.[89]

---

81 So auch *Vogenauer*, (o. Fn. 60), 1295 ff.; *Smits*, (o. Fn. 10), 94 ff. sowie *Taupitz*, Europäische Rechtsvereinheitlichung heute und morgen (1993), § 6.
82 EuGH Rs. C-106/89, Slg. 1990 I-4135, Rn. 8. Vgl. hierzu auch *Roth*, in: 50 Jahre BGH, Festgabe aus der Wissenschaft, Band II (2000), 847, 874 ff. m.w.Nw.
83 Vgl. hierzu *Ehricke*, RabelsZ 59 (1995), 597, 602 f.; *Bach*, JZ 1990, 1108, 1112 f.
84 „Europaverträglichkeit" des schweizerischen Rechts, vgl. die Nw. bei *Kramer*, in: Assmann/Brüggemeier/Sethe, (o. Fn. 5), 31, 46.
85 Vgl. dazu nur *Bleckmann*, Europarecht, 6. Aufl. (1997), Rn. 537-559.
86 Dazu *Schroeder*, JuS 2004, 182, 183 f.
87 Hierzu *Everling*, RabelsZ 50 (1986), 194, 206 ff.
88 Vgl. *Rodríguez Iglesias*, NJW 1999, 1, 4 ff.
89 EuGH Rs. 44/79, Slg. 1979, 3727, Rn. 14 (*Lieselotte Hauer*).

2. Erweiterung auf nicht harmonisiertes Recht?

Angesichts dieses Befundes ist es verständlich, wenn Forderungen nach einer einheitlichen europäischen Methodenlehre erhoben werden.[90] Dieses sei für das Gelingen der europäischen Privatrechtsvereinheitlichung von entscheidender Bedeutung.[91] Am Beginn dieser Methodenlehre steht die Anerkennung der Rechtsvergleichung als eigenständiges methodisches Instrument, die eine „europafreundliche" bzw. „international brauchbare" Auslegung[92] oder einen „komparativen Bewertungsansatz" ermöglicht.[93] All diesen Auffassungen ist gemein, dass internationaler Urteilseinklang bereits in materiell-rechtlicher Hinsicht erzielt werden soll. Am Ende steht ein transnationales Präjudiziensystem, für dessen Geltung der allgemeine europarechtliche Gleichheitssatz als methodischer Ansatzpunkt herangezogen wird.[94]

a) Mangel an rechtsvergleichender Erfahrung

So attraktiv dieser Ansatz ist, so sehr handelt es sich dabei doch um Zukunftsmusik. Zunächst ist die rechtsvergleichende Auslegung auf beiden Seiten des Kanals noch nicht sehr verbreitet. Dabei scheinen die englischen Richter offener zu sein als die kontinentalen Kollegen. Dies gilt zumindest für die vergleichende Heranziehung des Rechts anderer Common-Law-Staaten. In jüngerer Vergangenheit wird aber durchaus auch einmal ein Blick über den Kanal geworfen, man führe sich nur einmal das Urteil *White v. Jones* vor Augen, in dem Lord *Goff* ausführlich von den Erfahrungen mit vertraglichen Drittwirkungen in anderen Ländern berichtete.[95] Systembedingt kommt die Rechtsvergleichung in England allerdings weniger bei der Auslegung, als vielmehr bei der richterlichen Rechtsfortbildung ins Spiel, bei der sich vor allem das House of Lords von rechtsvergleichenden Anregungen inspirieren ließ.[96] Auch das schweizerische

---

90 Schulze, ZfRV 1997, 183, 192 ff.; *Berger*, ZEuP 2001, 4, 12 ff.; *Flessner*, JZ 2002, 14, 16 ff.; *Hahn*, ZfRV 2003, 163; *Brüggemeier*, in: Assmann/Brüggemeier/Sethe, (o. Fn. 5), 1, 7 f.
91 *Berger*, ZEuP 2001, 4, 6 f.
92 *Odersky*, ZEuP 1994, 1, 2 ff.; *von Bar*, ZfRV 1994, 221, 230 f.; *Berger*, ZEuP 2001, 4, 12 ff.; vgl. auch *Gruber*, ZVglRWiss 101 (2002), 38, 40 ff.
93 *Flessner*, JZ 2002, 14, 18 ff.
94 *Berger*, ZEuP 2001, 4, 24 ff. Vgl. hierzu auch den Beitrag von *Ilka Klöckner*, in diesem Band.
95 [1995] 2 WLR 187, 194 f. 201 ff. Vgl. auch die rechtsvergleichenden Ausführungen in *Woolwich Equitable Building Society v. Inland Revenue Commissioners* [1993] AC 70, 174 ff., HL; *McFarlane v. Tayside Health Board* [1999] 4 All ER 961, 975 f., HL; *Greatorex v. Greatorex* [2000] 1 WLR 1970, QBD oder *Fairchild v. Glenhaven Funeral Services Ltd.* [2002] 3 All ER 305, 327 f., HL (Lord *Bingham*). Weitere Nw. finden sich bei *von Bar*, ZfRV 1994, 221, 231 sowie bei *Örücü*, in: Drobnig/van Erp (Hrsg.), The Use of Comparative Law by the Courts (1999), 253 ff.
96 *Stoll*, RabelsZ 68 (2004), 541, 543 f. weist zu Recht darauf hin, dass in einem Case-Law-System eine „unbefangenere" Rechtsfortbildung möglich ist.

Bundesgericht tut sich durch rechtsvergleichende Arbeit hervor;[97] was nicht zuletzt mit der „Insellage" der Eidgenossen und dem dadurch hervorgehobenen Anpassungsdruck zu tun hat.

Als eigenes methodisches Instrument ist die Rechtsvergleichung jedenfalls in Deutschland nicht vorbehaltlos anerkannt; in der Entscheidungspraxis der Gerichte spielt sie noch immer kaum eine Rolle.[98] Dies hat nicht zuletzt praktische Gründe, denn zur Heranziehung fremder Rechtsordnungen zwecks Lösung eines Rechtsproblems fehlt nicht nur den Richtern an den Instanzgerichten rechtsvergleichende Routine, Zugang zu Rechtsquellen und vor allem die nötige Zeit.[99] Zu befürchten ist, dass die oberflächliche Verwendung von rechtsvergleichenden Argumenten mehr Schaden als Nutzen bringt, wenn sie ohne die notwendige vertiefte Kenntnis des jeweiligen Rechtssystems erfolgt.[100] Auch die bruchlose Einfügung eines fremden Präjudizes in das eigene System dürfte oft Schwierigkeiten bereiten. Eine Verpflichtung zur Rechtsvergleichung besteht nach deutschem Verständnis nur in wenigen Fällen wie bei der Qualifikation im Internationalen Privatrecht, also bei der Frage, ob ein ausländisches Rechtsinstitut in den Regelungsbereich einer deutschen Kollisionsnorm fällt,[101] oder im Rahmen der Auslegung von internationalem Einheitsrecht nach Art. 36 EGBGB.[102]

Es besteht auch keine Einigkeit über das methodische Fundament der Rechtsvergleichung als eigenständiger Auslegungsart.[103] Dies beginnt bereits bei der Frage, welche Rechtsordnungen für einen seriösen Vergleich herangezogen werden müssen.[104] Man kann den bisher bestehenden Konsens vorsichtig so

---

97   *Zweigert/Kötz,* (o. Fn. 4), § 2 III. Einen Überblick über weitere europäische Länder gibt *von Bar,* ZfRV 1994, 221, 230 f.
98   Vgl. *Kötz,* in: 50 Jahre BGH, Festgabe aus der Wissenschaft, Band II (2000), 825 ff., *Gruber,* ZVglRWiss 101 (2002), 38 ff.; *Drobnig,* in: Drobnig/van Erp (o. Fn. 95), 127 ff.; *ders.,* RabelsZ 50 (1986), 610, 612 ff. Vgl. auch den Versuch von *Markesinis,* den rechtsvergleichenden Einfluss auf die Rechtspraxis statistisch zu erfassen: *Markesinis,* Rechtsvergleichung in Theorie und Praxis (2004), 75 ff., insb. 105 ff. Dagegen spielt die Rechtsvergleichung in der Rspr. des EuGH eine weit größere Rolle, vgl. *Everling,* RabelsZ 50 (1986), 193, 211; *Rodríguez Iglesias,* NJW 1999, 1, 6 ff.
99   *Zweigert,* RabelsZ 15 (1949/50), 5, 18; *Behrens,* RabelsZ 50 (1986), 19, 27; auch die Befürworter einer europäischen Methodenlehre gestehen dies ein, vgl. *von Bar,* ZfRV 1994, 221, 231; *Schulze,* ZfRV 1997, 183, 196; *Berger,* ZEuP 2001, 4, 13.
100 Vgl. *Rösler,* JuS 1999, 1186, 1189.
101 Vgl. grundlegend *Rabel,* RabelsZ 5 (1931), 241; *Drobnig,* RabelsZ 50 (1986), 610, 613; *Kegel/Schurig,* Internationales Privatrecht, 9. Aufl. 2004, 343 ff. sowie aus der Rspr. BGHZ 47, 324, 332.
102 Dazu *Kötz,* in: 50 Jahre BGH, Festgabe aus der Wissenschaft, Band II (2000), 825, 828 f.; *Mansel,* JZ 1991, 529, 531.
103 Vgl. *Örücü,* in: Harding/Örücü (Hrsg.), Comparative Law in the 21st Century, (2002), 1 ff.; *Micklitz,* ZEuP 1998, 253, 268.
104 Vgl. *Berger,* ZEuP 2001, 4, 13; allgemein hierzu *Zweigert/Kötz,* (o. Fn. 4), § 3 IV.

formulieren, dass die Berücksichtigung rechtsvergleichender Argumente jedenfalls nicht schadet.[105]

Außerhalb des umgesetzten Richtlinienrechts und des internationalen Einheitsrechts wird die Rechtsvergleichung als Auslegungsmethode weiter ein Exotendasein führen. Mit großer Wahrscheinlichkeit wird daran auch die Existenz der Lando-Principles oder der UNIDROIT Principles nichts ändern, obwohl sie einen auf rechtsvergleichender Basis geschaffenen Referenzrahmen für eine „international brauchbare Auslegung"[106] bilden könnten.

b) Fehlen einer „Absicherung von oben"

Was bisher fehlt, ist die Absicherung der rechtsvereinheitlichenden Auslegung und der transnationalen Präjudizienlehre von oben. Die Lando-Principles sind dafür nicht geeignet: Nur ein demokratisch legitimiertes, verbindliches Regelwerk auf europäischer Ebene kann zu einer Europäisierung der Methodenlehre führen.[107] Der europarechtliche Gleichheitssatz verbietet zwar eine ungleiche Behandlung von wesentlich gleichen Sachverhalten, aber doch nur auf dem Gebiet, das bereits vereinheitlicht ist.[108] Eine rechtsvereinheitlichende Auslegung muss sich daher auf denjenigen Teilbereich des nationalen Rechts beschränken, der bereits harmonisiert ist. Auch aus Art. 10 EG lässt sich keine weitergehende Pflicht zur rechtsvereinheitlichenden Auslegung entnehmen. Dies gilt insbesondere für den Fall der so genannten überschießenden Richtlinienumsetzung.[109] Nach zutreffender Ansicht muss der über den Regelungsbereich der Richtlinie hinausgehende Teil des nationalen Rechts nicht entsprechend der Rechtsprechung des EuGH ausgelegt werden, denn der EG-Gesetzgeber kann den Mitgliedstaat und seine Organe nicht weiter binden, als er dies in der Richtlinie vorgesehen hat.[110]

Liegt in einem Rechtsstreit daher die Entscheidung eines Gerichts aus einem anderen Mitgliedstaat zu einem funktional vergleichbaren Rechtsproblem vor, so entfaltet dieses Urteil keine autoritative Begründungslast. Dagegen steht es dem erkennenden Gericht selbstverständlich frei, Anregungen aus anderen

---

105 Vgl. *Drobnig*, RabelsZ 50 (1986), 610, 627.
106 *Berger*, ZEuP 2001, 4, 12 ff.
107 Auf diese Schwäche der Principles weist auch *Riesenhuber*, (o. Fn. 38), Rn. 57 hin. Ähnlich *Schulze*, ZfRV 1997, 183, 197 („keine normative Grundlage"). Allgemein hierzu *van Gerven*, in: Harding/Örücü, (o. Fn. 103), 155, 170 ff. Näher sogleich u. V.
108 Insoweit auch von *Berger*, ZEuP 2001, 4, 24 eingeräumt.
109 Zum Begriff *Habersack/Mayer*, JZ 1999, 913, 914 ff.; vgl. auch *Hommelhoff*, in: 50 Jahre BGH, Festgabe aus der Wissenschaft, Band II (2000), 913 ff.
110 Vgl. EuGH Rs. C-28/95, Slg. 1997 I-4161 (*Leur-Bloem*), Rn. 32 f.; *Roth*, in: 50 Jahre BGH, Festgabe aus der Wissenschaft, Band II (2000), 847, 865 f.; *Nettesheim*, in: Grabitz/Hilf (Hrsg.), Das Recht der Europäischen Union, 21. Erg.-Lfg. (2003), Art. 249 Rn. 151; *Mayer/Schürnbrand*, JZ 2004, 545, 548 ff., jeweils m.w.Nw. auch zur Gegenansicht.

Rechtsordnungen im Rahmen der zulässigen Auslegung und Rechtsfortbildung zu berücksichtigen.[111]

Benötigt wird daher ein Instrument, das eine rechtsvereinheitlichende Auslegung absichert. Dies bringt mich zum letzten Teil meiner Ausführungen.

V. Ausblick: Der Aktionsplan der Kommission

Ein Überblick über das methodische Arsenal von Common Law und Civil Law hat gezeigt, dass sich die juristischen Denkweisen langsam einander anpassen – eine Feststellung, die angesichts der intensiven wirtschaftlichen und rechtlichen Kontakte nicht weiter verwundert. Die Harmonisierung von unten schreitet weiter fort. Eine gemeineuropäische Methodenlehre lässt sich aber allein daraus – wie dargelegt – noch nicht ableiten, da die Absicherung von oben fehlt. Es muss ein Bezugspunkt geschaffen werden für eine harmonisierende Auslegung noch nicht angeglichenen Rechts. Dies kann nur durch eine verbindliche Festsetzung von Grundprinzipien – etwa nach dem Vorbild der Lando-Principles – geleistet werden. Die Lando-Principles selbst sind zwar von größter wissenschaftlicher Bedeutung, taugen aber in ihrer jetzigen Form als Bezugspunkt für eine gemeineuropäische Methodik nur bedingt, da sie von den Gerichten – wenn überhaupt – nur als „soft law" wahrgenommen werden, das zur Auslegung oder Rechtsfortbildung mangels Autorität ungeeignet ist.[112]

Es ist sehr fraglich, ob der im Aktionsplan kurz- bis mittelfristig[113] angekündigte „gemeinsame Referenzrahmen" im Bereich des bereits harmonisierten Rechts die gewünschte Wirkung entfalten kann,[114] da er nach seinem Zweck gerade informell sein soll.[115] Er richtet sich auch primär an die Legislativorgane der EU, vor allem an die Kommission, und versteht sich nur als indirektes Vorbild für den nationalen Gesetzgeber.[116] Etwas anderes gilt nur, wenn nationale Normen ausgelegt werden, die auf solches Gemeinschaftsrecht zurückgehen,

---

[111] Vgl. *Odersky*, ZEuP 1994, 1, 2; ähnlich *Roth*, in: 50 Jahre BGH, Festgabe aus der Wissenschaft, Band II (2000), 847, 887 f. Dies gilt auch für den Fall der überschießenden Richtlinienumsetzung, vgl. *Nettesheim*, (o. Fn. 110), Art. 249 Rn 151; *Mayer/Schürnbrand*, JZ 2004, 545, 550.

[112] So auch *Schmid*, in: Ackermann/Arbold et al. (Hrsg.), Jb.J.ZivRWiss 1999, (2000), 33, 52 f. Ausführlich zum beschränkten Geltungsanspruch der Principles *Michaels*, RabelsZ 62 (1998), 580, 605 ff., 624.

[113] Nach *Staudenmayer*, EuZW 2003, 165, 169 ist nicht vor 2008 mit der Einführung zu rechnen.

[114] Ähnlich *McGuire/Kähler*, GPR 03-04, 170, 174 (Verankerung im Sekundärrecht erforderlich).

[115] Zu damit einhergehenden Problemen *Najork/Schmidt-Kessel*, GPR 03-04, 5, 6 ff.

[116] KOM (2003) 68 endg., 19.

das Begriffe des Referenzrahmens verwendet hat. Hier erfordert der Grundsatz der gemeinschaftsrechtskonformen Auslegung die Beachtung des Referenzrahmens.[117]

Wesentlich mehr Autorität könnte dagegen das ebenfalls im Aktionsplan als mögliche Weiterentwicklung des gemeinsamen Referenzrahmens angedeutete „optionelle Instrument"[118] entfalten. Ein solches Instrument befände sich notwendig auf einem hohen Abstraktionsniveau und müsste an vielen Stellen mit Generalklauseln und allgemeinen Rechtsprinzipien operieren. Dass dies auch für einen Common-Law-Juristen nicht völlig ungewöhnlich ist, zeigen die Restatements im amerikanischen Recht.[119] Auch im englischen Recht hat man sich an die kontinentale Neigung zum Aufstellen allgemeiner Rechtsgrundsätze gewöhnt und kann mit ihnen umgehen. Mit der immer stärker aufkommenden purposive interpretation steht ein methodisches Mittel zur Verfügung, mit dem die Generalklauseln mit Leben gefüllt werden können. Der Umgang mit dem neuen englischen Zivilprozessrecht wird zeigen, inwieweit diese Annahme berechtigt ist.

Gustav Radbruch müsste seine Betrachtungen über den „Geist des englischen Rechts" heute also relativieren: Ein derart scharfer Gegensatz besteht zwischen dem englischen Common Law und dem kontinentalen Civil Law nicht mehr, der es erlauben würde, von zwei „grundverschiedenen Rechtsgebieten"[120] zu sprechen. Die historischen Unterschiede dürfen aber bei der Weiterentwicklung des Europäischen Privatrechts keinesfalls „von oben" bereinigt werden, denn sie leben in den Köpfen der Rechtsanwender fort, auch wenn sie auf dem Papier des Gesetzes bereits ausgelöscht wurden.

---

117 *McGuire/Kähler*, GPR 03-04, 170, 173.
118 KOM (2003) 68 endg., 27 f.
119 Vgl. *Schindler*, ZEuP 1998, 277 sowie *Schmid*, (o. Fn. 112), 33, 54 ff. Dazu, dass sich „top-down" und „bottom-up" Ansatz nicht gegenseitig ausschließen *van Gerven*, in: Harding/Örücü, (o. Fn. 103), 155, 175 ff.
120 *Radbruch*, (o. Fn. 1), 7.

Der Igel und der Fuchs: Die engen Parameter des Ius Commune-Ansatzes

Mel Kenny (*)

I. Leitbild: Der Igel und der Fuchs
II. Ausgangssituation: *Ius Commune* als Antwort auf die Rechtszersplitterung
  1. Der Aktionsplan 2003 und der *Ius Commune*-Ansatz
  2. Ernüchterung nach Euphorie
  3. Andauernde Polarisierung
III. Die Grenzen des *Ius Commune*-Ansatzes
  1. Charakter und Funktionsweise des EG-Rechts
    a) Eindimensionalität: Vertragswerk als Wirtschaftsverfassung
    b) Multidimensionalität: Querulanten-, Pascha- oder Recht-Fertigungs-Recht (?)
  2. Internationale Rechtsebene: Emanzipation der Wirtschaftsteilnehmer?
    a) Schaffung eines *Global Commercial Code*
    b) Privatisierung des IPR
    c) Soziale Dimension des IPR: ‚*Global welfare*'-Argumente
    d) Verstaatlichung der Lex Mercatoria
    e) Zwischenergebnis: The State is dead, long live the State!
  3. Mikro-Ebene: Das Schutzniveau im Europäisierten Verbraucherrecht
    a) Kommissionsansatz: Kontrolle ist gut... Vertrauen ist besser?
    b) Irreführung des Verbrauchers durch die Rechtsprechung
  4. Die ökonomische Analyse
    a) Homogene Rechtsprodukte
    b) Heterogene Rechtsprodukte
IV. Interlegality: Common law statt Ius Commune
V. Ergebnis: Die engen Parameter des Ius Commune-Ansatzes

---

* Der Autor dankt *Alexandra Žeiter, Dorothee Schramm, Karin Anderer, Anna Chudozilov, Raphael Haas* und *Rainer Wey* für ihre Hilfe bei der Erstellung dieses Beitrags und *Kathrin Sachse* für die umfangreiche Endkorrektur sowie die publizistische Betreuung.

I. Leitbild: Der Igel und der Fuchs

Der Fuchs kennt viele Sachen, aber der Igel kennt eine große Sache. (Archilochus)

In seiner Analyse des Lebenswerks von *Leo Tolstoi* stellt *Isaiah Berlin* die zentrale Frage, ob *Tolstoi* sein Geschichts- und Gesellschaftsverständnis auf eine einzige These, *a single central vision... a single, universal organising principle* zurückführte, oder ob er eine Vielfalt von Thesen und Zielen verfolgte. In Anlehnung an *Archilochus* fragt *Berlin*, ob *Tolstoi* ein Igel oder ein Fuchs sei.[1]

Ein ähnlicher Unterschied kann bei den Juristen in der Gegenüberstellung von Monismus und Pluralismus, im Konkreten in der Gegenüberstellung von *Kelsen* und *Hart*,[2] erkannt werden. Auch im Kontext des EG-Rechts ist eine Schere festzustellen zwischen denen, die ihr Europabild auf eine These – und auf ein einheitliches institutionelles Modell – zurückführen, und denen, die auf eine Vielfalt von Modellen, Zielsetzungen und Instrumenten vertrauen. Bereits im Kontext der britischen Suprematie-Debatte der neunziger Jahre hat *MacCormick* von den Gefahren einer *narrow one-state or Community-only perspective, a monocular view*, einer ‚eindimensionalen Betrachtung' gesprochen: Von der Gefahr, dass wir entweder eine Europäische Sicht oder eine nationale Sicht einnehmen und dabei nie zur Kompatibilisierung beider Sichtweisen kommen.[3]

Wie *Berlin* uns aber lehrt, kann die Unterscheidung zwischen den eindimensionalen und den multidimensionalen Sichtweisen schwierig sein. *Tolstoi* war – nach der *Berlin*'schen Analyse – von einer Selbsttäuschung erfasst: Tolstoy *was by nature a fox, but believed in being a hedgehog.*[4] Tolstoy... *perceived reality in its multiplicity... seen simultaneously from near and far... Yet advocated a single embracing vision; he preached not variety but simplicity.*[5] Durch diese ‚Schizophrenie' gelang es *Tolstoi* jedoch, die zentrale Spannung im Leben – die Neigung zur Selbsttäuschung – präzise darzustellen:[6]

> This [...] is the great illusion which Tolstoy sets himself to expose: that individuals can, by the use of their own resources, understand and control the course of events. Those who believe this turn out to be dreadfully mistaken. And side by side with these public faces – these hollow men, half self-deluded, half aware of being fraudulent, talking, writing, des-

---

1 *Berlin*, The Hedgehog and the Fox, in: Kelly/Hardy (Hrsg.), Russian Thinkers (1979), 22.
2 *Kelsen*, Die Reine Rechtslehre (1994); *Hart*, The Concept of Law (1994).
3 Vgl. *MacCormick*, Beyond the Sovereign State, M.L.Rev. 56 (1993), 1, 17: „Do politics or law always have to resolve distributions of power in favour ultimately [...] of some absolute and final centralised authority [...]? If that is true [...] it makes the future seem even more puzzling and worrying than if it is false."
4 *Berlin*, (o. Fn. 1), 24.
5 A.a.O., 51.
6 A.a.O., 35-36.

perately and aimlessly in order to keep up appearances and avoid facing the bleak truths – side by side with all this elaborate machinery for concealing the spectacle of human impotence and irrelevance and blindness lies the real world [...].

Im Kontext der Europäisierung des Privatrechts können wir in ähnlicher Weise die Frage stellen, ob nicht das Professorenrecht, das im Rahmen der *Study Group on a European Civil Code/Joint Network on a European Contract Law* angestrebt wird, von der Realität des Rechtsgeschehens und den Heldentaten der Streitparteien und Rechtsanwälte nur ablenkt. Wie bei den Generälen in *Krieg und Frieden* greift die Selbsttäuschung um sich: Je höher man in der Hierarchie seinen Platz zugewiesen bekommen hat, umso mehr fehlt die Übersicht, was zur Verfälschung der Depeschen führt. Bei den Bestrebungen nach einer Europäischen Rechtsvereinheitlichung ist eine ähnliche Selbsttäuschung im Glauben an eine Wiedererlangung verlorenen Einflusses zu erkennen.[7] Gemäß *Berlin* ist in solchen Situationen Vorsicht angebracht: *Those who affect to be able to contract this infinite multiplicity must be either deliberate charlatans, or blind leaders of the blind.*[8]

Das Problem der eindimensionalen Behandlung von Rechtsproblemen ist altbekannt. Im täglichen Rechtsgeschäft werden wir gezwungen, eindimensionale Sichtweisen und stark vereinfachte Demarkationslinien anzuerkennen.[9] Auch der Versuch der Kommission, der bisherigen Vielfalt und dem Wettbewerb zwischen den Forschungsansätzen (*Study Group on a European Civil Code/Lando Commission, Acquis Group, Common Core, European Private Law Forum*)[10] auf einen Schlag mit der Finanzierung eines einzigen Vereinheitlichungsprojektes Einhalt zu gebieten, zeugt vom Hang zum *monocular view*, zur Unterdrückung der Vielfalt im Namen des Pragmatismus.

---

7   Vgl. *Wilhelmsson*, ERPL10 (2002), 77, 78: „the process of harmonisation of private law offers one... way for an academic community... to try to regain its lost status."
8   *Berlin*, (o. Fn. 1), 35.
9   Problematik erkennbar in der Themenauswahl der GJZ Tagungen: 1997 Europäisierung des Privatrechts; 1998 Vernetzte Welt – Globales Recht; 2002 Privatisierung des Privatrechts; 2003 Soziale Dimension des Zivilrechts.
10 *Ius Commune*-Ansatz: *v. Bar/Drobnig*, The Interaction of Contract Law and Tort and Property Law in Europe (2004); *van Gerven/Lever/Larouche*, Cases, Materials and Text on National, Supranational and International Tort Law (2000); Schulze/Engel/Jones (Hrsg.), Casebook Europäisches Privatrecht (1999); *Schulze/Schulte-Nölke*, Casebook Europäisches Verbraucherrecht (1999). Arbeitsgruppen: *Study Group on a European Civil Code*, www.sgecc.net, verbunden mit dem European Legal Studies Institute: www.elsi.uos.de/; *The Commission on European Contract Law (Lando Commission)*: web.cbs.dk/departments/law/staff/ol/commission_on_ecl/members.htm. Dazu: *Riedl*, The Work of the Lando-Commission from an Alternative Viewpoint, ERPL 8 (2000), 71. Andere Forschungsansätze: *Trento Group on the Common Core of European Contract*: www.jus.unitn.it/elsg/common-core/home.html; *Society of European Contract Law* (SECOLA): www.secola.org; *European Research Group on Existing EC Private Law* (Acquis Gruppe): www.acquis-group.org/; *European Private law Forum*: www.iue.it/LAW/ResearchTeaching/EuropeanPrivateLaw/.

Auch in diesem Kontext stellt sich die Frage, ob man eine Trennung zwischen den eindimensionalen Igeln und den multidimensionalen Füchsen vornehmen kann; zwischen *Lando, von Bar, Staudenmayer* und *Curtin* einerseits,[11] und *Joerges, Teubner, Brüggemeier, Reich* und *MacCormick*[12] andererseits. Aber selbst diese Trennung kann täuschen, denn der eindimensionale Rechtsvereinheitlicher hat beispielsweise zwischen Liberalisierung und Reregulierung zu wählen, und somit ein ‚Patchwork' von Rechtsvielfalt zu kreieren. Ferner sollten die Vorgaben des Aktionsplans für ein kohärenteres Europäisches Vertragsrecht aus dem Jahre 2003 (Aktionsplan)[13] eingehalten werden, und bei einer Ausgestaltung der ‚optionellen Instrumente' als ‚opt-in' Instrumente im grenzüberschreitenden Handel wird diesem Patchwork ein spezifisches Muster verliehen. Eine Rechtsvereinheitlichung, die auch im ‚internen' nationalen Kontext Anwendung fände, sich aber im Wege der differenzierten Integration verabschieden ließe (nach Art. 11 EG), würde dagegen diesem ‚Patchwork' ein anderes Muster geben und andere Bruchstellen im europäisierten Privatrecht produzieren.[14] Die Verfechter multidimensionaler Ansätze, die lediglich die Errichtung eines *European Law Institute* anstreben, können sich ebenso täuschen. In diesem Sinne ist auch die von *Joerges* angesprochene Sorge, dass die Debatte über den Aktionsplan die Lernkapazitäten der Beteiligten überfordere, zu verstehen.[15]

II. Ausgangssituation: Ius Commune als Antwort auf die Rechtszersplitterung

Der Prozess der Europäisierung des Privatrechts begann in den achtziger Jahren mit der Verabschiedung des Binnenmarktprogramms und dem Inkrafttreten der Einheitlichen Europäischen Akte[16]. Sowohl direkt – im Verbraucherschutz und im Gesellschaftsrecht (Art. 153 (ex 129a) EG) – als auch indirekt – durch die

---

11   Vgl. *Curtin*, CMLRev. 30 (1993), 17; *Staudenmayer*, EuZW 2003, 165; *Staudenmayer*, EuZW 2001, 485; *Lando*, RIW 2003, 1, 7.
12   *MacCormick*, (o. Fn. 3); *Brüggemeier*, Common Principles of Tort Law: A Pre-Statement of Law (2004); *Reich*, (u. Fn. 37), ders., (u. Fn. 41), *Teubner*, (u. Fn. 49); *Joerges*, (u. Fn. 15).
13   Mitteilung der Kommission an das Europäische Parlament und den Rat – Ein kohärenteres Europäisches Vertragsrecht – Ein Aktionsplan KOM (2003) 68 endg. vom 12.2.2003 ABl. 2003 C 63/1.
14   *Jung*, Editorial, GPR 2003-4, 169: "Es wächst die Überzeugung, dass eine vielfältige und sich erweiternde Gemeinschaft ohne innere Differenzierung nicht mehr überleben und das ihr gestecktes Ziel einer immer engeren Union verwirklichen kann."
15   Vgl. *Joerges*, in: ders./Teubner (Hrsg.), Rechtsverfassungsrecht (2003), 183, 212; auch als Working Paper des Europäischen Hochschulinstituts aufrufbar: www.iue.it.
16   ABl. 1987 L 169/1.

Freistellungsverordnungen im Wettbewerbsrecht (Art. 81 Abs. 3 (ex 85 Abs. 3) EG)[17], in einzelnen Bereichen des Umwelt- und des Sicherheitsschutzes, in der Sozialpolitik und bei den technischen Normen – wurden nationale privatrechtsrelevante Instrumente durch das Sekundärrecht kontrolliert oder gar vorgeschrieben.[18]

Diese Schritte zur Angleichung nationaler Rechtsnormen wurden aber regelmäßig von einer Rechtszersplitterung begleitet: Die Vereinheitlichung durch Verordnungen wurde durch Kompromisse auf intergouvernementaler Ebene verwässert.[19] Währenddessen geben Richtlinien nur einen Rahmen für die nationale Umsetzung vor, wobei die Mitgliedstaaten höhere nationale Standards durch die *Mindestharmonisierung* verteidigen können.[20]

Unterschiedliche Ansätze bei der Umsetzung von Sekundärrecht sowie beim *Drafting* von Sekundärrecht durch die verschiedenen Generaldirektionen leiste-

---

17 Anwendung des Art. 81 Abs. 3 (ex Art. 85 Abs. 3) EG im Wege der VO 19/65/EWG (geändert durch VO 1215/1999/EG ABl. 1999 L 148/1): VO 1400/2002/EG über die Anwendung von Art. 81 Abs. 3 EG auf Gruppen von vertikalen Vereinbarungen und aufeinander abgestimmten Verhaltensweisen im Kraftfahrzeugsektor ABl. 2002 L 203/30; VO 2790/1999/EG über die Anwendung von Art. 81 Abs. 3 EG auf Gruppen von vertikalen Vereinbarungen und aufeinander abgestimmten Verhaltensweisen ABl. 1999 L 336/21; VO 772/2004/EG über die Anwendung von Art. 81 Abs. 3 EG auf Gruppen von Technologietransfer-Vereinbarungen ABl. 2004 L 123/11; VO 2658/2000/EG über die Anwendung von Art. 81 Abs. 3 EG auf Gruppen von Spezialisierungsvereinbarungen ABl. 2000 L 304/3; VO 2659/2000/EG über die Anwendung von Art. 81 Abs. 3 EG auf Gruppen von Vereinbarungen über Forschung und Entwicklung, ABl. 2000 L 304/7; VO 358/2003/EG über die Anwendung von Art. 81 Abs. 3 EG auf Gruppen von Vereinbarungen, Beschlüssen und aufeinander abgestimmten Verhaltensweisen im Versicherungssektor ABl. 2003 L 53/8.
18 Politikbereiche: Gesundheitsschutz Art. 152 (ex 129); Umweltschutz (Artt. 174-176 (ex 130r-130t); Arbeitsrecht Titel VIII (ex Titel VIa); Industriepolitik Art. 157 (ex 130); ökonomische und soziale Kohäsion Artt. 158-162 (ex 130a-130e); Forschung und Entwicklung Artt. 163-173 (ex 130f-130p). Für eine Auflistung des vertragsrelevanten Sekundärrechts aus Sicht der Kommission siehe Annex zur Kommissionsmitteilung (u. Fn. 22). Eine umfangreichere Liste (Stand 1998) *Müller-Graff*, in: Müller-Graff (Hrsg.), Gemeinsames Privatrecht in der Europäischen Gemeinschaft (1999), 9 ff., 84-100. Im selben Band: *Brüggemeier/Joerges*, 301, 312-313: „Die Einflußnahmen der Gemeinschaft auf das Vertragsrecht haben verschiedene Phasen durchlaufen und setzen unterschiedliche integrationspolitische Akzente. Zu differenzieren ist zwischen den wettbewerbsrechtlich begründeten und auf die Intensivierung des innergemeinschaftlichen Handels zielenden Umgestaltungen des Absatzmittelungsrechts, den Bemühungen um eine Marktintegration durch die Deregulierung und/oder Harmonisierung nationalstaatlicher Regulierungen, der Vereinheitlichung von Mindeststandards des Sozial- und Verbraucherschutzes, der Kodifizierung allgemeiner vertragsrechtlicher Prinzipien und Leitregeln."
19 Vgl. *Burbidge*, ELRev. 27 (2002), 589.
20 Art. 95 Abs. 4 (ex 100a Abs. 4) EG im Bereich des Binnenmarktes; Art. 176 (ex 130t) EG im Umweltschutz, Art 153 Abs. 5 (ex 129a Abs. 3) EG im Verbraucherschutz.

ten einen zusätzlichen Beitrag zur Rechtszersplitterung: Sie produzierten Unstimmigkeiten innerhalb des Sekundärrechts, zwischen dem EG-Recht und den nationalen Rechtsordnungen sowie zwischen den einzelnen nationalen Rechtsordnungen.

Diese Rechtszersplitterung wurde verschärft durch weitere Entwicklungen: Zum einen führte die Vergemeinschaftung des Europäischen Prozessrechts zu einer Abkoppelung der EG von den Initiativen der *Formulating Agencies* (UNIDROIT, Haager Konferenz, CIEC). Wie *Heß* beobachtet, hat die EG ihr Prozessrecht regionalisiert und sich damit vom Internationalisierungsprozess abgelöst.[21] Zum anderen ist seit Jahren ein Trend bei der transnationalen Vertragsgestaltung zum eigenständigen bzw. branchenspezifischen Abschluss von Verträgen im Rahmen der *Lex Mercatoria* festzustellen: Die heutige Zivilrechtsanwendung muss deswegen eine Reihe von nicht-nationalen Rechtsquellen – ob *Lex Mercatoria*, EG-Recht, CISG oder EVÜ – berücksichtigen.

1. Der Aktionsplan 2003 und der Ius Commune-Ansatz

In ihrem Aktionsplan griff die Kommission auf die Optionen II-IV ihrer Mitteilung aus dem Jahre 2001 zurück.[22] Obwohl die Verhältnismäßigkeit zu den Grundprinzipien der EG gehören soll, wurde die Option I (Nichts tun) verworfen. Daneben gibt die Kommission vor, weder zu wissen, wie die praktische Anwendung des EG-Rechts aussieht, noch was sie eigentlich gestalten will: Während die ursprünglichen Optionen umbenannt und damit verschleiert werden, steht das zugesicherte Festhalten am sektorspezifischen Gesetzgebungsansatz im Widerspruch zu den horizontalen Implikationen der durchgeführten Analyse.[23] Die aufgegriffenen Optionen verfolgen Vereinheitlichungsbestrebungen auf unterschiedliche Weise: Die Schaffung von Rechtseinheit durch eine Einheitsterminologie und einen einheitlichen Referenzrahmen (Option II), eine Konsolidierung und Verbesserung des *Acquis* (Option III) und das Schaffen von

---

21 Vgl. *Heß*, IPRax 2001, 389, 395: „Diese Entwicklung setzt Drittstaaten und ‚konkurrierende' internationale Institutionen (Haager IPR-Konferenz, UNIDROIT, CIEC, aber auch den Europarat) unter Druck [...]. Zur verfahrensmäßigen Abkoppelung tritt schließlich ein inhaltliche ‚disconnection': Der Europäische Justizraum beruht auf anderen Prämissen als die überkommene Rechtsvereinheitlichung. Aufgrund des Wegfalls der Souveränitätsvorbehalte der Mitgliedstaaten kann hier eine ganz andere Vernetzung der nationalen Gerichtssysteme erreicht werden. Die Prozessrechte der Mitgliedstaaten sind zudem durch Art. 6 EMRK und das revisionsähnliche Vorabentscheidungsverfahren zum EuGH (Artt. 68, 234 (ex Artt. 73p, 177) EG) miteinander verklammert. Die Entwicklung bei der grenzüberschreitenden Rechtshilfe, aber auch die Übernahme des Konzepts der gegenseitigen Anerkennung zur Umsetzung der Urteilsfreizügigkeit zeigen, dass die überkommenen Konventionen als Regelungsmodelle für den Europäischen Justizraum nicht mehr geeignet sind."

22 Mitteilung der Kommission zum Europäischen Vertragsrecht KOM (2001) 398 endg. vom 11.7.2001, ABl. 2001 C 255/1.

23 Vgl. *Kenny*, AJP 2003, 1169, 1173.

Instrumenten eines Einheitsrechts, die entweder auf *opt-in* oder auf *opt-out* Basis, entweder ausschließlich im grenzüberschreitenden Handelskontext anwendbar oder aber auch auf dem ‚internen' Handelskontext ausgedehnt, und entweder sektorspezifisch oder horizontal auszugestalten sind (Option IV). Diese vereinheitlichenden Instrumente sind als Blaupause für ein Europäisches Zivilgesetzbuch anzusehen. Weil dieses Ziel aufgrund der fehlenden Kompetenzgrundlage im Vertragswerk, nicht offen verfolgt werden kann, musste dieses Endziel konsequent – und hierin besteht die Meisterleistung der Kommission – verschleiert werden.[24] Der Kommissionsansatz wird trotzdem in diesem Werk mit dem Schlagwort des *Ius Commune* zusammengefasst.

Neben der Kompetenzfrage wirft die Verfolgung des *Ius Commune*-Ansatzes einige weiteren Fragen auf: Ist das *Ius Commune* als Lösung für die Problematik der Rechtsfragmentierung geeignet, oder vielmehr als Katalysator zu verstehen, der die Rechtszersplitterung noch beschleunigen wird – in der Hoffnung, die Verabschiedung eines Zivilgesetzbuches dann zu erzwingen? Steht das *Ius Commune* aus ökonomischer Sicht im Einklang mit der oder im Widerspruch zur Binnenmarktrationalität? Ist das *Ius Commune* mit dem *sui generis*-Recht der EG überhaupt vereinbar? Ist die Vorstellung der Schaffung von Rechtseinheit durch Einheitsrecht nicht längst überholt? In der folgenden Analyse werden diese Fragen durchleuchtet.

2. Ernüchterung nach Euphorie

Zuerst ist aber festzustellen, dass nach der Euphorie um den Aktionsplan Ernüchterung in der Debatte eingetreten ist: Mit einem Europäischen Zivilgesetzbuch ist in naher Zukunft nicht zu rechnen. Aufgrund dieser Einsicht wird heute für eine experimentelle Abstufung (*Gradualism*) in der Rechtsetzung – zuerst

---

24 Verschleierung durch die Umbenennung der Optionen sowie das unklare Verhältnis zwischen Referenzrahmen und optionellen Instrumenten. Zur fehlenden Rechtsetzungskompetenz: Rs. C-376/98 *Deutschland/Kommission (Tabak)* Slg. 2000, I-8419 Rn. 83: „(Art. 95 (ex 100a) EG) dahin auszulegen, dass er dem Gemeinschaftsgesetzgeber eine allgemeine Kompetenz zur Regelung des Binnenmarktes gewährte, widerspräche nicht nur dem Wortlaut [...] sondern wäre auch unvereinbar mit dem in Art. 3b EG (jetzt Art. 5 EG) niedergelegten Grundsatz, dass die Befugnisse der Gemeinschaft auf Einzelermächtigungen beruhen." Rn. 84: „Ein auf der Grundlage von Art. 100a EG erlassener Rechtsakt muss zudem tatsächlich den Zweck haben, die Voraussetzungen für die Errichtung und das Funktionieren des Binnenmarktes zu verbessern. Genügten bereits die bloße Feststellung von Unterschieden zwischen den nationalen Vorschriften und die abstrakte Gefahr von Beeinträchtigungen der Grundfreiheiten oder daraus möglicherweise entstehenden Wettbewerbsverzerrungen, um die Wahl von Art. 100a als Rechtsgrundlage zu rechtfertigen, so könnte der gerichtlichen Kontrolle der Wahl der Rechtsgrundlage jede Wirksamkeit genommen werden. Damit wäre der Gerichtshof jedoch an der Wahrnehmung der ihm gem. Artikel 164 EG (jetzt Art. 220 EG) obliegenden Aufgabe gehindert, die Wahrung des Rechts bei der Auslegung und Anwendung des Vertrages zu sichern."

opt-in, dann *opt-out* und allmählich eine horizontale Ausdehnung der Instrumente – und eine realistischere Zeitplanung geworben. Darüber hinaus ist eine wesentliche Rolle für die Rechtsprechung und Rechtspraxis im Prozess der Europäisierung erkannt worden:[25]

> Die Schaffung eines opt-in-Vertragsgesetzes verspricht zwar viel geringere Angleichungswirkungen, wäre aber ein erster Schritt zur Etablierung gemeinschaftlicher [...] Standards, [...]. In dem Maße, wie zu einem solchen Vertragsrecht Rechtsprechung erginge, würde die Bereitschaft zu seiner Erstreckung auf weitere Anwendungsfelder wachsen [...]. Worauf es ankommt, ist Geduld und eine langfristige Planung, die über zwanzig bis dreißig Jahre reicht.

3. Andauernde Polarisierung

Die Debatte um das europäisierte Privatrecht bleibt trotz der Ernüchterung polarisierend. Nach wie vor spricht *Lando* sich für eine umfassende Kodifikation aus: *Codification is a must... A unified law can only be applied fully by the courts... if the legislator tells them that they must. A European Civil Code... should allow for a degree of polycentrism, but there must be certainty about the main principles.*[26] Nichtsdestotrotz werden sowohl die Legitimität des Vorhabens als auch die Arbeitsweise der Rechtsvereinheitlicher stark kritisiert.[27] Auch über die Schwierigkeit bzw. Unmöglichkeit der Übertragbarkeit von Rechtsprodukten (*Legal Irritants/Legal Transplants*) von einer Rechtsordnung in die andere wird gestritten: Am schärfsten die Kritik *Legrands: At best, what can be displaced from one jurisdiction to another is, literally, a meaningless form of words. To claim more is to claim too much.*[28]

III. Die Grenzen des Ius Commune-Ansatzes

Die Grenzen des *Ius Commune* werden im Folgenden an vier Parametern ermittelt: Zuerst wird nach dem Verständnis des EG-Rechts gefragt, das hinter den Vereinheitlichungsbestrebungen steht: Ist dieses Recht so einfach zu vereinheitlichen wie vermutet? Zweitens wird versucht, die internationale Dimension und ihre Konsequenzen für das nationale und regionalisierte Recht zu berücksichtigen. Drittens werden Grenzen der Vereinheitlichung im Kontext

---

25 Vgl. *Basedow*, ZEuP 2004, 1, 4 weiter: „Der kurze Horizont von wenigen Jahren, der aus manchen Kommissionsäußerungen spricht, birgt... die Gefahr, dass das Erreichen des Endziels um einiger Anfangserfolge willen aufs Spiel gesetzt wird."; *Zypries*, ZEuP 2004, 225.
26 Vgl. *Lando*, Unif.L.Rev. 2003, 123, 129; *v. Bar*, Colum.J.Eur.L. 8, 2002, 379.
27 Vgl. *Schmid*, JZ 2001, 674; *Riedl*, (o. Fn. 10).
28 Vgl. *Legrand*, Maastricht J. of Eur.&Comp.L. 4 (1997), 111, 120; *Teubner*, M.L. Rev. 61 (1998), 11.

des Verbraucherschutzes aufgestellt. Viertens wird auf die ökonomische Dimension der Vereinheitlichung eingegangen.

1. Charakter und Funktionsweise des EG-Rechts

Um die Eignung und das Ausmaß der notwendigen Rechtsvereinheitlichung festzustellen, bedarf es zunächst der Ermittlung des Charakters und der Funktionsweise des EG-Rechts. Hier hilft die Gegenüberstellung der Verständnisse des Vertragswerks als Wirtschaftsverfassung (eindimensionale Sicht) und als Recht-Fertigungs-Recht (multidimensionale Sicht).

a) Eindimensionalität: Vertragswerk als Wirtschaftsverfassung

Die bisherige Vereinheitlichungsdebatte ist vor allem von deutschen Vorstellungen geprägt worden. In der Kommission, im Parlament sowie in der *Study Group on a European Civil Code/Joint Network on European Private Law* ist der deutsche Beitrag federführend. Dieser – in der historischen Perspektive – plötzliche Enthusiasmus steht im Gegensatz zur ursprünglichen Skepsis gegenüber Rechtsetzungsmaßnahmen der Gemeinschaft: In den sechziger Jahren riet die herrschende Meinung in Deutschland zur Zurückhaltung und Vorsicht bei der Verabschiedung von Sekundärrecht:[29]

> Mit jedem neuen Gesetz und mit jeder neuen Verordnung wird es für Richter, Verwaltungsbeamte, Anwälte und erst recht für den Mann der Wirtschaft schwerer, auch nur auf einzelnen Teilgebieten einen vollständigen Überblick über das Recht zu behalten. Es sollte deshalb jede Chance genutzt werden, das Recht zu vereinfachen, um seine richtige Anwendung und seine Durchsetzung zu erleichtern. Es würde damit die Rechtssicherheit erhöht und bei der Rechtsverfolgung Zeit und Kosten gespart.

Zu dieser Zeit wurde vielmehr auf eine *Erosion* der nationalen Rechte gesetzt, die durch die Umsetzung der Freizügigkeit sowie durch den Wettbewerb der Rechtsordnungen ausgelöst werden sollte. Zu solchen Vorstellungen passte weder die Ansteuerung noch die ‚Vervielfältigung' von Zielen abseits der Schaffung eines Binnenmarktes: Das Vertragswerk sollte – ausschließlich und eindimensional – als Wirtschaftsverfassung fungieren.[30] Aus diesem ‚fundamentalistischen' Standpunkt heraus ließ sich leicht feststellen, dass die bisherige Rechtsangleichung über die formalen Grenzen der privatrechtsrelevanten Ermächtigungsgrundlagen im Vertragswerk betrieben wurde[31] und dass

---

29 Vgl. *Hallstein*, RabelsZ 28 (1964), 211, 215.
30 Vgl. *Immenga*, EuZW 1994, 14, 18: „Die Vervielfältigung von Zielen, ohne ihr Rangverhältnis klarzustellen, führt zu einem kaum noch überprüfbaren Ermessensspielraum. Nach den rechtlichen Grundlagen können marktwirtschaftliche Prinzipien ihren Charakter als Grundlage der Gemeinschaft verlieren."
31 Hier wird argumentiert, dass die Privatrechtsgesetzgebung sich ausschließlich an dem Ziel des Funktionierens des gemeinsamen Marktes (Art. 3 Abs. 1 lit. h i.V.m. Art. 94 Abs. 1 (ex 100 Abs. 1) EG) bzw. des Binnenmarktes (Art. 14 (ex 7a) i.V.m. Art. 95 Abs.
(Fortsetzung auf der nächsten Seite)

– im Umkehrschluss – nur mit einem *Ius Commune* die schleichende Angleichung gestoppt und dem Binnenmarkt abträgliche Bestimmungen des nationalen Privatrechts beseitigt werden konnten.[32]

Die Eindimensionalität dieser Position ist frappierend: Weder zu den Revisionen des Vertragswerks[33] noch zum *Judicial Activism* des EuGH[34] wird Stellung bezogen, obschon es längst bekannt ist, dass EG-*Standards* nicht mechanisch auszulegen sind[35] und dass im Urteil *Gaston Schul* nur Marktbedingungen, die *möglichst* denjenigen eines Binnenmarktes nahe kommen, avisiert wurden.[36] Wie im Urteil *Keck* festgestellt wurde, handelt es sich bei der Europäischen Integration nicht um die Einebnung aller Rechtsunterschiede zwischen den Mitgliedstaaten.[37] Vielmehr geht es um die Schaffung einer politisch umstritte-

---

1 (ex 100a Abs. 1) EG) zu orientieren hat. Eine explizite Einladung zur Rechtsvereinheitlichung gab es i.d.S. nie, und nur wenige Gebiete des Privatrechts werden im Vertragswerk genannt: Gesellschaftsrecht (Artt. 43, 44 Abs. 2 lit. g und 48 (ex Artt. 52, 54 Abs. 2 lit. g und 58) EG), Pflanzenschutz, gewerblicher Rechtsschutz und Urheberrecht (Art. 30 (ex 36) EG), Umweltschutz (Artt. 95 Abs. 3, 174 Abs. 2 (ex Artt. 100a Abs. 3 und 130r) EG) und Verbraucherschutz (Art. 153 (ex 129a) EG).

32 Beseitigung gefordert: Rs. 15/81 *Gaston Schul Douane Expediteur BV/Inspecteur der invoerrechten en accijnzen*, Slg. 1982, 1409 Rn. 33: „Der Begriff Gemeinsamer Markt... stellt ab auf die Beseitigung aller Hemmnisse im innergemeinschaftlichen Handel mit dem Ziele der Verschmelzung der nationalen Märkte zu einem einheitlichen Markt, dessen Bedingungen denjenigen eines wirklichen Binnenmarktes möglichst nahe kommen." Bestätigt: Rs. 299/86, *Strafverfahren gegen Rainer Drexl*, Slg. 1988, 1213 Rn. 24.

33 Unerträglichkeit des Amsterdamer Vertrags aus ordoliberaler Sicht: Vgl. *Sauter*, The Economic Constitution of the EU, Colum.J.Eur.L. 4 (1998), 27, 56: „the Amsterdam Treaty takes the flaws first introduced by the EU to a point far beyond redemption. The promotion of the competitiveness of European industry... will now become one of the final objectives of... integration... To add insult to injury, social and employment policies will move into the core of the Treaty. The new Article 16 EC will provide a shield from competition policy for services of general economic interest."

34 Vgl. *Rasmussen*, E.L.Rev. 13 (1988), 28; *Cappelletti*, E.L.Rev. 12 (1987), 3; *Tridimas*, E.L.Rev. 21 (1996), 199.

35 Vgl. *Wils*, E.L.Rev. 18 (1993), 475, 491: „it follows from the tension between integration and regulation which... underlies Article 30 (now 28) and from the... heterogeneity of the concrete cases, which require a standard-based approach... (that) It is... unrealistic to expect the... legislator to anticipate the many... instances in which Article 30 cases arise."

36 Rs. 15/81 *Gaston Schul*, (o. Fn. 32).

37 Verbundene Rs. C-267 u. 268/91 *Keck und Mithouard*, Slg. 1993, I-6097 Rn. 16: „Demgegenüber ist entgegen der bisherigen Rspr. die Anwendung nationaler Bestimmungen, die bestimmte Verkaufsmodalitäten beschränken oder verbieten, auf Erzeugnisse aus anderen Mitgliedstaaten nicht geeignet, den Handel zwischen den Mitgliedstaaten... unmittelbar oder mittelbar, tatsächlich oder potentiell zu behindern, sofern diese Bestimmungen für alle betroffenen Wirtschaftsteilnehmer gelten, die ihre Tätigkeit im Inland ausüben, und sofern sie den Absatz der inländischen Erzeugnisse und der Erzeugnisse aus anderen Mitgliedstaaten rechtlich wie tatsächlich in der gleichen Weise

(Fortsetzung auf der nächsten Seite)

nen[38] und durch eine aktive Rechtsprechung ständig fortzuentwickelnden Rechtsgemeinschaft.[39] Demzufolge kam die Überzeugung, dass die Gesetzgebung der *Königsweg zur Rechtseinheit* sei, immer mehr ins Wanken.[40]

b) Multidimensionalität: Querulanten-, Pascha- oder Recht-Fertigungs-Recht (?)

Um den Charakter und die Funktionsweise des EG-Rechts zu erfassen, eignen sich eher multidimensionale Modelle. Hier kann man auch von einem Querulanten- oder, wie *Reich* es beschreibt, einem Pascharecht sprechen.[41] Dieses Verständnis wächst aus der deliberativen Offenheit dieses Rechtssystems, das sich mit den neuen Argumentationsmustern auseinandersetzt, die diagonal entstehen, und zwar aus unterschiedlichen Rechtsbereichen auf unterschiedlichen Ebenen des Systems (z.b. nationales Lauterkeitsrecht/Europäisches Wettbewerbsrecht), ein diagonales Kollisionsrecht,[42] das für die Kompatibilisierung der Rechtsebenen sorgen muss. Hier erinnert Generalanwalt *Jacobs* im Urteil *Viscido* an die Subtilität dieses Systems. In *Viscido* handelte es sich um eine diagonale Kollision zwischen nationalem Arbeitsrecht (Arbeitsvertragsgestaltung öffentlicher Arbeitgeber) und dem Europäischen Wettbewerbsrecht (unzulässige Subventionen). In solchen Fällen, plädierte der Generalanwalt, sollte das Recht für ein eher pragmatisches als formal überzeugendes Herauslösen von Demarkationslinien offen sein:[43]

> It might be asked why, given their potential effect on competition, Article 92(1) (now 86(1)) does not cover all labour and other social measures which by virtue of being selective in their impact might distort competition and thereby have an equivalent effect to State aid. The answer is perhaps essentially a pragmatic one: to investigate all such regimes would entail an inquiry on the basis of the Treaty alone into the entire social and economic life of a Member State.

Das Verständnis eines ‚diagonalen Rechts', das zwischen den Rechtsebenen entsteht, und für eine Kompatibilisierung der Bestimmungen des nationalen Rechts mit den Bestimmungen des EG-Rechts sorgt, nimmt dabei die Gestalt

---

berühren." Bestätigt: Verbundene Rs. C-401 u. 402/92 *Tankstation t'Heukste* Slg. 1994, I-2199 Rn. 12. Siehe: *Reich*, C.M.L.Rev. 13 (1994), 459; *Weatherill*, C.M.L.Rev. 33 (1996), 885.

38 Vgl. *Bankowski/Christodoulides*, E.L.J. 4 (1998), 341, insb. 345-347.
39 Rs. 155/79 *AM & S/Kommission* Slg. 1982, 1575, 1610: „Das Gemeinschaftsrecht beruht darauf, dass die Mitgliedstaaten nicht nur auf wirtschaftlichem, sondern auch auf rechtlichem Gebiet miteinander verflochten sind."
40 Vgl. *Kötz*, Rechtsvergleichung und gemeineuropäisches Privatrecht, in: Müller-Graff (Hrsg.), (o. Fn. 18), 149, 150.
41 Vgl. *Kegel*, Editorial EWS 8/1999, zitiert in: *Joerges*, (o. Fn. 15), 185; *Reich*, in: FS Schefold (2001), 279, 295; *ders.*, E.L.J. 6 (2001), 4, 20.
42 Vgl. *Wesseling*, E.C.L.R. 20 (1999), 420, 429-430; Rs. C-41/96 *VAG Händlerbeirat/SYD-Consult*, Slg. 1997, I-3123 Rn. 16.
43 Verbundene Rs. C-52-54/97 *Epifanio Viscido et al/ENTE Poste Italiane*, Slg. 1998, I-2629. Schlussantrag Generalanwalt *Jacobs* Rn. 16.

eines ‚Recht-Fertigungs-Rechts' an.⁴⁴ Aus seiner Analyse dreier Fallgruppen des EuGH – Gesellschaftsrecht: *Centros* und *Überseering*; Vertriebssysteme: *Pronuptia* und *Courage*; Verbraucherschutz/Produkthaftung: *Oceano* und *Medicina Asturiana*⁴⁵ – stellt *Joerges* fest, dass dieses Recht weder den regulativen Wettbewerb auslöse noch das Ende staatlicher Eingriffe im Marktgeschehen signalisiere. Es werde weder dem Wettbewerbsrecht eine Vorrangstellung eingeräumt noch werden die Befugnisse des Sozialstaats ausgebaut.⁴⁶ Demzufolge wirke das EG-Recht nicht im traditionellen, hierarchischen Sinne, sondern fungiere als Teil eines ‚deliberativen Kollisionsrechts', das Maßstäbe für die Zulässigkeit nationaler Bestimmungen setze, und somit zu neuen Governance Arrangements in Europa beitrage.⁴⁷

Nach diesem Verständnis kann das nationale Privatrecht weder ‚voll' privatisiert noch verstaatlicht, weder vollständig internationalisiert noch europäisiert werden. Vielmehr zielt das Gesamtsystem auf die Ermittlung diagonaler Problemlösungen in den Spannungsverhältnissen Markt/Staat bzw. privat/öffentlich ab. Für den *Ius Commune*-Ansatz sind die Konsequenzen dieser Analyse weitreichend: Der Anwendungsbereich eines *Ius Commune* wird erheblich reduziert:⁴⁸

> Die Modelle der ‚klassischen' Privatrechtsgesetzgebungen kommen für Europa nicht in Betracht [...] weil Europa nicht im Begriff ist, sich einen Staat zu erbau-

---

44 Vgl. *Joerges*, (o. Fn. 15), 195: „Wir (beobachten) die Entstehung eines Kollisionsrechts für diagonale Konfliktkonstellationen, das die europäisch initiierte regulative Politik – das von der Kompetenz der EG erfasste Recht – mit dem allgemeinen Privatrecht – dem Zuständigkeitsbereich der Mitgliedstaaten – kompatibilisiert."
45 Rs. C-212/97 *Centros/Ervervsog Selskabsstrylsen*, Slg. 1999, I-1459; Rs. C-208/00 *Überseering BV/Nordic Construction Baumanagement GmbH.*, Slg. 2002, I-9919; Rs. 161/84 *Pronuptia/Schilgalis* Slg. 1986, 353; Rs. C-453/99 *Courage/Crehan* Slg. 2001, I-6297; Verbundene Rs. C-240-244/98 *Grupo Editorial Océano Quinterno et al.*, Slg. 2000, I-4941; Rs. C-52/00 *Kommission/Frankreich* Slg. 2002, I-3827; C-154/00 *Kommission/Hellenische Republik*, Slg. 2002, I-3879; Rs. C-183/00 *Sanchez/Medicina Asturiana SA*, Slg. 2002, I-3901.
46 Vgl. *Joerges*, (o. Fn. 15), 204: „Centros dokumentiert nicht die Bereitschaft, die Rechtsbildung im Gesellschaftsrecht Mechanismen einer regulativen Konkurrenz auszusetzen, und Überseering muss man nicht als Ankündigung eines Kahlschlags lesen. Weder aus Pronuptia noch aus Courage lässt sich ein Vorrang der europäischen Wettbewerbspolitik vor konkurrierenden privatrechtlichen Gerechtigkeitsvorstellungen herleiten. Und nirgendwo [...] ist [...] eine europäische (Sozial-) Staatswerdung erkennbar."
47 A.a.O., 210-211: „Der Aufbau hybrider, weder rein privatrechtlich noch rein öffentlichrechtlich strukturierter, weder nationaler noch europäischer, weder rein gouvernementaler noch nicht-gouvernementaler transnationaler governance arrangements, in denen sich gesellschaftliche und gouvernementale Akteure auf eine transnationale Wirklichkeit einstellen, die nicht mehr staatlich domestizierbar ist." Siehe auch: *Maduro*, E.L.J. 3 (1997), 55; *Schluep*, in: ders. (Hrsg.), Recht, Staat und Politik am Ende des zweiten Jahrtausends (1993), 477.
48 A.a.O. (*Joerges*), 212.

en; es wird kein hierarchisch strukturierter Herrschaftsverband werden, sondern heterarchisch und plural bleiben; es gibt keine legislativen Akteure mit dem Beruf zu einer allgemeinen Gesetzgebung, die Europa einem Einheitsregime unterstellen würden oder dürfen. Europa ist aber ebenso wenig eine Art Kulturnation, die, ohne auf eine Staatsbildung warten zu müssen, ihr Gesetzbuch niederschreiben könnte.

2. Internationale Rechtsebene: Emanzipation der Wirtschaftsteilnehmer?

Auch die Berücksichtigung der Entwicklungen in der internationalen Vertragsgestaltung führt zu einer Einschränkung des *Ius Commune*-Ansatzes. In diesem Zusammenhang ist zuerst auf drei Parameter aufmerksam zu machen:

- Infolge der Globalisierung sind neue Wechselwirkungen zwischen den Rechtsebenen zu beobachten, die sich nicht in das traditionelle Rechtsverständnis einfügen lassen: Wie *Teubner* es kommentiert, ist der Rahmen der *Rule Hierarchy* gebrochen.[49] Die privatrechtsrelevante Rechtsetzung findet nicht nur auf europäischer Ebene, sondern auch auf Ebene der *Lex Mercatoria* und der *Formulating Agencies* statt.

- Die ökonomischen Interessen der Wirtschaftsteilnehmer, *local tribunals* zu umgehen, sowie die intergouvernementalen Schwierigkeiten, sich auf das anwendbare Recht zu einigen, haben zur Entstehung der *Lex Mercatoria* und zur Ausweitung der Schiedsgerichtsbarkeit geführt.[50] Wirtschaftsteilnehmer versuchen sich vom nationalen Recht zu emanzipieren.

- Gleichzeitig, und durch die Regionalisierung beschleunigt,[51] gewinnen Fragen nach den legitimen Interessen der Nationalstaaten im Rahmen des IPR immer mehr an Bedeutung.[52]

Diese Aspekte weisen auf eine Komplementarität zwischen den Prozessen der Internationalisierung und der Europäisierung hin und unterstreichen die Bedeutung einer Konstellation von Recht-Fertigungs-Rechten, die die Kollisionen zwischen den Rechtsebenen umfangreich kompatibilisieren. Darüber hinaus ist die Ähnlichkeit der Problemstellungen auf europäischer wie auf internationaler Ebene auffällig:

a) Schaffung eines Global Commercial Code

Auch im globalen Kontext wird über die Schaffung eines *Global Commercial Code* nachgedacht. Im Lichte der regionalisierten Vereinheitlichungen (EU,

---

49 Vgl. *Teubner*, Am.J.Comp.L. 45 (1997), 149, 159.
50 Vgl. *Dezalay/Garth*, Dealing in Virtue: International Commercial Arbitration and the Construction of a Transnational Legal Order (1996), 83.
51 Zur Außenkompetenz der EU siehe Artt. 281 und 310 (ex 210 und 238) EG. Siehe auch Rs. 22/70 *Kommission/Rat* Slg. 1971, 263 Rn. 15-19.
52 Vgl. *Muir Watt*, Colum.J.Eur.L. 9 (2003), 383, 385: „the creation of a closer community seems paradoxically to focus more attention on state interests."

Mercosur, OHADA) wird allerdings um die Aussichten weiterer *uniform law* Instrumente auf globaler Ebene gestritten.[53] Dies zeigt am besten die Auseinandersetzung zwischen *Basedow* und *Farnsworth*: Während *Basedow* die regionale Verdichtung privatrechtsrelevanten Sekundärrechtes mit der Ausweitung der externen Kompetenzen der EU in Verbindung bringt und so die regionale Vereinheitlichung als Vorbote einer umfassenden inter-regionalen Rechtsvereinheitlichung sieht,[54] hält *Farnsworth* die Aussichten eines *Global Commercial Code* eher für gering.[55]

b) Privatisierung des IPR

Parallel zu den nationalen Debatten über eine Privatisierung des Privatrechts wird auch um die Notwendigkeit einer Privatisierung des IPR gestritten. In diesem Zusammenhang soll der nationale Richter den Parteien helfen, effizientere Lösungen zu erreichen, beispielsweise soll sich der Richter bei der Prüfung einer Rechtswahl zuerst in die Lage der Parteien versetzen, um die Rechtswahl aus Sicht der Parteien unter der Bedingung der *perfect information* zu treffen.[56]

c) Soziale Dimension des IPR: ‚Global welfare'-Argumente

Auch im Kontext der Europäisierung wird um eine soziale Dimension des internationalen Privatrechts gerungen. Die Wirtschaftsteilnehmer schaffen es nicht – auch im Zeitalter der neuen *Lex Mercatoria* – sich vom nationalen Recht zu emanzipieren, weil sie nach wie vor einen ständigen Bezug zu einem nationalen Privat- und Kollisionsrecht für die Ermittlung und Durchsetzung ihrer An-

---

53 Vgl. Unif.L.Rev. 2003, 1-2, Worldwide Harmonisation of Private Law and Regional Economic Integration, Tagung zum 75. Jahrestag der UNIDROIT.
54 Vgl. *Basedow*, Unif.L.R. 2003, 31, 36: „the need for harmonisation of private law has always been felt most clearly within the regions where transboundary social and commercial exchange has been particularly intense [...] However, universal harmonisation is slow and has to cope with many divergent interests... increased demand for regional harmonisation will [...] frequently be satisfied by efficient legislative procedures [...] this will generate inter-regional conflicts [...] which can be accommodated by interregional harmonisation. The mandate of the EC to negotiate treaties at the international level is a first step in that direction."
55 Vgl. *Farnsworth*, Unif.L.R. 2003, 97, 106: „Short of a miracle, the general contract rules in such a code would consist virtually entirely of a collection of default rules that would be available to parties to commercial transactions that did not decide to reject or modify them. Such an enterprise would undoubtedly generate ideas, inspire scholarship, further international cooperation among jurists, produce texts that would be available to developing nations, occupy what might otherwise be idle resources of international organisations devoted to unification, and have other beneficial effects."
56 Vgl. *Whincop/Keyes*, Melb.U.L.Rev. 21 (1997), 515, 542: „The court should prefer the default rule most consistent with the wishes of the parties [...] such an approach (is)...consistent with the principle of party autonomy and [...] supportive of private ordering and exchange facilitation [...] it is a way of putting the "private" back into private international law."

sprüche anstreben.⁵⁷ Deshalb, selbst bei fortschreitender Globalisierung, wächst der Einfluss des nationalen Privat- und Kollisionsrechts, um die ‚regulative Lücke' im globalen Handel auszufüllen.⁵⁸

d) Verstaatlichung der Lex Mercatoria

Immer häufiger wird für eine verbesserte Berücksichtigung staatlicher Ziele und Interessen im Welthandel plädiert. Nach *Dezalay* und *Garth* sind verstärkte staatliche Interventionsmöglichkeiten angesagt: Die Einflussmöglichkeiten der Privatparteien soll abnehmen.⁵⁹

e) Zwischenergebnis: The State is dead, long live the State!

Die Ähnlichkeit und die Wechselwirkungen zwischen den Problemkreisen, wie sie in Europa und international in Erscheinung treten, setzen die Debatte über die Rechtsvereinheitlichung in einen breiteren Kontext und stellen das Modell der *rule hierarchy,* das dem Kommissionsvorhaben zugrunde liegt, nochmals in Frage: Auch in dieser Dimension ist das Rechtsverständnis der Verfechter des *Ius Commune* überholt. Instrumente eines *Global Commercial Code* sowie die eines *Ius Commune* müssen sich im Kontext einer offenen Deliberation, einer umstrittenen Deliberation (*essentially contested*) zwischen den unterschiedlichsten Akteuren auf den verschiedensten Rechtsebenen⁶⁰ behaupten, wobei die Rechtsebenen für Lerneffekte und Kommunikation offen gehalten werden müssen. Daraus ergibt sich ein Bedürfnis nach den engsten Parametern für Maßnahmen der Rechtsvereinheitlichung.

3. Mikro-Ebene: Das Schutzniveau im Europäisierten Verbraucherrecht

Eine dritte Grenze für die Rechtsvereinheitlichung ergibt sich aus der Analyse des Europäisierten Verbraucherschutzes. In diesem Bereich haben weder die

---

57 Vgl. *Wai,* Colum.J.Transnat'l L. 40 (2002), 209, 264.
58 *Muir Watt,* (o. Fn. 52), 400-401: „The real question is how far [...] 'horizontal' approaches, which focus on the scope of forum law and pay little attention to global welfare, are inevitable. Renewal could be achieved by recognizing that economic regulation is amenable to conflict of laws methodology, traditionally restricted to the field of private interests."
59 *Dezalay/Garth,* (o. Fn. 50), 313-314: „U.S.-style legal practice has emerged [...] as the lingua franca of international commerce [...] (and) the legitimacy of the basic liberal governing structure for the state and the economy is largely uncontested [...]. Given these shared characteristics, it becomes [...] possible to build legal regulatory structures [...] that can frame large regional markets [...]. By comparison private disputes lose some of their importance, becoming more like bargaining chips than major disputes [...]. These developments suggest that modern trade battles are played in the first place on the terrain of the state [...] rather than the terrain of private justice or the practice of mediation and business conflicts."
60 *Bankowski/Christodoulides,* (o. Fn. 38).

Kommission noch der EuGH ihren Auftrag erfüllt, d.h. für ein hohes Verbraucherschutzniveau (Art. 153 (ex 129a) EG) gesorgt. Zudem wird ein ‚vollständig' Europäisiertes Verbraucherrecht – nach den Vorstellungen der Kommission – den Verbraucherschutz, besonders in den nordwestlichen und nördlichen Mitgliedstaaten, weiter verwässern.[61]

a) Kommissionsansatz: Kontrolle ist gut... Vertrauen ist besser?

Die Instrumente und Leitbilder der Europäischen Verbraucherpolitik führen nicht zu einer Erhöhung des Schutzniveaus. Mit der Verabschiedung von Richtlinien, die nur oberflächlich die Privatautonomie stärken (durch umfangreiche Informationspflichten, das Einsetzen von Generalklauseln sowie durch extensive Rücktritts- und Widerrufsrechte), setzt die Kommission mehr auf das Vertrauen der Verbraucher als auf die Kontrolle der Händler. Ähnlich naiv wirkt das Vertrauen in die Selbstregulierung sowie die neue *Policy* der abschließenden Harmonisierung. Dies scheint zu einer definitiven Verwässerung des Verbraucherschutzes zu führen:

- Umfangreiche Informationspflichten sind nicht unbedingt geeignet, das Schutzniveau zu erhöhen, es droht vielmehr eine Reduzierung der Vertragstransparenz durch die Informationsflut.[62]

- Das Generalklauselrecht ist auch nicht immer geeignet, das Schutzniveau zu erhöhen: Begriffe wie *Treu und Glauben*, *Lauterkeit des Handelsverkehrs* oder *korrektes Marktverhalten* tragen eher zur weiteren Fragmentierung des Verbraucherschutzes bei.[63]

- Der Aufruf zur Selbstregulierung durch die Wirtschaftsteilnehmer ist von zweifelhafter Nützlichkeit im Kontext des *fair trading*.[64]

---

61 *Wilhelmsson*, (o. Fn. 7), 84: "The idea of a European Civil Code requires a commitment to traditional (liberalist, conservative) values."
62 Bspw. sind im Anhang zur Time-Sharing RL 18 verschiedene Informationspflichten genannt, bis hin zu gemeinsamen Dienstleistungen und Einrichtungen. Solche Pflichten sind beliebig ausdehnbar. RL 94/47/EG zum Schutz der Erwerber im Hinblick auf bestimmte Aspekte von Verträgen über den Erwerb von Teilzeitnutzungsrechten an Immobilien, ABl. 1994 L 280/83.
63 Vgl. *Howells/Wilhelmsson*, E.L.Rev. 28 (2003), 370, 383: „it is very likely that the application of the general clause will in any event lead to very different results in different legal cultures. In some countries, like the Nordic States, used to a broad and creative use of general clauses... it would probably be applied much more widely and vigorously than in other countries... This shows that the strategy of a maximal framework directive either is not thought through, or it is suggested primarily as a device to deregulate national markets."
64 Grünbuch zum Verbraucherschutz in der EU KOM (2001) 531 endg. (europa.eu.int/eurlex/de/com/gpr/2001/com2001_0531de01.pdf), 14. Vgl. *Howells/Wilhelmsson*, (o. Fn. 63), 387: "Whereas technical knowledge may be needed to debate matters such as toxicity... there is far more freedom... to debate what is meant by fair trading."

- Bei der Ausweitung von Widerrufs- und Rücktrittsrechten besteht ein paradoxes Verhältnis zur Privatautonomie, die man angeblich fördern will.[65]
- Die Verwässerung des nationalen Verbraucherschutzniveaus, die in *Medicina Asturiana* nun auch Spanien erreicht, liefert einen Vorgeschmack der Auswirkungen der Abkehr von der *Policy* der Mindestharmonisierung.[66]

Ein Einheitsrecht passt zu dieser Verwässerung und würde – ob durch eine abschließende Harmonisierung oder durch die Verabschiedung von Verordnungen – die bisherige Anreicherung des europäisierten Rechts durch die Berücksichtigung nationaler Entwicklung bzw. den Austausch von Lösungsansätzen zum Erliegen bringen.[67]

b) Irreführung des Verbrauchers durch die Rechtsprechung

Der Kommissionsansatz im Verbraucherschutz wird ‚ergänzt' durch eine zunehmend restriktive Rechtsprechung des EuGH. In den ‚diagonalen' Fällen wie *Ermittlungsverfahren gegen X; Gut Springenheide, Estée Lauder/Lancaster Group*[68] ist das regelmäßige Scheitern der materiellen Verbraucherschutzargumente angesichts der vorgetragenen Binnenmarktargumente festzustellen.

4. Die ökonomische Analyse

Trotz (oder wegen?) der Brisanz der Debatte sind nur wenige Stellungnahmen aus der *Law & Economics* Perspektive bisher eingegangen. Grundsätzlich ziehen Ökonomen einen Wettbewerb der Rechtsordnungen, der die *spontane Rechtsvereinheitlichung* durch die Übernahme des effizientesten Rechts sicherstellt, einer *zwingenden Rechtsvereinheitlichung* durch Einheitsrecht vor. *Ogus* bringt es auf den Punkt: *The evolution towards common solutions... occur(s)*

---

65 Vgl. *Limmer*, MittBayNot 1999, 325, 331: „gar so mündig ist ein Bürger nun gerade nicht, wenn die Rechtsordnung gezwungen ist, ihm Widerrufsrechte zu gewähren, die es ihm gestatten, früher Erklärtes kurzerhand zu stornieren."

66 *Howells/Wilhelmsson*, (o. Fn. 64), 375-376; Rs. C-183/00 *Gonzalez Sanchez/Medicina Asturiana*, (o. Fn. 45); *Howells*, EPLR 5 (2001), 10.

67 *Howells/Wilhelmsson*, a.a.O., 379: " „the strength and the legal dynamism of the European Union partially lies in its pluralist legal structure which allows for national experimentation. A dynamic European consumer law should therefore not be a unified law detached from national development, but rather a law which takes advantage of continuous experimentation at the national level... A continuous experimental development and improvement of the kind to be seen in this area – where new ideas not only flow via Community legislation, but also directly between the Member States – would naturally be much more difficult if the field were controlled by a unified European consumer law."

68 Rs. C-373/90 *Ermittlungsverfahren gegen X* Slg. 1992, I-131 Rn. 14 f. 18 f.; Rs. C-210/96 *Gut Springenheide GmbH/Oberkreisdirektor des Kreises Steinfurt*, Slg. 1998, I-4657 Rn. 31 und 37; Rs. C-220/98 *Estée Lauder/Lancaster Group*, Slg. 2000, I-117 Rn. 27, 30, 32.

where it is economically appropriate... where the benefits of convergence exceed its costs.[69] Der Anwendungsbereich des *Ius Commune*-Ansatzes wird daher durch die ökonomische Analyse erheblich eingeschränkt. Sechs analytische Schritte liegen dieser Erkenntnis zugrunde:

- Zuerst weist die ökonomische Analyse darauf hin, dass die Unterschiede zwischen den Rechtssystemen von Juristen i.d.R. übertrieben werden.
- Im Umkehrschluss werden die ökonomischen Zwänge, denen die Wirtschaftsteilnehmer ausgesetzt sind, unterschätzt.
- Allerdings sorgt die spontane Rechtsannäherung *ohnehin* für Konvergenz. Die Kosten der zwingenden Rechtsvereinheitlichung übersteigen die Kosten einer solchen Rechtsannäherung.
- Die zwingende Rechtsvereinheitlichung erweist sich häufig als nicht notwendig (*functional similarity*) oder als ineffizient. Deswegen soll sie nur dort stattfinden, wo eine spezifische Nachfrage herrscht.[70]
- Effiziente Rechtsvereinheitlichung lässt sich nur auf dem Weg eines Wettbewerbs der Anbieter finden: Eine Vielfalt der Ansätze ist einer Gleichschaltung vorzuziehen.[71]
- Bei der Machbarkeit der Vereinheitlichung muss zwischen homogenen (*facilitative*) und heterogenen (*regulatory*) Rechtsprodukten unterschieden werden:

a) Homogene Rechtsprodukte

Bei homogenen Rechtsprodukten handelt es sich um Normen, bei denen Nachfrage und Präferenzen der Wirtschaftsteilnehmer in den unterschiedlichsten Rechtskulturen ähnlich sind.[72] Die Aussichten auf eine erfolgreiche Rechtsvereinheitlichung bei solchen Produkten sind gut. Allerdings ist es hier bereits oft zu einer spontanen Vereinheitlichung gekommen (z.B. die Übernahme der englischen *limited liability* rules bzw. die neuesten Umänderungen im englischen Konzept der *Consideration*[73]). I.d.S. waren auch die umstrittenen nationalen gesellschaftsrechtlichen Regelungen in *Centros, Überseering, Inspire Art*[74]

---

69 Vgl. *Ogus*, I.C.L.Q. 1999, 405, 415-416.
70 A.a.O., 409-410.
71 A.a.O., 407: „Monopolist suppliers will not necessarily meet consumer preferences and they lack the incentive to constrain costs."
72 A.a.O., 410: „Homogenous legal products are those as to which there is unlikely to be a significant variation in preferences as between market actors in different jurisdictions. The best examples are to be found in 'facilitative law', that area of law which provides mechanisms for ensuring mutually desired outcomes: contracts, corporations, other forms of legal organisations and dealings with property."
73 Contracts (Rights of Third Parties) Act 1999.
74 Rs. C-167/01 *Kamer van Koophandel en Fabrieken voor Amsterdam/Inspire Art*, Urteil vom 30.9.2003 (bisher nicht in der amtlichen Sammlung veröffentlicht).

überholte Normen, die nach einer homogenen Lösung (nach einer Kompatibilisierung) verlangten. Auch sämtliche Informationspflichten sowie die Rücktritts- und Widerrufsrechte gehören zu dieser Gruppe: Die Funktion und das Verständnis solcher Normen bleibt über Grenzen hinweg konstant.

b) Heterogene Rechtsprodukte

Weitaus üblicher sind allerdings die *interventionistischen* bzw. heterogenen Rechtsprodukte (beispielsweise die Regelungen im Bereich des Verbraucherrechts), bei denen Nachfrage und Präferenzen von Land zu Land stark variieren. Hier findet keine spontane Konvergenz statt, und die Rechtsvereinheitlichung ist nicht zu empfehlen: Nach der ökonomischen Analyse können effiziente Lösungen bei solchen Rechtsprodukten nur im Wege des freien Wettbewerbs der Rechtsordnungen gefunden werden.[75]

IV. Interlegality: Common law statt Ius Commune

Wie in diesem Beitrag dargestellt, ist das Rechtsverständnis, das hinter den Vereinheitlichungsbestrebungen steht, überholt: Die Rechtseinheit kann nicht (oder nicht mehr) durch Einheitsrecht geschaffen werden. Stattdessen werden wir im Mehrebenensystem globaler Rechtsgestaltung immer häufiger mit diagonalen Normkollisionen konfrontiert, und zwar ohne zuverlässige Demarkation der Rechtsgebiete und ohne Parameter einer *Rule Hierarchy*. Aus diesen Erkenntnissen werden im Gegensatz zum ‚Rechtsetzungs-Modell' eines hierarchischen *Ius Commune* zwei alternative Modelle aufgestellt: Die *Interlegality* und die *Autopoiese*, zwei Modelle, die, wie im *Common law* üblich, die handelnden Akteure und nicht das Professorenrecht in den Mittelpunkt der Rechtsentwicklung stellen.[76]

Die *Interlegality* beschreibt die Überlappungen, die Durchdringlichkeit von Sachverhalten, Argumenten und Rechtsebenen, die wir zunehmend antreffen

---

75 *Ogus*, (o. Fn. 69), 412: „interventionist' (law) [...] protect(s) defined interests and/or supersede(s) voluntary transactions. This covers tort and regulatory law, but also aspects of contract, property and corporate law which confer protection on parties assumed to be disadvantaged by processes of free bargaining [...] consumers, employees, tenants, and [...] shareholders [...] preferences may vary between countries, regions and localities as to [...] the levels of legal intervention and the price which must be paid for them."

76 I.d.S. wird es auch zu einer ‚Amerikanisierung' des europäisierten Privatrechts kommen: Mit einer stärkeren Orientierung nach Restatements, Soft Law Prinzipien und Fallrecht, die das EG-Recht näher an das US-amerikanische als das englische Common law bringen wird. *Farnsworth*, (o. Fn. 55), 99-100: "The (Uniform Commercial) Code, along with our Restatements, has given us a system of common law that seems less startlingly different from Continental European legal systems than does English Common law."

und besonders in den diagonalen Kollisionen zwischen nationalem und europäischem Recht wieder erkennen. *Sousa de Santos* beschreibt diesen Rechtzustand:[77]

> We live in a time of porous legality [...] of multiple networks of legal orders forcing us to constant transitions and trespassings. Our legal life is constituted by an intersection of different legal orders, that is, by interlegality.

Für *Teubner* reicht die *Interlegalität* allein nicht aus, sie muss durch die *Autopoiese* ergänzt werden,[78] die die Rolle der (unvollständigen) Kommunikation zwischen den Rechtsebenen – ob durch die Rechtsprechung, die institutionelle Deliberation oder die wissenschaftliche Debatte – unterstreicht. Bei der *Autopoiese* läuft die Rechtsproduktion über *productive misreadings, linkage institutions* und *responsiveness*, die verursacht werden durch die Kollisionen, die Rechtsvielfalt und die diagonale Argumentation zwischen den Ebenen und Systemen.[79] Auch dem Recht, das vereinheitlicht und ‚*transplanted*' wird, kommt seine eigene Aufgabe zu: Es tritt als *Legal Irritant* in Erscheinung. Die Rechtsprechung und nicht das Gesetzgebungsverfahren rückt in den Mittelpunkt der Aufmerksamkeit, was wiederum tief greifende ‚Rearrangements' im kontinentaleuropäischen Methodendenken voraussetzt.[80]

Genau weil diese Modelle das traditionelle Bild der Rechtsproduktion so radikal aufmischen, sind sie im Kontext dieser Debatte so wichtig: Sie helfen, die eindimensionale Sicht der Rechtsvereinheitlicher aufzubrechen und den Weg für eine moderne und offene Rechtspraxis zu ebnen. Auch die Parallelität der Fragestellungen auf internationaler und europäischer Ebene (Privatisierung, Regulierung, Soziale Dimension) kann als Indiz der unvollständigen Kommunikation verstanden werden und weist erneut auf die Gefahren der versuchten Gleichschaltung von Subsystemen hin.

V. Ergebnis: Die engen Parameter des Ius Commune-Ansatzes

In dieser Analyse wurde die Dürftigkeit der konzeptionellen Grundlage des *Ius Commune*-Ansatzes aufgezeigt, die in erster Linie auf ein eindimensionales Verständnis des Charakters und der Funktionsweise des EG-Rechts zurückzuführen ist. Statt von einem Einheitsrecht – nach wilhelminischer Vorgabe – zu

---

77 Vgl. *De Sousa Santos*, Journal of Law and Society 1987, 279, 298.
78 Vgl. *Teubner*, Cardozo L.Rev. 13 (1992), 1443, 1445: „Paradoxes, tautologies, contradictions, and ambiguities in discursive practice are not the end of autopoietic analysis; they are seen as the starting point, as the very foundation of self-organizing social practices."
79 A.a.O., 1446, sowie 1447-1448.
80 Vgl. *Amstutz*, in: Joerges/Teubner, (o. Fn. 15), 213, 237.

sprechen, muss vielmehr eine Notwendigkeit der Kompatibilisierung unterschiedlicher Rechtsebenen angenommen werden. Auch wenn ein Referenzrahmen produziert werden kann oder ein Teppich von *opt-in* und *opt-out* Instrumenten ausgebreitet wird, und selbst bei der Schaffung eines Europäischen Zivilgesetzbuchs wird dieses Bedürfnis nach Kompatibilisierung bleiben.

Grundprinzipien des Vertragswerks werden durch den *Ius Commune*-Ansatz unterschiedlich verletzt: beispielsweise muss mangels einer Vertragskompetenz das Subsidiaritätsprinzip als Kompetenzgrundlage für das Vorhaben herhalten (!). Auch die Problematik unterschiedlicher Rechtskulturen sowie die Probleme, die die Erweiterung mit sich bringt, werden unterschätzt. Aus Sicht des Verbraucherschutzes sowie aus Sicht der *Law and Economics* werden die Bedenken gegenüber dem *Ius Commune* noch größer. Darüber hinaus werden der US-amerikanischen Erfahrung, den Entwicklungen bei den *Formulating Agencies* sowie den bereits lancierten Initiativen zur Vereinfachung und Entschlackung des *Acquis* keine Beachtung geschenkt.[81]

Die Prognose für das Unterfangen ist daher nicht gut: Konzepte für das Funktionieren europäischer Rechtsordnungen, die die *Interlegalität* moderner Rechtsproduktion nicht berücksichtigen und die sich an eine bereits überholte hierarchische Methodik – in Verkennung der politischen Verhältnisse – klammern, werden sich nicht durchsetzen können: Europa ist nicht im Begriff ein föderaler Staat zu werden. Umso verblüffender ist daher die Leichtigkeit, mit der ein erheblicher Teil wissenschaftlicher Kapazität von der Kommission in diese Richtung geleitet werden kann, und dies obwohl die einfachsten Etappen in Richtung eines *Ius Commune* umstritten sind: Warum sollten die Vertragsparteien *opt-in* Instrumente wählen? Wäre die Vertragsfreiheit mit der Verabschiedung von *opt-out* Instrumenten nicht erheblich beschnitten? Kann die zwingende Rechtsvereinheitlichung tatsächlich effizienter als die spontane Rechtsannäherung sein? Woher sind die Mehrheiten für ein wirtschaftsfreundliches, liberales ‚Einheitsrecht' zu holen? Welchen Verbrauchern wäre ein solches Recht zuzumuten? Angesichts solcher Schwierigkeiten empfiehlt es sich den *Ius Commune*-Ansatz mit den engsten Parametern zu versehen: Parameter um sicherzustellen, dass die Gefahren des *monocular view* vermieden werden:

---

81 Vereinfachungsinitiativen auf Grundlage der SLIM Initiative (Simpler Legislation for the Internal Market): Mitteilung der Kommission – Vereinfachung der Rechtsvorschriften im Binnenmarkt: Ein Pilotprojekt (KOM (1996) 204 endg.); Evaluierung (KOM (2000) 104 endg.); Mitteilung der Kommission – Vereinfachung und Verbesserung des Regelungsumfeldes (KOM (2001) 726 endg.): europa.eu.int/comm/internal_market/en/update/slim/01-726de.pdf; Mitteilung der Kommission – Vereinfachung und Verbesserung des Regelungsumfeldes (KOM (2002) 278 endg.): europa.eu.int/comm/internal_market/en/update/slim/01-726de.pdf; Europäisches Regieren – Ein Weißbuch (KOM (2001) 428 endg.); ABl. 2001 C 287/1: europa.eu.int/eur-lex/de/com/cnc/2001/com2001_0428de01.pdf.

- Die Ernüchterung muss sich weiter verfestigen: In absehbarer Zeit ist nur an Wörterbücher, an Studien zur gemeinsamen Rechtsterminologie und an *opt-in* Instrumente für homogene Rechtsprodukte im grenzüberschreitenden Handel (Versicherungen, Trusts) zu denken.
- Für weitere Schritte in Richtung eines Europäischen Zivilgesetzbuches (beispielsweise die *opt-in* Instrumente) muss mit einem zeitlichen Umsetzungshorizont von mindestens 30 Jahren gerechnet werden.
- Das Verhältnis des *Ius Commune* zu den bereits lancierten Vereinfachungs- und Konsolidierungsinitiativen muss geklärt werden (z.B. SLIM-Initiative).
- Angesichts fortschreitender spontaner Rechtsvereinheitlichung wird die zwingende Vereinheitlichung progressiv sowohl an Attraktivität als auch an ökonomischem Sinn verlieren.
- Aus ökonomischer Sicht wird *ein* Modell der Rechtsvereinheitlichung, sei es das Modell eines *Joint Network* oder das Modell eines *European Private Law Forum*, keine effiziente Lösungen bieten können.
- Die Stellung der Rechtspraktiker und der Rechtsprechung sollten bei den Überlegungen zur Europäisierung aufgewertet werden.
- Dank der ökonomischen Erkenntnis, dass sich die Vereinheitlichung nur bei homogenen Rechtsprodukten empfiehlt, sind tiefe Einschnitte im Ausmaß der notwendigen Rechtsetzung zu erwarten.
- Besonders bei den heterogenen Rechtsprodukten und in Bereichen wie dem Verbraucherschutz sollte von der Rechtsetzung abgesehen werden.
- Selbst bei einzelnen Rechtsprodukten (beispielsweise den Informationspflichten, den Rücktritts- und Widerrufsrechten), die als homogene Produkte überzeugen, kann sich die Vereinheitlichung trotzdem als problematisch erweisen, vor allem dann, wenn es zu einem kommissionsgesteuerten ‚Bombardement' mit solchen Rechtsprodukten kommt.

Zwingendes europäisches Privatrecht

Zivilrecht ohne Vertragsfreiheit?

Michael Hassemer

I. Europäisches Privatrecht zwischen Vertragsfreiheit und zwingendem Recht
II. Zwingendes Verbrauchsgüterkaufrecht
  1. „Positiv zwingendes Recht"
  2. Der Fehlerbegriff im Verbrauchsgüterkaufrecht
III. Begründungen
  1. Verbraucherschutz
  2. Binnenmarkt: „Stützradtheorie"
  3. Information?
  4. Vom Stück- zum Gattungskauf
IV. Ein kurzer Blick in andere Rechtsgebiete
  1. Diskriminierungsrecht
  2. Urhebervertragsrecht
V. Konsequenzen
  1. Vertragskettenproblematik (Regress)
  2. Vertragliche Äquivalenz-, gesetzliche Qualitätshaftung?
  3. Rückzug der Privatautonomie?

I. Europäisches Privatrecht zwischen Vertragsfreiheit und zwingendem Recht

Wie jede Zivilrechtsordnung, so muss auch das sich entwickelnde europäische Privatrecht seine Position im Spannungsverhältnis zwischen Vertragsfreiheit und zwingendem Recht, zwischen der Autonomie der Marktteilnehmer und dem Schutz dieser Autonomie durch ihre Einschränkungen finden[1]. Der hiermit verbundene Denk- und Entscheidungsprozess beginnt gerade erst[2] und wird

---

1   Zum Schutz der Privatautonomie durch zwingendes Recht vgl. *Drexl*, in: Coester et. al. (Hrsg.), FS Sonnenberger (2004), 771, 781.
2   Vgl. hierzu Mitteilung der Kommission an das Europäische Parlament und den Rat: „Ein kohärenteres Vertragsrecht – Ein Aktionsplan", KOM (2003) 68 endg.

hierzulande von einer Rechtswissenschaft begleitet, die zwischen Besorgnis[3] und verhaltenem Optimismus[4] schwankt, was allerdings auch an der bisher punktuellen, gelegentlich sprunghaften Entwicklung des privatrechtlichen Normengebildes der Gemeinschaft liegen mag[5].

Zu berücksichtigen ist allerdings, dass gerade das *europäische* Recht dem Spannungsverhältnis zwischen Vertragsfreiheit und zwingendem Recht besonders ausgesetzt ist, was an dem Verhältnis zwischen Primär- und Sekundärrecht liegt. Denn während sich dem EG-Vertrag bestimmte privatrechtliche Grundlagen entnehmen lassen, ohne dass dort tatsächlich Zivilrecht geregelt würde, greift das Sekundärrecht immer tiefer in die Privatrechtsordnungen ein, ohne jedoch zivilrechtliche Grundlagen zu enthalten oder überhaupt regeln zu wollen.

So lässt sich beispielsweise die Vertragsfreiheit als „wahre Grundfreiheit" des EG-Vertrags bezeichnen[6]. Denn wo die Warenverkehrsfreiheit geschützt ist und mit ihr das grenzüberschreitende Nachfragen und Anbieten, ist eine auf Privatautonomie gegründete Rechtsordnung bereits vorausgesetzt. Auch ein funktionierender Wettbewerb ist ohne Vertragsfreiheit nicht denkbar, sondern setzt sie vielmehr voraus, weswegen schon aus der Existenz der Grundfreiheiten wie der Wettbewerbsregeln auf das Prinzip der Vertragsfreiheit in einem Europäischen Privatrecht geschlossen wird[7]; dies allerdings ist ein induktiver Schluss.

Auf der anderen Seite ist nicht zu bestreiten, dass das Privatrecht, das die Gemeinschaft vermittels ihrer Richtlinien *faktisch* in die Mitgliedstaaten hineinträgt, bislang nahezu ausschließlich zwingenden Charakter hat[8]: Das europäische Recht der Haustürgeschäfte[9], der Verbraucherkredite[10], der Pauschalrei-

---

[3] Beispielhaft: *Dreher*, JZ 1997, 167; *Ritgen*, JZ 2002, 114; *Canaris*, AcP 200 (2000), 273, 362, 363.
[4] *Riesenhuber*, System und Prinzipien des Europäischen Vertragsrechts (2003), 555.
[5] „Was nach wie vor fehlt, ist eine Theorie der Vertragsfreiheit für Europa, in der auch der Verbraucherschutz seinen angemessenen Platz findet." *Drexl*, (o. Fn. 1), 790.
[6] *Riesenhuber*, (o. Fn. 4), 240.
[7] Unter Nr. 93 der Mitteilung der Kommission an das Europäische Parlament und den Rat: „Ein kohärenteres Vertragsrecht – Ein Aktionsplan", KOM (2003) 68 endg., heißt es: „Nach Auffassung der Kommission sollte die Vertragsfreiheit einer der leitenden Grundsätze eines solchen Vertragsrechtsinstruments sein."
[8] *Calliess*, RabelsZ 2004, 244, 246.
[9] Art. 6 der RL 85/577/EWG vom 20.12.1985 betreffend den Verbraucherschutz im Falle von außerhalb von Geschäftsräumen geschlossenen Verträgen, ABl. EG 1985 L 372/31.
[10] Art. 14 der RL 87/102 EWG des Rates vom 22.12.1986 zur Angleichung der Rechts- und Verwaltungsvorschriften der Mitgliedstaaten über den Verbraucherkredit ABl. EG 1987 L 42/48, geändert durch die RL 90/88/EWG des Rates vom 22.2.1990 zur Änderung der RL 87/102/EWG zur Angleichung der Rechts- und Verwaltungsvorschriften der Mitgliedstaaten über den Verbraucherkredit, ABl. EG L 61, 14.

sen[11], der missbräuchlichen AGB gegenüber Verbrauchern[12], der Teilnutzungsrechte an Immobilien[13], des Fernabsatzes[14] und nicht zuletzt des Verbrauchsgüterkaufs[15] bindet den Unternehmer zwingend gegenüber dem Verbraucher, und die Vorschriften zum elektronischen Geschäftsverkehr tun dies teilweise sogar im Verhältnis zweier Unternehmer zueinander[16]. Europäisches Vertragsrecht ist damit, trotz der skizzierten primärrechtlichen Vorgabe, bis zum gegenwärtigen Zeitpunkt nicht Vertragsrecht unter Gleichen, sondern Schutzrecht zugunsten eines Vertragspartners, in der Regel des Verbrauchers[17].

Zu diesem eigenartigen legislativen Spagat zwischen Primär- und Sekundärrecht gesellt sich ein weiteres Spannungsverhältnis im europäischen Rechtsraum: Zwingendes Recht scheint sich auf Gemeinschaftsebene zum Strukturmerkmal, also zur *Regel* des entstehenden europäischen Privatrechts zu entwickeln[18], während es in den Mitgliedstaaten – trotz dort jeweils unterschiedlich ausgeprägten Verbraucherschutzniveaus – traditionell die *Ausnahme* innerhalb von an den Grundsätzen der Selbstbestimmung, Privatautonomie und Vertragsfreiheit orientierten Vertragsrechtsordnungen darstellt.

Die Pole, zwischen denen sich das europäische Vertragsrecht zu orientieren haben wird, scheinen damit in den nationalen Rechtsordnungen und dem europäischen Primärrecht auf der einen und dem Sekundärrecht auf der anderen Seite zu liegen[19].

---

11 Art. 5 Abs. 3 der RL 90/312/EWG des Rates vom 13.6.1990 über Pauschalreisen, ABl. EG 1990 L 158/59.
12 Art. 6 der RL 93/13 EWG des Rates vom 5.4.1993 über missbräuchliche Klauseln in Verbraucherverträgen, ABl. EG 1993 L 95/29.
13 Art. 8 der RL 94/47/EG des Europäischen Parlaments und des Rates vom 26.10.1994 zum Schutz der Erwerber im Hinblick auf bestimmte Aspekte von Verträgen über den Erwerb von Teilnutzungsrechten an Immobilien; ABl. EG 1994 L 280/83.
14 Art. 12 der RL 97/7/EG des Europäischen Parlaments und des Rates vom 20.5.1997 über den Verbraucherschutz bei Vertragsabschlüssen im Fernabsatz, ABl. EG 1997 L 144/19, geändert durch die RL 2002/65/EG des Europäischen Parlaments und des Rates vom 23.9.2002 über den Fernabsatz von Finanzdienstleistungen an Verbraucher und zur Änderung der RL 90/619/EWG des Rates und der RL 97/7/EG und 98/27/EG, ABl. EG 2002 Nr. L 271/16.
15 Art. 7 der RL 1999/44/EG des Europäischen Parlaments und des Rates vom 25.5.1999 zu bestimmten Aspekten des Verbrauchsgüterkaufs und der Garantien für Verbrauchsgüter, ABl. EG 1999 L 171/12.
16 Art. 10 der RL 2000/31/EG des Europäischen Parlaments und des Rates vom 8.6.2000 über bestimmte rechtliche Aspekte der Dienste der Informationsgesellschaft, insb. des elektronischen Geschäftsverkehrs im Binnenmarkt, ABl. EG 2000 L 178/ 1; hierzu *Hassemer*, MMR 2001, 635, 636.
17 *Riesenhuber*, (o. Fn. 4), 555.
18 *Drexl*, (o. Fn. 1), 779.
19 Dies vor Augen, wird deutlich, warum das europäische Szenario bisweilen den Eindruck erweckt, als sei die Privatautonomie auf dem Rückzug: Während die Grundlagen des Primärrechts und der Privatrechtsordnungen in den Mitgliedstaaten sich kaum entwi-

(Fortsetzung auf der nächsten Seite)

II. Zwingendes Verbrauchsgüterkaufrecht

1. „Positiv zwingendes Recht"

Bei der zum Jahresbeginn 2002 umzusetzenden Verbrauchsgüterkauf-Richtlinie[20] dürfte es sich um den sekundärrechtlichen Akt handeln, der bislang am tiefsten in die Privatrechtsordnungen der Mitgliedstaaten eingreift. (Gerade aus diesem Grunde wird ihr allerdings auch eine gewisse „Pionierrolle" auf dem Weg zu einem gemeinsamen europäischen Vertragsrecht zugeschrieben[21].) Das Verbrauchsgüterkaufrecht fügt der Diskussion um die Vertragsfreiheit nun einen weiteren Aspekt hinzu, den man mit einem vorläufigen Terminus als „positiv zwingendes Recht" bezeichnen könnte. Was ist hiermit gemeint?

Der Rechtswissenschaft ist zwingendes Recht traditionell und bis in die jüngere Vergangenheit hauptsächlich als *Negativum* bekannt: Die Vorschriften der §§ 125, 134, 138 BGB ziehen die Nichtigkeit von Rechtsgeschäften nach sich, wie auch die Widerrufsmöglichkeiten des Verbraucherschutzrechts zur Vertragslösung führen[22]. Nahezu immer dort, wo zwingendes Recht bislang in die Vertragsfreiheit eingreift, sind also die drohenden Sanktionen bei seiner Nichtbeachtung die Nichtigkeit des Vertrags, die Lösung aus dem Rechtsverhältnis, die Unwirksamkeit einer Klausel. Das mit diesem „negativ" zwingenden Recht zusammenhängende Rechtsproblem ist der Konflikt mit dem Prinzip des *pacta sunt servanda*, den man in Deutschland insbesondere seit der Novelle des damals geltenden Abzahlungsgesetzes von 1971 diskutiert[23].

Mit dem europäischen Verbrauchsgüterkaufrecht ändert sich diese Konstellation: Nicht nur, dass die Haftung des Letztverkäufers gegenüber dem Verbraucher beim Verkauf beweglicher Sachen nun im Wesentlichen zwingenden Charakter hat – dieser Zwang ist zumindest in Gestalt des Nacherfüllungsanspruchs auf das *positive* Verbraucherinteresse gerichtet. Während gesetzgeberische Eingriffe in die Vertragsfreiheit herkömmlich dazu führten, dass ein Vertragsteil sich der anderen Partei beraubt sah (wie das im Grunde ja bereits im Rahmen von §§ 134, 138 BGB vorkommt), wird der Unternehmer im Verbrauchsgüterkaufrecht an den Verbraucher und die Erfüllung seiner Äquivalenzerwartungen gebunden[24].

---

 ckeln, bildet das Richtlinienrecht eines der dynamischsten Rechtsgebiete überhaupt. Es ist sozusagen „in der Offensive".
20 RL 1999/44/EG des Europäischen Parlaments und des Rates vom 25.5.1999 zu bestimmten Aspekten des Verbrauchsgüterkaufs und der Garantien für Verbrauchsgüter, ABl. EG 1999 L 171/12.
21 *Luna Serrano*, in: Grundmann/Bianca (Hrsg.), EU-Kaufrechts-RL (2002), Art. 1 Rn. 6.
22 § 355 BGB.
23 *Schlechtriem*, ZEuP 2002, 213.
24 Art. 3 Abs. 3 der RL 1999/44/EG zum Verbrauchsgüterkauf.

Diese Bindung wird zwar eingeschränkt, sofern die Nacherfüllung „unmöglich oder unverhältnismäßig" ist; der Befund, dass das zwingende Recht an dieser Stelle einen grundsätzlich anderen Charakter offenbart als in denjenigen Verbraucherschutzrechten, deren primäre Sanktion der Widerruf ist, wird dennoch nicht zu bestreiten sein. Positiv zwingendes Recht im hier verwendeten Sinn meint also zwingende Erfüllungshaftung.

Ganz neu ist dieses Phänomen positiv zwingenden Rechts übrigens nicht. Eine Richtlinie, die sich nicht darauf beschränkt, dem Unternehmer gewisse, mit einem Widerrufsrecht des Verbrauchers belegte Informationspflichten aufzuerlegen, sondern sich auf die Erfüllung der Verbrauchererwartungen richtet, ist bereits die Pauschalreise-Richtlinie aus dem Jahr 1990[25]. Sie enthält mit der Verpflichtung der Veranstalter und Vermittler zu Erfüllung, Entschädigung und Schadensersatz bereits eine Art von positiv zwingendem Recht. Der Schutz des Erfüllungsinteresses ergibt sich im Pauschalreiserecht allerdings aus der Natur der Sache, denn nach Ablauf der mangelhaften Reise wäre eine Vertragslösung mittels Widerruf des Verbrauchers für diesen ohne Interesse, wie es für ihn auch sinnlos wäre, sich an einen Wettbewerber des Veranstalters zu wenden. All dieses beruht auf der dauerschuldähnlichen Rechtsnatur des Reisevertrags und ist im Kaufrecht nicht so.

„Positiv zwingend" ist ferner auch das Recht der missbräuchlichen Klauseln, indem es den Verwender trotz unwirksamer AGB an den Vertrag bindet und zur Erfüllung verpflichtet. Anders als im Verbrauchsgüterkaufrecht ist Rechtsfolgenprogramm im AGB-Recht allerdings nicht gesetzlich bestimmt, sondern ergibt sich einzig aus dem wirksamen (Rest-)Vertrag.

Fraglich ist darum einstweilen, ob es sich bei dem als „positiv zwingendes Recht"[26] titulierten Mechanismus in der Verbrauchsgüterkauf-Richtlinie nur um einen im Grunde nicht weiter bedeutsamen Schritt in das ohnehin weitgehend zwingenden europäischen Privatrecht handelt, oder ob diese Entwicklung auch qualitative, zivilrechtlich bedeutsame Neuerungen beinhaltet. Ein Blick auf den *Inhalt* des zwingend geschützten Erfüllungsinteresses des Verbrauchers, also auf die Sollbeschaffenheit des Verbrauchsguts, mag hier hilfreich sein. Es folgen darum einige Ausführungen zum Fehlerbegriff im deutschen und europäischen Verbrauchsgüterkaufrecht.

---

25 RL 90/312/EWG des Rates vom 13.6.1990 über Pauschalreisen, ABl. EG 1990 L 158/59.
26 Die Trennung zwischen „negativ" und „positiv" zwingendem Recht hat im Übrigen nichts mit der herkömmlichen Unterscheidung zwischen Beeinträchtigungen der Inhalts- und der Abschlussfreiheit zu tun (hierzu ausführlich *Drexl*, (o. Fn. 1), 782, 785), sondern wird überhaupt nur relevant, wenn es sich um die Inhaltsfreiheit betreffendes zwingendes Recht handelt.

2. Der Fehlerbegriff im Verbrauchsgüterkaufrecht

Nach dem reformierten BGB ist eine Kaufsache dann grundsätzlich frei von Sachmängeln, wenn sie bei Gefahrübergang die vereinbarte Beschaffenheit hat[27]. Parteivereinbarungen sind also, sofern vorhanden, allein ausschlaggebend für die Beurteilung der Sollbeschaffenheit und damit eines Mangels[28]. Nur falls keine Beschaffenheitsvereinbarung getroffen wurde, wird die Eignung der Kaufsache für die nach dem Vertrag vorausgesetzte Verwendung[29] relevant. Erst auf der dritten Ebene kommen objektive Kriterien ins Spiel[30], insbesondere die gewöhnliche Verwendung der Sache und ihre übliche Beschaffenheit[31]. Dieses klare Stufenverhältnis im BGB ist nichts anderes als die Beibehaltung des schon vor der Schuldrechtsreform geltenden, in erster Linie subjektiven Kriterien folgenden Fehlerbegriffs[32].

Eine Umsetzung der Verbrauchsgüterkauf-Richtlinie, die dem Verbraucher beim Vorliegen von Beschaffenheitsvereinbarungen keinen Rekurs auf die „übliche" Qualität der Kaufsache gibt, dürfte jedoch, auch wenn dies in Deutschland zumeist anders gesehen wird[33], nicht richtlinienkonform sein. Denn zwischen § 434 BGB und der in der Richtlinie enthaltenen Regelung zur Vertragsgemäßheit besteht der strukturelle Unterschied, dass die Richtlinie sämtliche Tatbestandsmerkmale, aus welchen sich die Sollbeschaffenheit eines Verbrauchsguts begründet, *kumulativ* angewendet wissen möchte[34]. Hieraus folgt bei unbefangener Richtlinienanwendung, dass auch dann, wenn zwischen Unternehmer und Verbraucher eine bestimmte Beschaffenheit vereinbart wurde, der Verbraucher sich dennoch darauf berufen können muss, dass die Kaufsache „Qualität und Leistung" aufzuweisen habe, die bei Gütern der gleichen Art üblich sind und die er „vernünftigerweise erwarten kann"[35]. Der Fehlerbegriff der Richtlinie ist somit nicht in erster Linie subjektiv zu verstehen, sondern kombiniert subjektive und objektive Elemente als gleichwertig nebeneinander

---

27 § 434 Abs. 1 S. 1 BGB.
28 Vgl. *Krajewski*, EBLR 2003, 201, 211; ausführlich auch *Schulte-Nölke*, ZGS 2003, 184 ff.
29 § 434 Abs. 1 S. 2 Nr. 1 BGB.
30 § 434 Abs. 1 S. 2 Nr. 2 BGB.
31 Hierzu ausführlich *Riesenhuber*, in: Grundmann/Kerber/Weatherill (Hrsg.), Party Autonomy and the Role of Information in the Internal Market (2001), 348, 350.
32 Instruktiv hierzu schon *Lehmann*, Vertragsanbahnung durch Werbung (1981), 190.
33 Bspw. von *Grundmann*, in: Grundmann/Bianca, (o. Fn. 21), Art. 2 Rn. 8; Münch-Komm/*Lorenz*, 4. Aufl., vor § 474 Rn. 9; *Riesenhuber*, (o. Fn. 31), 352.
34 Vgl. Art. 2 Abs. 2 d) der RL 1999/44/EG zum Verbrauchsgüterkauf, wo die Vermutung der Vertragsgem.heit daran geknüpft wird, dass Verbrauchsgüter „eine Qualität und Leistungen aufweisen, die bei Gütern der gleichen Art üblich sind und die der Verbraucher vernünftigerweise erwarten kann [...]". Erwägungsgrund 8 der RL spricht eine deutliche Sprache: „Die in der Vermutung genannten Elemente gelten kumulativ; vgl. hierzu *Reich/Micklitz*, Europäisches Verbraucherrecht, 4. Aufl. (2003), 653.
35 So auch *Eccher/Schurr*, ZEuP 2003, 65, 75.

stehend; individuelle Vereinbarungen über die Beschaffenheit einer Kaufsache sollen nicht zum Nachteil des Verbrauchers führen[36].

Weite Teile der deutschen Rechtswissenschaft sind allerdings der Ansicht, der deutsche Gesetzgeber habe in § 434 BGB die Richtlinie durchaus korrekt umgesetzt; diese lasse den subjektiven Fehlerbegriff trotz ihres Wortlauts zu[37]. Ins Feld geführt werden hierfür, soweit ersichtlich, insbesondere zwei Argumente: Zum einen sei der Fehlerbegriff der Verbrauchsgüterkauf-Richtlinie an das CISG[38] angelehnt[39], das unbestritten subjektiven Kriterien folge; zum zweiten gebe es in den Mitgliedstaaten der Gemeinschaft weder ein Vorbild für die objektive Bestimmung der Sollbeschaffenheit noch irgendeine dahingehende Rechtstradition[40], weswegen auch die Kommission nichts derartiges im Sinne gehabt haben könne.

Zumindest das letztgenannte Argument trägt wohl nicht weit. Die Rechtstradition der Mitgliedstaaten ist für den Europäischen Normgeber durchaus nicht immer ein zwingendes Kriterium gewesen; dieser hat sich vielmehr immer wieder gerade auch dann rechtsfortbildend betätigt, wenn entsprechende nationale Vorbilder nicht vorhanden waren. Das gesamte zwingende Verbrauchsgüterkaufrecht ist ein Beispiel hierfür, ebenso wie die Pauschalreise-Richtlinie und die Diskriminierungs-Richtlinie[41].

Komplizierter stellt sich allerdings der Vergleich der Richtlinie mit dem CISG dar, das ja zu weiten Teilen als Modell für die europäische Richtlinie zum Verbrauchsgüterkauf angesehen werden kann. Unbestreitbar ist zumindest eine Reihe struktureller Parallelen, wie insbesondere der einheitliche Tatbestand der Pflichtverletzung in beiden Regelungswerken, was dazu geführt hat, dass die Richtlinie teilweise als bloße „Adaption" des CISG gesehen wird[42]. Richtig ist auch, dass Artikel 35 CISG einem in erster Linie subjektiven Ansatz zur Bestimmung der Sollbeschaffenheit folgt[43].

---

36 Vgl. hierzu *Schulte-Nölke*, (o. Fn. 28), 184.
37 Vgl. insb. *Grundmann*, in: Grundmann/Bianca, (o. Fn. 21), Art. 2 Rn. 8 ff.
38 Wiener UN-Übereinkommen über den internationalen Warenkauf von 1980 (*United Nations Convention on contracts for the international sale of goods*).
39 *Riesenhuber,* (o. Fn. 31), 352; *Grundmann,* in: Grundmann/Bianca, (o. Fn. 21), Einl. Rn. 6 ff.
40 *Grundmann*, in: Grundmann/Bianca, (o. Fn. 21), Art. 2 Rn. 8.
41 RL 2000/43/EG vom 29.6.2000 zur Anwendung des Gleichbehandlungsgrundsatzes ohne Unterschied der Rasse oder der ethnischen Herkunft; hierzu *Mahlmann*, ZEuS 2002, 407, 410: „Dem Rat ging es ersichtlich nicht um normative Ergänzungen des *acquis communitaire*, sondern um die faktische Veränderung der sozialen Realität in den Mitgliedstaaten. Diskriminierungen aufgrund der Rasse und ethnischen Herkunft sollen nicht nur illegalisiert, sondern in der sozialen Realität beseitigt werden."
42 *Micklitz*, EuZW 1997, 229, 230.
43 Art. 35 Abs. 2 CISG: „Haben die Parteien nichts anderes vereinbart, so entspricht die Ware dem Vertrag nur, wenn [...]".

Dennoch muss, wer mit der Parallelität von CISG und Verbrauchsgüterkauf-Richtlinie argumentiert, auch den Wortlaut beider Regelungen im Auge behalten, der sich an dieser Stelle wesentlich unterscheidet. Während Artikel 35 CISG einen klaren Vorrang subjektiver Kriterien zur Bestimmung der Sollbeschaffenheit anordnet[44], zählt die Richtlinie die Bedingungen für die Vertragsgemäßheit schlicht als kumulativ anwendbar auf. Die Behauptung, die Begriffe der Vertragsgemäßheit in CISG und Verbrauchsgüterkauf-Richtlinie seien „identisch"[45], ist demzufolge sicherlich nicht zutreffend.

Es sollte bei dem Vergleich zwischen CISG und Kaufrechts-Richtlinie zudem die jeweils unterschiedliche Ratio nicht unberücksichtigt bleiben. Denn während das CISG das internationale zweiseitige Unternehmensgeschäft regelt und aus diesem Grunde von zwei prinzipiell *gleichgeordneten* Vertragspartnern ausgeht, enthält die Richtlinie *Schutznormen* zugunsten des europäischen Verbrauchers gegenüber dem Letztverkäufer[46]. Beim CISG handelt es sich um ein handelsrechtliches Instrument, während die Richtlinie zum Verbrauchsgüterkauf dem Verbraucherschutz dienen soll und damit bereits in ihrer Grundintention käuferfreundlich ist. Schlussfolgerungen, welche aus Regelungen und Strukturen des CISG gezogen werden, um die Verbrauchsgüterkauf-Richtlinie zu interpretieren, müssen diese grundsätzliche Verschiedenheit in Rechnung stellen.

Hieraus erklären sich auch die drei wesentlichen Unterschiede zwischen beiden Regelungen. So hat zum ersten

- die Verbrauchsgüterkauf-Richtlinie eine – dem CISG fremde – Haftung für Werbeangaben und Etikettierungen eingeführt[47],
- zum zweiten enthält die Richtlinie die Beweislastumkehr zugunsten des Käufers, welche im CISG undenkbar wäre[48],
- und drittens schließlich ist die Richtlinie insgesamt als zwingendes Recht ausgestaltet, wodurch sich der dem CISG entgegengesetzte Grundcharakter besonders ausdrucksvoll manifestiert[49].

Die Verbrauchsgüterkauf-Richtlinie kann somit nicht schlicht aus dem CISG heraus verstanden und interpretiert werden[50]. Im Gegenteil: Wenn man die

---

44　Siehe o. Fn. 43.
45　*Grundmann*, in: Grundmann/Bianca, (o. Fn. 21), Art. 2 Rn. 9.
46　*Riesenhuber*, (o. Fn. 4), 478: „Internationaler Handelskauf einerseits und Verbraucherkauf (im Binnenmarkt) andererseits".
47　Art. 2 Abs. 2 d) der RL 1999/44/EG.
48　Art. 5 Abs. 3.
49　Art. 7 der RL 1999/44/EG. *Riesenhuber* spricht völlig zu Recht von der Sicherung von „*standard quality*", vgl. *Riesenhuber*, (o. Fn. 31), 350. Vgl. aber auch *Grundmann*, in: Grundmann/Bianca, (o. Fn. 21), Einl. Rn. 6, der jedoch dennoch von einer „nahezu umfassenden Deckungsgleichheit" spricht.

genannten Strukturen in Rechnung stellt, ist die unterschiedliche Formulierung und Ausgestaltung des Fehlerbegriffs nichts anderes als konsequent. Während das CISG, wie unter Kaufleuten angemessen, der Privatautonomie den Vorrang gibt, meint die Richtlinie, ihren Schutzzweck durch deren Einschränkung erreichen zu können. Diese Einschränkung realisiert sich nicht nur, wie oben dargestellt, durch die zwingende Erfüllungshaftung, sondern auch im Fehlerbegriff: Indem dem Verbraucher auch beim Vorliegen von Beschaffenheitsvereinbarungen die Möglichkeit an die Hand gegeben wird, sich auf „übliche" Qualität zu berufen, wird versucht, ihn in seiner Erwartung bestimmter objektiver Qualitätsstandards zu schützen.

Der Versuch, den subjektiven Fehlerbegriff vor dem Zugriff des europäischen Verbraucherschutzrechts zu retten, verdient in *rechtspolitischer* Hinsicht sicherlich ungeteilte Zustimmung; die europäische *lex lata* spricht jedoch leider eine andere Sprache: Es wird zumindest von einem „verobjektivierten" Fehlerbegriff gesprochen werden müssen.

Wenn diese Ausführungen zutreffen, wird die Privatautonomie der Vertragsparteien im europäischen Verbrauchsgüterkaufrecht durch zwei Faktoren „in die Zange genommen": Zum einen handelt es sich um „positiv" zwingende Gewährleistungshaftung, die den Letztverkäufer an das Erfüllungsinteresse des Verbrauchers bindet, zum anderen bestehen für diese Haftung *inhaltliche* gesetzliche Vorgaben[51].

Die mit diesen Vorgaben verbundene *Verobjektivierung* des Gewährleistungsrechts wird schließlich noch durch einen weiteren, nicht zu vernachlässigenden Umstand akzentuiert, nämlich die Haftung des Letztverkäufers für (regelmäßig nicht in seinem Verantwortungsbereich) liegende Werbeangaben[52].

Ein derartiges Zusammenspiel von objektiven und zwingenden gesetzlichen Kriterien dürfte tatsächlich eine Neuerung im Vertragsrecht beinhalten, die, soweit ersichtlich, bislang ohne Vorbild ist[53]. Es wäre dann also zu konstatieren, dass das europäische Verbrauchsgüterkaufrecht sich vom hinter der Vertragsfreiheit stehenden Grundsatz der Selbstbestimmung des Einzelnen, vorsichtig ausgedrückt, außerordentlich weit entfernt hätte. Es drängt sich die Frage danach auf, warum dies geschieht.

---

50 So auch *Riesenhuber*, (o. Fn. 4), 478; anderer Ansicht jedoch *Grundmann*, in: Grundmann/Bianca, (o. Fn. 21), Einl. Rn. 24; die genannten Unterschiede zwischen der RL und dem CISG seien nicht in erster Linie ihrem verbraucherschützenden Charakter zuzuschreiben, sondern griffen „moderne Phänomene auf".
51 In gewisser Weise lässt sich davon sprechen, das (subjektive) Konzept der Äquivalenz würde durch ein (objektives) Qualitätskonzept abgelöst; hierzu näher u., unter V 2.
52 Art. 2 Abs. 2 d) der RL 1999/44/EG.
53 Zu eventuell wahrnehmbaren Parallelen im Recht gegen Diskriminierung und im Urhebervertragsrecht u., unter IV.

III. Begründungen

1. Verbraucherschutz

Das Verbraucherschutzrecht als ein Recht, das der „Ausnützung von Überlegenheit" entgegenwirken soll[54], stellt das Gebiet dar, in welchem die „Materialisierung"[55] des Bürgerlichen Rechts am dynamischsten voranschreitet. Wo immer eine Vertragspartei sich in einer Situation befindet, in welcher sie von ihrer Vertragsfreiheit keinen adäquaten Gebrauch machen kann, ist der Gesetzgeber gehalten, Regelungen zur Verfügung zu stellen, in deren Rahmen sich die Vertragsfreiheit auch tatsächlich – materiell – verwirklichen kann[56], und „sich schützend vor die Grundrechte der schwächeren Vertragspartei zu stellen"[57].

Ein nicht unerheblicher Teil der Motivation ist hierbei natürlich auch rechtspolitischer Natur. Denn es gilt: Jeder Verbraucher ist gleichzeitig Wähler, und sofern man an politischen Wohltaten für den Verbraucher interessiert ist, lassen sich diese am ehesten durch zwingendes Recht zu Gunsten der Verbraucher verwirklichen. „Der politische Charakter der europäischen Integration äußert sich also auch in rechtspolitisch motivierten zwingenden Normen."[58]

Weitgehend konsentiert dürfte es inzwischen sein, dass dem Verbraucher in für ihn ungewöhnlichen Situationen, die er nicht überblicken kann, zwingendes Recht zu Seite stehen muss, so beispielsweise im Fall der Haustürgeschäfte, beim Verbraucherkredit und, mit Einschränkungen, auch beim Distanzkauf (Fernabsatz). Zwingendes Recht kann dort als ein Instrument zur Korrektur von Vertragsversagen verstanden werden: Es bildet einen Mechanismus zum Schutz der Vertragsfreiheit und dient dem gleichen Ziel wie die Privatautonomie, nämlich der Verwirklichung von Selbstbestimmung[59].

Bei Verträgen, die für den Verbraucher „Allerweltserwerbe" darstellen und für ihn keine Situation mangelnder Information, struktureller Unterlegenheit oder ähnlicher Umstände beinhalten, dürfte ein derartiges Bedürfnis allerdings nicht bestehen[60]. Der Verbrauchsgüterkauf ist ein solches Allerweltsgeschäft: Der Verbraucher befindet sich in einer Situation, die er im Zweifel selbst gesucht hat, die also für ihn nicht überraschend ist und im Regelfall auch keine ungewohnte oder besonders komplizierte Herausforderung darstellen dürfte. Der Verbraucher ist, so lange es sich um eine Branche mit funktionierendem Wett-

---

54 *Schwab*, Einführung in das Zivilrecht, 15. Aufl. (2002), Rn. 83.
55 Hierzu grundlegend *Canaris*, AcP 200 (2000), 273.
56 *Ritgen*, (o. Fn. 3), 116.
57 *Ritgen*, (o. Fn. 3), 118.
58 *Remien*, Zwingendes Vertragsrecht und Grundfreiheiten des EG-Vertrags (2003), 149.
59 *Drexl*, (o. Fn. 1), 781.
60 Hierzu *Frotscher*, Verbraucherschutz beim Kauf beweglicher Sachen (2004), 4.

bewerb handelt, in keiner Weise dazu gezwungen, bei einem bestimmten Händler oder Produkte eines bestimmten Herstellers zu kaufen. Schutzwürdig ist er zwar insofern, als er sich missbräuchlichen AGB gegenübersieht, was jedoch durch die Klausel-Richtlinie bereits im europäischen Verbraucherschutzrecht geregelt ist[61].

Die Richtlinienbegründung ist hinsichtlich der Frage der Vertragsfreiheit darum auch ausgesprochen zurückhaltend. Zur Begründung von Artikel 7 der Richtlinie nennt lediglich Erwägungsgrund 22 eine zirkuläre[62] Begründung:

„(22) Die Vertragsparteien dürfen die den Verbrauchern eingeräumten Rechte nicht durch Vereinbarung einschränken oder außer Kraft setzen, da dies den gesetzlichen Schutz aushöhlen würde. [...]".[63]

Dies erklärt weder, warum die Verbrauchsgüterkauf-Richtlinie unbedingt zwingend auszugestalten war, noch die Notwendigkeit eines tendenziell objektiven Fehlerbegriffs. Mit den herkömmlichen Kategorien des Verbraucherschutzrechts ist der Richtlinie 1999/44/EG nicht beizukommen. Ein Blick in die von der Kommission angegebenen Motive legt nahe, dass Überlegungen zum Vertrauen der Verbraucher im Binnenmarkt eine Hauptrolle gespielt haben. Diese sollen nun einer kurzen Betrachtung unterzogen werden.

2. Binnenmarkt: „Stützradtheorie"

Eines der Hauptprobleme, welche die Europäische Kommission wahrnahm und mit der Richtlinie 1999/44/EG zum Verbrauchsgüterkauf lösen wollte, war die mangelnde Information der Verbraucher bei Käufen im Ausland und die hieraus resultierende Unsicherheit. Diese Unsicherheit bezog sich nach den Erkenntnissen der Kommission in erster Linie auf die Gewährleistungsrechte in den jeweils anderen Mitgliedstaaten, insbesondere beim Kauf höherwertiger Güter, wo die grenzüberschreitende Bestellung aufgrund der hier gegebenen Preisunterschiede eigentlich besonders attraktiv hätte sein müssen[64].

Das zwingende Recht erfüllt damit eine im Grunde simple informatorische[65], am Funktionieren des Binnenmarkts orientierte Aufgabe: Es soll dem Verbraucher beim Kauf im Ausland Sicherheit über seine potentiellen Gewährleistungsansprüche geben, und dies lässt sich natürlich am einfachsten dadurch bewerkstelligen, dass es die gleichen sind, die er von zu Hause kennt. In der Verbrauchsgüterkauf-Richtlinie steckt damit, überspitzt ausgedrückt, eine Art *Garantie* eines einheitlichen Kaufrechts für die europäischen Verbraucher: Der

---

61 *Drexl*, (o. Fn. 1), 787.
62 So zu Recht *Drexl*, (o. Fn. 1), 778.
63 Erwägungsgrund 22 der RL 1999/44/EG zum Verbrauchsgüterkauf.
64 Zu den Motiven der Kommission vgl. *Grundmann*, in: Grundmann/Bianca, (o. Fn. 21), Einl. Rn. 13.
65 Vgl. *Riesenhuber*, (o. Fn. 31), 350: „*Arguably, most of the directive's provisions are mainly concerned with consumer information.*"

Bürger Europas soll künftig die Gewissheit haben, in jedem Land der Union einkaufen zu können, ohne eine Schlechterstellung – sei es durch AGB ausländischer Verkäufer oder eine laxere Rechtsprechung zu kaufmännischen Geschäftsbedingungen – befürchten zu müssen.

Sollte dies das Motiv gewesen sein, so würde es jedenfalls teilweise schon aus Gründen des Internationalen Privatrechts obsolet sein. Denn wann immer der Verkäufer im Heimatland des Verbrauchers geworben oder diesen in sonstiger Weise zum Grenzübertritt veranlasst hat, käme zugunsten des Verbrauchers ohnehin das Recht seines Heimatlandes zur Anwendung[66].

Es verbleiben dann allenfalls die Fälle, in denen der Verbraucher selbständig die Grenze zu einem anderen Mitgliedstaat der Europäischen Union überschreitet und dort einkauft, ohne hierzu durch Werbung in seinem Heimatland bewogen worden zu sein. Für diesen „aktiven" Verbraucher (*confident consumer*)[67], der in der europäischen Rechtspolitik eine wachsende Rolle spielt[68], wäre das genannte „Sicherheitsgefühl" (denn hierum geht es wohl in erster Linie) herzustellen. Mit einer – wiederum überspitzten – Formulierung ließe sich sagen, dass der deutsche, aktiv reisende Verbraucher von folgendem ausgehen können soll: „Was bei mir daheim Recht ist, gilt auch in Spanien oder Portugal." Hierfür dient das zwingende Recht, was die Unabdingbarkeit der Gewährleistungsrechte erklärt, also das „positiv zwingende Recht", nicht jedoch den verobjektivierten Fehlerbegriff[69].

Wenn die Motivation der Kommission in der hier dargestellten Form korrekt wiedergegeben ist, ließe sich das Vorgehen der Gemeinschaft – ein wenig böswillig – als Versuch beschreiben, dem Verbraucher den Weg in den Binnenmarkt dadurch zu erleichtern, dass sie ihn an die Hand nimmt und ihn, einem kleinen Kind gleich, gegen die Unbill der eigenen Handlungsfreiheit schützt. Unwillkürlich drängt sich der Gedanke an die ersten Fahrten mit dem Fahrrad auf: Seinerzeit waren an diesem noch Stützräder angebracht.

So ließe sich das positiv zwingende Recht des Verbrauchsgüterkaufs als ein Stützrad für den Verbraucher auf dem Weg in den Binnenmarkt verstehen. Hiergegen lassen sich naturgemäß all die Einwände ins Feld führen, die immer gegen „außerrechtliche" Motivationen vorzubringen sind; dennoch mag das zwingende Recht einstweilen seinen Zweck erfüllen.

Um beim Beispiel des Fahrradfahrens zu bleiben: Vielleicht ließe sich allerdings auch ein Lerneffekt des Verbrauchers im Binnenmarkt prognostizieren; die europäische Verbraucherpsychologie könnte (und soll ja nach dem Willen der Kommission) sich dahingehend entwickeln, dass der Kauf von Verbrauchs-

---

66 Art. 5 Abs. 2 EVÜ.
67 Auf ihn rekurriert auch Erwägungsgrund 5 der RL 1999/44/EG.
68 Vgl. hierzu *Roth*, JZ 2001, 475, 479.
69 Hierzu gleich, unter III 4.

gütern im Ausland mehr und mehr zu einer Selbstverständlichkeit wird. In diesem Fall würde das Stützrad an und für sich überflüssig; das zwingende Recht wird uns allerdings erhalten bleiben.

3. Information?

Ein weiterer, informationsökonomischer Aspekt sollte im Zusammenhang mit der von der Kommission erstrebten „Information" des Verbrauchers kurz erwähnt werden:

Die intendierte „Information" des aktiven Verbrauchers über seine Gewährleistungsrechte im europäischen Ausland hat nichts mit der Information zu tun, die aus der ökonomischen Theorie bekannt ist. Die Richtlinie regelt ja auch keinerlei Informationspflichten[70], sondern beschränkt sich darauf, ein in den Mitgliedstaaten bereits im Wesentlichen übliches Gewährleistungsprogramm zum zwingenden Institut zu machen. Es gibt ja im vereinheitlichten Verbrauchsgüterkaufrecht nun auch kaum noch Umstände (mehr), über welche der Verbraucher noch zu „informieren" wäre[71].

Damit wird deutlich, dass das Etikett der „Information" zur Kennzeichnung des Mechanismus', den die Kommission gewählt hat, nicht taugt. Es ist im Gegenteil so, dass das europäische Verbrauchsgüterkaufrecht einen wesentlichen informatorischen Aspekt des Gewährleistungsrechts eingebüßt hat:

Gewährleistung bietet, verkürzt ausgedrückt, ein Indiz für Qualität. Der Verbraucher, welcher die Qualität einer Ware nicht beurteilen kann und nur ihren Preis sieht, wird durch ein ausgeprägtes Gewährleistungsrecht darauf hingewiesen, dass eine Kaufsache qualitativ hochwertig ist. Es wird auf diese Weise vermieden, dass die Informationsasymmetrien zwischen Verkäufer und Käufer dazu führen, dass hochwertige Ware vom Markt verdrängt wird.

> „Indem Verkäufer hoher Qualität ein Maß an Gewährleistungsschutz anbieten, das die Anbieter niedriger Qualität nicht in gleicher Form anbieten können, teilen die Erstgenannten dem Käufer verlässlich mit, dass es sich um hochwertige Produkte handelt."[72]

Diese dem Gewährleistungsrecht zugeschriebene Signalwirkung wird jedoch durch ein Modell, wie es die Richtlinie zum Verbrauchsgüterkauf eingeführt hat, konterkariert. Denn das Signal eines hohen Gewährleistungsschutzes ist nur dann maßgeblich für den Kunden, wenn er zwischen mehreren Verkäufern und Waren, also auch zwischen verschiedenen Gewährleistungsniveaus auswählen kann. Nur wenn in der möglichen Gewährleistung überhaupt Unterschiede

---

70 Abgesehen davon, dass in der Haftung für Werbeaussagen möglicherweise informatorische Aspekte aufscheinen.
71 Es verbleiben lediglich die nicht geregelten Ansprüche auf Schadenersatz sowie die Möglichkeit, die Gewährleistungsfrist bei gebrauchten Sachen auf ein Jahr zu verkürzen.
72 *Gomez*, in: Grundmann/Bianca, (o. Fn. 21), Einl. Rn. 75.

vorliegen, kann die Signalwirkung ein sinnvolles Kriterium sein. Wenn jedoch, wie im Falle der Richtlinie zum Verbrauchsgüterkauf, ein weitgehend einheitliches Gewährleistungsrecht für sämtliche Verkäufer vorgeschrieben wird, ist es mit dieser Vergleichsmöglichkeit und der damit verbundenen Signalwirkung nicht mehr weit her.

Die Signalfunktion von Rechten ist also an deren *privatautonome* Gewährung gekoppelt: Nur dort, wo der Verbraucher Unterschiede zwischen den verschiedenen Anbietern ausmachen kann, kann ein derartiges Signal überhaupt entstehen. Wo jedoch alle Kaufsachen mit dem gleichen Gewährleistungsprogramm versehen sind, entfällt die Signalwirkung vollständig. Wo zwingendes Recht herrscht, ist kein Qualitätssignal denkbar.

Für eine zwingende Ausgestaltung des Gewährleistungsrechts gibt es aus ökonomischer Sicht daher auch keinerlei Gründe. Im Gegenteil, für das privatautonom gestaltbare Recht

> „[...] sprechen nicht nur die Grundprinzipien der Privatautonomie und Selbstbestimmung, für die sich die Vertragsrechtsdogmatik und ökonomische Theorie zu Recht aussprechen, sondern auch Eigenheiten des Gewährleistungsmarktes: Eine gesetzliche Gewährleistungsregel mit dispositivem Charakter brächte einerseits ein beträchtliches Maß an Verbraucherschutz, und zugleich könnten die zweifelsohne divergierenden Präferenzen verschiedener Verbraucher und verschiedener Verkäufer in die Gestaltung eingehen."[73]

Die Richtlinie gilt im Übrigen für Gebraucht- wie Neuwaren – ein Mechanismus, über dessen Angemessenheit und ökonomische Effizienz man insbesondere bei Gebrauchtwarenkäufen geteilter Meinung sein kann: Ist es für den Verbraucher nicht möglicherweise von Vorteil oder Interesse, gerade gebrauchte Waren ohne die anhängenden Gewährleistungsrechte „wie besichtigt" zu erwerben und auf diese Weise einen geringeren Preis zahlen zu müssen? Die ökonomische Theorie spricht in diesem Zusammenhang von „heterogenen Verbrauchererwartungen", denen eine zutiefst homogene, weil vereinheitlichende Regelung wie die Richtlinie kaum gerecht werden wird[74], was nicht nur unter wirtschaftlichen, sondern auch unter sozialen Aspekten zu bedauern ist.

> „Am wenigsten nützt die von der Richtlinie angestrebte zwingende Haftung denjenigen Verbrauchern, die sich neuwertige Sachen nicht leisten können."[75]

4. Vom Stück- zum Gattungskauf

Für die Verobjektivierung des Fehlerbegriffs gibt es einen realen Grund, und dies ist der tatsächliche Übergang des Kaufrechts von der Stück- zur Gattungs-

---

73 *Gomez*, in: Grundmann/Bianca, (o. Fn. 21), Einl. Rn. 118.
74 *Gomez*, in: Grundmann/Bianca, (o. Fn. 21), Einl. Rn. 124.
75 *Drexl*, (o. Fn. 1), 778.

schuld. Während das traditionelle, aus dem römischen Recht stammende deutsche Kaufrecht vom Grundmodell des Stückkaufs ausging und damit der Situation der „Besichtigung" von agrarischen oder handwerklich gefertigten Produkten „auf einem römischen Markt"[76] verhaftet blieb, haben sich die Rechtstatsachen im Laufe des 20. Jahrhunderts hin zum Massenverkehr und damit zu einem faktischen Primat des Gattungskaufs gewandelt.

Das Recht reagiert hierauf richtigerweise in zweifacher Hinsicht. Zum einen modifiziert es die ädilizischen Rechtsbehelfe[77], setzt den Nachlieferungsanspruch an die erste Stelle der Gewährleistungsansprüche[78] und erhebt somit die Gattungsschuld zum kaufrechtlichen Leitbild. Zum zweiten muss es jedoch auch das Konzept der Sollbeschaffenheit variieren bzw. „verobjektivieren". Hat der Käufer nämlich ein einzelnes Stück vor sich, so liegt es nahe, dass sich zwischen ihm und dem Verkäufer Vorstellungen über die Beschaffenheit dieser Sache vertraglich konkretisieren und damit individualisieren. Ganz anders stellt sich die Situation jedoch beim Gattungskauf dar. Eine Individualisierung findet in diesem Fall erst mit Gefahrübergang und damit jedenfalls nach Vertragsschluss statt, wofür das Recht in der Regel bereithält, dass der Vertragspartner nur eine Sache „mittlerer Art und Güte"[79] schulde.

Wenn keine Individualisierung und damit auch keine individuelle Beschaffenheitsvereinbarung vorgenommen wird, so muss das Recht hierauf mit einer Verobjektivierung und Typifizierung der Sollbeschaffenheit reagieren. Ein Leitsatz wie „*caveat emptor*" ist nur dann eine angemessene und gerechte Regel, wenn der Käufer vor Vertragsschluss tatsächlich die Möglichkeit der Begutachtung der Kaufsache hatte – in den meisten Fällen des Gattungskaufes ist dies nicht so, da zum einen keine individuelle Begutachtung stattgefunden hat und zum anderen der Verbraucher oft auch gar nicht über die technischen und sonstigen Kenntnisse und Fähigkeiten verfügt, sich eine konkrete Vorstellung von der Sollbeschaffenheit zu bilden und diese auch noch zu überprüfen[80].

Zu diesem Mangel an individueller Prüfung und Vereinbarung tritt außerdem die Tatsache, dass der Kauf nicht mehr nur noch dazu dient, dem Käufer eine bestimmte Sachsubstanz zu Eigentum zu verschaffen, sondern häufig in erster Linie dazu bestimmt ist, eine bestimmte, oftmals komplizierte Sach*funktion* zur Verfügung zu stellen[81], welche der Käufer viel weniger leicht und rasch beurteilen kann als die äußere Erscheinung der Kaufsache.

---

76 *Lehmann,* (o. Fn. 32), 178, 217.
77 Zu den ädilizischen Rechtsbehelfen *Hausmanninger,* Römisches Privatrecht, 8. Aufl. (1997), 318; zur Adaption im deutschen Recht vgl. *Lehmann,* (o. Fn. 32), 181.
78 §§ 437, 439 BGB.
79 § 243 Abs. 1 BGB.
80 *Lehmann,* (o. Fn. 32), 178.
81 *Lehmann,* (o. Fn. 32), 179.

Die Verobjektivierung des Kaufgewährleistungsrechts erfüllt in diesem Zusammenhang eine sachliche Funktion, indem sie den Mangel an individueller Prüfungskompetenz und -möglichkeit durch das Setzen von Standards zu kompensieren versucht. So sehr man es also auch beklagen mag, dass das herkömmliche Vertragsmodell der individuell ausgehandelten Äquivalenz von Leistung und Gegenleistung zunehmend verwässert wird, und dass hieraus weit reichende Folgen für die praktische Ausübung der Vertragsfreiheit wie für das Verständnis der Privatautonomie entstehen – diese Entwicklungen haben einen realen Hintergrund und sind darum alles andere als willkürlich.

IV. Ein kurzer Blick in andere Rechtsgebiete

Zwingendes Recht weitet sich in jüngster Zeit – mit teils ähnlichen, teils unterschiedlichen Strukturen und Begründungen – noch an anderen Stellen des Bürgerlichen Rechts aus. An dieser Stelle soll darum kurz auf parallel stattfindende Einschränkungen der Vertragsfreiheit hingewiesen werden. Diese Hinweise sind nur von akzessorischer Bedeutung, weswegen sie kurz gehalten sind und keinerlei Anspruch auf Vollständigkeit erheben.

1. Diskriminierungsrecht

Die in enger zeitlicher Nähe zur Verbrauchsgüterkauf-Richtlinie erlassene allgemeine Diskriminierungs-Richtlinie[82] hat zum Ziel, den europäischen Bürgern *allgemein* einen diskriminierungsfreien Zugang zu allen Gütern und Dienstleistungen zu gewähren[83], und schafft damit erstmals ein europarechtliches Sekundärrecht zur umfassenden Gleichbehandlung außerhalb des Arbeitsrechts[84].

Von vertragsrechtlicher Bedeutung ist insbesondere der von den Diskriminierungsvorschriften ausgelöste Kontrahierungszwang, der bei korrekter Umsetzung unvermeidlich ist[85], und sei es in Gestalt eines „Folgenbeseitigungsanspruchs"[86]. Es ist offensichtlich, dass hiervon – nach erfolgter Umsetzung – nahezu der gesamte Privatrechtsverkehr betroffen sein wird, denn allgemeine Nicht-Diskriminierung lässt sich nur durch tiefe Einschnitte in das Vertrags-

---

[82] RL 2000/43/EG vom 29.6.2000 zur Anwendung des Gleichbehandlungsgrundsatzes ohne Unterschied der Rasse oder der ethnischen Herkunft.
[83] Vgl. insb. Erwägungsgrund 21 der RL. Zur Weite dieses Anwendungsbereichs vgl. *Riesenhuber/Franck* JZ 2004, 529, 538.
[84] Vgl. hierzu *Mahlmann*, (o. Fn. 41), 408; *Reichold*, JZ 2004, 384.
[85] *Mahlmann*, (o. Fn. 41), 415.
[86] Hierzu *Reichold*, (o. Fn. 84), 389.

recht, in den Grundsatz der Privatautonomie und in die Abschlussfreiheit als ein zentrales Element der Vertragsfreiheit verwirklichen[87].

Anders als im Verbrauchsgüterkaufrecht dürfte sich hier jedoch nicht von „positiv zwingendem Recht" sprechen lassen, da das Diskriminierungsrecht keinerlei inhaltliche Vorgaben an die Vertragsverhältnisse macht, sondern ausschließlich die Abschlussfreiheit betrifft.

Eine andere Parallele lässt sich jedoch beobachten: Ähnlich der Richtlinie zum Verbrauchsgüterkauf ist die Diskriminierungs-Richtlinie jedoch nicht in erster Linie zivilrechtlich begründet oder motiviert[88]. Die Kritik hat dementsprechend auch nicht auf sich warten lassen[89].

2. Urhebervertragsrecht

Ein kurzer Exkurs in das nicht-europäische deutsche Recht sei gestattet, denn der Terminus des „positiv zwingenden Rechts" lässt sich ohne weiteres auf das neue Urhebervertragsrecht anwenden, das überhaupt einige äußerst interessante Parallelen zum Verbrauchsgüterkaufrecht aufweist: Das zum 1. Juli in Kraft getretene und in das Urheberrechtsgesetz integrierte „Gesetz zur Stärkung der vertraglichen Stellung von Urhebern und ausübenden Künstlern" beschneidet die Privatautonomie der Vertragspartner einer Verwertungsvereinbarung im Zuge einer Art „Doppelstrategie"[90]: Einerseits gewährt § 32 UrhG dem Urheber den Anspruch auf eine angemessene Vergütung – der Sache nach handelt es sich um eine Inhaltskontrolle des Verwertervertrags[91] –, andererseits enthält § 36 UrhG Vorschriften über kollektive Vergütungsregelungen. Einzelvertragli-

---

87 *Reichold*, (o. Fn. 84), 388.
88 Ein zwischenzeitlich wieder zurückgezogener Entwurf der Bundesregierung hatte nach nahezu einhelliger Meinung ungerechtfertigt weit über das Ziel hinausgeschossen; vgl. nur *Reichold*, (o. Fn. 84), 387: „gut gemeint ist das Gegenteil von gut"; *Säcker*, ZRP 2002, 286, 288.
89 *Säcker*, (o. Fn. 88), 288 spricht von einer – mit dem Schuldrechtsmodernisierungsgesetz begonnenen – „grundlegenden Umgestaltung des Zivilrechts" und regt nicht ohne eine gewisse Ironie weitere Maßnahmen an: „Aus diesem Grunde sollen die Normen des Antidiskriminierungsgesetzes in das Bürgerliche Gesetzbuch als §§ 319 a ff. eingefügt und zu ihrer Umsetzung Überwachungskomitees in Form von ‚Antidiskriminierungsvereinen' gem. § 3 Abs. 3 des Unterlassungsklagengesetzes ins Leben gerufen werden, die jedes einer Diskriminierung verdächtige Unternehmen verklagen und wegen der Umkehr der Beweislast in § 319 c zwingen können, die Tugendhaftigkeit seines Verhaltens vor Gericht zu beweisen." Ganz anders allerdings *Buer*, ZRP 2002, 290.
90 *Ritgen*, (o. Fn. 3), 117; *Grzeszick*, AfP 2002, 383, 384.
91 *Berger*, ZUM 2003, 173.

che Vergütungen, die diesen Vergütungsregelungen entsprechen, gelten – einem tarifvertraglichen Modell nicht unähnlich – als angemessen[92].

Das deutsche Urhebervertragsrecht statuiert also mit der dem Urheber zu leistenden Mindestvergütung einen Fall zwingenden Rechts, mit dem nicht die Abschlussfreiheit, sondern – lediglich – die Inhaltsfreiheit der Erstverwerter betroffen ist. Das Modell ähnelt diesbezüglich dem Verbrauchsgüterkauf, denn auch hier wird, wie im Verbrauchsgüterkaufrecht, die Vereinbarung von Leistung und Gegenleistung also nicht mehr den Parteien überlassen (Äquivalenzprinzip), sondern durch eine Instanz festgelegt, die sich außerhalb des Vertragsverhältnisses befindet[93].

Rechtfertigung hierfür ist im Urhebervertragsrecht allerdings eine vom Gesetzgeber angenommene Situation „strukturellen Ungleichgewichts" zwischen Urheber und Erstverwerter[94], die im Verbrauchsgüterkaufrecht weder vorliegt noch behauptet wird.

Die dargestellten Nebeneffekte zwingenden Rechts werden allerdings auch im Rahmen von § 32 UrhG sichtbar. Ähnlich wie im Verbrauchsgüterkauf, so kann sich auch das zwingende Urhebervertragsrecht zu Lasten der geschützten Person auswirken. Wirtschaftliche Schäden können insbesondere dann entstehen, wenn der nach § 32 UrhG „angemessene" Preis den potentiellen Verwertern zu hoch ist, um zu einem Vertragsschluss zu gelangen. Die Chance, zu einem geringeren Preis zu kontrahieren, wird dem Urheber vom Gesetz verwehrt[95]. Er gleicht in dieser Hinsicht dem potentiellen Käufer einer gebrauchten Ware, der gerne auf einen Teil seiner Gewährleistungsrechte verzichten würde, um einen geringeren Kaufpreis zu erzielen, und dies aufgrund des zwingenden Charakters des europäischen und deutschen Verbrauchsgüterkaufrechts rechtlich nicht kann[96].

Eine weitere, wettbewerbsrechtliche Konsequenz liegt darin, dass das Gesetz auf diese Weise die bereits etablierten Marktteilnehmer begünstigt und noch

---

92 § 32 Abs. 2 1 UrhG. Für den Fall, dass Urheber- und Verwerterverbände sich nicht auf angemessene Vergütungen einigen können, kann – ähnlich wie im Tarifvertragsrecht – ein Schlichtungsverfahren eingeleitet werden, § 36 a UrhG.
93 *Grzeszick*, (o. Fn. 90), 384; *Berger*, (o. Fn. 91), 173.
94 So zumindest die Begründung zum Regierungsentwurf, 25 ff. Dieses Ungleichgewicht kennzeichnet zwar nicht sämtliche denkbaren Situationen eines Verwertungsvertrags, sondern beschränkt sich typischerweise auf bestimmte Berufsgruppen wie z.B. freischaffende Künstler, Publizisten und Übersetzer. Durch die Tatbestandsmerkmale des „üblichen" und „redlichen" soll die Vorschrift jedoch genug Flexibilität erhalten, um in Fällen der Unterlegenheit einzugreifen und dann nicht gegen das Übermaßverbot zu verstoßen, wenn die Vertragsparität nicht gestört ist. Dies zumindest ist die optimistische Einschätzung des Gesetzgebers; vgl. hierzu *Ritgen*, (o. Fn. 3), 115; *Grzeszick*, (o. Fn. 90), 385.
95 *Thüsing*, GRUR 2002, 203, 207.
96 *Drexl*, (o. Fn. 1), 778.

außenstehenden Wettbewerbern mit dem Preiswettbewerb die „typische Waffe zum Marktzutritt" nimmt[97].

V. Konsequenzen

1. Vertragskettenproblematik (Regress)

In Vertragsketten entwickelt zwingendes Recht eine gewisse Eigendynamik, nämlich die Eigenschaft, sich „raupenartig" von einem Rechtsverhältnis zum nächsten „hindurchzufressen", was den Gesetzgeber vor eine nahezu unlösbare Aufgabe stellt. Hierauf beruht es, dass die Arbeiten an der Verbrauchsgüterkauf-Richtlinie lange vom Streit um die Herstellerhaftung bestimmt wurden, dass die Richtlinie in diesem Punkt schließlich außerordentlich interpretationsoffen formuliert ist[98], und dass der deutsche Gesetzgeber eine derart monströse Regelung geschaffen hat wie die §§ 478, 479 BGB.

Denn zwingendes Recht produziert die Schutzwürdigkeit desjenigen, zu dessen Lasten es eingreift. *Picker* spricht mit leichter Ironie davon, dass der haftungsgefährdete Unternehmer als „überforderte Spezies inzwischen vor dem Schutz des Geschützten geschützt werden" müsse[99]. Dahinter steht die grundsätzliche Frage nach der rechtlichen Stellung von Personen an der Schnittstelle zwischen zwei unterschiedlich regulierten Vertragsmodellen, nämlich positiv zwingendem Recht auf der einen und privatautonom gestaltbaren Vertragsverhältnissen auf der anderen Seite. Die §§ 478, 479 BGB versuchen, diesen Konflikt, der gemeinhin als „Regressfalle" bezeichnet wird, zu lösen und dennoch am Grundsatz der Relativität der Schuldverhältnisse festzuhalten[100]. Das Ergebnis ist zwingendes Recht in der Handelskette[101].

Im Urhebervertragsrecht stellt sich nun ein in der Struktur nicht unähnliches Problem. Hier stehen die Erstverwerter vor der Herausforderung, den angemessenen Preis, den sie selbst zu entrichten hatten, in die Verwertungskette „durchzureichen", und wie der Letztverkäufer im Verbrauchsgüterkaufrecht befinden sie sich dabei an der Schnittstelle zwischen positiv zwingendem Recht auf der einen und privatautonom gestaltbaren Rechtsbeziehungen auf der anderen Seite.

---

97 *Thüsing*, (o. Fn. 95), 207.
98 Art. 4 RL 1999/44/EG zum Verbrauchsgüterkauf.
99 *Picker*, JZ 2003, 1035 (o. Fn. 3).
100 Eine Alternative läge in der Zulassung der *action directe* nach französischem Vorbild, wie das auch die europäische Kommission ursprünglich vorgesehen hatte; vgl. Grünbuch der Kommission der Europäischen Gemeinschaften über Verbrauchsgütergarantien und Kundendienste vom 15.11.1993, KOM (93) 509 endg. vom 15.11.1993, 110 ff.
101 § 478 IV BGB.

Ihre Schutzwürdigkeit ähnelt der des Letztverkäufers: Auch sie ist einzig durch das positiv zwingende Recht bedingt. Was im Verbrauchsgüterkaufrecht die Regressfalle ist, ließe sich hier als „Vergütungsfalle" bezeichnen.

2. Vertragliche Äquivalenz-, gesetzliche Qualitätshaftung?

Die geschilderte Parallele zwischen Urhebervertrags- und Verbrauchsgüterkaufrecht könnte ein Hinweis darauf sein, dass sich das herkömmliche Konzept der Synallagmas *insgesamt* im Wandel befindet; möglicherweise ließe sich davon sprechen, dass (individualvertragliche) *Äquivalenz* zunehmend durch (objektive oder gesetzliche) *Qualität* ersetzt wird. Die Annahme, dass die Leistungspflichten und die sich aus ihnen herleitenden Haftungsregeln allein Sache des individuell ausgehandelten Vertrags sind, passt möglicherweise nicht mehr zu den tatsächlichen Entwicklungen des Rechts. Es wäre denkbar, dass wir Zeugen eines grundsätzlichen Wandels zur Materialisierung des „Äquivalenzverhältnisses", zu seiner Verobjektivierung und zu seiner „*Vergesetzlichung*" sind[102].

Dieser Befund wiederum weist auf eine dahinter liegende, tiefergehende Fragestellung, nämlich derjenigen nach der Unterscheidung zwischen gesetzlicher und vertraglicher Haftung. Vordergründig haben wir es im Gewährleistungsrecht des Verbrauchsgüterkaufs mit vertraglicher Haftung zu tun. Auf den zweiten Blick jedoch ist, wie zu zeigen versucht wurde, der Haftungsgrund nicht nur vertraglich begründet, sondern liegt im zwingenden und damit letztlich gesetzlichen europäischen Verbrauchsgüterkaufrecht.

Positiv zwingendes Recht erfüllt also den zentralen Zweck der Qualitätssicherung. Das Mittel hierfür ist die Äquivalenzkontrolle. Dass das Verbraucherschutzrecht hier zur Technik des positiv zwingenden Rechts greift, ist kein Wunder, denn mit Rücktrittsrechten oder ähnlichem ließe sich Vergleichbares nicht gewährleisten. Um die Qualität von Waren und Dienstleistungen zu sichern, bedarf es einer auch inhaltlich zwingenden Haftung. Widerrufsrechte könnten demgegenüber allenfalls dazu dienen, bestimmte Formen des Geschäftsgebarens zu sanktionieren, also nicht die Qualität der Waren und Dienstleistungen, sondern in erster Linie die des Vertrags, des Vertragsabschlusses und der Vertragssituation.

---

102 Früh erkannt wurde diese Verobjektivierung des Sachmängelrechts im Übrigen vor allem von *Schnyder/Straub*, ZEuP 1996, 8 (insb. 48 ff.): Die zunehmende Normierung von Qualitätsmerkmalen beinhalte die Notwendigkeit einer nicht mehr nur relativ und vertraglich angelegten Gewährleistungshaftung und begründe letztlich sogar die Herstellerhaftung nach französischem Modell bzw. nach den Entwürfen der Kommission im Grünbuch aus dem Jahr 1993.

Auch im Urhebervertragsrecht ist das Äquivalenzverhältnis nicht mehr Gegenstand individueller Aushandlung, sondern den Vertragsparteien weitgehend entzogen. Der Begriff der Qualität scheint hier nicht so nahe liegend wie im Kaufrecht; der Unterschied zwischen beiden Materien liegt allerdings lediglich darin, dass im Urhebervertragsrecht nicht die Leistung, sondern die Gegenleistung einer („Qualitäts-") Kontrolle unterzogen wird. Hier wie dort handelt es sich jedoch jedenfalls um gesetzliche *Äquivalenzkontrolle*.

In beiden Fällen ließe sich auch von „objektiver oder materieller Äquivalenz" sprechen, gegenüber einer subjektiven oder formalen Äquivalenz, die es den Parteien überlässt, Leistung und Gegenleistung ins Verhältnis zu stellen[103]. Es wird gesetzlich in die „Richtigkeit" des Austauschverhältnisses eingegriffen, die sich nach herkömmlichem Verständnis an und für sich der rechtlichen Beurteilung entzieht. Denn das rechtliche Urteil über die Richtigkeit privatautonomer Gestaltungen ist, um mit *Flume* zu sprechen, ein „Widerspruch in sich", da dort, wo die Privatautonomie wirkt, gerade keine Norm besteht, an welcher die Angemessenheit der privatautonomen Gestaltung von Rechtsverhältnissen gemessen werden könnte[104].

Mit der Einführung materialer Gesichtspunkte in das Vertragsrecht ändert sich auch das Bild der Gerechtigkeit: Aus der Vertragsgerechtigkeit unter Gleichen, der *iustitia commutativa*, wird die *iustitia distributiva*, mit welcher der Staat als solche wahrgenommene Ungerechtigkeiten von oben herab zu korrigieren sucht[105]. Hiermit wiederum geht als – erwünschte oder unerwünschte – Nebenwirkung ein staatlicher Machtzuwachs Hand in Hand. Nicht der Einzelne ist es mehr, der entscheidet, wie er seine persönliche Freiheit in Anspruch nimmt, sondern die Gerichte sind es, die darüber zu befinden haben, ob er von seinen ihm verbliebenen Freiheiten den durch die Rechtsordnung sanktionierten Gebrauch gemacht hat[106]:

„Die vom Gesetzgeber für richtig gehaltenen Inhalte ‚gerechter Sozialität' verdrängen damit durch *octroi* partiell die ansonsten von den Marktbürgern selbst für richtig gehaltenen Inhalte und Ziele ihrer privatautonom ausgeübten Freiheitsrechte, kurz: Fremdbestimmung von oben ersetzt insoweit die Selbstbestimmung von unten."[107]

---

103 Vgl. hierzu *Canaris*, (o. Fn. 55), 283.
104 *Flume*, Allgemeiner Teil des Bürgerlichen Rechts, 2. Band: Das Rechtsgeschäft, 4. Aufl. (1992), 8
105 *Reichold*, (o. Fn. 84), 391.
106 *Remien*, (o. Fn. 58), 150.
107 *Reichold*, (o. Fn. 84), 387.

3. Rückzug der Privatautonomie?

Stehen wir nun vor dem Rückzug der Privatautonomie? Ist die Europäisierung des Privatrechts gar gleichbedeutend mit seiner „Veröffentlichrechtlichung"[108]? Unbestreitbar lässt sich zumindest eine Entwicklung wahrnehmen, die zumindest in jüngerer Zeit von der Vertragsfreiheit weg und nicht zu ihr hin führt. Die Verbrauchsgüterkauf-Richtlinie bildet in diesem Zusammenhang einen Meilenstein. Diese Entwicklung stellt im Übrigen keinen europäischen Sonderweg dar: Sämtliche Zivilrechtsordnungen der Mitgliedstaaten zeichnen sich durch das Anwachsen zwingender Schutzbestimmungen aus; nur tun sie dies auf der Grundlage einer gesicherten, an der Privatautonomie orientierten Dogmatik[109], die dem europäischen Privatrecht bislang abgeht.

Es wurde zu zeigen versucht, dass hinter dieser Entwicklung, wenn auch kein System, so doch ein Wille steht, und dieser ist in erster Linie rechtspolitischer Natur. Fraglich ist darum, wer diesem Willen gegenüber im europäischen Kontext die Argumente zugunsten der Vertragsfreiheit überhaupt noch nennen wird. Wer gibt der Privatautonomie – als Grundsatz, als Argument, als Vorverständnis – die diskursive Bedeutung, die ihr aufgrund der primärrechtlichen Vorgaben wie der Rechtstradition in den Mitgliedstaaten zukommen müsste?

Wer der Kommission lauscht, hört hierzu, dass zwar „die Vertragsfreiheit einer der leitenden Grundsätze" des künftigen Europäischen Vertragsrechts sein und ihre Einschränkungen jedenfalls „aus guten Gründen zu rechtfertigen" sein sollten[110]. Die Ausführungen zum zwingenden Recht weisen jedoch den Weg: Dieses soll „nur einer beschränkten Anzahl" von Bestimmungen zueigen sein, „z.B. Bestimmungen zum Verbraucherschutz"[111]. Wenn „Verbraucherschutz" so verstanden wird wie im Verbrauchsgüterkaufrecht[112], ist dies ein Freibrief.

Es soll abschließend nicht verschwiegen werden, dass es auch zumindest einen guten Grund dafür gibt, mit *Riesenhuber* den Weg der Vertragsfreiheit im europäischen Privatrecht in einem rosigeren Licht zu sehen. *Riesenhuber* weist nämlich völlig zu Recht darauf hin, dass die Gemeinschaft es bislang nicht unternommen habe, ein „auch nur annähernd vollständiges Vertragsrecht zu schaffen", sondern immer nur punktuell tätig geworden sei[113]:

---

108 Diesen Begriff verwendet *Reichold*, (o. Fn. 84), 389.
109 Vgl. für das deutsche Recht *Schwab*, Einführung in das Zivilrecht, 15. Aufl. (2002), Rn. 83.
110 Mitteilung der Kommission an das Europäische Parlament und den Rat: „Ein kohärentes Vertragsrecht – Ein Aktionsplan", KOM (2003) 68 endg., Nr. 93.
111 Mitteilung der Kommission an das Europäische Parlament und den Rat: „Ein kohärentes Vertragsrecht – Ein Aktionsplan", KOM (2003) 68 endg.
112 Hierzu o., unter III.1.
113 *Riesenhuber*, (o. Fn. 4), 555.

> „Da der Gesetzgeber aber von vornherein kein vollständiges Vertragsrecht schaffen wollte, muss man bei einer Erörterung der Grundsätze auch bedenken, was der Europäische Gesetzgeber als bestehendes Vertragsrecht der Mitgliedstaaten vorausgesetzt hat und teilweise – v. a. im Anwendungsbereich der Grundfreiheiten – von Primärrechts wegen auch voraussetzen musste. Wer nicht mitbedenkt, was der Europäische Gesetzgeber als bestehend vorausgesetzt hat, kommt zwangsläufig zu einer Verschiebung der Gewichte [...] und läuft so Gefahr, ein verzerrtes Bild zu zeichnen."[114]

Diese Gefahr besteht zweifelsohne. Dennoch muss konstatiert werden, dass der europäische Normgeber, auch wenn er tatsächlich bislang nicht im Bereich der privatrechtlichen Grundlagen tätig geworden ist, dennoch immer wieder tief in sie eingegriffen hat. Zu befürchten ist also nicht, dass die zivilrechtliche Dogmatik zu Selbstbestimmung, formaler Vertragsgleichheit und Vertragsfreiheit von der Kommission sehenden Auges zunichte gemacht wird, sondern dass diese Grundsätze auf sekundärrechtlichem Wege automatisch bzw. „schleichend" im europäischen Rechtsraum modifiziert werden.

Aus den Vertragsrechtsordnungen der Mitgliedstaaten und dem Primärrecht ergibt sich ferner auch nicht die Bedeutung, welche die Privatautonomie im Sekundärrecht *hat*, sondern diejenige, welche sie haben *müsste*. Hieraus folgt wiederum, dass der „selbstverständliche" Rekurs des europäischen Normgebers auf die Vertragsfreiheit als obersten Grundsatz durchaus inhaltlich überprüft werden muss, und dies kann wiederum nur anhand des konkreten Sekundärrechts vonstatten gehen. Sollte sich herausstellen, dass die Gemeinschaft in ihrer Richtlinienarbeit nicht einholt, was das Primärrecht verspricht, so hätte die Berufung auf die Vertragsfreiheit rasch den Charakter einer bloßen *Beschwörung*.

Schön wäre es jedenfalls, wenn im Rahmen des sich entwickelnden europäischen Privatrechts auch das von *Drexl* entwickelte verbraucherschutzrechtliche Verhältnismäßigkeitsprinzip beachtet würde:

> „Ausgehend vom Prinzip der Selbstbestimmung sind die Instrumentarien so zu wählen, dass das Defizit an Selbstbestimmung durch möglichst marktkonforme Mittel gerade noch ausgeglichen wird. In diesem Sinne wahrt das Verbraucherschutzrecht ein Maximum an Selbstbestimmung, bevormundet also nicht, lässt die Marktmechanismen im Übrigen unangetastet, beschränkt die staatliche Regelung auf das Erforderliche und weist dem Staat dennoch eine positive Rolle beim Setzen von verbraucherschützenden Spielregeln für den Markt zu."[115]

---

114 *Riesenhuber*, (o. Fn. 4), 555.
115 *Drexl*, Die wirtschaftliche Selbstbestimmung des Verbrauchers (1998), 151.

Zwingendes babylonisches Privatrecht

Ein Kommentar zu Michael Hassemers

„Zwingendes europäisches Privatrecht – Zivilrecht ohne Vertragsfreiheit?"*

Matthias Weller

Liebe Kolleginnen und Kollegen, ein Kommentator soll ein bisschen kritisch sein, so habe ich mir sagen lassen, und deswegen möchte ich die wenige Zeit, die mir zur Verfügung steht, dazu verwenden, bei viel Zustimmung im Übrigen einen Einwand zu formulieren, und dieser Einwand betrifft das, was wir hier als charakteristisches Novum von Gemeinschaftsprivatrecht vorgestellt bekommen haben, nämlich „positiv zwingendes Recht".

Für die Formulierung meines Einwands möchte ich eine Forderung aufgreifen, die zu Beginn unserer Tagung laut geworden ist, nämlich die Forderung nach mehr Rechtsgeschichte.[1]

Ein Kommentator soll auch ein bisschen mutig sein, und deswegen möchte ich einmal sehr weit in die Rechtsgeschichte zurückgehen, nämlich zu den wohl ältesten Gesetzeskodifikationen überhaupt, dem Codex Hammurabi aus dem 2. Jahrtausend vor Christus.[2] Wenn man den Übersetzungen glauben darf[3] – und die Rechtshistoriker mögen mir die Schlichtheit meiner Methode nachsehen, einmal einfach nur den Text dieser Übersetzungen zu Rate zu ziehen – dann finden wir auf jener Dioritstele, die ja heute im Louvre in Paris steht,[4] eine Regelung, die wir – modern gesprochen – dem Werkvertragsrecht zuordnen würden. Gesetz Nr. 233 lautet nämlich ungefähr:[5] Wenn ein Baumeister einem

---

* Die Vortragsform ist beibehalten, auf einen wissenschaftlichen Apparat wird daher weitgehend verzichtet.
1 Vgl. *Kroppenberg* in diesem Band.
2 König Hammurabi regierte Babylon von 1728 bis 1686 v. Chr, vgl. z.B. *Rittmann*, Hammurabi und sein Gesetzbuch (1982), 5.
3 *Richardson*, Hammurabi's Laws – Text, Translation and Glossary (2000); *Kohler/Peiser*, Hammurabis Gesetz, Bd. I (1904).
4 In der Bibliothek des Bundesgerichtshofs befindet sich übrigens eine Nachbildung.
5 *Richardson*, (o. Fn. 3), L 233: "If a builder has made a house for a man and has not made his work solid enough and a wall has toppled, that builder shall strengthen that wall from his own resources."

anderen ein Haus gebaut hat und seine Arbeit nicht solide genug war und eine Wand eingestürzt ist, dann soll er diese Wand auf eigene Kosten wieder aufbauen. Dies scheint mir nichts anderes zu sein als das, was uns im Vortrag als positiv zwingendes Recht beschrieben wurde.

Warum ist das so: Wir haben gehört, dass sich positiv zwingendes Recht durch drei Voraussetzungen auszeichnet. Erstens: es ist nicht abdingbar, deswegen zwingend. Nun habe ich natürlich das Problem, dass ich nicht genau weiß, ob Gesetz Nr. 233 dispositiv oder zwingend war. Wenn man aber einmal zur Auslegung den Epilog des Codex Hammurabi heranzieht – und dies dürfte eine universale, über alle Zeiten hinweg zulässige Auslegungsmethode von Texten sein, die ja neuerdings mit dem Prolog von Erwägungsgründen europäischer Richtlinien eine Renaissance erfährt – wenn man also einmal den Epilog betrachtet, dann erfährt man dort, dass König Hammurabi als göttlicher Sendbote der Gerechtigkeit sein Gesetz für unüberwindlich erklärt[6] und überdies alle jene seiner Nachfolger verflucht, die sich an seinem Kodex vergreifen,[7] und dann wird man vorläufig annehmen dürfen, dass es sich hier um zwingendes Recht handelt.

Positiv zwingend ist dieses Recht nach der im Vortrag gegebenen Definition zunächst deswegen, weil es, anders als „negativ" zwingendes Recht, nicht die Nichtigkeit des Vertrags als Rechtsfolge nach sich zieht, sondern bestimmte Inhalte in den Vertrag hineinzwingt. Dies scheint hier der Fall zu sein: der Werkvertrag ist infolge der – übrigens auf der Basis eines objektiven Fehlerbegriffs zu bestimmenden – Mangelhaftigkeit des Werks keineswegs nichtig, sondern der Vertragspartner hat einen Nacherfüllungsanspruch. Und dies ist gerade die dritte Voraussetzung von „positiv zwingendem Recht" nach der im Vortrag gegebenen Definition, nämlich dass es sich nicht um irgendwelche Inhalte handelt, sondern um gerade solche, die eine „zwingende Erfüllungshaftung" anordnen, so dass man vielleicht auch von „qualifiziert positiv zwingendem Recht" sprechen kann. Dann aber lautet mein Zwischenergebnis:

---

6   *Richardson*, (o. Fn. 3), E 17: "I am Hammurabi the king of righteousness, to whom Shamash has entrusted the truth. My words are special. My deeds cannot be surpassed". Shamash, „Garant von Hammurabis Gesetz" (*Rittmann*, [o. Fn 2], 8) ist im Kopfrelief der Stele mit Hörnerkrone und auf einem Thron sitzend abgebildet. Aus seinen Schultern schießen (Sonnen-[?]) Strahlen empor. Hammurabi steht in ehrfurchtsvoller Haltung vor ihm.

7   *Richardson*, (o. Fn. 3), E 19: "If that man has not paid attention to the commandments that I have inscribed on this stone and if he has forgotten my threatened curses [...] and if he has removed my name from the inscription and inscribed his own or has forced someone else to do it because of these threatened curses, almighty Anu, the father of the gods, the one who designated me to rule, will surely remove from him the splendour of sovereignty, whether that man is a king or a lord or a governor or a person appointed to some other function, and he will smash his staff and curse his destiny."

Positiv zwingendes Recht ist (fast) so alt wie das Recht selbst.
Wen meine Ausführungen zum babylonischen Privatrecht nicht überzeugen,[8] den möchte ich nur an das römische Obligationenrecht erinnern, das sich vom modernen Schuldrecht grundlegend durch die Bindung an eine abgegrenzte Zahl von Typen unterschied.[9] Überdies lassen sich Beispiele für positiv bzw. qualifiziert positiv zwingendes Recht aus der jüngeren Rechtsgeschichte und aus dem europäischen Kulturkreis finden: Section 14 (1) des englischen Sales of Goods Act in seiner ursprünglichen Fassung von 1893 sah vor, dass Vertragsbestandteil eines jeden Kaufvertrags die Regelung ist, dass Güter, die für einen bestimmten, dem gewerblichen Verkäufer offenbarten Zweck gekauft werden, für diesen Zweck hinreichend geeignet sein müssen. Spätestens seit Inkrafttreten des Unfair Terms in Contracts Act von 1977, also lange vor Erlass von Klauselrichtlinie und Verbrauchsgüterkaufrichtlinie, konnte die Haftung für Verletzung dieser und anderer *implied terms* nach section 6 (2) nicht mehr durch ausdrückliche Vereinbarung abbedungen werden und sind damit, meine ich, positiv zwingendes Recht im Sinne der hier vorgeschlagenen Definition. Denn auch ein Schadensersatzanspruch infolge Vertragsverletzung von *implied terms* schützt das Äquivalenzinteresse des Vertragspartners. Überdies schlägt diese Form der „Erfüllungshaftung" bei berechtigtem Interesse in den Anspruch auf *specific performance* um, so dass spätestens dann von positiv zwingender Erfüllungshaftung die Rede sein muss. Schließlich kennt auch das BGB seit jeher die „zwingende Erfüllungshaftung", wenn etwa schon § 633 Abs. 2 S. 1

---

8   Zutreffend wies *Stagl*, Münster, in der Diskussion darauf hin, dass das Regime König Hammurabis ein despotisches war, so dass zwar vieles für die Auslegung seiner Gesetze als zwingend spreche. Ob indes von Vertragsfreiheit die Rede sein könne, dürfe bezweifelt werden. – Fraglich ist überdies schon, ob in Bezug auf das Recht Babylons überhaupt von „Privatrecht" gesprochen werden kann. Dass es sich hierbei nicht um ein Recht zur Regelung eines gleichsam nicht- oder vorstaatlich verstandenen, „bürgerlichen" Zustands des „mein und dein" modern-europäischer Prägung handeln kann, liegt auf der Hand. Allerdings, und dies schien dem Kommentator in seiner Replik entscheidend, kommt in den Übersetzungen der zahlreichen Vorschriften, die wir heute dem Privatrecht zuordnen würden, ein Konditionalprogramm zum Ausdruck, das auf einen Entscheidungsspielraum des einzelnen Rechtsunterworfenen beim Abschluss von Verträgen und damit einer Ausprägung von Vertragsfreiheit schließen lässt. Vertragsfreiheit in Gestalt von Abschlussfreiheit entnimmt dem Codex Hammurabi auch *Wesel*, Geschichte des Rechts (1997), 87 Rn. 74: „ausgebildetes Vertragssystem mit festen Geschäftsformularen für Kauf, Tausch, Pacht und Miete, Darlehen, Bürgschaft und Pfand" als „Ausdruck einer stärker entwickelten Privatwirtschaft". Das Verhältnis zwischen Abschluss- und Inhaltsfreiheit betrifft aber gerade den Kern der Thesen *Michael Hassemers* zum zwingenden europäischen Privatrecht.

9   Z.B. *Mayer-Maly*, in: FS Mayrhofer (2002), 139. Nicht von ungefähr betont auch *Mayer-Maly*, a.a.O., 140, die Bedeutung der Rechtsgeschichte: „Bei dieser Gelegenheit darf gesagt werden, dass Rechtsfakultäten von allen guten Geistern verlassen sind, wenn sie das Studium des römischen Rechts einschränken oder abschaffen."

BGB a.F. einen werkvertraglichen Mängelbeseitigungsanspruch als – ggf. modifizierten – Erfüllungsanspruch vorsah.[10]

Wenn also positiv zwingendes Recht jedenfalls nichts genuin Gemeinschaftsrechtliches ist, was folgt hieraus für unsere Fragestellung?

Ich meine, und hier hätte ich mir im Vortrag vielleicht etwas mehr Klarheit und Entschiedenheit gewünscht, dass die strukturellen und grundsätzlichen Probleme des Verhältnisses von Privatautonomie und zwingendem Recht nicht durch den europäischen Kontext determiniert werden und nicht einmal, abgesehen von zwei Aspekten, zu denen ich gleich kommen werde, besonders geprägt sind. Deshalb könnte es sich für die Analyse als Erfolg versprechender erweisen, dieses Spannungsverhältnis zunächst einmal losgelöst und abgeschichtet von spezifisch europäischen Problemlagen zu betrachten. Und hier bewegt sich die Privatrechtsdogmatik noch keineswegs auf dogmatisch gesichertem Grund. Ich möchte dies an zwei Beispielen zeigen. Erstens brauche ich nur an die Tagung der Jungen Zivilrechtswissenschaftler vor zwei Jahren in Heidelberg zu erinnern, wo uns *Lorenz Kähler* in eindrucksvoller Weise aufzeigte, dass wir zwar bestimmte Vorschriften des BGB für zwingend, andere für dispositiv halten, rationale Kriterien für diese Entscheidung aber – man ist versucht zu ergänzen: seit den Zeiten Babylons – bisher nicht vorliegen.[11] Zweitens zeigt der bis ins Grundsätzlichste geführte Kampf der Privatrechtsdogmatik um den Argumentationstopos der „Ungleichgewichtslage"[12] bzw. um die „Materialisierung" des Privatrechts[13], dass verlässliche und überzeugende Leitlinien bisher nicht gefunden sind. Wie soll dann aber der europäische Gesetzgeber bei der rechtspolitischen Entscheidung für oder gegen zwingendes Recht ein überzeugendes Konzept zugrunde legen. Hier steht Grundlagenarbeit noch aus.

Wie man deren Erkenntnisse dann der Kommission vermitteln soll, darauf weiß ich leider auch keine Antwort.

Und damit komme ich zu den beiden spezifisch europäischen Aspekten, die aus meiner Sicht am deutlichsten hervortreten. Der erste betrifft in Ausnahme zu der soeben formulierten These doch in gewisser Weise die Privatrechtsdogmatik in grundsätzlicher Weise. Ich meine die von *Michael Hassemer* erwähnte „Stützradtheorie". Hierin sehe ich einen im Binnenmarktkontext mit besonderem Gewicht wirkenden Rechtfertigungsgrund zur Setzung zwingenden Rechts. Natürlich besteht auch außerhalb des Gemeinschaftsprivatrechts ein Zusammenhang zwischen der Einschränkung von Inhaltsfreiheit zur Unterstützung der

---

10   *Sprau* in Palandt, BGB[61] (2002), Vorb v § 633 Rn. 4.
11   Lösungsvorschläge bei *Kähler*, in: *Witt/Casper* (Hrsg.), Jb.J.ZivRWiss 2002 (2003), 181 ff.
12   Z.B. *Zöllner*, AcP 196 (1996), 1 ff.
13   Z.B.*Canaris*, AcP 200 (2000), 273 ff.

Inanspruchnahme von Abschlussfreiheit. Das Kapitalmarktrecht mit seinen teilweise weitgehend standardisierten Produkten zur Erleichterung des Handels mit diesen Produkten liefert ein beredtes Beispiel hierfür.[14] Ebenso beruht das gesamte deutsche Sachenrecht auf einem strengen Typenzwang, der die Vertragsfreiheit der Beteiligten inhaltlich einschränkt, um die Inanspruchnahme von Abschlussfreiheit zu erleichtern.[15] Im Binnenmarkt gerät die Abschlussfreiheit infolge der unterschiedlichen Rechtsordnungen tendenziell stärker unter Druck als in vollständig harmonisierten Rechtsordnungen, so dass der europäische Gesetzgeber entsprechend weitergehend gerechtfertigt sein dürfte, die Inhaltsfreiheit zugunsten der Abschlussfreiheit zu beschränken.

Der zweite Aspekt betrifft demgegenüber einen außerhalb der Privatrechtsdogmatik stehenden, nämlich einen verwaltungswissenschaftlichen. Es ist aus der Institutionenökonomik[16] nämlich nur allzu gut bekannt, dass eine Behörde, die, wie die Generaldirektion SANCO, das Interesse einer bestimmten Klientel bedient und ein Partikularinteresse vertritt, niemals zu der Auffassung gelangen wird, dass ihre Aufgabe gelöst und damit ihr Daseinszweck entfallen sei.[17] Vielmehr entsteht die Tendenz dazu, sich Aufgaben selbst zu schaffen. Insofern stimme ich *Michael Hassemer* vollständig und mit Nachdruck zu, wenn er fragt: „Wer gibt der Privatautonomie – als Grundsatz, als Argument, als Vorverständnis – die diskursive Bedeutung, die ihr aufgrund der primärrechtlichen Vorgaben wie der Rechtstradition in den Mitgliedstaaten zukommen müsste".[18] Hier liegt die Lösung allerdings eben auch auf einer verwaltungswissenschaftlichen Ebene, nämlich in einer modifizierten Steuerung dieser Behörde. Komplexe Argumente der Privatrechtsdogmatik werden hierbei wohl leider noch weniger wirken als anderswo. Eine Klientelbehörde vom Nichtstun zu überzeugen, wodurch ja die Privatautonomie unmittelbar geschützt würde, ist sehr schwer. Allerdings ergibt sich wohl schon durch die zunehmende Tätigkeit der Generaldirektion Justiz und Inneres auf dem Gebiet des Privatrechts eine veränderte Institutionendynamik, denn anders als die Generaldirektion SANCO dürfte die Generaldirektion Justiz und Inneres die allgemeinen Prinzipien des Privatrechts eher in den Blick nehmen.

Ich bin also im Ergebnis weniger pessimistisch als der Vortragende, was die Rolle der Vertragsfreiheit gerade im Europäischen Privatrecht anbelangt: Die Spannung zwischen Vertragsfreiheit und zwingendem Recht ist alt, die Ver-

---

14 Diesen Hinweis verdankt der Kommentator dem Diskussionsbeitrag von *Rehberg*, München.
15 *Baur/Stürner*, Sachenrecht, 17. Aufl. (1999), 3 Rn. 7.
16 Z.B. *Schuppert*, Verwaltungswissenschaft – Verwaltung, Verwaltungsrecht, Verwaltungslehre (2000), 575 ff.
17 Z.B. *Weller*, Regulierungsagenturen der Europäischen Union: rechtliche und integrationspolitische Gesichtspunkte (2002), 56 ff.
18 Vgl. den Beitrag von *Hassemer* in diesem Band.

schiebung der Gewichte zu Lasten der inhaltlichen Vertragsfreiheit und zu Gunsten der Abschlussfreiheit ebenfalls und überdies nicht von vornherein schlecht. Die spezifisch gemeinschaftsprivatrechtlichen Aspekte sind m.E. nicht wirklich prägend, und insofern sind die vom Gemeinschaftsprivatrecht ausgehenden Gefahren für die Privatautonomie nicht signifikant größer als sonst. Dessen ungeachtet danke ich *Michael Hassemer* für einen ideenreichen und inspirierenden Beitrag. Ihnen danke ich für Ihre Aufmerksamkeit.

Der Aktionsplan der Europäischen Kommission für ein kohärenteres Vertragsrecht: Wo bleibt die Rückbindung an die Europäische Verfassung?

Aurelia Colombi Ciacchi

I. Einleitung
II. Der Aktionsplan: Ein Überblick
III. Kohärenzargument als Rettungsring bei fehlender Kompetenz?
IV. Das Dilemma des „soft law"
V. Der Mythos des « ius commune europaeum »
VI. Die Kriterien des Aktionsplans zur Ausarbeitung des „gemeinsamen Referenzrahmens": Eine kritische Analyse
 1. Der Triumph der Neopandektistik
 2. Rechtspolitische Neutralität?
 3. Wo bleiben die außerwirtschaftlichen Interessen?
VII. Wer soll am Webstuhl sitzen?
VIII. Die Europäische Verfassung: Eine neue Grundlage für die Harmonisierung des Vertragsrechts
 1. Zur Notwendigkeit eines Paradigmenwechsels
 2. Konstitutionalisierung des gemeinsamen Referenzrahmens
 3. Konstitutionelle Rechtsharmonisierung durch Angleichung der privatrechtlichen Schutzstandards der europäischen Grundrechte
 4. Kompetenz versus Subsidiaritätsprinzip?
 5. Legislative Instrumente oder Rechtsprechungspraxis?

I. Einleitung

Im Prinzip besteht Einigkeit darüber, dass der Flickenteppich des Gemeinschaftsvertragsrechts dringend neu gewebt werden muss, um nicht nur schöner und repräsentativer, sondern auch – und vor allem – gebrauchstauglicher zu werden. Die Frage ist lediglich: Wie? Welchen Webrahmen soll man nehmen? Kann man nur die schon vorhandenen Fäden verwenden oder darf man neue dazu nehmen, und wenn ja, welche? Und wie sollen überhaupt die einzelnen Fäden miteinander verflochten werden? Schließlich die heikelste Frage: Wer soll am Webstuhl sitzen und damit die Farbe des Teppichs bestimmen?

Vor drei Jahren fing die Europäische Kommission an, sich mit der Problematik der Vertragsrechtsharmonisierung auseinanderzusetzen. In ihrer ersten Mitteilung vom 11. Juli 2001[1] stellte sie vier Handlungsoptionen vor: 1) Nichtstun, 2) Ausarbeitung gemeinsamer Prinzipien des europäischen Vertragsrechts mit Hilfe der Wissenschaft, 3) Verbesserung des geltenden Gemeinschaftsvertragsrechts, 4) Erlass neuer, umfassender EG-Rechtsvorschriften (d.h.: Ein Europäisches Vertragsgesetzbuch oder ähnliches).[2]

Um die Konsensfähigkeit der einzelnen Handlungsoptionen zu ermitteln, wurde ein Konsultationsverfahren eröffnet. Im Laufe der Jahre 2001 und 2002 gingen bei der Kommission 181 Stellungnahmen aus Politik, Wirtschaft und Wissenschaft ein.[3] Das Ergebnis dieser Konsultation kann man wie folgt zusammenfassen: Die Option 1 „Nichtstun" wurde nicht ernst genommen; viel Konsens erzielten die Optionen 2 und 3, „Ausarbeitung gemeinsamer Prinzipien" und „Verbesserung des geltenden Rechts". Wenig Sympathie erntete dagegen die Option 4 „neue, umfassende EG-Rechtsvorschriften". Viele sprachen sich allerdings dafür aus, Option 4 zu einem späteren Zeitpunkt, nach der Umsetzung der Optionen 2 und 3, in Erwägung zu ziehen.[4]

Auf der Basis dieses Ergebnisses erließ die Kommission im Februar 2003 eine zweite Mitteilung,[5] die folgenden viel versprechenden Titel trägt: „Ein kohärenteres europäisches Vertragsrecht: Ein Aktionsplan".[6]

---

[1] KOM (2001) 398 endg. Hierzu aus Kommissionssicht *Staudenmeyer*, EuZW 2001, 485 ff.; *ders.*, ZGS 2002, 125 ff.; *ders.*, ICLQ 51 (2002), 673 ff.; *ders.*, ERPL 2002, 249 ff.

[2] Diese Mitteilung regte eine extensive wie intensive wissenschaftliche Diskussion an. Siehe u.a. *Grundmann/Stuycks* (Hrsg.), An Academic Green Paper on European Contract Law (2002); *Charbit*, JCP 2002, 9 ff.; *Grundmann*, RIW 2002, 329 ff.; *ders.*, NJW 2002, 393 ff.; *Heuzé*, JCP 2002, 1341 ff.; *Kötz*, JZ 2002, 257 ff.; *Ott/Schäfer* (Hrsg.), Vereinheitlichung und Diversität des Zivilrechts in transnationalen Wirtschaftsräumen (2002); *Schlechtriem*, ZeuP 2002, 213 ff.; *Schulte-Nölke*, JZ 2001, 917 ff.; *Schwintowski*, JZ 2002, 205 ff.; *Sonnenberger*, RIW 2002, 489 ff.

[3] Sowohl im Volltext als auch in Zusammenfassung abrufbar unter http://www.europa.eu.int/comm/consumers/cons_int/safe_shop/fair_bus_pract/cont_law/actionplan_de.htm

[4] So der Aktionsplan (s. o. Fn. 5), Rn. 7.

[5] KOM (2003) 68 endg. Hierzu u.a. *Calliess*, GLJ 2003, 333 ff. m.w.Nw.; *ders.*, GLJ 2004, 958 f. (http://www.germanlawjournal.com/article.php?id=483) m.w.Nw.; *Hesselink*, NJB 2003, 2086 ff.; *Kenny*, ELR 2003, 538 ff.; *Knöfel*, ZGS 2004, 26 ff.; *Smits*, 10 MJ 2 (2003), 111 ff.; *Staudenmeyer*, EuZW 2003, 165 ff.; *ders.*, ERPL 2003, 113 ff.

[6] Auf den Aktionsplan ist am 11.10.2004 eine dritte Mitteilung der Kommission gefolgt: „Europäisches Vertragsrecht und Überarbeitung des gemeinschaftlichen Besitzstands – weiteres Vorgehen", KOM (2004) 651 endg. Diese Mitteilung konkretisiert näher die im Aktionsplan angekündigten Maßnahmen, insb. den „gemeinsamen Referenzrahmen". Im Folgenden wird sie als „Mitteilung 2004" zitiert.

II. Der Aktionsplan: Ein Überblick

Zusammenfassend sieht der Aktionsplan eine Kombination von „gesetzgeberischen und nicht gesetzgeberischen Maßnahmen" vor, um die Kohärenz des Gemeinschaftsrechts auf dem Gebiet des Vertragsrechts zu erhöhen.[7] Befürwortet werden insbesondere:

1. die Festlegung eines „gemeinsamen Referenzrahmens", der „die besten Lösungen bezüglich gemeinsamer Terminologie und Regeln" bieten soll,[8]
2. die Entwicklung EU-weiter Allgemeiner Geschäftsbedingungen,[9]
3. die eventuelle Ausarbeitung eines „optionellen Rechtsinstruments" (Vertragsgesetzbuch?), das auf der Grundlage des gemeinsamen Referenzrahmens fußen soll.[10]

Der Kern des Aktionsplans ist also der gemeinsame Referenzrahmen. Darauf wird sich der vorliegende Beitrag konzentrieren und dazu zehn Thesen aufstellen: Die ersten fünf bilden den kritischen, sozusagen destruktiven Teil, die letzten fünf den konstruktiven.

III. Kohärenzargument als Rettungsring bei fehlender Kompetenz?

„Aktionspläne", „offene Konsultationsverfahren", „nicht gesetzgeberische Maßnahmen", „optionelle Regelwerke"... Der Rückgriff der EG-Institutionen auf solche Instrumente deutet auf das Ausgangsdilemma hin, das den Gegenstand der *ersten These* dieses Beitrages bildet:

Der EG fehlt die Kompetenz, das Privatrecht der Mitgliedstaaten umfassend zu regeln.[11] Parlament und Kommission möchten es aber im Rahmen des Möglichen tun. Es liegt nahe, dass die Kommission mit dem Vertragsrecht anfängt, weil für dieses Gebiet das Argument, Rechtsharmonisierung sei zur Beseitigung von Binnenmarkthindernissen nötig, am plausibelsten erscheint.

Mag auch das Binnenmarktargument eine Rechtsharmonisierung in bestimmten Wirtschaftsbereichen ohne weiteres rechtfertigen: Daraus kann man keineswegs die Kompetenz der EG für eine umfassende Regelung *aller* Vertragsverhältnisse der europäischen Bürgerinnen und Bürger ableiten. Die Vereinheitlichung des

---

7 Aktionsplan, Zusammenfassung und Rn. 52 ff.
8 Aktionsplan, Rn. 59 ff.; Mitteilung 2004, Rn. 2.1, 3 und Annex I.
9 Aktionsplan, Rn. 81 ff.; Mitteilung 2004, Rn. 2.2
10 Aktionsplan, Rn. 89 ff.; Mitteilung 2004, Rn. 2.3 und Annex II.
11 Ausführlich *Weatherill*, EBLR 2004, 23; *ders.*, EBLR 2002, 497, 498 ff. m.w.Nw. Vgl. ferner *van Gerven*, ERPL 1997, 468.

gesamten Allgemeinen Teils des Vertragsrechts ist keine ökonomische Notwendigkeit. Dies wird auch beim Lesen der Stellungnahmen aus der Wirtschaft zur Mitteilung der Kommission von 2001 deutlich. Im Aktionsplan selbst berichtet die Kommission, aus dem Konsultationsprozess habe sich ergeben, dass keine Notwendigkeit bestehe, den gegenwärtigen sektorspezifischen Ansatz aufzugeben.[12]

Der letzte Rettungsring, durch den die Kommission das Projekt der Schaffung eines sektorüberschreitenden europäischen Vertragsrechts am Leben hält, ist die Idee der Kohärenz. Denn niemand bestreitet, dass es dem Gemeinschaftsvertragsrecht an innerer Kohärenz mangelt und daher in dieser Hinsicht Reformbedarf besteht. Durch die Hervorhebung der Kohärenz als oberstes Ziel im Aktionsplan schlägt die Kommission also zwei Fliegen mit einer Klappe:

- Erstens stellt das Kohärenzerfordernis eine plausible Begründung dar, warum doch ein allgemeiner Teil des europäischen Vertragsrechts ausgearbeitet werden sollte.

- Zweitens werden durch die Verschiebung des Schwerpunkts vom Binnenmarktargument auf das Kohärenzargument die Hauptansprechpartner der EU-Institutionen geschickt gewählt: Nun soll die entscheidende Beratung zur Schaffung eines europäischen Vertragsrechts nicht von der harmonisierungsskeptischen Wirtschaft, sondern von der harmonisierungssüchtigen Zivilrechtswissenschaft geleistet werden.

IV. Das Dilemma des „soft law"

Weil die EU in Bezug auf den Allgemeinen Teil des Vertragsrechts keine legislative Kompetenz hat, kommen dort nur „soft law"-Instrumente in Betracht:[13] optionelle Rechtsvorschriften, Co-Regulierung, Selbstregulierung, freiwillige Vereinbarungen auf Branchenebene, die Methode der offenen Koordinierung, finanzielle Maßnahmen, Informationskampagnen etc.

Es fragt sich aber, ob und inwieweit solche Instrumente zu einer Erhöhung der Kohärenz des europäischen Vertragsrechts beitragen können, solange jedes der 26[14] staatlichen Zivil- und Zivilprozessrechte der EU eine Welt für sich bleibt.

---

12 Aktionsplan, Rn. 7.
13 Die künftige Rechtsnatur des gemeinsamen Referenzrahmens, die im Aktionsplan offen geblieben war, hat nun die Kommission in der Mitteilung von 2004 (Rn. 2.1.3) geklärt: Es soll ein nicht bindendes Instrument werden.
14 Im Vereinigten Königreich gibt es zwei Rechtsordnungen, die englische und die schottische.

Die Inkohärenz des europäischen Vertragsrechts spielt sich nämlich auf zwei Ebenen ab: diejenige des Gemeinschaftsprivatrechts im engeren Sinne, d.h. der EG-Gesetzgebung, und diejenige der Wechselwirkungen zwischen EG-Recht und nationalen Rechten.[15] Die mangelhafte systematische Koordinierung der vertragsrechtlichen EG-Richtlinien untereinander[16] betrifft nur die erste Ebene. Zur Beseitigung dieser Inkohärenz bräuchte man eigentlich keine umfangreichen Mitteilungen und Aktionspläne, und erst recht keine „soft law"-Instrumente. Als Abhilfe würde die Verwirklichung der harmlosen Option 3 „Verbesserung des geltenden Gemeinschaftsrechts" reichen. Und für eine Umformulierung, bessere Systematisierung, Präzisierung etc. der geltenden Gemeinschaftsrechtsvorschriften hat die EG ja die Kompetenz.

Das wirkliche Problem ist aber die Inkohärenz, die auf der Ebene der Wechselwirkung zwischen EG-Recht und nationalem Recht be- bzw. entsteht. Die vertragsrechtlichen Richtlinien müssen umgesetzt und Teil der nationalen Privatrechtssysteme werden. Auch nach einer künftigen erfolgreichen Verwirklichung der Option 3, die eine vollständige innere Kohärenz zwischen den vertragsrechtlichen EG-Richtlinien untereinander bringt, bliebe das europäische Vertragsrecht inkohärent. Denn ein autarkes, wasserdichtes Gemeinschaftsvertragsrecht, welches auch ohne das nationale Recht der Mitgliedstaaten leben kann, ist nicht denkbar. Sowohl das Gemeinschaftsvertragsrecht im engeren Sinne als auch das europäische Vertragsrecht im weiteren Sinne erhalten Fleisch und Blut, Form und Inhalt erst auf der Ebene der Wechselwirkung zwischen EG-Vorschriften und nationalem Recht. Und die 26 nationalen Rechts- und Rechtsprechungssysteme sind unterschiedlich, nicht aufeinander abgestimmt, also per se inkohärent.

Zur Beseitigung dieser Inkohärenz hat die EG aber nicht die Kompetenz.[17] Und „soft law"-Instrumente helfen nur bedingt: Die 26 nationalen Rechtssysteme sind „hard law". „Soft law" kann „hard law" nicht brechen, egal wie man es dreht und wendet.[18]

---

15 Vgl. für einen Versuch der Fallgruppenbildung der einzelnen Kohärenzprobleme *Schmid*, Die Instrumentalisierung des Privatrechts durch die EU (2004), 598 ff. (interne Kohärenzprobleme) und 623 ff. (Koordinationsprobleme im Zusammenwirken mit nationalem Recht).
16 Hierzu statt vieler *Grundmann* (Hrsg.), Systembildung und Systemlücken in Kerngebieten des Europäischen Privatrechts (2000); *Taupitz*, Europäische Privatrechtsvereinheitlichung heute und morgen (1993); *ders.*, Privatrechts- oder Kollisionsrechtsvereinheitlichung in Europa? (1995).
17 Siehe o. Fn. 11.
18 Für eine umfassende Kritik aus rechtspolitischer Sicht zum Einsatz des „soft law" im Prozess der Europäisierung des Privatrechts vgl. *Mattei*, Hard Code Now!, Global Jurist Frontiers 2002, vol. 2, n. 1.

Außerdem gibt es schon jetzt zahlreiche „soft law"-Instrumente, wie etwa die PECL[19], die UNIDROIT-Prinzipien[20] und das UN-Kaufrecht. Schon jetzt können sich die Vertragsparteien im Rahmen ihrer Privatautonomie für diese optionellen Regelungsmodelle entscheiden, soweit das jeweilige staatliche Recht dies zulässt. Wozu muss die EG soviel Geld und Zeit aufwenden, um ein neues Instrument dieser Art entwickeln zu lassen? Ein künftiges optionelles Vertragsgesetzbuch wird nicht mehr Glück als die PECL haben, solange sich die einzelnen staatlichen Privat- und Zivilverfahrensrechte unverändert aneinander vorbei entwickeln dürfen.

Somit kommen wir zur *zweiten These*: Der Mangel an Kohärenz im europäischen Vertragsrecht ist primär durch die Koexistenz vieler verschiedener, nicht aufeinander abgestimmter nationaler Rechts- und Rechtsprechungssysteme bedingt.[21] Man kann dieses Problem nicht durch einfaches Hinzufügen eines zusätzlichen, optionellen Regelungsmodells beseitigen. Es ist im Gegenteil zu befürchten, dass die Einführung eines optionellen Instrumentes die Komplexität der Wechselwirkung zwischen unterschiedlichen konkurrierenden Vertragsrechtssystemen – und dadurch die Inkohärenz des europäischen Vertragsrechts insgesamt – zusätzlich erhöhen wird.[22]

V. Der Mythos des « ius commune europaeum »

Ein beliebter Ansatz, der die Komplexität des Mehrebenensystems „Europäisches Privatrecht" zu reduzieren scheint, ist die Suche nach angeblich bereits existierenden gemeinsamen Regeln und Prinzipien in den Privatrechten der Mitgliedstaaten. Begriffe wie „ius commune europaeum",[23] „restatement"[24]

---

19   Commission on European Contract Law, Principles of European Contract Law (Volltext der Fassung vom 30. Januar 2004 in sechs Sprachen abrufbar unter http://web.cbs.dk/departments/law/staff/ol/commission_on_ecl/).

20   UNIDROIT Principles of International Commercial Contracts (Volltext der Fassung von 2004 in fünf Sprachen abrufbar unter http://www.unidroit.org/english/principles/contracts/main.htm).

21   Vgl. *van Gerven*, ERPL 1997, 465 ff.; *Hesselink*, NJB 2003, 2091 f.

22   Dies wird von *Hesselink* (a.a.O., 2091) anhand des Beispiels der Nichtigkeit und Anfechtbarkeit von Vertragsklauseln deutlich gemacht.

23   Siehe z.B. die Monographie von *Smits*, Europees Privatrecht in wording/Naar eein Ius Commune Europaeum als gemengd rechtsstelsel (1999). Dem „ius commune europaeum" ist eine ganze Schriftenreihe gewidmet: die Ius Commune Casebooks. Es handelt sich um ein Projekt, das 1994 von *Walter van Gerven* initiiert wurde und von der KU Leuven in Kooperation mit der Universität Maastricht fortgeführt wird. Methodologisch zielen die Casebooks auf die Entdeckung gemeinsamer Lösungen zu Kernproblemen des Privatrechts in der Rspr. einer Vielzahl europäischer Länder sowie supranationaler Gerichte ab. Vgl. u.a. *van Gerven/Lever/Larouche*, Cases Materials and Text on
(Fortsetzung auf der nächsten Seite)

oder „common core"²⁵ werden in der wissenschaftlichen Diskussion überstrapaziert. Dabei entstehen auch Verwechselungsgefahren. Zum Beispiel, wenn vom „common core" die Rede ist. In jüngster Zeit wird nämlich die „common core-Methodologie" mit den vorbereitenden Untersuchungen zur Schaffung eines Europäischen Zivilgesetzbuches in Verbindung gebracht.²⁶ Es fragt sich jedoch, ob damit wirklich die originale, echte common core-Methode gemeint ist, wie sie von *Schlesinger, Mattei* und *Bussani* entwickelt wurde.²⁷ Dagegen spricht, dass die ursprüngliche common core-Methode nur Fallnormen – konkrete Lösungen von konkreten Fällen – vergleicht und nicht auf eine legislative Rechtsvereinheitlichung abzielt.²⁸

Abgesehen von solchen Randproblemen bleiben in Bezug auf den Ansatz, der auf die Ermittlung von angeblich schon existierenden gemeinsamen Prinzipien des Europäischen Vertragsrechts abstellt, einige zentrale Fragen offen:

Gibt es wirklich Prinzipien und Regeln des Vertragsrechts, die de lege lata *allen* 25 Mitgliedstaaten gemeinsam sind? Sogar über einen elementaren Grundsatz wie „good faith" bzw. „Treu und Glauben" können sich Kontinentaleuropäer und Common Lawyers nicht einigen: In England wird die Existenz eines solchen Prinzips von der herrschenden Meinung verworfen.²⁹

National, Supranational and International Tort Law (2000). Zum Casebooks-Projekt im Allgemeinen: *Devroe/Droshout*, Ius Commune Casebooks for the Common Law of Europe (2003), (http://www.law.kuleuven.ac.be/casebook/contract/icc_reaction_actionplan.pdf).

24 Statt vieler *Lando*, The Harmonisation of European Contract Law through a Restatement of Principles (1997); *von Bar/Lando/Swann*, ERPL 2002, 183 ff. (insb. Abschnitt VII: „Option II: Developing and Promoting a Restatement", 221 ff.)

25 Der Ausdruck „common core of contract law" wurde in den 60er Jahren in den USA von *Rudolph Schlesinger* geprägt, um ein rechtsvergleichendes, fallbezogenes Forschungsprojekt im Bereich des Vertragsrechts zu bezeichnen (hierzu *Schlesinger*, Introduction to Formation of Contracts – A Study of the Common Core of Legal Systems 1, Vol. I (1968). Dieser erste Common Core-Ansatz wurde dann von *Schlesingers* Schüler *Ugo Mattei* auf Europa übertragen und auf das gesamte Privatrecht ausgedehnt. Anfang der 90er Jahre gründete *Mattei* zusammen mit *Mauro Bussani* das bekannte Rechtsvergleichungsprojekt „The Common Core of European Private Law". Dazu statt vieler *Bussani/Mattei*, 3 Colum.J.Eur.L. 339 (1997); *Curran*, Global Jurist 2002, vol. 2, n. 2, 2.

26 Vgl. *Calliess*, GLJ 2004 (s. o. Fn. 5), 959 m.w.Nw.

27 Siehe o. Fn. 25.

28 Das Common Core-Projekt zielt darauf ab, die richterlichen Interessenabwägungen hinter dem trügerischen Mantel der angewandten abstrakten Rechtssätze in der Rspr. der einzelnen Mitgliedstaaten zu entdecken und vergleichen. Siehe o. Fn. 25.

29 Vgl. zuletzt *Miner*, Cons. Law 2004, 15(2), 20 ff. Grundlegend zu dieser Problematik *Collins*, Oxford Journal of Legal Studies 1994, n. 14, 229 ff.; *Zimmermann/Whittaker* (Hrsg.), Good Faith in European Contract Law (2000). Zum good faith-Grundsatz als Irritant im britischen Recht *Teubner*, MLR 61 (1998), 11 ff.

Selbst wenn eine bestimmte Regel, z.B. die Unwirksamkeit des Vertrages wegen Sittenwidrigkeit, in allen 25 Mitgliedstaaten unumstritten sein sollte, wäre mit diesem Befund allein nicht viel gewonnen. Die unbestimmte Generalklausel „gute Sitten" ist nur eine leere Hülle. Erst die richterliche Konkretisierung verleiht der Norm Inhalt. Auf dieser Ebene spielen aber die nationalen Unterschiede wieder die Hauptrolle. Zum Beispiel beim Wucher, bei den ruinösen Bürgschaften oder bei den unfairen Eheverträgen steht Deutschland mehr oder weniger allein in seiner Auslegung des Sittenwidrigkeitsbegriffs da.[30]

Denkbar wäre, als gemeinsame Prinzipien des europäischen Vertragsrechts auch diejenigen zu bezeichnen, die nicht der Gesamtheit, aber wohl der Mehrheit der Mitgliedstaaten gemeinsam sind. Diese Lösung ist aber ebenfalls sehr problematisch. Zum Beispiel: Die common law-Länder sind zwar in der Minderheit, dennoch kann man nicht ernsthaft als gemeinsames Prinzip des europäischen Vertragsrechts einen Grundsatz bezeichnen, der nur auf dem Kontinent und nicht auf den britischen Inseln gilt.

Es drängt sich der Verdacht auf – und darin besteht die *dritte These* dieses Beitrages –, dass die mythischen gemeinsamen Prinzipien des europäischen Vertragsrechts entweder nicht existieren oder nur Hüllen sind, die gewichtige nationale Unterschiede verbergen.

VI. Die Kriterien des Aktionsplans zur Ausarbeitung des „gemeinsamen Referenzrahmens": Eine kritische Analyse

Dass die gemeinsamen Prinzipien des europäischen Vertragsrechts erst einmal gezeugt und geboren werden müssen, scheint der Europäischen Kommission klar zu sein. Nach dem Aktionsplan soll nämlich im Laufe der nächsten Jahre mit Hilfe der Wissenschaft und der Wirtschaft ein „gemeinsamer Referenzrahmen" erarbeitet werden. Damit verfolgt die Kommission vor allem drei Ziele:[31]

1. ein Instrumentarium bereit zu stellen, auf das die EG bei der Überarbeitung geltender Rechtsvorschriften und bei der Ausarbeitung neuer Vorschläge im Bereich des Vertragsrechts zurückgreifen kann;

---

30 Für einen Überblick s. Palandt/*Heinrichs*, 63. Aufl. (2004), § 138, Rn. 25 ff. Die Auslegung des § 879 ABGB in Österreich folgt teilweise dem deutschen Modell: Vgl. Rummel/*Krejci*, Kommentar zum Allgemeinen bürgerlichen Gesetzbuch, Bd. I, §§ 1 bis 1174, 3. Aufl. (2000), § 879, Rn. 48 ff. In den meisten anderen EU-Mitgliedstaaten wird der schuldrechtliche Begriff der Sittenwidrigkeit deutlich enger verstanden und nicht in Verbindung mit der Ausnutzung wirtschaftlicher Ungleichgewichtslagen gebracht.

31 Aktionsplan, Rn. 62. Weitere mögliche Verwendungen des gemeinsamen Referenzrahmens sind in der Mitteilung von 2004, Rn. 2.1.2, ausgeführt.

2. den Mitgliedstaaten und „geeigneten Drittstaaten" ein Hilfsmittel zur Annäherung ihrer Vertragsrechte zur Verfügung zu stellen;
3. bei der Prüfung der Erforderlichkeit eines „nicht-sektorspezifischen Ansatzes" bzw. „optionellen Instruments" unterstützt zu werden.

Die ganze Zukunft des Gemeinschaftsvertragsrechts soll also im gemeinsamen Referenzrahmen liegen. Berechtigt erscheint daher die Frage, wer diesen Rahmen nach welchen Kriterien gestalten soll.

1. Der Triumph der Neopandektistik

Laut Aktionsplan soll der gemeinsame Referenzrahmen „die besten Lösungen bezüglich gemeinsamer Terminologie und Regeln bieten, also in Bezug auf die Definition grundlegender Konzepte und abstrakter Begriffe wie z.b. ‚Vertrag' oder ‚Schaden', oder in Bezug auf die Regelungen, die beispielsweise im Fall der Nichterfüllung von Verträgen anwendbar sein sollen".[32]

Offensichtlich stellt sich die Kommission dabei vor, dass sich eine Gruppe auserwählter Zivilrechtswissenschaftler zusammensetzt und einen schönen Allgemeinen Teil des Europäischen Vertragsrechts entwirft, der mit einer langen Reihe von Begriffsdefinitionen anfängt. Ist dies nicht der Triumph der Neopandektistik?

Abstrakte Definitionen, etwa von „Vertrag" oder „Schaden", können die Inkohärenz des europäischen Vertragsrechts allein deswegen nicht verringern, weil die entscheidenden, praktisch relevanten, problematischen Fragen nicht darin bestehen, was ein Vertrag oder ein Schaden im Sinne des Rechts „ist". Dass zu einem Vertrag zwei oder mehr übereinstimmende Willenserklärungen gehören, ist in jeder Rechtsordnung klar. Streitig ist vielmehr, z.B. gegenüber welchen Subjekten, unter welchen Bedingungen und mit welchen Einschränkungen diese Willenserklärungen rechtlich durchsetzbar sind. Und die Antwort auf solche Fragen kann man nicht in eine abstrakte Definition – auch nicht in 100 Definitionen! – packen. Es gibt auch nicht nur eine Antwort, sondern einen ganzen Diskurs: verschiedene Akteure (Gerichte, Wissenschaftler etc.) geben verschiedene Antworten aufgrund unterschiedlicher Betrachtungsweisen und Interes-

---

32 Aktionsplan, Rn. 62. Siehe ferner die Mitteilung von 2004, Rn. 3.1.3 und Annex I. Eine knappe, aber prägnante Definition des gemeinsamen Referenzrahmens gibt die Europäische Kommission unter http://europa.eu.int/comm/consumers/cons_int/safe_shop/fair_bus_pract/cont_law/callinterest_de.htm: „Handbuch der besten Lösungen zum Europäischen Vertragsrecht, in welchem Grundsätze, Definitionen und Modellregeln enthalten sein werden."

senabwägungen. Und die bleiben nicht stehen, sondern wandeln sich im Laufe der Zeit.[33]

Im Schadensrecht tritt die Nutzlosigkeit einer abstrakten Definition noch klarer zutage. Es geht ja nicht darum, a priori und ein für allemal den Begriff „Schaden" zu definieren. Es geht vielmehr darum, zu entscheiden, welche „Verlusterfahrungen" eines Menschen unter welchen Bedingungen einen Anspruch auf Kompensation begründen und welcher Art und Höhe diese Kompensation sein soll. Die Geschichte des Schadensrechts in den kontinentaleuropäischen Rechtsordnungen zeigt, wie wenig es bei der Antwort auf diese Fragen auf die gesetzlichen Definitionen bzw. auf den Wortlaut des Gesetzes im Allgemeinen ankommt. Es kommt primär auf die Rechtsprechung an, die im Laufe der Zeit und in Anpassung an den Wandel der gesellschaftlichen Wertvorstellungen fallbezogen auf die o.g. Fragen antwortet.[34]

Manchmal scheint eine gesetzliche Definition eine bestimmte Auslegung zu versperren, aber die Jurisprudenz findet immer einen Ausweg. Im italienischen Recht z.B. wurde und wird immer noch ein riesiger dogmatischer Aufwand betrieben, allein um die beste Methode zu finden, die zu engen Vorgaben des Codice civile zum Ersatz von Nichtvermögensschäden zu umgehen.[35]

Viel zu eng ist auch das Korsett der haftungsrechtlichen Vorschriften des BGB, die u.a. von zwei nicht mehr zeitgemäßen Paradigmen geprägt sind: Die Verletzung typisierter, absoluter Rechte als notwendige Voraussetzung der außervertraglichen Haftung einerseits und die strikte Trennung zwischen „echten" ersatzfähigen (Vermögens-)Schäden und immateriellen Verlusten, die nur in bestimmten Fällen einen Anspruch auf eine billige Entschädigung in Geld begründen, andererseits. Aber auch diese gesetzlichen Schranken haben die richterliche Rechtfortbildung nicht bremsen können.[36]

Gesetzestechnisch macht der Entwurf der von *Christian von Bar* geleiteten *Study Group on an European Civil Code* zur Regelung der außenvertraglichen Schuldverhältnisse[37] einen deutlichen Schritt vorwärts gegenüber dem BGB und dem Codice civile. Dieser Entwurf ist durch einen massiven Gebrauch unbe-

---

33 Zum diskursiven und prozeduralen Recht statt vieler *Habermas,* Faktizität und Geltung (1992); *Calliess,* Prozedurales Recht (1999) m.w.Nw. Zur Pluralität der Rechtsformanten und ihrer Entwicklungslinien *Sacco,* 39 Am.J.Comp.L 1 (1991).

34 Siehe nur *Brüggemeier,* Prinzipien des Haftungsrechts: eine systematische Darstellung auf rechtsvergleichender Grundlage (1999); *Rogers* (Hrsg.), Damages for non-pecuniary loss in a comparative perspective (2001).

35 Zum italienischen Haftungsrecht grundlegend *Busnelli/Patti,* Danno e responsabilità (1997).

36 Vgl. *Brüggemeier,* Prinzipien des Haftungsrechts (s. o. Fn. 34).

37 I.d.F. vom Juni 2004 abrufbar unter http://www.sgecc.net/media/download/04_06tort.pdf.

stimmter Generalklauseln und offener Tatbestandsmerkmale gekennzeichnet, die alle rechtspolitischen Entscheidungen auf die Ebene der Rechtsprechung verlagern.[38] Aber gerade dieser Vorzug beweist gleichzeitig die Überflüssigkeit einer solchen Regelung: Alle Weichen im Haftungsrecht werden sowieso von der Rechtsprechung gesetzt, egal wie eng oder weit, gut oder schlecht die gesetzlichen Definitionen sind.

Die echten Probleme, die echten Inkohärenzen des europäischen Haftungsrechts finden sich auf außergesetzlicher Ebene, im unkoordinierten und nicht immer transparenten Agieren einer Pluralität nationaler und supranationaler, rechtsprechenden und in sonstiger Weise Recht-fertigenden Instanzen. Dagegen können weder nationale noch supranationale Kodifikationen Abhilfe leisten.[39]

2. Rechtspolitische Neutralität?

Der neopandektistische, begriffsdefinitorische Ansatz des Aktionsplans verbreitet eine Aura der rechtspolitischen Neutralität. Beim genaueren Hinsehen erweist sich jedoch dieser Anschein als trügerisch. Denn es müssen zwischen verschiedenen möglichen Definitionen, zwischen verschiedenen möglichen Regelungsmodellen „die besten" ausgewählt werden. „Gut", „besser", „das Beste" sind Wertbegriffe. Man braucht also Wertmaßstäbe. Und der Aktionsplan nennt selbst welche:

Die „besten" Lösungen" seien die Lösungen, die am besten den „Bedürfnissen und Erwartungen der Wirtschaftsteilnehmer in einem Binnenmarkt entsprechen, der sich zur dynamischsten Wirtschaft der Welt entwickeln soll".[40]

Ist das nicht ein klares Plädoyer für ein Abrücken von den gegenwärtigen, angeblich zu hohen sozialen Schutzstandards der kontinentaleuropäischen Privatrechtssysteme und für eine Annäherung an die rechtlichen Freiheiten der dynamischsten Wirtschaft der Welt, d.h. der der Vereinigten Staaten von Amerika?[41]

Ferner: An mehreren Stellen des Aktionsplans wird beteuert, die Vertragsfreiheit solle der leitende Grundsatz sein. Einschränkungen sollten nur dann vorge-

---

38 Rechtlich relevante Schäden nach Art. 2:101 des Entwurfs der *Study Group* sind alle ökonomischen und nicht-ökonomischen Verluste, die aus der Verletzung von Rechten oder „schutzwürdigen Interessen" resultieren. Die einzige Hürde bei untypisierten Verletzungstatbeständen besteht darin, dass die Gewährung des Schadensersatzanspruchs „billig und angemessen" (fair and reasonable) sein muss. Bei der Prüfung der Billigkeit und Angemessenheit sollen u.a. die „vernünftigen Erwartungen" des Opfers und das öffentliche Interesse („considerations of public policy") eine Rolle spielen.
39 Vgl. *Joerges*, in: Joerges/Teubner (Hrsg.), Rechtsverfassungsrecht (2003), 183 ff. m.w.Nw.
40 Aktionsplan, R.n. 59
41 Zur neoliberalen Färbung des Aktionsplans *Hesselink*, NJB 2003, 2093.

sehen werden, wenn es „gute sachliche Gründe" dafür gibt. Gegen dieses Prinzip als solches ist nichts einzuwenden.[42] Entscheidend ist jedoch, nach welchen Kriterien bzw. Wertmaßstäben das Vorliegen von „guten sachlichen Gründen" zu bejahen respektive zu verneinen ist. Der einzige im Aktionsplan genannte Wertmaßstab sind die „Bedürfnisse und Erwartungen der Wirtschaftsteilnehmer". Diese sind laut Aktionsplan „Industrie, Einzelhandel, rechtsanwendende Berufe und Verbraucher".[43] (Schon diese Reihenfolge verrät das unterschiedliche Gewicht der entsprechenden Lobbies bei den europäischen Institutionen.)

Es fragt sich zunächst, wo die Bedürfnisse und Erwartungen der anderen Personenkreise (Mieter, Bürgen, selbständige Handelsvertreter etc.) bleiben, die nicht unter den Kategorien „Industrie, Einzelhandel, rechtsanwendende Berufe und Verbraucher" subsumierbar sind. Zählen ihre Interessen etwa gar nichts?

Man muss jedoch den Aktionsplan nicht unbedingt wörtlich nehmen. Wahrscheinlich sind die genannten vier Kategorien von Wirtschaftsakteuren nur als Beispiele gedacht. Aber die Beschränkung der Aufmerksamkeit auf die Wirtschaftsakteure überhaupt und die Hervorhebung der Industrie an erster Stelle kommen wohl nicht von ungefähr.

Nun liegt es auf der Hand, dass die Bedürfnisse und Erwartungen der Industrie und des Einzelhandels oft mit den Interessen der Verbraucher kollidieren. Welche sind also die „besten Lösungen", diejenigen zugunsten der Unternehmer oder diejenigen zugunsten der Verbraucher?[44] Behält man das Kriterium des Aktionsplans im Auge, dass der europäische Binnenmarkt sich „zur dynamischsten Wirtschaft der Welt entwickeln soll", dann sieht es für die Verbraucher eher schlecht aus.

Auch wenn wir solche Provokationen beiseite lassen, so sind wir doch am Kern des Problems angekommen: bei den kollidierenden Interessen verschiedener Personenkreise, die gegeneinander abgewogen werden müssen. Dies ist nicht nur das Hauptproblem beim gemeinsamen Referenzrahmen, d.h. bei der Wahl der „besten Lösungen hinsichtlich gemeinsamer Terminologie und Regeln" und bei der Bestimmung der „guten sachlichen Gründe" für eine Einschränkung der Vertragsfreiheit. Die Abwägung zwischen kollidierenden Interessen verschiedener Subjekte ist der Kern jedes Rechtsproblems. Dies zeigt noch einmal, wie

---

42 Vgl. aber die Kritik der *Study Group on Social Justice in European Private Law* (im Folgenden: *Social Justice Group*), EULJ 2004, 663 f., die provokativ für eine „Umkehrung der Beweislast" plädiert.

43 Aktionsplan, Rn. 65. Siehe auch die Mitteilung von 2004, Rn. 3.1.2: „den Interessen einer breiten Palette von Unternehmen in verschiedenen Wirtschaftsbereichen von KMU zu multinationalen Konzernen sowie von Verbrauchern und Rechtspraktikern ist Rechnung zu tragen".

44 Zur Relativität der „besten Lösungen" *Hesselink*, NJB 2003, 2088: „Das Beste für wen?" Käufer oder Verkäufer, Schuldner oder Gläubiger [...]?

utopisch und gefährlich die Vorstellung eines rechtspolitisch neutralen Europäischen Vertragsrechts ist.[45]

3. Wo bleiben die außerwirtschaftlichen Interessen?

Nach dem Aktionsplan scheinen sowohl bei der Wahl der „besten Lösungen hinsichtlich gemeinsamer Terminologie und Regeln" als auch bei der Bestimmung der „guten sachlichen Gründe" für die Einschränkungen der Vertragsfreiheit allein wirtschaftliche Interessen den Ausschlag zu geben. Dies stellt m.E. eine bedenkliche Reduktion der Rolle des Vertragsrechts dar.[46]

Die nationalen Vertragsrechtssysteme bilden seit eh und je den Brennpunkt einer Vielzahl menschlicher Interessen, die nicht allein Vermögensinteressen sind.[47] Man denke z.B. an das Mietrecht. Oft haben Mieter, vor allem ältere Menschen, allein deswegen ein großes Interesse an einem fortdauernden – am besten lebenslangen – Mietsverhältnis, weil für sie ein Umzug und die damit verbundene Entwurzelung aus der bekannten häuslichen Umgebung körperlich und psychisch übermäßig belastend wäre. Dieses Interesse besteht auch, wenn durch die Beendigung des Mietverhältnisses gar keine wirtschaftlichen Nachteile drohen.

Die Rechtsprechung bietet umfangreiches Material zum Beleg der These, dass außerwirtschaftliche Interessen oft die Schlüsselrolle bei der Regulierung von Vertragsverhältnissen spielen. Die Fallkonstellationen sind dabei sehr verschieden; sie gehen – von arbeitsvertragsrechtlichen Problematiken wie etwa dem Kopftuchstreit[48] abgesehen – vom Kauf eines Haustieres[49] über die Familienbürgschaft[50] bis hin zum Versicherungsvertrag.

---

45 Vgl. das Manifesto der *Social Justice Group* (s. o., Fn. 42), 653 ff. Zur politischen Dimension der angeblich „rein technischen" Vertragsrechtsproblematiken *Duncan Kennedy*, ERPL 2001, 7 ff. m.w.Nw.; *Lurger*, Grundfragen der Vereinheitlichung des Vertragsrechts in der Europäischen Union (2002) m.w.Nw.; *dies.*, in: Peer/Faber et. al. (Hrsg.), Jb.J.ZivRWiss 2003 (2004).
46 In diesem Sinne auch *Hesselink*, NJB 2003, 2093 und das Manifesto der *Social Justice Group* (s. o., Fn. 42), 661 und passim.
47 Für ein weites, nicht nur wirtschaftliches Verständnis der schutzwürdigen menschlichen Bedürfnisse im Vertragsrecht siehe *Wilhelmsson*, Critical Studies in Private Law: A Treatise on Need-Rational Principles in Modern Law (1992). In seiner jüngsten Analyse (EULJ 2004, 712 ff.) identifiziert *Wilhelmsson* sechs Typen von „welfarism" im Vertragsrecht: „market-rational", „market-correcting", „internally redistributive", „externally redistributive", „need-rational" und „public values welfarism". Bei den letzten beiden Typen spielen außerwirtschaftliche Interessen eine erhebliche Rolle.
48 BAG, NZA 2003, 483 ff.; BverfG, NZA 2003, 959 ff.
49 Landgericht Essen, NJW 2004, 527 ff.
50 BVerfGE 89, 214.

Was den Versicherungsvertrag anbelangt, lässt sich dies durch einen interessanten Fall aus dem italienischen Recht belegen:[51] Eine Privatperson wollte eine Lebensversicherung aus politischen Gründen kündigen, weil Herr *Berlusconi* die Versicherungsgesellschaft aufgekauft hatte. Die Vertragsbedingungen erschwerten aber die Kündigung ganz erheblich durch die Androhung des Verlustes sämtlicher eingezahlter Prämien. Das Gericht erklärte die Unwirksamkeit dieser Vertragsklausel aufgrund ihrer Inkompatibilität mit den Grundrechten der Meinungs- und Vereinigungsfreiheit. Dies ist ein plastisches Beispiel für die Drittwirkung der Grundrechte im Vertragsrecht.

Natürlich geht es auch in solchen Fällen um die Abwägung zwischen kollidierenden Interessen. Oft überwiegt in der Perspektive des urteilenden Gerichts die Schutzwürdigkeit des außerwirtschaftlichen Interesses einer Partei gegenüber dem wirtschaftlichen Interesse der anderen Partei.

Aber die Abwägung zwischen den betroffenen Interessen ist nicht nur Aufgabe der Judikative, sondern auch der Legislative und Exekutive. Dies gilt auch und vor allem, wenn von verschiedenen möglichen Regelungsmodellen des Vertragsrechts das Beste für Europa ausgewählt werden muss.

Der Aktionsplan greift daher zu kurz. Er vermittelt das unangenehme Gefühl, dass im zukünftigen, wirtschaftsdynamischeren europäischen Vertragsrecht alle menschlichen Interessen, die keinen Marktwert haben, keinen Platz finden.[52]

Zusammenfassend lautet die *vierte These* dieses Beitrages: Der Aktionsplan steckt den gemeinsamen Referenzrahmen in die Kleider der Begriffsjurisprudenz, die sich der Illusion der politischen Neutralität des Rechts hingibt. Aber Rechtsfindung ist immer Abwägung der kollidierenden Interessen verschiedener Personengruppen, und diese Abwägung ist von Natur aus immer auch rechtspolitisch geprägt.[53] Auch der Aktionsplan betreibt schließlich Rechtspolitik. Er gibt nämlich denjenigen Lösungen den Vorzug, die am besten den Bedürfnissen und Erwartungen von Industrie, Einzelhandel, rechtsanwendenden Berufen und Verbrauchern entsprechen. Dabei entsteht der Eindruck, dass diese Reihenfolge nicht zufällig gewählt wurde. Völlig außer Acht bleiben im Aktionsplan die außerwirtschaftlichen Interessen, die im Vertragsrecht jedoch oft eine Schlüsselrolle spielen.

---

51 Tribunale Milano, 30. 3. 1994, Foro it. 1994, I, 1572.
52 Dieser Eindruck wird von der Mitteilung von 2004 (Rn. 3.1.2) nur verstärkt: Schlüsselkriterien für die Ausarbeitung des gemeinsamen Referenzrahmens sollen die Berücksichtigung der Vielfalt unterschiedlicher Rechtstraditionen und die „Ausgewogenheit der wirtschaftlichen Interessen" sein.
53 Vgl. schon *Heck*, AcP 112 (1914), 89 ff.

VII. Wer soll am Webstuhl sitzen?

Im Laufe der nächsten Jahre soll also mit Hilfe der Wissenschaft ein gemeinsamer Referenzrahmen für das europäische Vertragsrecht ausgearbeitet werden.[54] „Wissenschaft" ist aber ein sehr vager Begriff. Wie viele und welche Experten sollen konkret das Sagen haben?

Der gemeinsame Referenzrahmen soll laut Aktionsplan die „umfassenden Forschungsarbeiten" als Basis nehmen, die die Europäische Kommission innerhalb des 6. Forschungsrahmenprogramms auf dem Gebiet des Vertragsrechts zu finanzieren beabsichtigt.[55] Nun ist bekannt, dass die Europäische Kommission für diese Rechtsmaterie einen einzigen Geldtopf zur Verfügung gestellt hat, der einem einzigen, riesigen „Exzellenznetzwerk" zugute kommen soll.[56] In diesem Riesennetzwerk sollten nahezu alle Gruppen von Forschern vereint werden, die bereits ihre Energien dem europäischen Vertragsrecht widmen. Die gemeinsamen Forschungsarbeiten sollten von der großen Vielfalt an Methoden, Denk- und Zielrichtungen der Netzwerkpartner profitieren.[57]

Offenbar glaubt die Kommission in Anlehnung an Adam Smith, dass eine „unsichtbare Hand" die Verhältnisse zwischen konkurrierenden Forschergruppen perfekt regeln und daraus einen harmonischen, demokratischen und paritätischen Gesamtverbund machen würde. Aber die Realität sieht – in der Wirtschaft wie in der Wissenschaft – anders aus. Es wundert daher gar nicht, dass im Laufe der Zeit die größte und mächtigste Gruppe innerhalb des Exzellenznetzwerks *in spe*, die Study Group on an European Civil Code,[58] eine Quasi-Monopol-Stellung im Hinblick auf die künftige Gestaltung des gemeinsamen Referenzrahmens erreicht hat.[59]

---

54 Zum Zeitplan siehe die Mitteilung von 2004 (Rn. 3.1.1 und 3.2.4): Es wird erwartet, dass die Forscher einen Schlussbericht mit allen für die Erarbeitung eines gemeinsamen Referenzrahmens durch die Kommission benötigten Daten vorlegen. Dieser Schlussbericht soll auch einen Entwurf des gemeinsamen Referenzrahmens enthalten. Die Verabschiedung letzteres durch die Kommission ist für 2009 vorgesehen.
55 Aktionsplan, Rn. 63.
56 Der Text der (inzwischen geschlossenen) Ausschreibung der Kommission (ABl. 2002/C 315/01) ist unter http://fp6.cordis.lu/fp6/call_details.cfm?CALL_ID=14 abrufbar. Am 31.7. hat die Kommission „zur Interessenbekundung hinsichtlich des Aufbaus eines Netzwerks von Experten aus Interessengruppen auf dem Gebiet eines gemeinsamen Referenzrahmens für den Bereich europäisches Vertragsrecht (CFR-net)" aufgerufen: ABl. 2004, S. 148 – 127525 (abrufbar unter http://europa.eu.int/comm/consumers cons_int/safe_shop/fair_bus_pract/cont_law/callinterest_de.htm).
57 Zum Konzept der Exzellenznetze siehe http://www.rp6.de/inhalte/instrumente/ networksofexcellence#pagetop.
58 http://www.sgecc.net
59 Einen Blick hinter die Kulissen wirft *Calliess*, GLJ 2004 (s. o. Fn. 5), 959.

Die Wurzel des Problems liegt nicht im Verhalten der beteiligten Wissenschaftler, welches tadellos ist. Bedenklich ist vielmehr die Strategie der Europäischen Kommission, die – wenn auch unbeabsichtigt – monopolfreundliche Rahmenbedingungen geschaffen hat.[60] Dies ist die *fünfte These* dieses Beitrages.

VIII. Die Europäische Verfassung: Eine neue Grundlage für die Harmonisierung des Vertragsrechts

1. Zur Notwendigkeit eines Paradigmenwechsels

Bisher wurde die Diskussion über die Legitimationsgrundlage für die Privatrechtsharmonisierung in Europa vor allem von zwei Paradigmen dominiert: dem Binnenmarktparadigma und dem ius commune-Paradigma. Wo das Binnenmarktargument nicht mehr reichte, griff man auf die Idee eines gemeinsamen Kerns von Prinzipien des europäischen Privatrechts zurück, die als Motor für eine weitere Harmonisierung dienen könnten.[61] Diese beiden Paradigmen durchdringen z.B. den ganzen Text der Mitteilung der Kommission von 2001 und spiegeln sich auch im Aktionsplan wieder.[62]

Da er auf dem alleinigen Wertmaßstab der Beseitigung von Binnenmarkthindernissen beharrt, bleibt der Aktionsplan dem alten Verständnis der EG als einer reinen Wirtschaftsgemeinschaft verhaftet. Aber spätestens seit dem Vertrag von Nizza und der Charta der Grundrechte dürfte klar sein, dass die EU keine bloße Wirtschaftsgemeinschaft mehr ist. Sie ist nun eine politische Union, die auf gemeinsamen Grundwerten, Grundrechten und (geschriebenen oder ungeschriebenen) Verfassungsprinzipien fußt.[63]

Bald soll in der EU eine formelle, schriftliche Verfassung in Kraft treten. Aber eine europäische Verfassung im materiellen Sinne existiert schon seit Jahren.[64] Zu einer solchen gehören jedenfalls die Grundsätze und Grundrechte, von de-

---

60 Um dieser Gefahr vorzubeugen, wurde in diesem Kreise schon vor Jahren die Einrichtung eines Europäischen Rechtsinstituts gefordert (Schmid, in Ackermann et al. (Hrsg.), JJZ 10 (1999), 33) – eine Empfehlung, die sich zwar das Europäische Parlament in seiner Resolution vom 15.11.2001 (A5-0384/2001) zu eigen machte, die ansonsten aber keine Wirkung zeitigte.
61 Siehe o. V.
62 Aktionsplan, Rn. 25 ff.
63 Siehe o. Fn. 64.
64 Vgl. von Bogdandy, Europäisches Verfassungsrecht (2003); Giegerich, Europäische Verfassung und deutsche Verfassung im transnationalen Konstitutionalisierungsprozess (2003); Häberle, Europäische Verfassungslehre (2002); Müller-Graff/Riedel (Hrsg.), Gemeinsames Verfassungsrecht in der Europäischen Union (1998); Schwarze (Hrsg.), Die Entstehung einer europäischen Verfassungsordnung (2000).

nen die beiden ersten Absätze des Art. 6 des EU-Vertrages in der Fassung von Amsterdam sprechen: „die Grundsätze der Freiheit, der Demokratie, der Achtung der Menschenrechte und Grundfreiheiten sowie der Rechtsstaatlichkeit" (Abs. 1) und „die Grundrechte, wie sie in der EMRK gewährleistet sind und wie sie sich aus den gemeinsamen Verfassungsüberlieferungen der Mitgliedstaaten als allgemeine Grundsätze des Gemeinschaftsrechts ergeben" (Abs. 2).

Somit kommen wir zur *sechsten These* dieses Beitrages: Die Verfestigung der neuen Paradigmen des „Europas der Bürger" und der EU als Verfassungsordnung legt nahe, dass nunmehr auch die Harmonisierung des europäischen Privat- und Vertragsrechts auf eine neue Grundlage gestellt werden muss. Die Europäische Verfassung macht auch im privatrechtswissenschaftlichen Diskurs einen Paradigmenwechsel erforderlich. Die bestehende und künftige europäische Privatrechtsordnung sollte in die europäische Verfassungsordnung integriert werden. In der europäischen Verfassung sollte nun das europäische Privatrecht seine höchste Rechtsquelle, seinen höchsten Interpretationskanon und eine neue Legitimationsgrundlage finden.[65]

2. Konstitutionalisierung des gemeinsamen Referenzrahmens

Die erste Schlussfolgerung aus diesem Paradigmenwechsel besteht darin, dass der Aktionsplan verfassungskonform auszulegen ist. Der gemeinsame Referenzrahmen muss konstitutionalisiert, d.h. auf die Europäische Verfassung im materiellen Sinne gestützt werden.

Die *siebte These* dieses Beitrages lautet: Die Wahl der „besten Lösungen" hinsichtlich gemeinsamer Terminologie und Regeln des europäischen Vertragsrechts, die Bestimmung der „guten sachlichen Gründe" für eine Einschränkung der Vertragsfreiheit usw., all diese zentralen Entscheidungen sollten anhand von Wertmaßstäben getroffen werden, die sich aus den Grundrechten, Grundfreiheiten und Grundprinzipien der europäischen Verfassung ergeben.[66]

Diese Wertmaßstäbe entsprechen wirtschaftlichen sowie außerwirtschaftlichen Interessen, die nach den Prinzipien der praktischen Konkordanz kollidierender Grundrechtspositionen in Einklang zu bringen sind. Diese Konkordanz herzustellen ist keine technische, wertneutrale, sondern eine rechtspolitische Aufgabe.

---

65 Vgl. *Gerstenberg*, EULJ 2004, 766 ff.; ders., in: Kimmo Nuotio (Hrsg.), Europa in Search of „Meaning and Purpose" (2004), 107 ff.
66 Zur Notwendigkeit einer Anknüpfung des europäischen Vertragsrechts an die gemeinsamen europäischen Werte der Menschenwürde, Freiheit, Gleichheit und Solidarität, die auch in der Charta von Nizza anerkannt sind, vgl. *Hesselink*, NJB 2003, 2093.

3. Konstitutionelle Rechtsharmonisierung durch Angleichung der privatrechtlichen Schutzstandards der europäischen Grundrechte

Die Grundrechte, Grundfreiheiten und Verfassungsprinzipien, die in Art. 6 EU-Vertrag erwähnt sind, gelten für alle europäischen Bürgerinnen und Bürger. Also müssen sie den gleichen Inhalt in allen Mitgliedstaaten aufweisen. Es liegt nahe, dass die europäischen Bürgerinnen und Bürger auch im Hinblick auf die privatrechtlichen Schutzstandards der europäischen Grundrechte und Verfassungsprinzipien gleichgestellt werden müssen.

Mit anderen Worten: Nationale Ungleichbehandlungen sind zu vermeiden, sowohl in der vertikalen (Bürger/Staat) als auch in der horizontalen (Bürger/Bürger) Dimension der Geltung der europäischen Grundrechte und Verfassungsprinzipien. Bezüglich der horizontalen Dimension, d.h. der Privatrechtsverhältnisse, spricht man üblicherweise von „Drittwirkung".[67] Die Drittwirkung erweist sich somit als Vehikel der Privatrechtsharmonisierung. Dies bildet den Gegenstand der *achten These* dieses Beitrages.

Die Frage der Angleichung der privatrechtlichen Schutzstandards stellt sich in Bezug auf die Fallkonstellationen, die in den jeweiligen nationalen Privatrechtssystemen von der Auswirkung eines Grundrechts oder Verfassungsprinzips betroffen sind, welches zugleich ein gemeineuropäisches Grundrecht oder Verfassungsprinzip ist.

Nehmen wir als Beispiel die Familienbürgschaft. Warum soll die ruinöse, krass überfordernde Bürgschaft des Lebenspartners nur in Deutschland unter Umständen nichtig sein? Die Grundrechte der allgemeinen Handlungsfreiheit und freien Entfaltung der Persönlichkeit, die in dieser Fallkonstellation aus der Sicht des BVerfG[68] berührt sind, sind keine spezifisch nationalen Grundrechte des deutschen Volkes: Sie sind allen europäischen Bürgerinnen und Bürgern gemeinsam. Warum sollen Deutsche nach Abschluss einer Familienbürgschaft ihr Leben freier von unfairen wirtschaftlichen Zwängen planen dürfen als Spanier oder Italiener?

Auch aus der Sicht des traditionellen Binnenmarktparadigmas erscheint die Ungleichbehandlung der gleichen Bürgschaftsverträge in den einzelnen Mitgliedstaaten als bedenklich. Warum sollen solche Verträge nur in Deutschland nichtig sein, während ausländische Banken in der gleichen Lage ungeschoren davon kommen?

Dieses Beispiel hat die unterschiedliche rechtspolitische Ausrichtung der beiden Paradigmen deutlich gemacht: Das Binnenmarktargument setzt den Schwerpunkt meistens auf die Interessen der Unternehmen (hier: „die armen Banken"),

---

67 Zur Drittwirkung in der europäischen Dimension *Ganten*, Die Drittwirkung der Grundfreiheiten (2000); *Jaensch*, Die unmittelbare Drittwirkung der Grundfreiheiten (1997).
68 BVerfGE 89, 214.

während die Berücksichtigung der europäischen Verfassung eher den Interessen der einfachen Bürger zugute kommt. Anzumerken ist jedoch, dass oft – wie in diesem Fall – die Interessen aller Vertragsbeteiligten, groß und klein, arm und reich, für und nicht gegen eine europaweite Angleichung der betroffenen Rechtsmaterie sprechen.

4. Kompetenz versus Subsidiaritätsprinzip?

Aus dem Umstand, dass die Europäische Verfassung eine Angleichung in den drittwirkungsbetroffenen Privatrechtsbereichen erfordert, folgt – und dies ist die *neunte These* dieses Beitrags –, dass die Europäische Verfassung eine entsprechende Kompetenz der EG zur Beseitigung der Ungleichheiten in den privatrechtlichen Schutzstandards von Grundrechten und Verfassungsprinzipien begründet.

Es fragt sich allerdings, ob und ggf. inwieweit das Subsidiaritätsprinzip dieser Kompetenz entgegenwirkt.

Zunächst ist anzumerken, dass das Subsidiaritätsprinzip diese Kompetenz nur in Bezug auf die Art der Ausführung einschränken, nicht aber prinzipiell in Frage stellen kann. Das Problem der Ungleichheiten in den privatrechtlichen Schutzstandards von europäischen Grundrechten und Verfassungsprinzipien kann nämlich nicht allein auf der Ebene der einzelnen Mitgliedstaaten gelöst werden. Wie sollen die Mitgliedstaaten, die ja alle gleich souverän sind, ohne ein klärendes Wort der EG erfahren, welche nationalen Standards den gewünschten europäischen Schutzstandard erfüllen? Mindestens hinsichtlich der Festlegung des Soll-Standards muss die EG deswegen eine ausschließliche Kompetenz besitzen.

Nach der Festlegung dieses Standards kann die EG die Mitgliedstaaten auffordern, ihre Privatrechte entsprechend fortzuentwickeln. Verstreicht jedoch die Zeit, ohne dass die Ungleichheiten verschwinden, ist der Beweis, dass allein ein Handeln der EG Abhilfe leisten kann, erbracht. Diese Prozedur wird oft von der EG durchgeführt, etwa vor dem Erlass einer Richtlinie.[69]

Aber auch nach einer erfolglosen Aufforderung der Mitgliedstaaten zur freiwilligen Anpassung an den gewünschten Schutzstandard unterliegt die Art und Weise des Einschreitens der EG, also die Ausübung der Kompetenz, immer

---

69 Siehe z.B. die Entstehungsgeschichte der Zahlungsverzugs-RL (2000/35/EG): 1995 verabschiedete die Kommission eine Empfehlung an die Mitgliedstaaten, das Problem des Zahlungsverzugs im Geschäftsverkehr in Angriff zu nehmen (ABl. L 127 vom 10.6.1995, 19). Zwei Jahre später wertete die Kommission in einem Bericht (ABl. C 211 vom 22.7.1997) die Auswirkungen ihrer Empfehlung aus. Sie stellte fest, dass das Problem akut blieb und dass die Mitgliedstaaten nichts dagegen unternommen hatten. Daher entschloss sie sich, eine RL zu dieser Materie vorzuschlagen. Vgl. die Erwägungsgründe 1 bis 12 der RL 2000/35/EG.

noch dem Subsidiaritätsprinzip. Es stellt sich daher die Frage, wie die Ungleichheiten in den privatrechtlichen Schutzstandards von europäischen Grundrechten, Grundfreiheiten und Verfassungsprinzipien am besten beseitigt werden können, ohne dass die Souveränität der Mitgliedstaaten unnötig eingeschränkt wird.

5. Legislative Instrumente oder Rechtsprechungspraxis?

Die *zehnte* und letzte *These* dieses Beitrags lautet: Die von der Europäischen Verfassung geforderte Angleichung der drittwirkungsrelevanten Materien ist nicht notwendigerweise eine legislative. Wichtig ist nur, dass die gleichen Grundrechte, Grundfreiheiten und Verfassungsprinzipien einen gleich hohen, gleich effektiven privatrechtlichen Schutz in allen Mitgliedstaaten genießen. Dafür ist eine legislative Angleichung weder notwendig noch ausreichend:

Sie ist nicht notwendig, weil die gleichen praktischen Ergebnisse auf verschiedenen Wegen bzw. durch Anwendung unterschiedlicher Rechtsvorschriften erzielt werden können.[70] Bei der Familienbürgschaft genießt z.B. der wirtschaftlich schwache Bürge in Deutschland und Frankreich einen gleich hohen Schutz, d.h. die Bürgschaft ist in beiden Ländern praktisch unter den gleichen Voraussetzungen unwirksam. Um dieses Ergebnis zu erzielen, wird in Frankreich eine Spezialvorschrift des Code de la consommation angewandt,[71] während man in Deutschland auf die Drittwirkung der Grundrechte via Richterrecht und auf die Auslegung des Begriffs des sittenwidrigen Rechtsgeschäfts zurückgreift.[72]

Bevor Anfang der 90er Jahre des letzten Jahrhunderts die o.g. Vorschrift in den Code de la consommation eingeführt wurde, erzielten die französischen Gerichte das gleiche Ergebnis durch Anwendung der Irrtumsregelungen.[73] Dies zeigt noch einmal, wie wenig es darauf ankommt, wie die gesetzlichen Vorschriften aussehen. Wichtig ist vielmehr, zu welchem Ziel man damit kommt, d.h. wie viel Schutz die betroffenen Interessen erlangen.

Können unterschiedliche gesetzliche Regelungen den erwünschten Schutzstandard gleich effektiv erreichen, stellt eine gemeinschaftsrechtliche Zwangs-

---

70 Vgl. den Common Core-Ansatz: *Bussani/Mattei*, 3 Colum.J.Eur.L. 339 (1997); *Gambaro*, Global Jurist Frontiers 2004, vol. 4, n. 1, 2; ferner s. o. Fn. 25.
71 Art. 341-4: „Un créancier professionnel ne peut se prévaloir d'un contrat de cautionnement conclu par une personne physique dont l'engagement était, lors de sa conclusion, manifestement disproportionné à ses biens et revenus, à moins que le patrimoine de cette caution, au moment où celle-ci est appelée, ne lui permette de faire face à son obligation."
72 Dazu statt vieler *Schimanski*, WM 2002, 2437 ff.; *Nobbe/Kirchhof*, BKR 2001, 5 ff. Für eine inspirierende Analyse der Problematik der Familienbürgschaft s. *Teubner*, Krit. Vierteljahresschr. f. Gesetzgebung und Rechtswissenschaft 83 (2000), 388 ff.
73 Cour d'appel Paris 18.1.1977, *JPC* G, II, 19318 m. Anm. v. *Simler*; Cass. 4.7.1979, *D*. 1979, 538.

harmonisierung der gesetzlichen Tatbestände einen Verstoß gegen das Subsidiaritätsprinzip dar.

Zur Angleichung der Effektivität des Schutzes bestimmter Rechtspositionen sind einheitliche gesetzliche Tatbestände nicht nur nicht notwendig, sondern auch nicht ausreichend. Dies ist auch das Dilemma der Richtlinien der EG: Ihre Einbettung in den nationalen Kontexten führt sofort zu Ungleichbehandlungen. Wie gut bzw. schlecht z.b. die Verbraucher ihre Rechte gerichtlich durchsetzen können, hängt von vielen Gegebenheiten der nationalen Rechtssysteme ab, die nicht zuletzt das Zivilverfahrensrecht betreffen.[74]

Daraus folgt, dass auch eine gesamteuropäische Kodifikation weder notwendig noch ausreichend im Hinblick auf die Angleichung der privatrechtlichen Schutzstandards europäischer Grundrechte, Grundfreiheiten und Verfassungsprinzipien ist. Es wäre illusorisch, zu glauben, das Problem der Horizontalwirkung dieser Rechte und Prinzipien allein durch eine Ad-Hoc-Vorschrift jener Kodifikation in den Griff bekommen zu können.

Meines Erachtens kann eine Angleichung der vertragsrechtlichen Schutzstandards europäischer Grundrechte und Verfassungsprinzipien nur auf dem Wege der Rechtsprechung verwirklicht werden. Erfolgt eine solche Angleichung weder spontan noch nach einer entsprechenden Aufforderung der EG, dann sollte diese berechtigt sein, jenen Standard autoritativ gegenüber den Mitgliedstaaten bzw. deren Rechtsprechungsorganen anzuordnen.

Es liegt auf der Hand, dass das für diese Anordnung zuständige Organ der EG nur der EuGH sein kann. Für ein effektives Funktionieren dieses Modells ist aber eine umfassende Reform der europäischen Gerichtsbarkeit nötig, denn der EuGH ist schon jetzt überfordert.[75]

---

[74] Vgl. u.a. *Rott*, Die Umsetzung der Haustürwiderrufs-RL in den Mitgliedstaaten (2000).
[75] Vgl. den Beitrag *Ilka Klöckners* in diesem Jahrbuch.

Europäisches Vertragsrecht: Falsche Fronten und neue Perspektiven

Gralf-Peter Calliess

I. (Privatrechts-) Politik
II. (Interessen-) Wirtschaft
III. (Verfassungs-) Recht
IV. Rough Consensus and Running Code: Vertragsrecht jenseits des Nationalstaats
V. Schluss

Aurelia Colombi Ciacchi weist in ihrem Beitrag auf fundamentale Probleme und Verwerfungen im Prozess der europäischen Privatrechtsvereinheitlichung hin. Als mitlaufende Hintergrundreferenz zum Beitrag von *Ciacchi* lese ich das Manifest der „Study Group on Social Justice in European Private Law" über ein soziales Schuldvertragsrecht für Europa.[1] Hier wie dort kommt die Besorgnis zum Ausdruck, dass die Europäische Kommission mit ihrem Aktionsplan[2] einen technokratischen Ansatz der Privatrechtsvereinheitlichung verfolgt, welcher die soziale Dimension des Privatrechts ausblendet und im Ergebnis auf eine Reformalisierung des Vertragsrechts hinausläuft. Die Kritik am Aktionsplan bewegt sich damit paradigmatisch zwischen den Kategorien des „bürgerlichen Formalrechts" und des „materialen Sozialrechts", was schlagwortartig in der Verwendung der folgenden Gegensatzpaare zum Ausdruck kommt: Begriffsjurisprudenz vs. Interessenjurisprudenz; „reines" vs. politisches Privatrecht; neopandektistische Kodifikation durch Experten vs. demokratische Diskussion über kulturelle Wertentscheidungen; wirtschaftliche Interessen vs. nicht-wirtschaftliche Interessen; Industrie vs. Verbraucher; Mächtige vs. Schwache; Vertragsfreiheit vs. zwingendes Recht; Binnenmarktfunktionalismus vs. Grundrechte; etc.

Damit werden zwar für das moderne Vertragsrecht entscheidende Fragen aufgeworfen, aber die Debatte wird, so meine These, in „falschen Fronten" geführt, was den Blick auf wesentliche Umbrüche im europäischen Vertragsrecht ver-

---

1   "Social Justice in European Contract Law: A Manifesto", Eur.Law.J., 10, 6 (2004), 653-674. *Ciacchi* ist Mitglied der Study Group, das Manifest ist unter Federführung von *Hugh Collins* entstanden.
2   Dazu bereits *Calliess*, in: GLJ 4, 4 (2003); *ders.*, in: GLJ 5, 8 (2004); beide Titel erhältlich unter www.germanlawjournal.com.

stellt. Im folgenden Kommentar kann ich dies nur ganz exemplarisch unter den Stichwörtern Politik (1.), Wirtschaft (2.), und Recht (3.) erläutern, bevor ich anhand der Begriffe Rough Consensus und Running Code Schlaglichter auf eine andere Perspektive in der europäischen Privatrechtsvereinheitlichung werfe (4.).

I. (Privatrechts-) Politik

Es ist eine uralte, durch die moderne Methodentheorie freilich ungemein verfeinerte Einsicht, dass eine Regel ihre eigene Anwendung nicht mitregeln kann. Ein Blick auf die Praxis des Common Law oder die Rechtsprechung des Bundesverfassungsgerichts zu den Grundrechten zeigt, dass Recht auf ein im Detail schriftlich niedergelegtes Regelsystem gar nicht angewiesen ist, sondern sich wesentlich in der Streitschlichtung durch einen unparteilichen Dritten konstituiert: unter der Maxime „gleiche Fälle gleich" zu behandeln werden Normen als Nebenprodukt der Entscheidung im streitigen Verfahren von Fall zu Fall kondensiert und konfirmiert. Von der Antike bis in die Neuzeit hinein sind Kodifikationen nichts weiter als systematisierende Niederschriften des in Rechtsprechung und Praxis „gelebten" Rechts. Auch nach der Aufklärung bleibt die politische Bedeutung von Privatrechtskodifikationen gering, im demokratischen Nationalstaat kommt ihnen allenfalls symbolische Bedeutung als Ausdruck der sich erschaffenden Kulturnationen zu. Der konkrete Inhalt von Privatrechtsgesetzgebung war aber weder am Ende des 19. noch im Ausgang des 20. Jahrhunderts Anlass für breite gesellschaftspolitische Debatten, sondern wurde und wird von Experten aus Ministerien und Wissenschaft vorbereitet ohne inhaltliche Diskussion durch die Parlamente gewunken. Die entscheidenden inhaltlichen Entwicklungen, die von *Franz Wieacker* für das 20. Jahrhundert als Materialisierung des Privatrechts beschrieben wurden,[3] fanden hingegen unter weitgehend unveränderter Geltung des BGB aufgrund richterlicher Rechtsfortbildungen statt, so dass sich ein Gutteil der jüngsten „Modernisierung des Schuldrechts" schlicht in einer Kodifikation von Richterrecht erschöpfte.

In diesem Zusammenhang erscheint die Front zwischen „unpolitischer Begriffsjurisprudenz" und „interessenpolitischer Wertungsjurisprudenz" als überreichlich strapazierte Scheindifferenz: während erstere System und Prinzipen des Privatrechts „findet", um in prä-kodifikatorischer Epoche notwendige (Selbst-) Bindungen herzustellen, „findet" letztere gesellschaftliche Interessen, um diese im Wege der Abwägung gegen übermäßige post-kodifikatorische

---

3   *Wieacker*, Das Sozialmodell der klassischen Privatrechtsgesetzbücher und die Entwicklung der modernen Gesellschaft (1963); *ders.*, Privatrechtsgeschichte der Neuzeit, 2. Aufl. (1967), 514 ff., 539 ff.

Bindungen zu wenden. In beiden Fällen kann methodentheoretisch nicht zwischen „vor-finden" und „er-finden" unterschieden werden, in beiden Fällen handelt es sich um „politische Jurisprudenz", in keinem Falle aber um „Gesetzgebung" als „demokratische Wertentscheidung", sondern um „Volksgeist" oder „soziale Wirklichkeit" und deren Erkenntnis durch wissenschaftlich gebildete Juristen, also um „Juristenrecht". *Rudolf Wiethölter* bringt dieses Verhältnis von Recht und Politik wie folgt auf den Punkt:

„denkend gehorchen heißt, sich dem Gehorsam entziehen, gehorsam denken heißt, sich einem Denk-Paradigma zu fügen. ... Autorität wirkt nur in gehöriger Distanz (das fordert eigene Aktivität) wie in der Vermeidung ungehöriger eigener Aktivität (das fordert fremde Autorität)."[4]

II. (Interessen-) Wirtschaft

Ist dem Europarecht aufgrund seiner Binnenmarktfunktionalität eine Ausrichtung auf Wirtschaftsinteressen eingeschrieben, und bevorzugt der Aktionsplan zum Vertragsrecht deshalb Privatautonomie gegenüber zwingendem Recht, Industrie- gegenüber Verbraucherinteressen, etc. in einer Weise, die erst durch die Einbeziehung nicht-wirtschaftlicher Interessen über die Grundrechte als Teil der europäischen Verfassung überwunden werden kann? Auch hier werden meines Erachtens falsche Fronten aufgebaut, denn die Binnenmarktfunktionalität des EG-Rechts ist keine den Inhalt von Rechtsangleichungsmaßnahmen beschränkende materielle, sondern eine formell-kompetenzrechtliche Kategorie.

Ciacchi's Vorbehalte gegen einen vermeintlich wirtschaftslastigen Aktionsplan möchte ich durch einen Vergleich zur deutschen Rechtslage relativieren: Nach dem Grundgesetz hat der Bund keine ausschließliche Gesetzgebungskompetenz auf dem Gebiet des Privatrechts. Das BGB als deutsches Bundesgesetz beruht auf der konkurrierenden Kompetenz des Bundes nach Art. 74 Abs. 1 Nr. 1 GG. Diese Kompetenz darf der Bund gem. Art. 72 Abs. 2 GG freilich nur ausüben, „soweit ... die Wahrung der ... Rechts- oder Wirtschaftseinheit ... eine bundesgesetzliche Regelung erforderlich macht." Dieses Subsidiaritätsprinzip ist in gewissen Grenzen justitiabel, was kürzlich dazu geführt hat, dass das BVerfG die Einführung der Juniorprofessur per Hochschulrahmengesetz für nichtig erklärt hat.[5] Die Notwendigkeit einer bundeseinheitlichen Regelung des Privatrechts wird zwar in der Praxis nicht in Frage gestellt, unterliegt aber dem Maß-

---

4   Zum gesamten Abschnitt (1) vgl. die vorzügliche Analyse bei *Wiethölter*, in: FS Kegel (1977), 213 ff., Zitat: 235.
5   BVerfG, 2 BvF 2/02 vom 27.7.2004 („Juniorprofessur"), Rn 100 f., 127 ff. (im Internet, d.h. im Folgenden jeweils durch Eingabe der Suchbegriffe über www.google.de zugänglich).

stab des Art. 72 Abs. 2 GG. Trotzdem würde niemand auf die Idee kommen, das BGB wegen seiner kompetenzrechtlich nötigen Funktionalität für den deutschen Binnenmarkt als einseitig an Wirtschaftsinteressen ausgerichtet anzusehen.

In gleicher Weise hat auch die EG im Verhältnis zu den Mitgliedstaaten nur eine subsidiär konkurrierende Kompetenz auf dem Gebiet des Privatrechts. Maßnahmen nach Art. 95 EG (materielle Rechtsangleichung) oder Art. 65 EG (Kollisionsrechtsvereinheitlichung) sind nur zulässig, soweit sie tatsächlich zur Beseitigung von Hemmnissen für den freien Warenverkehr und die Dienstleistungsfreiheit geeignet und erforderlich sind, was der EuGH auch überprüfen kann.[6] Wenn nach diesen Kriterien aber eine europäische Regelung erforderlich ist, dann hat die EG die Kompetenz zur Regelung des Gebiets unter Berücksichtigung sämtlicher, also auch nicht-wirtschaftlicher Interessen, wobei gem. Art. 95 Abs. 3 EG sogar die Pflicht besteht, ein hohes Verbraucherschutzniveau zu verwirklichen. Dass sich die Kommission im Aktionsplan derart ausführlich mit der wirtschaftlichen Notwendigkeit eines einheitlichen Vertragsrechts auseinandersetzt, dient der Generation von Argumenten für die Begründung einer äußerst umstrittenen Kompetenz der EG auf dem Gebiet des allgemeinen Vertragsrechts. Daraus folgt jedoch in keiner Weise, dass in einem europäischen Vertragsrecht, falls es denn erlassen würde, lediglich Wirtschaftsinteressen berücksichtigt würden. Die bisherige Erfahrung zeigt im Gegenteil, dass sich das europäische Schuldvertragsrecht gerade auf die Gebiete erstreckt, für die keine Rechtswahlfreiheit besteht und die sich mit dem Schutz der schwächeren Vertragspartei durch zwingendes Recht befassen.[7]

Im Übrigen muss bezüglich der Binnenmarktfunktionalität des EG-Rechts deutlich zwischen „wirtschaftlichen Interessen" als ökonomischen im Gegensatz etwa zu familiären oder religiösen Interessen einerseits, und „Wirtschaftsinteressen" als Interessen der Industrie, des Handels, der Banken, etc. andererseits unterschieden werden. Die Öffnung des Binnenmarktes durch Beseitigung von Handelshemmnissen aller Art erfolgt gerade auch im Interesse der Verbraucher am Zugang zu neuen Märkten und an einem erhöhten Wettbewerb auf der Angebotsseite. Abgeschottete nationale Märkte schützen demgegenüber regelmäßig die Interessen der heimischen Wirtschaft, die den Verbraucher durch Monopolrenditen ausbeutet. Die Grundfreiheiten sind deshalb keine Wirtschaftsrechte in dem Sinne, dass sie die Interessen „der Wirtschaft" gegenüber den Interessen „der Verbraucher" bevorzugen würden, sondern als „passive Marktfreiheiten" sind sie auch Rechte der Verbraucher.[8]

---

6   So für Art. 95 EG EuGH Rs. C-376/98, Slg. 2000, I-8419 – Tabakwerbe-RL, No 81 ff., 84, 95.
7   Ausführlich *Grundmann*, Europäisches Schuldvertragsrecht (1999), 20 ff. m.w.Nw.
8   Ausführlich *Reich*, Bürgerrechte in der Europäischen Union (1999), 266 f. m.w.Nw.

III. (Verfassungs-) Recht

An dieser Rechtslage wird sich auch durch den Vertrag über eine Verfassung für Europa („VE")[9] nichts ändern. Zwar wird die strikte Binnenmarktfunktionalität der justitiellen Zusammenarbeit in Zivilsachen in Art. III-269 (2) VE [ex Art. 65 EG] gelockert, insofern für den Erlass von Europäischen Gesetzen [ex Verordnung] oder Rahmengesetzen [ex Richtlinien] nur noch „insbesondere" vorausgesetzt wird, dass diese für das reibungslose Funktionieren des Binnenmarkts erforderlich sind.[10] Diese Lockerung bezieht sich freilich nur auf die Kollisionsrechtsvereinheitlichung, nicht aber auf eine Vereinheitlichung des materiellen Vertragsrechts selbst, für die als Kompetenzgrundlage nach wie vor nur Art. III-172 VE [ex Art. 95 EG] in Frage kommt:

(1) „Soweit in der Verfassung nichts anderes bestimmt ist, gilt dieser Artikel für die Verwirklichung der Ziele des Artikels III-130. Die Maßnahmen zur Angleichung der Rechts- und Verwaltungsvorschriften der Mitgliedstaaten, welche die Errichtung oder das Funktionieren des Binnenmarkts zum Gegenstand haben, werden durch Europäisches Gesetz oder Rahmengesetz festgelegt... (3) Die Kommission geht in ihren nach Absatz 1 in den Bereichen Gesundheit, Sicherheit, Umweltschutz und Verbraucherschutz vorgelegten Vorschlägen von einem hohen Schutzniveau aus ..."

Die strikte Binnenmarktfunktionalität dieser Kompetenz ergibt sich dabei aus dem Bezug auf die Ziele des Art. III-130 (1) VE [ex Art. 14 EG]:

„Die Union erlässt die erforderlichen Maßnahmen, um nach Maßgabe der einschlägigen Bestimmungen der Verfassung den Binnenmarkt zu verwirklichen beziehungsweise dessen Funktionieren zu gewährleisten."

Eine diese Anforderungen der VE unterlaufende Erweiterung der Kompetenzen der Union kann sich dabei nicht aus den Grundrechten ergeben. Denn die als Teil II in den Vertrag über eine Verfassung für Europa integrierte Charta der Grundrechte, die damit zum rechtsverbindlichen Teil der VE wird, sieht in Art. II-111 [ex Art. 51 Charta der Grundrechte[11]] ausdrücklich vor:

„(1) Diese Charta gilt für die Organe, Einrichtungen und sonstigen Stellen der Union unter Wahrung des Subsidiaritätsprinzips und für die Mitgliedstaaten ausschließlich bei der Durchführung des Rechts der Union. Dementsprechend achten sie die Rechte, halten sie sich an die Grundsätze und fördern sie deren Anwendung entsprechend ihren jeweiligen Zuständigkeiten und unter Achtung

---

9   Fassung vom 6.8.2004 erhältlich über: http://ue.eu.int/igcpdf/de/04/cg00/cg00087.de04.pdf
10 Dazu bereits *Hau*, in: Leible (Hrsg.), Das Grünbuch zum Internationalen Vertragsrecht (2004), 13 ff.
11 ABl. EG C-364/21 vom 18.12.2000, auch im Internet.

der Grenzen der Zuständigkeiten, die der Union in anderen Teilen der Verfassung übertragen werden.

(2) Diese Charta dehnt den Geltungsbereich des Unionsrechts nicht über die Zuständigkeiten der Union hinaus aus und begründet weder neue Zuständigkeiten noch neue Aufgaben für die Union, noch ändert sie die in den anderen Teilen der Verfassung festgelegten Zuständigkeiten und Aufgaben."

Ein zukünftiges Europäisches Vertragsrechtsgesetz unterliegt damit mehrstufigen Anforderungen und Einflüssen durch die Europäische Verfassung:[12]

1) Eine Kompetenzgrundlage liegt vor, wenn das Vertragsrechtsgesetz für das Funktionieren des Binnenmarkts erforderlich ist. Dabei sind alle wirtschaftlichen Interessen, also die der Unternehmer und die der Verbraucher, zu berücksichtigen. In den Grundrechten verankerte nicht-wirtschaftliche Interessen können hingegen gem. Art. II-111 (2) VE keine Ausweitung der Kompetenz aus Art. III-172 (1) VE begründen.

2) Wenn sich aber eine Kompetenz begründen lässt, so ist bei der Formulierung des Gesetzentwurfs gem. Art. III-172 (3) VE von einem hohen Verbraucherschutzniveau auszugehen. Darüber hinaus sind bereits aufgrund der „Querschnittsklauseln" der Art. III-116 ff. VE auch nicht-wirtschaftliche Interessen wie Gleichberechtigung, Gleichbehandlung, sozialer Schutz, Umweltschutz, etc. zu berücksichtigen.

3) Eine darüber hinausgehende eigenständige Bedeutung erlangen die Grundrechte der VE erst im Rahmen der Anwendung eines einmal erlassenen Europäischen Vertragsrechtsgesetzes durch die europäischen und nationalen Gerichte (Art. II-111 (1) VE). Hier stimme ich *Ciacchi* völlig zu, dass die Grundrechte und Grundfreiheiten der VE eine wichtige Rolle bei der Anwendung und Fortbildung eines europäischen Vertragsrechts spielen werden.

IV. Rough Consensus and Running Code: Vertragsrecht jenseits des Nationalstaats

Aber brauchen und wollen wir überhaupt ein Europäisches Zivilgesetzbuch im klassischen Sinne? Falsche Fronten im Europäischen Vertragsrecht: damit will ich vor allem andeuten, dass sich die Debatte um die europäische Privatrechts-

---

[12] Der Katalog ist nicht vollständig. Insb. Anforderungen an die konkrete Ausgestaltung eines Europäischen Vertragsrechtsgesetzes aus dem Subsidiaritätsgrundsatz, etwa dessen Anwendungsbereich auf grenzüberschreitende Verträge zu begrenzen oder als Opt-In- bzw. Opt-Out-Instrument auszugestalten, bleiben unberücksichtigt: vgl. dazu die Beiträge in *Grundmann/Stuyck* (Hrsg.), An Academic Green Paper on European Contract Law (2002), Parts III C und IV.

vereinheitlichung in einer Union, die sich den Leitspruch „In Vielfalt geeint" als eines ihrer Symbole ausgewählt hat (Art. I-8 VE), aus dem Schatten des „Westfälischen Systems" heraus treten muss. Der Stellungskrieg zwischen „bürgerlichem Formalrecht" (i.e. „From Status to Contract") und „sozialem Schuldrecht" (i.e. „The Death of Contract") ist nämlich überhaupt nur auf der Bühne des territorialen Nationalstaats verständlich. Denn ohne Weltstaat (den gibt es nicht) und europäischen Superstaat (den wollen wir nicht) laufen die klassischen Alternativen der „Freiheit vor dem Staat" bzw. der „Gleichheit durch den (Interventions-) Staat" ins Leere. Wie aber – und das ist der wahre Konflikt hinter den falschen Fronten – kann man sich legitime Vertrags-Recht-Fertigung in der neuen, post-nationalen Konstellation vorstellen? Dazu ein Beispiel aus dem Bereich der transnationalen „Internet Governance":

"We reject kings, presidents and voting. We believe in rough consensus and running code."[13]

Für seine Interoperabilität als Netz von Netzen bedarf das Internet globaler technischer Standards, für deren Entwicklung in den 1970er Jahren ein kalifornischer Universitätsassistent zuständig war. Um die Qualität der Standards und die Abnahmemotivation der weltweit verstreuten Netzwerkadministratoren für diese Standards zu gewährleisten, entwickelte dieser das Request for Comments (RFC) Verfahren. Zur Lösung eines bestimmten Problems wird ein Arbeitsgruppenleiter ernannt, der ein RFC ins Netz stellt. Jedermann kann sich online an der Diskussion um Lösungen beteiligen, wobei faktisch vornehmlich die interessierten Experten aus den betroffenen Kreisen teilhaben. Standards sollen grundsätzlich nicht nach dem Mehrheitsprinzip, sondern im Wege der deliberativen Überzeugung im Konsens festgelegt werden. Um jedoch zu verhindern, dass sich die Diskussion in unvereinbaren Alternativen festfährt oder immer wieder von vorne beginnt, kann der Gruppenleiter einen Rough Consensus zu Zwischen- oder Endergebnissen feststellen. Diese ungefähre Übereinstimmung hat drei Implikationen: auf der sozialen Ebene wird eine Beinahe-Einstimmigkeit der Teilnehmer (i.S.v. ganz herrschende Meinung), auf der Sachebene ein gemeinsamer Nenner (i.S.v. Common Core) und auf der Zeitebene die Vorläufigkeit im Hinblick auf zukünftige Verbesserungen (i.S.v. Lernfähigkeit) bezeichnet. Wenn in der Arbeitsgruppe eine Einigung auf einen neuen Standard herbeigeführt wurde, beginnt die Implementationsphase, wobei Running Code wiederum drei Bedeutungen hat: Zunächst wird die Praxistauglichkeit des neuen Standards in kleinem Kreise erprobt (Testphase), bevor er weltweit zur Übernahme empfohlen wird. Sodann steht es der Internet Community frei, diese Empfehlung zu übernehmen oder eben nicht (Anerkennungsphase). Erst wenn sich der Standard auf so breiter Basis durchgesetzt hat, dass seine Nichtbeach-

---

13 David Clark (MIT): hierzu und zum folgenden *Reagle*, Why the Internet is Good, Community governance that works well (1999) (im Internet); *Mayer*, K&R 2000, 13 ff.; *Hutter*, in: Ladeur (Hrsg.), Innovationsoffene Regulierung des Internet (2003), 39 ff.

tung zum Verlust der Interoperabilität führen würde, ist ein Netzwerkadministrator in seiner Entscheidung faktisch nicht mehr frei (Bindungsphase). Dieses Verfahren ist nicht nur für technische Standards geeignet, sondern kann auch auf soziale und rechtliche Normen übertragen werden. Rough Consensus steht dann für ein im diskurstheoretischen Sinne deliberatives, i.e. am Modell der wissenschaftlichen Wahrheitsfindung orientiertes Verfahren der Produktion von Normprojektionen auf der Angebotsseite der „Norm Entrepreneurs", Running Code bezeichnet an den Konsens der Betroffenen auf der Nachfrageseite gebundene Anerkennung und Durchsetzung der Norm im – freilich durch Netzwerkeffekte gekennzeichneten – Ordnungswettbewerb.[14] Beide Elemente finden sich sowohl in der Produktion von völkerrechtlichem Soft-Law, etwa wenn UNCITRAL[15] den Nationalstaaten ein Modellgesetz zur Internationalen Handelsschiedsgerichtsbarkeit zur Übernahme empfiehlt,[16] als auch bei der Ausarbeitung von Privatkodifikationen wie den UNIDROIT Principles of International Commercial Contracts, die den Parteien grenzüberschreitender Verträge zur Rechtswahl empfohlen werden.[17] Jenseits eines bloß an consuetudo und opinio necessitatis gebundenen Gewohnheitsrechts und eines in formalen Gesetzgebungsverfahren per Mehrheitsbeschluss gesetzten staatlichen Rechts scheint sich hier insbesondere für supra- und transnationale Handlungsräume und Kommunikationssphären eine neue Form legitimer Recht-Fertigung zu etablieren.[18]

Ist der Blick für Innovationen erst einmal geschärft, so sind die Spuren des neuen Modells auch im Projekt des Europäischen Vertragsrechts unübersehbar: Request for Comments, Rough Consensus, Running Code. Mit der Mitteilung von 2001, dem Aktionsplan von 2003 sowie jüngst der Mitteilung vom Oktober 2004[19] hat die Kommission einen offenen und transparenten Diskussionsprozess ausgelöst, an dem sich jeder Interessierte durch schriftliche Stellungnahmen beteiligen konnte und dessen Verlauf und Zwischenergebnisse durch Veröffentlichung sämtlicher Dokumente im Internet frei zugänglich sind. Die Grundregeln des europäischen Vertragsrechts sollen zunächst in einem unverbindlichen Common Frame of Reference (CFR) konsolidiert werden, dessen

---

14 Zu dem ökonomischen Wettbewerbsmodell sozialer Normierung *Aviram*, A Network Effects Analysis of Private Ordering, Berkeley Olin Program in Law & Economics, Working Paper 2003/80 (im Internet); vgl. auch *Engert*, in: Witt/Casper (Hrsg.): Jb.J.ZivRWiss 2002 (2003), 31 ff.
15 United Nations Commission on International Trade Law: www.uncitral.org
16 Dazu *Sanders*, in: Berger (Hrsg.), Understanding Transnational Commercial Arbitration (2000), 43 ff.
17 Dazu *Bonell*, in: Berger (Hrsg.), The Practice of Transnational Law (2001), 23 ff.
18 *Calliess*, ZfRSoz 2002, 185 ff. (im Internet).
19 Communication from the Commission, European Contract Law and the revision of the acquis: the way forward, COM(2004) 651 final vom 11.10.2004, inklusive aller Vorläufer erhältlich über die Contract Law Homepage der Generaldirektion Verbraucher.

Europäisches Vertragsrecht: Falsche Fronten und neue Perspektiven 181

Ausarbeitung im Entwurf voraussichtlich einem kombinierten Forschungsnetzwerk aus der Acquis Group und der Study Group on a European Civil Code übertragen wird.[20] Dieses Netzwerk von Wissenschaftlern aus allen europäischen Ländern arbeitet auf der Grundlage des Common Core Approach, will also den inhaltlichen Rough Consensus des bestehenden Richtlinienrechts einerseits sowie andererseits der Vertragsrechte der Mitgliedstaaten durch funktionale Rechtsvergleichung ermitteln. Gleichzeitig gründet die Kommission ein Netzwerk von Praktikern (CFR-net), das in die Ausarbeitung des CFR eingebunden werden soll. Insgesamt wird der CFR auf der Grundlage einer breiten Beteiligung der Zivilgesellschaft und mit dem Ziel eines breiten Konsenses ausgearbeitet, wobei die Beteiligung der Praktiker auch auf die frühe Erkenntnis von Problemen bei der Umsetzung zielen soll.[21]

Ist ein Rough Consensus über den CFR erreicht, so könnte dieser in einem ersten Schritt als (unverbindliche) Empfehlung im Amtsblatt der EG veröffentlicht werden. Im kaufmännischen Verkehr könnten diese Regeln nach dem Vorbild der UNIDROIT Principles zunächst in Schiedsverfahren als von den Parteien gewähltes Recht Anwendung finden. Im Rahmen der Grünbuch-Debatte um die Reform des EVÜ wird zudem erwogen, ob den Vertragsparteien die Wahl von Soft-Law-Instrumenten erlaubt werden soll.[22] Jedenfalls für den CFR wird erwogen, diesen zu einem späteren Zeitpunkt als „optionales Instrument" auszugestalten, das im Wege der Rechtswahl angewählt werden kann, so dass dann auch staatliche Gerichte den CFR als Recht anwenden würden. Erst wenn mit diesem Instrument genügend praktische Erfahrungen gesammelt wären, was vor allem von der durch Abstimmung per Rechtswahl ausgedrückten Zustimmung und Akzeptanz der Betroffenen abhängt, könnte der Grad der Verbindlichkeit durch Umstellung von Opt-In auf Opt-Out erhöht werden, so dass das Instrument wie staatliches Recht auch in Abwesenheit einer (abweichenden) Rechtswahl anwendbar wäre.[23] Dieser Bewährungstest in der Praxis entspricht der „Running Code"-Methode, also der schrittweisen, von der Legitimation durch die Normadressaten abhängigen Implementation von Recht.

Wie hat man sich nun aber die Zivilisierung dieses ohne staatlichen Gesetzgeber geschaffenen Rechts vorzustellen? Dazu zwei einfache Antworten: Solange und soweit der CFR keine eigenständige Umsetzung der europäischen Verbraucherschutzrichtlinien enthält, könnte dieser zwar auch für Verbraucherverträge

---

20 Laut Informationsstand vom 8.10.2004 will die Kommission mit beiden Gruppen über die Vergabe und Ausgestaltung eines entsprechenden Forschungsauftrags verhandeln: Die Arbeit beider Gruppen ist über das Internet zugänglich.
21 Vgl. dazu auch die Erwägungen zu einem frühen „Practicability Test" für den CFR in der Mitteilung der Kommission COM(2004) 651 final, unter 3.2.2.
22 Ausführlich *Mankowski*, in: Leible (Hrsg.), Das Grünbuch zum Internationalen Vertragsrecht (2004), 63 ff.
23 Vgl. COM (2004) 651 final, Annex II No. 2, 17 ff. zu "opt in"- und "opt out"-instruments sowie zu deren Verhältnis zur Rechtswahl in Art. 3 EVÜ.

angewählt werden, gem. Art. 5 EVÜ (Art. 29 EGBGB) blieben aber daneben die zwingenden Verbraucherschutzvorschriften des Heimatstaates des Verbrauchers anwendbar. Wird der acquis communautaire aber in den CFR integriert oder wird der CFR um ein eigenständiges europäisches Verbrauchervertragsrecht ergänzt, so griffe Art. 5 EVÜ nicht mehr ein, da dem Verbraucher dann durch die Rechtswahl nicht mehr der Schutz des Richtlinienrechts entzogen würde.[24] Darüber hinaus wurde bereits ausgeführt, dass die wirklichen hard cases, die eine Abwägung von true social conflicts beinhalten, ohnehin nicht im Vorhinein durch eine Kodifikation, sondern immer erst anhand des konkreten Einzelfalles durch die Rechtsprechung entschieden werden, die – worauf *Ciacchi* zu Recht hinweist – bei der Anwendung des CFR als europäischem Recht an die in Teil II der Verfassung für Europa niedergelegten Grundrechte gebunden ist.

V. Schluss

Was Europäisches Vertragsrecht ist, was es ausmacht und wie (liberal, sozial ...) es sein wird, entscheiden im Ergebnis weder Kommission, Rat und Parlament noch irgendwelche „Study Groups" oder CFR-nets, sondern in erster Linie die Bürger, die dieses Recht durch Rechtswahl zur Grundlage ihrer Beziehungen machen (oder eben nicht) und die im Streitfalle vor Gericht ihre Rechte einfordern (oder eben nicht); und in zweiter Linie letztlich wir Juristen im Prozess der alltäglichen Recht-Fertigung in Rechtspraxis und Rechtswissenschaft. Damit es aber entstehen kann, dieses Europäische Vertragsrecht, benötigen wir den CFR als „gemeinsamen Bezugsrahmen" für die europaweite Verknüpfung zivilrechtlicher Kommunikation. Denn:

„Realitätswert haben Strukturen nur dadurch, dass sie zur Verknüpfung kommunikativer Ereignisse verwendet werden; Normen nur dadurch, dass sie, explizit oder implizit, zitiert werden."[25]

Nochmals, der Text des CFR sollte zwar möglichst sorgfältig verfasst werden, entscheidet aber (fast) gar nichts, jedenfalls nicht, ob das Europäisches Vertragsrecht „sozial" (was auch immer das im konkreten Falle bedeuten mag) ist, oder nicht. Die pure Existenz eines gemeinsamen Textes aber wird zu einer zunächst ganz unscheinbaren, aber tatsächlich alles entscheidenden Umwälzung führen, nämlich zur Begründung eines wahrhaft grenzüberschreitenden Vertragsrechtsdiskurses, in welchem Anwälte, Richter und Wissenschaftler in ganz

---

24 Vgl. zur Aufnahme des zwingenden Verbrauchervertragsrechts in ein „optional instrument" COM (2004) 651 final, Annex II No. 5, 20 f.
25 *Luhmann*, Das Recht der Gesellschaft (1993), 46.

Europa anfangen, innerhalb desselben „Referenzrahmens" zu denken, zu schreiben und zu handeln und dadurch mit der Konstruktion eines Europäischen Vertragsrechts (als „Law in Action" als „Running Code") überhaupt erst beginnen. Was Europa braucht, ist daher keine weitere Grundlagendebatte über Prinzipien auf internationalen Konferenzen, sondern schlicht eine Handvoll schriftlich niedergelegter Grundregeln, aus denen wir anlässlich der Entscheidung von realen Streitfällen und im Angesicht der darin implizierten Interessenkonflikte „Juristenrecht" fertigen werden.

Verbraucherschutz oder Recht des unlauteren Wettbewerbs?

Die aktuellen Initiativen der Europäischen Kommission auf dem Feld der unlauteren Geschäftspraktiken*

Matthias Leistner

I. Einführung
II. Hintergrund
  1. Recht des unlauteren Wettbewerbs in den Mitgliedstaaten
  2. Entwicklungslinien der Rechtsangleichung im Bereich des Lauterkeitsrechts
    a) Der Ausgangspunkt: Die Tradition der Mindestharmonisierung im Bereich des Lauterkeitsrechts und des Verbraucherschutzes
    b) Die komplementäre Entwicklung: ‚Negative' (binnenmarktorientierte) Harmonisierung durch den EuGH und die Kommission
III. Analyse des Richtlinienvorschlags über unlautere Geschäftspraktiken
  1. Struktur des Richtlinienvorschlags
  2. Binnenmarktziel
    a) Binnenmarktziel und Anwendungsbereich
    b) Binnenmarktziel und Herkunftslandprinzip
  3. Verbraucherschutzziel oder Recht des unlauteren Wettbewerbs: Die Verbote unlauterer Geschäftspraktiken
IV. Der Zusammenhang mit dem Harmonisierungsprozess im Allgemeinen
V. Zusammenfassung in Thesen

---

* Die Vortragsform wurde beibehalten. Lediglich die notwendigsten Nw. wurden, soweit für das Verständnis unerlässlich, ergänzt.

I. Einführung

Im Rahmen der hier vorzustellenden Thematik gilt es, sich in einen Grenzbereich zu begeben, in dem sich verschiedene Rechtsgebiete und unterschiedliche Harmonisierungsmethoden des europäischen Rechts in besonders augenfälliger Weise überschneiden. Infolgedessen steht das europäische Recht des unlauteren Wettbewerbs an einer Wegscheide: Konkret geht es um die Wahl zwischen europäischem Verbraucherschutzrecht (und den aus Gemeinschaftssicht dem Verbraucherschutzrecht zuzuordnenden Versuchen der Kommission, das Recht des unlauteren Wettbewerbs in seinen verbraucherschützenden Aspekten umfassend zu harmonisieren) einerseits, und einem Ansatz ‚negativer' Integration, der mehr das reibungslose Funktionieren des Binnenmarkts in den Vordergrund stellt, andererseits.

Am 18. Juni 2003 hat die Kommission ihren Vorschlag für eine RL über unlautere Geschäftspraktiken vorgestellt[1] über den mittlerweile eine politische Einigung im Rat erzielt wurde, die den Kommissionsvorschlag allerdings in seinem Charakter teilweise grundlegend verändert[2]. Abgesehen von diesem RL-Vorschlag hat die Kommission letzthin mehrere weitere Initiativen im Bereich des Lauterkeitsrechts ergriffen. Zuerst zu nennen ist der Vorschlag für eine Verordnung über Verkaufsförderung[3], der bereichsspezifisch das Problem der so genannten Wertreklame (mithin Rabatte, und entgeltliche Zuwendungen, Zugaben, Preisausschreiben und Gewinnspiele) einer Harmonisierung im Bin-

---

1 Vorschlag für eine RL über unlautere Geschäftspraktiken im binnenmarktinternen Geschäftsverkehr zwischen Unternehmern und Verbrauchern, KOM (2003) 356 endg. (im Folgenden: RL-Vorschlag). Der Vorschlag geht zurück auf das Verbraucherschutz-Grünbuch vom 2.10.2001 (KOM (2001) 531 endg.), sowie auf die im Follow-up Dokument vom 11.6.2002 (KOM (2002) 289 endg.) von der Kommission zusammengefassten Reaktionen auf das Grünbuch. Durch die neue RL würde das Lauterkeitsrecht, soweit es dem Schutz der Verbraucher in B2C-Situationen dient, harmonisiert. Der Vorschlag ist Gegenstand bewegter politischer Diskussion in Brüssel gewesen (vgl. für seine Diskussion in Deutschland die Nw. u. Fn. 73 [für die Diskussion in der Rechtswissenschaft], sowie auch die Stellungnahme des Max-Planck-Instituts, GRUR Int. 2003, 926, und der Vereinigung für gewerblichen Rechtsschutz und Urheberrecht e.V. (GRUR), GRUR 2004, 215]). Nachdem schon das europäische Parlament nicht weniger als 112 Abänderungsvorschläge (teils grundstürzender Natur) unterbreitet hatte (vgl. die Legislative Entschließung vom 20.4.2004 (A5-0188/2004), sowie näher noch u. Fn. 65), hat nunmehr auch die am 25.5.2004 erzielte politische Einigung im Rat den RL-Vorschlag in seinem Charakter grundlegend verändert (vgl. sogleich im folgenden Text, sowie u. Fn. 2).

2 Vgl. für die Politische Einigung im Rat, 9667/04 v. 25.5.2004, sowie näher noch u. Fn. 65.

3 Vorschlag für eine VO über die Verkaufsförderung im Binnenmarkt v. 2.10.2001, KOM (2001) 546; geänd. Fassung KOM (2002) 585 endg.; sowie geänd. Fassung v. 15.5.2003 (Dok. 9416/03, im Folgenden: Verkaufsförderungs-VO-Vorschlag).

nenmarkt zuführen will. Es soll im Folgenden belegt werden, dass der Verordnungsvorschlag einen fundamental anderen Harmonisierungsansatz verfolgt als der RL-Vorschlag, ja dass sich die beiden Initiativen (wie oben angedeutet) gänzlich unterschiedlichen Harmonisierungstraditionen zuordnen lassen[4].

Dabei kann es – aus einsichtigen Gründen[5] – nicht um die Details der neuen, vorgeschlagenen europäischen Harmonisierungsinstrumente gehen. Vielmehr sollen durch den beispielhaften Blick auf die Bemühungen um eine Harmonisierung des Lauterkeitsrechts einige Elemente und Fragen grundsätzlicherer Natur erörtert bzw. aufgeworfen werden. Zuerst (unten II) wird eine kurze Grundlegung geliefert: einer holzschnittartigen Kurzdarstellung der unterschiedlichen Traditionen im Recht des unlauteren Wettbewerbs in den Mitgliedstaaten folgt eine Zusammenfassung der Entwicklung der europäischen Rechtsangleichung bis hin zum gegenwärtigen Stand, die insbesondere zum Ziel hat, unterschiedliche Entwicklungslinien aufzuzeigen, denen sich die aktuellen Initiativen überraschend passgenau zuordnen lassen. Danach (unten III) gilt das Augenmerk den wesentlichen Strukturelementen des RL-Vorschlags, deren Wurzeln in der europäischen Regelungstradition offen gelegt werden, bevor perspektivisch (unten IV) der RL-Vorschlag in den Kontext der Harmonisierungsinitiativen im Bereich des allgemeinen Privatrechts gestellt wird und insbesondere bemerkenswerte, teils schon gegenwärtige Rückwirkungen der umfassenden Harmonisierung der Verbotstatbestände in einzelnen (Sonder-) Rechtsgebieten auf den Harmonisierungsprozess bezüglich des europäischen Privatrechts im Allgemeinen angedeutet werden. Schließlich (unten V) werden die Ergebnisse der Untersuchung in Thesen zusammengefasst.

---

4   Neben diesen beiden Instrumenten von wesentlicher Bedeutung ist der Vorschlag für eine VO über Zusammenarbeit der nationalen Behörden im Verbraucherschutzbereich ((KOM) 2003 443 endg.), der allerdings – anders als der RL-Vorschlag, der die Frage der Rechtsdurchsetzung faktisch den Mitgliedstaaten überlässt – ein mehr öffentlich-rechtlich orientiertes Modell der Behördenzusammenarbeit verfolgt, welches im Bereich der Rechtsdurchsetzung – wenn überhaupt – gewissermaßen zusätzlich neben die vom Lauterkeits-RL weiter tolerierten Gerichtsmodelle in der Mehrzahl der Mitgliedstaaten träte. Vgl. näher auch u. II 1.

5   Nicht nur würde eine detaillierte Darstellung des RL-Vorschlags den Rahmen dieses Vortrags sprengen, sie wäre auch deshalb wenig sinnvoll, weil die weitere Entwicklung des Vorschlags im Einzelnen nach dem derzeitigen Stand der Verhandlungen im Rat noch nicht letztgültig vorherzusagen ist. Für detaillierte Erörterungen der Einzelregelungen des ursprünglichen RL-Vorschlags, vgl. die Nw. u. Fn. 73.

II. Hintergrund

1. Recht des unlauteren Wettbewerbs in den Mitgliedstaaten

Das Verständnis der Harmonisierungsbemühungen im Recht des unlauteren Wettbewerbs setzt eine zumindest überblicksartige Kenntnis der unterschiedlichen mitgliedstaatlichen Rechtstraditionen in diesem Bereich voraus[6]. Ganz generell lässt sich, was die materiellen Verbotstatbestände des Lauterkeitsrechts anbetrifft, zwischen den kontinentaleuropäischen Mitgliedstaaten (in deren Rechtsordnungen, wenngleich mit erheblichen Unterschieden im Detail, jedenfalls mehr oder weniger umfassende Konzeptionen eines Lauterkeitsrechts existieren) einerseits, sowie dem Vereinigten Königreich und Irland andererseits, wo sich ein Recht des unlauteren Wettbewerbs im allgemeinen Sinne bisher nicht entwickelt hat, unterscheiden.

Abgesehen von den – einem stetigen Trend zu wechselseitiger Annäherung unterliegenden[7] – Unterschieden im materiellen Schutzstandard, betreffen die grundlegenden Differenzen *innerhalb Kontinentaleuropas* in erster Linie das System der Rechtsdurchsetzung[8]. Darüber hinaus ist die Systematik der konti-

---

[6] Mehr als ein ganz kurzer, holzschnittartiger Überblick kann an dieser Stelle nicht gegeben werden (für ausführliche Darstellungen vgl. *Dethloff*, Europäisierung des Wettbewerbsrechts (2001); *Hucke*, Erforderlichkeit einer Harmonisierung des Wettbewerbsrechts in Europa (2000); für kurze, überblicksartige Darstellungen vgl. etwa *Henning-Bodewig*, GRUR Int. 2002, 389; *Leistner*, in: Cambridge Yearbook of European Law Studies 2004; ausführlicher *Beater*, ZEuP 2003, 11). insb. soll in diesem Beitrag auch nicht näher auf die aktuell in Deutschland verabschiedete und natürlich ganz im Mittelpunkt der lauterkeitsrechtlichen Diskussion stehende große Reform des deutschen UWG eingegangen werden; den Fokus auf die Entwicklungslinien und Zukunftsperspektiven des europäischen Rechts, wie er hier verfolgt wird, würde dies nur verunklaren. Für vergleichende Darstellungen des RL-Vorschlags (auf dem ursprünglichen Stand des Vorschlags der Kommission) und der neuen Rechtslage in Deutschland vgl. *Köhler/Lettl*, WRP 2003, 1019; *Henning-Bodewig*, GRUR Int. 2004, 183.

[7] Ähnlich *Ohly*, GRUR 2003, 641, 646, wenn er bzgl. des Irreführungsmaßstabs konstatiert, dass die Verschärfungsbefugnis (auf Grundlage von Art. 7 I Irreführungs-RL) zugunsten des gemeinschaftsrechtlichen Irreführungsmaßstabs der EuGH-Rspr. zunehmend an Bedeutung verliert. Zutreffend auch *Henning-Bodewig*, (o. Fn. 6), 184.

[8] Während in der Mehrzahl der Mitgliedstaaten die Durchsetzung des Lauterkeitsstandards privatrechtlich durch Klagen der Mitbewerber (entweder auf Grundlage der deliktsrechtlichen Generalklausel [das archetypische Beispiel insoweit bietet Frankreich (vgl. Art. 1382, 1383 *Code civil* und die hierzu ergangene Rspr. im Bereich des Lauterkeitsrechts), aber auch in den Niederlanden, Italien und Portugal hat sich das Recht des unlauteren Wettbewerbs im Rahmen der deliktsrechtlichen Generalklauseln ausgeprägt (wobei insb. in Italien und den Niederlanden zudem eine vergleichsweise stark entwickeltes System der Selbstregulierung besteht)] oder auf Grundlage spezifisch lauterkeitsrechtlicher Generalklauseln, die häufig durch mehr oder weniger zahlreiche Einzeltatbestände ergänzt werden [derartige Systeme existieren insb. in Deutschland (die aktuell

(Fortsetzung auf der nächsten Seite)

nentaleuropäischen Gesetze, insbesondere mit Blick auf die jeweils verfolgten Schutzzwecke, von einer je verschiedenartigen Rezeption des Verbraucherschutzgedankens geprägt. In der Mehrzahl der modernen Wettbewerbsrechtsordnungen[9], insbesondere derjenigen Mitgliedstaaten, die über eine spezifisch lauterkeitsrechtliche Generalklausel verfügen, wurde der Schutz des Lauterkeitsrechts – seinem institutionellen Zweck nach – auf den Schutz der Verbraucher als Marktteilnehmer ausgedehnt. Die bekannt gewordene Schutzzwecktrias[10] – untrennbar zusammengesetzt aus den Interessen der Mitbewerber, Verbraucher und dem Allgemeininteresse an unverfälschtem Wettbewerb – entwickelte sich und fand schließlich – in der Irreführungs-RL[11] – auch Eingang in das Gemeinschaftsrecht. Demgegenüber entstanden in anderen Mitgliedstaaten, insbesondere jenen, die den Tatbestand des unlauteren Wettbewerbs im Rahmen der deliktsrechtlichen Generalklausel aufgefangen hatten, zweigleisige Konzeptionen: neben dem deliktsrechtlich geprägten Lauterkeitsrecht entwickelten sich (über den ohnedies gemeinschaftsweit etablierten vertragsrechtlichen Verbraucherschutz hinaus) mehr verwaltungs- bzw. strafrechtlich ausgerichtete, spezifische Verbraucherschutzgesetze zur Regulierung verbraucherbezogener Werbe- und Marketingaktivitäten[12].

---

verabschiedete, grundlegende UWG-Reform (o. Fn. 6), hat insoweit keine Änderung gebracht, wenngleich die vormals ‚große' Generalklausel des deutschen Rechts nunmehr ausgiebiger durch Einzeltatbestände ergänzt wurde), Österreich, Belgien, Luxemburg, Spanien, Griechenland]) bzw. durch Kollektivklagen der Gewerbe- und Verbraucherverbände erfolgt, hat sich ein mehr administrativ geprägtes Durchsetzungssystem in den skandinavischen Mitgliedstaaten ausgeprägt. Dort erfolgt die Durchsetzung des Wettbewerbsrechts durch die Verwaltungsinstitution des – durch die EuGH-Rspr. hinlänglich bekannten – *Konsumentenombudsmannen,* der aus eigener Initiative oder auf Beschwerde der Mitbewerber bzw. Verbraucher gegen Akte unlauteren Wettbewerbs vorgehen kann (zwar liegt auch in den skandinavischen Mitgliedstaaten dem Recht des unlauteren Wettbewerbs eine lauterkeitsrechtliche Generalklausel zugrunde, doch haben [mittlerweile seit 1996 mit der Ausnahme von Schweden] in diesen Mitgliedstaaten die Mitbewerber kein direktes Klagerecht; vielmehr ist es dem *Konsumentenombudsmannen* vorbehalten, aus eigener Initiative oder auf Beschwerde der Mitbewerber Akte unlauteren Wettbewerbs zu unterbinden [und gegebenenfalls seine Maßnahmen durch gerichtliche Unterlassungsverfügungen durchzusetzen]).

9   Mit dieser Einschätzung insb. *Glöckner,* Think Big! Some Remarks on the European Commission's Green Paper on Consumer Protection, abrufbar unter europa.eu.int/.../cons_int/safe_shop/fair_bus_pract/green_pap_comm/responses/others/joc hen_glockner.pdf (Stand 26.4.2004).
10 Für das deutsche Recht wurde die von der Rspr. (vgl. zuerst BGH-‚Suwa', GRUR 1957, 365, 367) seit langem anerkannte Schutzzwecktrias nunmehr im Rahmen der UWG-Reform ausdrücklich normiert (vgl. § 1 UWG).
11 Art. 1 RL 84/450/EWG v. 10.9.1984 über irreführende Werbung, ABl. L 250 v. 19.9.1984, 17 (im Folgenden: Irreführungs-RL).
12 Wiederum bildet Frankreich das typische Beispiel (vgl. die spezifischen Regelungen im *Code de la consommation*). Darüberhinaus hat sich etwa auch in Spanien ein Nebeneinander sogar dreier Instrumente ausgeprägt: das *Ley de Competencia Desleal* entspricht
(Fortsetzung auf der nächsten Seite)

Was die Rezeption des aus Europa einflutenden Verbraucherschutzgedankens im *Recht des Vereinigten Königreichs und Irlands* anbetrifft, lässt sich ganz ähnliches beobachten. Der Verbraucherschutz wurde als öffentliche Aufgabe empfunden, seine Durchsetzung nicht den Mitbewerbern, sondern – auf Grundlage selbständiger Gesetze, wie dem *Misrepresentation Act 1967* und den verschiedenen bereichsspezifischen Gesetzen, die die entsprechenden europäischen Richtlinien im Verbraucherschutzbereich umsetzten – im Wesentlichen der öffentlichen Institution des *Directors of Fair Trading* (Director OFT) überlassen. Ein Recht des unlauteren Wettbewerbs im allgemeineren Sinne hatte sich im englischen und irischen *common law* ohnedies nie entwickelt. Lediglich nach Art eines ‚Flickenteppichs' gestatten es einzelne *actions* des *common law* (und *remedies* der *equity*) – wie insbesondere *passing off* (zumal in seiner erweiterten Form in der Folge der ‚Advocaat'-Entscheidung des House of Lords)[13], *defamation, injurious falsehood, inducing breach of contract, confidence* – den Mitbewerbern gegen Formen unlauteren Wettbewerbs vorzugehen. Soweit dabei – wie insbesondere im Rahmen der erweiterten *passing off action* – gewisse (ohnedies stets unsichere) Tendenzen in Richtung auf ein umfassenderes Konzept unlauteren Wettbewerbs sich äußerten, blieb jedenfalls der Schutz der Verbraucher (etwa vor irreführender Werbung) insoweit klar ausgespart. Der Gedanke, dass auch eine ‚schlichte' Irreführung der Verbraucher, die nicht unmittelbar dem *goodwill* von spezifischen Konkurrenten(gruppen) schadet, einen ungerechtfertigten Vorsprung im Wettbewerb verschaffen kann, der die Mitbewerber reflexartig schädigt, blieb dem britischen *common law* ebenso fremd wie der Gedanke eines allgemeinen (über Fälle der Herkunftstäuschung hinausgehenden) Investitionsschutzes im Wettbewerb. Die Regulierung derartiger, nicht spezifische Konkurrenten betreffender Formen unlauteren Wettbewerbs sah man im englischen und irischen Recht stets bei den Wettbewerbern selbst – nicht beim Gesetzgeber oder den Gerichten – am besten aufgehoben[14]. Dementsprechend entwickelten sich außergewöhnlich effektive Selbstregulierungsstrukturen[15]. Bemerkenswerterweise ist der materielle Schutzstandard

---

einem modernen Lauterkeitsrecht im herkömmlichen Sinne, das *Ley General de la Publicidad* widmet sich speziell dem Recht der Werbung und das *Ley General para la Defensa de los Consumidores y Usarios* fasst die verbraucherschutzrechtlichen Vorschriften zusammen. Kritisch zum Nebeneinander und den teils unübersichtlichen Überschneidungen dieser Gesetze etwa *Otero Lastres,* GRUR Int. 1992, 183 ff.

13   Vgl. für ausführlichere Nw. zum englischen Recht und eine differenzierte Darstellung *Leistner* (o. Fn. 6); letzthin auch *Bodewig,* GRUR Int. 2004, 543.
14   Vgl. grundlegend *Ohly,* Richterrecht und Generalklausel im Recht des unlauteren Wettbewerbs (1997), 73 ff.
15   Deren Wesentlichste bildet das Committee of Advertising Practices (CAP), in dem die wichtigsten Werbe-, Marketing- und Medienverbände vertreten sind und dass den so genannten CAP-Code (British Code of Advertising, Sales Promotion and Direct Marketing, Stand 2003) formuliert und aktualisiert. Entscheidungen unter dem CAP-Code-System werden von der Advertising Standards Authority (ASA) getroffen und – soweit
(Fortsetzung auf der nächsten Seite)

Verbraucherschutz oder Recht des unlauteren Wettbewerbs? 191

lauteren Wettbewerbs – insbesondere der Irreführungsstandard –, der sich innerhalb dieser Strukturen aus den veröffentlichten Einzelentscheidungen kristallisiert, nicht etwa (wie es gelegentlich behauptet wurde) überdurchschnittlich liberal; er ordnet sich – soweit er reicht – vielmehr im europäischen Vergleich eher den strengeren Rechtsordnungen zu.

Der Hauptunterschied zwischen den gesetzesbasierten kontinentaleuropäischen Systemen und der zu großen Teilen selbstregulierungsbasierten Konzeption lauteren Wettbewerbs im Vereinigten Königreich und Irland besteht damit im praktischen Ergebnis in der Art der Rechtsdurchsetzung. Die Selbstkontrollorganisationen sind in ihren Sanktionsmöglichkeiten[16] – naturgemäß insbesondere gegenüber Nichtmitgliedern[17] – begrenzt. Soweit gegenüber Nichtmitgliedern – etwa durch Boykotte oder Aussetzung von Sonderkonditionen – Maßnahmen ergriffen werden, sind diese zudem unter Umständen kartellrechtlich problematisch[18]. Im weiten Bereich der irreführenden Werbung hat allerdings die Irreführungs-RL mit ihrem Kompromiss im Bereich der Rechtsdurchsetzung – der in England durch die *Control of Misleading Advertisements Regulations 1988* umgesetzt wurde[19] – eine Art Sicherheitsnetz ins englische Recht eingeführt: Entscheidungen anerkannter Selbstkontrollorgane können gegen Gewerbetreibende bei Nichtbefolgung nunmehr durch entsprechende Unterlassungsklagen durchgesetzt werden[20]. Praktisch hat dies wenig Veränderungen im englischen Recht bewirkt, wie die außerordentlich geringe Anzahl entschiedener Fälle belegt; das System fungiert wohl in erster Linie als eine Art

---

möglich – durchgesetzt, die ihrerseits unabhängig und – anders als das CAP – mit Vertretern von Wettbewerbern und Verbraucherverbänden besetzt ist. Für eine eingehende Darstellung des Selbstregulierungssystems vgl. etwa *Miracle/Nevett*, Voluntary Regulation of Advertising Associations (1987), sowie aus historischer Sicht die aktuelle Untersuchung von *Jergolla*, Die Werbeselbstkontrolle in Großbritannien (2003).

16 Die etwa im Falle des ASA/CAP-Systems solche Mittel wie *adverse publicity* durch Veröffentlichung von Fällen unlauteren Wettbewerbs, so genannte *ad alerts*, die die Mitglieder der Selbstkontrollorganisation (und damit insb. die Medien) auffordern, ihre Dienstleistungen bestimmten auffällig gewordenen Werbenden nicht zur Verfügung zu stellen, weiterhin die Sperrung bestimmter Sonderkonditionen für Mitglieder und schließlich den Ausschluss für besonders hartnäckige Verletzer umfassen. Vgl. näher *Jergolla*, (o. Fn. 15).
17 Ausführlicher *Ohly*, (o. Fn. 14), 57 ff.
18 Vgl. zu kartellrechtlichen Aspekten von Selbstkontrollansätzen im Wettbewerbsrecht kurz *Veelken*, WRP 2004, 1, 28 f., am Beispiel der entsprechenden Bestimmungen des RL-Entwurfs. Es ist überraschend – und wohl nur mit gewissen Besonderheiten des Selbstverständnisses britischer Gewerbetreibender und darüber hinaus mit Blick auf die relativ oligopolistische Struktur insb. des britischen Medienmarktes zu erklären –, dass dennoch in der Praxis eine recht effektive Durchsetzung der Standards lauteren Wettbewerbs in Großbritannien erfolgt.
19 SI 1988, No 915 (as amended).
20 *Director General of Fair Trading v. Tobyward Ltd. and Another*, [1989] 1 W.L.R. 517.

,Drohszenario', welches immerhin die Effizienz des Selbstkontrollsystems an einer entscheidenden Schwachstelle signifikant erhöht haben dürfte.

Neben den – unstreitig vorhandenen, aber doch wohl gemeinhin etwas überzeichneten – Unterschieden im materiellen Schutzstandard, weist das Panorama nationaler Rechtssysteme im Bereich des unlauteren Wettbewerbs also in erster Linie signifikante Differenzen hinsichtlich der Rechtsdurchsetzung auf. Über die grundlegende Scheidelinie zwischen den selbstkontrollbasierten Systemen in England und Irland und den kontinentaleuropäischen Mitgliedstaaten hinaus, bestehen insoweit auch innerhalb der letztgenannten Gruppe erhebliche Unterschiede insbesondere zwischen den privatrechtlich organisierten Durchsetzungssystemen und dem mehr administrativen Ansatz in Skandinavien. Das die Niveauunterschiede hinsichtlich des materiellen Schutzstandards sich demgegenüber in gewissem Maße schon eingeebnet haben, ist in erster Linie auch das Verdienst der EuGH-Rechtsprechung in diesem Bereich, wie sie im Rahmen der nun folgenden Skizze wesentlicher Entwicklungslinien der europäischen Harmonisierungsbemühungen im Bereich des unlauteren Wettbewerbs eine prominente Rolle einnimmt (s. noch sogleich unten 2 b).

2. Entwicklungslinien der Rechtsangleichung im Bereich des Lauterkeitsrechts

a) Der Ausgangspunkt: Die Tradition der Mindestharmonisierung im Bereich des Lauterkeitsrechts und des Verbraucherschutzes

Die Wurzeln einer spezifischen Harmonisierung des Rechts des unlauteren Wettbewerbs in Europa reichen zurück in die sechziger Jahre. Damals war auf der Grundlage des berühmt gewordenen rechtsvergleichenden Gutachtens von *Ulmer*[21] eine umfassende und abschließende Harmonisierung des Unlauterkeitsrechts beabsichtigt gewesen[22]. Das auf Grundlage des Gutachtens ursprünglich geplante, umfassende Harmonisierungsprojekt scheiterte in der Folge am Beitritt des Vereinigten Königreichs und Irlands zur Gemeinschaft; angesichts des Fehlens geschlossener Wettbewerbsrechtskonzepte in diesen Ländern war der

---

21 *Ulmer* (Hrsg.), Das Recht des unlauteren Wettbewerbs in den Staaten der Europäischen Wirtschaftsgemeinschaft, Bd.1, Vergleichende Darstellung mit Vorschlägen zur Rechtsangleichung (1965); vgl. auch die Bde. 2-7 der Studie, die in der Folge zum Recht der einzelnen Mitgliedstaaten veröffentlicht worden sind.

22 Die in der kontinentaleuropäischen Tradition eines eigenständigen Unlauterkeitsrechts verwurzelte *Ulmer*-Studie griff zwar noch nicht den Verbraucherschutzgedanken als einen der institutionellen Schutzzwecke des Wettbewerbsrechts auf, betonte aber bereits den Institutionengedanken in dem Sinne, dass die in den jeweiligen Mitgliedstaaten verfolgten Konzepte ,fairen' Wettbewerbs – mithin das jeweilige Wettbewerbverständnis und die angestrebten Schutzzwecke – weitaus prägender für die jeweilige Rechtsordnung seien, als die (vergleichsweise weniger bedeutende) konkrete Formulierung der Generalklausel, s. auch noch u. Fn. 23.

Widerstand gegen eine umfassende Harmonisierung (die insbesondere auch Aspekte wie die notorisch umstrittene Frage des wettbewerbsrechtlichen (Investitions-)schutzes gegen sklavische Nachahmungen durch Mitbewerber umfasst hätte) unüberwindlich groß geworden.

Aus dem vorbeschriebenen, genuin lauterkeitsrechtlichen Ansatz zu umfassender europäischer Harmonisierung ist dann letztlich die weitaus bescheidenere Irreführungs-RL entstanden, die in ihrer ursprünglichen Form zunächst eine bloße Mindestharmonisierung des Schutzes gegen irreführende Werbung erstrebte. Der Institutionengedanke aus dem *Ulmer*-Gutachten[23] hatte den Weg geebnet, um den mittlerweile erstarkten Verbraucherschutzgedanken[24] in die Schutzzwecke der RL einzubeziehen; aus Art. 1 Irreführungs-RL stammt die gemeinschaftsrechtliche Formulierung der Schutzzwecktrias, derzufolge die RL einheitlich den Schutz der Verbraucher, der Mitbewerber sowie der Interessen der Allgemeinheit gegen irreführende Werbung und deren unlautere Auswirkungen bezweckt. Der übergreifenden Natur der Irreführungsproblematik entsprechend erstreckte sich der Anwendungsbereich der RL – in bemerkenswerter Abweichung vom aktuellen RL-Vorschlag – auf irreführende Werbung gegenüber Verbrauchern und gewerblichen Marktteilnehmern gleichermaßen. Allerdings formulierte die RL nur Mindeststandards im Bereich des Schutzes vor irreführender Werbung und harmonisierte insbesondere die jeweiligen nationalen Irreführungsmaßstäbe nicht[25]. Zudem gestattete der im Bereich der Rechtsdurchsetzung ausgehandelte Kompromiss letztlich sämtlichen Mitgliedstaaten der Gemeinschaft, im Kern ihre jeweiligen Durchsetzungssysteme (und damit insbesondere auch das wesentlich auf Selbstkontrolle basierende System der *common law*-Staaten) beizubehalten[26]; auch dies ist für die hier im Mittelpunkt stehende Betrachtung des RL-Vorschlags insofern von besonderem Interesse,

---

23 Die Harmonisierungsvorschläge von *Ulmer* hatten zwar mit dem Vorschlag einer Verbandsklage für Wettbewerber den Institutionengedanken klar zum Ausdruck gebracht, jedoch noch davor zurückgeschreckt, ihn im Rahmen der Schutzzwecktrias folgerichtig durch Gewährung einer Verbandsklage für Verbraucherverbände zu Ende zu denken. Vgl. hierzu auch *Schricker/Henning-Bodewig*, WRP 2001, 1367, 1372.

24 Dieser war paradoxerweise mit zum ‚Stolperstein' der Versuche einer umfassenden Harmonisierung des Lauterkeitsrechts geworden: angesichts der erstarkenden Verbraucherschutzbewegung war die Zuständigkeit für das Harmonisierungsprojekt innerhalb der Kommission kumulativ mit an die Abteilung Verbraucherschutz (die schließlich in den neunziger Jahren als eigenständige Generaldirektion [GD Sanco] ausgestaltet wurde) gegangen, was zu zusätzlichen Abstimmungsproblemen zwischen der Generaldirektion Binnenmarkt und der Verbraucherschutzabteilung (nunmehr GD Sanco) führte, die nicht nur das damalige Harmonisierungsprojekt bremsten, sondern teils bis heute zu einem unzureichend abgestimmten Nebeneinander konzeptionell unterschiedlicher Harmonisierungsinstrumente führen. Vgl. dazu näher u. II 2 c.

25 Was vielfach aus der Sicht der europäischen Harmonisierung bedauert wurde, vgl. statt aller *Ohly*, (o. Fn. 7), 642 m.w.Nw.

26 Vgl. dazu auch schon o. II 1.

als dieser letztere sich im Bereich der Rechtsdurchsetzung mehr oder weniger deckungsgleich an dem damals erzielten Minimalkompromiss orientiert. Alles in allem, war der *Ulmer'sche* Plan einer umfassenden Harmonisierung dem Gedanken verbraucherschützender Mindestharmonisierung gewichen. Mit ihrer Regelung eines bloßen Minimalstandards hinsichtlich des materiellen Irreführungsschutzes erzielte die RL dementsprechend einen vergleichsweise geringen Harmonisierungseffekt[27]. In dem im europäischen Maßstab besonders augenfällig divergierenden Bereich der vergleichenden Werbung wurde die Irreführungs-RL daraufhin 1997 durch die RL über vergleichende Werbung[28] reformiert; in der novellierten Form der Irreführungs-RL sieht diese nunmehr (insoweit im Wege abschließender Harmonisierung[29]) die grundsätzliche Zulässigkeit der vergleichenden Werbung vor, sowie regelt ‚punktgenau' deren Zulässigkeitsvoraussetzungen im Einzelnen[30].

Nichtsdestotrotz lässt sich die Irreführungs-RL in ihrer ursprünglichen Form hinsichtlich (nicht vergleichender) irreführender Werbung und insgesamt ihrer konzeptionellen Herkunft nach, auch als Ursprungspunkt der Tradition verbraucherschützender Mindestharmonisierung zuordnen, in deren Folge dann die zahlreichen bereichsspezifischen Verbraucherschutz-Richtlinien verabschiedet wurden. In jedem Falle vergleichbar sind die Irreführungs-RL und die ihr folgenden Verbraucherschutz-Richtlinien zudem hinsichtlich ihrer Binnenmarktfunktionalität. Als bloße Mindestvorschriften ist ihnen gemeinsam, dass sie das Niveau des (gleich ob lauterkeitsrechtlichen oder vertragsrechtlichen) Verbraucherschutzes in der Gemeinschaft auf einen gewissen Mindeststandard gehoben haben, ohne aber signifikante Beiträge zum Abbau von Handelsschranken in der Gemeinschaft leisten zu können. Denn da die Mitgliedstaaten auf der Grundlage der Richtlinien strengere Bestimmungen des nationalen Rechts im jeweils harmonisierten Bereich beibehalten oder auch neu einführen konnten – die sich aus europarechtlicher Sicht typischerweise als Maßnahmen gleicher Wirkung im Sinne der ‚Dassonville'-Rechtsprechung darstellten – waren insoweit positive Effekte für den Binnenmarkt allenfalls in geringem Ausmaß zu

---

27 Die geringe Bedeutung der RL wird auch dadurch illustriert, dass – gerade im Vergleich zur reichhaltigen Rspr. zum Verhältnis von nationalem Lauterkeitsrecht und den Grundfreiheiten – nur wenige Urteile des EuGH die Auslegung der RL erhellten. Vgl. auch noch die Nw. in den folgenden Fn.
28 RL 97/55/EG vom 6.10.1997 über vergleichende Werbung, ABl. L 290 v. 23.10.1997, 18, die zu einer insoweit veränderten konsolidierten Fassung der Irreführungs-RL führte.
29 So nunmehr EuGH, Rs. C-44/01, Urt. v. 8.4.2003 - ‚Pippig', abrufbar unter www.curia.eu.int (Stand 20.9.2004); hierzu *Ohly*, (o. Fn. 7).
30 Zu dem Streit um das Verhältnis der abschließend geregelten Zulässigkeitsvoraussetzungen vergleichender Werbung zur weiterhin lediglich i. S. eines Mindeststandards geregelten allgemeinen Irreführung in Fällen irreführender vergleichender Werbung, vgl. nunmehr EuGH-‚Pippig' (o. Fn. 29) und dazu *Sack*, GRUR 2004, 89 und *Ohly*, (o. Fn. 7).

erwarten³¹. Dies war naturgemäß genau deshalb (und damit auch genau solange und soweit) praktisch unproblematisch – wenngleich, wie das ‚Tabakwerbeurteil' belegt hat, gelegentlich mit Blick auf die Regelungskompetenz der Gemeinschaft zweifelswürdig –, wie die Tradition der Mindestharmonisierung hinsichtlich der Vollendung des Binnenmarkts komplementär durch die binnenmarktorientierte Rechtsprechung des EuGH bedingt und ergänzt wurde. Um diesen Zusammenhang soll es im Folgenden gehen.

b) Die komplementäre Entwicklung: ‚Negative' (binnenmarktorientierte) Harmonisierung durch den EuGH und die Kommission

Nachdem der EuGH mit der ‚Dassonville'-Entscheidung zuerst den Weg geebnet hatte, um Bestimmungen mitgliedstaatlichen Lauterkeitsrechts am Maßstab der Warenverkehrsfreiheit zu messen – und damit die Vollendung bzw. das reibungslose Funktionieren des Binnenmarktes soweit möglich abzusichern –, gestattete ihm in der Folge die ‚Cassis'-Doktrin – auf der zugegeben schmalen konzeptuellen Grundlage einer Art verbraucherschutzrechtlichen Verhältnismäßigkeitsprinzips³² – unter den Kategorien des Verbraucherschutzes und des Schutzes der Lauterkeit des Geschäftsverkehrs³³ im Ergebnis Grundzüge eines gemeinschaftsrechtlichen Lauterkeitsrechts zu entwickeln.

Diese ‚Harmonisierungstradition' ist häufig – zumal in der englischen Literatur³⁴ – als negative Integration bezeichnet worden. Der Begriff ist irreführend. Zwar hat der Gerichtshof sich den nationalen Lauterkeitsbestimmungen unter der Perspektive der Maßnahmen gleicher Wirkung und damit ‚negativ' angenähert, sein Ansatz war und ist naturgemäß binnenmarktorientiert³⁵; zutreffend ist

---

31   So nunmehr deutlich auch das ‚Tabakwerbe'-Urteil des EuGH Slg. 2000, I-8419.
32   Wie es in Fällen wie EuGH Slg. 1982, 3961 – ‚Rau' (Geeignetheit und Notwendigkeit) und Slg. 1987, 1227 – ‚Kommission./.Deutschland' (Verhältnismäßigkeit i.e.S.) für den Bereich des Verbraucherschutzes entwickelt wurde. Der Ansatz eines verbraucherschutzrechtlichen Verhältnismäßigkeitsprinzips ist in der deutschen Literatur von *Drexl*, Die wirtschaftliche Selbstbestimmung des Verbrauchers (1998), in weitestmöglicher Weise verallgemeinert worden.
33   Der EuGH hat diese beiden (in Slg. 1979, 679 – ‚Cassis de Dijon' neben dem Schutz der öffentlichen Gesundheit und der Effektivität der fiskalen Überwachung genannten) Rechtfertigungsgründe unter Art. 30 in der Folge nicht sauber auseinandergehalten, sondern häufig parallel herangezogen (vgl. etwa *Lettl*, Der lauterkeitsrechtliche Schutz vor irreführender Werbung in Europa (2004), zusammenfassend 148), worin man einen gewissen empirisch-impliziten Beleg der institutionellen Untrennbarkeit von Verbraucherschutz und Mitbewerberschutz durch das Wettbewerbsrecht sehen mag.
34   Vgl. *Weatherill,* EC Consumer Law and Policy (1997), 36 ff.
35   Doch bedeutet dies eben nicht zwangsläufig, dass lediglich Mindeststandards vom EuGH akzeptiert werden. Erstens hat der Gerichtshof selbst ausdrücklich festgestellt, dass das angemessene Verbraucherschutzniveau über dem Mindestniveau des Rechts in den Mitgliedstaaten liegen kann; und zweitens beinhaltet bereits das Ziel eines funktionsfähigen gemeinsamen Marktes als solches nach dem Konzept des EGV neben den
(Fortsetzung auf der nächsten Seite)

auch, dass das Fallrecht zu verbraucherschutz- und insbesondere lauterkeitsrechtlichen Problemstellungen naturgemäß lückenhaft geblieben ist. Doch hat der Gerichtshof, indem er aus den ihm präsentierten nationalen Bestimmungen stets nur den (meist wegen Verstoßes gegen das Verhältnismäßigkeitsgebot) europarechtlich unzulässigen Teil präzise ‚herausschnitt', die nationalen Bestimmungen im übrigen aber aufrechterhielt, gewissermaßen nach Art eines Steinmetzes oder Schnitzers überraschend klare ‚positive' Konturen eines europäischen Verbraucherschutzmodells zu entwickeln vermocht. Dieses europäische Verbraucherschutzmodell ist für das Lauterkeitsrecht im kontinentaleuropäischen Sinne (und insbesondere für den Irreführungsschutz) von hoher Relevanz[36]. Das Modell europäischen Verbraucherschutzes zentriert – im Einklang mit den Zielen des Vertrages, wie sie dem europäischen Gerichtshof als ‚Abwägungsmaterial' zur Verfügung standen – in erster Linie auf die wirtschaftliche Selbstbestimmung des Verbrauchers im Sinne hinreichend freier und informierter Entscheidungen eines „durchschnittlich informierten, aufmerksamen und verständigen Durchschnittsverbrauchers"[37]. Über die Frage, welches Verbraucherleitbild insoweit den Urteilen des Gerichtshofs zugrunde liegt, ist endlos debattiert worden[38]. Dies kann hier nicht thematisiert werden, zumal die Realität sämtliche (akademischen) Versuche, die harmonisierende Liberalisierung (zumal des deutschen) Wettbewerbsrechts zu bremsen, mittlerweile überholt hat. Vielmehr steht im vorliegenden Beitrag der innere Zusammenhang der EuGH-Rechtsprechung mit den Konzepten, die dem RL-Vorschlag zugrunde liegen, im Mittelpunkt. Insofern sei an dieser Stelle lediglich festgehalten, dass sich mit Blick auf besonders schutzwürdige Verbraucher[39] und auf regionale und nationale Besonderheiten[40] durchaus Differenzierungen in der Rechtsprechung des Gerichtshofs finden. Das (in einer überschaubaren Anzahl von Entscheidungen entwickelte) europäische Verbraucherleitbild ist überraschend tragfähig. Der RL-Vorschlag ist hierfür der beindruckendste Beleg. Denn die in der EuGH-Rechtsprechung entwickelten Grundlinien finden sich – wie in der Folge (unten III 3) noch belegt wird[41] – in den Bestimmungen des RL-Vorschlags (insbesondere im Irreführungsbereich) praktisch ausnahmslos wieder.

Grundfreiheiten, wie sie in Art. 3 lit. c), 14 EGV im Mittelpunkt stehen, eben auch die Funktionsfähigkeit eines Systems unverfälschten Wettbewerbs gem. Art. 3 lit. g) EGV und einen Beitrag zur Verbesserung des Verbraucherschutzes gem. Art. 3 lit. t) EGV. Mit den beiden letztgenannten Zielen, die idealerweise in einem Verhältnis der Kohärenz stehen, sind die Hauptzwecke des Rechts des unlauteren Wettbewerbs in seiner kontinentalen Prägung angesprochen. Vgl. zutreffend *Veelken*, (o. Fn. 18), 4 f.

36 So im Ergebnis dann auch *Weatherill*, (o. Fn. 34).
37 Vgl. mit dieser Formulierung zuletzt EuGH Slg. 1988, I-4657 – ‚Gut Springenheide'; EuGH Slg. 1995, I-1923 – ‚Mars'.
38 Vgl. statt aller nur die vielzähligen Nw. bei *Sack*, WRP 1999, 399.
39 EuGH Slg. 1989, 1235, 1242 – ‚Buët'.
40 EuGH Slg. 2000, I-117 – ‚Lifting Creme'.
41 Vgl. näher auch *Leistner*, (o. Fn. 6).

Und dies ist nur der deutlichste und aktuellste Beleg; wie die anderen Verbraucherschutz-Richtlinien eindrucksvoll illustrieren, ist der Gedanke des Verbraucherschutzes durch Schutz freier und informierter Entscheidungen insgesamt zum wichtigsten Tragpfeiler des europäischen Verbraucherschutz- und Lauterkeitsrechts geworden.

Doch hat die Verbraucherschutzkonzeption des Gerichtshofs ihre Grenzen. Sie basiert auf dem wirtschaftswissenschaftlichen Informationsmodell, das um binnenmarktorientierte Aspekte (die insbesondere das Aufbrechen eingefahrener Verbrauchergewohnheiten betreffen) ergänzt wird[42]. Diese verengte Perspektive kann nicht wundernehmen. Soweit es um den Schutz freier und informierter wirtschaftlicher Entscheidungen geht, ist sie nämlich zutreffend[43]. Und über mehr hatte der Gerichtshof selten zu entscheiden, da ihm angesichts der begrenzten Zielkataloge des EGV mehr Abwägungsmaterial für die jeweils vorzunehmende Interessenabwägung kaum zur Verfügung stand. Soweit der EuGH – etwa im Bereich des Gesundheitsschutzes – durch die Bestimmungen des EGV aufgefordert war, weitere Werte in die Abwägung einzubeziehen, hat er die Gelegenheit stets ergriffen. Und auch erste (noch sehr bescheidene) Ansätze einer Dogmatik für die Rezeption der Grundrechte aus der EMRK und der Charta der Grundrechte finden sich[44]. Doch sind andere Bereiche – wie etwa die Frage eines Schutzes der Privatsphäre, die sich in bestimmten Fällen unlauteren Wettbewerbs (wie beispielsweise Überrumpelungstechniken) mit dem Schutz der Konsumentensouveränität schier untrennbar verknüpft – bei der Entwicklung des ‚europäischen Lauterkeitsrechts' durch den Gerichtshof weitgehend außen vor geblieben. Von einem ‚echten' Richterrecht des unlauteren Wettbewerbs kann daher ebenso wenig die Rede sein wie auch nur von einem vollständigen Fundament.

Zudem hatte der Gerichtshof im Jahre 1993 seine eigene Jurisdiktion im Bereich des Lauterkeitsrechts durch die ‚Keck'-Entscheidung (mit ihrer Differenzierung zwischen produktbezogenen Bestimmungen und Regelungen bestimmter Verkaufsmodalitäten) empfindlich eingeschränkt[45]. Denn die Regelungen des Lauterkeitsrechts in den Mitgliedstaaten betreffen in der Tat häufig „be-

---

42 Vgl. *Groeschke/Kiethe*, WRP 2001, 230 ff.
43 Vgl. grundlegend *Drexl*, (o. Fn. 32).
44 Dem hier betrachteten Bereich noch am nächsten kommt die Entscheidung im Fall ‚Bauer v. Familiapress', Slg. 1997, I-3689, der ein nationales Verbot von Gewinnspielen in Zeitschriften betraf. Die zukünftige europäische Verfassung wird in ihrem Grundrechtsteil nicht nur die Meinungsäußerungsfreiheit (die kommerzielle Äußerungen jedenfalls nach der Rspr. des EGMR zu Art. 10 EMRK mit umfasst, vgl. EGMR v. 24.2.1994, Serie A Nr. 285 (A), Rn. 37, 51 – ‚Casado Coca'; EGMR v. 28.3.1990, Serie A Nr. 173, Rn. 55 – ‚Groppora'), sondern auch den Verbraucherschutz als Ziel beinhalten. Wie diese neue Abwägungsmöglichkeit unter Grundrechtsaspekten die Rspr. des EuGH beeinflusst, wird abzuwarten sein.
45 EuGH Slg. 1993, I-6097 – ‚Keck'.

stimmte Verkaufsmodalitäten", die nach ‚Keck' nunmehr keine Maßnahmen gleicher Wirkung mehr darstellen, sofern sie nicht diskriminierend sind. Selbst in der durch ‚Mars' und ‚Clinique'[46] (betreffend das Merkmal der Produktbezogenheit), sowie ‚Gourmet' und ‚TK-Heimdienst'[47] (betreffend die Frage der Diskriminierung) präzisierten Form, führte dies zu Problemen[48]. Denn nunmehr war das Zusammenspiel aus verbraucherschützender Mindestharmonisierung (durch die Kommission) und Sicherung des reibungslosen Funktionierens des Binnenmarkts (durch den EuGH) im Bereich des Lauterkeitsrechts empfindlich gestört. Die Klärung durch ‚Gourmet' und ‚TK-Heimdienst' hat an dieser Stelle insofern nicht geholfen, als selbst der nunmehr verfolgte, den diskriminierungsfreien Marktzugang sichernde Ansatz die Interessen echten und insbesondere *grenzüberschreitenden* multinationalen Euromarketings bisher nicht verlässlich berücksichtigt[49]. Im Fall europaweiter (oder jedenfalls multinationaler Werbekampagnen) ist der Werbende einem ‚Flickenteppich' verschiedener nach dem Marktortprinzip anwendbarer Rechtsordnungen ausgesetzt, deren Bestimmungen er sämtlich zu berücksichtigen hat[50]. Die resultierenden Rechtsermittlungskosten können potentiell abschreckende Wirkung – zumal für kleine und mittlere Unternehmen – haben und mithin wird das reibungslose Funktionieren des Binnenmarkts gestört[51].

---

46 EuGH Slg. 1995, I-1923 – ‚Mars'; EuGH Slg. 1994, I-317 – ‚Clinique'.
47 EuGH Slg. 2001, I-1795 – ‚Gourmet International'; EuGH Slg. 2000, I-151 – ‚TK-Heimdienst'.
48 Vgl. insoweit statt aller *Glöckner*, (o. Fn. 9).
49 Dies jedenfalls wenn man nicht der Ansicht (vgl. hierfür statt aller *Leible/Sosnitza*, GRUR 1995, 799, 801) folgt, die von einer Diskriminierung des europaweit agierenden Händlers im Vergleich zum rein national tätigen Händler ausgeht, da ersterer weit höhere Rechtsermittlungskosten zu tragen habe. Durch die nach dieser Ansicht nicht mehr gegebene rechtliche und faktische Gleichbehandlung, wäre daher der Bereich des ‚Keck'-Urteils für grenzüberschreitendes Marketing stets vermieden. Zwar scheint dieser ‚Kunstgriff' (um einen ‚Kunstgriff' handelt es sich, denn schließlich lässt sich ja durchaus argumentieren, dass hier nicht eine wesentlich gleiche Situation verglichen werde [so in der Tat *Sack*, WRP 1998, 103, 107]) mit Blick auf die Tatsache, dass ein Abstellen auf nationale Märkte im Binnenmarkt an sich gar nicht mehr erfolgen sollte, durchaus zustimmungswürdig, doch kann nicht mit hinreichender Sicherheit davon ausgegangen werden, dass der EuGH dieser Ansicht in absehbarer Zeit folgt. Vgl. auch noch u. Fn. 51.
50 Vgl. statt aller *Leistner*, in: *Bettinger/Leistner* (Hrsg.), Werbung und Vertrieb im Internet (2003), Rn. 75 ff. (insb. Rn. 78) m.w.Nw. Zur Rechtslage nach dem Kommissionsvorschlag für eine ‚Rom II'-VO über das auf außervertragliche Schuldverhältnisse anwendbare Recht, KOM (2003) 427 endg., vom 22.7.2003, vgl. *Leistner*, in: *Basedow/Drexl/Kur/Metzger* (Hrsg.), Intellectual Property in the Conflict of Laws (2004); *ders.*, in: *Drexl/Kur* (Hrsg.), IP and Private International Law – Heading for the Future (2004).
51 Vgl. ausdrücklich die Begründung des RL-Vorschlags, Rn. 22. Im Bereich der Dienstleistungsfreiheit hat der EuGH dieses Problem durchaus erkannt und anerkannt, weshalb er sich in Slg. 1995, I-1141 – ‚Alpine Investments', konsequent geweigert hat, die
(Fortsetzung auf der nächsten Seite)

Dieses Problem wurde unerwartet schnell relevant durch die rasante wirtschaftliche Entwicklung des Internet-Vertriebs in bestimmten Wirtschaftszweigen. Entsprechend war die Kommission vornehmlich in diesem Bereich zum Handeln gezwungen. Die Generaldirektion Binnenmarkt setzte, als sie in der E-Commerce-RL von 2000[52] für den gesamten koordinierten Bereich der RL (und damit faktisch für jede Rechtsvorschrift, die in irgendeiner Weise für elektronische kommerzielle Kommunikation relevant wird) in Art. 3 das Binnenmarkt-Herkunftslandprinzip vorsah (und damit beabsichtigte die rechtliche Kontrolle für Internet-Kommunikationen im Sitzstaat des Anbieters zu konzentrieren[53]), also letztlich eine binnenmarktorientierte ‚Traditionslinie' fort, die mit der Rechtsprechung des Gerichtshofs anhand der ‚Dassonville'/‚Cassis'-Doktrin begonnen hatte und die nunmehr (nach ‚Keck') insbesondere im Bereich des Lauterkeitsrechts eine Lücke aufwies. Das Binnenmarkt-Herkunftslandprinzip in der E-Commerce-RL ist allerdings ein sehr viel machtvolleres Instrument als der Grundsatz gegenseitiger Anerkennung in der Rechtsprechung des Gerichtshofs. Insbesondere die auf Grundlage der RL nunmehr fehlende Rechtfertigungsmöglichkeit[54] durch zwingende Erfordernisse im Sinne der ‚Cassis'-Doktrin, sowie die Tatsache, dass das Binnenmarkt-Herkunftslandprinzip der E-Commerce-RL – insoweit anders als etwa das bekannte Herkunftslandprinzip der Fernseh-RL, welches auf den durch die Fernseh-RL selbst harmonisierten Bereich begrenzt war[55] – weit über den durch die E-Commerce-RL selbst harmonisierten Bereich hinausreichte, führten zu heftiger Kritik und zu Befürchtungen, es könne zu einem *race to the bottom* hin zu den Mitgliedstaaten mit den niedrigsten Schutzstandards kommen. Hinzu kam noch, dass das Herkunftslandprinzip der E-Commerce-RL wegen seiner im Vergleich zur Fernseh-RL unverhältnismäßig größeren Reichweite zu einer Diskriminierung ‚klassischen' Euromarketings (beispielsweise in Funk und Fernsehen) im Verhältnis zum Internet-Marketing führte[56]. Insofern war dringender Harmonisie-

---

‚Keck'-Doktrin auf Fälle grenzüberschreitender Dienstleistungserbringung anzuwenden. In der Rspr. vor ‚Keck' waren derartige Fälle auch im Bereich der Warenverkehrsfreiheit naturgem. an der ‚Dassonville'/‚Cassis'-Messlatte beurteilt worden, vgl. EuGH Slg. 1982, 684 – ‚Osthoek', Slg. 1990, I-667 – ‚GB-Inno', Slg. 1993, I-2361 – ‚Yves Rocher'.

52 RL 2000/31/EG vom 8.6.2000 über bestimmte rechtliche Aspekte der Dienste der Informationsgesellschaft, insb. des elektronischen Geschäftsverkehrs, im Binnenmarkt, ABl. L 178 v. 17.7.2000, 1-16 (im Folgenden E-Commerce-RL).
53 Vgl. noch u. III 2 b zum notorischen Streit um den Rechtscharakter des Binnenmarkt-Herkunftslandprinzips der E-Commerce-RL.
54 Mit Ausnahme der komplizierten Notifizierungs- und Anerkennungsprozedur der Art. 3 Abs. 4-6 E-Commerce-RL, die (den Bestimmungen des Art. 95 nachmodelliert) ihre Hauptbedeutung im Bereich der Legislative und der Verwaltungsvorschriften, nicht jedoch bei der Entscheidung von Einzelfällen hat. Vgl. statt aller *Leistner*, (o. Fn. 50), Rn. 82 ff. (insb. 84) m.w.Nw.
55 So die Interpretation der RL durch den EuGH in Slg. 1997, I-3843 – ‚De Agostini'.
56 Vgl. *Leistner*, (o. Fn. 50), Rn. 95.

rungsbedarf entstanden, den sich die Kommission (im Vergleich zum bisherigen komplementären Zusammenspiel mit entsprechenden Anstößen aus der Rechtsprechung des Gerichtshofs) in diesem Falle gewissermaßen selbst geschaffen hatte. Angesichts der vielzähligen Ausnahmen vom Herkunftslandprinzip[57] lag dessen Hauptbedeutung – und damit der Harmonisierungsbedarf – vordringlich im Bereich des Rechts des unlauteren Wettbewerbs.

Sowohl der RL-Vorschlag, als auch der Verkaufsförderungs-VO-Vorschlag von 2002, lassen sich als Antworten der Kommission auf diese selbst gestellte Harmonisierungsherausforderung auffassen. Diese Antworten sind jedoch gänzlich unterschiedlich ausgefallen. Obwohl aus Sicht der Mehrzahl der Mitgliedstaaten ein und dasselbe Rechtsgebiet betroffen ist, divergiert die von den beiden Instrumenten jeweils verfolgte Harmonisierungskonzeption fundamental; dem entspricht eine unterschiedliche Herkunft der Vorschläge innerhalb der Kommission, wie im Folgenden darzustellen ist.

c) Die Perspektive: Bereichsspezifische Harmonisierung oder ‚kombinierter Ansatz'

Nachdem der durch die E-Commerce-RL aufgebrochene Harmonisierungsbedarf im Bereich unlauterer Handelspraktiken offensichtlich geworden war, kam es zu einem Kompetenzkonflikt innerhalb der Kommission zwischen der Generaldirektion (GD) Binnenmarkt und der Verbraucherschutzgeneraldirektion (GD-SANCO): letztlich wurde dieser dahingehend gelöst, dass die Generaldirektion Binnenmarkt für den B2B-Bereich zuständig blieb, während die Zuständigkeit der GD SANCO auf den B2C-Bereich begrenzt wurde[58]. Das Resultat dieser internen Kompetenzverteilung ist nunmehr das Nebeneinander des Verkaufsförderungs-VO-Vorschlags (aus der GD Binnenmarkt) und des RL-Vorschlags aus der Verbraucherschutzgeneraldirektion mit seinem auf B2C-Situationen begrenzten Anwendungsbereich.

Der Verkaufsförderungs-VO-Vorschlag lässt sich zwanglos der vorstehend beschriebenen, in erster Linie binnenmarktorientierten Harmonisierungstradition zuordnen. Die konzeptionelle Wurzel ist dieselbe, wie bei der E-Commerce-RL, mithin das Grünbuch über kommerzielle Kommunikationen im Binnenmarkt von 1996[59] und das zugehörige follow-up Dokument von 1998[60]. Das Grünbuch nimmt eine hauptsächlich binnenmarktorientierte Perspektive ein, derzufolge das wesentliche Ziel der Harmonisierung im Bereich der kommerziellen Kommunikationen in der Beseitigung der Hindernisse für die Entwicklung eines Binnenmarkts besteht, wodurch zugleich die Wachstumschan-

---

57 Die sich aus Art. 3 Abs. 3 E-Commerce-RL in Verbindung mit dem Anhang ergeben.
58 Vgl. für diese Hintergründe schon mit Blick auf das Verbraucherschutzgrünbuch *Glöckner*, (Fn. 9).
59 KOM (1996) 192 endg. v. 8.5.1996.
60 KOM (1998) 121 endg. v. 4.3.1998.

cen dieses Sektors genutzt und die Wettbewerbsfähigkeit der europäischen Unternehmen gestärkt werden sollen. Gemäß der „Mitteilung der Kommission über Verkaufsförderungen im Binnenmarkt" vom 2. Oktober 2001[61] wurde insoweit der Bereich der Verkaufsförderungen, d.h. Rabatte, unentgeltliche Zuwendungen Zugaben, sowie insbesondere Preisausschreiben und Gewinnspiele, als besonders problematisch identifiziert. Der Verkaufsförderungs-VO-Vorschlag nimmt sich dieses Bereichs in klassisch binnenmarktorientierter Art und Weise an und verfolgt dabei die informationsorientierte Binnenmarktkonzeption eines aktiven, eigenverantwortlichen Verbrauchers weiter[62]. Die innere Logik des bereichsspezifischen Harmonisierungskonzepts, wie es der Verkaufsförderungs-VO-Vorschlag verfolgt, setzt letztlich für das Lauterkeitsrecht als ganzes und seine Rückwirkungen auf das reibungslose Funktionieren des Binnenmarkts auf internationalprivatrechtliche Lösungen statt umfassender Harmonisierung. In der Tat ist eine entsprechende, nach der hier vertretenen Ansicht grundsätzlich taugliche Harmonisierung des internationalen Privatrechts mit Blick auf die Sanktionierung unlauterer Wettbewerbshandlungen in Art. 5 der neuen ‚Rom-II-Verordnung' geplant[63]. Neben dieser international-privatrechtlichen Lösung würde sich der Harmonisierungsgesetzgeber jeweils auf die Regelung bestimmter, besonders problematischer Bereiche konzentrieren, soweit sich diese im Laufe der weiteren Entwicklung herauskristallisieren. Ein solcher Harmonisierungsansatz hat seine volle innere Berechtigung, zumal er insbesondere dem Subsidiaritätsgrundsatz angemessen Rechnung trägt[64].

Freilich verfolgt der RL-Vorschlag, der nunmehr parallel – und mit derzeit ersichtlich größerer Dynamik – in den Brüsseler Gremien verhandelt wird, eine gänzlich andersgeartete Harmonisierungskonzeption[65]. Ausweislich der Überle-

---

61   KOM (2001) 546 endg.
62   Entsprechend kombiniert der strikt bereichsspezifische Ansatz Vorschriften über die grundsätzliche Zulässigkeit von sales promotions mit extensiven Informationspflichten, die die Rechte der Kunden schützen sollen, und sichert das Harmonisierungsziel mit Hilfe eines Prinzips gegenseitiger Anerkennung ab. Die typischen Elemente des binnenmarktorientierten Harmonisierungsansatzes sind demnach in aller Klarheit vorhanden. Bemerkenswert ist, dass eine VO als Instrument vorgeschlagen wird: die Kommission begründet dies mit dem Erfordernis rascher und besonders einheitlicher Harmonisierung, welches durch die einheitliche Eurowährung im Binnenmarkt mit Blick auf Verkaufsförderaktionen gegeben sei.
63   S. den aktuellen Vorschlag für eine VO über das auf außervertragliche Schuldverhältnisse anwendbare Recht (‚Rom II'-VO), KOM (2003) 427 endg. v. 22.7.2003; vgl. auch o. Fn. 50.
64   Vgl. auch noch u. IV zum Zshg. mit dem Harmonisierungsprozess im Allgemeinen.
65   Der ursprüngliche RL-Vorschlag der Kommission wurde im Europäischen Parlament nur unter ganz erheblichen (mehr als 100) Änderungsvorschlägen angenommen, die den Vorschlag neben dem grundlegenden Wechsel zur Mindestharmonisierung für eine Übergangsperiode und zum materiell-rechtlich verstandenen Herkunftslandprinzip auch im Übrigen in seinen Kernkonzepten (Neuformulierung der Generalklausel unter stärkerer Berücksichtigung spezifisch verwundbarer Verbraucher und Definition der Unter-
(Fortsetzung auf der nächsten Seite)

gungen der Kommission im Grünbuch von 2001 und dem Folgedokument von 2002[66] wird ein kombinierter Ansatz verfolgt: Eine übergreifende Rahmen-RL soll in der Folge – soweit notwendig – durch spezifische Harmonisierungsmaßnahmen ergänzt werden. Es wird also letztlich mit der Rahmen-RL eine Vollharmonisierung des Lauterkeitsrechts der Mitgliedstaaten erstrebt. Diesem Konzept waren aber durch den oben beschriebenen Kompetenzkonflikt von vornherein ‚die Flügel beschnitten'. Entsprechend beschränkt sich der RL-Vorschlag – jeweils in bemerkenswerter Abweichung von der horizontalen, die Schutzzwecktrias für das europäische Recht formulierenden Irreführungs-RL – in seinem Anwendungsbereich auf B2C-Situationen und auch hinsichtlich seiner Zielsetzung (neben der Vervollkommnung des Binnenmarkts) ausdrücklich auf den Schutz der Verbraucher, da der Schutz der Mitbewerber angesichts der in diesem Bereich schlummernden Kompetenzkonflikte bewusst ausgeklammert bleiben sollte[67]. Die Orientierung auf den Verbraucherschutz scheint den RL-Vorschlag in die Nähe der oben beschriebenen Tradition verbraucherschützender Mindestharmonisierung zu rücken. Andererseits war der Kommissionsvorschlag in seiner ursprünglichen Fassung mit einer klar formulierten Binnenmarkt-Herkunftslandbestimmung versehen, die den verbraucherschützenden Zweck mit dem Ziel des konsequenten Abbaus von Schranken für Euromarketing durch Konzentration der rechtlichen Kontrolle im Herkunftsstaat kombinieren sollte[68]; zudem wurde durch das Konzept der ‚punktgenauen' Harmonisierung Rechtssicherheit für Verbraucher im Binnenmarkt erstrebt. Damit schien ein umfassender, die Ziele des Binnenmarktes und des Verbraucherschutzes miteinander kombinierender Ansatz möglich. Wie in der Folge (unten III 2 a) beschrieben werden soll, war dieses Binnenmarktziel des RL-Vorschlags aber von vornherein aufgrund der kritikwürdigen Begrenzung seines

---

nehmerpflichten unter Heranziehung des Konzepts von Treu und Glauben etc.) berühren, vgl. die Legislative Entschließung vom 20.4.2004 (A5-0188/2004). Auch im ‚Wettbewerbsfähigkeits'-Rat wurde eine politische Einigung über die Verabschiedung der RL nur unter erheblichen Veränderungen erzielt, wobei insb. wiederum der Wechsel zum Konzept der Mindestharmonisierung für eine sechsjährige Übergangsperiode im Bereich von mitgliedstaatlichen Bestimmungen, die Mindestharmonisierungsrichtlinien umsetzen, sowie die Streichung der international-privatrechtlichen Herkunftslandbestimmung im Vordergrund stehen. Vgl. für die Politische Einigung im Rat, 9667/04 v. 25.5.2004.

66 Vgl. die Nw. o. Fn. 1.
67 Vgl. auch Erwägungsgrund 5 RL-Vorschlag und die Begründung des RL-Vorschlags, Rn. 39 ff. Hinter der Problematik steht (neben der internen Kompetenzschwierigkeiten der Kommission) in erster Linie der schon seit jeher schwelende Konflikt zwischen kontinentaleuropäischen Mitgliedstaaten und den *common law* Staaten England und Irland um die Frage des ergänzenden wettbewerbsrechtlichen Leistungsschutzes. Vgl. näher zu dieser Problematik und den insoweit bestehenden grundlegenden Differenzen (die sich freilich letzthin ebenfalls graduell verringern), überblicksartig und auf aktuellem Stand *Leistner*, (o. Fn. 50); grundlegend *Ohly*, (o. Fn. 14), 73 ff.
68 Art. 4 RL-Vorschlag.

Anwendungsbereichs kaum zu erreichen. Nunmehr ist zudem im Verlaufe der Verhandlungen im Rat nicht nur die Binnenmarkt-Herkunftslandklausel dahingehend reformuliert worden, dass sie nurmehr ein materielles Prinzip (nicht aber eine internationalprivatrechtliche Regelung der Herkunftsstaatkontrolle) beinhaltet, sondern auch das Konzept der ‚punktgenauen' Harmonisierung scheint derzeit in weiten Bereichen (nämlich überall da, wo nationale Rechtsvorschriften europäische Mindestharmonisierungsrichtlinien umsetzen und damit insbesondere im Irreführungsbereich) zugunsten einer sechsjährigen (!) Übergangsperiode, in der es bei einer Mindestharmonisierung bleiben würde, aufgegeben worden zu sein[69]. Zudem ist es bei der bedauerlichen Begrenzung des Anwendungsbereichs des RL-Vorschlags auf B2C-Situationen und bei der Beschränkung der Zwecksetzung auf Verbraucherschutz und Binnenmarkt geblieben[70]. Der teilweise ‚Rückfall' in die Tradition der Mindestharmonisierung statt des ursprünglich geplanten umfassenden Ansatzes, der die Ziele des Binnenmarktes zumindest versuchte, angemessen einzubeziehen, kann nur bedauert werden. Auch würde es – da eine Erweiterung des Anwendungsbereichs nicht durchgesetzt wurde – nach derzeitigem Stand bei der Problematik des Nebeneinanders zweier gänzlich unterschiedlicher Harmonisierungskonzepte im B2B- und B2C-Bereich bleiben.

Im Folgenden (unten III) soll der RL-Vorschlag (nach dem aktuellen Stand[71]) in seinen Grundzügen näher untersucht werden. Es wird belegt, dass die (auf die Notwendigkeit einer Abgrenzung vom Verkaufsförderungs-VO-Vorschlag zurückzuführende) Begrenzung auf B2C-Situationen im Anwendungsbereich, der die Begrenzung auf Verbraucherschutz hinsichtlich der Zwecksetzung entspricht, für die innere Kohärenz, sowie für das Binnenmarktziel des RL-Vorschlags fatal sind. Auf dieser Grundlage wird schließlich (unten IV) für eine echte Wahl zwischen den beiden Harmonisierungsansätzen im Bereich des Lauterkeitsrechts plädiert, die ihrerseits in den Kontext der möglichen Rückwirkungen auf den Harmonisierungsprozess im Bereich des allgemeinen Zivil- und Zivilprozessrechts gestellt wird.

---

69 So jedenfalls der Stand der Politischen Einigung im Rat (o. Fn. 65). Die Änderungsvorschläge des Europäischen Parlaments (vgl. ebd.) sind ohnedies unüberschaubar.
70 Die Bundesrepublik Deutschland hatte dies (gemeinsam mit Österreich) im Rat durchzusetzen versucht, vgl. Anlage 2 zur Politischen Einigung (o. Fn. 65).
71 Sofern vom RL-Vorschlag die Rede ist, beziehen sich die Angaben auf den Vorschlag der Kommission; insb. soweit die erste Lesung im Europäischen Parlament und die Verhandlungen im Rat keine Änderungen gebracht haben, wird weiterhin dieser Vorschlag zitiert. Auf den Stand der politischen Einigung im Rat bzw. auf die Änderungsvorschläge des Europäischen Parlaments wird dann, sofern es zu Änderungen gekommen ist, jeweils gesondert hingewiesen und gegebenenfalls näher eingegangen.

III. Analyse des Richtlinienvorschlags über unlautere Geschäftspraktiken

1. Struktur des Richtlinienvorschlags

Der RL-Vorschlag gliedert sich in vier Kapitel. Das erste Kapitel enthält allgemeine Bestimmungen, zu denen die Regelung des Schutzzwecks, ein Artikel mit allgemeinen Definitionen (die zum großen Teil schon materiell-rechtlichen Gehalt aufweisen), die Bestimmungen über den Anwendungsbereich des RL-Vorschlags (die die im Rahmen der Verhandlungen im Rat neu hinzugekommenen Mindestharmonisierungsklauseln enthalten), sowie die Regelung des Binnenmarktprinzips – nach dem Stand der Verhandlungen im Rat nunmehr in materiell-rechtlicher Form – zählen. Das zweite Kapitel enthält die materiell-rechtlichen Regelungen: zu Anfang steht die ‚große' Generalklausel des Art. 5 mit dem Verbot unlauterer Geschäftspraktiken, die durch ‚kleine' Generalklauseln zu irreführenden und aggressiven Geschäftspraktiken näher konkretisiert wird. In diesem Zusammenhang ist auch Anhang 1 zum RL-Vorschlag zu erwähnen, auf den die ‚große' Generalklausel verweist. Der Anhang enthält eine (recht umfängliche) Liste besonders gefährlicher (irreführender oder aggressiver) Praktiken, die stets als unlauter gelten, was im praktischen Ergebnis auf eine Technik von *per se*-Verboten hinausläuft. Das dritte Kapitel des RL-Vorschlags besteht nur aus einer einzigen Bestimmung über Verhaltenskodizes, die letztlich eine rechtspolitische Stärkung der Selbstkontrollorganisationen im nationalen und europäischen Maßstab bewirken soll[72]. Schließlich enthält das vierte Kapitel die so genannten ‚Schlussbestimmungen', bei denen es sich der Sache nach in erster Linie um Bestimmungen über die Rechtsdurchsetzung handelt, die – wie bereits erwähnt – im Wesentlichen den entsprechenden Be-

---

[72] Vgl. auch Erwägungsgrund 14 RL-Vorschlag. Auf die Frage der Eignung auf freiwilliger Selbstkontrolle basierender Verhaltenskodizes, zur Durchsetzung des Wettbewerbsrechts effektiv beizutragen kann hier nicht näher eingegangen werden. Jedoch sind schon bei flüchtiger Betrachtung profunde Zweifel an der Tragfähigkeit selbstkontrollbasierter Lösungen im europäischen Rahmen angebracht, da die RL weder nähere Anforderungen an die Strukturierung der Organisationen, die derartige Kodizes erstellen, noch etwa eine Art Anerkennungsverfahren für Kodizes bei einer europäischen Behörde enthält. Insofern wäre die einzige Grenze für die Rechtmäßigkeit von Regelungen der Selbstkontrolle das Kartellrecht des Vertrags. Ob dies eine hinreichende Repräsentation insb. der Verbraucherinteressen bei der Erstellung und Administration freiwilliger Selbstkontrollkodizes, eine effektive Durchsetzung derartiger Kodizes (ohne dabei die kartellrechtlichen Grenzen im Verhältnis zu Außenseitern zu überschreiten) und insb. eine hinreichende Berücksichtigung des Interesses am reibungslosen Funktionieren des Binnenmarkts (im Falle nationaler Kodizes, die weithin überwiegen, zumal das europäische EASA-System (vgl. noch u. Fn. 95) nur als eine Art Clearingstelle funktioniert, die Beschwerden an die nationalen Selbstkontrollorgane verweist) gestattet, mag man bezweifeln. Eine nähere Untersuchung dieser Frage wäre dringend wünschenswert. Einige Andeutungen finden sich bei *Veelken*, (o. Fn. 18), 27 ff.; *Köhler/Lettl*, (o. Fn. 6), 1046 ff.; *Leistner*, (o. Fn. 6).

stimmungen der Irreführungs-RL nachgezeichnet sind. Hinzu kommen typische Schlussbestimmungen über Umsetzungsfrist, die entsprechende Anpassung anderer Richtlinien und so fort.

Im Folgenden soll der Inhalt der RL nicht *en detail* dargestellt und diskutiert werden. Derartige detaillierte Analysen finden sich bereits zahlreich an anderer Stelle[73] und eine Darstellung der Einzelheiten entspräche nicht dem Sinn der hier angestellten Überlegungen. Hier soll es mehr um die grundsätzlichen Konzepte gehen, die hinter einigen Kernprämissen des RL-Vorschlags stehen und die es zu hinterfragen gilt. Entsprechend orientiert sich auch der Aufbau dieses Teils kaum mehr am Aufbau des RL-Vorschlags. Stattdessen sollen die beiden Ziele des RL-Vorschlags[74] einmal beim Wort genommen werden: zuerst werden die umstrittene Begrenzung des Anwendungsbereichs und die (auch aus allgemeinerem Blickwinkel interessante) Funktionalität des Herkunftslandprinzips am *Binnenmarktziel* gemessen (unten 2). In der Folge wird der materiell-rechtliche Kerngehalt des RL-Vorschlags soweit möglich auf seine Wurzeln im europäischen Recht und insbesondere in der Rechtsprechung des Gerichtshofs zurückgeführt, um dann auf seine innere Kohärenz mit dem *Verbraucherschutzziel* geprüft zu werden (unten 3).

2. Binnenmarktziel

a) Binnenmarktziel und Anwendungsbereich

Neben der Erhöhung des Verbraucherschutzniveaus ist es gemäß Art. 1 RL-Vorschlag der Zweck der künftigen RL, zu einem reibungslosen Funktionieren des Binnenmarktes beizutragen[75]. In der ursprünglichen Fassung des RL-Vorschlags wurde dieses Ziel durch eine Kombination aus ‚punktgenauer' Harmonisierung[76] unlauterer Geschäftspraktiken im Verhältnis zwischen Unternehmen und Verbrauchern mit einem in Art. 4 des RL-Vorschlags klar internationalprivatrechtlich, d.h. im Sinne einer Anwendbarkeit lediglich der Rechtsvorschriften über unlautere Geschäftspraktiken des Herkunftsstaats des Unternehmers,

---

73 Vgl. für umfassende Beschreibungen *Köhler/Lettl*, (o. Fn. 6); *Veelken*, (o. Fn. 18); *Keßler/Micklitz*, BB 2003, 2073 ff.; *Henning-Bodewig*, (o. Fn. 6); *Leistner*, (o. Fn. 6); *Schulte-Nölke/Busch*, ZEuP 2004, 99 ff.
74 Vgl. Art. 1 RL-Vorschlags: „reibungslose(s) Funktionieren des Binnenmarktes" und „Erreichen eines hohen Verbraucherschutzniveaus".
75 Vgl. zum Verhältnis der beiden Zielkomplexe zueinander, die (worauf *Köhler/Lettl*, (o. Fn. 8), 1031 f., zu Recht hinweisen) auf den ersten Blick in einem gewissen Spannungsverhältnis zueinander stehen, noch u. 3.
76 Zutreffend *Veelken*, (o. Fn. 18), 16. Insoweit zweifelnd allerdings *Köhler/Lettl*, (o. Fn. 6), 1031 f., mit Blick auf das Tatbestandsmerkmal der „beruflichen Sorgfalt", das im ursprünglichen Lauterkeits-RL-Vorschlag unter anderem durch Rückgriff auf die „übliche Handelspraxis" näher definiert wurde, während nunmehr ohnedies (nach dem Stand der politischen Einigung im Rat) auf die „Marktgepflogenheiten" Bezug genommen wird.

formulierten Binnenmarkt-Herkunftslandprinzip verfolgt. Im Verlauf der Verhandlungen im Rat ist mit Art. 3 Abs. 5a, 5b RL-Vorschlag nunmehr eine neue Mindestklausel hinzugekommen, die es den Mitgliedstaaten ermöglichen würde, für einen Zeitraum von sechs Jahren restriktivere Vorschriften anzuwenden als in der Lauterkeits-RL vorgesehen, sofern diese Vorschriften Richtlinien umsetzen, die ihrerseits Mindestklauseln enthalten[77]. Unter dem Blickwinkel des reibungslosen Funktionierens des Binnenmarktes erscheint dies hochproblematisch: echtes europaweites Marketing bliebe – insbesondere aus Sicht kleiner und mittlerer Unternehmen – weiter mit schlicht prohibitiv hohen Rechtsermittlungskosten behaftet, da das ursprüngliche Ziel der RL, dass die Unternehmen sich nur nach einem einzigen, einheitlichen rechtlichen Standard zu richten hätten, so nicht unverzüglich erreicht würde. Es ist bedauerlich, dass die konsequente Umsetzung des Binnenmarktziels des RL-Vorschlags derzeit offenbar politisch nicht durchsetzbar ist.

Doch erschien die Erreichung des Binnenmarktziels bei unverstellter Betrachtung schon des ursprünglichen RL-Vorschlags kaum realistisch, so dass fast der Verdacht entstehen könnte, der RL-Vorschlag habe stets eher die Erhöhung des Verbraucherschutzniveaus in der Gemeinschaft und weniger die Vervollkommnung des Binnenmarkts bezweckt. Denn von Beginn an litt der RL-Vorschlag an dem fundamentalen Webfehler der Begrenzung seines Anwendungsbereichs auf den Geschäftsverkehr zwischen Unternehmern und Verbrauchern. Dies schafft einerseits erhebliche rechtstechnische Schwierigkeiten, auf die zuerst kurz eingegangen werden soll; zum anderen aber gefährdet es das Binnenmarktziel des RL-Vorschlags grundlegend. Rechtstechnisch führt die Begrenzung des Anwendungsbereichs des RL-Vorschlags zu einer Spaltung des europäischen Lauterkeitsrechts insbesondere im Bereich des Irreführungsschutzes. Für den B2C-Bereich wären die Art. 5-7 RL-Vorschlag einschlägig, während im Verhältnis zwischen Unternehmern die Irreführungs-RL anwendbar bliebe, die im übrigen auch den gesamten Bereich der vergleichenden Werbung weiter erfassen würde (da diese offenbar in erster Linie unter der Perspektive der Interessen des betroffenen Unternehmers, der das ‚Vergleichsobjekt' vertreibt, betrachtet wird[78]). Zwischen dem Schutzstandard der Irreführungs-RL und den Regelun-

---

[77] Für den Kernbereich des Irreführungsschutzes bedeutet dies – angesichts der in der Irreführungs-RL enthaltenen Mindestklausel –, dass die sich doch regelrecht anbietende Harmonisierung des Irreführungsmaßstabs um mindestens weitere sechs Jahre hinausgezögert würde; denn die mitgliedstaatlichen Vorschriften in diesem Bereich setzen eine RL um, die eine Mindestklausel enthielt, selbst wenn diese RL nun ihrerseits auf den B2B-Bereich beschränkt würde.

[78] Eine solche sachliche Trennung zwischen Mitbewerberschutz und Verbraucherschutz ist natürlich kaum möglich, denn auch der Verbraucher, der eine unzulässige vergleichende Werbung wahrnimmt, wird in seiner Transaktionsentscheidung unzulässig und unter Umständen zu seinem Nachteil beeinflusst (vgl. zutreffend *Köhler/Lettl*, (o. Fn. 6), 1039 f.). Näher zu dem Problem des Verbraucherschutzes als aus der einheitlichen Schutzzwecktrias abgespaltenem alleinigen materiellen Schutzzwecks des RL-Vorschlags u. 3.

gen des RL-Vorschlags bestehen jedoch nicht unerhebliche Unterschiede[79]. Es kommt zu rechtstechnischen Abstimmungsschwierigkeiten und unter Umständen sogar zu Schutzlücken, die sich zwischen beiden Harmonisierungsinstrumenten öffnen würden[80]. Sachlich gerechtfertigt ist die resultierende Ungleichbehandlung von Gewerbetreibenden und Verbrauchern nicht, da die zu behebende Gefährdungslage, eine durch den Werbenden herbeigeführte Informationsasymmetrie im Vorfeld einer geschäftlichen Entscheidung des Beworbenen, in beiden Situationen strukturell dieselbe ist. Etwaige Unterschiede in der Aufmerksamkeit und Informationsverarbeitungsfähigkeit von Verbrauchern und Unternehmern – die im Hinblick auf bestimmte, zumal hochspezialisierte Produkte sich häufig ohnedies gar nicht wesentlich unterscheiden dürften – könnten ohne weiteres im Rahmen der künftigen Lauterkeits-RL aufgefangen werden, die es gestattet, nach den jeweils durch eine geschäftliche Praxis angesprochenen Verbrauchergruppen zu unterscheiden. Angesichts der oben nur angedeuteten Abstimmungsprobleme zwischen beiden Instrumenten, die bereits mit Blick auf irreführende vergleichende Werbung beinahe zu einer unbeabsichtigten Schutzlücke geführt hätten[81], kann auch keine Rede davon sein, dass die neue umfassende Lauterkeits-RL ihr Ziel der Vereinheitlichung und Vereinfachung des Gemeinschaftsrechts in diesem Bereich durch Einführung einer umfassenden Rahmenregelung uneingeschränkt erreichte. Dennoch ließe sich wohl argumentieren, dass die vorgeschlagene zweigleisige europäische Lösung eine gewisse innere Logik hat[82]: sie entspräche dem gespaltenen Ansatz, wie er sich durchaus auch in einigen Mitgliedstaaten mit Blick auf die Einbeziehung des Verbraucherschutzes in die Rechtsordnungen findet[83]. Es würde rechtstechnisch mehr anhand des Verbrauchermerkmals, denn anhand der einheitlichen

---

79 Vgl. für die Einzelheiten *Köhler/Lettl,* (o. Fn. 6), 1039 ff.; *Leistner,* (o. Fn. 6); teils abweichend *Veelken,* (o. Fn. 18), 7 f.
80 Vgl. nur die bereits in der deutschen Literatur mit Blick auf den ursprünglichen RL-Vorschlag entstandene Diskussion über die künftige Behandlung vergleichender Werbung, die im Hinblick auf den Vergleich irreführt. Diese nicht mehr erfasst sahen *Köhler/Lettl,* (o. Fn. 6), 1039 ff.; dagegen optimistischer (wenngleich unter teils beträchtlicher Dehnung des Wortlauts insb. soweit der Katalog des Art. 6 Abs. 1 RL-Vorschlag als nicht abschließend angesehen wird) *Veelken,* a.a.O. Das Problem dürfte nunmehr durch die verbesserte Formulierung des RL-Vorschlags im Rat gelöst sein, da der neu formulierte Art. 14 RL-Vorschlag (auf dem Stand der politischen Einigung im Rat) nunmehr für die Neuformulierung des Art. 3a Irreführungs-RL doch wieder eine Bestimmung vorsieht, die darauf verweist, dass die vergleichende Werbung nicht irreführend sein darf, wobei für den Irreführungsstandard das gespaltene Verweis auf die Irreführungs-RL selbst (im Falle der vergleichenden Werbung gegenüber Gewerbetreibenden) bzw. auf die Lauterkeits-RL (im Falle der vergleichenden Werbung gegenüber Verbrauchern) erfolgen würde.
81 Vgl. auch o. Fn. 80.
82 So in der Tat *Veelken,* (o. Fn. 18), 6 f.
83 So bspw. erfolgreich in Finnland oder auch in Spanien (wo die dadurch entstandene unübersichtliche Situation freilich Gegenstand von Kritik ist) vgl. schon o. II 1.

Problemstellung und des im Lauterkeitsrecht untrennbar institutionell verquickten Mitbewerber- und Verbraucherschutzes[84] abgegrenzt.

Das eigentliche Problem dieses Ansatzes liegt jedoch darin, dass er um der säuberlichen Trennung innerbehördlicher Kompetenzbereiche willen und angesichts fehlender politischer Bereitschaft zu einer umfassenden Harmonisierung des Lauterkeitsrechts[85] das Binnenmarktziel des RL-Vorschlags untergräbt. Denn während der RL-Vorschlag (nunmehr vollständig allerdings erst nach Ablauf der im Rahmen der Verhandlungen im Rat hinzugekommenen Übergangsfrist für Mindestharmonisierung) im B2C-Bereich eine ‚punktgenaue' Harmonisierung beabsichtigt[86] und zudem durch das Binnenmarkt-Herkunftlandprinzip (nunmehr allerdings nach den Verhandlungen im Rat in einer materiell-rechtlichen Form, vgl. dazu sogleich unten b) den im Binnenmarkt tätigen Unternehmern die Orientierung an einem einzigen rechtlichen Standard (eben dem der RL) ermöglichen soll, bliebe es nach der Irreführungs-RL für den B2B-Bereich ohnedies beim Ansatz der Mindestharmonisierung. Das Resultat ist paradox: während die Mitgliedstaaten in der rechtlichen Behandlung der besonders schutzwürdigen Verbraucher im Lauterkeitsrecht künftig an den Höchststandard des europäischen Rechts gebunden wären, könnten sie bezüglich geschäftlicher Handlungen gegenüber Unternehmern weiterhin strengere nationale Vorschriften aufrechterhalten, als im Gemeinschaftsrechtsstandard (soweit dieser in diesem Bereich überhaupt reichen würde) vorgesehen. Dieses Paradoxon, welches man sich eigentlich nur so erklären kann, dass die Verbraucherschutzgeneraldirektion auf eine faktische ‚Horizontalisierung' des von ihr gesetzten Verbraucherschutzstandards aufgrund jeweiliger nationaler Gleichbehandlungstendenzen hofft, ist jedoch nicht das eigentliche Problem. Das eigentliche Problem liegt darin, dass sich im Marketingbereich geschäftliche Praktiken gegenüber Verbrauchern und geschäftliche Praktiken gegenüber Unternehmern sehr häufig gar nicht voneinander trennen lassen[87]. Dies bedeutet dann aber, dass sich in weiten Bereichen die Werbenden eben nicht darauf verlassen könnten, dass es für europaweites Marketing genügt, sich am rechtli-

---

84 In der Tat wurden dem RL-Vorschlag im Rahmen der Verhandlungen im Rat einige Klarstellungen in eben diese Richtung in Erwägungsgrund 5a (neu in der Formulierung der politischen Einigung im Rat) hinzugefügt, der auf die Untrennbarkeit des Verbraucherschutzes und des (reflexartigen) Mitbewerberschutzes im Lauterkeitsrecht verweist, jedoch klarstellt, dass sich dennoch die Rechtsinstrumente nach dem jeweiligen ‚unmittelbaren' Hauptzweck voneinander technisch trennen ließen. Vgl. zu den Problemen, die aber dennoch aus der Spaltung der Schutzzwecke resultieren, noch u. 3.
85 Vgl. schon o. Fn. 70.
86 So zu Recht *Veelken*, (o. Fn. 18), 16, gegen *Köhler/Lettl*, (o. Fn. 6), 1031 f.
87 Um es an einem Beispiel zu verdeutlichen: Etwa eine irreführende Werbung eines Automobilunternehmens für einen PKW wird sich typischerweise zuerst sowohl an private Verbraucher, als auch an geschäftliche Kunden richten; eine Differenzierung oder Konkretisierung ist gar nicht möglich und erfolgt erst, sobald einzelne Kunden mit einem Vertragshändler in Kaufverhandlungen eintreten.

chen Standard der künftigen Lauterkeits-RL zu orientieren. Vielmehr müssten sie stets fürchten, dass ihre Geschäftspraktik auch Gewerbetreibende erreicht und daher insoweit ohnedies strengere nationale rechtliche Maßstäbe in den einzelnen Mitgliedstaaten drohen. Zur Reduzierung von Rechtsermittlungskosten trägt dies nicht bei; das Binnenmarktziel des RL-Vorschlags wäre untergraben. Alles in allem kann aus der Sicht des Binnenmarktziels trotz der anscheinend derzeit fehlenden politischen Durchsetzbarkeit nur nochmals dringend dazu aufgefordert werden, den RL-Vorschlag auf den unternehmerischen Geschäftsverkehr auszudehnen[88].

Fraglich erscheint allerdings auf den ersten Blick, inwieweit der RL-Vorschlag mit dem nunmehr umformulierten Herkunftslandprinzip in Art. 4 RL-Vorschlag, sein Binnenmarktziel kurzfristig überhaupt erreichen kann. Hinter der Neuformulierung im Rat steht der alte Streit um die Tauglichkeit des Herkunftslandprinzips als Harmonisierungsinstrument im Lauterkeitsrecht und um dessen zutreffende Interpretation als internationalprivatrechtlicher Grundsatz oder als materiell-europarechtliches Prinzip (zumal in der zweideutigen Formulierung, die das Herkunftslandprinzip der E-Commerce-RL erhalten hatte).

b) Binnenmarktziel und Herkunftslandprinzip

Die Formulierung des Binnenmarkt-Herkunftslandprinzips in der E-Commerce-RL hatte interpretatorischen Spielraum gelassen. Einerseits konnte das Prinzip im Sinne einer echten internationalprivatrechtlichen Vorschrift über das auf kommerzielle Kommunikationen im Internet anwendbare Recht, zugunsten einer stets gegebenen Anwendung des Herkunftslandrechts im Binnenmarkt gelesen werden. Andererseits begrenzte die E-Commerce-RL selbst ausdrücklich ihren Anwendungsbereich dahingehend, dass keinerlei internationalprivatrechtliche Bestimmungen über das anwendbare Recht enthalten seien[89]: dies leistete einer Interpretation des Binnenmarkt-Herkunftslandprinzips als materiell-europarechtliches Prinzip Vorschub, derzufolge das Herkunftslandprinzip lediglich zu einem (das internationalprivatrechtliche Marktortprinzip selektiv korrigierenden) Anwendungsverbot derjenigen Rechtsvorschriften des Empfangsstaats führt, die strenger sind als diejenigen des Herkunftsstaates und die

---

[88] Die materiell-rechtlichen Probleme und Unstimmigkeiten des RL-Vorschlags, zu denen die (ihrerseits mit der Begrenzung des Anwendungsbereichs im Zshg. stehende) Abspaltung des Verbraucherschutz*zwecks* von dem Lauterkeitsrecht untrennbar mit zugrundeliegenden Zweck des Mitbewerberschutzes führt, werden noch u. 3 näher beschrieben.

[89] *Ohly,* GRUR Int. 2001, 899, 900, hatte angesichts dieser deklaratorischen Versicherung der RL für die Vertreter der internationalprivatrechtlichen Interpretation des Herkunftslandprinzips den geistreichen Vergleich mit Magrittes Gemälde ‚Ceci n'est pas une pipe' gewagt, das gleichfalls ohne jeden Zweifel eine Pfeife in kubistischer Verfremdung darstellte.

deshalb eine Einschränkung der Grundfreiheiten im Binnenmarkt zur Folge haben[90].

Das Binnenmarkt-Herkunftslandprinzip der E-Commerce-RL – insbesondere in seinem internationalprivatrechtlichen Verständnis – löste europaweit (meist überzeichnete) Befürchtungen vor einem *race to the bottom* in Bezug auf den materiellen Schutzstandard aus. Da der von der E-Commerce-RL koordinierte Bereich nicht zugleich materiell-rechtlich harmonisiert sei, würden die Mitgliedstaaten in einen ruinösen Wettbewerb um den jeweils niedrigsten, unternehmerfreundlichsten Schutzstandard treten; Unternehmen würden sich mit ihren Marketing-Aktivitäten entsprechend in den Mitgliedstaaten mit den niedrigsten lauterkeitsrechtlichen Schutzstandards ansiedeln. Derartige Befürchtungen waren – angesichts der im Bereich des materiellen Schutzstandards des Lauterkeitsrechts bereits in gewissem Ausmaß vorhandenen Konvergenz der europäischen Rechtsordnungen – wohl stets übertrieben[91]; sie übersahen zudem – neben der hohen Relevanz anderer Standortfaktoren –, dass eine Absenkung des rechtlichen Schutzstandards des nationalen Rechts stets zuerst eine entsprechende politische Entscheidung des betreffenden Mitgliedstaats voraussetzt, die nicht lediglich von Ansiedlungsüberlegungen europaweit tätiger Unternehmen abhängt. Die Realität hat dies bestätigt: übermäßige Tendenzen zu einem schädlichen *race to the bottom* sind derzeit nicht zu beobachten[92].

---

[90] Vgl. für umfängliche Nw. zu der an dieser Stelle entstandenen (mittlerweile notorischen) Diskussion um den Rechtscharakter des Herkunftslandprinzips statt aller zuletzt *Spindler*, RabelsZ 2002, 633 ff.; *Grundmann*, RabelsZ 2003, 246 ff.

[91] Vgl. unter einer spezifisch auf die internationalprivatrechtliche Fragestellung ausgerichteten Perspektive ebenso die Stellungnahme der *Hamburg Group for Private International Law,* zum Vorentwurf einer ‚Rom II'-VO, RabelsZ 2003, 2, 19 ff., wo darauf hingewiesen wird, dass der erreichte Standard im materiellen Recht des unlauteren Wettbewerbs in weiten Bereichen bereits eine gewisse Kohärenz aufweist. Allerdings zog die *Hamburg Group* entgegen der hier vertretenen Auffassung daraus den Schluss, dass ein internationalprivatrechtliches Herkunftslandprinzip für Werbung innerhalb der Gemeinschaft vorgesehen werden sollte. Dieser Vorschlag hat sich aber im endgültigen Vorschlag der Kommission nicht durchgesetzt.

[92] Angesichts der politischen Prärogative, die jeglichem denkbaren *race to the bottom* vorgeschaltet ist, sind die Wirkungen des Binnenmarkt-Herkunftslandprinzips sogar eher positive gewesen. Das theoretische Modell eines *race to the bottom* geht zwar davon aus, dass sich die Mitgliedstaaten – angesichts der hohen Beweglichkeit des Unternehmenskapitals und der vergleichsweise geringen Beweglichkeit der Verbraucher – mit ihrer Gesetzgebung innerhalb des gesetzten Rahmens einseitig an den Unternehmensinteressen orientieren und daher in einen gegenseitigen Wettbewerb um die geringsten rechtlichen Schutzstandards treten würden. Doch verkennt dies die Bedeutung des zwischengeschalteten politischen Elements, die darin liegt, dass die jeweilige nationale Legislative durch die jeweiligen nationalen Wähler (und mithin auch durch die Verbraucher) demokratisch bestimmt wird. Insofern ist einem denkbaren *race to the bottom* stets eine politische Entscheidung des nationalen Gesetzgebers vorgeschaltet. Die jeweiligen nationalen Gesetzgeber haben das Herkunftslandprinzip denn auch nicht i.S. einer Aufforde-
(Fortsetzung auf der nächsten Seite)

Das eigentliche Problem des internationalprivatrechtlichen Verständnisses des Binnenmarkt-Herkunftlandprinzips liegt daher nicht in seinen Rückwirkungen auf den materiellen Schutzstandard. Vielmehr führt die internationalprivatrechtliche Interpretation des Herkunftslandprinzips zu einem fatalen Durchsetzungsproblem[93]. Effektiv wirken kann ein derartiges Prinzip nur, wenn die rechtliche Kontrolle tatsächlich im Herkunftsstaat konzentriert wird. Insoweit besteht aber, insbesondere mit Blick auf Exportwettbewerb, keinerlei Anreiz für den Herkunftsstaat, rechtliche Kontrolle effektiv auszuüben. Dem ließe sich entgegenhalten, dass die hergebrachten Vorschriften über die internationale Zuständigkeit durch das Herkunftsstaatprinzip unberührt bleiben, so dass im Falle reinen Exportwettbewerbs weiterhin Gerichte[94] bzw. Behörden[95] der Marktortstaaten (wo die Einwirkung der Werbemaßnahme auf den Markt stattfindet) die rechtliche Kontrolle ausüben könnten. Doch ist dies ein Scheinargu-

---

rung zu einem unreflektierten *race to the bottom* aufgefasst, sondern lediglich im Einzelfall zum Anlass (und zur Begründung) genommen, um politisch ohnedies erwünschte (und wünschenswerte) Liberalisierungsprojekte in Angriff zu nehmen. Ein Beispiel bildet die Abschaffung von RabattG und ZugabeVO durch den deutschen Gesetzgeber schon im Vorfeld der nun erfolgten umfassenden UWG-Reform. Die Notwendigkeit der Liberalisierung wurde in diesem Fall mit den Harmonisierungsinitiativen und dem Herkunftslandprinzip deklaratorisch begründet; ein entsprechender – von breitem Konsens in der Bevölkerung getragener – politischer Wille war aber ganz unabhängig von der europäischen Harmonisierung schon vorhanden gewesen. Das Herkunftslandprinzip bildet also, was das materielle Recht betrifft, – sofern die entsprechenden Rahmenbedingungen gegeben sind – in der Tat und erfreulicherweise Anlass und Begründung für wünschenswerte Liberalisierungstendenzen i.S. eines positiven Wettbewerbs der Rechtsordnungen. Es zwingt demgegenüber nicht i.S. eines institutionentheoretischen Automatismus unerwünschte, übertriebene Liberalisierung herbei. Vgl. grundlegend zum Wettbewerb der Rechtsordnungen im Binnenmarkt *Kieninger,* Wettbewerb der Privatrechtsordnungen im Europäischen Binnenmarkt (2002).

93 Bzgl. des Grundsatzes gegenseitiger Anerkennung in den *new approach*-RLn im Bereich der technischen Standards hatte auf diese Problematik schon *Weatherill* hingewiesen. Mit Blick auf den Bereich des Lauterkeitsrechts vgl. *Leistner,* (o. Fn. 6); *Veelken,* (o. Fn. 18), 12 f.

94 Vgl. insoweit Art. 5 (3) VO EG Nr. 44/2001 des Rates vom 22.12.2000 über die gerichtliche Zuständigkeit und die Anerkennung und Vollstreckung von Entscheidungen in Zivil- und Handelssachen, ABl. L 12 v. 16.1.2001, 1-17.

95 Auch die Behördenpraxis und die Praxis der Selbstkontrolle folgt – trotz aller Bemühungen insb. im Rahmen der europaweiten European Advertising Standards Association (EASA) einen one-stop-shop auf der Grundlage des Herkunftslandgrundsatzes zu etablieren (innerhalb dieses Systems werden Beschwerden zur EASA an die jeweiligen Selbstkontrollorgane in den Herkunftsstaaten weitergeleitet, die EASA fungiert also nur als eine Art Clearingstelle) – bemerkenswerterweise einer Art administrativem bzw. selbstkontrollbasiertem ‚Marktortprinzip'. So geht die Praxis der englischen Advertising Standards Authority (ASA) mit Blick auf ausländische, auf den englischen Markt gerichtete Werbung dahin, diese Werbung – soweit dies (etwa durch Einschränkung der Postverteilung etc.) möglich ist – der eigenen Kontrolle zu unterwerfen. Vgl. *Jergolla,* (o. Fn. 15), 13.

ment. Denn die rechtliche Kontrolle in den Marktortstaaten würde durch die Regelung des anwendbaren Rechts zugunsten des Herkunftsstaatrechts praktisch nahezu verunmöglicht. Eine systematische Spaltung von internationaler Zuständigkeit (in den Empfangsstaaten, wo auf den Markt eingewirkt wird) und anwendbarem Recht (dasjenige des Herkunftsstaats) wäre nämlich die Folge, die dazu führen würde, dass die Gerichte der Marktortstaaten – zumal mit Blick auf massenhafte Verfahren im einstweiligen Rechtsschutz – nicht länger effektiv agieren könnten: schließlich müssten sie mit Blick auf Internet-Marketing praktisch typischerweise nurmehr ausländisches Recht anwenden, was zu einer notorischen Überforderung der nationalen Gerichtssysteme und damit zu einem strukturellen Durchsetzungsdefizit mit Blick auf lauterkeitsrechtliche Standards im Exportwettbewerb führen würde.

Die Alternative liegt in der materiell-rechtlichen Interpretation des Herkunftslandprinzips. In dieser Lesart postuliert es – in der Tradition der EuGH-Rechtsprechung zu den Grundfreiheiten[96] – lediglich ein Anwendungsverbot für das (nach den Regeln des hergebrachten internationalen Privatrechts und damit in der Regel zugunsten des Marktorts bestimmte) nationale Recht, sofern dessen Anwendung zu einer Einschränkung der Grundfreiheiten im Binnenmarkt führt. Auf der Grundlage eines solchen Verständnisses kommt es aus der Sicht der Gerichte des Marktortstaats nicht typischerweise, sondern lediglich dann zur Anwendung ausländischen Rechts, wenn dies zur Sicherung der Grundfreiheiten erforderlich ist, weil der rechtliche Schutzstandard des Marktortrechts für den Unternehmer restriktiver ist, als der Schutzstandard in seinem Herkunftsstaat[97]. Insbesondere hat dies aber auch zur Folge, dass in Bereichen, in denen bereits eine punktgenaue Harmonisierung des gemeinschaftsrechtlichen Schutzstandards erfolgt ist, ein Vergleich mit der Rechtsordnung des Herkunftsstaates gar nicht mehr erfolgen müsste[98]. Vielmehr wäre in solchen Bereichen – sofern ein nationales Gericht Zweifel hat, ob das mitgliedstaatliche Recht über das punktgenau harmonisierte gemeinschaftsrechtliche Schutzniveau hinausgeht – gegebenenfalls eine entsprechende Vorlagefrage an den EuGH zu stellen. Gleichermaßen würde in mindestharmonisierten Rechtsbereichen gelten, dass wiederum ein Vergleich nicht mit dem Recht des Herkunftsstaates erfolgen müsste,

---

96 Es sei denn, man interpretiert auch schon die Rspr. zu den Grundfreiheiten als auf die im Kern internationalprivatrechtliche Festlegung des anwendbaren Rechts bezogen. So konsequent *Basedow*, RabelsZ 1995, 1 ff.

97 Einer der Hauptkritikpunkte an der internationalprivatrechtlichen Lesart des Herkunftslandprinzips ist stets gewesen, dass es auch dann zur Anwendung des Rechts des Herkunftsstaates führt, wenn dieses strenger ist, als das Recht des Empfangsstaates. Insofern führt diese Interpretation nicht nur zu einem stärkeren Eingriff in die hergebrachten Regeln des IPR, als es zur Sicherung des Binnenmarktes notwendig wäre, sondern sie führt im Einzelfall zu regelrecht binnenmarktdiametralen Ergebnissen. Vgl. statt aller *Leistner*, in: Drexl/Kur (Hrsg.), IP and Private International Law – Heading for the Future (2004).

98 Zum folgenden vgl. *Ohly*, (o. Fn. 89); *Leistner*, (o. Fn. 97).

sondern dass es vielmehr in einem ersten Schritt ausreichend wäre, mit dem durch entsprechende Richtlinien festgesetzten Mindestniveau gemeinschaftsrechtlichen Verbraucherschutzes zu vergleichen[99]; denn sofern das mitgliedstaatliche Recht über dieses Mindestniveau nicht hinausgeht, käme eine Einschränkung der Grundfreiheiten ohnedies nicht in Betracht. Nur wenn das nationale Recht über den Mindeststandard hinausreicht, wäre in einem zweiten Schritt mit dem Recht des Herkunftsstaates zu vergleichen. Bei Zweifeln über die Auslegung entsprechender Mindestharmonisierungs-Richtlinien wäre wiederum an den EuGH vorzulegen. Dies würde nicht nur die Arbeit der mitgliedstaatlichen Gerichte von der Last der systematisch-typischen Anwendung ausländischen Rechts befreien, sondern auch zu einer wünschenswerten, verstärkten Fortentwicklung und Ausziselierung des gemeinschaftsrechtlichen Fallrechts führen. Demnach scheint die materiell-rechtliche Lesart des Herkunftslandprinzips auf den ersten Blick uneingeschränkt vorzugswürdig: Sie reduziert das Anwendungsverbot für das nationale Recht des Marktortes auf das zur Sicherung des Binnenmarktes unabdingbare Maß, beugt zugleich der andernfalls zu fürchtenden systematisch-typischen Spaltung von internationaler Zuständigkeit und anwendbarem Recht vor und führt zu einer verstärkten Fortentwicklung des Bestands des Gemeinschaftsrechts.

Doch würde ein solches Panorama die realen Aussichten des materiell-rechtlich verstandenen Herkunftslandprinzips, effektiv zur Vervollkommnung des Binnenmarktes beizutragen, sicher zu rosig zeichnen. Denn während auf der Grundlage des internationalprivatrechtlichen Verständnisses das Binnenmarktziel des Herkunftslandprinzips insofern unmittelbar erreicht wird, als der Gewerbetreibende sich von vornherein nur am Rechtsstandard seines Sitzstaates orientieren und sich in der Folge darauf verlassen kann, dass sein Marketing aufgrund der klaren internationalprivatrechtlichen Regelung rechtssicher an keinerlei strengeren Maßstäben mehr gemessen werden wird, vermag das materiell-rechtliche Verständnis des Herkunftslandprinzips eine derartige unmittelbare Erreichung des Binnenmarktziels nicht zu garantieren. Vielmehr wird das Binnenmarktziel des Herkunftsstaatprinzips auf dieser Grundlage nur sehr viel indirekter erreicht. Der Gewerbetreibende muss den liberaleren Standard seines Herkunftsstaates bzw. des Gemeinschaftsrechts vor den zuständigen Gerichten des Marktortstaates zuerst im Sinne einer Einwendung geltend machen[100], in

---

99 An anderer Stelle, *Leistner,* (o. Fn. 97), wurde ausführlich begründet, warum eine derartige Vorgehensweise nicht etwa gegen das Prinzip des horizontalen Direktanwendungsverbots für RL verstößt.
100 Dies zumindest in bestimmten Fällen, nämlich insb. im einstweiligen Rechtsschutz, vgl. (umfassender) *Ahrens,* C & R 2000, 835 ff.; *Leistner,* (o. Fn. 50); *ders.,* (o. Fn. 97); sowie (differenzierend) *Ohly,* (o. Fn. 89). Allerdings kann eine Anwendung des Herkunftsstaatprinzips von Amts wegen auch auf Grundlage des internationalprivatrechtlichen Verständnisses nur in denjenigen Mitgliedstaaten garantiert werden, in denen das Zivilprozessrecht die Prüfung des anwendbaren Rechts von Amts wegen vorsieht. Demge-
(Fortsetzung auf der nächsten Seite)

der Folge kommt es lediglich dann zu einer effektiven Erreichung des Binnenmarktziels, sofern das mit der Sache befasste mitgliedstaatliche Gericht im Falle punktgenauer Harmonisierung bzw. Mindestharmonisierung das nationale Recht streng am Maßstab des Gemeinschaftsrechts misst und bei Zweifelsfragen konsequent an den Gerichtshof vorlegt. Ersichtlich steht und fällt in einem solchen System die Erreichung des Binnenmarktziels mit dem Willen und Vermögen der mitgliedstaatlichen Gerichte, dass Gemeinschaftsrecht stringent anzuwenden. Dies setzt einen entsprechend stringent und zweifelsfrei formulierten Gemeinschaftsrechtsstandard voraus, der in weiten Bereichen kaum gegeben sein dürfte. Insofern könnte es auf der Grundlage des materiell-rechtlichen Verständnisses des Herkunftsstaatsprinzips bestenfalls zu einer Vorlageflut an den Europäischen Gerichtshof kommen, die das Gemeinschaftsgerichtssystem strukturell überfordern dürfte und zudem keine zeitnahe und unmittelbare Erreichung des Binnenmarktziels des Herkunftslandprinzips garantieren könnte[101].

Insofern steht der Gemeinschaftsgesetzgeber bei realistischer Betrachtung bezüglich der Harmonisierungsmethode – internationalprivatrechtlich oder materiell-rechtlich verstandenes Binnenmarkt-Herkunftsstaatprinzip – vor der Wahl, ob einer tendenziellen Überforderung der mitgliedstaatlichen Gerichtssysteme durch Spaltung von Zuständigkeit und anwendbarem Recht mit adversen Effekten für die Durchsetzung des Schutzniveaus (im Falle des internationalprivatrechtlichen Verständnisses) oder ob einer tendenziellen Überforderung des Gemeinschaftsgerichtssystems (durch eine Flut von Vorlagefragen) mit

---

genüber wäre etwa im englischen Recht das Herkunftsstaatsprinzip, sofern es zur Nichtanwendbarkeit englischen Sachrechts führt, vor Gericht geltend zu machen, da die Frage des anwendbaren Rechts nicht – wie bspw. im deutschen Recht – von Amts wegen geprüft wird. Insofern führt das internationalprivatrechtliche Verständnis des Herkunftslandprinzips hier zu einer Disharmonisierung, je nachdem, ob das mitgliedstaatliche Zivilprozessrecht die Prüfung der Frage des anwendbaren Rechts von Amts wegen vorsieht oder nicht. Demgegenüber führt das materiell-rechtliche Verständnis zu einem einheitlicheren Ergebnis; dann wäre das Herkunftsstaatprinzip stets zumindest geltend zu machen, was Unternehmern, die im Marketing und Vertrieb europaweit tätig sein wollen, auch zumutbar erscheint. Vgl. hierzu insb. *Leistner*, a.a.O.
101 Abgesehen von diesem *best case scenario* wäre zudem zu fürchten, dass die mitgliedstaatlichen Gerichte in Zweifelsfällen nicht konsequent vorlegen, sondern vielmehr zu weitherzig nationales Recht für mit punktgenauer gemeinschaftsrechtlicher Harmonisierung vereinbar erachten (bzw. als nicht über den gemeinschaftsrechtlichen Mindeststandard hinausreichend qualifizieren), so dass das Binnenmarktziel der entsprechenden RL auf breiter Linie durch ein Anwendungsdefizit verfehlt würde. Schließlich würde jedes der mitgliedstaatlichen Gerichte das Gemeinschaftsrecht weiterhin vor dem Hintergrund nationaler Traditionen und Rechtskonzeptionen interpretieren. Es wird die innere Verbindung der Problematik mit der ‚Qualität' des Gemeinschaftsrechts deutlich; nur auf Grundlage eines konzis formulierten Gemeinschaftsrechtsstandards, der keine übergroßen Interpretationsspielräume lässt, kann die Harmonisierung mit Hilfe eines materiellrechtlich verstandenen Herkunftslandprinzips erfolgreich sein.

Verbraucherschutz oder Recht des unlauteren Wettbewerbs? 215

kurz- und mittelfristig adversen Effekten für das Binnenmarktziel (im Falle des materiell-rechtlichen Verständnisses) der Vorzug gegeben werden soll. Es gibt insofern keine ‚richtige' Lösung; der Gemeinschaftsgesetzgeber segelt zwischen Scylla und Charybdis. Vor diesem methodenehrlichen Hintergrund ist die Entwicklung des Binnenmarkt-Herkunftsstaatsprinzips im neuen RL-Vorschlag zu betrachten.

Angesichts der andauernden Diskussion um den Rechtscharakter des Binnenmarkt-Herkunftslandprinzips der E-Commerce-RL hatte die Kommission in Art. 4 Abs. 1 ihres ursprünglichen RL-Vorschlags eine sehr viel klarer internationalprivatrechtlich geprägte Formulierung für das Binnenmarkt-Herkunftslandprinzip gefunden, derzufolge sich Gewerbetreibende auf dem durch die RL angeglichenen Gebiet lediglich an die Rechtsvorschriften des Mitgliedstaats zu halten hätten, in dem sie niedergelassen sind; dieser (Herkunfts-)mitgliedstaat habe für die Einhaltung der Vorschriften zu sorgen (letztgenannte Verpflichtung ersichtlich in der Absicht das oben umrissene Problem eines Durchsetzungsdefizits in Fällen von Exportwettbewerb zumindest regulatorisch anzugreifen)[102]. Raum für eine restriktiv materiell-rechtliche Interpretation des Herkunftslandprinzips schien auf dieser Grundlage kaum zu bleiben, zumal der RL-Vorschlag – anders als die E-Commerce-RL – in seinem Anwendungsbereich nur Bestimmungen über die internationale Zuständigkeit (nicht aber Bestimmungen über das anwendbare Recht) ausdrücklich unberührt ließ[103]. Im Verlaufe der Verhandlungen im Rat ist das solcherart konsequent binnenmarktorientierte Herkunftslandprinzip in der Folge gestrichen worden[104]. Geblieben ist die altbekannte (materiell-rechtliche) Formulierung aus Art. 4 Abs. 2, derzu-

---

102 In diesem Zshg. ist noch die vorgeschlagene Zusammenarbeits-VO (o. Fn. 4) zu erwähnen, die der effektiveren Durchsetzung des Wettbewerbsrechts im Gemeinschaftsrahmen dienen soll und zu diesem Zweck eine verstärkte Kooperation der national zuständigen Behörden vorsieht. Um das Problem des Exportwettbewerbs und der Durchsetzung in sonstigen Fällen grenzüberschreitender Aktivität im Binnenmarkt zu lösen, erscheint dies durchaus der richtige Ansatz. Allerdings geht der Vorschlag bisher zu einseitig von einem Behördenmodell zur Durchsetzung der lauterkeitsrechtlichen Regeln aus und kann daher den Bogen zwischen den Behördenmodellen (hauptsächlich in den skandinavischen Staaten, sowie im Vereinigten Königreich und Irland) und den Gerichtsmodellen (insb. in Deutschland und Frankreich) noch nicht hinreichend schlagen. Hier müssen Verbesserungen im Detail erfolgen, die insb. die Funktionsweise kollektiver Durchsetzung lauterkeitsrechtlicher Bestimmungen in Deutschland hinreichend anerkennen und berücksichtigen.
103 Dennoch war selbst auf Grundlage dieser vermeintlich eindeutig internationalprivatrechtlich intendierten Formulierung bereits der Versuch unternommen worden, Art. 4 des ursprünglichen RL-Vorschlags in einem materiell-rechtlichen Sinne zu interpretieren, vgl. *Veelken*, (o. Fn. 18), 11 ff. Man mag dies als Beleg für das Ausmaß des Missbehagens über die Anwendung internationalprivatrechtlicher Herkunftslandbestimmungen im Bereich des Lauterkeitsrechts werten.
104 Vgl. die Politische Einigung im Rat (9667/04 v. 25.5.2004), 14, wonach nurmehr Art. 4 Abs. 2 des ursprünglichen RL-Vorschlags verbleibt.

folge die Mitgliedstaaten aus Gründen, die mit dem durch die RL angeglichenen Sachgebiet zusammenhängen, den freien Dienstleistungs- bzw. Warenverkehr nicht einschränken dürfen. Die Kommission hat der Streichung des international-privatrechtlichen Herkunftslandprinzips nur unter der Annahme zugestimmt, dass die RL eine vollständige Harmonisierung erzielen werde, so dass Art. 4 Abs. 1 aus diesem Grunde für das reibungslose Funktionieren des Binnenmarkts nicht erforderlich sei[105]. Wenngleich angesichts der durch die RL erstrebten vollständigen Harmonisierung in der Tat bereits die Frage aufgeschienen war, inwieweit auf Grundlage eines punktgenauen Harmonisierungskonzepts überhaupt Raum für die Anwendung des Herkunftsstaatsprinzips bleibt[106], ist die Ansicht der Kommission – wegen der punktgenauen Harmonisierung sei das Herkunftslandprinzip im Sinne eines Grundsatzes gegenseitiger Anerkennung gewissermaßen nicht länger notwendig für das reibungslose Funktionieren des Binnenmarkts – natürlich von einem offensichtlichen Wunschdenken geprägt. Im Rat war das internationalprivatrechtliche Herkunftslandprinzip im Sinne eines Grundsatzes gegenseitiger Anerkennung schlicht politisch nicht durchsetzbar. Und selbstverständlich lässt auch eine punktgenaue Harmonisierung durch eine Rahmenrichtlinie angesichts der ganz heterogenen Traditionen und (Lauterkeits-)rechtskonzeptionen der Mitgliedstaaten erheblich unterschiedliche Interpretationen durch die nationalen Gerichte erwarten.

Eine realistische Bewertung der Streichung des Herkunftslandprinzips kann daher nicht von der bloßen Fiktion europaweit einheitlicher Rechtsanwendung aufgrund einer Rahmenrichtlinie ausgehen. Vielmehr muss sie an den oben umrissenen Alternativen ansetzen: Entweder durch das Binnenmarkt-Herkunftslandprinzip wird eine kurzfristige Durchsetzung des Binnenmarktziels erreicht, die auf Kosten der effektiven Rechtsdurchsetzung erfolgt und keine wesentlichen Anreize für eine weitere Entwicklung und Ausziselierung des Gemeinschaftsrechtsstandards setzt, sondern die jeweiligen nationalen Rechtskonzeptionen – überformt durch die Rahmenrichtlinie – gewissermaßen ‚einfriert' und akzeptiert. Oder es wird durch das materiell verstandene Herkunfts-

---

[105] Vgl. die Politische Einigung im Rat (a.a.O.), Anlage 2, 34. Das Argument an dieser Stelle lautet etwa, dass es, wenn die Mitgliedstaaten die punktgenaue Harmonisierung durch die RL umsetzten, ohnedies zur Entwicklung eines einheitlichen rechtlichen Standards komme, so dass eine Art *de facto*-Herkunftslandprinzip die Folge wäre, da sich die Unternehmen angesichts des einheitlichen Standards faktisch lediglich am Recht ihres Sitzstaates orientieren könnten.

[106] *Köhler/Lettl*, (o. Fn. 6), 1038 f., waren insoweit von einer Relevanz des Herkunftslandprinzips insofern ausgegangen, als die Generalklausel der RL auf Grundlage des Merkmals der beruflichen Sorgfaltspflicht – die je nach Mitgliedstaat potentiell unterschiedlich ausgestaltet sein könne – eine gewisse Regionalisierung bzw. Nationalisierung gestatte. Diese Ansicht war allerdings kaum mit Art. 2 lit. j zu vereinbaren, demzufolge der Maßstab der beruflichen Sorgfalt in einer binnenmarktbezogenen Perspektive zu bestimmen ist. Daher zu Recht gegen eine Regionalisierung der Generalklausel *Veelken*, (o. Fn. 18), 16.

landprinzip das Binnenmarktziel in einem gleichsam materialisierten, längerfristiger orientierten Prozess dadurch angestrebt, dass die mitgliedstaatlichen Gerichte sich mit der Vereinbarkeit ihres jeweiligen nationalen Rechts mit dem punktgenau gesetzten Harmonisierungsstandard – gegebenenfalls unter Vorlage an den Gerichtshof – auseinandersetzen müssen. Im Sinne der Fortentwicklung des Bestands des Gemeinschaftsrechts und eines echten gemeinschaftsweiten rechtlichen Rahmens für den Binnenmarkt erscheint diese zweite Alternative vorzugswürdig. Und auch die mit ihr verbundene Herausforderung an das Gemeinschaftsgerichtssystem erscheint durchaus wünschenswert; denn würde dieses tatsächlich strukturell überfordert, würde dies sicher langfristig zu einer institutionellen Fortentwicklung des Gemeinschaftsgerichtssystems führen, wie sie mit der Schaffung des Gerichts erster Instanz bereits einen bemerkenswerten Ausgangspunkt gefunden hat. Im Sinne einer nachhaltigen Entwicklung des Binnenmarkts scheint daher das materiell-rechtliche Verständnis des Herkunftslandprinzips durchaus ‚wettbewerbsfähig'. Doch ist zu bedenken, dass der Preis, der insofern auf Kosten der kurzfristigen Entwicklung des Binnenmarkts zu zahlen ist, nur dann im erträglichen Rahmen bleibt, wenn auf Grundlage des gemeinschaftsrechtlichen Rechtsrahmens tatsächlich bereits in gewissem Umfang Rechtssicherheit für die im Binnenmarkt tätigen Unternehmen entsteht. Auch setzt die effektive Anwendung eines materiell-rechtlich verstandenen Herkunftslandprinzips deshalb einen klar formulierten europäischen Standard voraus. Nur auf einer solchen Grundlage können die mitgliedstaatlichen Gerichte effektiv – und ohne ständige Vorlagen an den EuGH – den notwendigen Vergleich des mitgliedstaatlichen Schutzstandards mit dem europäischen Schutzniveau durchführen. Anders ausgedrückt: Harmonisierung auf Grundlage eines materiell-rechtlich verstandenen Herkunftslandprinzips ist nur dann möglich und vorzugswürdig, wenn der gemeinschaftsrechtliche Schutzstandard in der Rahmenrichtlinie möglichst präzise, zweifelsfrei und ohne innere Widersprüche niedergelegt ist. Lassen sich diese Voraussetzungen nicht erfüllen, so ist ein rein binnenmarktorientierter Ansatz punktueller Harmonisierung auf Grundlage internationalprivatrechtlich formulierter Herkunftslandregelungen in Kombination mit echter Rechtsvereinheitlichung durch Verordnungen (wie nunmehr durch den Verkaufsförderungs-VO-Vorschlag parallel zum RL-Vorschlag in der Diskussion) letztendlich vorzuziehen.

Die entscheidende Frage lautet mithin, ob der RL-Vorschlag einen hinreichend präzisen, eindeutigen, von inneren Widersprüchen freien rechtlichen Rahmen für das mitgliedstaatliche Lauterkeitsrecht setzt und überhaupt setzen kann bzw. welche Verbesserungen unter dieser Perspektive noch notwendig wären, um eine Streichung des Herkunftslandprinzips vertretbar erscheinen zu lassen. Darum soll es im Folgenden gehen.

3. Verbraucherschutzziel oder Recht des unlauteren Wettbewerbs: Die Verbote unlauterer Geschäftspraktiken

Entscheidende Bedeutung für die Auslegung der zukünftigen RL kommt der Formulierung ihrer Ziele in Art. 1 zu. Neben dem vorstehend diskutierten Binnenmarktziel soll die zukünftige RL demnach durch Angleichung der Vorschriften über unlautere Geschäftspraktiken, die die wirtschaftlichen Interessen der Verbraucher beeinträchtigen, zum Erreichen eines hohen Verbraucherschutzniveaus im Binnenmarkt beitragen[107]. Spiegelbildlich zur Begrenzung des Anwendungsbereichs ist demnach auch die Zwecksetzung des RL-Vorschlags begrenzt: Anders als noch die Irreführungs-RL, die der modernen Schutzzwecktrias des Lauterkeitsrechts entsprechend dem Schutz der Verbraucher gleichermaßen wie der Mitbewerber, sonstigen Marktteilnehmer und der Allgemeinheit dienen sollte, begrenzt sich der RL-Vorschlag in seiner unmittelbaren Zielrichtung ausschließlich auf das Ziel des Verbraucherschutzes. Insbesondere die Erwägungsgründe[108] machen deutlich, dass damit in der Tat eine Art ‚Trennungslösung' erstrebt wird, in deren Rahmen die Ziele des Mitbewerberschutzes sowie des Schutzes der Allgemeinheit als unmittelbare Zwecksetzung ausdrücklich ausgeklammert sein sollen[109]. Da jegliches primär verbraucherschützende Verbot unlauterer Geschäftspraktiken stets – neben dem Schutz der Marktgegenseite – auch reflexartig (mittelbar) dem Schutz der Mitbewerber dient[110] und da umgekehrt jegliches primär mitbewerberschützende Verbot unlauterer Geschäftspraktiken im Idealfall stets – neben dem Schutz der Mitbe-

---

107 *Köhler/Lettl*, (o. Fn. 6), 1031 f., haben darauf hingewiesen, dass die beiden Zielkomplexe (Binnenmarktziel und Verbraucherschutzziel) in einem gewissen Spannungsverhältnis stehen, da aus Sicht der Grundfreiheiten unter der ‚Cassis'-Doktrin Verbraucherschutzvorschriften in erster Linie als Einschränkung jener Marktfreiheiten beurteilt werden. Insofern lassen sich die Vorschriften der RL in erster Linie als Ausdruck einer politisch gewählten Balance zwischen dem Binnenmarktziel und dem Verbraucherschutzziel auffassen, die sich in erster Linie an den Abwägungsergebnissen der EuGH-Rspr. in diesem Bereich orientiert. Zu Recht hat allerdings *Veelken,* (o. Fn. 18), 4 f., präzisiert, dass auch das Binnenmarktziel als solches mit Blick auf Art. 3 lit. g EGV („System eines unverfälschten Wettbewerbs") bereits die Grundlage für ein institutionell verstandenes und interpretiertes Lauterkeitsrecht bilden kann. Damit wäre neben dem Verbraucherschutzziel im Rahmen des Binnenmarktziels auch die Berücksichtigung der Interessen der Mitbewerber und der Allgemeinheit garantiert. Dem ist dogmatisch sicher zuzustimmen; soweit *Veelken,* a.a.O., dadurch aber zugleich die Schutzzwecktrias im Ergebnis im RL-Vorschlag bereits abgebildet sieht, scheint dies angesichts des Wortlautes von Art. 1 und der zugehörigen Erwägungsgründe nicht klar genug formuliert, um eine entsprechende Berücksichtigung der institutionellen Schutzzwecktrias auch in der praktischen Rechtsanwendung zu gewährleisten. Auch *Veelken* selbst plädiert deshalb letztlich für eine ausdrückliche Regulierung der Schutzzwecktrias.
108 Vgl. insb. Erwägungsgrund 5 RL-Vorschlag.
109 Daher wohl zu weitgehend *Veelken,* (o. Fn. 18), 4 f.
110 Dies erkennt auch der RL-Vorschlag in Erwägungsgrund 5 und insb. in dem im Laufe der Verhandlungen im Rat neu hinzugekommenen Erwägungsgrund 5a ausdrücklich an.

werber – auch dem Schutz der Marktgegenseite (der Verbraucher) dient[111], wird das einengende Konzept des RL-Vorschlags dem Wesen eines modernen Unlauterkeitsrechts kaum gerecht. Denn eine trennscharfe Abgrenzung des jeweiligen unmittelbaren Primärziels einer Einzelregelung (dem dann das jeweilige Sekundärziel lediglich reflexartig (mittelbar) untergeordnet wäre) lässt sich häufig gar nicht vornehmen[112]; vielmehr greifen die drei Zielkomplexe typischerweise untrennbar ineinander. Entsprechend heftig fiel die Kritik an diesem Aspekt des RL-Vorschlags aus[113]; dennoch hat sich im Laufe der Verhandlungen im Rat eine umfassendere Formulierung bedauerlicherweise nicht durchsetzen lassen.

Der zweite Aspekt unter dem sich der RL-Vorschlag einer Art konzeptueller Selbstbeschränkung unterwirft liegt in seiner Orientierung am Informationsmodell der EuGH-Rechtsprechung. Das Verbraucherschutzziel soll durch den Schutz freier und informierter wirtschaftlicher Transaktionsentscheidungen erreicht werden. Es ist faszinierend (und eine schöne Bestätigung für die tragende Rolle der EuGH-Rechtsprechung in diesem Bereich), in welchem Umfang die Grundkonzeptionen des RL-Vorschlags sich insofern am Fallrecht des Gerichtshofs orientieren; zugleich führt aber auch diese einengende Orientierung am Informationsmodell zu einzelnen Unstimmigkeiten betreffend den gelegentlich über den bloßen Schutz freier und informierter wirtschaftlicher Entscheidungen hinausreichenden tatsächlichen Regelungsgehalt der RL. Im Folgenden sollen die Grundkonzeptionen des RL-Vorschlags nur umrissartig nachgezeichnet werden; mehr Gewicht wird darauf gelegt, an einzelnen Beispielen aufzuzeigen, dass die Begrenzung der Zielsetzung sowie die konzeptuelle Orientierung am Schutz freier und informierter Transaktionsentscheidungen dem Wesen der tatsächlichen Regelungen des RL-Vorschlags teilweise regelrecht zuwiderlaufen und daher zwangsläufig zu erheblichen Auslegungsschwierigkeiten führen müssen.

Eine erste Unstimmigkeit im Text des RL-Vorschlags, die sich wohl nurmehr mit einer falsch verstandenen Einengung der Perspektive auf die unmittelbare Beeinflussung der Verbraucherentscheidung erklären lässt, besteht in der Defi-

---

111 Dies wird vom RL-Vorschlag und seinem Versuch einer ‚Trennungslösung' nicht hinreichend berücksichtigt.
112 Eben ein solcher Versuch, einer trennscharfen Abgrenzung unmittelbar verbraucherschützender Regeln von unmittelbar mitbewerberschützenden Regeln, steht hinter der Konzeption des RL-Vorschlags. Entsprechend sehen Erwägungsgründe 5 und 5a das unmittelbare Hauptziel des RL-Vorschlags im Schutz der Verbraucher; der Schutz der Mitbewerber wird als lediglich reflexartig mittelbare Folge aufgefasst. Die Schwierigkeiten, die sich aus dieser verengten Perspektive für die Auslegung der Generalklauseln des RL-Vorschlags dann in der Tat ergeben, werden im folgenden Text noch anhand von Beispielen aufgezeigt.
113 Vgl. praktisch sämtliche Nw. o. Fn. 73.

nition des den harmonisierten Bereich sachlich umreißenden[114] Begriffs der ‚Geschäftspraktiken' im Geschäftsverkehr zwischen Unternehmern und Verbrauchern'. Nach Art. 2 lit. e gilt als derartige Geschäftspraktik jede „*unmittelbar* mit der *Absatz*förderung, dem Verkauf oder der Lieferung eines Produkts an Verbraucher zusammenhängende Handlung, Unterlassung [...] einschließlich Werbung und Marketing eines Gewerbetreibenden"[115]. Hierin liegt – sogar im Vergleich zur (an sich auf den engeren Begriff der Werbung begrenzten) Irreführungs-RL – eine bemerkenswerte Beschränkung des sachlichen Anwendungsbereichs, soweit der eigentlich weite Begriff der Geschäftspraktik auf *unmittelbar* mit der Absatzförderung zusammenhängende Aktivitäten beschränkt wird. Die Formulierung spiegelt die Orientierung am Schutz freier Verbraucherentscheidungen nur zu deutlich wieder; und dennoch verfehlt sie eben dieses Ziel teilweise, weil sie sich letztlich in doppelter Hinsicht als zu eng erweist[116]. Zum einen ist die Orientierung auf *unmittelbar* mit der Absatzförderung zusammenhängende Handlungen und Unterlassungen problematisch[117]. Und zum anderen bleibt die Begrenzung auf reine *Absatz*förderung gleichermaßen unverständlich. Schließlich lassen sich auch im Verhältnis zu Privatverbrauchern durchaus Fälle von Nachfragewettbewerb denken: Etwa der Antiquitäten- oder Gebrauchtwagenmarkt ist durchaus von Nachfragewettbewerb geprägt, so dass es bei den Geschäftspraktiken der Unternehmen nicht um die Förderung des Absatzes, sondern um die Förderung des Erwerbs von Produkten geht. Hier ist der sachliche Anwendungsbereich des RL-Vorschlags schlicht zu eng; ob sich dieser auch in den Verhandlungen im Rat nicht behobene Fehler

---

114 Vgl. Art. 3 Abs. 1 RL-Vorschlag.
115 Hervorh. des Verf.
116 Auch im Vergleich zum Begriff der ‚kommerziellen Kommunikation' nach der E-Commerce-RL („unmittelbare *oder mittelbare* Förderung des Absatzes [...]" [Hervorh. des Verf.]) ist die Beschränkung auf unmittelbare Absatzförderung verengend. Vgl. näher *Köhler/Lettl*, (o. Fn. 6), 1034 f.; *Leistner*, (Fn. 6).
117 Ersichtlich will der RL-Vorschlag an dieser Stelle allgemeinere Marketing-Formen, wie insb. nicht produktorientierte allgemeine Aufmerksamkeits- und Imagewerbung (*Köhler/Lettl*, (o. Fn. 6), 1034 f., bringen das Beispiel der Alterswerbung eines Unternehmens („seit 1890 [...]" oder der bewusst falschen Unternehmensbezeichnung („Klosterbrauerei")), von seinem Anwendungsbereich ausgrenzen. Selbst wenn insoweit die Irreführungs-RL zur Anwendung käme, so überzeugt doch diese Begrenzung des RL-Vorschlags konzeptuell nicht. Denn eine derartige Aufmerksamkeitswerbung dient sehr wohl der fehlerfrei informierten Entscheidung des Verbrauchers, dem es unbenommen ist, sich an derartigen allgemeineren Informationen zu orientieren, wie es in der Praxis ja auch durchaus typischerweise geschieht. Hinzu kommen die ganz erheblichen Abgrenzungsschwierigkeiten, die an der Grenzlinie zwischen unmittelbar absatzbezogener und allgemein unternehmensbezogener kommerzieller Aktivität auftreten. Ersichtlich schießt der RL-Vorschlag in seinem Bemühen tatsächlich nur unverzerrte Verbraucherentscheidungen zu schützen und diesen Bereich des Lauterkeitsrechts gewissermaßen aus dem gesamten Bestand des Lauterkeitsrechts herauszuschneiden, über das Ziel hinaus.

durch eine ergänzende Auslegung tatsächlich korrigieren lässt, wird abzuwarten sein.

Nominell bildet das Verbot unlauterer Geschäftspraktiken in Art. 5 den Kerngehalt des RL-Vorschlags. Die große Generalklausel wird aber durch die praktisch sehr viel wesentlicheren kleinen Generalklauseln über irreführende Geschäftspraktiken (Art. 6-7) und über aggressive Geschäftspraktiken (Art. 8-9) und insbesondere durch die Liste unter allen Umständen unlauterer Geschäftspraktiken in Anhang I zum RL-Vorschlag, auf die sie ihrerseits verweist, in ihrer Bedeutung auf die Rolle einer Auffangbestimmung reduziert[118]. In der Unlauterkeitsdefinition, die kumulativ aus den Elementen eines Verstoßes gegen die berufliche Sorgfaltspflicht und einer Eignung das wirtschaftliche Verhalten des Durchschnittsverbrauchers in Bezug auf das jeweilige Produkt wesentlich zu beeinflussen, zusammengesetzt ist, wird die Orientierung am Informationsmodell der EuGH-Rechtsprechung deutlich. Ursprünglich hatte Art. 2 lit. b zudem den Durchschnittsverbraucher in ausdrücklicher Entlehnung des EuGH-Verbraucherleitbildes[119] als „durchschnittlich informierte[n], aufmerksame[n] und verständige[n] Verbraucher" legaldefiniert; diese Legaldefinition ist nun im Laufe der Verhandlungen im Rat gestrichen worden[120]. Stattdessen findet sich der ausdrückliche Verweis auf die Rechtsprechung des Gerichtshofs und dessen Leitbild des Durchschnittsverbrauchers nun nur noch in den Erwägungsgründen[121]. Man muss dies bedauern. Eine Harmonisierung auf Grundlage des materiellen Herkunftslandprinzips setzt klare Leitlinien des Gemeinschaftsrechts voraus; mit Blick auf den Zentralbegriff des Durchschnittsverbrauchers ist eine Regelung im verbindlichen Richtlinientext dringend zu wünschen. Ist dies politisch ebenso wenig durchsetzbar wie eine internationalprivatrechtliche Formulierung des Herkunftslandprinzips, so wird das gesamte Harmonisierungsvorhaben letztlich in Frage gestellt, da eine bloße ‚Scheinharmonisierung' (zumindest bis zum Zeitpunkt einer ausdrücklichen Klarstellung sämtlicher Streitfragen durch den Gerichtshof) droht. Ungeachtet dessen reicht die Parallele der Richtlinienkonzeption zur Rechtsprechung des EuGH konzeptionell noch weiter; nicht nur das Verbraucherleitbild des EuGH wird (wenngleich nun eben nur noch in den Erwägungsgründen) übernommen, sondern auch der in der ‚Buèt'-Entscheidung des Gerichtshofs[122] entwickelte Schutz besonders anfälliger Verbrauchergruppen durch Orientierung an deren jeweiligem ‚Durchschnittsmitglied' in Fallkonstellationen, in denen sich eine Werbung voraussehbar an spezifische Verbrauchergruppen richtet, findet sich in Art. 5 Abs. 3 des

---

118 Vgl. auch Begründung zum RL-Vorschlag, Rn. 50, 56 ff.
119 Vgl. die Nw. o. II 2 b.
120 S. die Politische Einigung im Rat (o. Fn. 65), in der Art. 2 lit. b entfallen ist und sich nun letztlich in Erwägungsgrund 13 wiederfindet.
121 Erwägungsgrund 13 des RL-Vorschlags i.d.F. der politischen Übereinkunft im Rat.
122 EuGH Slg. 1989, 1235, 1242 – ‚Buèt'.

aktuellen RL-Vorschlags wieder[123]. Schließlich spiegelt sich im Erfordernis der ‚Wesentlichkeit' der Beeinflussung das vom EuGH mit Blick auf die zwingende Rechtfertigung von Einschränkungen der Grundfreiheiten entwickelte Verhältnismäßigkeitsprinzip[124]. Das Ausmaß der Orientierung des RL-Vorschlags an dem vom EuGH unter der ‚Cassis'-Doktrin entwickelten Fallrecht im Bereich des Verbraucherschutzes und des Schutzes der Lauterkeit des Geschäftsverkehrs könnte kaum deutlicher werden.

Die Orientierung auf den ‚Durchschnittsverbraucher' kann dabei nur zu leicht den Blick dafür verstellen, dass hinter dem gewählten Verbraucherleitbild letztlich keine reale Orientierung auf einen fiktiven ‚Durchschnittsverbraucher' steht. Vielmehr ist das Verbraucherleitbild ein bloßes gedankliches Konstrukt, eine Metapher für die hinter den Wertungen der Rechtsprechung des Gerichtshofs gleichermaßen wie den Wertungen des RL-Vorschlags stehenden Interessenabwägungen im Lauterkeitsrecht. Insofern ist die Orientierung auf die unverzerrte wirtschaftliche Transaktionsentscheidung des Durchschnittsverbrauchers so sehr sie grundsätzlich zu begrüßen ist, doch – ganz ähnlich wie das Informationsmodell der EuGH-Rechtsprechung[125] – zu eng. Denn während sie es gestattet, den grundlegenden Konflikt zwischen dem freien Waren- und Dienstleistungsverkehr, einerseits, und den Erfordernissen des Verbraucherschutzes, andererseits, anhand der Orientierung auf die wirtschaftlich-transaktionsbezogenen Interessen eines aktiven europäischen Durchschnittsverbrauchers im Sinne eines Kompromisses auf Basis des Verhältnismäßigkeitsgrundsatzes zu lösen[126], gestattet sie es demgegenüber nicht, weitere (teils sogar grundrechtlich geschützte) Werte – wie etwa den Schutz der Privatsphäre – mit in die Abwägung einzubeziehen. Dieses Defizit der Konzeption des RL-Vorschlags (das sich wohl wiederum aus der einseitigen Orientierung auf den Verbraucherschutzzweck und zudem aus der Beschränkung auf die *wirtschaftlich-transaktionsbezogenen* Interessen der Verbraucher[127] erklären lässt) wiegt umso schwerer, als es in ersichtlicher Spannung zu dem durch den RL-Vorschlag faktisch doch erzielten (und wohl auch erstrebten) Resultat einer deutlich weiterreichenden Harmonisierung des Lauterkeitsrechts steht. Beson-

---

123 Vgl. auch Erwägungsgrund 13 RL-Vorschlag.
124 S. betreffend gering einzustufende Irreführungsgefahren EuGH Slg. 2000, I-2297, Rn. 28 – ‚Darbo'; EuGH Slg. 1990, I-4827, Rn. 19 – ‚Dahlhausen'. Vgl. auch Erwägungsgrund 5 RL-Vorschlag, sowie *Köhler/Lettl*, (o. Fn. 6), 1037.
125 Vgl. insoweit schon o. II 2 b.
126 Und damit zugleich eine Interessenabwägung zwischen den Interessen einzelner Verbrauchergruppen vorzunehmen, wobei der aktive, nicht auf eingefahrene Gewohnheiten blind vertrauende Verbraucher gegenüber dem unaufmerksamen, in seinen Gewohnheiten verharrenden Verbraucher bevorzugt wird. Zutreffend *Veelken*, (o. Fn. 18), 5; grundlegend zur Funktion des Verbraucherleitbilds als Interessenausgleich bzgl. verschiedener Verbrauchergruppen vgl. auch *Drexl*, (o. Fn. 32), 414 ff.; zutreffend auch *Beater*, Unlauterer Wettbewerb, 2002, § 13, Rn. 20 ff. (insb. 25 ff.).
127 Vgl. insoweit deutlich Erwägungsgrund 5 des RL-Vorschlags.

ders klar erkennbar wird dies anhand eines Blicks auf die ‚kleinen' Generalklauseln zu irreführenden und aggressiven Geschäftspraktiken im Vergleich mit den ihnen zugeordneten *per se*-Verboten bestimmter besonders gefährlicher Praktiken in Anhang I zum RL-Vorschlag. Auf Einzelheiten kann hier nicht eingegangen werden[128], lediglich einzelne Beispiele seien genannt. Das Verbot aggressiver Geschäftspraktiken in Art. 8 RL-Vorschlag setzt – ganz im Sinne der Grundausrichtung des RL-Vorschlags auf die wirtschaftliche Selbstbestimmung – (erstens) die erhebliche Beeinträchtigung der Entscheidungs- und Verhaltensfreiheit des Durchschnittsverbrauchers in Bezug auf das Produkt, die diesen (zweitens) tatsächlich oder voraussichtlich dazu veranlasst, eine geschäftliche Entscheidung zu treffen, die er andernfalls nicht getroffen hätte, voraus. Im Mittelpunkt steht mithin der Schutz der wirtschaftlichen Selbstbestimmung. Dies ist ein schlüssiges Konzept, soweit es reicht. Doch geht der Katalog in jedem Falle als unlauter anzusehender aggressiver Geschäftspraktiken (Art. 5 Abs. 5 i.V.m. Anhang I zum RL-Vorschlag) teils ersichtlich über diese auf die wirtschaftliche Entscheidungsfreiheit ausgerichtete Konzeption hinaus. So lässt sich das Verbot hartnäckiger E-Mail-Werbung bzw. hartnäckiger Werbung mit Fax oder (automatischen bzw. individuellen) Telefonanrufen (Anhang I Nr. 17)[129] zumindest im Falle von Email- und Faxwerbung kaum damit erklären, E-Mail-Spam oder Fax-Werbung veranlasse den Durchschnittsverbraucher zu ungewollten geschäftlichen Entscheidungen nur, um ‚in Ruhe gelassen zu werden'. Vielmehr geht es beim Verbot der E-Mail-Werbung um den Aspekt des aufgedrängten Ressourcenverbrauchs beim Empfänger, sowie

---

128 Vgl. hierfür *Leistner,* (o. Fn. 6); ähnlich *Veelken,* (o. Fn. 18), 25; vgl. auch *Köhler/Lettl,* (o. Fn. 6), 1043 ff.
129 Rechtstechnisch ist in diesem Zshg. anzumerken, dass zudem die (notorisch überregulierte, schon in der Fernabsatz- und der E-Commerce-RL [jeweils noch i.S. eines opt-out *Mindest*standards, wobei letztgenannte RL die Frage der elektronischen Direktkommunikation ausdrücklich vom Binnenmarkt-Herkunftslandprinzip ausnahm und insofern divergierende nationale Standards noch anerkannte] angesprochene) Frage der E-Mail-, Fax- und (automatischen) voicemail-Werbung in Art. 13 der EK-Datenschutz-RL (RL 2002/58/EG v. 12.7.2002 über die Verarbeitung personenbezogener Daten und den Schutz der Privatsphäre bei der elektronischen Kommunikation, ABl. L 201 v. 31.7.2002, 37 ff.) ohnehin einer abschließenden Harmonisierung i.S. des opt-in Ansatzes, demzufolge im Grundsatz (mit der Ausnahme für bestimmte E-Mail-Werbungen im Anschluss an geschäftliche Kontakte in Art. 13 Abs. 2) der Empfänger in die werbliche Ansprache im voraus einwilligen muss, zugeführt ist. Diese Regelung ist im Rahmen der UWG-Reform auch bereits umgesetzt worden. Sie geht gem. Art. 3 Abs. 4 RL-Vorschlag jenem vor. Insofern bleibt für die entsprechende Regelung im RL-Vorschlag substantiell nur Raum im Rahmen der individuellen Telefonwerbung, für die Art. 13 Abs. 3 EK-Datenschutz-RL den Mitgliedstaaten ein Wahlrecht zwischen opt-in und opt-out-Ansatz einräumt, sofern nämlich Mitgliedstaaten insoweit den opt-out Ansatz wählen. Ausführlich zur Frage der E-Mail-Werbung im europäischen Recht und in der UWG-Reform *Leistner/Pothmann,* WRP 2003, 815 m.w.Nw.; vgl. auch *Köhler/Lettl,* (o. Fn. 6), 1044 f. mit Blick auf den RL-Vorschlag.

um den Schutz der Privatsphäre des Empfängers[130]. Zur Formulierung der kleinen Generalklausel passt das *per se*-Verbot daher nicht, obwohl es doch eine Konkretisierung dieser Generalklausel verkörpern soll. Ähnliches gilt mit Bezug auf die Regelung von persönlichen Besuchen in Wohnungen (Anhang I Nr. 16). Hier lässt sich der Schutz der Privatsphäre des Verbrauchers wiederum vom Schutz seiner wirtschaftlichen Entscheidungsfreiheit schlicht nicht sinnvoll trennen; vielmehr sind in dieser Fallgruppe – wie etwa auch im Falle der Überrumpelung durch Ansprechen im öffentlichen Raum – der Schutz der Privatsphäre und des allgemeinen Persönlichkeitsrechts und der Schutz der wirtschaftlichen Selbstbestimmung untrennbar ineinander verflochten. Der RL-Vorschlag kommt insoweit zu widersprüchlichen Lösungen. Während etwa die E-Mail-Werbung (bei der der Aspekt des Schutzes freier wirtschaftlicher Transaktionsentscheidungen schlicht nicht vorhanden ist) und die Fallgruppe der Vertreterbesuche in Wohnungen (teilweise) geregelt werden, wird die Überrumpelung durch Ansprechen im öffentlichen Raum ausdrücklich vom Geltungsbereich der RL-Vorschlags ausgenommen, da sie lediglich Fragen des „Geschmacks und Anstands" betreffe[131]. Dies ist nicht einsichtig, da doch die Überschneidung mit dem Schutz freier wirtschaftlicher Transaktionsentscheidungen in letzterer Fallgruppe viel einleuchtender und schlüssiger ist, als im Falle der vom RL-Vorschlag erfassten E-Mail-Werbung.

Eine derartige innere Widersprüchlichkeit der zukünftigen Lauterkeits-RL muss zwangsläufig zu Unsicherheiten und Schwierigkeiten bei deren Auslegung und damit zu einer Gefährdung des Harmonisierungsziels führen, da unklar bleibt, wie weit der harmonisierte Bereich sich erstreckt und inwieweit Interessen, die nicht unmittelbar dem Schutz der wirtschaftlichen Entscheidungsfreiheit zugeordnet werden können, in die im Einzelfall notwendige Interessenabwägung einbezogen werden dürfen. Dem lässt sich auch nicht entgegenhalten, der Harmonisierungseffekt werde praktisch schon durch den enumerativen und recht umfänglichen Katalog unlauterer Praktiken im Anhang hinreichend erreicht, so dass es auf die innere Homogenität dieses Katalogs mit den abstrakt-generellen Regelungen im Richtlinientext gar nicht mehr entscheidend ankomme. Denn eine solche Argumentation zielte am eigentlichen Problem vorbei: Der enumerative Katalog der *per se*-Verbote kann zwar eine Mindestharmonisierung dessen, ‚was verboten ist', erreichen; nicht aber kann er den Gewerbetreibenden Rechtssicherheit darüber bieten, ‚was gestattet ist'. Hier kommt vielmehr der Auslegung der ‚großen' und ‚kleinen' Generalklauseln des RL-Vorschlags entscheidende Bedeutung zu. Und ebenjene Auslegung wird erschwert, wenn die abstrakt-generellen Bestimmungen einer auf den unmittelbaren Schutz freier wirtschaftlicher Verbraucherentscheidungen eingeengten Perspektive folgen, die ersichtlich teilweise nicht mit den regulierten *per se*-Verboten in Einklang

---

130 Vgl. umfassend zuletzt *Leistner/Pothmann*, (o. Fn. 129).
131 S. Erwägungsgrund 5 RL-Vorschlag.

zu bringen ist, weil letztere über den Rand dieser Perspektive hinausreichen. Hier ist innere Konsequenz gefordert. Entweder der RL-Vorschlag beschränkt sich – auch hinsichtlich der *per se*-Verbote im Anhang – tatsächlich auf den Schutz freier und informierter Verbraucherentscheidungen. Dies dürfte freilich angesichts der teils untrennbaren Verknüpfung eines derartigen ‚Hauptschutzzwecks' mit dem reflexartigen Schutz der Mitbewerber und dem Schutz sonstiger Grundwerte (wie insbesondere der Privatsphäre) kaum möglich sein. Oder der RL-Vorschlag wird (mindestens in der Formulierung der Zielsetzung) – wie schon (oben 2 a) aus der Sicht des Binnenmarktziels gefordert – seiner tatsächlichen Intention ausdrücklich angepasst, was im Wesentlichen wiederum auf die Forderung nach einer Festlegung der Schutzzwecktrias (Schutz der Verbraucher, der Mitbewerber und der Interessen der Allgemeinheit) hinausläuft.

IV. Der Zusammenhang mit dem Harmonisierungsprozess im Allgemeinen

Im Ergebnis steht damit der Gemeinschaftsgesetzgeber vor der Wahl, ob er den umfassenden ‚kombinierten' Ansatz des RL-Vorschlags auf das Lauterkeitsrecht insgesamt ausdehnt oder ob er für den Augenblick dem punktuellen Harmonisierungsansatz des Sales-Promotion-Verordnungsvorschlags den Vorzug gibt. Derzeit scheint das Pendel der Brüsseler Legislative zugunsten des umfassenderen ‚kombinierten' Ansatzes auszuschlagen.

Doch ist zu bedenken, dass eine derartige umfassende Harmonisierung des Lauterkeitsrechts auch grundstürzende Rückwirkungen auf den Harmonisierungsprozess im Bereich des allgemeinen Gemeinschaftsprivatrechts haben wird, die bisher in der allgemein zivilrechtlichen Forschung in der Breite nicht hinreichend wahrgenommen werden[132]. Schon der RL-Vorschlag greift (zumal in seinen Bestimmungen über irreführendes Unterlassen) weit in Kernbereiche des nationalen Vertragsrechts (insbesondere in den Bereich vorvertraglicher Informationspflichten) ein; insoweit besteht sogar die Gefahr zusätzlicher Disharmonisierung[133]. Hinzu kommt, dass die umfassende Harmonisierung der Verbotstatbestände in einzelnen Sonderrechtsgebieten reflexartig Forderungen nach einer Harmonisierung auch der Rechtsfolgen und der Rechtsdurchsetzung nach sich zieht[134]. Derartige Forderungen nach sektorspezifischer Harmonisierung einzelner Bereiche des Zivil- und des Zivilprozessrechts haben aber kaum abschätzbare Auswirkungen auf den Prozess der Privatrechtsharmonisierung im

---

132 Vgl. dazu grundlegend *Leistner*, in: Bodewig/Dreier/Götting/Haedicke/Lehmann/Ohly (Hrsg.), FS Schricker (2005) (im Erscheinen).
133 Vgl. eingehender *Leistner*, (o. Fn. 132) m.w.Nw.
134 Betreffend den RL-Vorschlag, vgl. etwa *Köhler/Lettl*, (o. Fn. 6), 1047 f.

Allgemeinen[135]. In Einzelbereichen lässt sich dieser Prozess bereits in der gemeinschaftsrechtlichen Realität beobachten. So enthält die kürzlich verabschiedete so genannte Durchsetzungs-RL[136] für den Bereich des geistigen Eigentums bereichsspezifische Bestimmungen, die in ihrem inhaltlichen Gehalt weit in den Bereich des allgemeinen Zivilprozess- und Schadensersatzrechts reichen. Die umfassende Harmonisierung des materiellen Schutzniveaus in bestimmten Sonderrechtsgebieten hat demnach bereits rechtstatsächlich belegbare Rückwirkungen auch auf die Harmonisierung der Kernbereiche des allgemeinen Zivilrechts. Dabei schreiten einzelne Spezialbereiche voran. Unter Gleichbehandlungsgesichtspunkten führt dies langfristig zu Harmonisierungsdruck auch für eine allgemeine Regelung der Kernbereiche des Zivilrechts.

Rücktransponiert auf das hier behandelte Thema bedeutet das zumindest, dass im Rahmen künftiger Initiativen auf dem Gebiet des Vertragsrechts (und des Zivil- und Zivilprozessrechts im Allgemeinen) die innere Abstimmung mit den bereits existierenden Instrumenten im Lauterkeitsrecht zu suchen ist. Unter dieser Perspektive ist es zu bedauern, dass Hinweise auf die Irreführungs-RL sowohl in der Mitteilung als auch im Aktionsplan zum europäischen Vertragsrecht gänzlich fehlen. Soweit eine entsprechende politische Bereitschaft, in der Folge umfassender Harmonisierung der Sonderrechtsgebiete letztendlich auch die Kernbereiche des Privatrechts zu harmonisieren, nicht vorhanden ist, sollte auch die Harmonisierung der Sonderrechtsgebiete (und in diesem Falle des Lauterkeitsrechts) besser lediglich punktuell und bereichsspezifisch-problemorientiert erfolgen. Im Übrigen wäre dann auf internationalprivatrechtliche Lösungen zu setzen. Dies ist der Ansatz der vorgeschlagenen Verkaufsförderungs-VO in ihrem Zusammenwirken mit der vorgeschlagenen ‚Rom II'-Verordnung. Damit schließt sich der Kreis von den allgemeineren Überlegungen zur hier behandelten konkreten Thematik. Denn eben dieser Ansatz lediglich punktueller Harmonisierung ist es, der dem zweiten, derzeit weniger aktuell diskutierten Kommissionsvorschlag im Bereich des Lauterkeitsrechts – dem Verkaufsförderung-VO-Vorschlag – zugrunde liegt. Die vorstehenden Ausführungen haben versucht zu belegen, dass die Entscheidung zwischen den beiden von der Kommission in die Diskussion gebrachten Harmonisierungsmodellen – dem umfassenden ‚kombinierten' Ansatz des RL-Vorschlags, einerseits, und dem punktuell binnenmarktorientierten Ansatz des Verkaufsförderungs-VO-Vorschlags, andererseits – über rechtstechnische Fragestellungen und die möglichen Folgen der Implementierung der jeweiligen Instrumente für die innere Kohärenz

---

135 Zu diesen Auswirkungen s. mit Blick auf die aktuellen Entwicklungen im Bereich des geistigen Eigentums und des Lauterkeitsrechts *Leistner*, (o. Fn. 132) m.w.Nw.
136 RL 2004/48/EG, ABl. 2004 L 195/16 v. 2.6.2004. Vgl. aber insb. auch den ursprünglichen RL-Vorschlag der Kommission, KOM (2003) 46 endg., und die heftige Kritik hieran. Zu alldem eingehend *Leistner*, (o. Fn. 132).

des Gemeinschaftsrechts weit hinausgeht und Fragen aufwirft, die den Harmonisierungsprozess im Gemeinschaftsprivatrecht in seinem Kern berühren.

V. Zusammenfassung in Thesen

I. Die beiden letzthin von der Kommission vorgeschlagenen Instrumente im Bereich des Lauterkeitsrechts – der RL-Vorschlag über unlautere Geschäftspraktiken und der Vorschlag für eine Verkaufsförderungs-VO – verkörpern unterschiedliche ‚Traditionen' europäischer Harmonisierung. Während der umfassende RL-Vorschlag – in der aktuell vorliegenden Fassung der politischen Übereinkunft im Rat nunmehr noch deutlicher – in der Tradition verbraucherschützender Mindestharmonisierung steht, lässt sich der bereichsspezifische Verkaufsförderungs-VO-Vorschlag einer Traditionslinie binnenmarktorientierter, ‚negativer' Harmonisierung zuordnen, die ihren Ursprung in der Rechtsprechung des EuGH zu den Grundfreiheiten hat.

II. 1) Die durch das Nebeneinander beider Instrumente und insbesondere durch die Begrenzung des Anwendungsbereichs des RL-Vorschlags auf B2C-Situationen zu befürchtende Spaltung des europäischen Lauterkeitsrechts (in den jeweils gesonderten Regelungen unterliegenden B2B- und B2C-Bereich) würde nicht nur zu einer weiteren Verkomplizierung der ohnedies unübersichtlichen Rechtslage im europäischen Lauterkeitsrecht, sondern insbesondere zu einer fatalen Gefährdung des Binnenmarktziels des RL-Vorschlags führen.

2) Hinsichtlich des zu fürchtenden Nebeneinanders des RL-Vorschlags und des Verkaufsförderungs-VO-Vorschlags besteht eine gewisse Hoffnung auf faktische Abhilfe, da anscheinend – trotz der gegensätzlichen Beteuerungen in der Begründung des RL-Vorschlags – derzeit forciert nur die Verabschiedung des RL-Vorschlags betrieben wird, ohne das hinsichtlich des Verkaufsförderungs-VO-Vorschlags vergleichbare Aktivitäten zu beobachten wären. Faktisch könnte es also eventuell bei der alleinigen Verabschiedung des RL-Vorschlags bleiben.

3) Das Problem der Spaltung des Lauterkeitsrechts in B2B- und B2C-Bereich (und damit des dennoch zu fürchtenden Nebeneinanders von [neuer] Lauterkeits- und [alter] Irreführungs-RL) wird dadurch jedoch nicht gelöst. Aufgrund dieser Spaltung kann der RL-Vorschlag sein Binnenmarktziel von vornherein nicht erreichen. Es ist daher dringend notwendig, entweder seinen Anwendungsbereich auf B2B-Situationen auszudehnen oder auf eine umfassende Harmonisierung zugunsten des mehr punktuellen Konzepts des Verkaufsförderungs-VO-Vorschlags zu verzichten.

4) Im Sinne des Binnenmarktziels des RL-Vorschlags erscheint auch eine Abkehr von der nunmehr (als Ergebnis der Verhandlungen im Rat vorgesehenen)

sechsjährigen Übergangsperiode für Mindestharmonisierung betreffend restriktivere nationale Regelungen, die ihrerseits (andere) Richtlinien mit Mindestharmonisierungsklauseln umsetzen, geboten (vgl. auch noch unten IV 2).

III.[137] 1) Das Binnenmarkt-Herkunftslandprinzip ist in seinem internationalprivatrechtlichen Verständnis für das in der Gemeinschaft im Bereich des Lauterkeitsrechts anzustrebende Schutzniveau nicht deshalb problematisch, weil es zu einem materiell-rechtlichen *race to the bottom* führt, sondern vielmehr allein deshalb, weil es – wegen seiner Abweichung von den eingefahrenen Regeln über das anwendbare Recht und insbesondere wegen der resultierenden, fast systematischen Spaltung von internationaler Zuständigkeit und anwendbarem Recht – zu Durchsetzungsdefiziten mit Blick auf Exportwettbewerb kommt. Denn die Gerichtssysteme der Mitgliedstaaten wären mit der massenhaften Anwendung ausländischen Rechts überfordert.

2) Das Binnenmarkt-Herkunftslandprinzip in seinem materiell-rechtlichen – an der Rechtsprechung des EuGH zu den Grundfreiheiten orientierten – Verständnis führt demgegenüber in ‚punktgenau' harmonisierten Rechtsbereichen im besten Falle zu einer strukturellen Überforderung des Gemeinschaftsgerichtssystems (sofern von den mitgliedstaatlichen Gerichten konsequent Vorlagefragen bezüglich der Vereinbarkeit nationaler Bestimmungen mit den Vorgaben der entsprechenden Richtlinien zum EuGH gestellt werden).

3) Die Wahl, vor der der Gemeinschaftsgesetzgeber im Bereich des Lauterkeitsrechts steht, ist unter dieser Perspektive demnach in erster Linie die Wahl zwischen einer Überforderung der mitgliedstaatlichen Gerichtssysteme (mit potentiell adversen Effekten für das Schutzniveau) und einer Überforderung des Gemeinschaftsgerichtssystems (mit potentiell adversen Effekten für den freien Waren- und Dienstleistungsverkehr).

4) Hierbei ist die strukturelle (Über-)forderung des Gemeinschaftsgerichtssystems (gegenüber der kurzfristig binnenmarktorientierten Perspektive) zu bevorzugen, da sie mittel- und langfristig zur weiteren Entwicklung des Gemeinschaftsgerichtssystems und zur Förderung einheitlicher Rechtsanwendung beitragen wird.

5) Die Streichung des Art. 4 Abs. 1 RL-Vorschlag im Verlaufe der Verhandlungen im Rat und die resultierende Regelung eines allein materiell-rechtlich verstandenen Binnenmarkt-Herkunftslandprinzips (gem. dem nunmehr allein verbleibenden Art. 4 Abs. 2 RL-Vorschlag) ist deshalb zu begrüßen.

---

[137] Vgl. für die zugrundeliegenden allgemeinen Überlegungen zu anwendbarem Recht und Herkunftslandprinzip im Bereich des Rechts des unlauteren Wettbewerbs auch *Leistner*, (o. Fn. 50); *ders.*, (o. Fn. 97).

IV. 1) Der nunmehr vorliegende, auf das materiell-rechtliche Verständnis des Herkunftslandprinzips basierte Harmonisierungsansatz kann jedoch nur dann sein Ziel mit Blick auf das reibungslose Funktionieren des Binnenmarktes erreichen, wenn punktgenaue und möglichst präzise, für die mitgliedstaatlichen Gerichte unzweideutig zu interpretierende Regelungen in der RL selbst erfolgen.

2) Insofern ergibt sich erstens aus der gewählten Regelungstechnik ein zusätzliches Argument gegen den für eine sechsjährige Übergangsperiode vorgesehenen Ansatz der Mindestharmonisierung in bestimmten Bereichen.

3) Darüber hinaus ist der konzeptionelle Fokus des RL-Vorschlags auf informierte und freie Transferentscheidungen der Verbraucher zu eng und damit einhergehend die Begrenzung des Schutzzwecks der RL fehlerhaft. Beides führt zu inneren Widersprüchen mit den Einzelregelungen des RL-Vorschlags und erschwert mindestens dessen Interpretation durch die mitgliedstaatlichen Gerichte.

4) Der Schutzzweck des RL-Vorschlags ist daher – im Einklang mit dem entsprechenden Modell des Art. 1 Irreführungs-RL – im Sinne der etablierten Schutzzwecktrias des Lauterkeitsrechts, d.h. dem Schutz der Interessen der Verbraucher, der Mitbewerber und der Allgemeinheit, festzulegen.

V. 1) Im Ergebnis steht damit der Gemeinschaftsgesetzgeber vor der Wahl zwischen einer umfassenden Harmonisierung des Lauterkeitsrechts im Rahmen des ‚kombinierten Ansatzes' des RL-Vorschlags und dem mehr punktuellen Konzepts des Verkaufsförderungs-VO-Vorschlags, der letztlich auf internationalprivatrechtliche Lösung in Kombination mit punktuell-binnenmarktorientierter Rechtsvereinheitlichung setzt.

2) Die Entscheidung zwischen diesen beiden Instrumenten hat grundlegende Rückwirkungen, die den Harmonisierungsprozess im Gemeinschaftsprivatrecht in seinen Kernbereichen (etwa im Vertrags- und Schadensersatzrecht), gleichermaßen aber auch im Zivilprozessrecht) berühren[138]. Diese Rückwirkungen sind bei der Harmonisierung des Lauterkeitsrechts mit zu berücksichtigen.

---

138 Vgl. dazu grundlegend *Leistner*, (o. Fn. 132).

Möglichkeit und Grenzen einer grenzüberschreitenden europäischen Präjudizienbindung zur Absicherung einer einheitlichen Auslegung des angeglichenen Privatrechts

Ilka Klöckner

I. Einleitung
II. Grundlagen
  1. Gesamteuropäisches Gerichtssystem – von der Kooperation zur Hierarchie?
    a) Vorabentscheidungsverfahren gemäß Art. 234 EG
      aa) Charakter des Vorabentscheidungsverfahrens
      bb) Bindungswirkung der EuGH-Urteile
      cc) *Acte éclairé-* und *Acte clair*-Doktrin
    b) Reform der europäischen Gerichtsbarkeit
  2. Angleichende Auslegung als eigenständige juristische Methode?
    a) Perspektivwechsel zur angleichenden Auslegung
    b) Normative Kraft der rechtsvergleichenden Argumente im Rahmen der angleichenden Auslegung?
  3. Konvergenz der Fallrechtsmethodik
III. Grenzüberschreitende Präjudizienbindung in Europa
  1. Grundlagen einer Pflicht zur Berücksichtigung mitgliedstaatlicher Judikatur
    a) Gemeinschaftsrecht
      aa) *Acte clair*-Doktrin
      bb) Art. 10 EG
      cc) Gleichheitssatz
    b) Innerstaatliches Recht
      aa) Umsetzungswille des nationalen Gesetzgebers
      bb) Art. 36 EGBGB analog
  2. Voraussetzungen
    a) Methodische Voraussetzungen
      aa) Grad der Präjudizienbindung
      bb) Beschränkung der Pflicht auf letztinstanzliche Gerichte?
      cc) Auswahl relevanter Präjudizien
      dd) Ermittlung der ratio decidendi
      ee) Abgrenzungsprozess
    b) Institutionelle und praktische Voraussetzungen in der Rechtsfindungsgemeinschaft
  3. Grenzen
    a) Zumutbarkeit der Kenntnismöglichkeit
    b) Völker- und Gemeinschaftsrecht
    c) Innerstaatliches Recht
IV. Ergebnisse

I. Einleitung

Rechtsnormengleichheit sollte auch zu Rechtsanwendungsgleichheit führen. Das ist nicht neu. Grundsätzliche Gefahr einer legislatorischen Rechtsvereinheitlichung ist aber, durch divergierende Rechtsprechung an Bedeutung zu verlieren. Entsprechend lautet das bekannte Wort von der „Lebenslüge der Rechtsvereinheitlichung"[1], wenn die Re-Nationalisierung des vereinheitlichten Rechts dadurch erlaubt wird, dass dessen Auslegung allein den Gerichten der beteiligten Staaten überlassen ist. In Europa haben wir deshalb seit mehr als 50 Jahren den EuGH als einheitliche Auslegungsinstanz. Das Vorabentscheidungsverfahren nach Art. 234 EG ist das entsprechende Instrument zur Wahrung der Rechtseinheit. Ein solcher supranationaler Gerichtshof wird allgemein als die beste und methodisch einfachste Lösung zur Sicherstellung der einheitlichen Auslegung angesehen.[2]

Das europäische Gerichtssystem ist aber schon seit Beginn der 90er Jahre in der Diskussion. Mit Blick auf Erweiterung und Vertiefung der Europäischen Union und die steigende Arbeitslast des EuGH finden sich auch nach den Änderungen des Vertrages von Nizza zahlreiche Vorschläge, die eine Dezentralisierung des Gerichtssystems und Stärkung der nationalen Gerichte vorsehen. Je mehr Freiheit für die staatlichen Gerichte, desto größer auch die Gefahr divergierender Entscheidungen. Will man den EuGH entlasten und dennoch Rechtseinheit wahren und fördern, ist eine „Europäisierung der Rechtsprechung", eine grenzüberschreitende Kommunikation der mitgliedstaatlichen Gerichte, gefordert.[3] Ein Vorschlag lautet, die Rolle der nationalen Gerichte „als (potentielle) Wegbereiter der europäischen Privatrechtsvereinheitlichung" zu betonen, so dass am Ende der Herausbildung eines europäischen Methodenverständnisses die Schaffung eines transnationalen Präjudiziensystems stehen soll.[4]

---

[1] *Kohler*, in: Jayme (Hrsg.), Ein internationales Zivilverfahrensrecht für Gesamteuropa (1992), 11, 12.

[2] Z.B. *Zweigert/Kötz*, Einführung in die Rechtsvergleichung, 3. Aufl. (1996), 26; *Diedrich*, Autonome Auslegung von Internationalem Einheitsrecht: Computersoftware im Wiener Kaufrecht (1994), 44 ff., 108 f.

[3] *Teichmann*, in: Festgabe Zivilrechtslehrer 1934/35 (1999), 629, 642; auch *Hakenberg*, RabelsZ 66 (2002), 367, 381; *dies.*, ZEuP 2000, 860, 863 in Fn. 10; *Hommelhoff*, in: Canaris et. al. (Hrsg.), 50 Jahre BGH, Festgabe aus der Wissenschaft, Bd. II (2000), 889, 923 f. Vgl. allgemein zu einer weltweit zunehmenden judikativen Interaktion auf verschiedenen Ebenen aus amerikanischer Sicht *Slaughter*, A New World Order (2004), 65 ff.; 243 f.; *dies.*, A Typology of Transjudicial Communication, U.Rich.L.Rev. 29 (1994), 99 ff.

[4] *Berger*, ZEuP 2001, 4 ff.; s. auch *Lundmark*, in: Schulze/Seif (Hrsg.), Richterrecht und Rechtsfortbildung in der Europäischen Rechtsgemeinschaft (2003), 161 ff.; *ders.*, in: Sacco (Hrsg.), L'interprétation des textes juridiques rédigés dans plus d'une langue (2002), 143 ff.; *ders.*, in: Atienza et. al. (Hrsg.), FS Krawietz (2003), 577 ff.

Gegenwärtig wird jedoch ein latenter Gegensatz zwischen der zunehmenden Europäisierung oder auch Denationalisierung[5] des Privatrechts und einer immer noch national ausgerichteten Justiz konstatiert.[6] Doch schon vor mehr als 50 Jahren hat *Konrad Zweigert* in seiner Tübinger Antrittsvorlesung über die „Rechtsvergleichung als universale Interpretationsmethode" verlangt, dass auch bei der richterlichen Auslegung die rechtsvergleichende Methode eine wichtige Rolle spielen müsse.[7]

Ziel der Untersuchung ist es, Möglichkeiten einer europaweit grenzüberschreitenden Berücksichtigungs- oder gar Befolgungspflicht von mitgliedstaatlichen Präjudizien zum angeglichenen Recht darzulegen. Vorschläge zu Legitimation, Voraussetzungen und Grenzen sollen zur Diskussion gestellt werden. Voranzustellen sind einige grundlegende Ausführungen zum Wandel des gesamteuropäischen Gerichtssystems und zur Frage der Verpflichtung der mitgliedstaatlichen Gerichte zu einer angleichenden Auslegung.

II. Grundlagen

1. Gesamteuropäisches Gerichtssystem – von der Kooperation zur Hierarchie?

Die nationalen und die europäischen Gerichte bilden ein gesamteuropäisches Gerichtssystem.[8] Anzeichen prozessualer und institutioneller Art dafür sind nicht zuletzt die zunehmende Erleichterung der Anerkennung und Vollstreckung von Entscheidungen, die Bildung von Informationsnetzwerken und die Ausgestaltung des Vorabentscheidungsverfahrens.

a) Vorabentscheidungsverfahren gemäß Art. 234 EG

aa) Charakter des Vorabentscheidungsverfahrens

Kennzeichen des Vorabentscheidungsverfahrens nach Art. 234 EG ist die Aufgabenteilung zwischen nationalen Gerichten und EuGH. Allein das vorlegende Gericht ist für die Entscheidung des konkreten Rechtsstreits zuständig, der EuGH nur für die Auslegung des Gemeinschaftsrechts, nicht jedoch für das nationale – und damit auch das angeglichene – Recht. Die Beurteilung der

---

[5] So z.B. die von *Remien*, ZfRV 1995, 116 ff. gewählte Bezeichnung.
[6] *Basedow*, Nationale Justiz und Europäisches Privatrecht – Eine Vernetzungsaufgabe (2003), 4.
[7] *Zweigert*, RabelsZ 15 (1949/50), 5 ff.
[8] *Basedow*, (o. Fn. 6), 19; *Craig*, EU Law, 3. Aufl. (2003), 450: "[N]ational courts are part of a real Community judicial hierarchy."

Erforderlichkeit der Vorlage ist grundsätzlich Sache des nationalen Gerichts.[9] Auch die nationalen Gerichte werden bei der Auslegung und Anwendung des Gemeinschaftsrechts als Gemeinschaftsgerichte tätig.[10]

Der Gerichtshof sieht sein Verhältnis zu den nationalen Gerichten nicht im Sinne einer hierarchischen Über- oder Unterordnung, sondern als ein Kooperationsverhältnis.[11] Mit Blick auf die Souveränitätsinteressen der Mitgliedstaaten und zur Förderung der Vorlage- und Gemeinschaftsrechtsfreundlichkeit wurde das Verfahren zunächst kooperativ konzipiert. Für die Gründer der Europäischen Gemeinschaft kam eine der Rechtsprechungshierarchie des innerstaatlichen Rechts nachgebildete Gerichtsorganisation nicht in Betracht.[12]

Fraglich ist indes, ob die Zeit nicht reif ist für eine Veränderung dieses Systems. Entsprechende Gedanken zur Umstrukturierung des bestehenden Gerichtssystems sind bereits im Vorfeld der Nizza-Verhandlungen erörtert worden. Im Folgenden soll zunächst gezeigt werden, dass bereits ein Wandel des Charakters des Vorabentscheidungsverfahrens zu einem *de facto*-hierarchischen Verhältnis zu konstatieren ist. Im Anschluss ist auf weitergehende Reformvorschläge einzugehen.

bb) Bindungswirkung der EuGH-Urteile

Den Entscheidungen des EuGH kommt nach überwiegender Auffassung nicht nur bei Urteilen zur Ungültigkeit[13] sondern auch bei Urteilen zur Gültigkeit[14] und zur Auslegung[15] von Gemeinschaftsrecht eine Ausstrahlungswirkung auf andere als die im Ausgangsrechtsstreit beteiligten Gerichte zu. Eine bloße *inter partes*-Wirkung würde dem Sinn und Zweck des Vorabentscheidungsverfahrens

---

9   S. aber zu den vom EuGH entwickelten Grenzen des Beurteilungsspielraums eingehend Malferrari, Zurückweisung von Vorabentscheidungsersuchen durch den EuGH (2003), passim.
10 S. *Dauses*, Das Vorabentscheidungsverfahren nach Art. 177 EG-Vertrag, 2. Aufl. (1995), 43 f.; *Lipp*, NJW 2001, 2657, 2660; *Hirsch*, ZRP 2000, 57, 59.
11 Z.B. EuGH, Slg. 1982, 3415, 3428 Rn. 7 – C.I.L.F.I.T.
12 Dazu *Dauses*, (o. Fn. 10), 46 f. „Kompromißlösung"; *Lieber*, Über die Vorlagepflicht des Artikel 177 EWG-Vertrag und deren Missachtung (1986), 17 ff. m.w.Nw.
13 Dazu EuGH Slg. 1981, 1191, 1214 Rn. 9 ff. - International Chemical Corp.; Streinz/*Ehricke*, EUV/EGV, 2003, Art. 234 Rn. 65; Lenz/Borchardt/*Borchardt*, EU- und EG-Vertrag (2003), Art. 234 Rn. 58; Schwarze/*Schwarze*, EU-Kommentar, 1. Aufl. (2000), Art. 234 Rn. 64; Rengeling/*Middeke*, Hdb. des Rechtsschutzes in der EU, 2. Aufl. (2003), § 10 Rn. 89; näher *Pietrek*, Die Verbindlichkeit von Vorabentscheidungen nach Art. 177 EWGV (1989), 213 ff.
14 Lenz/Borchardt/*Borchardt*, (o. Fn. 13), Art. 234 Rn. 59 „de facto eine erga omnes-Wirkung"; restriktiver Streinz/*Ehricke*, (o. Fn. 13), Art. 234 Rn. 66; Callies/Ruffert/*Wegener*, EUV/EGV, 2. Aufl. (2002), Art. 234 Rn. 33; *Dauses*, (o. Fn. 10), 158; v.d.Groeben/Schwarze/*Gaitanides*, EUV/EGV, 6. Aufl. (2004), Art. 234 Rn. 91.
15 *Dauses*, (o. Fn. 10), 154 „Leitfunktion oder Präjudizwirkung"; *Lieber*, (o. Fn. 12), 124 f. „gem.igte Bindungswirkung"; Streinz/*Ehricke*, (o. Fn. 13), Art. 234 Rn. 67.

und seiner integrativen Funktion widersprechen. Die Bindungswirkung stellt ein Mittel dar, der Gefahr abweichender Rechtsprechung der jeweiligen nationalen Gerichte und damit einer Rechtszersplitterung vorzubeugen.[16] Dabei handelt es sich zwar nicht um eine strikte Bindungswirkung („*stare decisis*"); erzeugt wird aber jedenfalls eine „tatsächlich rechtsbildende Kraft".[17] Gegen eine strikte Bindungswirkung wird insbesondere angeführt, dass dies dem Kooperationsverhältnis zwischen der europäischen und den nationalen Gerichtsbarkeiten widerspreche und die Gefahr einer Versteinerung des Rechts bestehe.[18] Entscheidungen sind jedenfalls mittelbar insofern bindend, als die nationalen Obergerichte, wenn sie von der Auslegung des EuGH in einer früheren Entscheidung abweichen wollen, zu einer erneuten Vorlage verpflichtet sind.[19] Als gemeinschaftsrechtliche Grundlage einer derartigen Bindung wird im Schrifttum insbesondere auf Art. 10 EG zurückgegriffen.[20]

cc) *Acte éclairé*- und *Acte clair*-Doktrin

Vor mehr als 20 Jahren entwickelte der Gerichtshof die Kriterien, nach denen eine Ausnahme von der in Art. 234 Abs. 3 EG normierten Vorlagepflicht letztinstanzlicher Gerichte möglich ist. Dies ist nach der im Schrifttum auch als „*acte éclairé*-Doktrin"[21] bezeichneten Lage dann zulässig, wenn die betreffende Rechtsfrage vom EuGH bereits entschieden[22] oder, wenn die Frage zwar nicht vollkommen identisch ist, aber durch eine gesicherte Rechtsprechung des EuGH

---

16 *Ehricke,* Die Bindungswirkung von Urteilen des EuGH im Vorabentscheidungsverfahren nach deutschem Zivil prozessrecht und nach Gemeinschaftsrecht (1997), 45 f.
17 *Franzen,* Privatrechtsangleichung durch die Europäische Gemeinschaft (1999), 276 f. m.w.Nw.; *Gruber,* Methoden des internationalen Einheitsrechts (2004), 320: „faktische Allgemeinverbindlichkeit"; *Schulze/Seif,* in: Schulze (Hrsg.), Richterrecht und Rechtsfortbildung in der Europäischen Rechtsgemeinschaft (2003), 1, 11; Streinz/*Ehricke,* (o. Fn. 13), Art. 234 Rn. 64; *Ehricke,* (o. Fn. 16), 40 f. („Gelockerte *erga omnes*-Wirkung", „gelockerte *stare decisis*-Doktrin"); ähnlich der Wirkung bei höchstrichterlichen Urteilen im nationalen deutschen Recht *Dauses,* (o. Fn. 10), 155; *Everling,* Das Vorabentscheidungsverfahren vor dem Gerichtshof der Europäischen Gemeinschaften (1986), 66.
18 S. Darstellung bei *Ehricke,* (o. Fn. 16), 47 f.
19 Lenz/Borchardt/*Borchardt,* (o. Fn. 13), Art. 234 EG Rn. 60; v.d.Groeben/Schwarze/*Gaitanides,* (o. Fn. 14), Art. 234 Rn. 92, *Pietrek,* (o. Fn. 13), 205; *Ehricke,* (o. Fn. 16), 53; *Gruber,* (o. Fn. 17), 339.
20 *Ehricke,* (o. Fn. 16), 57; *Heß,* ZZP 108 (1995), 59, 70: "Aus der Verpflichtung zur Befolgung des Gemeinschaftsrechts (Art. 5 EGV) ergibt sich mittelbar eine Präjudizwirkung."; a. A. *Diedrich,* Präjudizien im Zivilrecht (2004), 197, der allerdings dennoch eine Bindungswirkung – wohl de lege ferenda – für sinnvoll hält, 203.
21 Z.B. *Anderson,* References to the European Court (1995), Rn. 6-038 ff.; *Schermers/Waelbroek,* Judicial Protection in the European Union, 6. Aufl. (2003), § 577.
22 EuGH, Slg. 1963, 63, 80 f.– Da Costa.

geklärt ist.[23] Gleichwohl ist zu betonen, dass diese Einschränkung der Vorlagepflicht nicht das grundsätzliche Vorlage*recht* der innerstaatlichen Gerichte beschneidet.[24]

Eine weitere Ausnahme von der Vorlagepflicht wurde vom EuGH in der C.I.L.F.I.T.-Entscheidung im Jahre 1982 nach der so genannten *acte clair*-Doktrin entwickelt. Danach ist eine Vorlage entbehrlich, wenn die richtige Anwendung des Gemeinschaftsrechts „derart offenkundig ist, dass keinerlei Raum für einen vernünftigen Zweifel an der Entscheidung der gestellten Frage bleibt." Dies setzt die Überzeugung des innerstaatlichen Gerichts voraus, dass „auch für die Gerichte der übrigen Mitgliedstaaten und den EuGH die gleiche Gewißheit" besteht.[25] Die „Offenkundigkeit der richtigen Anwendung" hat das Gericht zudem „unter Berücksichtigung der Eigenheiten des Gemeinschaftsrechts und der besonderen Schwierigkeiten seiner Auslegung zu beurteilen."[26].

Diese Rechtsprechung des EuGH wurde mit der Änderung der Verfahrensordnung des Gerichtshofs inzwischen verfahrensmäßig umgesetzt und konkretisiert.[27] Dies betrifft die Perspektive des EuGH bei der Beurteilung der Vorabentscheidungsersuchen. Art. 104 § 3 EuGH-VerfO sieht vor, dass durch Beschluss nicht nur dann entschieden werden kann, wenn der EuGH über die vorgelegte Frage bereits einmal entschieden hat, sondern auch dann, wenn die „Antwort auf die Frage keinen Raum für vernünftige Zweifel" lässt.

Mit der C.I.L.F.I.T.-Entscheidung hat der EuGH das Kooperationsverhältnis zwischen ihm und den nationalen Gerichten betont und letztere nicht zu „bloßen Vorlageautomaten"[28] degradiert. Es ist nicht zu verkennen, dass von dieser *acte clair*-Doktrin starke „Dezentralisierungsmomente"[29] ausgehen. In der Forderung des Gerichtshofs, bei der Auslegung die Ziele und den Entwicklungsstand des Gemeinschaftsrechts zu berücksichtigen, liegt zugleich das

---

23 EuGH, Slg. 1982, 3415, 3429 Rn. 14 – C.I.L.F.I.T.; ausführlich zur Rechtsprechungsentwicklung von Da Costa zu C.I.L.F.I.T. *Rasmussen*, The European Court's Acte Clair Strategy in C.I.L.F.I.T., 9 E. L. Rev. (1984), 242 ff.; *Lenaerts*, Anm. zu EuGH, Urteil v. 6.10.1982, Rs 283/81 – C.I.L.F.I.T, RTDE 1983, 471, 479 ff.; *Steindorff*, ZHR 156 (1992), 1, 5 ff.
24 EuGH, Slg. 1982, 3415, 3430 Rn. 15 – C.I.L.F.I.T.
25 EuGH, Slg. 1982, 3415, 3430 Rn. 16 – C.I.L.F.I.T.; *Grundmann/Riesenhuber*, JuS 2001, 529, 534; *Lutter*, JZ 1992, 593, 603; *Schulze*, ZfRV 1997, 183, 191.
26 EuGH, Slg. 1982, 3415, 3430 Rn. 17 – 20 – C.I.L.F.I.T.: Erforderlich sind ein Vergleich der verschiedenen sprachlichen Fassungen einer gemeinschaftsrechtlichen Vorschrift, die Beachtung der dem Gemeinschaftsrecht eigenen, besonderen Terminologie und die Auslegung der Vorschrift in ihrem Zshg. und im Lichte des gesamten Gemeinschaftsrechts, seiner Ziele und seines Entwicklungsstandes zur Zeit der Anwendung.
27 *Kamann*, ZEuS 2001, 627, 643; *Streinz/Leible*, EWS 2001, 1, 11.
28 S. *Millarg*, Anm. zu EuGH, Urteil v. 6.10.1982, Rs 283/81 – C.I.L.F.I.T., EuR 1983, 163, 168: "[Die Entscheidung ist] ein weiser Spruch, der Hierarchievorstellungen vorbeugt".
29 *Ehricke*, (o. Fn. 16), 14.

Verlangen nach einer „auf Integrationsfortschritt angelegten Auslegungsmethode",[30] mithin einer angleichenden Auslegung. In die gleiche Richtung geht die Forderung, die „Gefahr voneinander abweichender Gerichtsentscheidungen innerhalb der Gemeinschaft" zu berücksichtigen.[31] Im Rahmen der Auslegung von angeglichenem Recht ist damit bei der Suche nach dem richtigen Verständnis einer Richtlinie auch die Spruchpraxis der übrigen Mitgliedstaaten zu berücksichtigen.[32] Somit besteht bereits *de lege lata* einerseits eine Pflicht zur Recherche nach entsprechendem ausländischem Material und andererseits eine Pflicht zur Auseinandersetzung mit diesen Urteilen und Ansichten.[33]

Diese seither trotz entsprechender Erweiterungsvorschläge im Schrifttum[34] und auch seitens der Generalanwälte[35] unveränderten Grundsätze werden allgemein als nicht praktikabel und unrealistisch[36] in der heutigen erweiterten Union mit 25 Staaten betrachtet. Zum Zeitpunkt der Entwicklung dieser Kriterien bestand die Gemeinschaft aus zehn Mitgliedstaaten. Zudem wies das Gemeinschaftsrecht eine wesentlich geringere Regelungsdichte auf. Da eine wörtliche Befolgung dieser Kriterien eigentlich zu einer völligen Überlastung des Gerichtshofs führen würde, wird eine weitergehende Beschränkung der Vorlagepflicht etwa auf „grundsätzliche Rechtsfragen" und damit einhergehend eine Ausweitung des Beurteilungsspielraums der nationalen Höchstgerichte vorgeschlagen.[37]

---

30 *Millarg,* (o. Fn. 28), EuR 1983, 163, 167 als „gleichsam teleologische Auslegungsmethode".
31 EuGH, Slg. 1982, 3415, 3430 Rn. 21 a. E. – C.I.L.F.I.T.
32 *Schulze,* in: ders. (Hrsg.), Auslegung europäischen Privatrechts und angeglichenen Rechts (1999), 9, 17.
33 So deutlich *Hirte,* Wege zu einem europäischen Zivilrecht (1996), 49; *Schulze,* ZfRV 1997, 183, 191; *Grundmann/Riesenhuber,* JuS 2001, 529, 534.
34 Für eine neue C.I.L.F.I.T.-II –Entscheidung daher z.B. *Rasmussen,* Remedying the Crumbling EC Judicial System, CMLR 37 (2000), 1071, 1109; ihm folgend *Kapteyn,* YBEL 20 (2001), 173, 184 f.; tendenziell ähnlich *Trocker,* RabelsZ 66 (2002), 417, 438; *Hirsch,* in: Colneric et. al. (Hrsg.), FS Rodríguez Iglesias, (2003), 601, 608 ff.; gegen Ausweitung der Kriterien z.B. *Schermers/Waelbroek,* (o. Fn. 21) § 576; *Turner/Muñoz,* YBEL 19 (1999/2000), 1, 65 f.
35 Für eine Ausweitung der C.I.L.F.I.T.-Kriterien GA *Jacobs,* in: EuGH, Slg. 1997, I-6497, 6515 f. Rn. 60 ff.- *Wiener;* dagegen allerdings GA *Tizzano* in: EuGH, Slg. 2002, I-4839, 4841 ff., Rn. 51 ff. – Kenny Roland Lyckeskog. Der Gerichtshof ließ die dahingehende Frage in Lyckeskog offen.
36 *Heß,* RabelsZ 66 (2002), 470, 493 m.w.Nw.; *Hirsch,* (o. Fn. 34), 601, 603 "zu eng und kaum praktikabel"; *Lieber,* (o. Fn. 12), 115 "fast unüberwindbare Hürden"; *Millarg,* EuR 1983, 163, 167; *Streinz/Ehricke,* (o. Fn. 13), Art. 234 Rn. 44; *Bebr,* in: Schermers et. al. (Hrsg.), Art. 177 EEC: Experiences and Problems (1987), 345, 344 "[This requirement] is rather academic ... unrealistic and unworkable in practice."; *Hartley,* The foundations of European Community Law, 5. Aufl. (2003), 295 f. "[F]ull compliance with these requirements is virtually impossible."; *Weatherill,* EU Law, 3. Aufl. (1999), 343 "[This] condition [is], at best, highly speculative."
37 *Heß,* ZZP 108 (1995), 59, 84 f.; s. auch die Hinweise in Fn. 34 und 35.

Die Auseinandersetzung mit dem C.I.L.F.I.T.-Kriterienkatalog ist unverändert aktuell, gerade auch mit Blick auf die Entscheidung des EuGH zur Haftung für judikatives Unrecht in der Rechtssache *Köbler*.[38] Danach kann neuerdings die unter Verletzung dieser Kriterien unterbliebene Vorlage einen gemeinschaftsrechtlichen Haftungsanspruch auslösen. Verneint also ein mitgliedstaatliches Höchstgericht seine Vorlagepflicht wegen „Offenkundigkeit" der Rechtsanwendung ohne die als Teil der C.I.L.F.I.T.-Kriterien erforderliche Auseinandersetzung mit relevanter mitgliedstaatlicher Rechtsprechung, kann dies zu einer entsprechenden Haftung des Mitgliedstaates führen.

Geht man davon aus, dass die solchermaßen drohende Haftung für judikatives Unrecht die mitgliedstaatlichen Gerichte zu vermehrten Vorabentscheidungsersuchen veranlassen wird, ist zweifelhaft, ob dies der tatsächlichen Intention des EuGH entspricht.[39] Will ein nationales Gericht sowohl den C.I.L.F.I.T.-Kriterien als auch den *Köbler*-Kriterien Rechnung tragen, scheint dies fast zwangsläufig zu einer Vorlage zu führen.[40] Im Gegensatz dazu stehen jedoch die bereits genannten gegenwärtigen Dezentralisierungsbestrebungen dahingehend, den nationalen Gerichten ein größeres Vorlageermessen einzuräumen.[41]

Die Entscheidung hat bedeutende Auswirkungen auf Wesen und Struktur des Vorabentscheidungsverfahrens. Sie stellt einen neuen Sanktionsmechanismus für die Parteien dar und dient damit der Stärkung des Individualrechtsschutzes. Indirekt eröffnen die *Köbler*-Kriterien den Parteien über den Staatshaftungsanspruch eine Art Berufungsmöglichkeit gegen die unrichtige Anwendung der *acte clair*-Doktrin durch das nationale Obergericht.[42] Zugleich ist damit eine Überprüfung der richtigen Anwendung der *acte clair*-Doktrin durch den EuGH sichergestellt.

Nicht zuletzt mit Blick auf diese Kontrolle des durch C.I.L.F.I.T. etablierten Vorlageermessens („*acte clair*" beziehungsweise „*acte éclairé*") der letztinstanzlichen Gerichte zeichnet sich ein Wandel im Verhältnis zwischen EuGH und nationalen Gerichten von der Kooperation zur Hierarchie ab.[43] Ein solcher

---

38 EuGH, Urteil v. 30.9.2003 – Rs. C-224/01 – Gerhard Köbler/Republik Österreich, NJW 2003, 3539 ff.
39 *Hakenberg*, DRiZ 2004, 113, 117; s. auch *Wattel*, CMLR 41 (2004), 177, 178 f.
40 *Wattel*, CMLR 41 (2004), 177, 178, 190: „By postulating CILFIT [...] and Köbler simultaneously, [the ECJ] sets impossible standards."
41 S. Nw. in Fn. 34 und 35.
42 *Scott/Barber*, L.Q.R. 120 (2004), 403, 405: „The effect of the Köbler decision appears to have been to introduce a mechanism, albeit indirect, by means of which individuals can appeal to the ECJ against domestic courts' interpretations of Community law under the acte clair doctrine."
43 So treffend *Scott/Barber*, L.Q.R. 120 (2004), 403, 405: „Thus the ECJ seems here to have envisaged the Art. 234 relationship not as a „horizontal" one, based on the division of competences, but rather as a hierarchical relationship, in terms of which it could not overrule the Austrian court's interpretation of Community law but also review that
(Fortsetzung auf der nächsten Seite)

Wandel hin zu einer hierarchischeren Konzeption findet seine Grundlage auch in der veränderten Handhabung der Zulässigkeitskriterien für Vorlagen seitens des EuGH und in der heute etablierten Akzeptanz und Autorität des Gerichtshofs und seiner Entscheidungen.[44]

Wenn sich der EuGH also schon fast wie ein hierarchisch übergeordnetes Gericht verhält, ohne dies offen auszusprechen,[45] scheint eine weitere Reform des europäischen Gerichtssystems hin zu einer hierarchischeren Struktur nicht völlig ausgeschlossen.

b) Reform der europäischen Gerichtsbarkeit

In Anbetracht der genannten veränderten Bedingungen der Gemeinschaft wurde schon seit Beginn der 90er Jahre eine intensive Diskussion über eine Reform der europäischen Gerichtsstruktur beziehungsweise des Vorabentscheidungsverfahrens geführt.[46] Vor dem Hintergrund stets steigender Belastungen des Gerichtshofs wurden im Vertrag von Nizza einige Veränderungen vorgenommen. Diese im Wesentlichen strukturellen Änderungen (veränderte Rolle des EuG und Möglichkeit der Einrichtung von Kammern) bieten zunächst nur die Möglichkeit einer Verlagerung der Arbeitslast auf das EuG, also innerhalb der Gemeinschaftsgerichtsbarkeit. Die Rolle der nationalen Gerichte und die Voraussetzungen und Bedingungen, unter denen die Vorlagen derzeit erfolgen, bleiben demgegenüber unverändert.[47] Die Wurzel des Problems, d.h. die Gefahr einer Flut von Vorlagen der nationalen Gerichte in einer erweiterten Union wurde nicht gelöst.[48] Fraglich bleibt nach wie vor, ob die gegenwärtige Ausgestaltung den qualitativen und quantitativen Anforderungen einer erweiterten

---

court's determination of its own discretion to refer under the acte clair doctrine."; anders von *Danwitz*, Anm. zu EuGH, Rs. C-224/01 – *Gerhard Köbler/Republik Österreich*, JZ 2004, 301, 303.

44 In diesem Sinne auch *Malferrari*, (o. Fn. 9), 235 f. und 244. Das Verhältnis zwischen dem EuGH und den nationalen Gerichten weise „zwar nicht de jure, aber de facto hierarchische Elemente" auf; *Rasmussen*, CMLR 37 (2000), 1071, 1101 f.; *ders.*, in: Andenas (Hrsg.), Article 177 References to the European Court – Policy and Practice (1994), 83, 88 f.; *Craig*, (o. Fn. 8), 450: „National courts as delegates of the ECJ", „real Community judicial hierarchy".

45 *Malferarri*, (o. Fn. 9), 244: „Der EuGH sagt es zwar nicht offen, aber der Sache nach benimmt er sich oft fast wie ein hierarchisch übergeordnetes Gericht."

46 Dazu insb. das Reflexionspapier „Die Zukunft des Gerichtssystems der Europäischen Union", abgedruckt in EuZW 1999, 750 ff. und der sog. Due-Report, abgedruckt als Sonderbeilage zur NJW 19/2000; aus dem umfangreichen Schrifttum etwa *Hirsch*, ZRP 2000, 1, *Streinz/Leible*, EWS 2001, 1.

47 *Heffernan*, ICLQ 52 (2003), 907, 917.

48 Kritisch auch *Lipp*, NJW 2001, 2657, 2662: „Das Grundproblem bleibt daher bestehen: die ständig steigende Zahl der Vorlagen nationaler Gerichte." auch *Heffernan*, ICLQ 52 (2003), 907, 918; *Groh*, EuZW 2002, 460, 462: „[Die Reformen werden] allenfalls eine zeitlich begrenzte Entlastung bringen, das Problem aber nicht grundsätzlich lösen."

und vertieften Union gerecht wird. An der Tendenz einer immer längeren Verfahrensdauer hat sich auch im Jahr 2003 nichts geändert.[49] Steigende Eingangszahlen sind mit Blick auf den steigenden Normenbestand und die Osterweiterung absehbar. Eine weitergehende Reform der Gerichtsbarkeit wird daher als unausweichlich betrachtet.

Dezentralisierungstendenzen, die Vorlagepflicht auf Divergenz- oder Grundsatzfragen zu begrenzen, wurden bereits genannt.[50] Auch radikalere Vorschläge für einen grundlegenden Umbau des Gerichtssystems hin zu einem kassatorischen Verfahren (Rechtsmittel statt Vorabentscheidung)[51] oder durch Einrichtung regionaler Gemeinschaftsgerichte[52] stehen im Raum.

Häufiges Gegenargument ist, dass solche Vorschläge dem bereits genannten Kooperationsverhältnis zwischen EuGH und den nationalen Gerichten widersprächen. Mit Blick auf den bereits angeführten Wandel zu einer hierarchischeren Struktur wäre eine weitergehende Umstrukturierung aber letztlich nur konsequent.[53]

Weitere Bedenken gegen eine Erweiterung des Vorlageermessens der mitgliedstaatlichen Gerichte bestehen wegen der Gefährdung der Rechtseinheit und Beeinträchtigung des Rechtsschutzes durch divergierende Auslegungs- und Anwendungspraxis[54]. Diese ließen sich vielleicht *de lege ferenda* mittels einer transnationalen Bindungswirkung der mitgliedstaatlichen obergerichtlichen Judikatur abmildern,[55] was im Folgenden zu untersuchen ist. Zuvor soll als Grundlage einer solchen Präjudizienbindung die Pflicht der mitgliedstaatlichen Gerichte zur angleichenden Auslegung erörtert werden.

---

[49] S. Jahresbericht des EuGH, 10, 238, abrufbar unter http://www.curia.eu.int/ de/instit/presentationfr/rapport/pei/cj2003.pdf.
[50] S. auch *Diedrich*, (o. Fn. 20), 14 f., 547 und die Hinweise in Fn. 34 und 35.
[51] Dazu Due Report (o. Fn. 46), 13 f.; Reflexionspapier (o. Fn. 46), 29 f.; auch *Craig*, Tex.Int.L.J. 37 (2001), 555 ff., 577 f.
[52] *Jacqué/Weiler*, CMLR 27 (1990), 185, 192 ff.; ablehnend bereits Reflexionspapier (o. Fn. 46), 32.
[53] Ebenso *Malferrari*, (o. Fn. 9), 228: „[Das] Kooperationsverhältnis muss [...] dem geänderten Stand und den neuen Erfordernissen der europäischen Union angepasst werden."
[54] Etwa *Streinz/Leible*, EWS 2001, 1, 5; Perspektiven der europäischen Gerichtsbarkeit, Podiumsdiskussion, RabelsZ 66 (2002), 605, 609 (*Siegbert Alber*), 618 f. (*Günter Hirsch*), 626 (*Ninon Colneric*).
[55] Vgl. den Gedanken von *Hakenberg*, RabelsZ 66 (2002), 367, 385: „Wäre ansonsten die Einführung eines völlig neuen Verfahrens zur Gewährleistung der Rechtseinheit in privatrechtlichen Materien denkbar? Vielleicht würde es auch ausreichen, eine Zusammenarbeit der Höchstgerichte aller Mitgliedstaaten zu institutionalisieren [...]"

2. Angleichende Auslegung als eigenständige juristische Methode?

a) Perspektivwechsel zur angleichenden Auslegung

Betrachtet man das in Europa geltende Privatrecht, ist eine Vielfalt der Rechtsquellen festzustellen: europäisches Gemeinschaftsprivatrecht (Primär- und Sekundärrecht), das durch internationale Konventionen vereinheitlichte Privatrecht und schließlich das in den einzelnen Staaten geltende Recht.[56] Auch letzteres wird in der Literatur zunehmend als Bestandteil eines europäischen Privatrechts angesehen.[57] Dieser Pluralismus der verschiedenartigen (Teil-) Rechte in Europa spricht dafür, dass neben die Systemwahrung und -bildung im nationalen Rahmen eine Harmonisierungsaufgabe tritt.[58]

Als ein wesentliches Instrument der judikativen Rechtsangleichung und Bestandteil der Richtliniendogmatik ist die Pflicht der mitgliedstaatlichen Gerichte zur richtlinienkonformen Auslegung zu nennen. Die Normen des angeglichenen Rechts sind aber nicht nur in diesen vertikal-systematischen Zusammenhang zum zugrunde liegenden Gemeinschaftsrechtsakt zu setzen. Sie weisen verschiedene Systemzusammenhänge auf: Neben die nationale und die genannte vertikal europäische Dimension der Richtlinienkonformität tritt zugleich die horizontale europäische Dimension der Angleichung.[59] Plastisch kann man formulieren, dass „die Vorschriften des eigenen angeglichenen Rechts wie durch ein Prinzip kommunizierender Röhren mit entsprechenden Normen des angeglichenen Rechts in anderen Mitgliedstaaten verbunden [sind]."[60]

Zur Behebung und Vermeidung von Divergenzen im Rahmen des angeglichenen Rechts gegenüber anderen Umsetzungsgesetzen existiert daher die Forderung nach einer angleichenden (auch: harmonisierenden[61], einheitsfördernden[62])

---

56 Eine solche Dreiteilung des „europäischen Privatrechts" vornehmend z.B. auch *Flessner*, JZ 2002, 14, 15; *ders.*, JBl. 2003, 205, 207 f.
57 *Berger*, ZEuP 2001, 4, 23; *Flessner*, JBl. 2003, 205, 208 m.w.Nw.
58 *Schulze*, ZfRV 1997, 183, 195; *Berger*, ZEuP 2001, 4, 23; *ders.*, ICLQ 50 (2001), 877, 887. S. auch *Flessner*, JZ 2002, 14, 16; *ders.*, JBl. 2003, 205, 208 mit dem Vorschlag, Wilburgs Gedanken vom „beweglichen System" auf das europäische Privatrecht anzuwenden. Die Methodenlehre müsse sich nunmehr auf „Pluralität der Rechtsquellen, Relativität der Teilrechtssysteme [und] Diversität der Rechtsinhalte" einstellen.
59 *Basedow*, (o. Fn. 6), 31; *ders.*, in: Zimmermann et. al. (Hrsg.) Rechtsgeschichte und Rechtsdogmatik (2000), 79, 92: „Multidimensionalität der Systemzusammenhänge"; *Roth*, in: Canaris et. al. (Hrsg.), 50 Jahre BGH, Festgabe aus der Wissenschaft, Bd. II (2000), 847, 888: „Nationale Judikatur in der Europäischen Union sollte nicht nur 'vertikal' die Anforderungen und Wertungen des Gemeinschaftsrechts bedenken, sondern – einer Forderung Oderskys folgend – auch 'horizontal' sich um eine Harmonisierung des eigenen Rechts mit den anderen europäischen Rechtsordnungen bemühen."; *Odersky*, ZEuP 1994, 1 ff.
60 So *Basedow*, (o. Fn. 59), 79, 92.
61 *Odersky*, ZEuP 1994, 1, 2 f.

Auslegung. Die Existenz des EuGH als einheitliche Auslegungsinstanz befreit die nationalen Gerichte nicht von ihrer Pflicht zur rechtsvergleichenden Auslegung: „Die Rechtsvergleichung ... wird bei der Auslegung des europäischen Privatrechts zu einer rechtlich gebotenen Anwendungsmethode."[63] Damit ist eine Erweiterung des Zieles bei der rechtsvergleichenden Auslegung durch die Gerichte gefordert: Neben der Fortbildung und Verbesserung der eigenen nationalen Rechtsordnung steht die Angleichung auf europäischer Ebene.[64]

Das unmittelbar gegen den Einzelnen wirkende Gemeinschaftsrecht ist gegenüber dem nationalen Recht vorrangig.[65] Dabei handelt es sich nach allgemeiner Auffassung um einen Anwendungsvorrang. Richtlinien haben am Vorrang des Gemeinschaftsrechts jedoch nur insoweit teil, als sie unmittelbare Wirkung entfalten. Ansonsten findet keine Verdrängung der nationalen Normen im Wege einer Normenkonkurrenz statt. Gleichwohl können sich Wertungswidersprüche zum jeweiligen nationalen Recht und zwischen den einzelnen nationalen Umsetzungsakten ergeben. Für das Verhältnis des internationalen Einheitsrechts zum nationalen Recht wird deshalb für Wertungswidersprüche, die nicht mit den Mitteln der Normenkonkurrenzlehre aufzulösen sind, die Anwendung der internationalprivatrechtlichen Angleichungsgrundsätze vorgeschlagen.[66] Bei einer solchen Angleichung sei dann im Rahmen der vorzunehmenden Interessenabwägung dem zentralen Regelungsziel des internationalen Einheitsrechts – Schaffung von Rechtseinheit – gegenüber den Interessen des nationalen Rechts der Vorrang zu gewähren.[67] Anzugleichen sei deshalb immer im nationalen Recht.

---

62 *Canaris*, in: ders./Zaccaria (Hrsg.), Die Umsetzung von zivilrechtlichen RL der Europäischen Gemeinschaft in Italien und Deutschland (2002), 129, 130 ff.: „Postulat der einheitsfördernden Auslegung von zur Umsetzung einer RL dienenden Normen."

63 *Basedow*, (o. Fn. 6), 31; ebenso Hahn, ZfRV 2003, 163: „Der Vorgang der europäischen Integration macht [aus der Rechtsvergleichung] jedoch ein rechtliches muss." (Betonung hinzugefügt); *Metallinos*, Die europarechtskonforme Auslegung (1994), 161: „Die Rechtsvergleichung geht vom Gewünschten zum Gesollten über."; s. auch *Hirte*, (o. Fn. 33), 51.

64 *V. Bar*, ZfRV 1994, 221, 230: "Sie [die Rechtsprechung] sollte nicht nur zu einer „freiwilligen Rechtsvergleichung" gerade auch in Fällen ohne Auslandsbezug ermutigt werden, sondern der Rechtsvergleichung eine spezifische europäische Richtung geben." (Betonung hinzugefügt); *Schulze*, ZfRV 1997, 183, 195; *Berger*, ZEuP 2001, 4, 23; *ders.*, ICLQ 50 (2001), 877, 887; vgl. zu dieser „neuen" Aufgabe der Rechtsvergleichung grundsätzlich *Kötz*, JZ 2002, 257, 259; ders., in: Canaris, et. al. (Hrsg.): 50 Jahre BGH, Festgabe aus der Wissenschaft, Bd. II (2000), 825, 842: „[D]en Handlungsspielraum, den ihm das nationale Recht läßt, darf und muss der Richter so ausfüllen, daß damit die Konvergenz der europäischen Rechtssysteme gefördert wird."

65 EuGH, Slg. 1964, 1251, 1269 – Costa/ENEL.

66 So jüngst *Gruber*, (o. Fn. 17), 259 ff.

67 *Gruber*, (o. Fn. 17), 267 in Anlehnung an die von Kegel entwickelte Interessenregel, *Kegel*, Internationales Privatrecht, 9. Aufl. (2004), 361 ff.

Diese Argumentation lässt sich auch auf das angeglichene Recht übertragen. Zur Sicherung der einheitlichen Auslegung und Anwendung des Gemeinschaftsrechts ist eine angleichende/einheitsfördernde Auslegung des jeweiligen angeglichenen Rechts nötig. Dies erfordert zugleich eine einheitliche Auslegung des zugrunde liegenden Gemeinschaftsrechts. Eine solche kann indes nicht ohne Berücksichtigung der maßgeblichen mitgliedstaatlichen Judikatur zum Gemeinschaftsrecht erfolgen. Daraus folgt, dass die Berücksichtigung der Auslegungspraxis zum Gemeinschaftsrecht in den anderen Mitgliedstaaten dann methodisch zwingende Voraussetzung wird, um dem Postulat der angleichenden Auslegung des angeglichenen Rechts in der Praxis gerecht zu werden.[68]

b) Normative Kraft der rechtsvergleichenden Argumente im Rahmen der angleichenden Auslegung?

Nach traditioneller Auffassung wird die rechtsvergleichende Auslegung grundsätzlich nicht als Rechtsgeltungsquelle im normativen Sinne betrachtet.[69] Zu Recht kann man aber fragen, „inwiefern es legitim ist, rechtsvergleichende Argumente nicht nur als *'persuasive authority'* innerhalb der Grenzen des nationalen Rechts zu behandeln, sondern ihnen in gewissem Umfang ein eigenständiges, normatives Gewicht zuzuerkennen."[70] Im Rahmen der angleichenden Auslegung erlangt diese Problematik eine neue Dimension: Wenn das ausländische Recht auch der Umsetzung derselben Richtlinie dient, stellt es nicht lediglich Rechtsgewinnungsmaterial dar, sondern dient zugleich demselben Ziel wie das auszulegende Recht, nämlich dem der Rechtsangleichung.[71]

3. Konvergenz der Fallrechtsmethodik

Als Grundlage der Forderung nach einem grenzüberschreitenden Präjudiziensystem wird im Schrifttum die These der zunehmenden Konvergenz der Auslegungsmethoden und der Präjudizienbindung angeführt.[72] Das anglo-amerikanische Recht räumt bekanntlich den *precedents* eine rechtliche Bindungswirkung

---

68 Vgl. die Forderung *Basedows,* (o. Fn. 6), 21, wonach die obersten Gerichte solche Vorschriften, die der Umsetzung von EG-RLn dienen, im Lichte der ausländischen Praxis auslegen und anwenden müssen; s. auch *Kötz,* JZ 2002, 257, 258; *Mansel,* JZ 1991, 529, 531; *Lutter,* JZ 1992, 593, 604.
69 *Großfeld,* Macht und Ohnmacht der Rechtsvergleichung (1984), 33; *Reinhart,* in: ders. (Wiss. Red.), Richterliche Rechtsfortbildung: Erscheinungsformen, Auftrag und Grenzen; FS der Juristischen Fakultät zur 600-Jahr-Feier der Ruprecht-Karls-Universität Heidelberg (1986), 599, 614; *Möllers,* Die Rolle des Rechts im Rahmen der europäischen Integration: zur Notwendigkeit einer europäischen Gesetzgebungs- und Methodenlehre (1999), 75.
70 So *Stoll,* in: Koziol/Rummel (Hrsg.), FS Bydlinski (2002), 429, 438 f.
71 So *Canaris,* (o. Fn. 62), 129, 130 f.; gegen die normative Kraft bei der Anwendung mitgliedstaatlichen Rechts *Hellert,* Der Einfluss des EG-Rechts auf die Anwendung nationalen Rechts (2001), 256 f.
72 S. den Vorschlag *Bergers,* ZEuP 2001, 4, 17 ff.; *ders.,* ICLQ 50 (2001), 877, 884 ff.

im Sinne der *stare decisis*-Doktrin ein.[73] Fragen des Rechtsquellencharakters von Richterrecht und der Präjudizienbindung sind im kontinentaleuropäischen Rechtskreis Gegenstand andauernder literarischer Auseinandersetzungen. Diese Debatte ist hier nicht erneut zu führen.[74] Auch die Diskussion zur Konvergenzthese muss hier weitgehend ausgeklammert werden.[75]

Der zunehmenden Bedeutung des Richterrechts in den kontinentaleuropäischen Ländern[76] bedingt durch das Altern der Kodifikationen steht im *Common Law* eine stärkere Prägung durch „*statutes*" gegenüber. Der im *Common Law* festzustellende nachlassende Formalismus im Umgang mit Präjudizien und die Wende von der strikten Wortlautbindung hin zum zweckorientierten Ansatz auch bei der Auslegung nationalen Rechts sprechen für eine Annäherung der Rechtskreise.[77] Die Ergebnisse ländervergleichender Studien zur Bedeutung von Präjudizien[78] zeigen überdies, dass im kontinentaleuropäischen Rechtskreis zwischen der rechtstheoretischen Einordnung und der rechtstatsächlichen Behandlung ein erheblicher Unterschied besteht. Schon *Rabel* stellte bei einem Vergleich der deutschen und der amerikanischen Rechtsprechung fest, dass der „praktische Unterschied mit der Lupe gesucht werden" müsse.[79]

Auch der Blick auf die Rechtsprechung des EuGH, die – wie bereits dargestellt – nach überwiegender Auffassung im Hinblick auf die stets unbenommene Vorlageberechtigung der nationalen Gerichte zwar keine rechtliche Bindung

---

[73] S. aus dem deutschsprachigen Schrifttum etwa *Lundmark*, Juristische Technik und Methodik des common law (1998), 98 f.; *Pilny*, Präjudizienrecht im anglo-amerikanischen und im deutschen Recht (1993), 18 ff.; *Plötzgen*, Präjudizienrecht im angelsächsischen Rechtskreis (1979), 33 ff. et passim.

[74] Es sei etwa auf die Darstellungen von *Diedrich*, (o. Fn. 23), 204 ff.; *Alexy/Dreier*, in: MacCormick/Summers (Hrsg.), Interpreting precedents: a comparative study (1991), 17 ff.; *Ohly*, AcP 201 (2001), 1, 19 ff.; *Reinhardt*, Konsistente Jurisdiktion (1997), § 6, verwiesen.

[75] S. dazu den Beitrag von *Michael Stürner* in diesem Band. Ferner beispielhaft als Verfechter der Konvergenzthese *Markesinis*, in: ders. (Hrsg.), The gradual convergence: foreign ideas, foreign influences and English law on the eve of the 21st century (1994) und als Verfechter der Gegenthese *Legrand*, ICLQ 45 (1996), 52 ff.

[76] *Heldrich*, ZRP 2000, 497, 499 f. spricht von „Annäherung an ein 'case law' nach anglo-amerikanischem Vorbild".

[77] Vgl. nur *Vogenauer*, Die Auslegung von Gesetzen in England und auf dem Kontinent (2001), insb. 1295 ff. *et passim*.

[78] S. insb. die Länderberichte in MacCormick/Summers, Interpreting Precedents: a comparative study (1997) und die Analyse der Urteilspraxis deutscher, englischer und US-amerikanischer Gerichte von *Wagner-Döbler*, RabelsZ 59 (1995), 113 ff.; zur historischen Entwicklung in den *Civil Law*-Ländern s. auch *Baade*, in: Nafziger/Symeonides (Hrsg.), Law and Justice in a Multistate World, Essays in Honor of Arthur T. von Mehren (2002), 533 ff.

[79] *Rabel*, RabelsZ 16 (1951), 340, 345; *Zweigert/Kötz*, Einführung in die Rechtsvergleichung, 3. Aufl. (1998), 257; *Ohly*, AcP 201 (2001), 1, 38; kritisch *Cappelletti*, in: Bernstein et. al. (Hrsg.), FS Zweigert (1981), 381 ff.

aber doch faktische Autorität erzeugt, deutet gleichfalls auf einen Wandel der kontinentaleuropäischen Einordnung des Richterrechts hin.[80]

Trotz der nach wie vor zu verzeichnenden Unterschiede liegt auch in diesem Befund ein Ansatzpunkt für die Europäisierung der Fallrechtsbehandlung.[81] Dem Konzept der Präjudizien kann daher eine vermittelnde Funktion als eine Art Gedankenbrücke zwischen dem *Civil Law-* und dem *Common Law*-Fallrecht zugesprochen werden.[82]

III. Grenzüberschreitende Präjudizienbindung in Europa

1. Grundlagen einer Pflicht zur Berücksichtigung mitgliedstaatlicher Judikatur

Klärungsbedürftig ist zunächst, worin die methodische Legitimation für die Herleitung einer europaweiten Präzedenzwirkung mitgliedstaatlicher Judikatur zum europäischen Privatrecht liegt. Als Anknüpfungspunkte bieten sich das Gemeinschaftsrecht und das innerstaatliche Recht an.[83]

a) Gemeinschaftsrecht

Als europarechtliche Grundlage einer Pflicht der mitgliedstaatlichen Gerichte, im Rahmen der angleichenden Auslegung mitgliedstaatliche Präjudizien zu

---

80   *MacCormick/Summers*, (o. Fn. 78), 542; s. auch *Schulze/Seif*, (o. Fn. 17), 1, 17; vgl. auch *Gebauer*, Grundfragen der Europäisierung des Privatrechts (1998), 222 ff. zur Bedeutung der Rspr. des EuGH als „privatrechtliche Rechtsquelle im weiteren Sinne".
81   *Berger*, ZEuP 2001, 4, 20; *ders.*, ICLQ 50 (2001), 877, 885; s. zu den Systemunterschieden (z.B. Unterschiede in der Methode der Rechtsfindung, dem Gerichtsaufbau, dem Verfahrensrecht, der Rolle des Richter und der Anwälte im prozess, dem Beweisrecht und der Rolle von Laienrichtern) *Cappelletti*, (o. Fn. 79), 381 ff., 393: „Stare decisis is still [1981] an important difference, even though, admittedly, a diminishing one."
82   *Schlüchter*, Mittlerfunktion der Präjudizien (1986), 124; *Seif*, in: Duttge (Hrsg.), Freiheit und Verantwortung in schwieriger Zeit (1998), 133, 135; *Schulze/Seif*, (o. Fn. 17), 1, 9.
83   Eine völkerrechtliche Grundlage einer Berücksichtigungspflicht für Präjudizien etwa aus Art. 31 III lit b WVK ["There shall be taken into account, together with the context: ... (b) any subsequent practice in the application of the treaty which establishes the agreement of the parties regarding its interpretation." (Betonung hinzugefügt)] scheidet in Bezug auf die autonome Rechtsordnung des Gemeinschaftsrechts aus. Für die Auslegung des Sekundärrechts sind nach überwiegender Auffassung nicht die Auslegungsmethoden des Völkerrechts maßgebend. S. *Schulze*, (o. Fn. 32), 9, 12 m.w.Nw.; s. auch die Kritik von *Wegener*, EuR 2004, 84, 86, zum Rückgriff auf die völkerrechtlichen Grundsätze der Staatenverantwortlichkeit in der Köbler-Entscheidung (o. Fn. 38) des EuGH.

berücksichtigen, kommen Artt. 10, 234 EG und der europäische Gleichheitssatz in Betracht.

aa) *Acte clair*-Doktrin

Nur vereinzelt wird im Schrifttum ein konkreter Anknüpfungspunkt zur Herleitung einer Verpflichtung zur Berücksichtigung mitgliedstaatlicher Präjudizien genannt. So wird eine Rechtspflicht zur Berücksichtigung ausländischer Gerichtsentscheidungen „mittelbar aus der Vorlagepflicht des Art. 234 III EGV [und] der teleologischen Auslegung aus dem Vereinheitlichungszweck des Europäischen Privatrechts" hergeleitet.[84] Damit wird auf die bereits diskutierten C.I.L.F.I.T.-Kriterien Bezug genommen. Im Rahmen der Interpretation des angeglichenen Rechts ist danach von den mitgliedstaatlichen Gerichten bei der Suche nach dem Verständnis einer Richtlinie auch die Spruchpraxis der übrigen Mitgliedstaaten zu berücksichtigen.

bb) Art. 10 EG

Der in Art. 10 EG verankerte Grundsatz der Gemeinschaftstreue[85] diente in der Rechtsprechung des Gerichtshofs bereits als dogmatische Verankerung etwa für die richtlinienkonforme Auslegung, die gemeinschaftsrechtliche Staatshaftung oder die Direktwirkung von Richtlinien. Er wirkt aber pflichtenbegründend auch im horizontalen Verhältnis zwischen den Mitgliedstaaten.[86] Die Vorschrift verpflichtet das nationale Gericht, die Perspektive eines Gemeinschaftsgerichts einzunehmen,[87] und dementsprechend zur harmonisierenden und an den Zielen der Gemeinschaft ausgerichteten Auslegung.[88] Eine Pflicht der mitgliedstaatlichen Gerichte zur Berücksichtigung von und Auseinandersetzung mit mitgliedstaatlichen Präjudizien im Rahmen der angleichenden Auslegung lässt sich damit auch auf Art. 10 EG gründen.

cc) Gleichheitssatz

Im anglo-amerikanischen Recht streitet insbesondere der Gleichheitsgedanke für die Präjudizienbindung („like cases must be treated alike"). Im Schrifttum wird demgemäß als methodischer Ansatzpunkt für ein transnationales Präjudiziensystem im Bereich des angeglichenen Rechts der europarechtliche Gleich-

---

84 *Grundmann/Riesenhuber*, JuS 2001, 529, 534.
85 Vgl. auch den inhaltsgleichen Art. I-5 des Vertrages über eine Verfassung in Europa; abrufbar unter http://ue.eu.int/igcpdf/de/04/cg00/cg00087.de04.pdf.
86 *Grabitz/Hilf/v.Bogdandy*, Art. 10 EG Rn. 7 nennt z.B. Mitteilungspflichten; s. auch *Callies/Ruffert/Kahl*, (o. Fn. 14), Art. 10 EG Rn. 53 ff.; *Temple Lang*, CMLR 27 (1990), 645, 671, 677.
87 Vgl. *Temple Lang*, (o. Fn. 86): „Art. 5 [jetzt 10 EG] obliges every national judge to be a Community law judge."
88 S. *Odersky*, ZEuP 1994, 1, 3; *Teichmann*, (o. Fn. 3), 629, 645.

heitsgrundsatz genannt.[89] Eine Berücksichtigung funktional gleichartigen ausländischen Fallrechts führe zu größerer Einzelfallgerechtigkeit und verringere die Distanz zwischen dem – gegebenenfalls sprachlich unterschiedlichen – Gesetzeswortlaut des angeglichenen Rechts einerseits und dem europäischgleichen Lebenssachverhalt andererseits.[90] Der Gleichheitssatz und das Vertrauensschutzprinzip verlangen eine einheitliche Ausrichtung des europäischen Integrationsprozesses an einheitlichen Zielen.[91] Zwar handelt es sich bei dem angeglichenen Recht um nationales Recht, dieses ist aber den Zielen der Richtlinie entsprechend auszulegen. Insoweit sind die Mitgliedstaaten gemäß Art. 249 Abs. 3 EG an die Richtlinie gebunden. Festzuhalten bleibt somit, dass jedenfalls die bereits genannte Berücksichtigungs- und Auseinandersetzungspflicht mit mitgliedstaatlicher Judikatur ihre Grundlage auch im europäischen Gleichheitssatz findet.

b) Innerstaatliches Recht

Weitere normative Anknüpfungspunkte für eine innerstaatliche Verpflichtung des Rechtsanwenders – also auch der Gerichte – zu einer angleichenden Auslegung und zur Berücksichtigung ausländischer Judikatur der Mitgliedstaaten könnten in Anlehnung an die zur richtlinienkonformen Auslegung entwickelten Grundsätze in dem Willen des Gesetzgebers zur einheitlichen Umsetzung und in einer analogen Anwendung von Art. 36 EGBGB liegen.

aa) Umsetzungswille des nationalen Gesetzgebers

Allgemein gilt, dass der nationale Richter gemäß Art. 20 Abs. 3 GG an Recht und Gesetz gebunden ist. In Erfüllung seiner Auslegungspflicht hat er das Gesetz auch dem Willen des Gesetzgebers entsprechend anzuwenden. Als möglicher Geltungsgrund für die richtlinienkonforme Auslegung wird der Wille des Gesetzgebers zur Umsetzung der betreffenden Richtlinie in das jeweilige nationale Recht genannt. Geht man nun des Weiteren davon aus, dass der nationale Gesetzgeber sich das Ziel der Rechtsangleichung zu eigen gemacht hat, entspricht es aber übertragen auf den Fall der angleichenden Auslegung auch seinem mutmaßlichen Willen, unnötige Divergenzen gegenüber den anderen Umsetzungsregeln zu vermeiden, sofern das mit den Mitteln der Auslegung und Rechtsfortbildung möglich ist.[92] Auch insofern unterliegt das jeweilige Gericht

---

[89] So *Berger,*, ZEuP 2001, 4, 24 ff., der zugleich einen universellen Gleichheitsgedanken und dessen Gerechtigkeitsanspruch in Verbindung mit dem Geist der europäischen Privatrechtsvereinheitlichung heranzieht.
[90] In diesem Sinne *Berger*, ZEuP 2001, 4, 26.
[91] *Bleckmann*, in: Bieber/Ress (Hrsg.), Die Dynamik des Europäischen Gemeinschaftsrechts, Die Auslegung des Europäischen Gemeinschaftsrechts im Lichte nachfolgender Praxis der Mitgliedstaaten und der EG-Organe (1987), 161, 211 ff.
[92] *Canaris*, (o. Fn. 62), 129, 131.

bei der Auslegung und Anwendung angeglichenen Rechts also einer Pflicht zur Ermittlung und Berücksichtigung entsprechender mitgliedstaatlicher Judikatur.

bb) Art. 36 EGBGB analog

Ein weiterer normativer Anknüpfungspunkt für eine innerstaatliche Verpflichtung der Gerichte zu einer angleichenden Auslegung und zur Berücksichtigung der mitgliedstaatlichen Gerichtspraxis könnte sich aus der analogen Anwendung von Art. 36 EGBGB ergeben. Unmittelbar ist die Vorschrift nicht anwendbar und eine „vergleichbare Norm, welche den Rechtsanwendern Erinnerungshilfe sein könnte, findet sich in den auf EG-Richtlinien beruhenden deutschen Gesetzen bedauerlicherweise nicht."[93] Grundsätzlich statuiert Art. 36 EGBGB eine Rechtspflicht der deutschen Gerichte zur „europäisch-einheitlichen Auslegung"[94] und damit auch eine Pflicht, die ausländische Rechtsprechung zum EVÜ jedenfalls zu berücksichtigen.[95] Die Auslegung muss am Ziel der europäischen Rechtsvereinheitlichung orientiert den „effet utile" beachten, so dass im Zweifel diejenige Lösung vorrangig ist, die „international akzeptabel" ist.[96] Die Norm ist Ausdruck eines „europäischen Auslegungsimperativs", den *Egon Lorenz* so formuliert hat: „Lege so aus, dass das Ergebnis deiner Auslegung in Europa akzeptiert werden kann."[97]

Fraglich ist, ob die Art. 36 EGBGB zugrunde liegenden Wertungen und Interessenlagen auf die hier in Rede stehenden Fälle übertragen werden können. Wiederum lohnt der Blick auf die richtlinienkonforme Auslegung. Auch für sie wurde im Schrifttum als Geltungsgrund bereits eine Analogie zu Art. 36

---

93 *Mansel*, JZ 1991, 529, 531.
94 Staudinger/*Reinhart*, 12. Aufl. (1998), Art. 36 EGBGB Rn. 1, 5; zum bindenden Charakter Rn. 43 ff. m.w.Nw.; MünchKomm/*Martiny*, 3. Aufl. (1998), Art. 36 EGBGB Rn. 7.
95 Vgl. Gesetzesbegründung, BT-Drucks. 10/504, 84: „Dies bedeutet z.B., dass bei der Auslegung auch ... gerichtliche Entscheidungen anderer Vertragsstaaten zur Auslegung des Übereinkommens berücksichtigt werden müssen."; ähnlich auch Bericht *Giuliano/Lagarde*, BT-Drucks. 10/503, 33, 70: „einer der Vorteile dieses Artikels könnte darin bestehen, dass sich die Prozessparteien vor Gericht auf in anderen Staaten ergangene Urteile berufen können."; Bamberger/Roth/*Spickhoff*, Art. 36 EGBGB Rn. 10; Erman/*Hohloch*, 11. Aufl. (2004), Art. 36 EGBGB Rn. 3; MünchKomm/*Martiny*, Art. 36 EGBGB Rn. 7, 21; Staudinger/*Magnus*, 13. Bearb. (2002), Art. 36 EGBGB Rn. 7, 10 f., 22 m.w.Nw., Staudinger/*Reinhart*, 12. Aufl. (1998), Art. 36 EGBGB Rn. 12 ff., 23 ff. auch zur Gesetzgebungsgeschichte; ders., RIW 1994, Zur einheitlichen Auslegung vereinheitlichter IPR-Normen nach Art. 36 EGBGB, 445, 449, jedoch eine präsumptive Verbindlichkeit ablehnend; *Franzen*, (o. Fn. 17), 336.
96 Staudinger/*Reinhart*, 12. Aufl. (1998), Art. 36 EGBGB Rn. 33.
97 S. den Diskussionsbeitrag von *Lorenz* in: v. Bar (Hrsg.), Europäisches Gemeinschaftsrecht und Internationales Privatrecht (1991), 73; *Mansel*, JZ 1991, 529, 531; ebenso Staudinger/*Reinhart*, 12. Aufl. (1998), Art. 36 EGBGB Rn. 27; ders., RIW 1994, 445, 449.

EGBGB angeführt.[98] Hinsichtlich der Rechtsfolgen sind die Fallkonstellationen vergleichbar: Auslegungsgegenstand und Bezugsobjekt von Art. 36 EGBGB sind nationale Normen, die in Umsetzung einer völkervertraglichen Verpflichtung geschaffen wurden. Diese Normen müssen einheitlich ausgelegt werden. Bei dem angeglichenen Recht handelt es sich um nationales Recht, das in Erfüllung einer gemeinschaftsrechtlichen Pflicht einheitlich ausgelegt werden muss.[99]

In beiden Fällen erfordert die internationale (beziehungsweise europäische) Herkunft eine Modifizierung der nationalen Auslegungsmethoden. Und in beiden Fällen gilt die bereits angeführte Pflicht zur Entwicklung akzeptanzfähiger Lösungen. Gilt für das internationale Einheitsrecht, dass die Internationalität der Vorschriften auch internationalisierungsfähige Lösungen fordert,[100] ist entsprechend für das angeglichene Recht zu fordern: Die europäische Grundlage der Normen fordert europäisierungsfähige Lösungen. Der Blick in die anderen mitgliedstaatlichen Rechtsordnungen dient dazu, die Überzeugungskraft der eigenen Lösung zu stärken. Zentrales Kriterium auch bei einer etwaigen Regionalisierung der Gemeinschaftsgerichtsbarkeit muss die Sicherstellung der sozialen Adäquanz und Akzeptanz europäischer Gerichtsentscheidungen im Privatrecht sein.[101]

Entsprechend wird für den Fall der horizontal-komparativen Auslegung in dem in Art. 18 EVÜ normierten Grundsatz ein allgemeiner Grundsatz gesehen, der auch die Anwendung des Gemeinschaftsrechts einschließlich des angeglichenen Rechts in den Mitgliedstaaten leiten müsse.[102] Demzufolge lässt sich feststellen, dass mit der angleichenden Auslegung auch dem in Art. 36 EGBGB enthaltenen Rechtsgedanken Rechnung getragen wird,[103] und eine analoge Anwendung damit möglich erscheint.

2. Voraussetzungen

a) Methodische Voraussetzungen

Ausgehend von einer Betrachtung der grenzüberschreitenden Präjudizienbindung im internationalen Einheitsrecht und der Fallrechtsmethodik des *Common*

---

98 Dazu *Franzen*, (o. Fn. 17), 335 ff.
99 *Franzen*, (o. Fn. 17), 315 f.
100 So die Formulierung von *Schmid*, Einheitliche Anwendung von internationalem Einheitsrecht (2004), 50.
101 *Schmid*, JZ 2001, 674, 679.
102 So deutlich *Basedow*, (o. Fn. 59), 79, 96.
103 Für die „einheitsfördernde Auslegung" auch *Canaris*, (o. Fn. 62), 129, 131; vgl. aber auch seine ablehnende Haltung zur Analogie im Rahmen der richtlinienkonformen Auslegung: *Canaris*, in: Koziol/Rummel (Hrsg.), FS Bydlinski (2002), 47, 62 ff.

Law sollen Grundzüge einer transnationalen Präjudizienbeachtung für den Bereich des angeglichenen Rechts dargelegt werden.

aa) Grad der Präjudizienbindung

In Rechtsprechung und Literatur zum internationalen Einheitsrecht wird die Frage der Bindungswirkung ausländischer Judikatur unterschiedlich beantwortet. Die Forderung nach einer *„supranational stare decisis"* ist vereinzelt geblieben.[104] Teils wird eine normative Bindungswirkung auf eine bestehende Gerichtspraxis (*„body of international case law"*[105]) beschränkt. Eine strikte rechtliche Bindungswirkung wird allgemein abgelehnt und Entscheidungen anderer Vertragsstaaten überwiegend bloße faktische Autorität zugebilligt. Diese faktische Bindungswirkung wird dabei meistens als *„persuasive authority"*[106] im Sinne der anglo-amerikanischen Fallrechtsdogmatik bezeichnet, teilweise auch an das deutsche Präjudizienverständnis angelehnt.[107] Nur selten wird dieser Vergleich näher konkretisiert.[108]

Eine Übertragung einer rein nationalen Fallrechtsmethodik erscheint auch für die Auslegung des angeglichenen Rechts ebenso wenig angebracht wie grundsätzlich für das internationale Einheitsrecht.[109] Vielmehr gilt es, eigenständige europäisch-methodische Grundsätze zu entwickeln. Dabei scheint eine Anlehnung an die Wirkungsweise und Behandlung von Präjudizien im *Common Law* im Hinblick auf die dort entwickelte Technik und Fallrechtsmethodik nahe liegend.[110]

---

104 *Dimatteo*, Yale J.Int'IL.&Com. 22 (1997), 111, 133.
105 Bianca/Bonell/*Bonell*, Commentary on the International Sales Law (1987), Art. 7, Anm. 3.1.3.
106 Im deutschen Schrifttum etwa *Diedrich*, (o. Fn. 2), 112 f., 141 f. (zu Art. 7 I CISG), 314 der die Bezeichnung *persuasive authority* wählt, aber weitergehend doch eine Verpflichtung zur Berücksichtigung bejaht; Schlechtriem/*Ferrari*, UN-Kaufrecht, 3. Aufl. (2000), Art. 7 Rn. 24; aus dem internationalen Schrifttum z.B. *Kramer*, Uniforme Interpretation von Einheitsprivatrecht – mit besonderer Berücksichtigung von Art. 7 UNKR, JBl 1996, 137, 146; *Witz*, Rev.dr.aff.int. 2001, 253, 257; *de Ly*, in: Ferrari (Hrsg.), The 1980 Uniform Sales Law, Old Issues Revisited in the Light of Recent Experiences, Verona Conference (2003), 335, 357.
107 Z.B. *Kropholler*, Internationales Einheitsrecht (1975), 281 f. unter Berufung auf die von *Larenz* geprägte Auffassung, wonach nicht das Präjudiz als solches bindend sein kann, sondern nur die darin ausgelegte Norm, dazu *Larenz*, in: FS Schima (1969), 247, 261 f.
108 Ausnahmen sind neuerdings etwa die Darstellungen von *Schmid*, (o. Fn. 100) *passim*; oder *de Ly*, (o. Fn. 106), 335, 357 ff.
109 Zur Eigenständigkeit der Methodik im internationalen Einheitsrecht s. *Gruber*, (o. Fn. 17), 60 ff.; für das internationale Einheitsrecht gegen eine Anlehnung an die Präjudizwirkung des deutschen Rechts wegen fehlender rechtlicher Bindungswirkung *Schmid*, (o. Fn. 100), 79, gegen eine Übertragung der Grundsätze des englischen Rechts und für eigenständige Grundsätze 123 ff.
110 Zur englischen Fallrechtsmethodik aus dem deutschen Schrifttum s. Hinweise in Fn. 73.

Eine strikte Bindungswirkung im Sinne einer „*European stare decisis*" würde dem Ziel der Vermeidung von Auslegungsdivergenzen am besten dienen. Sie sieht sich jedoch gewichtigen Einwänden ausgesetzt: Zunächst fehlt bislang eine streng hierarchische Gerichtsstruktur mit einem vergleichbaren Instanzenzug in allen Mitgliedstaaten auf europäischer Ebene.[111] Zwar ist der bereits angeführte Wandel im vertikalen Verhältnis des EuGH zu den mitgliedstaatlichen Gerichten zu verzeichnen; letztere stehen jedoch in keinem hierarchischen Verhältnis zueinander. Ferner lässt sich gegen die strikte Bindungswirkung die damit verbundene mangelnde Flexibilität in der Auslegung und Anwendung des Gemeinschaftsrechts und die grundsätzliche Gefahr einer Erstarrung oder Versteinerung des Rechts anführen.

Andererseits sprechen gegen die Einordnung mitgliedstaatlicher Präjudizien im Rahmen der Auslegung angeglichenen Rechts als bloße „*persuasive authorities*" bereits die oben entwickelte Pflicht zur Erzielung einer einheitlichen Auslegung und der Zweck der europäischen Rechtsvereinheitlichung. Kennzeichnend für die „*persuasive authority*" des englischen Rechts ist gerade die fehlende Bindungswirkung. Der Richter ist nicht verpflichtet, dem Präjudiz zu folgen, wenn er es nicht für überzeugend hält. Er unterliegt aber insoweit insbesondere auch keiner generellen Pflicht, *persuasive authorities* in seine Entscheidungsfindung überhaupt mit einzubeziehen.[112] Gerade im Hinblick auf diese Variabilität reicht eine Einordnung mitgliedstaatlicher Judikatur zum angeglichenen Recht im Sinne einer bloßen *persuasive authority* nicht aus.

Von der Prämisse ausgehend, dass ein nationaler Richter mitgliedstaatliche Präjudizien zum Gemeinschaftsrecht nicht ignorieren darf, ist bereits *de lege lata* eine Pflicht zur Kenntnisnahme und Auseinandersetzung, mithin eine *Be*rücksichtigungspflicht, gefordert.

Für das internationale Einheitsrecht ist neuerdings das Konzept der „relativen Bindungswirkung ausländischer Entscheidungen" entwickelt worden, wonach ein grundsätzlicher *Befolgungs*anspruch für Vorentscheidungen zwar statuiert, dieser aber zugleich mittels bestimmter Kriterien, die ein Abweichen zulassen, relativiert wird.[113]

---

111 Zu diesem Argument gegen eine „international stare decisis" auch *Schmid*, (o. Fn. 100), 111; Schlechtriem/*Ferrari*, (o. Fn. 106), Art. 7 CISG, Rn. 23.
112 Zum Wesen und zum Unterschied zu *binding precedents* s. z.B. die Darstellung von *Schmid*, (o. Fn. 100), 107 ff., 121 f.
113 S. umfassend dazu *Schmid*, (o. Fn. 100), 127 ff., 128: „Die Relativität der Bindung beinhaltet einen relativen Befolgungsanspruch. Die bindende Wirkung ist weniger strikt als im *common law*, da es sich nicht um eine Präjudizwirkung im Sinne einer *stare decisis* handelt. Der Kreis der zulässigen Ausnahmen relativiert den Grundsatz der Bindung. Anders als bei der Annahme einer *persuasive authority* bleibt gewährleistet, daß das Ergebnis – soweit wie möglich – mit dem Präjudiz übereinstimmt." Zu den Vorzügen einer relativen Bindungswirkung, 148 ff.; i.S. von *Krieles* Präjudizienvermutung auch *Kra-*
(Fortsetzung auf der nächsten Seite)

Ein solcher grundsätzlicher Befolgungsanspruch zur Herstellung eines Rechtsanwendungseinklangs geht indes über die gegenwärtigen Vorgaben der *acte clair*-Doktrin hinaus. Ist der nationale Richter nämlich von einer mitgliedstaatlichen Entscheidung gerade nicht überzeugt, liegt keine Offenkundigkeit vor und er bleibt zur Vorlage verpflichtet. Der höchstrichterlichen Rechtsprechung anderer Mitgliedstaaten ist danach bislang nur eine geringere Autorität zuzubilligen. Der nationale Richter unterliegt danach zwar einer Berücksichtigungs- und Auseinandersetzungspflicht, aber (noch) keiner Befolgungspflicht.

Berücksichtigt man die aus Art. 10 EG resultierende Pflicht des Richters zur angleichenden Auslegung, scheint eine weitergehende Argumentationspflicht der nationalen Höchstgerichte im Falle des Abweichens in Anlehnung an die von *Kriele* für das deutsche Recht entwickelte präsumtive Verbindlichkeit von Präjudizien[114] begründbar. Ähnlich wird im Schrifttum vorgeschlagen, dass die Gerichte in Europa zur Auslegung von angeglichenem Recht einer „*soft*" stare *decisis*-Doktrin folgen sollen, in der eine Vermutung für die Richtigkeit („*presumption of correctness*") einer vorgehenden Entscheidung in einem anderen Mitgliedstaat streitet.[115]

Eine noch weitergehende Bindungswirkung in Sinne eines grundsätzlichen – wenn auch relativen – *Befolgungs*anspruchs wäre *de lege ferenda*, insbesondere bei einer Umstrukturierung hin zu einem kassatorischen Verfahren, ein notwendiges Instrument zur Sicherung der einheitlichen Auslegung des angeglichenen Rechts. Auch wenn man solche Dezentralisierungsbestrebungen befürwortet, die eine Erweiterung des Ermessensspielraums der vorlagepflichtigen Höchstgerichte etwa in Form der Beschränkung auf eine Grundsatzvorlage vorsehen, erscheint eine staatenübergreifende europäische relative Befolgungspflicht von Vorentscheidungen nötig, da nur so effektiv eine einheitliche Anwendung sichergestellt werden kann.

bb) Beschränkung der Pflicht auf letztinstanzliche Gerichte?

Die aus den C.I.L.F.I.T.-Kriterien resultierende Berücksichtigungspflicht unterliegt einer Beschränkung auf höchstrichterliche Rechtsprechung der Mitgliedstaaten. Nur die letztinstanzlichen Gerichte unterliegen überhaupt der Vorlagepflicht. Die Konzeption des Art. 234 Abs. 2 EG als „kann-Vorschrift" macht deutlich, dass eine gewisse Disharmonie in der Anwendung und Auslegung des Gemeinschaftsrechts in den unteren Instanzen hingenommen wird.[116] Die aus

---

    mer, JBl. 1996, 137, 146 und dort Fn. 46; inhaltlich ähnlich für das Völkerrecht *Karl*, Vertrag und spätere Praxis im Völkerrecht, (1983), 172 f. i. S. einer „relativen Autorität"; ablehnend sowohl *de lege lata* als auch *de lege ferenda Gruber*, (o. Fn. 17), 341 ff.
114   *Kriele*, Theorie der Rechtsgewinnung (1967), 243 ff.
115   *Lundmark*, in: Schulze/Seif, (o. Fn. 4), 161, 165 ff., *ders.*, in: Sacco, (o. Fn. 4), 143, 148.
116   *Ehricke*, (o. Fn. 16), Bindungswirkung, 16.

Art. 10 EG und innerstaatlich aus dem Umsetzungswillen und aus einer analogen Anwendung von Art. 36 EGBGB resultierende Berücksichtigungs- und Auseinandersetzungspflicht gilt grundsätzlich für alle Instanzen.

Für das internationale Einheitsrecht wird aber allgemein angenommen, dass die Pflicht zur Berücksichtigung ausländischer Rechtsprechung nur im Rahmen einer zumutbaren Kenntnisnahmemöglichkeit gilt.[117] Nur wenn ausreichende Informationsmöglichkeiten bestehen und der Zugriff auf ausländische Judikatur gesichert ist, unterliegt der Rechtsanwender der Pflicht zur Berücksichtigung mitgliedstaatlicher Entscheidungen. Fast zwangsläufig ergibt sich somit gegenwärtig *de facto* eine Einschränkung der Berücksichtigungspflicht auf die obersten Gerichte.

Bejaht man hingegen eine etwaige Berücksichtigungspflicht auch für unterinstanzliche Gerichte, könnte man als prozessuale Konsequenz im Falle einer nicht ausreichenden Ermittlung mitgliedstaatlicher Präjudizien einen Verstoß gegen § 293 ZPO analog sehen. Für das internationale Einheitsrecht wird eine entsprechende Anwendung befürwortet, da auch die Pflicht zur Kenntnisnahme der Rechtspraxis anderer Vertragsstaaten auf ähnliche Schwierigkeiten stoße wie die Ermittlung ausländischen Rechts etwa infolge einer IPR-Verweisung.[118] Folge einer entsprechenden Anwendung auch bei der Ermittlungspflicht mitgliedstaatlicher Rechtsprechung zum Gemeinschaftsrecht wäre eine Mitwirkungspflicht der Parteien im Rahmen des Zumutbaren.[119]

Sieht man allerdings die Grenze der richterlichen Ermittlungspflicht dort, wo sie einen unverhältnismäßigen Aufwand fordert und zu erheblichen Verfahrensverzögerungen führt,[120] ist sie für das angeglichene Recht gegenwärtig quasi immer erreicht. Im Gegensatz zum UN-Kaufrecht gibt es in diesem Bereich mit Ausnahme der Sammlung CLAB[121] keine Entscheidungssammlungen. Im Ergebnis scheint eine analoge Anwendung von § 293 ZPO zwar grundsätzlich möglich;

---

117 *Franzen*, (o. Fn. 17), 336 und *Reinhart*, RIW 1994, 445, 450 (jeweils zu Art. 36 EGBGB); *Schmid*, (o. Fn. 100), 71.
118 Vgl. zur Anwendung im Bereich des internationalen Einheitsrechts *Schmid*, (o. Fn. 100), 159 f.; *Reinhart*, RIW 1994, 445, 452.
119 S. zur Zumutbarkeitsgrenze bei Art. 36 EGBGB in Anlehnung an die BGH-Rspr. zu § 293 ZPO (BGHZ 118, 151, 163 f.) Staudinger/*Reinhart*, 12. Aufl. (1998), Art. 36 Rn. 34 f.; allgemein Thomas/Putzo/*Reichold*, ZPO, 24. Auflage (2002), § 293 Rn. 6; zur Mitwirkungspflicht der Parteien auch *Berger*, ZEuP 2001, 4, 11.
120 Stein/Jonas/*Leipold*, ZPO, § 293 Rn. 35, 66 f.
121 European Database on Case Law about Unfair Contractual Terms (CLAB), abrufbar unter http://europa.eu.int/clab; dazu *Micklitz/Radeideh*, ZEuP 2003, 85 ff. Für das UN-Kaufrecht gibt es etwa die vom Sekretariat des UNCITRAL veröffentlichte Sammlung CLOUT (Case Law on Uncitral Texts) und die UNILEX-Datenbank http://www.unilex.info, dazu *Herber*, CLOUT, UNILEX und andere Veröffentlichungen zum internationalen Kaufrecht, RIW 1995, 502 ff. Diese Datenbanken zeigen auch zunehmend Erfolge in der Rspr., s. Nw. bei *Schmid*, (o. Fn. 100), 177 ff.

sie wird jedoch im Bereich des angeglichenen Rechts gegenwärtig mangels hinreichender Informationsmöglichkeiten für Richter und Parteien[122] weitgehend leer laufen.

cc) Auswahl relevanter Präjudizien

Die Auswahl relevanter Präjudizien umfasst *de lege lata* auch Entscheidungen unterer Instanzen. Grundsätzlich kommen als berücksichtigungsfähige Präjudizien auch nach den C.I.L.F.I.T.-Kriterien unterinstanzliche Entscheidungen in Betracht, um eine europäisierungsfähige Fallösung zu entwickeln.[123]

Bei der Auswahl der relevanten Präjudizien im Falle einer *de lege ferenda* zu begründenden relativen Befolgungspflicht scheint indes eine Beschränkung auf höchstrichterliche Rechtsprechung nötig. Andernfalls entstünde unter Umständen die missliche Situation, dass eine innerstaatlich höhere Instanz ein unterinstanzliches Präjudiz desselben Mitgliedstaates nach den innerstaatlichen Regeln außer Acht lassen könnte, während das letztinstanzliche Gericht eines anderen Mitgliedstaates dieses gegebenenfalls befolgen müsste.[124] Ein solcher Widerspruch zur nationalen Präjudizwirkung ist zu vermeiden.

Als Ziel innerhalb der EU wurde im Schrifttum jüngst eine Vereinheitlichung beziehungsweise Harmonisierung auch für die „dogmatisch-methodische Frage einer Präjudizienbindung durch Entscheidungen des Europäischen Gerichtshofs" formuliert, „langfristig auch für Entscheidungen von Gerichten der Mitgliedstaaten".[125] Ein weiteres Zusammenwachsen der EU-Staaten setze eine höhere Rechtssicherheit als bisher voraus, die wiederum eine verbesserte Vorhersehbarkeit richterlichen Entscheidens der mitgliedstaatlichen Zivilgerichte bedinge.[126]

Vorgeschlagen wird für den Bereich des Gemeinschaftsrechts die Schaffung einer Regelung auf der Grundlage von Art. 65 c EG zur Etablierung einer EU-weit gleichen nationalen Präjudizienbindung mit einer Divergenzvorlagepflicht an das jeweils zuständige nationale Obergericht. Solange allerdings eine solche Einheitlichkeit der jeweiligen nationalen Präjudizwirkung nicht gewährleistet ist, müssen unterinstanzliche Entscheidungen von der Befolgungspflicht ausgenommen bleiben. Solange bleibt auch eine Bindung der unteren Instanzen in

---

122 Zum Erfordernis der Möglichkeit des Zugangs zu den Erkenntnisquellen für die Parteien selbst BGH, NJW 1995, 1032.
123 *Bebr*, CMLR 1983, 439, 469.
124 Vgl. zum Einheitsrecht *Schmid*, (o. Fn. 100), 130 ff.
125 So *Diedrich*, (o. Fn. 20), 14 f., 546 f.
126 *Diedrich*, (o. Fn. 20), 547.

den Mitgliedstaaten an ihre nationale jeweilige höchstrichterliche Rechtsprechung zum angeglichenen Recht Sache des jeweiligen nationalen Rechts.[127] Im einheitsrechtlichen Schrifttum werden als autoritätsbildende Faktoren zur Auswahl von Präjudizien insbesondere die hierarchische Stellung und das Ansehen des Gerichts genannt.[128] Nach der hier vertretenen Beschränkung einer etwaigen zumutbaren Befolgungspflicht auf höchstrichterliche Entscheidungen spielt die jeweilige nationale Gerichtshierarchie dann aber keine Rolle. Findet sich hingegen eine größere Anzahl an übereinstimmenden Entscheidungen, so ist diesen ein größeres Gewicht beizumessen, das eine erhöhte Argumentationslast im Falle des Abweichens nach sich zieht. Prinzipiell sind auch Entscheidungen aus den Mitgliedstaaten, die erst nach Inkrafttreten der Verordnung beziehungsweise Richtlinie Mitglied der Europäischen Gemeinschaft geworden sind, berücksichtigungsfähig.[129]

dd) Ermittlung der ratio decidendi

Bindende Wirkung kann nur die *ratio decidendi*, d.h. die aus der rechtlichen Begründung folgende und auf den entscheidungserheblichen Fakten beruhende richterliche Entscheidungsregel entfalten.[130] Demgegenüber müssen sog. *obiter dicta* nicht befolgt werden. Diese Unterscheidung ist auch dem deutschen Richter bekannt.

ee) Abgrenzungsprozess

Geht man *de lege lata* von einer bloßen Begründungs- und Argumentationspflicht im Falle des Abweichens von einer anderen mitgliedstaatlichen Entscheidung aus, unterliegt der Abgrenzungsprozess keinen weiteren besonderen Vorgaben.[131]

Anders ist die Lage *de lege ferenda* im Fall einer relativen Bindungswirkung, die genauer Relativierungskriterien der Befolgungspflicht bedarf. Selbst die strenge *stare decisis*-Doktrin des englischen Rechts kennt Ausnahmen von der strikten Bindungswirkung, die es dem Richter erlauben, von einer früheren

---

127 Der EuGH machte aber in seiner *Rheinmühlen*-Entscheidung, EuGH, Slg. 1974, 139, 147 Rn. 2 ff., deutlich, dass eine Bindungswirkung im nationalen Recht nicht das Vorlagerecht der unteren Instanzen beschneiden darf.
128 Dazu *Schmid*, (o. Fn. 100), 140 ff.; *Kropholler*, (o. Fn. 107), 282 f.; *Gruber*, (o. Fn. 17), 348.
129 *Gruber*, (o. Fn. 17), 202.
130 Zu den verschiedenen Ansätzen zur Ermittlung der ratio decidendi s. z.B. *Plötzgen*, (o. Fn. 73), 14 ff.; *Langenbucher*, Die Entwicklung und Auslegung von Richterrecht (1996), 68 ff.
131 Nach *Masclet*, RMC 1983, 363, 367 reicht bereits eine abweichende Entscheidung, um die Offenkundigkeit i.S. der C.I.L.F.I.T.-Kriterien zu verneinen und damit die Vorlagepflicht zu bejahen.

Entscheidung abzuweichen. Diese Maßstäbe können auch hinsichtlich einer *de lege ferenda* zu etablierenden relativen Präjudizwirkung im angeglichenen Recht hilfreich sein.[132] Prinzipiell muss eine Abwägung zwischen den Zielen der Einheitlichkeit der Rechtsprechung und Rechtssicherheit einerseits und der Einzelfallgerechtigkeit und Weiterentwicklung des Rechts andererseits erfolgen.

Zu nennen sind aus der Abgrenzungsmethodik des *Common Law* insbesondere folgende Elemente: *distinguishing, overruling, conflicting precedents* und Entscheidungen *per incuriam*.

Distinguishing: Danach entfällt eine Bindung, wenn sich ein relevanter Unterschied der entscheidungserheblichen Tatsachen feststellen lässt. Diese Abweichungsmöglichkeit muss auch den mitgliedstaatlichen Gerichten für den Fall einer transnationalen Präjudizienbindung eröffnet sein.

Ein *overruling* einer an sich bindenden Entscheidung kommt nur für höherrangige Gerichte in Betracht. Ein solcher Abweichungsmechanismus würde damit nur bei einer veränderten Struktur der europäischen Gerichtsbarkeit (EuGH als Kassationsgericht) in Betracht kommen. Diese Ausnahme von der Bindungwirkung wäre in einem neu strukturierten hierarchischen System auf den EuGH als letztinstanzliches Gericht zu beschränken.

Eine weitere Ausnahme von der Bindungswirkung wird im *Common Law* bei Entscheidungen *per incuriam* angenommen, d.h. wenn in dem Präjudiz der Richter eine Gesetzesvorschrift oder ein anderes Präjudiz übersehen hat. Auch im angeglichenen Recht sollten in Anlehnung an dieses Kriterium *de lege ferenda* nur solche Entscheidungen befolgungspflichtig sein, die ihrerseits den methodischen Anforderungen an die Beachtung mitgliedstaatlicher Präjudizien gerecht werden und diese nicht ignorieren.

Eine Ausnahme der Befolgungspflicht muss auch im Fall fehlerhafter, d.h. unvertretbarer Entscheidungen möglich sein. Diese Fehlerhaftigkeit kann einer Entscheidung bereits ursprünglich anhaften oder nachträglich infolge veränderter Umstände entstehen. Diese Ausnahme entspricht auch dem Grundsatz, dass eine Gleichbehandlung im Unrecht nicht gefordert werden kann und eine falsche Entscheidung nicht wiederholt werden soll. Der Zielvorgabe einer europäischen Akzeptanzfähigkeit entsprechend soll jede Entscheidung selbst wieder akzeptables Präjudiz für nachfolgende Fälle sein. Eine Korrektur falscher Entscheidungen im Sinne der Weiterentwicklung und Flexibilität des Rechts und der Gewährleistung nicht nur gleicher, sondern richtiger und gerechter Entscheidungen muss möglich bleiben. Auch dies ist ein notwendiger Relativierungsgrund für eine etwaige Bindungswirkung früherer Urteile.[133]

---

132 Zum Einheitsrecht *Schmid*, (o. Fn. 100), 133 ff.
133 S. dazu *Reinhardt*, (o. Fn. 74), 513 ff.; zum Einheitsrecht und zu den Nachweisschwierigkeiten näher *Schmid*, (o. Fn. 100), 138 ff.

Bei sich widersprechenden Präjudizien (*conflicting precedents*) scheidet eine strikte Bindung im *Common Law* ebenfalls aus. Übertragen auf das angeglichene Recht könnte man dem mitgliedstaatlichen Gericht grundsätzlich eine Wahlmöglichkeit eröffnen oder der zeitlichen Priorität einer obergerichtlichen Entscheidung Folge leisten. Gegen eine Bindungswirkung ausländischer Entscheidungen wird aber schon grundsätzlich angeführt, dass die Zufälligkeit zeitlicher Priorität nicht ausschlaggebend sein könne.[134] Während in der Literatur zum Einheitsrecht für divergierende Entscheidungen mangels übergeordneter Auslegungsinstanz teils ein Rückgriff auf das IPR der *lex fori* befürwortet wird,[135] ist ein solcher Ausweg für den Fall einer Divergenz zwischen höchstrichterlichen Entscheidungen der Mitgliedstaaten nicht nötig. Für diesen Fall ist und bleibt gerade die Zuständigkeit des EuGH als supranationaler Gerichtshof die sinnvollste Lösung. Das nationale Gericht sollte sich allerdings mit den divergierenden Entscheidungen auseinandersetzen und einen entsprechenden Antwortvorschlag unterbreiten.[136] Dies steht im Einklang mit entsprechenden Bestrebungen, die Vorlagepflicht auf solche Divergenzfälle oder grundsätzliche Fälle zu beschränken. Eine Beschränkung der Vorlagepflicht auf Fälle grundsätzlicher Bedeutung würde eine Divergenzvorlagepflicht umfassen, d.h. sich widersprechende Entscheidungen wären ein zur Vorlage verpflichtender grundsätzlicher Fall. Im Falle einer gänzlichen Neustrukturierung des europäischen Gerichtssystems mit dem EuGH als Revisionsinstanz müsste für den Fall widersprüchlicher Präjudizien eine entsprechende Revisionsmöglichkeit geschaffen werden.[137]

b) Institutionelle und praktische Voraussetzungen in der Rechtsfindungsgemeinschaft

Die Erfüllung der erörterten Pflichten ist unter den bisherigen Gegebenheiten nur sehr begrenzt möglich. Die Voraussetzung für eine praktische Umsetzung, d.h. vor allem der Zugang zur Rechtsprechung anderer Mitgliedstaaten müssen erst geschaffen werden. Die Mitgliedstaaten unterliegen insoweit allerdings auch einer Informationspflicht, die sich auf Art. 10 EG gründen lässt.[138] Erfassung und Aufbereitung der Entscheidungen[139] müssen ebenso wie die Erkenn-

---

134 Gegen ein solches „Windhundprinzip" zugunsten der schnellsten Rspr. *Diedrich*, (o. Fn. 2), 147; *Canaris*, JZ 1987, 543, 549 f.
135 Bianca/Bonell/*Bonell*, (o. Fn. 105), Art. 7 Anm. 3.2.; *Kropholler*, (o. Fn. 107), 204 ff.
136 Zu einem derartigen Vorschlag etwa *Zuleeg*, JZ 1994, 1, 7; *Hakenberg*, RabelsZ 66 (2002), 367, 385.
137 S. zum Vorschlag eines „Rechtsmittels im Interesse des Rechts" *Vesterdorf*, E.L.Rev. 2003, 303, 317.
138 S. zur Begründung von Informationspflichten basierend auf Art. 10 EG *Wille*, Die Pflicht der Organe der Europäischen Gemeinschaft zur loyalen Zusammenarbeit mit den Mitgliedstaaten (2003), 48 ff.
139 *Lundmark*, (o. Fn. 4), 143, 148; ders., (o. Fn. 4), in: Schulze/Seif, 161, 168; ders., (o. Fn. 4), in: Atienza, 577, 586; z. Sprachproblematik s. a. *Teichmann*, (o. Fn. 3), 629, 648.

barkeit des europäischen Ursprungs der angeglichenen Normen sichergestellt sein.[140] Die ausdrückliche Festlegung einer entsprechenden Auslegungsregel (ähnlich Art. 36 EGBGB, 7 CISG[141]) sollte in Erwägung gezogen werden.[142] Praktisch sinnvoll erscheint allerdings eine europäisch-einheitliche Regelung, die in allen Mitgliedstaaten gilt.

Vorschlägen zur Etablierung eines europäischen Rechtsinstituts, in dem die koordinierende Arbeit geleistet werden könnte, und zur Einrichtung einer Datenbank der jeweiligen nationalen Vorschriften und Rechtsprechung zum angeglichenen Recht hat sich auch das Europäische Parlament in seinen Reaktionen auf Mitteilung und Aktionsplan der Kommission zum Europäischen Vertragsrecht angeschlossen.[143] Um die Praktikabilität der rechtsvergleichenden Auslegung sicherzustellen, wird die Nutzung bestehender Regelwerke wie etwa der *Lando-Principles* als Argumentationshilfen vorgeschlagen.[144] Unerlässlich erscheint auch die Unterstützung durch die Rechtslehre, etwa bei der Aufarbeitung des *acquis communautaire* unter Einbeziehung der jeweiligen nationalen höchstrichterlichen Rechtsprechung zum Gemeinschaftsrecht.

Ausbildung und Selbstverständnis der Rechtsanwender müssen den Anforderungen angepasst werden.[145] Der von *Dölle* noch vermutete *horror alieni iu-*

---

140 S. die Darstellung von *Kochs*, in: Schulze (Hrsg.), Auslegung europäischen Privatrechts und angeglichenen Rechts (1999), 211 ff.
141 Zu den zahlreichen inzwischen in internationalem Einheitsrecht vorhandenen Auslegungsregeln s. die Übersicht von *Schmid*, (o. Fn. 100), 58 ff.
142 Skeptisch aber *Hirte*, (o. Fn. 38), 45 f.; *Taupitz*, Europäische Privatrechtsvereinheitlichung heute und morgen (1993), 25 f.
143 S. Entschließung des Europäischen Parlaments zur Annäherung des Zivil- und Handelsrechts der Mitgliedstaaten v. 15.11.2001, KOM(2001)398 – C5 -0471/2001 und v. 2.9.2003, A5-0256/200, s. schon *Kötz*, in: Bernstein et. al. (Hrsg.), FS Zweigert (1981), 481, 497; *Basedow*, (o. Fn. 6), 29, 32, 40; *Schmid*, JZ 2001, 674, 680 ff.; s. auch *Lundmark* (o. Fn. 4), in: Sacco, 143, 148 und *ders.*, (o. Fn. 4), in: Schulze/Seif, 161, 168, der die Einrichtung eines „judicial clearinghouse" vorschlägt; *Turner/Muñoz*, (o. Fn. 34), YBEL 19 (1999/2000), 1, 70 für Schaffung eines „Community Information Centre" oder aber Due Report (o. Fn. 46), 19 zur Einrichtung von „Nationalen Informationsstellen über das Gemeinschaftsrecht", *Hakenberg*, ZEuP 2000, 860, 864 und *Streinz/Leible*, EWS 2001, 1, 10 zur Einrichtung nationaler „Clearing-Stellen"; auch *Hakenberg*, RabelsZ 66 (2002), 367, 381 zur Einführung von „Beraterstäben".
144 *Basedow*, (o. Fn. 6), 37 f.; ähnlich *Berger*, ZEuP 2001, 4, 12 ff., der insofern von einer „international brauchbaren Auslegung" spricht.
145 S. *Lundmark* (Fn. 4), in: Atienza, 577, 585: „One way to correct disharmony might be to train judges consistently (institutional stare decisis). *Basedow*, (o. Fn. 6), 5, 27 f.; vgl. auch die Initiative Frankreichs zur Einrichtung eines Europäischen Netzes für justizielle Ausbildung ABl. EG Nr. C 018 v. 19.1.2001, 19 – 12 und zur Reaktion 2514. Tagung des Rates, Justiz und Inneres, 5./6. 6.2003, 9941/03; s. allgemein zur Europäisierung der Juristenausbildung z.B. die Beiträge in: de Witte/Forder, The common law of Europe and the future of legal education (1992); *Kötz*, ZEuP 1993, 270 ff.; *Flessner*, RabelsZ
(Fortsetzung auf der nächsten Seite)

ris[146] ist in einem Europa ohne Grenzen schon lange nicht mehr angebracht. So wie im englischen Recht die Einheit des *Common Law* als wichtigster Grund für die Berücksichtigung ausländischer Präjudizien anderer *Commonwealth*- beziehungsweise *Common-Law*-Länder gilt,[147] sollte die Einheit und Geschlossenheit der Gemeinschaftsrechtsordnung zum Leitbild auch des deutschen Richters in seiner Funktion als europäischer Richter werden. Austausch- und Förderprogramme[148], die Einrichtung des Europäischen Justiziellen Netzes in Zivilsachen,[149] oder etwa des Europäischen Gerichtsatlas[150] sind erste Schritte auf dem Weg zu einem europäischen Justizsystem.

Einige Beispiele lassen hoffen: Das Bewusstsein ihrer Verantwortung für die Sicherung einer einheitlichen Auslegung scheint bei den obersten Gerichten vorhanden zu sein. Dies verdeutlicht etwa die Stellungnahme der französischen *Cour de Cassation* zum Aktionsplan der Kommission, in der sie die Notwendigkeit einer verstärkten Kommunikation zwischen den mitgliedstaatlichen Gerichten betont.[151] Äußerungen der BGH-Präsidenten *Odersky* und *Hirsch* lässt sich gleichfalls solch „europäisches Rechtsdenken" entnehmen.[152] In England findet sich sogar ein Urteil eines *High-Court*-Richters, das ein solches Verantwortungsbewusstsein erkennen lässt und bei der Auslegung der Produkthaftungsrichtlinie auf ausländische Judikatur u.a. aus Deutschland Bezug nimmt.[153]

---

56 (1992), 243 ff.; *Remien*, RabelsZ 60 (1996), 1, 36 ff. m.w.Nw.; *Ulmer*, JZ 1992, 1, 8; *Möllers*, (o. Fn. 69), 81 ff.; *Hellert,* (o. Fn. 71), 258 ff.

146 *Dölle*, in: FS 100 Jahre DJT, Bd. II (1960), 19, 34.
147 *Örücü*, in: Drobnig/van Erp, The Use of Comparative Law by Courts (1999), 256, 294.
148 S. VO (EG) Nr. 743/2002 des Rates v. 25.4.2002 über die allgemeine Rahmenregelung der Gemeinschaft für Aktivitäten zur Erleichterung der justiziellen Zusammenarbeit in Zivilsachen, ABl. EG 2002 Nr. L 114, 1 ff.
149 S. Entscheidung des Rates v. 28.5.2001, ABl. EG 2001 NR. L 174, 25; im Internet abrufbar unter http://europa.eu.int/comm/justice_home/ejn/index_de.htm.
150 Abrufbar unter http://europa.eu.int/comm/justice_home/judicialatlascivil/html/index_de.htm.
151 Bericht der Cour de Cassation, 3, 9 ff. abrufbar unter http://europa.eu.int/comm/consumers/cons_int/safe_shop/fair_bus_pract/cont_law/stakeholders/4-8b.pdf.
152 *Odersky*, ZEuP 1994, 1 ff.; Hirsch, ZRP 2000, 57 ff.
153 S. *Burton* in: A and Others v. The National Blood Authority and Others, [2001] EWHC QB 446: „‚[I] would of course pay particular attention to any European decisions, not because they are binding upon me, but because not only does respect have to be paid, on the usual principles of comity, to reasoned decisions of competent foreign courts considering the same or similar issues, whatever the nature of the legislation, but particularly so where Community courts are applying the Directive. In such a case, even though Community courts are entitled to come to different views, particularly on the facts, by reference to national and local conditions, and even though the European Court can resolve and give a final opinion upon issues where different views have been taken in different Community countries on the same legislation, nevertheless harmony is desirable,
(Fortsetzung auf der nächsten Seite)

Hervorzuheben ist die Bedeutung der einheitlichen Veröffentlichung von Entscheidungen. Generell gilt, dass tatsächliche Faktoren wie die Publikationspraxis oder Leitsatzbildung auf Stellenwert und Bedeutung von Präjudizien einen erheblichen Einfluss haben.[154] Eine einheitliche, aber auch selektive, auf rechtskräftige und grundsätzliche Entscheidungen beschränkte, Veröffentlichungspflicht erscheint wesentlich.[155] Eine solche Einschränkung unter genauen Vorgaben von europäisch-einheitlichen Publikationsregeln ist mit Blick auf die ansonsten eintretende Publikationsflut alltäglicher und deshalb weniger bedeutender Entscheidungen nötig. Sinnvoll erscheint zudem eine Kontrolle der praktischen Handhabung der Veröffentlichungsregeln durch ein unabhängiges Richtergremium und die Einrichtung von speziellen Veröffentlichungsstellen bei den betreffenden nationalen Obergerichten.[156]

Fraglich ist, ob eine Veränderung des Urteilsstils in einigen Mitgliedstaaten erforderlich ist, um eine Bezugnahme auf die und Auseinandersetzung mit den jeweiligen Entscheidungen zu ermöglichen. Transparenz ist erforderlich, d.h. die Darstellung des Sachverhalts und der Entscheidungsgründe.[157] Wenn rechtsvergleichende Argumente nur angestellt werden, dann aber nicht in die Urteilsgründe eingearbeitet werden, können sie nicht als Auslegungshilfe für künftige Auslegungsfragen in anderen Mitgliedstaaten dienen.[158] Was den Urteilsstil angeht, wird aber gerade in der den nationalen Gerichten zukommenden Aufgabe der Auslegung des angeglichenen Rechts die Möglichkeit einer Annäherung gesehen.[159]

3. Grenzen

Zu erörtern sind weiter die Grenzen einer europäischen grenzüberschreitenden Berücksichtigung von Präjudizien.

---

particularly where it can be said that an autonomous or Community approach or meaning is required." S. dazu auch den Beitrag von *Brooke/Forrester* und das Nachwort von *Burton*, in: Canivet/Andenas (Hrsg.), Comparative Law Before the Courts (2004), 57 ff.

154 *Diedrich*, (o. Fn. 20), 251 ff., 276, 526, zum US-amerikanischen System 444 ff., zur italienischen Leitsatzstelle „Uffizio del massimario e del ruolo", 507 ff.; s. auch zur Abhängigkeit der Entwicklung eines Präjudiziensystems von einem zuverlässigen Berichtswesen *Rogers/Kritzer*, in: FS Schlechtriem (2003), 223, 225 ff.
155 Zum deutschen Recht *Diedrich*, (o. Fn. 20), 532 ff.
156 Vgl. Vorschlag von *Diedrich* zum deutschen Recht (o. Fn. 20), 534 ff.
157 S. *Lundmark* (o. Fn. 4), in: Sacco, 143, 148; *ders.* (o. Fn. 4), in: Schulze/Seif, 161, 168; *ders.*, (o. Fn. 4), in: Atienza, 577, 581.
158 Vgl. zur Praxis des EuGH *Möllers*, (o. Fn. 69), 58.
159 *Mayer-Pritzl*, in: Schulze/Seif (Hrsg.), Richterrecht und Rechtsfortbildung in der Europäischen Rechtsgemeinschaft (2003), 41, 58.

a) Zumutbarkeit der Kenntnismöglichkeit

Wie bereits dargestellt, ist Grenze der Berücksichtigungs- und Auseinandersetzungspflicht das Zumutbarkeitskriterium (oben III.2.bb). Damit wird derzeit bereits in der Regel eine transnationale Präjudizienbeachtung jedenfalls für die unteren Instanzen scheitern.

b) Völker- und Gemeinschaftsrecht

Gegen eine formelle Bindungswirkung ausländischer Präjudizien lässt sich allgemein der völkerrechtliche Souveränitätsgrundsatz anführen.[160] Anders muss die Beurteilung aber grundsätzlich für eine relative Bindungswirkung im internationalen Einheitsrecht ausfallen. In der völkerrechtlichen Bindung an den jeweiligen Vertrag liegt ein Souveränitätsverzicht, der sich zugleich auch auf eine Verpflichtung der Vertragsstaaten, die einheitliche Anwendung des vereinheitlichten Rechts sicherzustellen, erstreckt.[161]

Kennzeichnend für das Verhältnis der Mitgliedstaaten zur Europäischen Union ist ebenfalls ein – begrenzter – Souveränitätsverzicht, so dass für den Bereich des angeglichenen Rechts auch die Pflicht zur angleichenden und richtlinienkonformen Auslegung besteht, in deren Rahmen eine Berücksichtigungs- und Auseinandersetzungspflicht mit mitgliedstaatlicher Judikatur begründet ist.

Gegen eine weitergehende Befolgungspflicht kann gegenwärtig noch die Kompetenzverteilung zwischen EuGH und nationalen Gerichten nach den C.I.L.F.I.T.-Kriterien angeführt werden, wonach bei einer Divergenz eine Vorlage an den EuGH unerlässlich ist. Mit Blick auf die fehlende Verwerfungsbefugnis für das Gemeinschaftsrecht müssen die Gerichte zudem immer vorlegen, wenn sie einen Rechtsakt für nicht gültig halten.[162] In diesem Fall gelten die C.I.L.F.I.T.-Kriterien nicht.

Für den Bereich des angeglichenen Rechts ergeben sich zudem Grenzen aus dem Anwendungsbereich und der Regelungstiefe der Richtlinie, die die Reichweite der angleichenden Auslegung bestimmen. Geht man davon aus, dass die mit der Richtlinie beabsichtigte Harmonisierung nur soweit reichen kann wie die Richtlinie selbst, endet deren Angleichungsziel außerhalb des angeglichenen Rechts.[163]

c) Innerstaatliches Recht

Bedenken gegen eine Präjudizienbeachtung aus der verfassungsrechtlichen Bindung des Richters an Recht und Gesetz nach Art. 20 Abs. 3 GG als Be-

---

160 *Diedrich*, (o. Fn. 2), 112 Fn. 309.
161 *Schmid*, (o. Fn. 100), 145.
162 EuGH, Rs. 314/85, Slg. 1987, 4199, 4231 Rn. 11 ff., 20 – Foto-Frost.
163 *Hommelhoff*, (o. Fn. 3), 889, 923.

standteil des Gewaltenteilungsprinzips ergeben sich nicht.[164] Im Gegenteil: durch die Pflicht zur Auseinandersetzung und Berücksichtigung wird der nationale Richter erst seinen Anforderungen an das Gebot der angleichenden Auslegung gerecht. Das Gemeinschaftsrecht ist über Art. 23 Abs. 1 GG auch zum Maßstab der richterlichen Tätigkeit nach Art. 20 Abs. 3 GG geworden und muss daher gleichermaßen zur Anwendung gebracht werden wie autonomes deutsches Recht.[165] Diese strategische Position der nationalen Gerichte zwischen innerstaatlichem Recht und Gemeinschaftsrecht führt grundsätzlich zu einer Aufwertung der Judikative im nationalen Gewaltengefüge.[166]

Zu beachten ist in diesem Zusammenhang, dass die Richtlinie im Gegensatz zur Verordnung gerade nicht der Vereinheitlichung dient, sondern nur der Angleichung. Der nationale Gesetzgeber kann daher bewusst von Differenzierungsspielräumen Gebrauch machen, die ihm die Richtlinie einräumt, etwa, wenn er die Möglichkeit des opt-outs, d.h. der Nichtumsetzung einzelner Bestimmungen nutzt. Tut er dies, ist insoweit kein Raum für eine angleichende beziehungsweise einheitsfördernde Auslegung und Rechtsfortbildung.[167]

Eine Beeinträchtigung der in Art. 97 GG normierten Unabhängigkeit der Gerichte erfolgt durch die Auferlegung einer Berücksichtigungs- und Argumentationspflicht im Interesse einer einheitlichen Auslegung nicht. Letztlich wird nur das richterliche Ermessen eingeschränkt. Gleiches gilt auch für eine *de lege ferenda* zu etablierende relative Befolgungspflicht, die festzulegenden Ausnahmen und Abweichungskriterien unterliegt. Ebenso wie im Einheitsrecht gilt, dass dem Richter die im Ergebnis maßgebliche subjektive Einschätzungsprärogative verbleibt.[168]

IV. Ergebnisse

Ergebnis der vorstehenden Überlegungen ist, dass bereits *de lege lata* eine Pflicht der mitgliedstaatlichen Gerichte zur angleichenden Auslegung und damit zur Berücksichtigung von und Auseinandersetzung mit entsprechender Judikatur anderer Mitgliedstaaten existiert.

---

164 *Schmid*, (o. Fn. 100), 145 f.; anders z.B. *Diedrich*, (o. Fn. 2), 112 Fn. 309, der eine ausdrückliche gesetzliche Ermächtigung für unentbehrlich hält.
165 *Kluth*, DVBl. 2004, 393, 399; Callies/Ruffert/*Kahl*, Art. 10 Rn. 43.
166 S. dazu die Ausführungen von GA *Léger* in seinen Schlussanträgen zur *Köbler*-Entscheidung des EuGH (o. Fn. 38), Rn. 53 ff., 59: Das nationale Gericht „ist nicht mehr unbedingt, wie Montesquieu es einst ausgedrückt hat, das Sprachrohr des Gesetzes." In diesem Sinne auch BVerfGE 75, 223 ff., 243 f.
167 *Canaris*, (o. Fn. 62), 129, 131; *Schulze*, ZfRV 1997, 183, 191.
168 So überzeugend zur relativen Bindungswirkung im Einheitsrecht *Schmid*, (o. Fn. 100), 146.

Als gemeinschaftsrechtliche Grundlagen einer solchen Pflicht wurden die im Rahmen von Art. 234 Abs. 3 EG entwickelten C.I.L.F.I.T.-Kriterien und der in Art. 10 EG verankerte Grundsatz der Gemeinschaftstreue genannt. Innerstaatlich wurden der Umsetzungswille des nationalen Gesetzgebers und Art. 36 EGBGB analog herangezogen. Mit Blick auf noch bestehende praktischen Hindernisse wird diese Pflicht wegen der Zumutbarkeitsgrenze gegenwärtig noch weitgehend leer laufen. Zumindest von den Höchstgerichten der Mitgliedstaaten dürfen aber entsprechende Anstrengungen erwartet werden.

Mehr als 50 Jahre liegt die Geburtsstunde des EuGH nun zurück. Wie wir gesehen haben, hat sich sein Verhältnis zu den mitgliedstaatlichen Gerichten im Laufe der Jahrzehnte gewandelt. Unterstützt man das Verlangen nach mehr Freiraum und Verantwortung für die mitgliedstaatlichen Gerichte, bietet sich die dargestellte und *de lege ferenda* zu begründende relative transnationale Präjudizienbindung als zusätzliches Instrument der Absicherung einer einheitlichen Auslegung an. Eine Kombination von erweitertem Vorlageermessen der nationalen Gerichte einerseits mit einer entsprechenden Handhabung der Zulässigkeitskriterien für Vorabentscheidungsersuchen seitens des EuGH andererseits sollte zudem den gewünschten Entlastungseffekt bewirken.

Die Beibehaltung der einheitlichen Auslegungsinstanz des EuGH ist gegenwärtig und auch zukünftig unabdingbar. Die aufgezeigten Dezentralisierungsbestrebungen sind grundsätzlich zu befürworten. Derzeit ist ihnen wegen der fehlenden organisatorischen und institutionellen Voraussetzungen zwar noch mit Skepsis zu begegnen. Die Zukunft der europäischen Gerichtsbarkeit muss aber in einer größeren Verantwortung der mitgliedstaatlichen Gerichte für die Sicherung einer einheitlichen Auslegung und Anwendung des Gemeinschaftsrechts liegen.

Zur Rolle supranationaler Gesellschaftsformen im Regulierungswettbewerb – eine juristische und ökonomische Betrachtung

Katarina Röpke und Klaus Heine

I. Problemstellung
II. Vom kooperativen zum kompetitiven Föderalismus
III. Vertikaler Regulierungswettbewerb und die Allokation von Regulierungskompetenzen
   1. Wozu ist Regulierungswettbewerb gut?
   2. Vertikaler Regulierungswettbewerb und die Schaffung von Regulierungswissen
   3. Eine Neuinterpretation des Subsidiaritätsprinzips
   4. Bedingungen eines vertikalen Regulierungswettbewerbs
IV. Die Europäische Aktiengesellschaft – eine supranationale Rechtsform?
   1. Die rechtliche Ausgestaltung der Europäischen Aktiengesellschaft
      a) Der Rechtsrahmen
      b) Die Governance-Struktur
   2. Die Europäische Aktiengesellschaft im Spiegel der Bedingungen eines funktionsfähigen vertikalen Regulierungswettbewerbs
V. Gestaltungsoptionen Europäischer Rechtsformen – die Europäische Privatgesellschaft
VI. Die Gestaltung supranationalen Gesellschaftsrechts: eine ökonomische Perspektive
   1. Empirische und normative Kernprobleme supranationaler Rechtsformen
   2. Wettbewerb als Entdeckungsverfahren und Subsidiaritätsprinzip

I. Problemstellung

In das europäische Gesellschaftsrecht ist in den letzten Jahren einige Bewegung gekommen. So bereiten die „revolutionären" EuGH-Urteile „Centros"[1], „Überseering"[2] und „Inspire Art"[3] zur Niederlassungsfreiheit von Gesellschaften in der Europäischen Gemeinschaft (Art. 43, 48 EG) den Weg für die einheitliche kollisionsrechtliche Anknüpfung gemäß der Gründungstheorie. Damit wird die unter anderem auch in Deutschland bis dato geltende Sitztheorie, nach der Niederlassungsfreiheit für ausländische Unternehmen nur insoweit gewährt

---

1   EuGH v. 9.3.1999 - Rs. C-212/97, NJW 1999, 2027.
2   EuGH v. 5.11.2002 - Rs. C-208/00, GmbHR 2002, 1137.
3   EuGH v. 30.9.2003 - Rs. C-167/01, NJW 2003, 3331.

wird, wie sie die Normativbestimmungen des deutschen Gesellschaftsrechts erfüllen, zugunsten der gegenseitigen Anerkennung mitgliedstaatlichen Gesellschaftsrechts zunehmend aufgegeben.[4] Doch auch in anderer Hinsicht ist Bewegung in das europäische Gesellschaftsrecht gekommen: nach jahrzehntelanger Diskussion wird im Herbst diesen Jahres die supranationale Europäische Aktiengesellschaft (SE) Wirklichkeit, die vertikal als zusätzliches gesellschaftsrechtliches Angebot zu den Rechtsformen der Mitgliedstaaten hinzu tritt.

Aber es verbleiben Fragen: Braucht man supranationale Gesellschaftsformen wie die SE überhaupt? Sind supranationale Gesellschaftsformen vielleicht nur ein Relikt aus alter Zeit, als die Sitztheorie nahezu unbeschränkte Geltung hatte und nationale Rechtsformen jenseits ihrer nationalen Rechtsordnung keine Realität hatten[5]? Kommt es zu einem Wettbewerb zwischen supranationalem und mitgliedstaatlichem Gesellschaftsrecht? Und sollte daher die Diskussion um die supranationale Europäische Privatgesellschaft (EPG) als Rechtsformangebot für kleine und mittlere Unternehmen (KMU) weitergeführt und eine Verordnung auf den Weg gebracht werden?

Für Juristen geht es bei diesen Fragen vor allem um die „Erforderlichkeit" supranationalen Gesellschaftsrechts im Rahmen der Ermächtigungsnormen und den Gehalt des Subsidiaritätsprinzips des Art. 5 EG. Aber woher weiß man überhaupt, ob supranationale Gesellschaftsformen „erforderlich" sind, und woher will man wissen, welches die geeignetste Regelungsebene (Mitgliedstaaten oder EU) für das Gesellschaftsrecht ist? Diese sehr grundsätzlichen Probleme, die die Konzeption des europäischen Gesellschaftsrechts in ihrem Kern betreffen, befinden sich an der Schnittstelle zwischen juristischer und ökonomischer Analyse.

Mit Hilfe ökonomischer Analyse kann zum einen versucht werden, die Folgen der eben beschriebenen Rechtsentwicklungen im europäischen Gesellschaftsrecht abzuschätzen. Wird es beispielsweise unter der einheitlichen kollisionsrechtlichen Anknüpfung gemäß der Gründungstheorie tatsächlich zu einer massenhaften Wahl der englischen *private company limited by shares* (ltd.) kommen, wie immer wieder befürchtet wird? Zum anderen kann die ökonomische Analyse aber auch Antworten auf allgemeine Fragen der Ordnung eines vertikalen Wettbewerbs der Rechtsformen zu geben versuchen, wie etwa: Kann es einen funktionsfähigen vertikalen Regulierungswettbewerb zwischen mitgliedstaatlichem und supranationalem Gesellschaftsrecht geben? Wie muss der Ordnungsrahmen für einen funktionsfähigen vertikalen Regulierungswettbewerb

---

4 Mit w. Nw. s. bspw. *Eidenmüller*, ZIP 2002, 2233; *Schanze/Jüttner*, AG 2003, 30; *dies.*, AG 2003, 661 sowie *Wymeersch*, CMLR 2003, 661.
5 So noch die Argumentation des EuGH in der Entscheidung „Daily Mail" zur Niederlassungsfreiheit von Gesellschaften, NJW 1989, 2186, 2187.

gestaltet sein? Welche Kriterien müssen supranationale Rechtsformen für einen funktionsfähigen Regulierungswettbewerb erfüllen?

Im nächsten Abschnitt wird zunächst die hier zu behandelnde Thematik in den größeren thematischen Zusammenhang der föderalen Ordnung Europas gestellt. Konkret geht es in dieser Diskussion darum, ob Europa eher dem Ordnungsmodell des „kooperativen Föderalismus" oder des „Wettbewerbsföderalismus" folgen sollte. Anschließend wird am Beispiel des europäischen Gesellschaftsrechts untersucht, wie sich vertikaler Regulierungswettbewerb in ein System des Wettbewerbsföderalismus einordnet. Dabei wird auch auf die Rolle des Subsidiaritätsprinzips als Kompetenzverteilungsnorm in der EU eingegangen. Im darauf folgenden vierten Abschnitt werden die gewonnenen Erkenntnisse vor dem Hintergrund der neu geschaffenen Europäischen Aktiengesellschaft (SE) weiter vertieft. Der fünfte Abschnitt widmet sich schließlich dem in der Diskussion befindlichen Verordnungsentwurf für eine Europäische Privatgesellschaft (EPG). Im letzten Abschnitt werden die in der Diskussion über die SE und EPG gewonnenen Erkenntnisse nochmals aus ökonomischer Sicht reflektiert.

II. Vom kooperativen zum kompetitiven Föderalismus

Die Frage nach der geeigneten Verfasstheit Europas ist schon seit langem Gegenstand politischer und wissenschaftlicher Diskussionen. So steht derzeit ein Entwurf für eine Verfassung für die Europäische Union im Mittelpunkt der europapolitischen Debatte der Mitgliedstaaten.[6] Dieser politische Verfassungsdiskurs wird dabei von einem wissenschaftlichen Diskurs reflektiert, in dem die verschiedenen Grundpositionen der Verfassungsdebatte mehr oder weniger pointiert hervortreten.[7] Sieht man einmal von den Extrempositionen eines europäischen Einheitsstaates einerseits und der Rückkehr zu einem in Nationalstaaten fragmentierten Europa andererseits ab, geht es in diesem Diskurs um verschiedene Ordnungsmodelle eines föderal organisierten Europas.

Sucht man nach einem Leitbild für die föderale Gestaltung der Europäischen Union, dann steht man letztlich vor dem Gegensatzpaar des „kooperativen Föderalismus" und des „Wettbewerbsföderalismus". Beide Modelle zeichnen sich zwar durch ein jurisdiktionelles Mehrebenensystem aus, grundsätzliche

---

6   Vgl. den Verfassungsentwurf des Europäischen Konvents von 2003, CONV 851/03.
7   So wurde bspw. der vom Europäischen Konvent erarbeitete Verfassungsentwurf von der *European Constitutional Group*, ein europäischer Zusammenschluss von Wissenschaftlern verschiedener sozialwissenschaftlicher Fachrichtungen, ausführlich diskutiert und kritisiert, vgl. *European Constitutional Group*, A Basic „Constitutional" Treaty for the European Union – with Comments, abrufbar unter http://www.european-constitutional-group.org.

Unterschiede bestehen aber in der Frage der Verteilung von Regelungskompetenzen auf die unterschiedlichen Jurisdiktionsebenen. So ist das Modell des kooperativen Föderalismus dadurch charakterisiert, dass zwar ein jurisdiktionelles Mehrebenensystem geschaffen wird, in dem die einzelnen Jurisdiktionen die Kompetenz haben, eigene Entscheidungen über Aufgaben, Ausgaben und Einnahmen zu treffen, jedoch wird dabei von einer starken Interdependenz der einzelnen Jurisdiktionen ausgegangen. Aus dieser Interdependenz des jurisdiktionellen Handelns wird dann die Forderung abgeleitet, dass eine mit weitreichenden Regulierungskompetenzen ausgestattete zentralstaatliche Jurisdiktionsebene notwendig sei, um notfalls ein kooperatives Verhalten der subsidiären Jurisdiktionsebenen auch erzwingen zu können.[8]

Demgegenüber stellen Modelle des Wettbewerbsföderalismus nicht auf eine Vereinheitlichung von Regulierungsunterschieden innerhalb einer Föderation ab, sondern setzen vor allem auf die Anreizwirkung des interjurisdiktionellen Wettbewerbs, um das rechtliche Angebot fortzuentwickeln.[9] Denn Jurisdiktionen, die um die Ansiedlung mobiler Unternehmen und Arbeitnehmer konkurrieren, werden bemüht sein, ihre Aufgaben, Ausgaben und Einnahmen auf die Bedürfnisse der mobilen Faktoren abzustellen. Aus dieser Konkurrenzsituation, in der sich die Jurisdiktionen befinden, resultiert aber auch schon die Hauptproblematik des Wettbewerbsföderalismus. Denn es ist a priori nicht ausgeschlossen, dass der interjurisdiktionelle Wettbewerb auch versagen kann. So wird beispielsweise diskutiert, ob es nicht zu einer ruinösen Konkurrenz kommen müsse, wenn Jurisdiktionen ihre Unternehmenssteuern immer weiter absenkten, um Unternehmen zu einer Ansiedlung in ihrer Jurisdiktion zu bewegen. Ähnlich negative Wirkungen des interjurisdiktionellen Wettbewerbs werden für den Verbraucherschutz befürchtet.[10]

Der Wettbewerbsföderalismus steht damit vor der Aufgabe, eine Wettbewerbsordnung zu entwickeln, die die positiven Kräfte des interjurisdiktionellen Wettbewerbs entfesselt, aber gleichzeitig ein Wettbewerbsversagen verhindert. Ein funktionsfähiger Wettbewerbsföderalismus erfordert deshalb einen starken

---

8   Für eine Darstellung verschiedener Konzeptionen des Föderalismus siehe *Elazar*, Exploring Federalism (1987) sowie *Blankart*, Öffentliche Finanzen in der Demokratie, 5. Aufl. (2004), 561 ff. Zum Vergleich von kooperativem und kompetitivem Föderalismus siehe auch *Börzel/Hosli*, Governance 2003, 179.

9   Die Diskussion um den Wettbewerbsföderalismus ist geprägt von einer Reihe unterschiedlicher Begriffe, die teils synonym teils aber auch differenzierend verwendet werden. Zu einer inhaltlichen Aufarbeitung und Abgrenzung dieser Begriffe vgl. *Kieninger*, Wettbewerb der Privatrechtsordnungen im Europäischen Binnenmarkt (2002), 8 ff.; Zum Begriff der Regulierung s. insb. auch *Kirchner*, in: Hoffmann-Riem/Schmidt-Aßmann (Hrsg.), Öffentliches Recht und Privatrecht als wechselseitige Auffangordnungen (1996), 63 ff.

10 Vgl. mit w. Nw. *Sinn*, Journal of Public Economics 1997, 247; ders., Perspektiven der Wirtschaftspolitik (2004), 23.

Ordnungsrahmen, der die Kompetenzverteilung zwischen zentralstaatlicher Ebene und subsidiären Jurisdiktionsebenen regelt. Man kann hier auch von der Notwendigkeit einer so genannten Meta-Ordnung sprechen, denn es geht um die Ordnung eines Wettbewerbs von Ordnungen. Dabei ist der Ordnungsbegriff, der sich auf die in Wettbewerb befindlichen Ordnungen bezieht, breit zu verstehen. Das heißt, unter Ordnung wird hier die Gesamtheit aller wirtschafts- und rechtspolitischen Maßnahmen einer Jurisdiktion verstanden; zur Ordnung einer Jurisdiktion gehören damit beispielsweise sowohl das Steuersystem, das Sozialsystem als auch das Wirtschaftsrecht. Während die Ordnung einer Jurisdiktion eine bestimmte inhaltliche wirtschafts- und rechtspolitische Ausprägung annimmt, ist die Meta-Ordnung lediglich „prozessual" in dem Sinne, als dass sie nur Regeln für das Verhältnis der einzelnen Ordnungen der Jurisdiktionen zueinander vorgibt.

An dieser Stelle können nicht alle Argumente diskutiert werden, warum es als vorteilhaft erscheint, nicht dem Leitbild eines kooperativen Föderalismus zu folgen, sondern dem des Wettbewerbsföderalismus.[11] Die Überlegenheit des Wettbewerbsföderalismus lässt sich vor allem auf zwei Wirkungen zurückführen: Es werden zum einen systematisch Anreize gesetzt, das jurisdiktionelle Leistungsangebot an die Bedürfnisse von Bürgern und Unternehmen (innovativ) anzupassen und es wird zum anderen der politisch-administrative Prozess kontrolliert, denn Wettbewerb sanktioniert diejenigen Jurisdiktionen, die Interessengruppen Sondervorteile zukommen lassen wollen.

Mit Bezug zur Europäischen Union muss aus der Perspektive des Wettbewerbsföderalismus also gefragt werden, auf welcher Jurisdiktionsebene sinnvoller Weise eine Kompetenz vertikal angesiedelt werden sollte, damit sich ein funktionsfähiger Regulierungswettbewerb entfalten kann. In diesem Zusammenhang muss beispielsweise untersucht werden, ob Regulierungskompetenzen immer auf vertikal möglichst niedrigen Jurisdiktionsebenen liegen sollten, so wie es das Subsidiaritätsprinzip verlangt.[12]

Die Logik des Subsidiaritätsprinzips als fundamentales Organisationsprinzip der Kompetenzverteilung in der Europäischen Union soll in diesem Beitrag nicht grundsätzlich in Frage gestellt werden. Das europäische Gesellschaftsrecht gibt jedoch Anlass, es aus Sicht eines konsequent gedachten Wettbewerbsföderalismus in seiner Bedeutung neu zu interpretieren. Konkret geht es dabei um zwei Problemkreise: *Erstens*, inwiefern und unter welchen Bedingungen ist es

---

11 Mit weiteren Literaturhinweisen s. *Breton*, Competitive Governments (1996), 228ff.
12 Für einen Überblick m. w. Nw. zur Interpretation des Subsidiaritätsprinzips s. bspw. *Homann/Kirchner*, in: Gerken (Hrsg.), Europa zwischen Ordnungswettbewerb und Harmonisierung (1995), 45ff. sowie die Beiträge in *Nörr/Oppermann* (Hrsg.), Subsidiarität: Idee und Wirklichkeit (1997). Mit speziellem Bezug zur EU s. *Inman/Rubinfeld*, in: Newman (Hrsg.), The New Palgrave Dictionary of Economics and the Law, Vol. 3 (1998), 545ff.

sinnvoll, wenn neben den horizontalen Regulierungsangeboten der Mitgliedstaaten die Ebene der EU ein zusätzliches vertikales Regulierungsangebot unterbreitet? *Zweitens*, wenn man davon ausgeht, dass man nur in den seltensten Fällen zweifelsfrei bestimmen kann, ob eine Regulierung auf Ebene der Mitgliedstaaten oder der EU angesiedelt werden sollte, dann kann der vertikale Regulierungswettbewerb zwischen EU und Mitgliedstaaten möglicherweise Aufschluss darüber geben, auf welcher Ebene sich eine Regulierungskompetenz befinden sollte. Das Subsidiaritätsprinzip würde somit zwar weiterhin Kompetenzen bei den Mitgliedstaaten bewahren, aber die Dichotomisierung von Zentralität und Dezentralität der Kompetenzverteilung, die das Subsidiaritätsprinzip momentan mit sich bringt, würde aufgegeben.

III. Vertikaler Regulierungswettbewerb und die Allokation von Regulierungskompetenzen

1. Wozu ist Regulierungswettbewerb gut?

Auf Gütermärkten lässt sich die Frage nach der Vorteilhaftigkeit von Wettbewerb für den Ökonomen recht eindeutig beantworten. Herrscht Wettbewerb, werden Anbieter gezwungen, ihre Produkte zu möglichst niedrigen Preisen und in guter Qualität den Nachfragern anzubieten. Der Marktmechanismus führt dabei zu einem Ausgleich von Angebot und Nachfrage und es wird letztlich der wohlfahrtsoptimale Zustand einer Volkswirtschaft erreicht. Lassen sich die positiven Erfahrungen des gütermarktlichen Wettbewerbs aber auch auf die staatliche Rechtsproduktion übertragen? Diese Frage kann zweifellos kontrovers diskutiert werden. Es lassen sich jedoch eine Reihe von wünschenswerten Wirkungen des Regulierungswettbewerbs benennen, die sowohl für die horizontale als auch die vertikale Dimension des Wettbewerbs von rechtlichen Regeln gelten.

Ein wichtiger Effekt des Regulierungswettbewerbs ist, dass eine Erhöhung der Vielfalt von zur Wahl stehenden Regulierungen die Wahrscheinlichkeit erhöht, dass dem Rechtsnachfrager ein präferenzengerechtes Rechtsangebot unterbreitet wird, das eine bestmögliche Problemlösung für den Rechtsnachfrager darstellt. Dabei kommen Rechtsnachfrage und Rechtsangebot nicht nur zum bestmöglichen Ausgleich, sondern vom Regulierungswettbewerb gehen auch starke Anreize zur innovativen Verbesserung des Rechts aus (Rechtsfortbildung).[13] Ne-

---

13   Vgl. *Romano*, Journal of Law, Economics, and Organization (1985), 225; *dies.*, The Genius of American Corporate Law (1993); *dies.*, The Advantage of Competitive Federalism for Securities Regulation (2002); *Vihanto*, Journal of Institutional and Theoretical Economics 1992, 411.

ben diesen Effizienzwirkungen auf die rechtliche Produktpalette entfaltet Regulierungswettbewerb aber auch eine polit-ökonomische Wirkung. Und zwar übt Regulierungswettbewerb eine disziplinierende Wirkung auf den politischen und administrativen Prozess aus. Das heißt, Politiker und Bürokraten einer Jurisdiktion, die mit der Abwahl ihres angebotenen Rechts durch Rechtsnachfrager konfrontiert sind, werden bei der Schaffung ihres Rechtsangebots weniger die Wünsche von einzelnen Interessengruppen im Auge haben, sondern stärker das Allgemeinwohl.[14]

Die eben skizzierten ökonomischen Effekte lassen sich am US-amerikanischen Gesellschaftsrecht weitestgehend bestätigen. In den Vereinigten Staaten gibt es durch Geltung der Gründungstheorie als Kollisionsnorm einen Regulierungswettbewerb zwischen den Gesellschaftsrechten der Bundesstaaten. Dabei hat sich vor allem der kleine Bundesstaat Delaware durch ein besonders kompetitives Angebot von Gesellschaftsrecht hervorgetan und einen Großteil der Inkorporationen in den Vereinigten Staaten auf sich gezogen. Dieser Wettbewerbsprozess war in den letzten Jahrzehnten immer wieder Gegenstand ökonomischer und juristischer Diskussionen. Während ein Lager von Forschern eine Reihe von Gründen anführt, warum dieser Wettbewerb unausweichlich in einem „race to the bottom" bei ineffizient niedrigen Regulierungsstandards enden müsse,[15] ist ein anderes Lager der Auffassung, dass es zu einem „race to the top" komme, das heißt zu einem stetigen Prozess gesellschaftsrechtlicher Verbesserungen.[16]

Hier können nicht alle Argumente der beiden Lager rekapituliert werden, zumal die theoretischen Fronten weitgehend verhärtet sind.[17] In den letzten Jahren hat sich jedoch neben der theoretischen Forschung auch ein Untersuchungszweig herausgebildet, der die theoretisch postulierten Marktergebnisse auf ihren Eintritt hin empirisch überprüft. So konnte in einer viel beachteten Studie gezeigt werden, dass der Unternehmenswert von im Bundesstaat Delaware inkorporierten Unternehmen signifikant höher ist als derjenige von Unternehmen, die das Gesellschaftsrecht eines anderen Bundesstaats angenommen haben.[18] Damit wird der empirische Beweis zu erbringen versucht, dass Anleger und Gläubiger eines Unternehmens es besonders schätzen, wenn sich ein Unternehmen in Delaware inkorporiert. Das Gesellschaftsrecht Delawares scheint daher nicht nur besonders nachgefragt zu sein, sondern auch wertschaffend, was von den

---

14 Vgl. *Sinn*, Constitutional Political Economy 1992, 177.
15 Vgl. *Cary*, Yale Law Journal 1974, 663f; *Eisenberg*, Miami Law Review 1983, 187; *Bebchuk*, Harvard Law Review 1992, 1435.
16 Vgl. *Winter*, Journal of Legal Studies 1977, 251; *Romano*, (o. Fn. 13); *Easterbrook/Fischel*, The Economic Structure of Corporate Law (1996).
17 Ein ausführlicher Überblick über die US-amerikanische Diskussion zum Wettbewerb der Gesellschaftsrechte findet sich bei *Heine*, Regulierungswettbewerb im Gesellschaftsrecht (2003).
18 Vgl. *Daines*, Journal of Financial Economics 2001, 525.

Gegnern eines Wettbewerbs der Gesellschaftsrechte bislang vehement bezweifelt wurde. Natürlich bleibt abzuwarten, ob in weiteren Studien die vorliegenden empirischen Ergebnisse bestätigt werden können.[19]

2. Vertikaler Regulierungswettbewerb und die Schaffung von Regulierungswissen

Nachdem offenbar einiges dafür spricht, dass im Wettbewerb zwischen Gesellschaftsrechten die positiven Wettbewerbswirkungen überwiegen, stellt sich nun die Frage, wie die Einführung der vertikalen Wettbewerbsdimension auf die Funktionsfähigkeit des Regulierungswettbewerbs wirkt und welche Schlussfolgerungen daraus für die Wettbewerbsordnung eines Wettbewerbs der Gesellschaftsrechte gezogen werden können.

Ein wichtiges Element des horizontalen Regulierungswettbewerbs ist, dass Jurisdiktionen ihr rechtliches Angebot an die Bedürfnisse der Rechtsnachfrager nicht nur anpassen, sondern durch Rechtsfortbildung auch innovativ fortentwickeln. Insofern kann man hier auch von einem „Wettbewerb als Entdeckungsverfahren" (*Hayek*) in Bezug auf rechtliche Regelungen sprechen.[20] Als notwendiges Regulierungswissen muss hier allerdings nicht nur vorausgesetzt werden, dass die Ebene, auf der Regulierungswettbewerb stattfinden soll, richtig identifiziert wird und dass Wettbewerb ein adäquater Mechanismus zur Rechtsfortbildung ist. Es muss also beispielsweise im Fall des europäischen Gesellschaftsrechts zweifelsfrei sein, dass es unter der Gründungstheorie zu keinem Wettbewerbsversagen kommt und die Mitgliedstaaten zudem die richtige Ebene für das Angebot von Gesellschaftsrecht im Binnenmarkt sind.

Man kann jedoch auch der Meinung sein, dass das Wissen über die adäquate Ordnung des Regulierungswettbewerbs nicht vorliegt. So ließe sich argumentieren, dass sich der Fall des US-amerikanischen Gesellschaftsrechts erheblich vom europäischen unterscheide und nicht ohne weiteres auf die Europäische Union übertragen werden könne.[21]

---

19 Für eine kritische Einschätzung der Studie von *Daines* siehe jüngst *Subramanian*, Journal of Law, Economics and Organization 2004, 32.
20 Nach *Hayek* dient Wettbewerb nicht in erster Linie dazu, einen optimalen Zustand der Güterverteilung herbeizuführen, sondern seine Funktion wird darin gesehen, im Wettbewerbsprozess Informationen aufzudecken. Marktteilnehmer werden durch wettbewerbliche Interaktion nämlich angereizt, ihr spezifisches Wissen in den Markt einzuspeisen und neues Wissen zu generieren. Vgl. *Hayek*, American Economic Review 1945, 519; ders., Der Wettbewerb als Entdeckungsverfahren (1968).
21 Europa ist im Gegensatz zu den Vereinigten Staaten nicht nur durch unterschiedliche Sprachen und Rechtskreise gekennzeichnet, sondern die Vereinigten Staaten besitzen auch kapitalmarktrechtliche Regulierungen auf Bundesebene, die quasi als Klammer um die einzelnen Gesellschaftsrechte fungieren. Viele dieser kapitalmarktrechtlichen Regulierungen sind jedoch in Europa auch Bestandteil von Gesellschaftsrecht, so dass behauptet werden könnte, dass sich das amerikanische Produkt Gesellschaftsrecht nicht
(Fortsetzung auf der nächsten Seite)

In einem solchen Fall mangelnden Regulierungswissens kann vertikaler Regulierungswettbewerb zusätzliches Wissen darüber schaffen, ob Rechtsvereinheitlichung oder horizontaler Regulierungswettbewerb die bessere Regelungsalternative ist. Darüber hinaus kann vertikaler Wettbewerb Aufschluss darüber geben, auf welcher Ebene eine Regulierungskompetenz angesiedelt sein sollte. Das ist vor allem dann eine wichtige Information, wenn mehr als zwei Jurisdiktionsebenen eine Regulierungskompetenz ausüben können.

Es sind somit zwei Effekte, die durch den vertikalen Regulierungswettbewerb ausgelöst werden. *Erstens*, das rechtliche Angebot wird ausgeweitet, so dass die Rechtsnachfrager zusätzliche rechtliche Wahlmöglichkeiten erhalten. Im Fall des europäischen Gesellschaftsrechts bedeutet das, dass Unternehmen zur Nutzung der Niederlassungsfreiheit ohne Rechtsformwechsel nicht mehr auf die Anwendung der Gründungstheorie als einheitliche Kollisionsnorm angewiesen sind, sondern direkt auf Gemeinschaftsebene ein materielles Gesellschaftsrecht wählen können, das Anerkennung in den Mitgliedstaaten findet. *Zweitens*, mit der Wahl von zentral angebotenem Recht geben die Rechtsnachfrager ein Votum darüber ab, dass sie das supranationale Rechtsangebot präferieren. Wieder mit Bezug zum Gesellschaftsrecht kann argumentiert werden, dass die freiwillige Wahl supranationaler Rechtsformen einen starken Hinweis dafür liefert, dass die EU-Ebene diejenige Regulierungsebene ist, auf der die Niederlassungsfreiheit mit einem materiellen Gesellschaftsrecht auch geregelt werden sollte. Während also die Gründungstheorie als gemeinschaftsweit geltende Kollisionsnorm zwar sicherstellt, dass Niederlassungsfreiheit garantiert wird und einen horizontalen Regulierungswettbewerb auslöst, erlaubt die vertikale Wahlmöglichkeit supranationaler Rechtsformen zusätzlich den „Markttest" von vereinheitlichtem Gesellschaftsrecht auf EU-Ebene. Mit der Eröffnung der Wahlmöglichkeit supranationalen Rechts wird somit nicht mehr ausgeschlossen, dass ein Pfad effizienter Rechtsfortbildung auch in der Rechtsvereinheitlichung liegen kann. Durch alleinige Anwendung der Gründungstheorie zur Herstellung von Niederlassungsfreiheit ist das derzeit ausgeschlossen.

3. Eine Neuinterpretation des Subsidiaritätsprinzips

Welche Schlüsse lassen sich aus der vertikalen Dimension des Regulierungswettbewerbs nun für die Interpretation des Subsidiaritätsprinzips ziehen? Aus föderalismustheoretischer Sicht besagt dieses Prinzip bekanntlich, dass eine Aufgabe auf der vertikal niedrigsten Jurisdiktionsebene angesiedelt werden sollte, die diese Aufgabe noch erfüllen kann. Und nur im Falle, dass eine dezentrale Aufgabenerfüllung nicht möglich ist, soll eine höhere Jurisdiktions-

---

ohne weiteres mit dem europäischen Produkt vergleichen lasse. Vgl. hierzu *Heine/Kerber*, European Journal of Law and Economics 2002, 63.

ebene die Aufgabe übernehmen.[22] Das Subsidiaritätsprinzip gibt in dieser Interpretation eine eindeutige normative Handlungsanweisung für die vertikale Kompetenzverteilung in einer Föderation vor.[23] Es wird dabei jedoch vorausgesetzt, dass die Jurisdiktionsebene mit der besten Kompetenzausübung auch eindeutig bestimmt werden kann; beispielsweise dass die mitgliedstaatliche Ebene diejenige Jurisdiktionsebene ist, auf der zweckmäßigerweise das Gesellschaftsrecht angesiedelt sein sollte. Dieses Regulierungswissen ist aber in der Praxis häufig in dieser Exaktheit nicht vorhanden. So mag es durchaus sein, dass man das Gesellschaftsrecht im Zusammenspiel mit der Gründungstheorie auf Ebene der Mitgliedstaaten belassen kann, um die Niederlassungsfreiheit im Binnenmarkt zu verwirklichen. Es ist jedoch nicht ausgeschlossen, dass es für einen Großteil der Unternehmen ebenso zweckmäßig oder sogar besser sein könnte, wenn sie ein supranationales Gesellschaftsrecht zur Verfügung hätten, das keine verwickelten kollisionsrechtlichen Probleme mehr aufwirft. Die „orthodoxe" Interpretation des Subsidiaritätsprinzips behindert solche Zweckmäßigkeitserwägungen allerdings, weil es ein „Vorurteil" zu Gunsten dezentraler Kompetenzverteilung in sich trägt. Mit anderen Worten: Wenn nicht völlig eindeutig ist, auf welcher Regulierungsebene eine Kompetenz am zweckmäßigsten angesiedelt werden sollte, dann blockiert das Subsidiaritätsprinzip in seiner traditionellen Interpretation tendenziell eine effiziente Verteilung der Regulierungskompetenzen.

Die „Anmaßung von Wissen", die der orthodoxen Interpretation des Subsidiaritätsprinzip eigen ist, lässt sich aber vermeiden, wenn das Subsidiaritätsprinzip von seinem normativen Gehalt bezüglich der vertikalen Kompetenzverteilung gelöst wird. So ließe sich das Subsidiaritätsprinzip nämlich auch als eine Aufforderung dafür verstehen, dass dezentrale Jurisdiktionsebenen als Anbieter von Regulierungen ihre Regulierungskompetenz nicht verlieren sollen, wenn eine vertikal höher liegende Regulierungsebene die gleiche Kompetenz ausübt. In dieser Interpretation würden untere Jurisdiktionsebenen nicht mehr automatisch

---

22   M.w.Nw. s. aus juristischer Perspektive bspw. *Demaret*, in: Buxbaum/Hertig/Hirsch/Hopt (Hrsg.), European Economic and Business Law (1996), 13ff. Aus föderalismustheoretischer Sicht s. zur Diskussion des Subsidiaritätsprinzips insb. *Vanberg*, Subsidiarity, Responsive Government and Individual Liberty, in: Nörr//Oppermann, (o. Fn. 12), 253ff.

23   Das Subsidiaritätsprinzip entsprechend Art. 5 Abs. 2 EG besteht aus zwei Komponenten, die zu seinem normativen Gehalt führen. Es besteht aus einem „Notwendigkeitskriterium", das der katholischen Soziallehre entlehnt ist und eine Kompetenzverlagerung „nach o." nur zulässt, wenn die untere Jurisdiktionsebene nicht in der Lage ist, die Aufgabe zu erfüllen. Das Notwendigkeitskriterium belässt damit Kompetenzen „u.", auch wenn eine höhere Jurisdiktionsebene die Leistungserstellung kostengünstiger erbringen könnte. Effizienzgesichtspunkte kommen erst im zweiten Halbsatz von Art. 5 Abs. 2 ins Spiel. Diese Konstellation führt dazu, dass Effizienzgesichtspunkte bei der Kompetenzverteilung mit einem starken Vorurteil zugunsten unterer Jurisdiktionsebenen versehen werden. Vgl. *Kenntner*, NJW 1998, 2871, 2873.

eine Regulierungskompetenz abgeben, wenn aus Zweckmäßigkeitsgründen eine höhere Jurisdiktionsebene eine Kompetenz erhält.

Eine solche Interpretation des Subsidiaritätsprinzips scheint auf den ersten Blick nur eine leichte Verschiebung der traditionellen Handlungsanweisung, Kompetenzen in möglichst dezentraler Verantwortung zu belassen. Tatsächlich aber wird das Subsidiaritätsprinzip in ein völlig anderes Licht und eine andere Funktion gerückt. Denn es wird seiner eindeutigen Kompetenzverteilungsfunktion beraubt. Es wird eben nicht mehr die Behauptung aufgestellt, dass Regulierungskompetenzen immer möglichst dezentral lokalisiert werden müssten, sondern die Klärung der Frage der Kompetenzverteilung wird dem Entdeckungsverfahren des vertikalen Regulierungswettbewerbs überlassen. Rechtsnachfrager könnten zum Beispiel im Falle des Gesellschaftsrechts selbst entscheiden, ob es für sie geeigneter ist, ein vereinheitlichtes Recht für ihre unternehmerische Tätigkeit zu wählen, oder ob es für sie vorteilhafter ist, das Recht eines Mitgliedstaates zu wählen. Ein analoger Vorschlag ist bereits im Zusammenhang mit der Schaffung eines so genannten Europäischen Systems der Vertragsrechte gemacht worden. Danach soll es möglich sein, neben dem Vertragsrecht der Mitgliedstaaten optional ein Europäisches Vertragsrecht zu wählen.[24] Ähnliches findet sich mittlerweile sogar in der Diskussion zu einem einheitlichen europäischen Grundpfandrecht.[25]

Während das Subsidiaritätsprinzip durch die hier vorgenommene Neuinterpretation zweifellos an normativem Gehalt einbüßt, gewinnt es jedoch enorm an polit-ökonomischer Bedeutung. Durch die Ermöglichung von gleichen Regulierungskompetenzen auf verschiedenen vertikalen Jurisdiktionsebenen wird nämlich verhindert, dass eine höhere Jurisdiktionsebene ein Regulierungsmonopol erhält. So wäre ausgeschlossen, dass die EU-Ebene das exklusive Recht bekommt, mit Hilfe von supranationalen Rechtsformen die Niederlassungsfreiheit von Unternehmen in der Gemeinschaft herzustellen, sondern sie müsste sich dieses Recht mit den Mitgliedstaaten teilen, die ebenfalls über Anwendung der Gründungstheorie die Niederlassungsfreiheit von Unternehmen in der EU sichern können. Dadurch werden die politischen und administrativen Akteure auf höheren Jurisdiktionsebenen, wie der EU-Ebene, daran gehindert, ihre Regulierungskompetenz unkontrolliert zu Gunsten bestimmter Interessengruppen auszuüben (Rent seeking), denn benachteiligte Rechtsnachfrager können auf das rechtliche Angebot untergeordneter Jurisdiktionen ausweichen. Aus polit-ökonomischer Sicht kann das Subsidiaritätsprinzip deshalb vor allem als eine so genannte „balance rule" verstanden werden, der die Aufgabe zukommt, nach-

---

24 Vgl. *Grundmann*, NJW 2002, 393. Hierzu kritisch *Müller*, der von einer asymmetrischen Machtverteilung der Vertragspartner ausgeht, so dass letztlich nicht das am besten geeignete Vertragsrecht für eine Transaktion zum Zuge komme, sondern dasjenige des mächtigeren Vertragspartners; vgl. *Müller*, EuZW 2003, 683.
25 *Meyer*, EuZW 2004, 389, 391.

haltig den Regulierungswettbewerb in Mehrebenensystemen aufrechtzuerhalten und die politischen und administrativen Akteure auf den verschiedenen Jurisdiktionsebenen so unter Wettbewerbsdruck zu setzen, dass ihr Verhalten nicht von den Interessen einzelner Gruppen geleitet wird, sondern von den Interessen aller von der Regulierung Betroffenen. Insbesondere wird aber sichergestellt, dass die zentrale Jurisdiktionsebene durch ein solcherart interpretiertes Subsidiaritätsprinzip systematisch in den Regulierungswettbewerb einbezogen wird. Während nämlich beispielsweise die EU-Mitgliedstaaten über die Gründungstheorie einem horizontalen Regulierungswettbewerb bei der Produktion von Gesellschaftsrecht ausgesetzt sind, ist ein horizontaler Wettbewerb auf EU-Ebene logischer Weise nicht möglich. Die EU-Ebene kann als eigenständiger Rechtsproduzent nur durch vertikalen Regulierungswettbewerb in ein wettbewerbsföderal organisiertes Mehrebenensystem von Jurisdiktionen eingebunden werden.[26]

An dieser Stelle ist freilich ein Wort der Vorsicht angebracht. Denn nicht jede Staatsaufgabe lässt sich ohne weiteres interjurisdiktionellem Wettbewerb aussetzen. Das Wettbewerbsrecht ist hierfür ein gutes Beispiel. Es macht offensichtlich wenig Sinn, wenn es Unternehmen ermöglicht würde, sich dasjenige Wettbewerbsrecht auszusuchen, das ihren Präferenzen am nächsten kommt. Das Ergebnis wäre, dass sich Unternehmen dem Wettbewerb entziehen würden und Konsumenten letztlich mit überhöhten Preisen und Produkten zweifelhafter Qualität konfrontiert wären. Bezüglich des Wettbewerbsrechts ist es daher angebracht, dass Unternehmen mit europäischem Wirkungskreis auch einem europäischen Wettbewerbsrecht unterliegen. Ähnlich lässt sich beim Vorliegen grenzüberschreitender negativer Umweltexternalitäten argumentieren. Auch hier leuchtet es ein, dass eine freie Rechtswahl von Umweltstandards durch Unternehmen zu unsinnigen Ergebnissen führen würde. Die adäquate Jurisdiktionsebene zur Kompetenzausübung bestimmt sich vielmehr nach der lokalen Reichweite der Umweltexternalität. Im Falle der globalen Klimaerwärmung ist

---

26 Die hier entwickelte Interpretation des Subsidiaritätsprinzips lässt sich föderalismustheoretisch dem sog. „market preserving federalism" zuordnen; vgl. *Weingast*, Journal of Law, Economics, and Organization 1995, 1; *de Figueiredo/Weingast*, Pathologies of Federalism, Russian Style (2002) (Working Paper); *Feld/Kirchgässner*, in: Holzmann (Hrsg.), Maastricht: Monetary Constitution Without a Fiscal Constitution? (1996), 195ff. Dieser Ansatz untersucht vor allem, unter welchen (Meta-)Regeln Politiker überhaupt Anreize haben, ein kompetitives dezentrales Angebot an öffentlichen Leistungen bereitzustellen und aufrechtzuerhalten; vgl. *Qian/Weingast*, Journal of Economic Perspectives 1997, 83; *Schneider*, in: Cassel (Hrsg.), Europäische Integration als ordnungspolitische Gestaltungsaufgabe, 1998, 11ff. Die zentrale Frage ist dabei, unter welchen Bedingungen eine wettbewerbsföderale Ordnung selbstdurchsetzend und glaubwürdig ist, nicht von politischen Akteuren für bestimmte Interessengruppen zu Lasten anderer Bürger unterlaufen zu werden; vgl. *Aoki*, Toward a Comparative Institutional Analysis (2001), 166.

deshalb die geeignete Jurisdiktionsebene zur Regulierung der Emission von Treibhausgasen die Welt insgesamt.

Doch selbst in den eben geschilderten Fällen ist die Neuinterpretation des Subsidiaritätsprinzips zur Initiierung eines vertikalen Regulierungswettbewerbs nicht ganz hinlänglich. Denn die Regulierungskompetenz einer Jurisdiktionsebene ist von ihrer Rechtsanwendungskompetenz zu unterscheiden. So ist es im Wettbewerbsrecht durchaus möglich, dass lokale Wettbewerbsbehörden supranationales Wettbewerbsrecht anwenden – ein Vorschlag der im Übrigen von der EU-Kommission bezüglich der Anwendung von Art. 81 und 82 EG bereits gemacht wurde.[27] Im Sinne der Neuinterpretation des Subsidiaritätsprinzips wäre deshalb zu überlegen, inwiefern Unternehmen die Möglichkeit gegeben werden sollte, zwischen der mitgliedstaatlichen und der EU-Ebene zu wählen, um wettbewerbsrechtliche Probleme lösen zu lassen. Auf diese Weise würden die Wettbewerbsbehörden auf den verschiedenen Jurisdiktionsebenen nicht bezüglich des materiellen Wettbewerbsrechts in Wettbewerb miteinander gesetzt, sondern bezüglich einer möglichst effizienten Rechtsanwendung des ihnen vorgegebenen Rechts. Die Neuinterpretation des Subsidiaritätsprinzips als Kompetenzermächtigungsnorm ließe sich damit auch differenziert auf Regelungsbereiche anwenden, die keinem materiell-rechtlichen vertikalen Regulierungswettbewerb zugänglich sind.

4. Bedingungen eines vertikalen Regulierungswettbewerbs

Bevor im nächsten Abschnitt die hier skizzierten theoretischen Überlegungen am konkreten Fall der supranationalen Rechtsformen der SE und EPG weiter vertieft werden, sollen Bedingungen herausgearbeitet werden, die als Richtschnur zur Beurteilung eines vertikalen Regulierungswettbewerbs supranationaler Rechtsformen dienen können.

Keine Beschränkungen der Wahlmöglichkeiten. Hinter dieser Bedingung steckt die Forderung, dass Rechtsnachfrager nicht darin beschränkt werden dürfen, zwischen supranationalem und nationalem Recht zu wählen. Präferenzen für supranational (zentral) oder national (dezentral) angebotenes Recht müssen sich somit in einer entsprechenden Rechtswahl niederschlagen können. Nur so ist garantiert, dass über den rechtlichen Selektionsprozess die Rechtsfortbildung nachhaltig in die von den Rechtsnachfragern gewünschte Richtung gelenkt wird.

Geschlossenheit der Wahlmöglichkeiten. Diese Bedingung fordert, dass die Regulierungsangebote in dem Sinne komplett sind, dass sie ein rechtliches Problem auch umfassend zu lösen in der Lage sind. Der materielle Gehalt einer auf einer Ebene angebotenen Regulierung muss somit ausreichend umfänglich sein. Die gewählte Regulierung sollte also weitestgehend ohne Rückgriff auf

---

27 Vgl. hierzu m.w.Nw. *Demaret*, (o. Fn. 21), 20.

Regelungen des gleichen Gegenstandsbereichs einer anderen Jurisdiktionsebene auskommen.

Kompatibilität. Mit der letzten Bedingung eng verbunden ist das Kompatibilitätsproblem. Selbst weitgehend vollumfängliches supranationales Recht wird nämlich auf die eine oder andere Weise an nationales Recht anschließen müssen. Damit entsteht das Problem, dass supranationales und nationales Recht miteinander kompatibel sein müssen, also keine Regelungslücken, rechtlich widersprüchliche Situationen oder Überregulierungen auftreten dürfen. Es geht somit beim Kompatibilitätsproblem um die Abstimmung von supranationalem Recht und nationalen Teilrechtsordnungen zu einem effizienten rechtlichen Gesamtergebnis. Auch wenn es logische Konsequenz des Regulierungswettbewerbs ist, dass Rechtsunterschiede bestehen und Jurisdiktionen frei darin sein müssen, Recht fortzuentwickeln, so ist doch klar, dass die rechtliche Gesamtordnung das Kompatibilitätsproblem im Auge behalten muss.

Offenhaltung des Wettbewerbs. Unter dieser Bedingung ist zu verstehen, dass der Wettbewerb zwischen unterschiedlichen Jurisdiktionsebenen aktuell und potentiell tatsächlich möglich sein muss. Hierfür ist es notwendig, dass die Übertragung einer Regulierungskompetenz auf eine Jurisdiktionsebene nicht bedeutet, dass Jurisdiktionsebenen, die bislang die Regulierungskompetenz innehatten, ihre Kompetenz verlieren. Das Subsidiaritätsprinzip sichert in diesem Sinne eine dezentrale Kompetenzverteilung, es ordnet aber vertikal keine exklusiven Regulierungskompetenzen zu. Dadurch ist es den verschiedenen Jurisdiktionsebenen möglich, jederzeit mit einer anderen Jurisdiktionsebene in Wettbewerb zu treten. Der potentielle vertikale Regulierungswettbewerb übt hierbei bereits ex ante eine stark disziplinierende Wirkung aus.

Keine Politikverflechtung zwischen den Jurisdiktionsebenen. Diese Bedingung besagt, dass die einzelnen Jurisdiktionsebenen ihre Regulierungsangebote ohne Beeinflussung durch Entscheidungsträger anderer Jurisdiktionsebenen abgeben sollen. Das heißt, die politisch-administrativen Prozesse der einzelnen Jurisdiktionsebenen müssen getrennt sein. Ansonsten ist zu vermuten, dass Entscheidungsträger versuchen werden, durch Manipulation des Angebots einer Jurisdiktionsebene einer anderen einen nichtwettbewerblichen Vorteil zu verschaffen (Rent seeking). Nur durch „checks and balances", also das gegenseitige Kontrollieren der einzelnen Jurisdiktionsebenen, wird sichergestellt, dass die Machtverteilung innerhalb einer Föderation nicht auf die eine oder andere Jurisdiktionsebene kippt, sondern ein (sich selbst durchsetzendes) Machtgleichgewicht zwischen oberen und unteren Jurisdiktionsebenen erhalten bleibt.[28]

---

28 Zur ökonomischen Logik der Machtverteilung auf verschiedene Jurisdiktionsebenen, um eine sich selbstdurchsetzende föderale Ordnung zu schaffen und zu erhalten, s. *Cooter,* The Strategic Constitution (2000), 211ff. sowie *Aoki,* (o. Fn. 26), 220ff.

Diese fünf Bedingungen lassen sich sicherlich weiter differenzieren, sie bilden jedoch die wettbewerbspolitischen und polit-ökonomischen Grundbedingungen, die ein funktionsfähiger vertikaler Regulierungswettbewerb zu erfüllen hat. Bevor die SE-VO als konkretes supranationales Rechtsangebot an der Erfüllung der einzelnen Bedingungen gemessen wird, soll zunächst eine kurze inhaltliche Darstellung der SE-VO erfolgen.

IV. Die Europäische Aktiengesellschaft – eine supranationale Rechtsform?

1. Die rechtliche Ausgestaltung der Europäischen Aktiengesellschaft

a) Der Rechtsrahmen

Die Rechtsgrundlage der SE bilden zwei gemeinschaftsrechtliche Rechtsakte: Die unmittelbare Wirkung in den Mitgliedstaaten entfaltende Verordnung[29] über das Statut der Europäischen Aktiengesellschaft.[30] Und in Ergänzung dazu die speziell für die SE erlassene Richtlinie zur Mitbestimmung der Arbeitnehmer in der SE.[31] Da beide Rechtsakte eine untrennbare Einheit bilden, ist die Richtlinie bis zum Inkrafttreten der Verordnung am 8.10.2004 von den Mitgliedstaaten in innerstaatliches Recht umzusetzen.[32]

Die Verordnung beschränkt sich im Wesentlichen auf gesellschaftsrechtliche Fragen; nicht gesellschaftsrechtliche Bereiche wie das Steuerrecht, das Wettbewerbsrecht, der gewerbliche Rechtsschutz und das Insolvenzrecht werden von der Verordnung ausdrücklich nicht erfasst.[33]

Gemäß der SE-VO ist die Europäische Aktiengesellschaft eine (Handels-) Gesellschaft, die mit der konstitutiv wirkenden Eintragung ins nationale Register des Sitzstaates eigene Rechtspersönlichkeit erlangt (Art. 1 Abs. 3, 12, 16 Abs. 1 SE-VO).[34] Sie hat ein in Aktien zerlegtes Grundkapital von mindestens

---

29 Vgl. Art. 249 Abs. 2 EG.
30 Auf Grundlage des Art. 308 EG hat der Rat der Europäischen Union am 8.10.2001 die VO Nr. 2157/2001 über das Statut der Europäischen Gesellschaft (SE) erlassen, die am 8.10.2004 in Kraft tritt, ABl. EG Nr. L 294, 1 vom 10.11.2001; nachfolgend: SE-VO.
31 RL 2001/86/EG des Rates zur Ergänzung des Statutes der Europäischen Gesellschaft hinsichtlich der Beteiligung der Arbeitnehmer vom 8.10.2001, ABl. EG Nr. L 294, 22 v. 10.11.2001; nachfolgend: SE-RL.
32 Vgl. Art. 249 Abs. 3 EG sowie Art. 14 Abs. 1 SE-RL; *Schindler*, Die Europäische Aktiengesellschaft (2002), 7.
33 Vgl. Erwägungsgrund Nr. 20 zur SE-VO (o. Fn. 30).
34 Die Eintragung darf jedoch erst erfolgen, wenn eine Vereinbarung über die Beteiligung der Arbeitnehmer (Mitbestimmung) nach der SE-RL (o. Fn. 31) geschlossen worden ist,
(Fortsetzung auf der nächsten Seite)

120.000 € (Art. 1 Abs. 1 und 2, Art. 4 Abs. 1 und 2 SE-VO). Für Verbindlichkeiten haftet den Unternehmensgläubigern nur das Gesellschaftsvermögen; die Aktionäre trifft eine Pflicht zur Leistung einer Einlage an die Gesellschaft (Art. 1 Abs. 2 S. 2 SE-VO).

Eigenständige gesellschaftsrechtliche Regelungen enthält die SE-VO vor allem für die Gründung der Europäischen Aktiengesellschaft sowie deren Leitung,[35] wobei der Bereich der Arbeitnehmermitbestimmung ausgeklammert bleibt und der erwähnten Richtlinienumsetzung überlassen ist.

Hinsichtlich der Finanzordnung der Gesellschaft, d.h. Kapitalisierung, Kapitalerhöhung und -herabsetzung, Kapitalerhaltung sowie Rechnungslegung hingegen verweist die SE-VO im Wesentlichen auf das nationale Recht des Sitzstaates (Art. 4 Abs. 3 SE-VO). Ebenfalls verweist die SE-VO in Art. 63 auf das Recht des Sitzstaates, wenn es um die Auflösung der Gesellschaft oder die Folgen der Insolvenz geht.

Die Gründung der SE ist restriktiv geregelt, so dass die supranationale Rechtsform nicht allen Akteuren für ihre unternehmerische Tätigkeit im Binnenmarkt gleichermaßen offen steht. Beschränkungen der Wahlfreiheit ergeben sich daraus, dass nur die in Art. 2 SE-VO geregelten Gründungsformen Verschmelzung, Umwandlung oder Gründung von Holding-SE oder Tochter-SE zulässig sind.[36] Diese Gründungsformen sind individuellen Akteuren (natürlichen Personen) nicht zugänglich. Aber auch Unternehmen stehen nicht alle Gründungsformen gleichermaßen offen, vielmehr besteht hier eine Rechtsformabhängigkeit.[37] Eine weitere Einschränkung der Wahlmöglichkeit stellt die obligatorische Mehrstaatlichkeit dar, wonach bei der Gründung ein Bezug zu (mindestens) zwei Mitgliedstaaten aufgewiesen werden muss (Art. 2 SE-VO).

Die vorrangige Rechtsgrundlage für die Europäische Aktiengesellschaft ist gemäß Art. 9 SE-VO die Verordnung selbst. Diese verdrängt sämtliche anderen Rechtsgrundlagen. Der autonome Charakter der Verordnung wird jedoch insoweit beträchtlich relativiert als die Verordnung eine Vielzahl von gesellschaftsrechtlichen Tatbeständen nicht (abschließend) regelt und auf das nationale

---

vgl. Art. 12 Abs. 2 SE-VO (o. Fn. 30); vgl. auch *Thoma/Leuering*, NJW 2002, 1449, 1451; *Lutter*, BB 2002, 1, 3.

35 S. auch Erwägungsgründe Nr. 6 und 7 zur SE-VO (o. Fn. 30), wonach durch die VO vor allem die Gründung und die Leitung von Gesellschaften europäischen Zuschnitts ermöglicht werden soll.

36 Die Gründung von Tochtergesellschaften der SE wird in Art. 3 Abs. 2 SE-VO geregelt.

37 Während gem. Art. 2 Abs. 2 und 3 SE-VO die Gründung einer Holding-SE oder Tochter-SE auch Gesellschaften mit beschränkter Haftung (und den vergleichbaren Rechtsformen anderer Mitgliedstaaten) offen steht, ist die Verschmelzung oder Umwandlung allein Aktiengesellschaften bzw. vergleichbaren Rechtsformen vorbehalten, vgl. auch *Hommelhoff*, AG 2001, 279, 280.

Recht des Sitzstaates der Gesellschaft verweist.[38] Die SE hat daher verschiedene Rechtsquellen, die allesamt ihre konkrete Ausgestaltung mitbestimmen.[39]

Betrachtet man die Regelungsbereiche, in denen auf nationales Recht verwiesen wird, fällt auf, dass eine Vielzahl davon bereits Gegenstand von Harmonisierungsmaßnahmen waren. Zunächst birgt das die Vermutung, dass die Regelungsunterschiede der nationalen Rechtsordnungen in diesen Bereichen tendenziell nicht allzu groß sein dürften. Einer dieser Bereiche, die von der SE-VO selbst kaum geregelt und in denen auf das nationale Recht verwiesen wird, ist – wie bereits erwähnt – die Finanzordnung der SE. Die Aufbringung, Erhaltung und Änderung des (Grund-) Kapitals der Aktiengesellschaft ist Gegenstand der 2. gesellschaftsrechtlichen Richtlinie[40], so dass für das Recht der Aktiengesellschaften in diesem Bereich europaweit Mindeststandards etabliert und in dieser Hinsicht die nationalen Gesellschaftsrechte weitgehend angeglichen wurden.

Im Hinblick auf die Rechnungslegung zeigt sich jedoch (derzeit) ein komplexeres Bild. Auch die Rechnungslegung der Aktiengesellschaften ist Gegenstand gesellschaftsrechtlicher Richtlinien, so der 4. (Bilanzrichtlinie)[41], der 7. (Konzernbilanzrichtlinie)[42] und der 8. (Abschlussprüferrichtlinie)[43]. Wenn die SE-VO auf den durch diese Richtlinien harmonisierten Bereich der Rechnungslegung in den Mitgliedstaaten verweist, kommt es in der Praxis jedoch zu komplexen bilanzrechtlichen Alternativen. So enthält die Bilanzrichtlinie (4. Richtlinie) allein 41 Optionen für die Umsetzung durch die Mitgliedstaaten und

---

38   Bei der Europäischen Aktiengesellschaft wurde anfangs durchaus eine materielle Vollumfänglichkeit des Gesellschaftsrechts angestrebt, so dass der jetzt verabschiedete Text der SE-VO nur noch ein Torso des ursprünglichen Entwurfs von 1975 ist. In den siebziger Jahren war zunächst versucht worden, die SE mit einem umfassenden und eigenständigen, von dem jeweiligen nationalen Aktienrecht unabhängigem Regelungsregime auszustatten. Dieses Vorhaben war jedoch nicht zu realisieren, da dem nicht nur unterschiedliche aktien- und vor allem mitbestimmungsrechtliche Regelungen in den Mitgliedstaaten entgegenstanden, sondern vor allem auch, weil viele Mitgliedstaaten die Gefahr sahen, dass das heimische Aktienrecht austrocknen könnte und heimische Aktiengesellschaften nach Europa auswandern könnten, vgl. *Lutter*, (o. Fn. 34), 1.

39   Als Rechtsgrundlage der SE ergibt sich mit den Worten Hommelhoffs daher „eine kunstvoll aufgeschichtete Rechtsquellenpyramide aus Gemeinschaftsrecht, mitgliedstaatlichem Nationalrecht und gesellschafts-individuellem Satzungsrecht", *Hommelhoff,* (o. Fn. 37), 285.

40   77/91/EWG (Kapitalschutz-RL), ABl. L 65, S. 8 vom 14.3.1968.

41   78/660/EWG, ABl. L 222, S. 11 vom 14.8.1978, zuletzt geändert durch Rl 2001/65/EG, ABl. L 283, S. 28 vom 27.10.2001 und Rl 2003/38/EG, ABl. L 120, S. 22 vom 15.5.2003, Gegenstand ist die Gliederung und der Inhalt des Jahresabschlusses und des Lageberichts sowie Bewertungsmethoden, Prüfung und Offenlegung.

42   83/349/EWG, ABl. L 193, S. 1 vom 18.7.1983, zuletzt geändert durch Rl 2001/65/EG, ABl. L 283, S. 28 vom 27.10.2001, diese hat den konsolidierten Abschluss im Konzern zum Gegenstand.

43   84/253/EWG, ABl. L 126, S. 20 vom 12.5.1984, deren Gegenstand ist die Befähigung zur Pflichtprüfung von Rechnungsunterlagen.

weitere 35 Optionen für die betroffenen Unternehmen,[44] was die Vergleichbarkeit der Jahresabschlüsse deutlich erschwert. Ob man in diesem Fall noch von Harmonisierung sprechen kann, ist deswegen fraglich.[45]

b) Die Governance-Struktur

Die Frage der Governance-Struktur (Steuerungs- und Kontrollstruktur) ist vor allem aus betriebswirtschaftlicher Sicht ein Charakteristikum, das besondere Beachtung bei der Rechtsformwahl verdient.

Die Governance-Struktur der SE wird in der Verordnung nur „sporadisch" geregelt. Ganz überwiegend enthält die Verordnung nur „Rahmenvorgaben" und überlässt die konkreten Bestimmungen zur Kompetenzverteilung zwischen den Organen der Gesellschaft weitestgehend der mitgliedstaatlichen Ausgestaltung.[46] Eine wichtige Besonderheit der SE besteht jedoch darin, dass den Gründern eine Wahlmöglichkeit zwischen dem monistischen (Board) und dem dualistischen Verwaltungssystem (Vorstand/Aufsichtsrat) eingeräumt wird (Art. 38 SE-VO).[47] In der EU werden daher zukünftig SEen mit unterschiedlichen Verwaltungssystemen nebeneinander existieren.

Die Wahlmöglichkeit zwischen monistischem und dualistischem Verwaltungssystem ist zweifellos als ein Zugeständnis an die unterschiedlichen „Governance-Traditionen" der Mitgliedstaaten zu verstehen.[48] Da die Wahl des Verwaltungssystems grundsätzlich unabhängig vom Sitzstaat erfolgt, erfordert dieser Kompromiss aber von den Mitgliedstaaten auch, dass sie beide Systeme zumindest für die SE „ermöglichen" müssen (Art. 39 Abs. 5, Art. 43 Abs. 4 SE-VO).

Für die Governance der SE ist jedoch nicht allein die SE-VO entscheidend, sondern auch die Mitbestimmungs-Richtlinie. Durch die Richtlinie ergeht ein „Regelungsauftrag" an die Mitgliedstaaten, dass das mitbestimmungsrechtliche Niveau eines Mitgliedstaates sowohl bei Wahl des monistischen als auch des dualistischen Systems gewährleistet wird. So gilt beispielsweise bei einer

---

44   Vgl. *Kilian*, Europäisches Wirtschaftsrecht, 2. Aufl. (2003), 238.
45   Vgl. dazu schon *Kirchner/Schwartze*, Die Wirtschaftsprüfung 1985, 397. Eine gewisse Abhilfe von dieser bilanzrechtlich nicht zufriedenstellenden Situation könnte ab 2005 (ab 2007 für Unternehmen mit Listing an US-amerikanischen Börsen) die IFRS-VO, VO (EG) Nr. 1606/2002, ABl. Nr. L 243, S. 1 vom 11.9.2002, schaffen, die für bestimmte Unternehmen eine EU-weit einheitliche Bilanzierung vorsieht.
46   So z.B. Fragen der Zuständigkeit der Hauptversammlung oder auch Bestimmungen über zustimmungsfähige bzw. -bedürftige Geschäfte beim dualistischen System.
47   Vgl. zur monistischen Verfassung einer SE mit Sitz in Deutschland *Eder*, NZG 2004, 544. Siehe auch Erwägungsgrund Nr. 14 zur SE-VO (o. Fn. 30).
48   Zur pfadabhängigen Rechtsentwicklung der europäischen Governance-Systeme s. *Schmidt/Grohs*, in: Grundmann (Hrsg.), Systembildung und Systemlücken in Kerngebieten des Europäischen Privatrechts (2000), 145ff.

grenzüberschreitenden Verschmelzung von zwei Aktiengesellschaften zu einer SE grundsätzlich, dass das jeweils höhere Mitbestimmungsniveau für die SE insgesamt anzuwenden ist, wenn nicht die Arbeitnehmer einer Abbedingung ihrer Mitbestimmungsrechte ausdrücklich zustimmen.[49] Es wird damit quasi ein mitbestimmungsrechtlicher Bestandsschutz gewährleistet.

Festzuhalten bleibt vor allem, dass die Verweise der SE-VO auf das Recht der Mitgliedstaaten zu einem uneinheitlichen Bild führen. Während in bestimmten Bereichen die Verweise der SE-VO auf ein weitgehend angeglichenes Recht der Mitgliedstaaten stoßen, gibt es andere Verweisungsbereiche, in denen das mitgliedstaatliche Recht mehr oder weniger stark voneinander abweicht. Die SE hat aus diesem Grund auch nur teilweise einen eigenen europäischen Charakter.[50] Vielmehr wird die SE stark vom Recht des jeweiligen Satzungssitzes mitbestimmt, so dass man durchaus von einem von Mitgliedstaat zu Mitgliedstaat unterschiedlichen SE-Statut sprechen kann.[51] Mit der Wahl der SE als Rechtsform wählt man somit immer auch eine beträchtliche Menge an mitgliedstaatlichem Gesellschaftsrecht.

2. Die Europäische Aktiengesellschaft im Spiegel der Bedingungen eines funktionsfähigen vertikalen Regulierungswettbewerbs

Im letzten Abschnitt klang bereits im Zusammenhang mit der Verweisungstechnik der SE-VO die Frage an, inwiefern die Verordnung geeignet erscheint, eine vollumfängliche Rechtswahl zu ermöglichen. Diese Frage soll jetzt etwas systematischer behandelt werden, indem untersucht wird, inwieweit die im Abschnitt III.4 entwickelten Bedingungen für einen funktionsfähigen vertikalen Regulierungswettbewerb von der Konzeption der Europäischen Aktiengesellschaft erfüllt werden.

Keine Beschränkungen der Wahlmöglichkeiten. Diese Bedingung ist offensichtlich nur eingeschränkt erfüllt. Zwar ist es Aktiengesellschaften in Europa freigestellt, ihre bisherige Rechtsform beizubehalten, insofern werden Gesellschaften zu keinem Formwechsel gezwungen. Aber die Wahlmöglichkeit der SE steht nur einem begrenzten Kreis von Unternehmen zur Verfügung, die die Gründungsvoraussetzungen erfüllen. Dazu gehört, dass ein Grundkapital von mindestens 120.000 € benötigt wird, aber vor allem, dass sich eine Gesellschaft nicht direkt als SE gründen kann, sondern aus bereits bestehenden Gesellschaften aus mindestens zwei Mitgliedstaaten hervorgehen muss. Damit steht der Weg zur SE letztlich nur großen europäischen Kapitalgesellschaften offen. Mit

---

49 *Lutter*, (o. Fn. 34), 6; *Nagel/Köklü*, WiSt 2003, 713, 718.
50 Vgl. auch *Bericht der Hochrangigen Gruppe von Experten auf dem Gebiet des Gesellschaftsrechts über moderne gesellschaftsrechtliche Rahmenbedingungen in Europa*, November 2002, 128 abrufbar unter: http://europa.eu.int/comm/internalmarket/en/company/company/modern/consult/report_de.pdf.
51 *Hommelhoff*, (o. Fn. 37), 284.

anderen Worten, die vertikale Rechtswahlmöglichkeit ist faktisch beschränkt, so dass ein Teil der Rechtsnachfrager mit einer Präferenz für eine supranationale Rechtsform nicht zum Zuge kommt.

Eine Beschränkung der Wahlmöglichkeiten schließt Regulierungswettbewerb zwar nicht per se aus, macht ihn jedoch schwergängiger. Denn durch den Ausschluss von Rechtsnachfragern wird der gesellschaftsrechtliche Selektionsprozess an seiner Entfaltung gehindert. Dies hat insbesondere zwei negative Konsequenzen: Die erste ist, dass von den Rechtsanbietern supranationalen und nationalen Gesellschaftsrechts Wettbewerbsdruck genommen wird. Damit sinkt aber der Anreiz zur Rechtsfortbildung auf nationaler und supranationaler Ebene. Die zweite negative Konsequenz ist, dass die Richtung der Rechtsfortbildung beeinflusst wird. Da kleinere und mittlere Unternehmen nicht als Rechtsnachfrager der SE auftauchen, werden auch keine rechtlichen Verbesserungsprozesse für diese Unternehmenstypen angestoßen. Die SE gerät dadurch in eine pfadabhängige Rechtsentwicklung, die allein auf die Bedürfnisse der großen Kapitalgesellschaften abstellt.

Geschlossenheit der Wahlmöglichkeiten. Die SE ist keine „echte" Regulierungsalternative zur nationalen Ebene, da sie kein gesellschaftsrechtliches Produkt ist, das vollumfänglich von der EU-Ebene angeboten wird. Die SE-VO bildet eher ein gesellschaftsrechtliches Rahmenwerk, das häufig auf die mitgliedstaatlichen Gesellschaftsrechte verweist.

Da die SE kein vollumfängliches supranationales Gesellschaftsrecht hat, stellt sich die Frage, wie dieser Umstand im Hinblick auf die Funktionsfähigkeit des vertikalen Regulierungswettbewerbs zu beurteilen ist. Diese Frage ist derzeit nicht leicht zu beantworten, weil abgewartet werden muss, wie sich das gesellschaftsrechtliche Zusammenspiel von SE-VO und mitgliedstaatlichen Gesellschaftsrechten in der Praxis konkret gestalten wird. Einige systematische Aussagen können dennoch bereits gemacht werden, wobei es notwendig erscheint, zwischen dem Verweis auf harmonisiertes und nichtharmonisiertes mitgliedstaatliches Recht zu unterscheiden.

In den Fällen, in denen von der supranationalen Ebene auf die nicht harmonisierte mitgliedstaatliche Ebene verwiesen wird, tritt die SE mit keinem materiellen Gesellschaftsrecht vertikal in Wettbewerb, und es bleibt somit beim horizontalen gesellschaftsrechtlichen Wettbewerb der Mitgliedstaaten. Ein Ergebnis des Verweises der SE-VO auf nichtharmonisiertes nationales Recht ist, dass je nachdem, wo eine SE ihren Sitz hat, letztlich ein partiell anderes SE-Gesellschaftsrecht entsteht. Damit ist es letztlich nicht eine SE-Rechtsform, die auf supranationaler Ebene entsteht, sondern es gibt so viele SEen, wie es Mitgliedstaaten gibt. Daher könnte zunächst vermutet werden, dass es einen horizontalen Wettbewerb zwischen den verschiedenen SE-Statuten geben könnte.

Da es sich jedoch um Hybride aus SE-VO und mitgliedstaatlichem Gesellschaftsrecht handelt,[52] bleibt fraglich, ob dabei tatsächlich ein horizontaler Regulierungswettbewerb auf supranationaler Ebene entsteht, der über den bereits bestehenden horizontalen Wettbewerb auf Ebene der Mitgliedstaaten hinaus geht. Im Gegenteil, es ist vielmehr zu vermuten, dass der Regulierungswettbewerb zwischen den unterschiedlichen SE-Statuten der Mitgliedstaaten nur höchst eingeschränkt funktioniert.[53] Dies ist eine Folge davon, dass das subsidiär anwendbare Recht der Mitgliedstaaten nicht frei gewählt werden kann, sondern letztlich vom Sitz der Hauptverwaltung abhängig ist. Für das subsidiär anwendbare Recht der SE gilt nämlich im Prinzip die kollisionsrechtliche Regel der Sitztheorie.[54] Damit gilt für den horizontalen Wettbewerb der SE-Statuten aber Ähnliches wie für den Wettbewerb der Gesellschaftsrechte der Mitgliedstaaten unter einem kollisionsrechtlichen Regime der Sitztheorie; nämlich, dass Regulierungswettbewerb durch die Beschränkung der Rechtswahl weitestgehend unterbunden wird.

In den Bereichen, in denen die SE-VO auf gesellschaftsrechtlich relevante Regelungen in den Mitgliedstaaten verweist, die zuvor durch Richtlinien angeglichen wurden, tritt zwar das dargelegte Problem der „gesellschaftsrechtlichen Verwässerung" der SE durch nationales Recht möglicherweise nicht auf, wenn das nationale Recht hinreichend angeglichen ist. In diesen Bereichen ist aber sowohl der horizontale als auch der vertikale Wettbewerb weitestgehend ausgeschlossen, weil aufgrund der Richtlinien weder die nationalen Rechtsordnungen ihr Recht in diesen Bereichen entscheidend variieren können, noch die SE-VO in Konkurrenz zu durch Richtlinien harmonisiertes nationales Recht treten kann.

Kompatibilität. Diese Bedingung verlangt, dass das Gesellschaftsrecht der SE „reibungslos" an das Recht des Sitzstaates anschließt. Ist für potenzielle Rechtsnachfrager der SE absehbar, dass es zu Regelungslücken, zu widersprüchlichen rechtlichen Lösungen oder zu Überregulierungen kommt, ist es wenig attraktiv, die SE als Rechtsform zu wählen. In diesem Fall käme der vertikale Regulierungswettbewerb entweder nicht in Gang oder die SE wird zwar gewählt, aber die Rechtswahl bürdet entweder Dritten (Externalitäten) oder auch den Rechtsnachfragern selbst zusätzliche Kosten auf. Die mangelnde Kompatibilität zwi-

---

52 Vgl. *Blanquet*, ZGR 2002, 20, 24 sowie *Nagel/Köklü*, (o. Fn. 49), 719.
53 Optimistischer *Lutter*, (o. Fn. 34), 3.
54 Gem. Art. 7 S. 1 SE-VO muss der (Satzungs-) Sitz einer SE in jenem Mitgliedstaat liegen, in dem sich auch ihre Hauptverwaltung befindet. Eine Rechtswahl des subsidiär anwendbaren nationalen Rechts ist somit ausschließlich über eine Standortbestimmung möglich. Die grenzüberschreitende Verlegung der Hauptverwaltung hat dann auch den Wechsel des subsidiär anwendbaren Rechts zur Folge, vgl. Art. 9 Abs. 1 lit c SE-VO sowie *Schindler*, (o. Fn. 32), 54.

schen SE-Statut und mitgliedstaatlichen Teilrechtsordnungen stellt damit eine mittelbare Beschränkung der Rechtswahl für Unternehmen dar.

Auch bezüglich des Kompatibilitätsproblems wird man noch abwarten müssen, bis entsprechende empirische Erfahrungen mit der SE vorliegen. Ein Beispiel kann die Problematik jedoch noch etwas verdeutlichen. Bezüglich der Unternehmensmitbestimmung sieht die Mitbestimmungsrichtlinie im Prinzip vor, dass sich das höchste Mitbestimmungsniveau grenzüberschreitend durchsetzt. In den Mitgliedstaaten mit niedrigerem Mitbestimmungsniveau muss also bei Gründung einer SE das Niveau der Mitbestimmung angehoben werden. Wie interagiert diese „transplantierte" Mitbestimmung aber beispielsweise mit der betrieblichen Mitbestimmung vor Ort, die ja unverändert bleibt? Oder wie verhält sich die „fremde" Mitbestimmung zu Teilen des lokalen Arbeitsrechts? Es mag sein, dass das Kompatibilitätsproblem in der Praxis weit weniger gravierend ist, als es aus theoretischer Sicht erscheint. Dass mit Bezug auf die SE hier noch nicht alle Fragen geklärt sind, dürfte aber einleuchtend sein.

Offenhaltung des Wettbewerbs. Diese Bedingung ist gegenwärtig erfüllt. Denn die SE tritt zu dem bereits bestehenden gesellschaftsrechtlichen Angebot hinzu, ohne dass dies eine Einschränkung erfahren würde. So setzt sich auf horizontaler Ebene entlang der EuGH-Urteile „Centros", „Übersseering" und „Inspire Art" immer weiter die Gründungstheorie beziehungsweise die gegenseitige Anerkennung von Gesellschaftsrecht durch, wodurch der horizontale Regulierungswettbewerb an Schärfe gewinnt. Dieser Prozess scheint bislang nicht durch Einführung der SE behindert zu werden. Es ist jedoch auch zukünftig darauf zu achten, dass das Angebot einer supranationalen Rechtsform nicht als Argumentationshilfe zur Ausschaltung des horizontalen gesellschaftsrechtlichen Wettbewerbs benutzt wird und die Anwendung der Gründungstheorie als einzige mit der Niederlassungsfreiheit im Binnenmarkt vereinbare Kollisionsnorm einen Dämpfer erhält.

Keine Politikverflechtung zwischen den Jurisdiktionsebenen. Diese Bedingung ist bislang nicht erfüllt. Die Mitgliedstaaten haben über den Ministerrat und andere politische Kanäle erheblichen Einfluss auf das Zustandekommen des regulatorischen Angebots der EU-Ebene. Das über dreißigjährige Verhandeln der SE ist ein prominentes Beispiel für diesen Einfluss der Mitgliedstaaten. Und ein Gedankenexperiment kann das Problem der Politikverflechtung noch deutlicher machen. So würde die Theorie des Regulierungswettbewerbs fordern, dass es der EU-Ebene möglich sein müsste, eine SE anzubieten, die mitbestimmungsfrei ist und in Wettbewerb zu mitbestimmtem Gesellschaftsrecht der Mitgliedstaaten tritt. Ein solches Szenario ist allerdings nur in Gedanken vorstellbar, kaum jemand wird ernsthaft annehmen, dass Mitgliedstaaten mit hohem Mitbestimmungsniveau wie Deutschland ein solches gesellschaftsrechtliches Angebot der EU-Ebene tolerieren würden.

Zusammenfassend lässt sich sagen, dass die SE gemessen an den Bedingungen für einen funktionsfähigen vertikalen Regulierungswettbewerb eine Reihe von

Defiziten aufweist. Daraus folgt freilich nicht, dass die SE als supranationales Regulierungsangebot gänzlich abzulehnen ist. Der nächste Abschnitt beschäftigt sich deshalb mit der EPG, die als Rechtsform derzeit noch diskutiert wird und von den hier gewonnenen Einsichten noch profitieren könnte.

V. Gestaltungsoptionen Europäischer Rechtsformen – die Europäische Privatgesellschaft

Die Diskussion um die konkrete Ausgestaltung der EPG[55] beziehungsweise des Statuts der EPG ist noch nicht abgeschlossen. Offen ist vor allem, wie viele von den derzeitig vorgeschlagenen Regelungen die Hürde der Verordnungsgebung tatsächlich nehmen werden. Grundlage für die nachfolgende Darstellung ist deshalb der derzeit vorliegende Verordnungsentwurf (EPG-VE).[56]

Vordergründiges Ziel des EPG-VE ist es, eine supranationale Unternehmensform zu schaffen, die auch für kleine und mittelständische Unternehmen (KMU) den Binnenmarkt öffnet.[57] Dem Konzept eines Rechtsformdualismus folgend tritt die EPG neben die Europäische Aktiengesellschaft und muss von dieser abgegrenzt werden.[58] Hauptbeweggrund der Verfolgung eines Konzepts des Rechtsformdualismus ist anscheinend, dass die Regelungsprobleme des Anlegerschutzes und der Mitbestimmung der EPG erspart bleiben sollen.[59] Gemäß dieser Zielsetzung ist das EPG-Statut ausgerichtet an den „geschlossenen" Gesellschaften und teilt mit diesen zwei wesentliche Eigenschaften: die Haftungsbeschränkung und die Maßgabe, dass sie ihre Anteile nicht öffentlich zur Zeichnung anbieten und keine Inhaberpapiere ausgeben darf. Das heißt, die EPG teilt mit allen Privatgesellschaften die Merkmale eines geschlossenen Gesellschafterkreises und das Nichtauftreten am Kapitalmarkt (Art. 2 Abs. 1 und 2 EPG-VE). Im vorliegenden Verordnungsentwurf wird der EPG die Haf-

---

55 Als Bezeichnungen für die EPG finden sich unter anderem auch „Société Fermée Européenne" (SFE) oder „Société Privé Européenne" (SPE).
56 VO-Entwurf der Chambre de Commerce et d'Industrie de Paris, http://www.etudes.ccip.fr/dossiers/spe/de/commentd.htm#c1; abgedruckt auch in *Boucourechliev/Hommelhoff* (Hrsg.), Vorschläge für eine Europäische Privatgesellschaft (1999), Anhang 2, 281ff.
57 KMU stellen die Mehrzahl der Unternehmen in der EU dar, die 66 % des wirtschaftlichen Gesamtumsatzes in der EU erwirtschaften. KMU sind definiert als Unternehmen, die weniger als 250 Mitarbeiter beschäftigen, einen Jahresumsatz von weniger als 40 Mio. € oder eine Bilanzsumme von höchstens 27 Mio. € haben und an denen große Unternehmen mit höchstens 25 % beteiligt sind; vgl. *Dejmek*, NZG 2001, 878, 879, Fn. 17.
58 *Hommelhoff/Helms*, GmbHR 1999, 53, 54; *dies*. in: Hommelhoff/Helms, Neue Wege in die Europäische Privatgesellschaft (2001), 6 f.
59 *Hommelhoff/Helms*, (o. Fn. 58), 54; *dies.*, (o. Fn. 58), 7.

tungsbeschränkung zudem nur für den Preis eines Mindestkapitals von 25.000 € (Art. 3 EPG-VE) und die Pflicht zur Kapitalerhaltung gewährt.

Im Folgenden soll die Analyse der EPG entlang der Bedingungen für einen funktionsfähigen vertikalen Regulierungswettbewerb erfolgen. Damit werden die Unterschiede zur SE besonders deutlich und es kann aufgezeigt werden, wie der Verordnungsentwurf im Hinblick auf einen funktionsfähigen vertikalen Regulierungswettbewerb verbessert werden könnte.

Keine Beschränkung der Wahlmöglichkeiten. Der Verordnungsentwurf ist zugeschnitten auf KMU, die ihre Geschäftstätigkeit im Binnenmarkt entfalten und dazu auch grenzüberschreitende Sitzverlegungen vornehmen wollen, um Standortvorteile anderer Mitgliedstaaten zu nutzen. Mit der EPG werden dadurch die Rechtsformwahlmöglichkeiten von Unternehmen in Europa erweitert, ohne dass die Wahl bestehender Rechtsformen eingeschränkt würde. Insofern ist die EPG als eine Ausweitung des vertikalen Rechtsformangebots zu begrüßen.

Als vorteilhaft gegenüber den Gründungsmodalitäten der SE erweist sich, dass gemäß Art. 5 EPG-VE als Gründungsformen sowohl Neugründung als auch Umwandlung[60] möglich sind und es hinsichtlich der Gründer keine Einschränkungen gibt (Art. 1 EPG-VE). Bemerkenswert ist vor allem, dass der Verordnungsentwurf bislang keine obligatorische Mehrstaatlichkeit vorsieht; allerdings gibt es diesbezüglich auch Bedenken, in denen die Mehrstaatlichkeit als unabdingbare Voraussetzung für die Gründung einer supranationalen Rechtsform gesehen wird. Diese Bedenken erklären sich dadurch, dass die EU üblicherweise eine Kompetenzermächtigung nur für Belange hat, in denen ein zwischenstaatlicher Bezug gegeben ist, der binnenmarktrelevant ist.[61]

Das dem VO-Entwurf zugrunde liegende Konzept unterscheidet sich damit grundlegend von der SE-VO. Es ermöglicht nämlich die Errichtung einer EPG auch durch nicht in der EU ansässige Personen sowie rein nationale Gründungen oder Umwandlungen. Das EPG-Statut ist damit konsequent am Leitbild der kleinen und mittleren Unternehmen ausgerichtet, ohne jedoch den Einsatz für andere Zwecke, insbesondere als Konzernbaustein, auszuschließen.[62] Die EPG eignet sich dadurch ebenfalls für Tochter- und Holdinggesellschaften von Konzernen oder Großunternehmen.

Zusammenfassend lässt sich feststellen, dass beim jetzigen Stand des Verordnungsentwurfs die EPG eine wirkliche Alternative für Unternehmen wäre, die eine Rechtsform für eine unternehmerische Tätigkeit im Binnenmarkt mit KMU-Zuschnitt und Kapitalmarktferne suchen. Die Beschränkungen bei der

---

60 Hinsichtlich der Umwandlung wird die RL 68/151/EWG (Publizitäts-RL), ABl. L 65, S. 8 vom 14.3.1968, relevant, denn nur die dort genannten Gesellschaften können umgewandelt werden.
61 Vgl. dazu *Bachmann*, ZGR 2001, 351, 373.
62 *Hommelhoff/Helms*, (o. Fn. 58), 5.

Wahl dieser supranationalen Rechtsform sind jedenfalls deutlich geringer als bei der SE. Zu diskutieren wäre allenfalls, inwiefern der Rechtsformdualismus von SE und EPG eine Beschränkung der Wahlmöglichkeiten in dem Sinne darstellen könnte, dass Rechtsnachfrager, die eigentlich die Unternehmensform der Aktiengesellschaft bevorzugen würden, aufgrund der rigideren Gründungsvoraussetzungen der SE zur Wahl der EPG gedrängt werden. Hier könnte überlegt werden, ob nicht ein integriertes Konzept der beiden Rechtsformen in Hinblick auf einen unverzerrten vertikalen Regulierungswettbewerb möglicherweise zweckdienlicher wäre.

Geschlossenheit der Wahlmöglichkeiten und Kompatibilität. Der immer wieder betonte Anspruch an die EPG ist, dass mit der EPG eine echte europäische Gesellschaftsform geschaffen werden soll.[63] Grundlegend dafür ist, dass der Rückgriff auf nationales Recht im Sinne einer subsidiären Anwendung so weit wie möglich ausgeschlossen wird.[64] Dies spiegelt sich auch im Verordnungsentwurf wider, wonach gemäß Art. 12 Abs. 1 die EPG vorrangig durch die Bestimmungen der Verordnung und durch die Satzung geregelt werden soll. Nationales Gesellschaftsrecht am Sitz der Gesellschaft gemäß Art. 12 Abs. 3 EPG-VE soll nur Anwendung finden, soweit die VO ausdrücklich darauf verweist.

Die Frage, die sich freilich unmittelbar stellt, ist, ob die EPG dem formulierten Anspruch, weitestgehend ohne subsidiäres Recht auszukommen, auch gerecht wird beziehungsweise überhaupt gerecht werden kann. Dieses grundsätzliche Problem kann man sich recht gut an dem Spannungsverhältnis von Vertragsfreiheit und Gestaltungslücken bei der Vertragsgestaltung klar machen. Denn die Vertragsfreiheit besitzt eine herausragende Rolle bei der Privatgesellschaft.[65] Dem trägt auch der VE Rechnung und räumt große Satzungsfreiheit ein.[66] Einerseits bietet das die Möglichkeit für eine präferenzgerechte Gestaltung der Satzung. Andererseits birgt das aber die Gefahr, dass die Satzung für bestimmte Problemkonstellationen keine Regelung enthält und ex post, also in der Vertragserfüllungsphase, auftretende Lücken geschlossen werden müssen.

Das ökonomische Problem solcher so genannten „unvollständigen Verträge" ist, dass eine Vertragslücke zum Zeitpunkt ihres Auftretens durch die faktische Macht der handelnden Akteure geschlossen wird. Das heißt, Akteure werden versuchen, die Vertragslücken zu ihren Gunsten zu nutzen. Dies kann in einer insgesamt unbefriedigenden wirtschaftlichen Situation für das Unternehmen enden oder zumindest einen erheblichen Aufwand von Transaktionskosten für

---

63 *Hommelhoff/Helms,* (o. Fn. 58), 55 f.; vgl. auch *Bericht der Hochrangigen Gruppe von Experten auf dem Gebiet des Gesellschaftsrechts,* (o. Fn. 50), 128.
64 *Boucourechliev/Hommelhoff* (Hrsg.), (o. Fn. 58), Schlussbetrachtung, Vorschlag Nr. 294, 241; *Ehricke,* RabelsZ 2000, 497, 513
65 Kommentar zur Art. 12 EPG-VE (o. Fn. 56).
66 Vgl. Art. 2 Abs. 3 EPG-VE.

die beteiligten Parteien bei der Erhebung oder Abwehr von Ansprüchen bedeuten.[67]

Die Ideen zur ex ante Verhinderung von Satzungslücken sind vielfältig, so werden Mustersatzung, Satzungskontrolle (hinsichtlich Vollständigkeit) bei der Eintragung oder die Aufzählung von notwendigen Regelungsgegenständen in der VO – alternativ oder kumulativ – als mögliche Problemlösungen diskutiert.[68] Hinzu kommt ex post die Möglichkeit, dass die gewährte Satzungsfreiheit den Gesellschaftern natürlich auch die Option bietet, Satzungslücken durch Gesellschafterbeschluss selbst zu schließen.[69] Auftretende Regelungslücken können mit diesen Instrumenten zwar eingedämmt werden, jedoch verbleibt immer das Problem, dass weder die Verordnung noch die konkrete Satzung einer EPG jemals vollständig in dem Sinne sein kann, dass ex ante alle potentiellen zukünftigen Probleme erfasst und entsprechende Problemlösungsmechanismen bereitgehalten werden können. Zudem wird ein nachträglicher Lückenschluss durch übereinstimmenden Gesellschafterbeschluss nicht in allen Fällen möglich sein.[70] Die Satzung der EPG aber auch die EPG-Verordnung selbst bleiben somit unvollständig und die Notwendigkeit zum Lückenschluss besteht weiterhin. Dabei gilt es, dem Anspruch an eine echte (vollumfängliche) europäische Lösung gerecht zu werden und die Einheitlichkeit des Lückenschlusses sicher zu stellen.

Aus juristischer Perspektive geht es zur Lösung dieser Problematik um die Frage „worauf" (Regelungen beziehungsweise Prinzipien usw.) zurückgegriffen wird und „wer" (welches Gericht) die Lücken letztlich schließen soll; damit eng verknüpft ist wiederum die Frage nach der adäquaten (Auslegungs-) Methode bei der Rechtsfindung. Antworten auf diese Fragen finden sich in Art. 12 Abs. 2 des EPG-VE. Danach sollen allgemeine Prinzipien der Verordnung, des Gesellschaftsrechts der Gemeinschaft sowie allgemeine Prinzipien, die den nationalen Rechtsordnungen gemeinsam sind, subsidiär anwendbar sein und für einen Lückenschluss herangezogen werden.

Die Frage, inwiefern „allgemeine Prinzipien" der Verordnung, des Gesellschaftsrechts der Gemeinschaft und der nationalen Rechtsordnungen ein hand-

---

67 Das Problem des nachvertraglichen Opportunismus ist auch unter dem Namen „hold up" bekannt und spielt in der ökonomischen Vertragstheorie eine prominente Rolle. Für eine einführende ökonomische Darstellung des Problems und möglicher privater und staatlicher Lösungsmöglichkeiten s. *Milgrom/Roberts*, Economics, Organization and Management (1992), 136ff.
68 Vgl. *Boucourechliev/Hommelhoff* (Hrsg.), (o. Fn. 56), 229; vgl. auch *Ehricke*, in: Hommelhoff/Helms, (o. Fn. 58), 71f.
69 *Ehricke*, (o. Fn. 64), 513.
70 Sieht man einmal von dem zwar nicht unmöglichen, aber eher unwahrscheinlichen Fall ab, dass die beteiligten Akteure „altruistisch" handeln, ist eine Voraussetzung der konsensualen Lösung, dass zwischen den Akteuren ein Machtgleichgewicht in Form eines bilateralen Monopols herrscht.

habbares Instrumentarium zur Lückenschließung bereitstellen, wird jedoch kontrovers diskutiert.[71] Auch wenn die unterschiedlichen Positionen der Diskussion an dieser Stelle nicht im Einzelnen nachgezeichnet werden können, kann man doch eine gewisse Übereinstimmung darin ausmachen, dass die „allgemeinen Prinzipien" kein ad hoc handhabares und Rechtssicherheit gewährendes Instrumentarium zum Lückenschluss bereitstellen und hier noch ein großer Entwicklungsbedarf besteht. Einem europäischen Gericht[72] als zentraler Instanz zur Herstellung des Lückenschlusses kommt dabei zweifellos eine wichtige Rolle zu, da so die Kompetenz zur Auslegung der „allgemeinen Prinzipien" an einem zentralen Ort gebündelt wird.

Eng verbunden mit den eben diskutierten Problemen, die die Geschlossenheit der gesellschaftsrechtlichen Wahlmöglichkeiten betreffen, sind die Kompatibilitätsprobleme, die im Zusammenhang mit dem Statut der EPG auftauchen. So wird beispielsweise hinsichtlich der Rechnungslegungsvorschriften, des Strafrechts und vor allem des Insolvenzrechts auf nationales Recht verwiesen. Diese Teilrechtsordnungen müssen an das EPG-Statut möglichst reibungslos anschließen, damit die EPG eine attraktive Rechtswahlmöglichkeit ist.

Im Bereich des Insolvenzrechts erfolgt der Verweis auf nationales Recht durch Art. 36 EPG-VE. Dieser Verweis führt zu einer Reihe von Problemen, die je nach Betrachtung in der Bedingung *Geschlossenheit der Wahlmöglichkeiten* oder *Kompatibilität* verortet werden können. Geht man nämlich von einer IPR-rechtlichen Statutenabgrenzung[73] aus, dann sind Gesellschaftsstatut und Insolvenzstatut voneinander abzugrenzen und die Anknüpfung für die Bestimmung des anwendbaren Sachrechts erfolgt unterschiedlich. Damit stellt sich die Frage der *Kompatibilität* dieser beiden Teilrechtsordnungen. Betrachtet man die Insolvenz hingegen als eine Möglichkeit des Ausscheidens aus dem Markt und somit als „dritte Phase" im Leben einer Gesellschaft[74] geht es um die *Geschlossenheit der Wahlmöglichkeit*. In beiden Fällen ist der Verweis auf nationales Recht insofern relevant, als im Binnenmarkt weder eine Insolvenzrechtsverein-

---

71 Skeptisch: *Ehricke*, (o. Fn. 64), 515, der sich vor allem mit der Auslegungsmethode und den "allgemeinen Prinzipien des Statutes" auseinandersetzt; ebenfalls eher skeptisch: *Bachmann*, (o. Fn. 61), 373 f., der sich mit "allgemeinen Prinzipien" des Gemeinschaftsrechts der Gesellschaft und der nationalen Rechtsordnungen beschäftigt und sich für eine topische Rechtsfortbildung ausspricht; optimistischer: *Hommelhoff/Helms*, (o. Fn. 58), 56 f., die eine Reihe von gemeinsamen allgemeinen Rechtsinstituten in den (meisten) nationalen Rechtsordnungen sehen; vgl. auch insgesamt *Mattheus*, in: Hommelhoff/Helms, (o. Fn. 58), 97 ff.
72 Ob dieses Gericht der EuGH oder ein neu zu schaffendes Europäisches Gericht sein soll, wird ebenfalls diskutiert, vgl. dazu auch Fn. 71.
73 Vgl. dazu *Schack*, Internationales Zivilverfahrensrecht, 3. Auflage (2002), Rn. 1086.
74 Erste Phase: Eintritt des Unternehmens in den Markt, zweite Phase: Agieren des Unternehmens auf dem Markt; vgl. dazu *Ehricke*, (o. Fn. 68), 76.

heitlichung noch Harmonisierung existiert.[75] Es bestehen vielmehr die verschiedenen nationalen Insolvenzrechte weiter, die sich materiell mehr oder weniger stark voneinander unterscheiden. Bedeutung erlangt diese Bedingungskonstellation insbesondere im Bereich des Gläubigerschutzes, weil die Mitgliedstaaten Gläubiger teils mit den Instrumentarien des Gesellschaftsrechtes, teils mit den Instrumentarien des Insolvenzrechtes schützen.[76]

Die EPG verfolgt hinsichtlich des Gläubigerschutzes das Konzept eines ex ante aufzubringenden Mindestkapitals (Art. 3 EPG-VE). Dadurch ergibt sich aber das Problem, dass EPGen mit Sitz in Mitgliedstaaten, die den Gläubigerschutz ex post über das Insolvenzrecht gewährleisten, doppelt belastet werden.[77] Eine EPG mit Sitz in diesen Mitgliedstaaten wäre dadurch der Gefahr der Überregulierung ausgesetzt und aus Sicht der Rechtsnachfrager eine vergleichsweise unattraktive Rechtswahl. Der vertikale Regulierungswettbewerb wird durch eine solche doppelte Regulierung jedenfalls behindert.

Zusammenfassend lässt sich sagen, dass die EPG hinsichtlich der Bedingungen *Geschlossenheit der Wahlmöglichkeiten* beziehungsweise *Kompatibilität* noch einige Schwächen hat. Es wären daher Verbesserungen am VO-Entwurf angebracht. Lösungsmöglichkeiten für dieses Problem können an dieser Stelle nur angedacht werden. So würde beispielsweise die Abschaffung des Mindestkapitalerfordernisses bereits der sich aus dem Zusammenwirken mit mitgliedstaatlichen Insolvenzrechten möglicherweise ergebenden Überregulierung entgegenwirken.[78] Eine weitere Möglichkeit zur Verhinderung von Überregulierung wäre freilich die Vereinheitlichung des Insolvenzrechts in der EU. Da sich jedoch beispielsweise das deutsche Insolvenzrecht als Querschnittsmaterie darstellt, die Auswirkungen auf viele andere nationale Rechtsmaterien – wie das Recht der Kreditsicherheiten aber auch das Arbeitsrecht – hat, würde der Weg für eine Vereinheitlichung nur über die Vereinheitlichung beziehungsweise Angleichung anderer Rechtsmaterien führen. Darüber hinaus darf auch hier nicht außer Acht gelassen werden, dass mit einer Rechtsvereinheitlichung bezie-

---

75 Die EuInsVO, VO (EG) 1346/2000, ABl. L 160 S. 1 vom 30.6.2000, regelt im wesentlichen nur Fragen der Zuständigkeiten, der Anerkennung und des anwendbaren nationalen Rechts, vgl. dazu *Paulus*, NZI 2001, 505, 506.
76 Vgl. allgemein dazu *Hertig/Kanda*, in: Kraakman et al. (Hrsg.), The Anatomy of Corporate Law (2004), 71ff.; speziell zu den Problemen des Gläubigerschutzes bei der EPG: *Haas*, in: Hommelhoff/Helms, (o. Fn. 58), 155 ff., insb. 160 ff.
77 Zu denken wäre hier an das englische Insolvenzrecht, das mit den Art. 212, 213, 214 Insolvency Act (1986) eine Reihe von Haftungstatbeständen zum Schutz der Gläubiger etabliert, vgl. *Tolmie*, Insolvency Law (1998), 353 ff.
78 Generell bleibt es abzuwarten, ob möglicherweise aufgrund der neuesten EuGH-Rspr. hinsichtlich des Mindestkapitals in Mitgliedstaaten wie Deutschland, die ein Mindestkapital bei der GmbH vorsehen, ein Umdenken eintritt und auch in der EPG VO auf ein Mindestkapital verzichtet wird.

hungsweise Rechtsangleichung die Chance eines Regulierungswettbewerbs ausgeschlossen würde.

Eine Art „Insolvenzrechtsvereinheitlichung" wird jedoch im Kontext der EPG-Verordnung insofern angedacht, als die Verordnung selbst insolvenzrechtliche Haftungstatbestände regeln könnte und die Anwendbarkeit (darüber hinausgehender) nationaler Regelungen ausgeschlossen würde. Einen Verweis auf nationales Recht gäbe es nur noch hinsichtlich der Insolvenzauslösung und der anschließenden Verfahrensdurchführung.[79] Aber auch eine solche Lösung wäre mit einer Reihe von Problemen konfrontiert, so beispielsweise der Identifizierung relevanter Haftungstatbestände. Ein Vorteil einer solchen Lösung könnte aber darin bestehen, dass auf der vertikalen Ebene eine größere Klarheit bezüglich der anzuwendenden insolvenzrechtlichen Regeln herrschen könnte als es im horizontalen Verhältnis der Mitgliedstaaten momentan der Fall ist.

Offenhaltung des Wettbewerbs. Diese Bedingung ist für die EPG genauso erfüllt wie für die SE. Mit der Schaffung der EPG werden die übrigen Rechtsformwahlmöglichkeiten nicht eingeschränkt. Da die EPG auf EU-Ebene zur SE hinzu tritt, werden die Wahlmöglichkeiten sogar erweitert. Es gilt aber wie schon bei der SE, dass die Schaffung supranationaler Rechtsformen zur Gewährleistung von Niederlassungsfreiheit im Binnenmarkt nicht dazu benutzt werden darf, den horizontalen Regulierungswettbewerb zwischen den Gesellschaftsrechten der Mitgliedstaaten einzuschränken – beispielsweise durch eine Revitalisierung der Sitztheorie als Kollisionsnorm.

Keine Politikverflechtungen zwischen den Jurisdiktionsebenen. Auch für diese Bedingung an die Gestaltung der EPG gilt das Gleiche wie bereits für die SE. Die Mitgliedstaaten haben über den Ministerrat und andere politische Kanäle erheblichen Einfluss auf die Gestaltung der EPG. Die EU-Ebene kann somit die Rechtsfortentwicklung der EPG nur bedingt selbständig betreiben. Es wäre somit auch bei der EPG wünschenswert, wenn die EU-Ebene bei der Schaffung supranationalen Gesellschaftsrechts unabhängiger von mitgliedstaatlichem Einfluss würde.

VI. Die Gestaltung supranationalen Gesellschaftsrechts: eine ökonomische Perspektive

Am Beispiel der SE und EPG ließ sich zeigen, dass die Einführung supranationaler Rechtsformen in der EU zwar auf eine Reihe grundsätzlicher Probleme stößt, anhand der Diskussion zur EPG sollte jedoch demonstriert werden, welche Wege im europäischen Gesellschaftsrecht eingeschlagen werden könnten,

---

[79] *Hommelhoff/Helms*, (o. Fn. 58), 12.

um eine für die Rechtsnachfrager attraktive Rechtsform anzubieten. Mit einem solchen supranationalen gesellschaftsrechtlichen Angebot wäre es auch möglich, einen vertikalen Regulierungswettbewerb in Gang zu setzen.

In diesem Abschnitt soll nun die engere rechtswissenschaftliche Diskussion um die Einführung geeigneter supranationaler Rechtsformen in der EU nochmals um eine ökonomische Perspektive ergänzt werden. In einem ersten Schritt ist dazu aufzuzeigen, worin das empirische und normative Kernproblem bei der Einführung supranationaler Rechtsformen liegt. In einem zweiten Schritt ist dann darzulegen, warum es dennoch Sinn macht, nach Möglichkeiten zu suchen, den vertikalen Regulierungswettbewerb zwischen Gesellschaftsrechten zu stärken. In diesem Zusammenhang ist auch zu fragen, wie die Neuinterpretation des Subsidiaritätsprinzips als Kompetenzermächtigungsnorm helfen könnte, vertikalen Regulierungswettbewerb in der EU nachhaltig zu implementieren.

1. Empirische und normative Kernprobleme supranationaler Rechtsformen

Wichtige Bedingung für die Funktionsfähigkeit vertikalen Regulierungswettbewerbs ist, dass supranationales Recht vollumfänglich gewählt werden kann. Diese Bedingung ist jedoch in der Realität nur unvollkommen erfüllt. Die Folge ist die beschriebene „Lückenschließungsproblematik". Dieses Problem ist in dem Sinne fundamental, dass sich seine Existenz nicht allein durch eine geschickte Gestaltung der Normenhierarchie für supranationale Rechtsformen bewältigen lässt. Das Problem ist vielmehr empirisch persistent. Dies kann man sich an einer etwas holzschnittartigen Überlegung recht gut klar machen: Man könnte sich nämlich in einem Gedankenexperiment durchaus vorstellen, dass ein vollumfängliches Gesellschaftsrecht (Gesellschaftsstatut) auf EU-Ebene geschaffen würde. Nun wäre ein vollumfängliches supranationales Gesellschaftsrecht empirisch existent, aber es tauchen sofort zwei weitere empirische Probleme auf. Das erste ist, dass das Gesellschaftsrecht immer eingebettet ist in weitere privatrechtliche Rechtsgebiete. Diese Rechtsgebiete sind aber nicht notwendigerweise supranational oder mit dem supranationalen Gesellschaftsrecht abgestimmt. Das zweite Problem resultiert daraus, dass das konkrete gesellschaftsrechtliche Statut eines Unternehmens, das durch das Gesellschaftsrecht erzeugt wird, ein so genannter unvollständiger Vertrag ist. Das heißt, es wird immer gesellschaftsrechtliche Vertragslücken geben, die bei Vertragsschluss nicht vorausgesehen werden konnten. Im Falle, dass eine gesellschaftsrechtliche Vertragslücke geschlossen werden muss, kommen Gerichte zum Zuge, die typischerweise auf bestimmte Auslegungsmethoden, eine spezifische Rechtsdogmatik oder eine historisch gewachsene Fallpraxis zurückgreifen. Diese „Technologien" zum Ausschluss von Vertragslücken sind in den Mitgliedstaaten historisch gewachsen und immer weiter perfektioniert worden, so dass diesbezüglich in den Mitgliedstaaten zwar ein jeweils durchaus unterschiedliches, aber sehr effektives Instrumentarium zum Lückenschluss vorliegt. Ein vergleichbares Instrumentarium ist auf europäischer Ebene aber nicht in gleichem Maße vorhanden.[80] Es ist zwar nicht ausgeschlossen, dass dieser Mangel behoben wird, dafür ist es jedoch unumgänglich, dass sich über einen längeren Zeitraum hinweg eine europäische Fallpraxis entwickeln kann. Ist der europäische Gesetzgeber nicht bereit, diesen zeitaufwendigen Weg zu gehen, muss zur ex post Vertragsvervollständigung gesellschaftsrechtlicher Statute auf mitgliedstaatliches Recht verwiesen werden. Damit wird aber gerade das empirische Problem geschaffen, das eigentlich vermieden werden sollte. Insofern kann man hier tatsächlich von einem empirisch persistenten Problem sprechen, das sich einer einfachen institutionenökonomischen „Optimierung" entzieht.

Das andere Kernproblem, das der Schaffung funktionsfähiger supranationaler Rechtsformen entgegensteht, ist normativer Natur. Es ist die Frage nach den Ermächtigungsnormen, die es überhaupt erst ermöglichen, dass supranationale Rechtsformen angeboten werden können. Diese Frage ist deswegen wichtig, weil sie von den Mitgliedstaaten dazu benutzt werden kann, um das Angebot supranationaler Rechtsformen zu kontrollieren und gegebenenfalls auch zu blockieren. So ergibt sich zwar aus dem Binnenmarktziel und der Niederlassungsfreiheit im Zusammenspiel mit dem Bedürfnis vieler Unternehmen nach supranationalen Rechtsformen zunächst ein starkes Argument dafür, dass die EU-Ebene bei der Schaffung supranationaler Rechtsformen aktiv wird. Die Kompetenz der EU-Ebene wird aber dadurch beschnitten, dass die Ermächtigung zur Schaffung von Rechtsformen mit der SE bislang nur für den Kreis von Unternehmen gilt, die ihre Mehrstaatlichkeit nachweisen können. Unternehmen, die das Erfordernis der Mehrstaatlichkeit nicht nachweisen können, sind von der Wahl der SE als Rechtsform von vornherein ausgeschlossen. Damit wird aber eine große Gruppe potenzieller Rechtsnachfrager daran gehindert, möglicherweise dasjenige Gesellschaftsrecht zu wählen, das aus ihrer Sicht das präferierte ist. Aus ökonomischer Sicht gibt es keinerlei stichhaltige Begründung, warum es eine solche Beschränkung der Rechtswahlfreiheit geben sollte. Im Gegenteil, je mehr Rechtsnachfrager aktiv werden, desto lebendiger ist der Regulierungswettbewerb und umso eher ist eine produktive Rechtsentwicklung zu erwarten. Ermächtigungsnormen, die in solcher Weise wettbewerbsbeschränkend wirken, sind deshalb ein reines Werturteil, das der ökonomischen Rationalität entbehrt. Daher ist es sehr zu begrüßen, dass im momentan vorliegenden Entwurf zur EPG-Verordnung das Erfordernis der Mehrstaatlichkeit zur Wahl der EPG nicht vorgesehen ist.

---

80 Ökonomisch gesprochen hat man es hier mit dem Problem der Pfadabhängigkeit zu tun, wonach (Rechts-) Entwicklungen kontingent sind. Das hat bei rechtlichen Regeln zur Folge, dass etablierte Regeln einen Vorteil gegenüber neuen Regeln haben. Denn etablierte Regeln sind entsprechend ausgebaut und an den Problemkontext angepasst, den sie steuern sollen, während der „fit" neuer Regeln erst noch hergestellt werden muss. Für den Bereich des Gesellschaftsrechts siehe zu dieser Argumentation insb. die umfassende Analyse von *Klausner*, Virginia Law Review 1995, 757.

Aus dem beschriebenen empirischen und normativen Problem folgt als unmittelbare Konsequenz, dass der vertikale Regulierungswettbewerb supranationaler Rechtsformen mit mitgliedstaatlichen Rechtsformen zugunsten letzterer verzerrt ist. Diese Diagnose ist allerdings nicht nur vor dem Hintergrund der Funktionsfähigkeit vertikalen Regulierungswettbewerbs zu bewerten, sondern auch vor der Gesamtsituation des gesellschaftsrechtlichen Wettbewerbs, wie er sich in der EU abzeichnet. Aus dieser erweiterten Betrachtung muss in Rechnung gestellt werden, dass in den letzten Jahren durch die Stärkung der Gründungstheorie als mit dem Binnenmarktziel im Einklang stehender Kollisionsnorm der horizontale Regulierungswettbewerb stark an Dynamik gewonnen hat. Und es kann ganz praktisch vermutet werden, dass die wettbewerblichen Impulse des horizontalen gesellschaftsrechtlichen Wettbewerbs einen eingeschränkten vertikalen Wettbewerb noch auf Jahre hinaus substituieren können.

2. Wettbewerb als Entdeckungsverfahren und Subsidiaritätsprinzip

Mit der empirischen Vermutung, dass vertikaler durch horizontalen Regulierungswettbewerb substituiert werden kann, ist allerdings nur eine Dimension des vertikalen Regulierungswettbewerbs angesprochen worden. Und zwar die des gesellschaftsrechtlichen Produkts, das Unternehmen nachfragen. Aus Unternehmenssicht ist es letztlich gleichgültig, wer der Anbieter von Gesellschaftsrecht ist, solange die gesellschaftsrechtlichen Produkte den Bedürfnissen des Unternehmens entsprechen. Aus gesamtwirtschaftlicher Sicht ist es hingegen nicht gleichgültig, wer der Anbieter von Gesellschaftsrecht ist. Mit anderen Worten, es stellt sich die Frage, wer der Produzent gesellschaftsrechtlicher Produkte sein sollte. Dieses Problem wird besonders gut deutlich an der Debatte zwischen den Gegnern und Befürwortern eines gesellschaftsrechtlichen Wettbewerbs.

Um zu klären, welche Jurisdiktionsebene letztlich der bessere gesellschaftsrechtliche Produzent ist, um die Niederlassungsfreiheit im europäischen Binnenmarkt zu realisieren, kann vertikaler Regulierungswettbewerb eingesetzt werden. Indem nämlich Rechtsnachfragern die vertikale Wahlmöglichkeit eröffnet wird, wird Regulierungswissen darüber geschaffen, welche Jurisdiktionsebene am besten dazu geeignet ist, ein Regulierungsangebot zu unterbreiten. Der postulierte „Wettbewerb als Entdeckungsverfahren" wirkt damit nicht nur auf Ebene der angebotenen gesellschaftsrechtlichen Produkte, sondern gibt dem Gesetzgeber auch Informationen über die rationale Zuordnung von Regulierungskompetenzen. Darüber hinaus setzt der Regulierungswettbewerb Anreize für die Akteure auf den verschiedenen Jurisdiktionsebenen, Wissen über die beste vertikale Kompetenzzuordnung zu generieren und in den wissenschaftlichen und politischen Diskurs einzubringen.

Eng verbunden mit dem eben beschriebenen Wissensproblem über die effiziente vertikale Zuordnung von Regulierungskompetenzen ist die Frage, welchen Ordnungsrahmens es bedarf, damit der eben beschriebene vertikale Wettbewerbsprozess die gewünschten Informationen für den Gesetzgeber erzeugt. Dies ist eine konstitutionenökonomische Fragestellung, die zwei Zweige umfasst.[81] Der erste beschäftigt sich mit der Frage, unter welcher Kompetenzverteilungsregel ein nachhaltiger vertikaler Regulierungswettbewerb in Gang gesetzt wird. Im anderen Zweig ist zu klären, wie die Kompetenzverteilungsregel gegen „politische Erosion" geschützt werden kann. Mit anderen Worten, die Kompetenzverteilungsregel muss dagegen abgesichert werden, dass Politiker einer Ebene versuchen, ihren Kompetenzbereich zu Lasten einer anderen Ebene auszudehnen und damit den Regulierungswettbewerb aushebeln.

Eine geeignete Kompetenzverteilungsregel, die den vertikalen Regulierungswettbewerb im europäischen Gesellschaftsrecht nachhaltig erhält, ist das Subsidiaritätsprinzip. Allerdings ist eine Neuinterpretation dieses Prinzips entsprechend der in Abschnitt III.3 gemachten Überlegungen notwendig, damit im vertikalen Regulierungswettbewerb das entsprechende Regulierungswissen gewonnen werden kann. Das heißt, das Subsidiaritätsprinzip ordnet nicht mehr exklusiv eine Regulierungskompetenz einer Jurisdiktionsebene zu – wobei ein Vorurteil zugunsten unterer Jurisdiktionsebenen gefällt wird –, sondern es wirkt lediglich als „Sperrklinke" dafür, dass mit Verlagerung einer Regulierungskompetenz auf eine höhere Ebene untere Ebenen automatisch ihre Kompetenz verlieren. Ein solcherart verstandenes Subsidiaritätsprinzip würde für das europäische Gesellschaftsrecht bedeuten, dass ein dauerhaftes paralleles Angebot von mitgliedstaatlichem Gesellschaftsrecht und supranationalem Gesellschaftsrecht der EU-Ebene aufrecht erhalten wird. Dies schließt keineswegs aus, dass sich im Wettbewerbsprozess ein Nachfragemuster herausbildet, nach dem entweder mehr mitgliedstaatliches oder mehr supranationales Gesellschaftsrecht nachgefragt wird. Entscheidend ist vielmehr, dass das Subsidiaritätsprinzip den vertikalen Regulierungswettbewerb offen hält, so dass jederzeit eine Jurisdiktionsebene mit einem innovativen gesellschaftsrechtlichen Angebot in Wettbewerb treten kann. Insofern würde das Subsidiaritätsprinzip in besonderer Weise die Wirkung des potenziellen Wettbewerbs unterstützen.

Das Subsidiaritätsprinzip scheint somit eine Kompetenzverteilungsregel zu sein, die einen vertikalen Regulierungswettbewerb effektiv in Gang setzen kann, der sowohl wissenschaffend ist bezüglich der angebotenen gesellschaftsrechtlichen Produkte als auch bezüglich der adäquaten Produktionsebene von Gesellschaftsrecht (zentral oder dezentral). Mit dieser Feststellung ist aber die verfassungsökonomische Aufgabe noch nicht vollständig abgearbeitet. Es muss nämlich noch gefragt werden, wie ein solcherart initiierter vertikaler Regulierungswettbewerb gegen politische Kräfte abgesichert werden kann, die ihn abschwächen oder sogar zu verhindern versuchen. Die Verfolgung dieser wei-

---

81   Zur konstitutionenökonomischen Analyse des Föderalismus siehe insb. *Brennan/Buchanan*, Besteuerung und Staatsgewalt (1988), 219ff.

terführenden konstitutionenökonomischen Frage würde den vorliegenden Beitrag allerdings sprengen.[82]

Zusammenfassend kann an dieser Stelle festgehalten werden, dass durch die Neuinterpretation des Subsidiaritätsprinzips eine Kompetenzverteilungsregel geschaffen wird, die geeignet erscheint, vertikalen Regulierungswettbewerb in der EU auf dem Gebiet des Gesellschaftsrechts dauerhaft zu erhalten. Dabei ist klar, dass dieser Wettbewerb nicht kostenlos ist. Denn für die positiven Wettbewerbswirkungen muss ein Preis bezahlt werden. Auch hier gilt das ökonomische Axiom: „There is no free lunch". Der zu zahlende Preis liegt in den erhöhten Transaktionskosten, die ein wettbewerbsföderaler Staatenverbund erzeugt, in dem eine Vielfalt an mitgliedstaatlichem Recht parallel existiert, das vertikal noch durch supranationales Recht ergänzt wird. Kosten entstehen beispielsweise durch einen erhöhten Bedarf an Rechtsberatung, wenn aus einer Vielzahl von Recht durch Rechtsnachfrager gewählt werden kann. Die historische Erfahrung zeigt allerdings, dass die Ausschaltung von Wahlfreiheit und Wettbewerb in der Vergangenheit – selbst wenn dafür mehr oder weniger überzeugende Argumente angeführt wurden – sich in der Mehrzahl der Fälle als wohlfahrtsmindernd herausgestellt hat.

---

[82] Siehe zu dieser Fragestellung insb. *Salmon*, in: Galeotti/Salmon/Wintrobe (Hrsg.), Competition and Structure (2000), 239 ff.; *Schneider*, (o. Fn. 26); *Weingast*, (o. Fn. 26); *de Figueiredo/Weingast*, (o. Fn. 26); *Feld/Kirchgässner*, (o. Fn. 26); *Blankart*, (o. Fn. 8), 619 ff. sowie den Verfassungsentwurf der European Constitutional Group (o. Fn. 7).

Niederlassungsfreiheit für Kapitalgesellschaften in Europa: Gläubigerschutz in Gefahr?

Georg Bitter

I. Einführung
II. EuGH-Rechtsprechung und Sitztheorie
  1. Centros
  2. Überseering
  3. Inspire Art
  4. Meinungsumschwung in der deutschen Literatur
III. Zum Verhältnis von Niederlassungsfreiheit und IPR
  1. Sitztheorie und Sonderanknüpfung
  2. Die Flucht ins Delikts- und Insolvenzrecht – ein Irrweg
  3. Kein Rückgriff auf den ordre public
  4. Einheitslehre und Europarecht
IV. Niederlassungsfreiheit und Gläubigerschutz – Grundlagen
  1. Missbrauch als Rechtfertigungsgrund?
  2. Die *Keck*-Rechtsprechung und der „Vier-Kriterien-Test"
  3. Missbrauch und „Vier-Kriterien-Test"
  4. Herkunftslandprinzip bei der Niederlassungsfreiheit
V. Anwendung einzelner deutscher Haftungstatbestände
  1. Mindeststandards der Vermögensbindung und Vermögentrennung
  2. Existenzvernichtung und Spekulation auf Kosten der Gläubiger
  3. Insolvenzverschleppungshaftung
VI. Schluss
  1. Zusammenfassende Würdigung
  2. Thesen

I. Einführung

Durch drei kräftige Paukenschläge hat der EuGH das bislang eher ruhige Konzert der nationalen Gesellschaftsrechte in Europa kräftig aufgemischt und gezeigt, dass die Musik des europäischen Gesellschaftsrechts derzeit von Luxemburg aus bestimmt wird. In dessen Entwicklung greift der EuGH mit den Entscheidungen *Centros*[1], *Überseering*[2] und *Inspire Art*[3] in bislang ungeahnter Weise gestaltend ein.[4]

Die Töne aus Luxemburg durchdrangen dabei nicht nur die Wissenschaft, sondern gleichermaßen die Rechtspraxis und lösten ein beispielloses Echo sowohl in der juristischen Literatur als auch in der allgemeinen Presse aus. Sogar in der Boulevardpresse fand die EuGH-Rechtsprechung in Sachen Niederlassungsfreiheit für Kapitalgesellschaften in Europa Widerhall. Als „Tipp für Unternehmer" lieferte die BILD-Zeitung im Frühjahr 2003 unter der Überschrift „So gründen Sie eine Euro-GmbH" die Kurzanleitung zur Gründung der eigenen Limited (Ltd.) nach britischem Recht.[5] „Eine Geschäftsidee und 259 Euro – mehr braucht es nicht für ihre eigene Firma" heißt es dort und weiter: „Anstelle von 25.000 Euro Haftungskapital bei der GmbH reicht bei der Ltd. ein Euro. Die Gründung ist günstig, schnell und unbürokratisch. Die persönliche Haftung mit dem Privatvermögen ist ausgeschlossen." Seither versprechen Internetseiten wie www.tschuessdeutschland.de oder www.limited24.de den schnellen und preiswerten Weg zum eigenen Unternehmen mit Haftungsbeschränkung. Die Gründungszahlen für englische Limiteds schnellen in die Höhe.[6]

Schon ist in der juristischen Literatur vom „Scherz- und Schimpfkürzel Billig-GmbH"[7] sowie davon die Rede, ab sofort schlage die Stunde des „company law shopping".[8] Es erscheinen Aufsätze unter dem Titel „How to Set up a Limited".[9] Was genau war geschehen?

Der EuGH eröffnet einen europäischen Wettbewerb der Gesellschaftsrechte.[10] Er zwingt die Mitgliedstaaten, solchen Gesellschaften, die im europäischen Ausland gegründet wurden, auch dann die Eintragung einer Zweigniederlassung im Inland zu gestatten[11] und ihre Rechtsfähigkeit nach ausländischem Recht zu achten[12], wenn sich ihre Geschäftstätigkeit auf das Inland beschränkt. Die im Inland geltenden Vorschriften über das gesetzliche Mindestkapital von 25.000

---

1   EuGHE I 1999, 1459 = NJW 1999, 2027 (*Centros*).
2   EuGHE I 2002, 9919 = NJW 2002, 3614 (*Überseering*).
3   EuGH, NJW 2003, 3331 = WM 2003, 2042 = ZIP 2003, 1885 (*Inspire Art*).
4   In diesem Sinne auch *Merkt*, RIW 2004, 1, 4.
5   BILD-Zeitung vom Samstag, 6.3.2004.
6   Dazu *Riedemann*, GmbHR 2004, 345, 346; *Westhoff*, ZInsO 2004, 289.
7   *Altmeppen*, NJW 2004, 97; ähnlich schon *Karsten Schmidt*, Gesellschaftsrecht, 4. Aufl. (2002), § 1 II 8 a (27): „Billig-Gesellschaften".
8   *Kersting/Schindler*, RdW 2003, 621, 625.
9   Der vollständige Titel bei *Westhoff*, ZInsO 2004, 289 lautet: Die Gründung einer britischen Kapitalgesellschaft mit Verwaltungssitz im Inland und die Pflichten ihrer laufenden Geschäftstätigkeit – „How to Set up a Limited?"
10 *Eidenmüller/Rehm*, ZGR 2004, 159, 161.
11 Urteil *Centros* (o. Fn. 1).
12 Urteil *Überseering* (o. Fn. 2).

Euro dürfen auf EG-Auslandsgesellschaften nicht angewendet werden.[13] Was die einen vom „Schreckgespenst Scheinauslandsgesellschaft" sprechen lässt[14], wird von anderen als „Meilenstein in der Liberalisierung des europäischen Gesellschaftsrechts" gefeiert.[15] Eine Herausforderung für das europäische Gesellschaftsrecht stellt die neue Rechtsprechung des EuGH allemal dar.

II. EuGH-Rechtsprechung und Sitztheorie

Die durch den EuGH ausgelöste Aufregung wird nur vor dem Hintergrund des (deutschen) internationalen Gesellschaftsrechts verständlich. Im deutschen IPR ist die Anknüpfung des Gesellschaftsstatuts nicht gesetzlich geregelt[16] und damit unklar, welche Rechtsregeln auf eine Gesellschaft Anwendung finden, die im Ausland gegründet wird, aber in Deutschland ihren tatsächlichen Sitz hat. Aus der fehlenden gesetzlichen Regelung erklärt sich der traditionelle Streit zwischen der Sitz- und Gründungstheorie[17], der nur dann erheblich wird, wenn Verwaltungs- und Satzungssitz auseinander fallen[18]: Nach der Gründungstheorie bestimmt sich das auf die gesellschaftsrechtlichen Fragen anwendbare Recht (Gesellschaftsstatut) nach der Rechtsordnung desjenigen Landes, in dem sich der Satzungssitz befindet, in dem die Gesellschaft also gegründet wurde, während die Sitztheorie auf den tatsächlichen Sitz (Verwaltungssitz) abstellt. Wird eine Gesellschaft im Ausland gegründet und verlegt sie anschließend ihren Verwaltungssitz nach Deutschland bzw. richtet ihn hier erstmalig ein, käme nach der Gründungstheorie das ausländische Gesellschaftsrecht zur Anwendung, nach der Sitztheorie das deutsche. Da die ausländische Gesellschaft nicht die Anforderungen des deutschen Rechts über die Gründung juristischer Personen (insbesondere AG und GmbH) erfüllt, kann sie nach der Sitztheorie nicht als eine solche juristische Person im Inland anerkannt werden.

Dieses Ergebnis war von den Vertretern der Sitztheorie durchaus beabsichtigt. Die Theorie wurde im 19. Jahrhundert entwickelt, um zu verhindern, dass inländische Gesellschaften vom liberaleren belgischen und britischen Recht

---

13 Urteil *Inspire Art* (o. Fn. 3).
14 *Weller*, IPRax 2003, 207.
15 *Meilicke*, GmbHR 2003, 1271.
16 Zu indirekten Bestätigungen der Sitztheorie siehe aber *W.-H. Roth*, in: Wouters/Schneider (Hrsg.), Current Issues of Cross-Border Establishment of Companies in the European Union (1995), 29, 34 ff.
17 Dazu eingehend Staudinger/*Großfeld*, EGBGB/IPR – IntGesR (1998), Rn. 18 ff.; MünchKommBGB/*Kindler*, Band 11, 3. Aufl. (1999), IntGesR Rn. 258 ff.; aus jüngerer Zeit *Weller*, Europäische Rechtsformwahlfreiheit und Gesellschafterhaftung (2004), 12 ff.; *Wimmer-Leonhard*, Konzernhaftungsrecht (2004), 701 ff.
18 *Kindler*, NJW 2003, 1073; *W-H. Roth*, (o. Fn. 16), 33; *Weller*, DStR 2003, 1800.

Gebrauch machen.[19] Der niederlassungsfeindliche Charakter der Sitztheorie war ihr also gleichsam immanent.[20]

1. Centros

Vor diesem Hintergrund mag überraschen, dass es überhaupt so lange gedauert hat, bis der EuGH im Jahr 1999 mit einem Fall wie *Centros* konfrontiert wurde. Ein dänisches Ehepaar hatte die Centros Ltd. im Vereinigten Königreich mit dem Ziel gegründet, in Dänemark eine Zweigniederlassung eintragen zu lassen und allein dort eine Geschäftstätigkeit zu entfalten. Wegen der fehlenden Geschäftstätigkeit im Ausland verweigerte ihr die dänische Zentralverwaltung für Handel und Gesellschaften die Eintragung mit der Begründung, die Errichtung der Gesellschaft im Ausland diene allein dem Ziel einer Umgehung der nationalen Vorschriften über die Einzahlung eines Mindestgesellschaftskapitals. In Wirklichkeit werde in Dänemark nicht eine Zweig-, sondern die Hauptniederlassung errichtet.

Der EuGH hat darin einen Verstoß gegen die damals in Art. 52 und 58 EGV (heute Art. 43, 48 EG) verbürgte Niederlassungsfreiheit gesehen.[21] Obwohl nach der Teleologie der Grundfreiheiten gute Gründe dafür gesprochen hätten, eine bestehende Wirtschaftstätigkeit im Herkunftsstaat als Voraussetzung für eine Anwendbarkeit der Regeln über die Niederlassungsfreiheit zu verlangen[22], hat der EuGH dieses Erfordernis nicht akzeptiert.[23] Die Verweigerung der Eintragung einer Zweigniederlassung beschränke die Niederlassungsfreiheit (Tz. 21 f.) und es verbleibe den Mitgliedstaaten nur die Möglichkeit, im Einzelfall ein missbräuchliches oder betrügerisches Verhalten der Betroffenen auf der Grundlage objektiver Kriterien zu verhindern (Tz. 24 f.). Da die Vorschriften des EG-Vertrags über die Niederlassungsfreiheit gerade zum Ziel hätten, den in der Gemeinschaft gegründeten Gesellschaften die Tätigkeit im Ausland mittels einer Agentur, Zweigniederlassung oder Tochtergesellschaft zu erlauben, könne es für sich allein keine missbräuchliche Ausübung der Niederlassungsfreiheit darstellen, eine Gesellschaft in demjenigen Mitgliedstaat zu gründen, dessen gesellschaftsrechtliche Vorschriften dem Gründer die größte Freiheit lassen (Tz. 26 f.).

---

19 Dazu *Kersting*, 28 Brookl. J. Int'l L. 1, 50.
20 Vgl. *Karsten Schmidt*, GesR (o. Fn. 7), § 1 II 8 a (27); kritisch daher schon früh *Knobbe-Keuk*, ZHR 154 (1990), 325 ff. m.w.Nw.; siehe auch die Nw. bei *Kieninger*, ZEuP 2004, 685, 686 in Fn. 7.
21 Urteil *Centros* (o. Fn. 1).
22 *Schön*, in: FS Lutter (2000), 685, 688 m.w.Nw.
23 Urteil *Centros* (o. Fn. 1), Tz. 17, mit Hinweis auf EuGHE 1986, 2375 = NJW 1987, 571 (*Segers*), Tz. 16.

Der EuGH sieht das Vorgehen der dänischen Behörden auch nicht nach dem aus der *Cassis-de-Dijon*-Rechtsprechung[24] hervorgegangenen „Vier-Kriterien-Test" der Urteile *Kraus* und *Gebhard* als gerechtfertigt an. Danach können nationale Maßnahmen, die die Ausübung der durch den EG-Vertrag garantierten Grundfreiheiten behindern oder weniger attraktiv machen können, zulässig sein, wenn folgende Voraussetzungen erfüllt sind: Sie müssen (1) in nichtdiskriminierender Weise angewandt werden, (2) zwingenden Gründen des Allgemeininteresses entsprechen, (3) zur Erreichung des verfolgten Ziels geeignet sein und (4) nicht über das hinausgehen, was zur Erreichung dieses Ziels erforderlich ist.[25] Das dänische Vorgehen sei bereits ungeeignet, da die Zweigniederlassung in Dänemark eingetragen worden wäre, wenn die Gesellschaft eine Geschäftstätigkeit im Vereinigten Königreich ausgeübt hätte, obwohl die dänischen Gläubiger in diesem Fall ebenso gefährdet gewesen wären (Tz. 35). Da die Centros Ltd. als Gesellschaft englischen Rechts, nicht als Gesellschaft dänischen Rechts auftrete, sei den Gläubigern weiter bekannt, dass sie nicht dem dänischen Recht über die Haftung unterliegt. Die Gläubiger könnten sich auf bestimmte gemeinschaftsrechtliche Vorschriften berufen wie die 4. (Jahresabschluss-)Richtlinie[26] und die 11. (Zweigniederlassungs-) Richtlinie[27] (Tz. 36).

2. Überseering

Da die Tragweite dieses Urteils derart kontrovers beurteilt wurde, „dass man mitunter daran zweifeln konnte, dass die Verfasser ein- und dasselbe Urteil besprachen"[28], und die deutsche Rechtsprechung zunächst nicht reagierte[29], musste ein zweites Urteil folgen, das auf Vorlage des VII. Zivilsenats des BGH[30] erging. Grundlage der Vorlage war die – allerdings seit jeher nicht überzeugende – traditionelle Spielart der Sitztheorie, die aus der fehlenden Einhaltung der deutschen Gründungsvorschriften für Kapitalgesellschaften folgerte, einer ausländischen Gesellschaft werde nach Verlegung ihres Verwaltungssitzes ins Inland die Rechtsfähigkeit aberkannt (Nichtanerkennungstheorie).[31] Auf dieser Grundlage hätte der niederländischen Gesellschaft Überseering, die ihren

---

24 EUGHE 1979, 649 = NJW 1979, 1766 (*Cassis de Dijon*); dazu etwa *Leible*, in: Grabitz/Hilf, Das Recht der Europäischen Union, Stand: August 2003, Art. 28 EGV Rn. 18 ff.; *Streinz*, Europarecht, 6. Aufl. (2003), Rn. 700 ff., 738 ff.
25 Urteil *Centros* (o. Fn. 1), Tz. 34, unter Hinweis auf EuGHE I 1993, 1663 = EuZW 1993, 322 (*Kraus*), Tz. 32; EuGHE I 1995, 4165 = NJW 1996, 579 (*Gebhard*), Tz. 37.
26 Vierte RL v. 25.7.1978 (EWG) Nr. 78/660 des Rates, ABlEG Nr. L 222 v. 14.8.1978, 11 ff., abgedruckt bei *Lutter*, Europäisches Unternehmensrecht, 4. Aufl. (1996), 147 ff.
27 Elfte RL v. 22.12.1989 (EWG) Nr. 89/666 des Rates, ABlEG Nr. L 395 v. 30.12.1989, 36 ff., abgedruckt bei *Lutter* (o. Fn. 26), 269 ff.
28 So *Zimmer*, BB 2003, 1.
29 Vgl. dazu *Bayer*, BB 2003, 2357, 2360 f.; *Kieninger*, ZEuP 2004, 685, 687 f.
30 BGH, WM 2000, 1257 = ZIP 2000, 967 (Vorlagebeschluss *Überseering*).
31 Vgl. dazu mit umfangreichen Nw. *Lutter*, BB 2003, 7 f.

Verwaltungssitz nach Deutschland verlagert hatte, in dem von ihr vor deutschen Gerichten geführten Prozess gegen einen ihrer Gläubiger die Parteifähigkeit abgesprochen werden müssen. Dass diese traditionelle Sitztheorie nicht nur vom Judiz her inakzeptabel[32], sondern auch logisch unzutreffend war, liegt auf der Hand. Denn selbstverständlich wird – wie es *Karsten Schmidt* einmal plakativ ausgedrückt hat – durch den Grenzübertritt „das Gesellschaftsvermögen nicht herrenlos wie ein wildes Tier, das Unternehmen nicht trägerlos wie ein Abendkleid".[33]

Nachdem der für das Gesellschaftsrecht zuständige II. Zivilsenat dies während des laufenden Vorlageverfahrens erkannt und entschieden hatte, die ausländische Gesellschaft werde in Deutschland jedenfalls als rechtsfähige Personengesellschaft anerkannt[34], hätte der VII. Senat seine Vorlage eigentlich zurückziehen können, da sich seine auf die fehlende Rechtsfähigkeit gestützte Vorlage damit erledigt hatte.[35]

Da eine Rücknahme der Vorlage jedoch nicht erfolgte, entschied der EuGH in *Überseering*, dass die Aberkennung der Rechts- und Parteifähigkeit gegen die Niederlassungsfreiheit verstoße. Mache eine Gesellschaft, die nach dem Recht des Mitgliedstaates gegründet worden ist, in dessen Hoheitsgebiet sie ihren satzungsmäßigen Sitz hat, in einem anderen Mitgliedstaat von ihrer Niederlassungsfreiheit Gebrauch, so sei dieser andere Mitgliedstaat nach den Art. 43 und 48 EG verpflichtet, „die Rechtsfähigkeit und damit die Parteifähigkeit zu achten, die diese Gesellschaft nach dem Recht ihres Gründungsstaates besitzt."[36]

Ausführlich grenzt der EuGH die *Centros*-Rechtsprechung von den Grundsätzen des früheren Urteils *Daily Mail* ab, in dem das Gericht die Möglichkeit von Beschränkungen der grenzüberschreitenden Sitzverlegung anerkannt hatte. In *Daily Mail* sei es um einen Wegzugsfall gegangen, während hier eine Behinderung durch denjenigen Staat in Rede stehe, in den die Gesellschaft zuziehe

---

32 So *Schanze/Jüttner*, AG 2003, 661, 664; ähnlich *W.-H. Roth*, IPRax 2003, 117, 119: „[...] von den damit verbundenen rechtlichen Konsequenzen her unerträglich"; ausführlich schon *Knobbe-Keuk*, ZHR 154 (1990), 325 ff., insb. 328, 335 ff.

33 *Karsten Schmidt*, in: Multimedia: Kommunikation ohne Grenzen – grenzenloser Wettbewerb?, FIW-Schriftenreihe Heft 177, 41, 43; vgl. auch *ders.*, GesR (o. Fn. 7), § 1 II 8 a (27 f.); *ders.*, ZGR 1999, 20, 22 ff.; *W.-H. Roth*, ZIP 2000, 1597, 1599 ff. m.w.Nw. in Fn. 29; für die Möglichkeit identitätswahrender Sitzverlegung einer Kapitalgesellschaft sehr früh schon *Behrens*, RIW 1986, 590 ff.

34 BGHZ 151, 204 = NJW 2002, 3539 = ZIP 2002, 1763 = WM 2002, 1929.

35 Zutreffend *Lutter*, BB 2003, 7, 8; *Knapp*, DNotZ 2003, 85, 89; ferner *Roth*, ZIP 2000, 1597, 1599 ff.; *ders.*, IPRax 2003, 117, 119: Bei einer entsprechenden eigenen Erkenntnis des VII. Senats wäre die Vorlage von vornherein unnötig gewesen; unrichtig *Behrens*, IPRax 2003, 193, 202, der darauf hinweist, der Lösungsweg des II. Senats habe die Vorlage an den EuGH keineswegs überflüssig gemacht. Dies trifft zwar allgemein, nicht aber im konkreten Fall zu. Dort fehlte die Entscheidungserheblichkeit.

36 Urteil *Überseering* (o. Fn. 2), Leitsatz 2 und Tz. 80 f.

(Tz. 61 ff.). Eine aufgrund einer nationalen Rechtsordnung gegründete Gesellschaft habe jenseits der nationalen Rechtsordnung, die ihre Gründung und Existenz regelt, keine Realität (Tz. 67). Dann aber sei der Mitgliedstaat auch berechtigt, einer nach seiner Rechtsordnung gegründeten Gesellschaft Beschränkungen hinsichtlich der Verlegung ihres tatsächlichen Verwaltungssitzes aus seinem Hoheitsgebiet aufzuerlegen (Tz. 70).

Dass die Aberkennung der Rechtsfähigkeit im *Zuzugs*staat eine Beschränkung der Niederlassungsfreiheit darstellt, sieht der EuGH – mit Recht – als unproblematisch an. Überseering könne „als Gesellschaft niederländischen Rechts in Deutschland von ihrer Niederlassungsfreiheit Gebrauch machen" (Tz. 80). Das Erfordernis, dieselbe Gesellschaft in Deutschland neu zu gründen, komme der Negierung der Niederlassungsfreiheit gleich (Tz. 81).[37]

Der deutschen Regierung, die die Sitztheorie im Hinblick auf den Schutz der Gläubiger, der Minderheitsgesellschafter, der Arbeitnehmer und des Fiskus zu rechtfertigen suchte, hält der EuGH entgegen, dass solche zwingenden Gründe des Gemeinwohls zwar unter bestimmten Umständen und unter Beachtung bestimmter Voraussetzungen Beschränkungen der Niederlassungsfreiheit rechtfertigen könnten, nicht aber die Aberkennung der Rechts- und Parteifähigkeit der Gesellschaft (Tz. 92).

Wenn sich der EuGH damit auch nicht ausdrücklich mit der neuen Sitztheorie des II. Zivilsenats auseinandergesetzt hat, besteht doch weitgehend Einigkeit, dass dieser Lösungsweg nach *Überseering* ebenfalls versperrt ist. Bei einer „Zwangsumwandlung" in eine inländische Personengesellschaft könnte die EG-Auslandsgesellschaft gerade nicht „als Gesellschaft ausländischen Rechts" von ihrer Niederlassungsfreiheit Gebrauch machen.[38]

3. Inspire Art

Den bisherigen Schlusspunkt bildet das Urteil *Inspire Art*, in dem es um die Frage ging, ob eine inländische Rechtsordnung die Scheinauslandsgesellschaft zwar anerkennen, ihr aber aufgeben kann, im Inland als „formal ausländische Gesellschaft" zu firmieren sowie die Kapitalaufbringungsvorschriften zu beachten, die auch für inländische Gesellschaften gelten.

---

[37] Dazu auch *Lutter*, BB 2003, 7, 9: „Was bleibt von der Niederlassungsfreiheit, wenn die Gesellschaften beim Überschreiten der Grenze sterben."

[38] BGHZ 154, 185, 189 = NJW 2003, 1461 = ZIP 2003, 718, 720 (*Überseering*); *Behrens*, IPRax 2003, 193, 200, der von einer „Spaltgesellschaft" spricht; ferner *Eidenmüller/Rehm*, ZGR 2004, 159, 166 in Fn. 35; *Horn*, NJW 2004, 893, 896; *Leible/Hoffmann*, EuZW 2003, 677, 681; *Ulmer*, NJW 2004, 1201, 1206; *Weller* (o. Fn. 17), 83; *ders.*, IPRax 2003, 520, 521 f., *Zimmer*, NJW 2003, 3585, 3586; für eine verfahrensmäßig abgesicherte Umwandlungslösung hingegen *W.-H. Roth*, IPRax 2003, 117, 122 ff.; insgesamt a.A. *Kindler*, NJW 2003, 1073, 1077.

Das Erfordernis einer stigmatisierenden Firmierung verstößt nach Ansicht des EuGH schon deshalb gegen europäisches Recht, weil die Zweigniederlassungsrichtlinie die Offenlegungspflichten abschließend regelt (Tz. 69 f.). Die Forderung nach Aufbringung eines Mindestkapitals verstoße gegen Art. 43 und 48 EG. Der EuGH bestätigt die in *Centros* getroffene Feststellung, dass der Wunsch, in den Genuss vorteilhafter Rechtsvorschriften zu kommen, auch dann keinen Missbrauch der Niederlassungsfreiheit darstellt, wenn die Gesellschaft ihre Tätigkeit hauptsächlich oder ausschließlich im Zuzugsstaat ausübt (Tz. 95 f.). Folglich stellten Bestimmungen über die Aufbringungen eines Mindestkapitals (sowohl zum Zeitpunkt der Gründung als auch während des Bestehens der Gesellschaft) und über die Haftung der Geschäftsführer bei Verstößen gegen diese Regel eine Beschränkung der Niederlassungsfreiheit dar (Tz. 104).

Eine Rechtfertigung dieser Beschränkung nach dem „Vier-Kriterien-Test" lehnt der EuGH ab, wobei er die generelle Eignung von Vorschriften über ein Mindestkapitals zum Gläubigerschutz offen lässt. Die Begründung entspricht derjenigen des *Centros*-Urteils: Inspire Art trete als Gesellschaft englischen Rechts und nicht als niederländische Gesellschaft auf und deshalb seien ihre potenziellen Gläubiger hinreichend darüber unterrichtet, dass sie anderen Rechtsvorschriften unterliegt als inländische Gesellschaften (Tz. 135). Eine Bekämpfung missbräuchlicher oder betrügerischer Ausnutzung der Niederlassungsfreiheit sei zwar gestattet. Ein derartiges Verhalten liege aber nicht allein in dem Umstand, dass die Gesellschaft im Gründungsstaat keine Tätigkeit entfaltet (Tz. 139).

4. Meinungsumschwung in der deutschen Literatur

Die drei Entscheidungen des EuGH haben in Deutschland einen beispiellos raschen und einmütigen Umschwung der Rechtsprechung und h.M. bewirkt.[39] Mit ganz wenigen Ausnahmen wird heute fast allgemein davon ausgegangen, für EG-Auslandsgesellschaften gelte nicht mehr die Sitz-, sondern die Gründungstheorie.[40] Es wird davon gesprochen, die Urteile des EuGH hätten der

---

39 Zutreffend die Beobachtung bei *Schanze/Jüttner*, AG 2003, 661, 664; vgl. auch *Altmeppen/Wilhelm*, DB 2004, 1083, die diese Entwicklung aber sehr kritisch betrachten.

40 Aus der Rspr. – jeweils bzgl. der Anerkennung der Rechtsfähigkeit und/oder der Möglichkeit einer Eintragung im Handelsregister – BGHZ 154, 185, 190 = NJW 2003, 1461, 1462 = ZIP 2003, 718, 720 (*Überseering*); OGH, IPRax 2000, 418, 421 f. = NZG 2000, 36, 38 f.; OLG Celle, IPRax 2003, 245, 246 = GmbHR 2003, 532, 533; OLG Naumburg, GmbHR 2003, 533 (LS); OLG Zweibrücken, BB 2003, 864, 865; aus der Literatur – dort jeweils allgemein vertreten – Streinz/*Müller-Graff*, EUV/EGV, 2003, Art. 48 EGV Rn. 15; *Bayer*, BB 2003, 2357, 2363; *ders.*, BB 2004, 1, 4; *Behrens*, IPRax 2004, 20, 25; *Eidenmüller*, JZ 2004, 24 f. (mit der Ausnahme für Fälle von Missbrauch und Betrug); *Eidenmüller/Rehm*, ZGR 2004, 159, 161; *Horn*, NJW 2004, 893, 896 f.; *Kallmeyer*, DB 2004, 636; *Kersting/Schindler*, RdW 2003, 621 und 622 f.; *Lanzius*, ZInsO 2004, 296; *Meilicke*, GmbHR 2003, 1271 ff.; *Müller*, NZG 2003, 414, 416 und 417;
(Fortsetzung auf der nächsten Seite)

Sitztheorie „den Garaus gemacht"⁴¹; der EuGH „nagele ... die EG-Mitgliedstaaten hinsichtlich der kollisionsrechtlichen Behandlung von Scheinauslandsgesellschaften fest."⁴² Trotz dieses „weitgehend unstreitigen"⁴³ Ausgangspunktes sind jedoch innerhalb dieser h.M. zwei Lager auszumachen.⁴⁴ Das eine Lager entnimmt der EuGH-Rechtsprechung die Regel, dass die Anwendung deutschen (Gesellschafts-)Rechts auf EG-Auslandsgesellschaften mit Verwaltungssitz im Inland überhaupt nur noch dann und insoweit in Betracht kommt, wie das ausländische Recht Schutzlücken lässt.⁴⁵ Selbst die deutsche Durchgriffshaftung soll nur dann anwendbar sein, wenn die Durchgriffsregeln des ausländischen Rechts keinen hinreichenden Schutz bieten.⁴⁶ Das Einfallstor der „zwingenden Gründe des Allgemeininteresses" für die Anwendung deutschen Gesellschaftsrechts sei für die Private und Public Limited Company englischen Rechts (Ltd. und PLC) in Deutschland generell verschlossen, da nach ihrem englischen Heimatrecht ein ausreichender Gläubiger- und Minder-

---

Paefgen, DB 2003, 487 f.; *Riedemann*, GmbHR 2004, 345, 346; *Riegger*, ZGR 2004, 510, 517; *Sandrock*, BB 2003, 2588; *Schumann*, DB 2004, 743; *Spindler/Berner*, RIW 2003, 949 ff.; *Ulmer*, NJW 2004, 1201; *Weller*, (o. Fn. 17), 86; *ders.*, DStR 2003, 1800 und 1804; *ders.*, IPRax 2003, 520; *Wimmer-Leonhard*, (o. Fn. 17), 701 ff. mit Ergebnis 747 ff. (mit Ausdehnung auf Gesellschaften aus Drittstaaten); wohl auch *Wachter*, GmbHR 2003, 1254; *ders.*, GmbHR 2004, 88, 89; zurückhaltender *Kersting*, NZG 2003, 9 f.; *Hirte*, EWS 2003, 521, 522; *Zimmer*, ZHR 168 (2004), 355, 360.

41 *Sandrock*, BB 2003, 2588; ähnlich *ders.*, in: Sandrock/Wetzler (Hrsg)., Deutsches Gesellschaftsrecht im Wettbewerb der Rechtsordnungen (2004), 33: „Die Sitztheorie ist tot."
42 *Weller*, DStR 2003, 1800, 1804.
43 Vgl. *Borges*, ZIP 2004, 733.
44 Zutreffend *Ulmer*, NJW 2004, 1201, 1202, wobei sich aber die hiesige Zuordnung der Autoren zu den beiden Lagern nicht ganz mit derjenigen von *Ulmer* deckt.
45 Besonders deutlich *Behrens*, IPRax 2003, 193, 203 und 206; *ders.*, IPRax 2004, 20, 25; *Kieninger*, ZEuP 2004, 685 ff.; *Sandrock*, in: Sandrock/Wetzler, a.a.O. (o. Fn. 41), 33 ff. („Subsidiaritätsprinzip"); ähnlich *Leible*, ZGR 2004, 531, 533 f.; *Riegger*, ZGR 2004, 510, 523 f.; *Triebel*, BB 2003, Heft 33, die erste Seite; *Wimmer-Leonhard*, (o. Fn. 17), 701 ff. mit Ergebnis 747 ff.; *Ziemons*, ZIP 2003, 1913, 1917; ferner *Eidenmüller*, JZ 2004, 24, 28; *Eidenmüller/Rehm*, ZGR 2004, 159, 173 ff. und 182, die allein Fälle des Normenmangels als Ausnahme anerkennen; restriktiv auch *Schanze/Jüttner*, AG 2003, 661, 666 ff.; *Spindler/Berner*, RIW 2003, 949, 954; *dies.*, RIW 2004, 7, 14; im Ansatz auch *Bayer*, BB 2003, 2357, 2364; *ders.*, BB 2004, 1, 4, der jedoch an die ausnahmsweise Anwendung inländischer Rechtsvorschriften geringere Anforderungen stellt.
46 Besonders deutlich *Behrens*, IPRax 2004, 20, 25; ähnlich schon *ders.*, IPRax 2003, 193, 206; *Kieninger*, ZEuP 2004, 685, 699; vgl. auch *Kersting/Schindler*, RdW 2003, 621, 625; *Meilicke*, GmbHR 2003, 1271, 1272; *Hirsch/Britain*, NZG 2003, 1100, 1102; wohl auch *Paefgen*, DB 2003, 487, 491, der allerdings in Fn. 48 Autoren zitiert, die hinsichtlich der Anwendung der Durchgriffsregeln weniger restriktiv sind; siehe zur Anwendung der ausländischen Durchgriffsregeln bei der amerikanischen Inc. mit Verwaltungssitz im Inland auch BGH BB 2004, 1868 m. Anm. *Mellert*.

heitenschutz bestehe.[47] Notfalls soll sogar die privatrechtliche Nachbildung ausländischer öffentlich-rechtlicher Gläubigerschutzregeln im inländischen Recht in Erwägung gezogen werden.[48] Unstreitig anwendbar wäre auf der Basis dieser Ansicht im Grundsatz nur das allgemeine deutsche Verkehrsrecht (Vertrags-, Bereicherungs- und Deliktsrecht).[49]

Dem steht ein ebenso starkes Lager entgegen, das einen mehr oder weniger weitreichenden Rückgriff auf nationales Recht zulassen will, sei es im Wege der Sonderanknüpfung einzelner gesellschaftsrechtlicher Vorschriften und deren Rechtfertigung nach dem „Vier-Kriterien-Test"[50] oder als Missbrauchsfall[51], sei es über die Anwendung des ordre public[52] oder über die Einordnung bestimmter Haftungsregeln wie der Insolvenzverschleppungshaftung, der Durchgriffshaftung oder des Eigenkapitalersatzrechts unter das Delikts- oder Insolvenzstatut.[53]

Völlig anders gegenüber beiden Lagern haben sich *Altmeppen* und *Wilhelm* positioniert, die schon die grundsätzliche Geltung der Gründungstheorie bestreiten.[54] In der Rechtsprechung des EuGH sei keine Grundlage für den radikalen

---

47   So *Triebel*, BB 2003, Heft 33, die erste Seite.
48   So *Behrens*, IPRax 2003, 193, 206, allerdings ohne Erläuterung, wie diese „Nachbildung" erfolgen soll.
49   *Schanze/Jüttner*, AG 2003, 661, 667 ff. (mit der Einschränkung für extrem formulierte Deliktsnormen); siehe dazu noch u. IV. 2.
50   Dafür *Ulmer*, JZ 1999, 662, 665; NJW 2004, 1201, 1208 f.; wohl auch LG Stuttgart, NJW-RR 2002, 463, 466.
51   Dafür bzgl. der Durchgriffshaftung *G. H. Roth*, NZG 2003, 1081, 1085, und *Zimmer*, NJW 2003, 3585, 3589 (vgl. zusätzlich Fn. 53); bzgl. des Durchgriffs wegen Existenzvernichtung *Horn*, NJW 2004, 893, 899; beschränkt auf die Durchgriffshaftung wegen Vermögensvermischung *Weller*, DStR 2003, 1800, 1804.
52   Dafür insb. *Paefgen*, DB 2003, 487, 489 ff.; für eine – allerdings sehr restriktive – Anwendung des ordre public beim Durchgriff auch *Riegger*, ZGR 2004, 510, 523 f.; *Schumann*, DStR 2003, 743, 745, diskutiert die Anwendung von Art. 6 EGBGB hinsichtlich §§ 30, 31 GmbHG, lehnt einen Rückgriff auf den ordre public letztlich aber ab.
53   Zur Insolvenzverschleppungshaftung z.B. *Müller*, NZG 2003, 414, 417 (Insolvenzrecht); *Habersack/Verse*, ZHR 168 (2004), 174, 207 (Insolvenzrecht); *Riedemann*, GmbHR 2004, 345, 349 (Deliktsrecht); *Weller*, DStR 2003, 1800, 1804 (Insolvenzrecht); *Zimmer*, NJW 2003, 3585, 3590 (Deliktsrecht); wohl auch *Wachter*, GmbHR 2003, 1254, 1257 (Insolvenzrecht); zum Durchgriff z.B. *Bayer*, BB 2003, 2357, 2365 (Deliktsrecht); *G. H. Roth*, NZG 2003, 1081, 1085 (Regel vorinsolvenzrechtlicher Qualität); *Weller*, IPRax 2003, 207, 208 und 210 (Delikts- oder Insolvenzrecht); dem folgend *Wachter*, GmbHR 2003, 1254, 1257 (wohl Deliktsrecht); vgl. auch *Zimmer*, NJW 2003, 3585, 3588 f. (Delikts- oder Insolvenzrecht); zum Eigenkapitalersatzrecht z.B. *Ulmer*, NJW 2004, 1201, 1207 (Insolvenzrecht); für alle drei Tatbestände *Haas*, NZI 2003, Heft 12, V, VI (Insolvenzrecht); *Weller*, IPRax 2004, 412, 414 (Insolvenzrecht); allgemein auch *Kindler*, NZG 2003, 1086, 1089 f. (als Hilfsbegründung).
54   *Altmeppen*, NJW 2004, 97 ff.; *Altmeppen/Wilhelm*, DB 2004, 1083 ff.; so im Ergebnis auch *Kindler*, NZG 2003, 1086, 1089, nach dessen Ansicht die Einordnung der Gesellschaft als inländische durch das nationale IPR der Prüfung der Niederlassungsfreiheit

(Fortsetzung auf der nächsten Seite)

Meinungsumschwung mit all seinen für die Praxis kaum zu bewältigenden Rechtsanwendungsproblemen zu finden. Es sei schlicht unpraktikabel anzunehmen, dass deutsche Richter in Zukunft das Gesellschaftsrecht aller 25 EG-Mitgliedstaaten erlernen und anwenden sollten.[55] In Wirklichkeit beschränke sich die Aussage des EuGH auf die Anerkennung der nach Maßgabe ihres Heimatrechts gegründeten Auslandsgesellschaft als Kapitalgesellschaft im Inland, während die Anwendung deutschen Gläubigerschutzrechts insoweit unproblematisch sei, wie es keine zusätzlichen Anforderungen an die wirksame Gründung stelle. Ebenso wie der Fahrer eines englischen Pkw auf deutschen Straßen rechts fahren müsse, könnten auch Gesellschaften bei einer Tätigkeit im Inland nicht diejenigen Verhaltensregeln missachten, die das deutsche Kapitalgesellschaftsrecht aufstellt.[56] Nach dieser Ansicht würden nicht nur die deutsche Insolvenzverschleppungs- und Existenzvernichtungshaftung, sondern auch das nationale Eigenkapitalersatzrecht zur Anwendung kommen.[57] Die Kapitalerhaltungsregeln der §§ 30, 31 GmbHG sollen in jedem Fall insoweit gelten, wie der Ersatz der Beseitigung der Überschuldung dient (vgl. § 31 Abs. 2 und 3 GmbHG).[58] Die Erforderlichkeit im Sinne des europarechtlichen „Vier-Kriterien-Tests" bestimmen *Altmeppen* und *Wilhelm* dabei nach dem deutschen Konzept des Gläubigerschutzes.[59] Die Anwendung ausländischen Schutzrechts scheide demgegenüber oft schon deshalb aus, weil es – wie beispielsweise in England – auf einer dem deutschen Recht fremden hoheitlichen, dem öffentlichen Recht zuzuordnenden Staatsaufsicht über Kapitalgesellschaften aufbaue.[60]

---

vorgeht (dagegen mit Recht *Eidenmüller/Rehm*, ZGR 2004, 159, 163 f.; *Schön*, in: FS Lutter (2000), 685, 687, jeweils m.w.Nw.; vgl. auch *Behrens*, IPRax 2004, 20, 23); siehe auch die erst nach Manuskriptabschluss veröffentlichten Überlegungen bei *Schäfer*, NZG 2004, 785 ff., der die Wertungen der SE-VO für die Auslandsgesellschaften fruchtbar machen will.

[55] *Altmeppen*, NJW 2004, 97, 98.
[56] *Altmeppen*, NJW 2004, 97, 100 ff., insb. 101 in Fn. 43.
[57] *Altmeppen*, NJW 2004, 97, 100 ff.; *Altmeppen/Wilhelm*, DB 2004, 1083, 1088 ff.
[58] *Altmeppen*, NJW 2004, 97, 102; diese Ausführungen werden von *Ulmer*, NJW 2004, 1201, 1206, als „Ausklammerung" der Kapitalerhaltungsvorschriften missverstanden.
[59] *Altmeppen/Wilhelm*, DB 2004, 1083, 1089; mit anderer Begründung auch *Ulmer*, NJW 2004, 1201, 1208 (dazu u. IV. 4); vgl. auch *Schäfer*, NZG 2004, 785, 786.
[60] *Altmeppen*, NJW 2004, 97, 99; auf die begrenzte Wirkung öffentlich-rechtlicher Aufsichtssysteme außerhalb der Landesgrenzen schon früher hinweisend *Knobbe-Keuk*, ZHR 154 (1990), 325, 347; *Ulmer*, JZ 1999, 662, 664; *Zimmer*, ZHR 164 (2000), 23, 33; aus jüngerer Zeit auch *Bayer*, BB 2003, 2357, 2366; *Borges*, ZIP 2004, 733, 735; *Schön*, ZHR 168 (2004), 268, 291; *Ulmer*, NJW 2004, 1201, 1202; *Wachter*, GmbHR 2004, 88, 95 f.; *Weller*, (o. Fn. 17), 116 f.; *ders.*, IPRax 2003, 207, 209; vgl. auch *Eidenmüller/Rehm*, ZGR 2004, 159, 187.

III. Zum Verhältnis von Niederlassungsfreiheit und IPR

Die Frage des Gläubigerschutzes bei EG-Auslandsgesellschaften kann nicht ohne eine Klarstellung des dafür maßgeblichen Verhältnisses zwischen der Niederlassungsfreiheit und dem nationalen IPR beantwortet werden. In dieser Hinsicht leidet die derzeitige Diskussion oftmals an einer unrichtigen Erfassung der erforderlichen Grundlagen.[61]

1. Sitztheorie und Sonderanknüpfung

Soweit der Rechtsprechung des EuGH die europarechtliche Vorgabe der Gründungstheorie entnommen und anschließend über gesellschaftsrechtliche Sonderanknüpfungen nachgedacht wird (zweites Lager), bleibt klarzustellen, dass diese kollisionsrechtliche Behandlung der Problematik kein Gebot des Europarechts, sondern allenfalls des nationalen IPR ist. Ob nämlich die Anwendung des Inlandsrechts auf der Anwendung der Sitztheorie oder einer Sonderanknüpfung trotz grundsätzlicher Geltung der Gründungstheorie beruht, ist für die europarechtliche Beurteilung ohne Belang.[62] So oder so muss sich das Ergebnis – die Anwendung deutschen Rechts auf die Auslandsgesellschaft – an der Niederlassungsfreiheit messen lassen. Eben deshalb macht der EuGH in *Überseering* und *Inspire Art* bei seiner Prüfung eines Verstoßes gegen Art. 43, 48 EG keinerlei Unterschied, obwohl in *Überseering* die in Deutschland geltende Sitztheorie, in *Inspire Art* hingegen Sonderanknüpfungen im niederländischen Recht in Rede standen, das grundsätzlich der Gründungstheorie folgt. Der EuGH stellt jedenfalls außerhalb derjenigen Rechtsbereiche, in denen das Europarecht unmittelbar selbst das Kollisionsrecht bestimmt[63], keine eigene Kollisionsregel auf[64] und macht damit erst recht keine Vorgaben über den konkreten kollisionsrechtlichen Weg, der zur Anwendung bestimmter materieller Vorschriften führt. Soweit das Gemeinschaftsrecht als Schranke nationaler Rechtsanwendung in Rede steht, hat der EuGH – wie *Altmeppen/Wilhelm*[65] insoweit mit Recht herausstellen – allein darüber zu entscheiden, ob das Ergebnis, sprich die nationale kollisions- und sachrechtliche Behandlung EG-ausländischer Kapitalgesellschaften, gegen europäisches Recht verstößt.[66]

---

61 Siehe allgemein zum Einfluss des Europäischen Gemeinschaftsrechts auf das IPR *W.-H. Roth*, RabelsZ 55 (1991), 623 ff.; *Basedow*, RabelsZ 59 (1995), 1 ff.
62 Dazu auch *Schön*, Der Konzern (2004), 162, 163 nach Fn. 15.
63 Dazu *W.-H. Roth*, RabelsZ 55 (1991), 623, 630 ff.
64 So aber die Interpretation von *Überseering* bei *Grundmann*, Europäisches Gesellschaftsrecht (2004), Rn. 768; *Wimmer-Leonhard*, (o. Fn. 17), 721.
65 *Altmeppen/Wilhelm*, DB 2004, 1083, 1084.
66 Ebenso *GA Colomer* in der Sache *Überseering*, Tz. 39 f., 43, 65 und 69 (abgedruckt auch in NZG 2002, 16, 20 und 22); deutlich auch *Leible*, ZGR 2004, 531, 534; *Martin-Ehlers*, in: Sandrock/Wetzler, a.a.O. (o. Fn. 41), 1, 13 ff.; *Schanze/Jüttner*, AG 2003, 661, 665 f.; *Weller*, (o. Fn. 17), 41 f. m.w.Nw. (anders aber 51 ff.); früher schon *W.-H.*
(Fortsetzung auf der nächsten Seite)

2. Die Flucht ins Delikts- und Insolvenzrecht – ein Irrweg

Weil dies aber so ist, führt auch die vielfach anzutreffende Aussage, in Zukunft komme der Abgrenzung zwischen gesellschaftsrechtlichen Gläubigerschutzinstrumenten einerseits, insolvenzrechtlichen und deliktischen Regeln andererseits, entscheidende Bedeutung zu[67], in die Irre. Solchen Äußerungen liegt oftmals die Vorstellung zugrunde, bei einer Einordnung unter das Delikts- oder Insolvenzstatut sei die Anwendung deutschen Rechts unbeschränkt möglich.[68] Diese Einschätzung ist deshalb unzutreffend, weil die entsprechende kollisionsrechtliche Einordnung der Materie nicht die Prüfung der materiellen Regelung auf ihre Konformität mit Europarecht hindert.[69] Jede Rechtsanwendung, wie auch immer sie im nationalen Recht zustande kommt, muss sich im Gebiet der EG an deren Recht messen lassen.

Selbst in solchen Fällen, in denen die Anwendung deutschen Insolvenzrechts auf Art. 4 der Europäischen Insolvenzverordnung (EuInsVO)[70] beruht, also bei einem in Deutschland durchgeführten Insolvenzverfahren über eine Auslandsgesellschaft[71], befindet man sich keineswegs per se „auf sicherem Grund" oder im „sichersten Hafen".[72] Denn selbstverständlich kann auch das über die Eu-

---

Roth, ZEuP 1994, 5, 18 ff.; die Forderung des Urteils *Überseering* (o. Fn. 2), LS 2 und Tz. 95, die Rechts- und Parteifähigkeit der Auslandsgesellschaft zu achten (!), die sie „nach dem Recht ihres Gründungsstaates besitzt", ändert daran nichts (zurückhaltend auch *W.-H. Roth*, ICLQ 2003, 177, 207; *Zimmer*, BB 2003, 1, 4).

67 *Haas*, NZI 2003, Heft 12, V, VI; *Müller*, NZG 2003, 415, 416 ff.; *Riedemann*, GmbHR 2004, 345, 346 a.E.; *Weller*, DStR 2003, 1800, 1804; *Zimmer*, NJW 2003, 3585, 3588 ff. mit Zusammenfassung 3591; vgl. auch *Kersting/Schindler*, RdW 2003, 621, 625 bei Fn. 57.

68 Die in Fn. 67 genannten Autoren prüfen nur teilweise und nicht für alle Rechtsfragen die Vereinbarkeit der kollisionsrechtlichen Ergebnisse mit dem Europarecht.

69 Zutreffend *Schanze/Jüttner*, AG 2003, 661, 665 f.; ferner *Borges*, ZIP 2004, 733, 740 und 741; *Eidenmüller*, JZ 2004, 24, 25 m.w.Nw.; *Eidenmüller/Rehm*, ZGR 2004, 159, 166 (Die Etikettierung ist unerheblich); deutlich auch *Spindler/Berner*, RIW 2004, 7, 9 f. (demgegenüber unklar noch *dies.*, RIW 2003, 949, 955 und 957, wo einerseits betont wird, der Qualifikation von Rechtsinstituten komme immense Bedeutung zu, andererseits aber anerkannt wird, dass auch deliktische Haftungsfiguren mit der Niederlassungsfreiheit vereinbar sein müssen); *Weller*, (o. Fn. 17), 200 f. (unklar aber *ders.*, IPRax, 2003, 207 ff. und 520 ff., wo das Erfordernis europarechtlicher Prüfung zwar im Grundsatz erkannt, teilweise aber doch allein kollisionsrechtlich argumentiert wird).

70 VO (EG) Nr. 1346/2000 des Rates vom 29.5.2000 über Insolvenzverfahren, ABIEG Nr. L 160 v. 30.6.2000, 1 ff.

71 Zur Zuständigkeit der deutschen Gerichte und zur Anwendung deutschen Insolvenzrechts siehe *M. Fischer*, ZIP 2004, 1477, 1484 f.; *Müller*, NZG 2003, 414, 415; *Riedemann*, GmbHR 2004, 345, 346 und 347; *Riegger*, ZGR 2004, 510, 526; *Schumann*, DB 2004, 743, 746; *Ulmer*, NJW 2004, 1201, 1204; *Wachter*, GmbHR 2003, 1254, 1257; *Weller*, IPRax 2003, 520, 521; *Zimmer*, NJW 2003, 3585, 3589.

72 So aber *Ulmer*, NJW 2004, 1201, 1205 und 1207; ähnlich *ders.*, KTS 2004, 291, 296: „sichere Bastion"; dem folgend *M. Fischer*, ZIP 2004, 1477, 1478 f., *Weller*, IPRax 2004, 412, 414 mit Fn. 35.

InsVO zur Anwendung berufene nationale Insolvenzrecht gegen Europarecht verstoßen. Ein einfaches Beispiel mag dies verdeutlichen: Nehmen wir an, der deutsche Gesetzgeber würde vor dem Hintergrund vieler masseloser Insolvenzverfahren über Scheinauslandsgesellschaften eine Vorschrift in die Insolvenzordnung aufnehmen, nach der die Geschäftsführer und/oder Gesellschafter einer Scheinauslandsgesellschaft einen Verfahrenskostenbeitrag in Höhe von 10.000 Euro zu leisten hätten, um so die Eröffnung derartiger Verfahren zu ermöglichen. Bei einer solchen auf das Insolvenzverfahren beschränkten Regelung würde es sich wohl unstreitig um (deutsches) Insolvenzrecht handeln, das gemäß Art. 4 EuInsVO zur Anwendung berufen ist. Diese Anordnung hindert aber nicht die Prüfung, ob das jeweilige Insolvenzrecht gegen sonstiges europäisches Recht verstößt. Ein solcher Verstoß läge im Beispielsfall auf der Hand. Ganz im Gegensatz zu den angeführten Stimmen muss man daher im Grundsatz formulieren, dass die (nationale) kollisionsrechtliche Einordnung der jeweiligen Haftungsregeln für sich genommen europarechtlich ohne Belang ist.[73] Richtig ist allein, dass ein Verstoß gegen die Niederlassungsfreiheit umso weniger in Betracht kommt, je eindeutiger die Regelung dem allgemeinen Verkehrsrecht zuzuordnen ist (dazu unten IV. 2.).

3. Kein Rückgriff auf den ordre public

Von einem unrichtigen Verständnis des Verhältnisses von IPR und Europarecht geprägt sind erst recht jene Ansätze, die das deutsche Recht (nur) über den nationalen ordre-public-Vorbehalt zur Anwendung bringen wollen.[74] Die Ansicht, der EuGH gebe uns die Gründungtheorie vor, eine Durchbrechung sei aber im Wege des ordre public möglich, ist widersprüchlich: Wenn die Anwendung bestimmter Regeln des deutschen (Gesellschafts-)Rechts tatsächlich vor dem Europarecht bestand hätte, dann wäre eben die Prämisse unrichtig, dass die Sitztheorie, soweit sie ebenfalls zur Anwendung dieser Regeln führt, gegen europäisches Recht verstößt. Auch hier gilt, dass der Weg, der zur Anwendung deutschen Rechts führt, für das Europarecht ohne Belang ist.[75] Griffe man dennoch auf den ordre public zurück, würden damit völlig unnötige und bei richtiger Rechtsanwendung wohl auch schwer überwindliche[76] internationalprivatrechtliche Hürden für die Anwendung deutschen Rechts eingeführt, die sich jedenfalls nicht unmittelbar aus dem Europarecht ableiten lassen.[77]

---

73 Kritisch zur kollisionsrechtlichen Diskussion auch *Kieninger*, ZEuP 2004, 685, 696 f.; *Schön*, ZHR 168 (2004), 268, 293; *Karsten Schmidt*, Editorial in ZHR Heft 5/2004.
74 Siehe o. Fn. 52.
75 Ähnlich *Spindler/Berner*, RIW 2004, 7, 9: „Soweit Regelungen einer Rechtfertigung zugänglich sind, sind sie vor dem Hintergrund der Niederlassungsfreiheit anwendbar, auch wenn sie dem Gesellschaftsstatut unterfallen."
76 Vgl. *Weller*, DStR 2003, 1800, 1804.
77 Davon zu unterscheiden ist die Frage, ob die Grundfreiheiten mittelbar derart hohe Schranken gegenüber der Anwendung des Inlandsrechts errichten, dass dessen aus-
(Fortsetzung auf der nächsten Seite)

4. Einheitslehre und Europarecht

Die Aussage, die Gründungstheorie sei europarechtlich geboten, ist deshalb nur dann zutreffend, wenn sich tatsächlich die Anwendung sämtlicher dem Gesellschaftsstatut unterliegender Rechtsregeln des nationalen Rechts als Verstoß gegen die Niederlassungsfreiheit erweisen sollte[78], wie diese allerdings dem oben zuerst genannten Lager derjenigen Autoren entspricht, die den Rückgriff auf deutsches Recht (fast) gänzlich ausschließen wollen.[79] Hierin kommt letztlich nur eine allgemeine, über die Niederlassungsfreiheit hinausreichende Sichtweise zum Ausdruck, die allgemein von einem kollisionsrechtlichen Gehalt der Grundfreiheiten ausgeht.[80] Eine völlig andere, davon zu trennende Frage ist, ob der Übergang zur Gründungstheorie aus Sicht des (deutschen) IPR auch dann geboten ist, wenn die Anwendung deutschen Rechts nur teilweise gegen Europarecht verstößt. Hintergrund jener im zweiten Lager anzutreffenden Ansichten, die zwar die Gründungstheorie im Grundsatz für geboten halten, aber dennoch zum Teil auf deutsches Gesellschaftsrecht zurückgreifen wollen, dürfte die bisher im IPR vorherrschende Vorstellung von einem einheitlichen Gesellschaftsstatut sein.[81] Sind europarechtlich zu viele Durchbrechungen der Sitztheorie geboten, dann könnte dies aus Sicht des IPR dazu nötigen, sie als konturenlos aufzugeben.[82] Zur Anwendung eines einheitlichen Rechts im Sinne jener Einheitslehre würde man dann allerdings doch nicht gelangen, wenn sogleich anschließend über Sonderanknüpfungen nachgedacht wird.[83] Diese Sonderanknüpfungen sind letztlich eben doch ein Residuum der Sitztheorie[84] und entsprechen weniger dem traditionellen Bild der kollisionsrechtlichen Sonderanknüpfung.[85] Damit ist es im Grunde nur noch eine terminologische Frage, ob man die partielle Anwendung deutschen Rechts als ebenfalls partielle An-

---

78 nahmsweise Anwendung *im Ergebnis* auf Fälle des ordre-public-Vorbehalts begrenzt wird (in diesem Sinne *Basedow*, RabelsZ 59 [1995], 1, 19 ff.). Dann würde es sich um einen europarechtlichen und keinen internationalprivatrechtlichen Vorbehalt handeln. Zutreffend *Borges*, ZIP 2004, 733, 741 f., der aber die EuGH-Rspr. nicht dahingehend versteht.
79 Besonders deutlich in diesem Sinne *Behrens*, IPRax 2004, 20, 24 f.; *Leible*, ZGR 2004, 531, 534; als allgemeine Leitlinie auch *Eidenmüller*, JZ 2004, 24, 25 nach Fn. 14.
80 *Basedow*, RabelsZ 59 (1995), 1 ff.
81 Zur Einheitslehre siehe nur *Karsten Schmidt*, GesR (o. Fn. 7), § 1 II 8 a (27); MünchKommBGB/*Kindler*, (o. Fn. 17), Rn. 412 f.; Staudinger/*Großfeld* (o. Fn. 17), Rn. 16 f.
82 In diesem Sinne *Müller*, NZG 2003, 414, 416; ähnlich *Weller*, (o. Fn. 17), 87; allgemein zu diesem Phänomen *Basedow*, RabelsZ 59 (1995), 1, 53, der vom Verlust des inneren Zusammenhalts durch punktuelle Kassation des nationalen Rechts spricht.
83 Nach Ansicht von *Altmeppen/Wilhelm*, DB 2004, 1083, 1986, ist die Einheitslehre deshalb für den Fall einer Divergenz von Satzungs- und Verwaltungssitz ohne Grundlage.
84 *Borges*, ZIP 2004, 733, 741.
85 Vgl. *Schanze/Jüttner*, AG 2003, 661, 665 in Fn. 59: Für den Kollisionsrechtler erstaunlich ist der unbefangene Gebrauch des Begriffs „Sonderanknüpfung" in der Diskussion nach „Überseering"; dazu auch *Wimmer-Leonhard*, (o. Fn. 17), 734.

wendung der Sitztheorie oder als Sonderregel im Rahmen der grundsätzlich geltenden Gründungstheorie betrachtet. Je stärker die Niederlassungsfreiheit eine Einschränkung der Sitztheorie gebieten sollte, umso eher neigt sich das Regel-Ausnahmeverhältnis zugunsten der Gründungstheorie. Die wirklich entscheidende Frage, welche Rechtsanwendung europarechtlich geboten ist, ist mit dieser internationalprivatrechtlichen Einordnung aber gerade nicht beantwortet.

IV. Niederlassungsfreiheit und Gläubigerschutz – Grundlagen

Damit ist übergeleitet zu der entscheidenden Frage, in welchen Fällen die Anwendung inländischen Rechts auf eine EG-Auslandsgesellschaft einen Verstoß gegen die Niederlassungsfreiheit mit sich bringt und in welchen Fällen nicht.

Ein Verstoß gegen Art. 43, 48 EG setzt zunächst voraus, dass überhaupt eine Beschränkung der Niederlassungsfreiheit vorliegt. Ist dies der Fall, so kann ein Verstoß gleichwohl zu verneinen sein, wenn die Beschränkung gerechtfertigt ist. Teilweise wird davon gesprochen, es bestünden drei Möglichkeiten der Rechtfertigung[86]: (1) Art. 46 EG, (2) der „Vier-Kriterien-Test", auch als *Gebhard*-Formel bezeichnet[87], und (3) der Hinweis auf ein betrügerisches oder missbräuchliches Handeln im Einzelfall.

Die erste Alternative, Art. 46 EG, soll hier als mögliche Rechtfertigung nicht weiter verfolgt werden, nachdem der EuGH die gesellschaftsrechtlichen Schutzregeln ausdrücklich aus dessen Anwendungsbereich ausgenommen hat.[88]

1. Missbrauch als Rechtfertigungsgrund?

Ob die vom EuGH in *Centros* und *Inspire Art* anerkannte Missbrauchsausnahme tatsächlich eine Rechtfertigung darstellt oder beim Vorliegen eines Missbrauchs bereits eine Beschränkung der Niederlassungsfreiheit entfällt, ist noch nicht abschließend geklärt.[89] Die Frage lässt sich m.E. nicht vom dogma-

---

86 So *GA Alber* in der Rechtssache *Inspire Art*, Tz. 111 (abgedruckt auch in NZG 2003, 262, 271); *Sandrock*, BB 2003, 1588 f.; vgl. auch *Brand*, JR 2004, 89, 91 ff.; *Schanze/Jüttner*, AG 2003, 661, 663; unrichtig jedenfalls *Wachter*, GmbHR 2004, 88, 90, der vom Missbrauch als einziger Grenze der Niederlassungsfreiheit spricht.
87 So bei *Ulmer*, NJW 2004, 1201, 1204; *Weller*, (o. Fn. 17), 40.
88 Urteil *Centros* (o. Fn. 1), Tz. 34; vgl. dazu auch *GA Alber* in der Rechtssache *Inspire Art*, Tz. 113 (abgedruckt auch in NZG 2003, 262, 271); *Schön*, in: FS Lutter (2000), 685, 695.
89 Vgl. *Spindler/Berner*, RIW 2004, 7, 8; von einer Anwendbarkeit des Missbrauchseinwandes auf der Tatbestands- und der Rechtfertigungsebene geht *Schön*, in: FS Wiedemann (2002), 1271, 1289 ff., aus.

tischen Streit um die Innen- und Außentheorie beim Missbrauch trennen.[90] Dieser allgemeine, nicht europarechtsspezifische Streit hat zum Inhalt, ob das Recht – hier die Niederlassungsfreiheit – dort endet, wo der Missbrauch beginnt (Innentheorie), oder ob der Missbrauchseinwand die äußere Schranke der Ausübung eines grundsätzlich vorhandenen Rechts – hier der Ausübung der Niederlassungsfreiheit – darstellt (Außentheorie). Wenn die Prüfung, ob die konkrete Ausübung eines Rechts missbräuchlich ist oder nicht, nichts anderes bedeutet, als die inhaltliche Tragweite des Rechts selbst zu ermitteln (Innentheorie)[91], spricht viel dafür, die Sanktionierung einer missbräuchlichen Ausübung der Grundfreiheiten schon nicht als Beschränkung zu erfassen. Wer hingegen von einer äußeren Schranke ausgeht, dürfte zu der Auffassung gelangen, dass eine Beschränkung der Grundfreiheit vorliegt, diese Beschränkung jedoch über den Missbrauchseinwand gerechtfertigt ist.

Die Rechtsprechung des EuGH ist insoweit nicht klar.[92] In *Centros* und *Inspire Art* prüft das Gericht den Missbrauch sogar auf der Tatbestands- wie auch der Rechtfertigungsebene[93], wobei aber ganz offenbar keine unterschiedlichen Maßstäbe gelten sollen.[94] Diese Verdoppelung der Prüfung ist sachlich nur dann begründet, wenn sich auch verschiedene Arten des Missbrauchs feststellen lassen (dazu unten 3.). In der Rechtsprechung des EuGH dürfte sie hingegen vorwiegend auf der unklaren dogmatischen Erfassung des Missbrauchs beruhen. Für die praktisch wichtige Frage, ob ein Verstoß gegen die Niederlassungsfreiheit vorliegt, kommt es auf die eindeutige dogmatische Zuordnung ohnehin nicht an: Liegt ein Missbrauch vor, kann sich der Betroffene jedenfalls nicht auf Art. 43, 48 EG berufen.

Ebenfalls unklar ist das Verhältnis des Missbrauchs zur allgemeinen Rechtfertigung nach dem „Vier-Kriterien-Test". Im Ansatz ist zwischen beidem klar zu unterscheiden.[95] Der EuGH prüft in *Centros* wie auch in *Inspire Art* eine Rechtfertigung nach dem „Vier-Kriterien-Test" und daneben den Missbrauch.

---

90 Ebenso *Schmidt-Kessel* in: Jud/Bachner et. al. (Hrsg.), Jb.J.ZivRWiss 2000 (2001), 61, 71 f.; anders wohl *Fleischer*, JZ 2003, 865, 871 f., der beides trennt.
91 So GA La Pergola in der Rechtssache *Centros*, EuGHE I 1999, 1461, 1477 (Tz. 20); für die Innentheorie auch *GA Tesauro* in der Rechtssache *Kefalas*, EuGHE I 1998, 2843, 2857 (Tz. 25): „inhärente Grenzen".
92 Vgl. bereits *Schmidt-Kessel*, in: Jud/Bachner et. al. (Hrsg.), Jb.J.ZivRWiss 2000 (2001), 61, 71 f.
93 Urteil *Centros* (o. Fn. 1), Tz. 17 f., 24 und 38; Urteil *Inspire Art* (o. Fn. 3), Tz. 95 ff., 136, 139; richtig gesehen bei *Spindler/Berner*, RIW 2004, 7, 8 in Fn. 14; anders *Fleischer*, JZ 2003, 865, 872, der nur auf die Prüfung als Rechtfertigungsgrund hinweist.
94 So bezieht sich der EuGH im Urteil *Inspire Art* (o. Fn. 3), Tz. 136, bei der Prüfung der Rechtfertigung auf die Ausführungen im Urteil *Centros* (o. Fn. 1), Tz. 24, die die Feststellung einer Beschränkung der Niederlassungsfreiheit betreffen.
95 Ebenso *Ulmer*, NJW 2004, 1201, 1203, wobei allerdings die hier unter IV. 3. angestellten Überlegungen im Ergebnis doch auf die von *Ulmer*, a.a.O., in Fn. 20 zitierte a.A. hinauslaufen (vgl. bei Fn. 140).

Beide Formeln, die jeweils der Verneinung einer unzulässigen Beschränkung der Niederlassungsfreiheit dienen, stehen offenbar nebeneinander. Um zu klären, ob dennoch eine Beziehung zwischen beiden Instituten besteht und wie sie gegebenenfalls aussieht, ist zunächst ein ausführlicherer Blick auf die allgemeine Rechtfertigung nach dem „Vier-Kriterien-Test" zu werfen (unten 2.) und sodann auf die Frage des Verhältnisses zum Missbrauch zurückzukommen (unten 3.).

2. Die *Keck*-Rechtsprechung und der „Vier-Kriterien-Test"

Auch bei der allgemeinen Rechtfertigung ergibt sich bei genauerem Hinsehen ein aufzuklärendes Verhältnis zur Schutzbereichs- und Beschränkungsebene. Die Beschränkung der Grundfreiheiten – in unserem Fall der Niederlassungsfreiheit – steht in einer Wechselbeziehung zur Rechtfertigungsebene, die sich wie folgt formulieren lässt: Je weniger die Anwendung einer nationalen Vorschrift die Niederlassungsfreiheit beschränkt, desto geringer sind die Anforderungen an die Rechtfertigung. Der Übergang zu solchen Vorschriften, deren Anwendung von vorneherein keine Beschränkung begründet, ist fließend.

Zum Beleg dieser These müssen wir die *Keck*-Rechtsprechung zur Warenverkehrsfreiheit einbeziehen und ihre Übertragbarkeit auf die Niederlassungsfreiheit untersuchen.

a) Diskriminierungs- und Beschränkungsverbot

Der EuGH geht seit *Dassonville*[96] – dort hinsichtlich der Warenverkehrsfreiheit – von einem weiten Verständnis der Grundfreiheiten aus. Entsprechend statuiert nach der heutigen Sichtweise[97] auch die Niederlassungsfreiheit sowohl ein Diskriminierungs- als auch ein Beschränkungsverbot.[98] Dem nationalen Gesetzgeber sind nicht nur Regeln verboten, die ausländische Gesellschaften ausdrücklich gegenüber inländischen schlechter behandeln, sondern auch solche, die gleiche Anforderungen an beide stellen, aber doch zu einer Beschränkung der Niederlassung führen. Eben deshalb hat der EuGH in *Inspire Art* auch diejenigen Regelungen des niederländischen Gesetzes über formal ausländische Gesellschaften als Verstoß gegen Art. 43, 48 EG beurteilt, die lediglich die inländischen Kapitalanforderungen auf die EG-Auslandsgesellschaften übertru-

---

96 EuGHE 1974, 837 (Dassonville); dazu etwa *Leible*, in: Grabitz/Hilf, (o. Fn. 24), Art. 28 EGV Rn. 12 ff.; *Epiney*, in Callies/Ruffert (Hrsg.), EUV/EGV, 2. Aufl. (2002), Art. 28 EG-Vertrag Rn. 15 ff.; *Streinz*, EurR (Fn. 24), Rn. 700, 731 ff.
97 Zum Wandel der Sichtweise und den kollisionsrechtlichen Implikationen siehe *W.-H. Roth*, RabelsZ 55 (1991), 623, 646 ff.; ferner *Basedow*, RabelsZ 59 (1995), 1, 10 ff.
98 Eingehend und mit Nw. zur Rspr. des EuGH *Bröhmer*, in: Callies/Ruffert, (o. Fn. 96), Art. 43 EG-Vertrag, Rn. 19 ff.; ferner Streinz/*Müller-Graff*, (o. Fn. 40), Art. 43 EGV Rn. 57; vgl. auch *Wimmer-Leonhard*, (o. Fn. 17), 713; *Weller*, (o. Fn. 17), 33 ff.; *Behrens*, IPRax 2003, 193, 197; *Eidenmüller/Rehm*, ZGR 2004, 159, 162; *Leible*, ZGR 2004, 531, 543 in Fn. 56; *Schön*, in: FS Wiedemann (2002), 1271, 1291.

gen. Die fehlende Diskriminierung zwischen inländischen und ausländischen Gesellschaften schließt den Verstoß gegen die Niederlassungsfreiheit nicht aus.

b) Teleologische Reduktion des Schutzbereichs der Grundfreiheiten

Das weite Verständnis der Grundfreiheiten birgt allerdings die Gefahr, dass praktisch jede die Geschäftstätigkeit der Auslandsgesellschaft irgendwie einschränkende Regel als Beschränkung der Niederlassungsfreiheit eingeordnet wird und damit der Rechtfertigung bedarf. So ließe sich beispielsweise – um das Beispiel *Altmeppens* aufzugreifen – argumentieren, die Niederlassung einer englischen Gesellschaft werde in Deutschland schon dadurch in ihrer Tätigkeit beschränkt, dass der aus England übergesiedelte Geschäftsführer in Deutschland nicht – wie er es aus dem Heimatstaat gewohnt ist – auf der Straße links fahren darf, er sich bei längerer Tätigkeit in Deutschland sogar einen neuen Pkw mit Linkslenkung anschaffen muss. Beschränkungen könnten sich auch daraus ergeben, dass sich die Geschäftsführer und Mitarbeiter der ausländischen Gesellschaft bei ihrer Tätigkeit im Inland an die allgemeinen deutschen Strafgesetze, an wettbewerbsrechtliche, deliktische oder gewerberechtliche Normen halten müssen, die gegebenenfalls vom Heimatrecht abweichen.[99] Da ein solch weites Verständnis des Beschränkungsverbots ins Uferlose führen würde[100], hat der EuGH in der Rechtssache *Keck und Mithouard*[101] eine teleologische Reduktion des Schutzbereichs der Grundfreiheiten – dort der Warenverkehrsfreiheit – vorgenommen. Danach fallen Bestimmungen, die bestimmte Verkaufsmodalitäten beschränken oder verbieten (vertriebs- und nicht produktbezogene Beschränkungen), nicht in den Anwendungsbereich der Warenverkehrsfreiheit, wenn sie für alle betroffenen Wirtschaftsteilnehmer in gleicher Weise gelten und den Absatz inländischer wie ausländischer Produkte rechtlich wie tatsächlich gleichermaßen berühren.[102] Insoweit ist also die Warenverkehrsfreiheit auf ein Diskriminierungsverbot zurückgeführt.[103] Allerdings liegt eine – auf ihre Rechtfertigung zu prüfende – Beschränkung der Grundfreiheiten gleichwohl vor, soweit solche allgemeinen Regelungen im Einzelfall doch eine wesentliche Behinderung des Marktzugangs und damit des Binnenmarktes darstellen.[104]

---

99 Dazu auch *Eidenmüller/Rehm*, ZGR 2004, 159, 167.
100 Zur Warenverkehrsfreiheit z.B. *Streinz*, EurR (o. Fn. 24), Rn. 732; speziell zur Niederlassungsfreiheit *Schanze/Jüttner*, AG 2003, 661, 666 f., die von einer „Rückkehr zur kolonialen Gründungstheorie" sprechen.
101 EuGHE I 1993, 6097 = ZIP 1993, 1813 = NJW 1994, 121.
102 Näher *Leible*, in: Grabitz/Hilf, (o. Fn. 24), Art. 28 EGV Rn. 27 ff.; *Epiney*, in: Callies/Ruffert, (o. Fn. 96), Art. 28 EG-Vertrag, Rn. 27 ff., 34 ff.
103 *Eidenmüller/Rehm*, ZGR 2004, 159, 167; *Eidenmüller*, JZ 2004, 24, 26; *W.-H. Roth*, in: Gedächtnisschrift Knobbe-Keuk (1997), 729, 740 f.; nicht aber ist dadurch der Charakter des Art. 28 EG als Beschränkungsverbot allgemein in Frage gestellt; vgl. *Epiney*, in: Callies/Ruffert, (o. Fn. 96), Art. 28 EG-Vertrag, Rn. 28.
104 *Eidenmüller*, JZ 2004, 24, 27; *Schanze/Jüttner*, AG 2003, 661, 667.

Damit spielt erstens – nach Verhältnismäßigkeitsgrundsätzen – eine Rolle, dass *unerhebliche* Beeinträchtigungen nicht zur Aushebelung wichtiger wirtschaftslenkender Gesetze führen sollen; zweitens wird berücksichtigt, ob die Regelung *bewusst* auf eine Beschränkung der Niederlassungsfreiheit *zielt*.[105]

c) Allgemeines Verkehrsrecht – gerechtfertigte Beschränkung der Tätigkeitsausübung – absolute Zutrittsschranke: Ein System fließender Übergänge

Es dürfte Einigkeit bestehen, dass diese Regeln im Grundsatz auf die Niederlassungsfreiheit übertragbar sind.[106] Die Relevanz einer Behinderung des „Marktzutritts" kommt in jener Passage des *Centros*-Urteils zum Ausdruck, in der der EuGH zwischen den Vorschriften über die Errichtung von Gesellschaften und den Vorschriften über die Tätigkeitsausübung differenziert.[107] Soweit eine nationale Regelung der EG-Auslandsgesellschaft insgesamt den Zutritt verwehrt, sei es durch Verweigerung der Eintragung einer Zweigniederlassung (*Centros*) oder durch Aberkennung der Rechtsfähigkeit (*Überseering*), ist die Rechtsprechung des EuGH besonders streng.[108] Ein Verstoß gegen die Niederlassungsfreiheit liegt auf der Hand und eine Rechtfertigung ist praktisch nicht möglich. Für Regelungen, die die Ausübung der Tätigkeit im Inland begrenzen, gilt dies nicht in gleicher Weise.

Wird beispielsweise dem Geschäftsleiter einer Auslandsgesellschaft wegen Trunkenheit am Steuer ein Fahrverbot auferlegt[109], so liegt darin schon keine Beschränkung. Es handelt sich eindeutig um allgemeines inländisches Verkehrsrecht, das ohne Verstoß gegen die Grundfreiheiten angewendet werden kann. Gleiches gilt für das schon angeführte Beispiel des Rechtsfahrgebots in Deutschland, das bei Verstößen ebenfalls sanktionsbewert ist. Auch hier steht die Anwendung allgemeinen Verkehrsrechts in Rede, das allenfalls marginal eine Auswirkung auf die Bereitschaft der ausländischen Gesellschaft zur Niederlassung im Inland haben kann. Mit dieser – wohl allgemein anerkannten[110] –

---

105 *Eidenmüller/Rehm*, ZGR 2004, 159, 167.
106 Eingehend *W.-H. Roth*, in: Gedächtnisschrift Knobbe-Keuk (1997), 729, 740 ff.; ferner *Eidenmüller*, JZ 2004, 24, 26 f.; *Eidenmüller/Rehm*, ZGR 2004, 159, 168; *Leible*, ZGR 2004, 531, 543 in Fn. 56; *Schanze/Jüttner*, AG 2003, 661, 667; *Spindler/Berner*, RIW 2003, 949, 955; *dies.*, RIW 2004, 7, 10 f.
107 Urteil *Centros* (o. Fn. 1), Tz. 26; deutlich auch die Schlussanträge des *GA La Pergola*, EuGHE I 1999, 1461, 1480 (Tz. 20) und 1483 (Tz. 22); näher *Weller*, (o. Fn. 17), 35 ff. und 58, ferner 65 f. zu *Inspire Art*; vgl. auch *ders.*, IPRax 2003, 207, 209; *ders.*, DStR 2003, 1800, 1803; zur generellen Bedeutung von Markt*zutritts*beschränkungen bei den Grundfreiheiten siehe auch *Kainer*, demnächst in ZHR.
108 Vgl. auch *GA La Pergola* in der Rechtssache *Centros*, EuGHE I 1999, 1461, 1472 (Tz. 16); *Weller*, (o. Fn. 17), 51 (zu *Überseering*) und 58 (zu *Centros*).
109 Beispiel nach *Eidenmüller*, JZ 2004, 24, 27.
110 Siehe bereits o. Fn. 49; ferner *Ulmer*, NJW 2004, 1201, 1205; *ders.*, KTS 2004, 291, 292 („im Grundsatz unbestritten"); anders wohl nur *Sandrock*, in: Sandrock/Wetzler,
(Fortsetzung auf der nächsten Seite)

Ausklammerung des allgemeinen Verkehrsrechts aus den Beschränkungen der Niederlassungsfreiheit lässt sich nun allerdings nicht zugleich auch die generelle Anwendbarkeit deutschen Gläubigerschutzrechts auf EG-Auslandsgesellschaften begründen. Denn die Gläubigerschutzregeln haben eine unterschiedliche Affinität zur entscheidenden Frage der Begrenzung des „Marktzutritts".

Fordert das nationale Recht von den Gesellschaftern der zugezogenen Gesellschaft die Aufbringung des auch im Inland gesetzlich angeordneten Mindestkapitals (*Inspire Art*), soll mit dieser Regelung zwar auch der Verkehr – die Gläubiger der Gesellschaft – geschützt werden. Eine solche Bestimmung hindert aber schon den „Marktzutritt" der ausländischen Gesellschaft als solchen, weil die Gesellschaft jedenfalls so, wie sie im Ausland wirksam gegründet wurde, im Inland nicht tätig werden kann. Die Beschränkung liegt auf der Hand und an die Rechtfertigung sind hohe Anforderungen zu stellen.

Wird hingegen vom Geschäftsführer der tatsächlich im Inland tätigen Auslandsgesellschaft verlangt, in Deutschland bei Überschuldung einen Insolvenzantrag zu stellen, so ist die dadurch hervorgerufene Beschränkung eine völlig andere. Der „Marktzutritt" als ausländische Gesellschaft wird nicht per se beschränkt. Die Gesellschaft kann durchaus in Deutschland tätig werden und dies auch so lange bleiben, wie keine Überschuldung vorliegt. Ob eine solche nationale Regelung deshalb schon als allgemeines Verkehrsrecht im Sinne der *Keck*-Rechtsprechung aufzufassen ist, mag offen bleiben. Jedenfalls könnte an eine Rechtfertigung dieser Regel nicht derselbe Maßstab angelegt werden wie an die Rechtfertigung solcher Vorschriften, die bereits den Grenzübertritt als solchen hindern.[111] Da es zwischen den eindeutig die Niederlassungsfreiheit beschränkenden Vorschriften und den überhaupt keine Beschränkung darstellenden Regelungen des allgemeinen Verkehrsrechts einen fließenden Übergang gibt, wäre es wenig überzeugend, wenn bei allen Regelungen, deren beschränkender Charakter einmal festgestellt ist, dasselbe sehr rigide Erforderlichkeitskriterium der Urteile *Centros*, *Überseering* und *Inspire Art*[112] angewendet würde. Vielmehr müssen sich solche Beschränkungen leichter rechtfertigen lassen, die eine geringere Wirkung auf die Niederlassungsfreiheit haben und bereits eine Nähe zu den eindeutig als Verkehrsrecht einzuordnenden Vorschriften aufweisen, die überhaupt keiner Rechtfertigung bedürfen.[113] Darin und nicht in der Behauptung, die europarechtliche Erforderlichkeit bestimme sich generell nach dem

---

a.a.O. (o. Fn. 41), 41 f. und 57 ff., der sogar die ausländischen delikts- und insolvenzrechtlichen Normen vorrangig heranziehen will.
111 Vgl. auch u. V. 3.
112 Zur strengen Handhabung des „Vier-Kriterien-Test" durch den EuGH siehe *Eidenmüller/Rehm*, ZGR 2004, 159, 173 f.; *Horn*, NJW 2004, 893, 898; *Schanze/Jüttner*, AG 2003, 661, 666.
113 Ähnlich *Weller*, (o. Fn. 17), 34 ff., 200 ff., der für ein abgestuftes System aus Marktzugangshindernissen einerseits, Tätigkeitsausübungs- und Marktrückzugsregelungen andererseits plädiert.

Regelungsplan des deutschen Rechts[114], liegt der Schlüssel zur Anwendung der gläubigerschützenden Rechtsregeln des jeweiligen Gastlandes.[115] Anderenfalls hätte sich auch argumentieren lassen, die Aufbringung des im Inland geforderten Mindestkapitals sei nach dem Regelungsplan des inländischen Rechts erforderlich, eine Argumentation, die aufgrund der Entscheidung *Inspire Art* keinen Bestand mehr hat.

3. Missbrauch und „Vier-Kriterien-Test"

Wie verhält sich nun aber zu dieser allgemeinen Rechtfertigung gemäß dem „Vier-Kriterien-Test" der Rechtsmissbrauch, ein Rechtsinstitut, das in den jeweiligen nationalen Rechten bekannt[116], dessen Anwendung im Gemeinschaftsprivatrecht aber noch wenig erforscht ist.[117]

Oft wird – im Anschluss an *Centros*[118] – darauf hingewiesen, ein Missbrauch komme nur im Einzelfall in Betracht.[119] Die Rechtfertigung nach dem „Vier-Kriterien-Test" könnte danach allgemeinere Tatbestände erfassen, der Missbrauch konkretere. Aber mit dieser Feststellung wäre noch nicht viel gewonnen. Denn es ist näher zu bestimmen, worin ein Missbrauch im Einzelfall liegen kann und wann ein Einzelfall vorliegt.

Eine erste Systematisierung geht dahin, ob primäres oder sekundäres Gemeinschaftsrecht missbraucht wird.[120] Sie impliziert, dass es sich überhaupt in jedem Fall um einen Missbrauch des *Gemeinschaftsrechts* handeln muss, nicht um einen Missbrauch von Rechtspositionen, die das nationale Recht gewährt.[121] In diese Richtung deuten auch Formulierungen der Urteile *Centros* und *Inspire Art*, in denen von einer „missbräuchlichen oder betrügerischen Berufung auf Gemeinschaftsrecht" sowie von einer „missbräuchlichen Ausnutzung der Niederlassungsfreiheit" die Rede ist.[122] Daraus wird teilweise der Schluss gezogen, die Anwendung der deutschen Durchgriffshaftung auf EG-Auslandsgesellschaf-

---

114 So *Altmeppen/Wilhelm*, (o. Fn. 59).
115 Näher u. V.
116 Rechtsvergleichend *Fleischer*, JZ 2003, 865 ff.
117 Siehe dazu aus dem deutschsprachigen Schrifttum *Schmidt-Kessel*, in: Jud/Bachner et. al. (Hrsg.), Jb.J.ZivRWiss 2000 (2001), 61 ff.; *Schön*, in: FS Wiedemann (2002), 1271 ff.; *Fleischer*, JZ 2003, 865 ff.
118 Urteil *Centros* (o. Fn. 1), Tz. 24.
119 *Eidenmüller/Rehm*, ZGR 2004, 159, 179; *Fleischer*, JZ 2003, 865, 873; *Kersting/Schindler*, RdW 2003, 621, 624; *Schön*, in: FS Lutter (2000), 685, 695; *ders.*, in: FS Wiedemann (2002), 1271, 1288 f.; *Ulmer*, NJW 2004, 1201, 1203; *Wachter*, GmbHR 2004, 88, 90 f.; *Weller*, IPRax 2003, 207, 209; *ders.*, DStR 2003, 1800, 1804.
120 So *Schön*, in: FS Wiedemann (2002), 1271, 1272 ff.; dazu auch *Fleischer*, JZ 2003, 865, 869.
121 Ausdrücklich in diesem Sinne die in Fn. 123 genannten Autoren; ferner *Ulmer*, NJW 2004, 1201, 1203.
122 Urteil *Centros* (o. Fn. 1), Tz. 24; Urteil *Inspire Art* (o. Fn. 3), Tz. 136.

ten könne nicht über die Missbrauchsausnahme des EuGH begründet werden, weil es dabei um einen Missbrauch der Haftungsbeschränkung gehe. Jedenfalls solche Gläubigerschädigungen, die sich gleichermaßen mit einer deutschen GmbH wie mit einer englischen Ltd. realisieren lassen könnten, stellten nicht eigentlich einen Missbrauch der Niederlassungsfreiheit dar.[123]

Ob dieses enge Verständnis des Missbrauchs tatsächlich der Rechtsprechung des EuGH entspricht, erscheint vor dem Hintergrund der in *Centros* allgemein in Bezug genommenen sonstigen Rechtsprechung des EuGH zum Missbrauch zweifelhaft. Diese Rechtsprechung lässt bei richtiger Systematisierung zwei verschiedene Missbrauchsfälle erkennen[124], von denen nur der zweite eine Nähe zur allgemeinen Rechtfertigung nach dem „Vier-Kriterien-Test" aufweist.

a) Spezifischer Missbrauch von Gemeinschaftsrecht

Diverse Urteile des EuGH betreffen einen spezifischen Missbrauch gemeinschaftsrechtlicher Rechtspositionen, insbesondere der Grundfreiheiten. Zumeist hatte der EuGH so genannte „U-Turn-Konstruktionen" zu beurteilen, bei denen die Marktteilnehmer nach der Auslandsberührung in einer Kehrtwende sogleich auf den heimischen Markt zurückstreben[125]: So wird beispielsweise die Warenverkehrsfreiheit in Reimportfällen missbraucht, in denen die betreffenden Waren nur zum Zwecke der Wiedereinfuhr ausgeführt werden.[126] Ein Missbrauch der Dienstleistungsfreiheit steht in Rede, wenn Inländer vom Ausland aus Fernsehsender für das Inland betreiben, um die strengeren Anforderungen des nationalen Medienrechts zu umgehen.[127] Ein spezifischer Missbrauch europäischen Rechts liegt hier deshalb vor, weil ein Sachverhalt geschaffen wird, der formal den Tatbestand der europäischen Norm erfüllt, der aber nach Sinn und Zweck dieser Norm nicht davon erfasst wird. Letztlich ist in diesen Fällen nur eine ungeschriebene Grenze der Grundfreiheiten zu bestimmen[128], sei es durch eine Einengung des Gewährleistungsgehalts der Grundfreiheit selbst (Innentheorie) oder durch Bestimmung einer äußeren Grenze der Rechtsausübung (Außentheorie).[129]

Dieser Missbrauchstatbestand ist von der allgemeinen Rechtfertigung nach dem „Vier-Kriterien-Test" zu trennen, bei dem ein Sachverhalt durchaus – und zwar

---

123 *Eidenmüller/Rehm*, ZGR 2004, 159, 179 f.; *Eidenmüller*, JZ 2004, 24, 26; siehe auch *Schanze/Jüttner*, AG 2003, 661, 664 in Fn. 40 m.w.Nw. gegen AG Hamburg, NJW 2003, 2835, 2836; a.A. *Borges*, ZIP 2004, 733, 742 f.
124 Im Ansatz ähnlich *G. H. Roth*, NZG 2003, 1081, 1085.
125 Dazu *Fleischer*, JZ 2003, 865, 869.
126 EuGHE 1985, 1, 35 (Leclerc/Au blé vert), Tz. 27; bestätigt in EuGHE 1985, 2515, 2520 f. (Leclerc/Syndicat des librairies de Loire-Océan), Tz. 6-9.
127 EuGHE 1994, 4795, 4832 f. = EuZW 1995, 60, 62 (*TV 10*), Tz. 20 f.
128 Vgl. dazu mit weiteren Beispielen *Schmidt-Kessel*, in: Jud/Bachner et. al. (Hrsg.), Jb.J.ZIvRWiss 2000 (2001), 61, 66.
129 Dazu o. IV. 1.

nicht nur formal – in den Anwendungsbereich der europäischen Norm fällt, die Nichtberücksichtigung dieser Norm jedoch in der Abwägung mit höherwertigen Allgemeininteressen gerechtfertigt ist. Wenn man in dieser ersten Gruppe von Missbrauchsfällen überhaupt – mit der Außentheorie – von einer Rechtfertigung sprechen will, dann handelt es sich jedenfalls um eine völlig andere Art der Rechtfertigung als diejenige nach Maßgabe des „Vier-Kriterien-Tests".

b) Unspezifischer Missbrauch von Gemeinschaftsrecht

Anders sieht die zweite Gruppe unspezifischer Missbräuche aus: Missbraucht wird eine auch national gewährte Rechtsposition, wobei allerdings die Bekämpfung des Missbrauchs mittelbar Rückwirkung auf die vom europäischen Recht gewährte Rechtsposition hat. Als Beispiel mag die Rechtssache *Kefalas* dienen, in der es um angeblich missbräuchlich erhobene Klagen gegen Kapitalerhöhungsmaßnahmen wegen unterbliebener Zustimmung der Hauptversammlung ging.[130] Hintergrund des Streits war die fehlerhafte Umsetzung von Art. 25 Abs. 1 Satz 1 der 2. (Kapital-)Richtlinie[131] durch Griechenland.[132] Obwohl diese Richtlinienvorschrift das Recht zu Kapitalerhöhungen bei Aktiengesellschaften allgemein deren Hauptversammlung zuordnete, konnte nach dem griechischen Gesetz Nr. 1386/1983 vom 5.08.1983 eine staatliche Behörde im Sanierungsfall eine Kapitalerhöhung beschließen. Gegen eine solche behördlicherseits beschlossene Kapitalerhöhung wandte sich der klagende Aktionär unter Hinweis auf die Richtlinie. Im Grundsatz hätte er Recht bekommen müssen, weil die Hauptversammlung nicht beteiligt wurde und damit ein Verstoß gegen die Richtlinie vorlag. Der EuGH betonte aber die Zulässigkeit einer Missbrauchskontrolle durch das nationale Gericht nach Maßgabe innerstaatlicher Rechtsvorschriften. Ein Missbrauch könne vorliegen, wenn der Aktionär „eine Klage auf Feststellung der Ungültigkeit der Kapitalerhöhung zu dem Zweck erhoben hat, widerrechtliche Vorteile zum Nachteil der Gesellschaft zu erlangen, die offensichtlich unvereinbar damit sind, dass den Aktionären durch diese Bestimmung Gewähr dafür geboten werden soll, dass eine Entscheidung, das Grundkapital zu erhöhen und damit die Proportionen der Anteile der Aktionäre zu verändern, nicht ohne ihre Beteiligung an der Ausübung der Entscheidungsbefugnis der Gesellschaft getroffen wird."[133]

Der vom EuGH angeführte Zweck, mit einer erhobenen Anfechtungsklage widerrechtlich Vorteile zum Nachteil der Gesellschaft zu erstreben, kann die

---

130 EuGHE I 1998, 2843 = WM 1998, 1531= NZG 1998, 462 = AG 1998, 422 = ZIP 1998, 1672 = RIW 1999, 130 = EuZW 1999, 56 (*Kefalas*).
131 Zweite RL v. 13.12.1976 (EWG) Nr. 77/191 des Rates, ABlEG Nr. L 26 v. 31.1.1977, 1 ff., abgedruckt bei *Lutter*, (o. Fn. 26), 114 ff.
132 Dazu eingehend *Schmidt-Kessel*, in: Jud/Bachner et. al. (Hrsg.), Jb.J.ZivRWiss 2000 (2001), 61, 63 ff.
133 Urteil *Kefalas* (o. Fn. 130), Tz. 28.

Klage völlig unabhängig davon als missbräuchlich erscheinen lassen, ob der mit der Klage angefochtene Beschluss auf der Verletzung europäischen Rechts beruht oder nicht. Daher ist dieser Missbrauch nicht spezifisch europarechtlich. Gleichwohl wird aber dem Kläger durch die Anwendung des Missbrauchseinwandes im Einzelfall auch ein Recht genommen, dass der Aktionär nach europäischem Recht im Grundsatz hätte haben müssen, nämlich die Klagemöglichkeit gegen die behördlicherseits beschlossene und deshalb vor dem Hintergrund des (sekundären) Europarechts angreifbare Kapitalerhöhungsmaßnahme.

Nicht anders stellt sich die Rechtslage bei einer Anwendung der echten Durchgriffshaftung auf EG-Auslandsgesellschaften dar. Der Missbrauch bezieht sich zwar auf die Haftungsbeschränkung und damit ein Rechtsinstitut, das – wie die Anfechtungsklage im Fall *Kefalas* – nicht dem europäischen Recht entstammt. Wird aber dem Gesellschafter der Auslandsgesellschaft im Wege der Durchgriffshaftung im Ausnahmefall die Möglichkeit genommen, sich auf die Haftungsbeschränkung zu berufen, so wird dadurch mittelbar die aus dem europäischen Recht folgende Rechtsposition begrenzt. Während im Fall *Kefalas* das aus dem sekundären Gemeinschaftsrecht folgende Recht zur Mitwirkung an der Kapitalerhöhung mittelbar beschränkt wird, liegt hier eine mittelbare Beschränkung der Niederlassungsfreiheit vor, weil diese eben auch die Befugnis umfasst, als ausländische juristische Person mit Haftungsbeschränkung im Zuzugsstaat tätig zu werden.[134]

Während also in der ersten Gruppe die europäische Rechtsposition selbst missbraucht wird, läge die missbräuchliche Berufung auf Gemeinschaftsrecht in der zweiten Gruppe allein darin, dass sich der Betroffene einer Anwendung der nationalen Missbrauchsgrundsätze unter Hinweis auf die damit verbundene Einschränkung seiner gemeinschaftsrechtlichen Position zu entziehen sucht. Damit weist diese zweite Gruppe einen klaren Bezug zu den gemäß dem „Vier-Kriterien-Test" gerechtfertigten Beschränkungen bzw. dem allgemeinen Verkehrsrecht auf. Ob der Gesellschafter unter Hinweis auf einen echten Betrug im strafrechtlichen Sinne nach allgemeinem Verkehrsrecht in Anspruch genommen wird (§ 823 Abs. 2 BGB i.V.m. § 263 StGB) oder nach den Regeln der echten Durchgriffshaftung, macht im Rahmen des bereits aufgezeigten Systems fließender Übergänge[135] nur einen graduellen Unterschied: Da die über den Missbrauch der Haftungsbeschränkung begründete echte Durchgriffshaftung keinen Vorsatz erfordert[136], ist sie vom Tatbestand weiter und daher tendenziell stärker geeignet, in die Niederlassungsfreiheit einzugreifen. Dies schließt ihre Anwendung aber noch nicht per se aus.[137] Die Anwendung nationaler Missbrauchsinstitute ist damit in der Sache nicht anders zu behandeln als die Anwendung

---

134 Siehe dazu o. II. 2.
135 Dazu o. IV. 2.
136 Dazu noch u. V. 2. bei Fn. 182.
137 Vgl. u. V. 2.

sonstiger nationaler Rechtsregeln, die sich am Gemeinschaftsrecht messen lassen müssen.[138] Der Hinweis auf den „Einzelfall" bringt lediglich zum Ausdruck, dass die volle Wirksamkeit des Gemeinschaftsrechts nicht in Frage gestellt werden darf.[139] Aber dies gilt eben für jede Einschränkung, egal auf welcher Rechtsgrundlage sie beruht.

c) Zwischenergebnis

Für die Frage des Gläubigerschutzes bei EG-Auslandsgesellschaften ergibt sich damit folgendes Zwischenergebnis: Ein spezifischer Missbrauch der Niederlassungsfreiheit durch eine Auslandsgründung kommt nach der EuGH-Rechtsprechung nicht in Betracht. Der Hinweis auf die Zulässigkeit von Maßnahmen zur Verhinderung von Betrügereien führt hingegen nur in das allgemeine System der Rechtfertigung zurück: Nur soweit die Anwendung der nationalen Missbrauchsregeln aus Gründen des Gläubigerschutzes europarechtlich gerechtfertigt ist, läge in dem zur Haftungsvermeidung vorgetragenen Hinweis auf die Niederlassungsfreiheit eine „missbräuchliche oder betrügerische Berufung auf Gemeinschaftsrecht".[140] Im Rahmen der Prüfung einer Anwendbarkeit einzelner deutscher Haftungsinstitute (unten V.) erübrigt sich damit die Unterscheidung zwischen dem Missbrauch einerseits, der allgemeinen Rechtfertigung bis hin zur Anwendung des allgemeinen Verkehrsrechts andererseits.

4. Herkunftslandprinzip bei der Niederlassungsfreiheit

Bei der Prüfung, ob die Anwendung nationaler Haftungsregeln auf EG-Auslandsgesellschaften und deren Gesellschafter/Geschäftsführer gegen Europarecht verstößt, darf ein bedeutender Unterschied zwischen den Fällen der Niederlassungs- und Warenverkehrsfreiheit nicht unberücksichtigt bleiben. Wenn der EuGH in *Überseering* sagt, die Auslandsgesellschaft sei mit ihrer Rechts- und Parteifähigkeit zu achten, die sie „nach dem Recht ihres Gründungsstaates besitzt"[141], dann postuliert er damit für Gesellschaften nichts anderes als das schon für den Warenverkehr vorgeschriebene Herkunftslandprinzip.[142] Danach ist jedes in einem Mitgliedstaat rechtmäßig hergestellte und in den Verkehr gebrachte Erzeugnis grundsätzlich auf dem Markt der anderen Mitgliedstaaten

---

138 Vgl. *GA Tesauro* in der Rechtssache *Kefalas*, EuGHE I 1996, 2845, 2858 (Tz. 27).
139 Siehe z.B. das Urteil *Kefalas* (o. Fn. 130), Tz. 22; *GA Tesauro* in der Rechtssache *Kefalas*, EuGHE I 1996, 2845, 2853 (Tz. 17 f.) und 2858 (Tz. 27); näher *Schön*, in: FS Wiedemann (2002), 1271, 1280 f.
140 In diesem Sinne wohl auch *Weller*, (Fn. 17), 58 f., 66 und 98; *ders.*, IPRax 2003, 520, 522 bei Fn. 33; *ders.*, DStR 2003, 1800, 1803; *Ziemons*, ZIP 2003, 1913, 1917, die den Missbrauchseinwand der Prüfung nach dem „Vier-Kriterien-Test" unterstellen.
141 Urteil *Überseering* (o. Fn. 2), Leitsatz 2 und Tz. 95.
142 Zutreffend *Knapp*, DNotZ 2003, 85, 88; *Zimmer*, BB 2003, 1, 2; vgl. auch schon *GA La Pergola* in der Rechtssache *Centros*, EuGHE I 1999, 1461, 1480 (Tz. 19). Dieses Prinzip ist allerdings nicht notwendig *kollisionsrechtlich* zu verstehen (vgl. bei Fn. 66).

zuzulassen; es gilt ein „Prinzip der gegenseitigen Anerkennung".[143] Bei den Waren erfolgt die Prüfung rechtmäßiger Herstellung und Inverkehrgabe allerdings vorrangig im Ausland, wobei die zuständigen Instanzen (Behörden und Gerichte) selbstverständlich nur ihr eigenes nationales Recht anzuwenden haben. Die so durchgeführte (präventive) Prüfung, bei der die wesentlichen durch das Produkt geschaffenen Gefahren erkannt werden sollten, haben die anderen Mitgliedstaaten anschließend anzuerkennen. Nur in Einzelfällen wird es daher zur Anwendung des Auslandsrechts durch inländische Instanzen kommen.

Bei der Niederlassung von Gesellschaften ergeben sich demgegenüber deutliche Unterschiede: Die entscheidenden Gefahren für den Rechtsverkehr resultieren weniger aus Umständen, die bei der „Herstellung und Inverkehrgabe", also der Gründung erkennbar und prüfbar sind, sondern aus der späteren Tätigkeit der Gesellschaft. Wollte man auch hier das Herkunftslandprinzip derart weit verstehen, wie dies die Autoren des ersten Lagers[144] tun, käme es ganz generell zu einer Anwendung des ausländischen Rechts durch inländische Instanzen. Vor allem die deutschen Gerichte hätten – worauf Altmeppen mit Recht aufmerksam gemacht hat – das ausländische Gläubigerschutzrecht anzuwenden, gegebenenfalls 24 verschiedene Auslandsrechte.

Ob das „der bare Unsinn ist"[145], mag hier dahinstehen. Jedenfalls sind die praktischen Probleme der Prozessführung nicht verkennbar, wenn der Rückgriff auf deutsche Haftungsregeln erst möglich wäre, nachdem in einer Gesamtbetrachtung der ausländischen Rechtsordnung und ihrer Kombination mit den unstreitig anwendbaren Regeln des deutschen Verkehrsrechts Schutzlücken festgestellt worden sind.[146] Schon jetzt ist es angesichts der Komplexität des Gesellschaftsrechts für die Gläubiger einer deutschen GmbH äußerst schwierig, einen Gesellschafter, der mit der Haftungsbeschränkung Schindluder treibt, persönlich haftbar zu machen. Würde man bei einer EG-Auslandsgesellschaft verlangen, dass vor dem Rückgriff auf deutsche Haftungsnormen, insbesondere auf die Durchgriffshaftung, noch zusätzlich eine Schutzlücke im ausländischen Recht festzustellen ist, käme die Rechtsdurchsetzung praktisch zum Erliegen.

Diese praktischen Schwierigkeiten lassen sich nicht dem Hinweis vom Tisch wischen, es sei nun Aufgabe der Rechtsvergleichung, solche Schutzlücken zu identifizieren.[147] Zum einen beschränken sich solche rechtsvergleichenden Arbeiten – wie auch die jüngste Entwicklung im Anschluss an *Inspire Art* zeigt – dem praktischen Bedürfnis und der leichteren Erschließbarkeit folgend zu-

---

143 Dazu *Leible*, in: Grabitz/Hilf, (o. Fn. 24), Art. 28 EGV, Rn. 26 m.w.Nw.
144 Siehe o. II. 4.
145 So *Altmeppen*, NJW 2004, 97, 98 und 99.
146 Vgl. auch *Borges*, ZIP 2004, 733, 742.
147 So aber *Behrens*, IPRax 2004, 20, 26; *Kieninger*, ZEuP 2004, 685, 691 f.

nächst auf wenige Rechtsordnungen, insbesondere das englische Recht.[148] Ein Gesellschafter, der vor einer persönlichen Inanspruchnahme hinreichend sicher sein will, müsste seine Gesellschaft also nur in Slowenien oder Lettland gründen, weil rechtsvergleichende Arbeiten zu diesen Ländern vermutlich noch lange nicht vorliegen werden. Zum anderen kann jede rechtsvergleichende Arbeit immer nur ein zeitpunktbezogenes Bild des Auslandsrechts bieten, während der Vergleich selbstverständlich dynamisch erfolgen müsste. Das Auslandsrecht wäre – wenn es denn wirklich vorrangig anwendbar sein sollte – in seinem jeweils aktuellen Stand zu berücksichtigen. Damit aber müsste der deutsche Rechtsanwender in Zukunft nicht nur zur Lektüre der deutschen NJW verpflichtet werden[149], sondern auch noch zum Studium der jeweils einschlägigen Zeitschriften der anderen 24 Mitgliedstaaten.

Das praktische Problem liegt also weniger darin begründet, ob ausländische Haftungsregeln existieren[150], sondern in der Frage, ob der deutsche Gläubiger sie durchsetzt, wenn er das (aktuelle) ausländische Recht nicht kennt.[151] Zwar hat der deutsche Richter – anders als in anderen EG-Mitgliedstaaten – das ausländische Recht trotz der Möglichkeit des Beweises über § 293 ZPO von Amts wegen zu ermitteln.[152] Eine gut beratene Partei wird jedoch nicht ohne vorherige Ermittlung des ausländischen Rechts einen Prozess gegen Gesellschafter und/oder Geschäftsführer der Auslandsgesellschaft gleichsam „ins Blaue hinein" führen. Wer den deutschen Gläubiger zum Ausgleich seines Informationsdefizits auf die „Netzwerke international ausgerichteter Anwaltskanzleien" verweist[153], der vernachlässigt, dass diese Netzwerke manchem deutschen Kleingläubiger kaum zur Verfügung stehen, jedenfalls aber Prozesse im Streitwert von einigen Tausend Euro damit angesichts der bekannten Stundenhonorare derartiger Spezialkanzleien faktisch nicht mehr führbar sind.[154] Die ohnehin schon geringe Rechtsdurchsetzungsmöglichkeit solcher Kleingläubiger, die durch missbräuchliche Verwendung juristischer Personen geschädigt werden, würde praktisch unmöglich gemacht.

---

148 Siehe z.B. die Beiträge von *Habersack/Verse*, ZHR 168 (2004), 174; *Lanzius*, ZInsO 2004, 296; *Westhoff*, ZInsO 2004, 289; weitere Nw. bei *Kieninger*, ZEuP 2004, 685, 702 in Fn. 100.
149 So die Anforderung der Rspr. an die deutsche Anwaltschaft in OLG Düsseldorf, VersR 1980, 359 = FamRZ 1980, 388 m. Anm. *Mümmler*, JurBüro 1980, 455.
150 Von den in Fn. 45 genannten Autoren wird der Gläubiger auf diese Regeln verwiesen.
151 Auf die Informationskosten und -risiken wird zutreffend hingewiesen von *W.-H. Roth*, IPRax 2003, 117, 124 f. und 126 o.; *ders.*, ICLQ 2003, 177, 181 f. und 202 ff.; siehe auch schon *ders.*, (o. Fn. 16), 29, 45; *ders.*, ZGR 2000, 311, 331 ff.; im Anschluss daran auch *Weller*, (o. Fn. 17), 104 und allgemein 119 f.
152 *Zöller/Geimer*, Zivilprozessordnung, 24. Aufl. (2004), § 293 Rn. 14 m.Nw. zur Rspr.
153 Vgl. *Riegger*, ZGR 2004, 510, 529; zur Entwicklung von Sekundärmärkten mit den nötigen Informationen auch *Spindler/Berner*, RIW 2003, 949, 953 f. mit Fn. 65.
154 Ähnlich *W.-H. Roth*, IPRax 2003, 117, 124.

Hinsichtlich der Verteilung der Informationskosten sind zwei weitere Unterschiede im Vergleich zur Warenverkehrsfreiheit von Bedeutung. Zum einen können die Schutzinteressen der Bevölkerung beim Warenverkehr oftmals durch einfache Kennzeichnungspflichten gewahrt werden, während es bei einem „Rechtsprodukt" wie der Gesellschaft einer umfassenden (Vorab-)information über das ausländische Gesellschaftsrecht bedürfte, soweit es für den Geschäftsverkehr relevant ist.[155] Zum anderen fällt bei der Warenverkehrsfreiheit die Abwägung zwischen dem Interesse des Anbieters, seine Produkte ohne Rücksicht auf nationale Rechtsordnungen und damit ohne zusätzliche Absatzkosten absetzen zu können, und dem gegenläufigen Interesse des Verbrauchers, sich seinerseits nicht mit verschiedenen Rechtsordnungen befassen zu müssen, nur deshalb zugunsten der Anbieter aus, weil diese die eigentlichen Träger der wirtschaftlichen Integration Europas sind.[156] Für das (gläubigerschützende) Gesellschaftsrecht lässt sich ein derartiges Übergewicht zugunsten des „Anbieters" nicht feststellen. Vor allem dann, wenn es letztlich nur um die Rechtswahl als solche geht, also bei Gesellschaften, die ganz oder überwiegend im Inland tätig sind, wäre es ineffizient, allen potenziellen Vertragspartnern die Informationskosten hinsichtlich des jeweiligen Auslandsrechts aufzubürden anstatt den „Anbieter" zu verpflichten, nur ein einziges Mal die Informationskosten für das (gläubigerschützende) Inlandsrecht aufzubringen.[157]

Man sollte daher einer vollständigen Übertragung des Herkunftslandsprinzips von der Warenverkehrsfreiheit auf die Niederlassungsfreiheit nicht das Wort reden, sondern sich einem durchaus pragmatischen Argument öffnen, das *Ulmer* mit Recht in die Diskussion eingeführt hat: Danach wirkt sich die Gefahr der Verurteilung zur Schadensersatzleistung nach deutschem Recht jedenfalls dann nicht als inländisches Niederlassungshindernis aus, wenn das Gründungsrecht eine gleichwertige Sanktion kennt, während sie sich beim Fehlen einer entsprechenden Sanktion des Gründungsrechts als im Sinne des „Vier-Kriterien-Tests" erforderlich erweist.[158] Diese Argumentation berücksichtigt zwar noch nicht, dass auch die *Ausgestaltung* der ausländischen Haftung unterschiedlich sein kann, z.B. eine Innenhaftung gegenüber der Gesellschaft an die Stelle einer Außenhaftung gegenüber den Gesellschaftern treten mag oder umgekehrt. Die Anwendung des nur konzeptionell anderen inländischen Rechts würde aber den „Marktzutritt" nur unbedeutend beeinträchtigen und wäre daher – wenn nicht schon tatbestandlich ausgeklammert – jedenfalls sehr leicht zu rechtfertigen.[159] Auf der Basis dieses Praktikabilitätsarguments[160] kann die

---

155 *W.-H. Roth*, IPRax 2003, 117, 124 f.; ders., ICLQ 2003, 177, 203.
156 So *Basedow*, RabelsZ 59 (1995), 1, 18 f.
157 Zutreffend *W.-H. Roth*, ICLQ 2003, 177, 202 f.
158 So *Ulmer*, NJW 2004, 1201, 1208.
159 Dazu allgemein o. IV. 2. c).

Erforderlichkeit einer Haftungsregel nach nationalem Recht mittelbar doch Berücksichtigung im Rahmen der europarechtlichen Erforderlichkeitsprüfung finden.

Selbst in den USA, wo nicht einmal das in Europa zusätzlich zu berücksichtigende Sprachenproblem besteht[161], geht übrigens die Lösung nicht dahin, „Auslandsgesellschaften" aus einem anderen Bundesstaat allein nach ihrem Inkorporationsrecht zu beurteilen. Je stärker die Bindung zum Gaststaat zunimmt, desto eher rücken vielmehr die inländischen Gesellschaften als Vergleichsmaßstab in den Blick.[162] Es erscheint nicht ausgeschlossen, dass auch der EuGH auf einer pragmatischen Basis case-by-case eine differenzierte Sicht einnehmen und die Anwendung bestimmter nationaler Gläubigerschutzinstrumente durchaus akzeptieren wird.[163]

V. Anwendung einzelner deutscher Haftungstatbestände

Die Folge der aufgezeigten allgemeinen Erwägungen für die Anwendung einzelner deutscher Gläubigerschutzvorschriften kann im Rahmen dieses Beitrags nur skizziert werden. Eine eingehendere Darstellung muss einem gesonderten Beitrag vorbehalten bleiben.[164]

1. Mindeststandards der Vermögensbindung und Vermögentrennung

Da der EuGH keine eigene kollisionsrechtliche Regel aufstellt, sondern allein das Ergebnis der kollisions- und sachrechtlichen Rechtsanwendung auf seine Vereinbarkeit mit der Niederlassungsfreiheit überprüft, stellt die Anwendung inländischer Schutzregeln jedenfalls dann keinen Verstoß gegen europäisches Recht dar, wenn das Inlandsrecht gleich oder milder ist.[165] Lässt sich also ein Mindeststandard des Gläubigerschutzes feststellen, der zwingend bei jeder juristischen Person – sei sie inländisch oder ausländisch – gelten muss, könnte die Anwendung der inländischen Rechtsregeln in diesem Rahmen ebenfalls keine Beschränkung der Niederlassungsfreiheit darstellen.

---

160 Anders aber die o. bei Fn. 114 abgelehnte Begründung von *Altmeppen/Wilhelm*; unklar *Schäfer*, NZG 2004, 785, 786, der in Fn. 14 die Überlegungen von *Ulmer* und *Altmeppen/Wilhelm* als „übereinstimmend" zitiert. Das trifft nur im Ergebnis zu.
161 Zutreffend der Hinweis bei *Kersting*, 28 Brookl. J. Int'l L. 1, 41.
162 Zu den US-amerikanischen Modellen eingehend *Kersting*, 28 Brookl. J. Int'l L. 1 ff., zur Gleichbehandlung mit inländischen Gesellschaften insb. 14, zu den Outreach Statutes 25 ff.; vgl. auch *Horn*, NJW 2004, 893, 898 und 900 f.
163 Anders die Einschätzung bei *Kieninger*, ZEuP 2004, 685, 693.
164 Siehe dazu den voraussichtlich im Nov. 2004 in WM erscheinenden Beitrag von *Bitter*, Flurschäden im Gläubigerschutzrecht durch „Centros & Co."? – Eine Zwischenbilanz.
165 *Spindler/Berner*, RIW 2004, 7, 8.

a) Vermögensbindung ab der „0-Grenze"

Ein solcher Mindeststandard ist die Vermögensbindung ab der „0-Grenze", also das Verbot offener oder verdeckter Vermögensausschüttungen nach Eintritt der Überschuldung.[166] Zwar verbietet die Entscheidung *Inspire Art*, die inländischen Mindestkapitalregeln auf EG-Auslandsgesellschaften zu übertragen.[167] Das hindert aber eine beschränkte Anwendung der Kapitalerhaltungsvorschriften keineswegs. Auch solche Staaten, in denen keine Pflicht zur Aufbringung eines Mindestkapitals besteht, kennen durchaus eine Vermögensbindung im Gläubigerinteresse. Dies zeigt insbesondere die englische Limited, bei der das Verbot verdeckter Gewinnausschüttungen sogar noch strenger ist als im deutschen GmbH-Recht.[168] Da die Haftung der Gesellschafter bei Ausschüttungen im Zustand der Überschuldung notwendig aus dem Wesen der *Kapital*gesellschaft folgt[169], gilt sie für jede inländische und ausländische Gesellschaft mit Haftungsbeschränkung. Eine entsprechend begrenzte Anwendung der §§ 30, 31 GmbHG kann nicht gegen europäisches Recht verstoßen.

b) Durchgriff bei Vermögensvermischung

Wird die *Vermögensabgrenzung* durch eine undurchsichtige Buchführung oder auf andere Weise *allgemein verschleiert*, kommt nach der Rechtsprechung des BGH eine Durchgriffshaftung der Gesellschafter in Betracht, weil die Kapitalerhaltungsvorschriften, deren Einhaltung ein unverzichtbarer Ausgleich für die Beschränkung der Haftung auf das Gesellschaftsvermögen (§ 13 Abs. 2 GmbHG) ist, in diesem Fall nicht funktionieren können.[170] Was der BGH für §§ 30, 31 GmbHG entschieden hat, gilt in gleicher Weise für die bei jeder inländischen und ausländischen Kapitalgesellschaft anzuerkennende Vermögensbindung ab der „0-Grenze". Auch diese kann nur funktionieren, wenn das – auch europarechtlich vorgegebene[171] – Prinzip der Vermögenstrennung eingehalten wird. Die Anwendung der Durchgriffshaftung bei genereller Vermögensvermischung auf EG-Auslandsgesellschaften ist deshalb europarechtlich

---

166 Näher *Bitter*, (o. Fn. 164), unter Ziff. IV. 1. b).
167 Siehe o. II. 3.
168 Eingehend zum Kapitalschutz bei der englischen Limited *Micheler*, ZGR 2004, 324, 325 ff., zur Einlagenrückgewähr insb. 328 f. m.Nw. zur Rspr.; ferner *Mülbert*, Der Konzern 2004, 151, 152 und 159; *Schumann*, DB 2004, 743, 744; *Kallmeyer*, DB 2004, 636, 637; unrichtig *Merkt*, ZGR 2004, 305, 312, der ohne Beleg behauptet, das Vereinigte Königreich kenne kein Verbot verdeckter Einlagenrückgewähr.
169 Zutreffend *Altmeppen/Wilhelm*, DB 2004, 1083, 1088 f.; im Anschluss daran *Bitter*, (o. Fn. 164), unter Ziff. IV. 1. b) cc).
170 BGHZ 95, 330, 334 = NJW 1986, 188, 189 (Autokran); BGH WM 1994, 896; zustimmend *Hueck/Fastrich*, in: Baumbach/Hueck, GmbHG, 17. Aufl. (2000), § 13 Rn. 15; *Rehbinder*, in: FS Kübler (1997), 493, 501; *Boujong*, in: FS Odersky (1996), 739, 742; eingehend zur Durchgriffshaftung wegen Vermögensvermischung *Bitter*, Konzernrechtliche Durchgriffshaftung bei Personengesellschaften (2000), 103 ff.
171 Auf die Publizitäts-RL hinweisend *Schön*, ZHR 168 (2004), 268, 293 ff.

gerechtfertigt. Eine gegebenenfalls nur konzeptionell andere Reaktion des Auslandsrechts auf diesen generell verbotenen Zustand steht der Rechtfertigung nicht entgegen.[172]

2. Existenzvernichtung und Spekulation auf Kosten der Gläubiger

Das deutsche Recht kennt zwei weitere Fallgruppen der Durchgriffhaftung, zum einen die im Anschluss an die Urteile „Bremer Vulkan"[173] und „KBV"[174] anerkannte Existenzvernichtung durch Vermögensabzug (Liquidation auf kaltem Wege)[175], zum anderen die seinerzeit noch unter dem konzernrechtlichen Haftungsansatz entwickelte Spekulation auf Kosten der Gläubiger.[176] Beide Tatbestände sanktionieren konkrete Gläubigergefährdungen im Einzelfall und behindern den „Marktzutritt" der fremden Gesellschaft nur wenig. Die Nähe zum allgemeinen Verkehrsrecht ist zum Greifen nah, weil oftmals zugleich die Tatbestände der §§ 826 BGB[177], 823 Abs. 2 BGB i.V.m. § 266 StGB[178] oder § 263 StGB[179] erfüllt sind. Der Unterschied zu der vom II. Zivilsenat seit jeher vertretenen[180] und zuletzt im „KBV"-Urteil[181] bestätigten objektiven Durchgriffshaftung, die kein Verschulden voraussetzt[182], ist nur ein gradueller, so dass eine völlig unterschiedliche Beurteilung im Rahmen der europarechtlichen Rechtfertigung kaum überzeugen könnte.

---

172 Dazu o. IV. 4.
173 BGHZ 149, 10 = NJW 2001, 3622 = WM 2001, 2062 = ZIP 2001, 1874 (Bremer Vulkan); dazu aus Sicht des Verfassers *Bitter*, WM 2001, 2133.
174 BGHZ 151, 181 = NJW 2002, 3024 = WM 2002, 1804 = ZIP 2002, 1578 (KBV).
175 Dazu *Henze*, NZG 2003, 649, 655 ff.; *Lutter/Banerjea*, ZGR 2003, 402 ff.; *G. H. Roth*, NZG 2003, 1081 ff. m.w.Nw.; zur instanzgerichtlichen Rspr. *Wahl*, GmbHR 2004, 994 ff.
176 BGH WM 1994, 203, 204 = ZIP 1994, 207, 209 = NJW 1994, 446, 447 (EDV) unter 1. d) der Gründe; BGH WM 2000, 575, 576 = NJW 2000, 1571, 1572; vgl. dazu *Bitter*, (o. Fn. 170), 540 ff.; *Grüner*, NZG 2000, 601, 602 f.; *Hölzle*, ZIP 2004, 1729 ff.; *Röhricht*, in: FS 50 Jahre BGH (2000), 83, 109 ff.; *G. H. Roth*, NZG 2003, 1081, 1082 f.; in der Sache ebenso Rowedder/*Koppensteiner*, GmbHG, 4. Aufl. (2002), § 43 Rn. 71, der von einer „Risikoverlagerung zu Lasten der Gesellschaftsgläubiger" spricht; tendenziell auch *Wiedemann*, in: 50 Jahre BGH, Festgabe aus der Wissenschaft, Bd. II (2000), 337, 363 ff. („Systemwidrige Risikoüberwälzung").
177 Dazu BGHZ 151, 181, 183 ff. = NJW 2002, 3024 f. = Fn. 174 (KBV).
178 Dazu BGHZ 149, 10, 17 f. = NJW 2001, 3622, 3623 = Fn. 173 (Bremer Vulkan).
179 Dazu BGHZ 149, 10, 18 ff. = NJW 2001, 3622, 3623 f. = Fn. 173 (Bremer Vulkan).
180 BGHZ 20, 4, 14 = WM 1956, 349, 351; BGHZ 22, 226, 231 = WM 1957, 59, 60; BGHZ 31, 258, 271 = WM 1960, 41, 44; ebenso BSG, DB 1984, 1103, 1104.
181 BGHZ 151, 181, 186 f. = NJW 2002, 3024, 3025 = WM 2002, 1804 = ZIP 2002, 1578 (KBV).
182 Eingehend zu den Grundlagen der Durchgriffshaftung *Bitter*, (o. Fn. 170), 82 ff., zur Normzwecklehre insb. 90 ff. und 100 ff.; kürzer *ders.*, WM 2001, 2133, 2139 f.; siehe auch *Ulmer*, KTS 2004, 291, 302 ff. mit Fn. 59.

In dem hier vorgestellten System fließender Übergänge ist davon auszugehen, dass die Anwendbarkeit beider Tatbestände auf EG-Auslandsgesellschaften wegen der nur geringfügigen Beschränkung der Niederlassungsfreiheit (Tätigkeitsausübungsregelung) und der konkreten Gläubigergefahren gerechtfertigt ist.[183] Ein zur Abwehr der Inanspruchnahme vorgebrachter Hinweis des Gesellschafters auf die Niederlassungsfreiheit wäre als „missbräuchliche und betrügerische Berufung auf Gemeinschaftsrecht" anzusehen.[184]

3. Insolvenzverschleppungshaftung

Die gleichen Grundsätze gelten für die Frage, ob es europarechtlich zulässig ist, die deutsche Insolvenzverschleppungshaftung auf EG-Auslandsgesellschaften anzuwenden. Wie bereits an früherer Stelle ausgeführt, ist die Insolvenzverschleppungshaftung in dem System fließender Übergänge zwischen absoluten Zutrittsschranken einerseits und allgemeinem Verkehrsrecht andererseits eindeutig stärker dem letzteren zuzuordnen.[185] Der strafrechtliche Betrugstatbestand ist bei Geschäftsabschlüssen nach Insolvenzreife oft nicht weit entfernt, nur eben der für eine Haftung aus §§ 823 Abs. 2 BGB i.V.m. § 263 StGB erforderliche Vorsatz mitunter schwer nachweisbar. Viel spricht deshalb für eine Einordnung als allgemeines Verkehrsrecht, das nach der *Keck*-Rechtsprechung schon keine Beschränkung der Niederlassungsfreiheit enthält.[186] Jedenfalls wäre aber die Anwendung aufgrund der nur geringfügigen Auswirkung auf den „Marktzutritt" gerechtfertigt, weil es um die Abwehr konkreter Gläubigergefahren geht.[187]

VI. Schluss

1. Zusammenfassende Würdigung

Die im Titel dieses Beitrags gestellte Frage, ob der Gläubigerschutz durch die Rechtsprechung des EuGH zur Niederlassungsfreiheit für Kapitalgesellschaften

---

183 Näher *Bitter*, (o. Fn. 164), unter Ziff. IV. 2. b) und c), dort auch zum Erfordernis einer Differenzierung nach Gläubigergruppen beim Durchgriff wegen Spekulation auf Kosten der Gläubiger.
184 Zum Verhältnis von Missbrauch und Rechtfertigung nach dem „Vier-Kriterien-Test" siehe o. IV. 3.
185 O. IV. 2. c.).
186 So *Borges*, ZIP 2004, 733, 740; für die Einordnung der Dritthaftung als Verkehrsrecht sogar *Schanze/Jüttner*, AG 2003, 661, 670, die einer Anwendung des inländischen Rechts insgesamt restriktiv gegenüberstehen (vgl. Fn. 45); a.A. *Brand*, JR 2004, 89, 93.
187 Näher *Bitter*, (o. Fn. 164), unter Ziff. IV. 3.; im Ergebnis ebenso *Borges*, ZIP 2004, 733, 740; *Müller*, NZG 2003, 414, 417; *Schanze/Jüttner*, AG 2003, 661, 670.

in Europa in Gefahr gerät, lässt sich derzeit nicht mit einem klaren Ja oder Nein beantworten. Sollte sich vor dem EuGH diejenige Rechtsansicht durchsetzen, die stets vorrangig die ausländischen Gläubigerschutzregeln anwenden und den Rückgriff auf deutsches Recht nur sehr restriktiv zulassen will, geriete der Gläubigerschutz in der Tat in Gefahr. Grund hierfür sind weniger Lücken der ausländischen Rechtsordnung als solcher als vielmehr die Schwierigkeiten der praktischen Durchsetzung ausländischer Haftungsregeln vor inländischen Gerichten. Je exotischer die Rechtswahl der Gründungsgesellschafter ist (z.B. Slowenien, Lettland etc.), desto weniger müssten sie mit einer Inanspruchnahme durch deutsche Gläubiger rechnen. Jedenfalls für Forderungen geringeren Umfangs bis zu einigen tausend Euro würde keine realistische Möglichkeit der Rechtsdurchsetzung nach ausländischem Gläubigerschutzrecht existieren.

Der Gläubigerschutz geriete hingegen nicht ernsthaft in Gefahr, wenn man den hier entwickelten Überlegungen folgt, wonach nicht alle nationalen Gläubigerschutzinstrumente an den rigiden Maßstäben der Urteile *Centros*, *Überseering* und *Inspire Art* zu messen sind. Die Anwendung abstrakter inländischer Gläubigerschutzkonzepte, insbesondere der deutschen Regelung über das Mindestkapital auf EG-Auslandsgesellschaften scheitert zwar an der Niederlassungsfreiheit, weil der ausländischen Gesellschaft dadurch bereits der „Marktzutritt" versagt würde. Anderes gilt hingegen für Haftungsregeln, die für alle juristischen Personen gelten oder die auf konkrete Gefährdungslagen reagieren.

2. Thesen

Die wesentlichen Ergebnisse der Untersuchung lassen sich in folgenden Thesen zusammenfassen:

a) Die kollisionsrechtliche Einordnung bestimmter Haftungsregeln ist für die Frage der europarechtlichen Zulässigkeit ihrer Anwendung auf EG-Auslandsgesellschaften im Grundsatz ohne Bedeutung. Entscheidend ist allein, ob die nationale kollisions- und sachrechtliche Behandlung EG-ausländischer Kapitalgesellschaften gegen die Niederlassungsfreiheit verstößt. Selbst im Anwendungsbereich der Europäischen Insolvenzverordnung (EuInsVO) ist die Anwendung deutschen Insolvenzrechts auf ausländische Gesellschaften am Maßstab der Niederlassungsfreiheit zu messen.

b) Je weniger die Anwendung einer nationalen Vorschrift die Niederlassungsfreiheit beschränkt, desto geringer sind die Anforderungen an die Rechtfertigung. Das „System fließender Übergänge" reicht von der Anwendung allgemeinen Verkehrsrechts, die nach Maßgabe der *Keck*-Rechtsprechung schon keine Beschränkung begründet, über die leicht zu rechtfertigenden Beschränkungen der Tätigkeitsausübung bis hin zu den selten zu rechtfertigenden absoluten Zutrittsschranken.

c) Es ist zwischen einem spezifischen und einem unspezifischen Missbrauch von Gemeinschaftsrecht zu unterscheiden. Ein spezifischer

Missbrauch liegt vor, wenn ein Sachverhalt geschaffen wird, der formal den Tatbestand der europäischen Norm erfüllt, aber nach Sinn und Zweck der Norm davon nicht erfasst wird (insbesondere U-Turn-Konstruktionen). In diesem Fall ist eine ungeschriebene Grenze der Grundfreiheiten zu bestimmen. Ein unspezifischer Missbrauch von Gemeinschaftsrecht liegt demgegenüber vor, wenn die Anwendung einer nationalen Regelung – z.B. einer nationalen Missbrauchsregelung – europarechtlich gerechtfertigt ist und sich der Betroffene gegenüber dieser Anwendung auf die Grundfreiheit beruft.

d) Einen spezifischen Missbrauch im Sinne der U-Turn-Konstruktionen lehnt die EuGH-Rechtsprechung hinsichtlich der Niederlassungsfreiheit ab. Da der unspezifische Missbrauch jedoch nur in das allgemeine System der Rechtfertigung zurückführt, erledigt sich für die Niederlassungsfreiheit die Differenzierung zwischen dem Missbrauch einerseits und der allgemeinen Rechtfertigung nach dem „Vier-Kriterien-Test" andererseits.

e) Das von der Warenverkehrsfreiheit bekannte Herkunftslandprinzip lässt sich nicht unbesehen auf die Niederlassungsfreiheit übertragen. Um Probleme der praktischen Rechtsdurchsetzung zulasten der Gläubiger zu vermeiden, ist die Anwendung des Inlandsrechts durch inländische Instanzen weitergehend als bei der Warenverkehrsfreiheit zuzulassen.

f) Offene und verdeckte Vermögensausschüttungen an die Gesellschafter nach Unterschreiten der „0-Grenze" (Überschuldung) sind bei jeder in- und ausländischen juristischen Person verboten.

g) Eine Anwendung der deutschen Insolvenzverschleppungshaftung sowie der Durchgriffshaftung wegen Vermögensvermischung, Existenzvernichtung durch Vermögensabzug und Spekulation auf Kosten der Gläubiger auf EG-Auslandsgesellschaften verstößt nicht gegen die Niederlassungsfreiheit.

Auf dem Weg zu einem europäischen Recht der Kreditsicherheiten?*

Stefan J. Geibel

I. Einführung: Der begonnene Weg der Rechtsvereinheitlichung
II. Gründe, Alternativen und Rechtsgrundlage einer möglichen Vereinheitlichung des Rechts der Kreditsicherheiten
  1. Gründe für eine Rechtsvereinheitlichung
    a) Speziell für dingliche Sicherungsrechte
    b) Allgemein für alle Kreditsicherheiten
  2. Alternativen zur Vereinheitlichung des Sachrechts
    a) Vereinheitlichung bzw. Änderung des Kollisionsrechts
    b) Schaffung eines europäischen Sicherungsrechts
  3. Rechtsgrundlage für eine europäische Vereinheitlichung
III. Beurteilung einer Rechtsvereinheitlichung hinsichtlich einzelner Kreditsicherheiten
  1. Das Recht der persönlichen Sicherheiten
    a) Das Bürgschaftsrecht als Kern einer möglichen Vereinheitlichung
    b) Die Vereinheitlichung des Rechts der „unabhängigen" Garantien
    c) Der Schutz des Garantiegebers, der Verbraucher ist
    d) Übergreifende Fragen wie im Fall einer Mehrheit von Sicherungsgebern
  2. Das Recht der Mobiliarsicherheiten für Geldkredite
    a) Die Grundfrage nach dem Publizitätskonzept bei Mobiliarsicherheiten
    b) Anknüpfungspunkte in den nationalen Rechtsordnungen
    c) Verschiedene Registermodelle als Vorbild für eine europäische Rechtsvereinheitlichung?
    d) Weitere Eckpfeiler einer Vereinheitlichung, insbesondere der Bestimmtheits- und der Prioritätsgrundsatz
  3. Das Recht des Eigentumsvorbehalts
  4. Das Recht der Sicherheiten an Rechten
  5. Das Recht der Immobiliarsicherheiten
IV. Resümee

---

* Die Nachweise, insb. der zitierten Webseiten, befinden sich auf dem Stand vom 30.8.2004.

I. Einführung: Der begonnene Weg der Rechtsvereinheitlichung

Jüngst ist das Gesetz zur Umsetzung der Richtlinie 2002/47/EG vom 6. Juni 2002 über Finanzsicherheiten und zur Änderung des Hypothekenbankgesetzes und anderer Gesetze in Kraft getreten.[1] Mit dieser Richtlinie – der „Finanzsicherheiten-Richtlinie" – wird auf EG-Ebene eine einheitliche Mindestregelung für die Bereitstellung von Finanzsicherheiten in Gestalt einer Verpfändung oder Vollrechtsübertragung von Wertpapieren und Kontoguthaben, einschließlich Wertpapier-Pensionsgeschäften („Repos") zugunsten bestimmter Sicherungsnehmer des Finanzsektors geschaffen. Ins Blickfeld ist die Umsetzung dieser Richtlinie in Deutschland vor allem deshalb geraten, weil die Richtlinie die Finanzsicherheiten von wichtigen insolvenzrechtlichen Bestimmungen ausnimmt und in dieser Hinsicht die näher definierten Sicherungsnehmer des Finanzsektors gegenüber anderen Gläubigern entgegen des insolvenzrechtlichen Grundsatzes der *par condicio creditorum* bevorteilt. Beispielsweise sollen Finanzsicherheiten noch am Tag der Eröffnung eines Liquidationsverfahrens oder der Einleitung von Sanierungsmaßnahmen oder bei Gutgläubigkeit des Sicherungsnehmers sogar noch danach wirksam bestellt werden können. Die einseitig auf diesen Aspekt zielende Kritik an der Umsetzung der Finanzsicherheiten-Richtlinie in Deutschland[2] sollte allerdings nicht den Blick dafür verstellen, dass der europäische Richtliniengeber mit der Finanzsicherheiten-Richtlinie einen Schritt getan hat, der auch dem Recht der Kreditsicherheiten allgemein den Weg in Richtung einer europäischen Rechtsvereinheitlichung weist.

Auf europäischer Ebene sind verschiedene ältere Vorschläge für eine EU-weite Harmonisierung allesamt stecken geblieben.[3] Seit 2000 besteht nun eine Arbeitsgruppe „Kreditsicherheiten in den Ländern der EU" unter der Leitung von *Ulrich Drobnig*, die für persönliche Sicherheiten und Sicherheiten an beweglichen Sachen bereits vorbereitende Arbeiten vorgelegt hat.[4] Diese Arbeitsgruppe ist in die Study Group on a European Civil Code (SGECC) eingebunden. Das Ziel der SGECC umreißt *Christian von Bar* mit der Schaffung einer „Art vermögensrechtlichen ‚Grundgesetzes' für die Staaten der Europäischen

---

1 BGBl. I 2004, 502. Zum Gesetzentwurf der Bundesregierung siehe BT-Drucksache 15/1853, zur Stellungnahme des Bundesrates BR-Drucksache 563/03.
2 Erwähnt sei nur die Frage, ob Deutschland von der in Art. 1 (3) der RL 2002/47/EG vorgesehenen Möglichkeit eines „opt-out" hätte Gebrauch machen sollen, vgl. hierzu z.B. *Kieper*, ZInsO 2003, 1109, 1115 f.; *Ehricke*, ZIP 2003, 1065 ff.
3 Siehe z.B. zu einem RL-Entwurf der Kommission von 1973 unter II.2.a) und II.3 bei Fn. 35 und 70, zum Vorschlag einer „Eurohypothek" siehe unter III.5.
4 Vgl. den Entwurf vom Juni 2002 für Regelungen zu persönlichen Sicherheiten unter http://www.sgecc.net/media/download/personal_securities.pdf und den Entwurf vom November 2003 für gewisse Grundregelungen zu Sicherheiten an beweglichen Sachen unter http://www.sgecc.net/media/download/proprietary_securities12_03.pdf.

Union",[5] das über das Fundament der Principles on European Contract Law der Lando-Gruppe hinausgeht und auch insbesondere das Recht der Mobiliarsicherheiten umfassen soll.[6] Hingegen sollen Immobiliarsicherheiten wegen der zu großen Divergenzen zwischen den nationalen Rechtsordnungen von vornherein nicht behandelt werden.

Auf internationaler Ebene sind Teilbereiche des Rechts der Kreditsicherheiten zunehmend Gegenstand von zwischenstaatlichen Vereinbarungen, Modellgesetzen oder von Vorarbeiten hierfür geworden. So ist unter der Federführung von UNIDROIT und der Internationalen Zivilluftfahrtorganisation (ICAO) die Konvention über internationale Sicherungsrechte an beweglicher Ausrüstung (Convention on International Interests in Mobile Equipment) – die so genannte „Kapstadt-Konvention" – samt dem speziell für Luftfahrtausrüstung geltenden Protokoll ausgearbeitet und am 16. November 2001 angenommen worden.[7] Sie wurde mittlerweile insbesondere von Frankreich, der Schweiz, Italien, Deutschland und (mit Einschränkungen) vom Vereinigten Königreich unterzeichnet.[8] Vorgesehen ist, dass auch die EG nach Art. 48 Abs. 1 der Konvention sachlich beschränkt auf diejenigen Bereiche, für welche sie die Außenkompetenz besitzt – insbesondere im Bereich der Verordnung 1346/2000/EG über Insolvenzverfahren[9] – beitritt.[10]

Einen weiteren Blickwinkel eröffnet das im April 1994 in St. Petersburg vorgestellte Modellgesetz der Europäischen Bank für Wiederaufbau und Entwicklung (European Bank for Reconstruction and Development, EBRD), das sich vor allem an mittel- und osteuropäische nationale Gesetzgeber richtet.[11] Es umfasst prinzipiell alle Arten von Sicherungsgegenständen und sieht ein eingetragenes Sicherungsrecht, eine spezielle Warenlieferantensicherheit und eine possessorische Sicherheit vor.[12] Ein weiteres Modellgesetz existiert von der Organisation Amerikanischer Staaten (OAS) aus dem Jahr 2002, ferner ein einheitliches Gesetz von der Organisation zur Harmonisierung des Handelsrechts in Afrika

---

5 *Von Bar*, in: FS Henrich (2000), 1, 3.
6 Vgl. *von Bar*, a.a.O., 7.
7 Konvention und Protokoll sind abgedruckt im Anhang zu *Kronke*, ZLW 2002, 147, 150 ff.
8 Zum Stand der Unterzeichnung und Ratifizierungen siehe http://www.unidroit.org/english/implement/i-2001-convention.htm.
9 ABl. EG Nr. L 160/1 vom 30.6.2000.
10 Hintergrund hierfür ist die AETR-Doktrin des EuGH, wonach die EU-Mitgliedstaaten mit dritten Staaten keine Verträge schließen dürfen, wenn die EU die völkerrechtliche Vertragsschlusskompetenz erhält, soweit gemeinschaftsrechtliche Normen erlassen sind. Vgl. z.B. *Kreuzer*, in: FS Schlechtriem (2003), 869, 876 f.
11 Der Wortlaut des Modellgesetzes (Model Law on Secured Transactions) der EBRD findet sich z.B. unter http://www.ebrd.com/country/sector/law/st/modellaw/model.pdf, eine deutsche Übersetzung bei *Röver*, Vergleichende Prinzipien dinglicher Sicherheiten (1999), 191 ff.
12 Vgl. Art. 6 - 10 des Modellgesetzes der EBRD.

(Organisation pour l'Harmonisation en Afrique du Droit des Affaires, OHADA) aus dem Jahr 1997, das in den jeweiligen Mitgliedstaaten unmittelbare Wirkung entfaltet.[13] Die im Jahr 2002 begonnenen Arbeiten der Working Group VI der United Nations Commission on International Trade Law (UNCITRAL) für einen „Legislative Guide on Secured Transactions" greifen von einem umfangreichen Gutachten *Drobnig*s angestoßene, später aber eingestellte Arbeiten aus den 1980er Jahren wieder auf und sind noch nicht abgeschlossen.[14]

Insgesamt haben die internationalen Bestrebungen, das Recht der Kreditsicherheiten zu vereinheitlichen, in den letzten zehn Jahren beträchtlich zugenommen und sind nach zuvor mehr oder minder erfolglosen Versuchen nun auch überwiegend konkreten Ergebnissen zugeführt worden, welche die europäische Rechtsvereinheitlichung beeinflussen können. Zusätzlich sind vom Aufbau und der weiteren Entwicklung eines Kreditsicherungsrechts in den einzelnen mittel- und osteuropäischen Staaten Impulse zu erwarten, nachdem einige dieser Staaten der Europäischen Union beigetreten sind.[15] Im Folgenden muss zunächst allgemein geklärt werden, welche Antriebsfedern den Prozess der Vereinheitlichung des Rechts der Kreditsicherheiten in Gang setzen und halten, ob es zu dem auf EU-Ebene bereits eingeschlagenen Weg möglicherweise Alternativen gibt und welches die Rechtsgrundlagen für diesen Weg sein können. Anschließend werden hinsichtlich einzelner Kreditsicherheiten Möglichkeiten und Fallstricke einer Rechtsvereinheitlichung analysiert,[16] wobei hier nicht alle Rechtsgeschäfte, welche möglicherweise Sicherungscharakter haben, wie zum Beispiel Finanzierungsleasing oder sale-and-lease-back-Verträge, sondern nur diejenigen persönlichen und dinglichen Sicherungsgeschäfte behandelt werden sollen, die immer oder wenigstens typischerweise Kredite sichern.

---

13 Siehe zum Entwurf eines Modellgesetzes der OAS und zum einheitlichen Gesetz der OHADA näher *Drobnig*, in: FS Schlechtriem (2003), 855, 856 ff.
14 Zum genauen Stand der jetzigen Arbeiten siehe http://www.uncitral.org/en-index.htm (dort unter Working Groups, Working Group VI), für Nw. zu früheren Arbeiten vgl. z.B. *Kieninger*, Mobiliarsicherheiten im Europäischen Binnenmarkt (1996), 217 ff.; *Röver*, in: Kreuzer (Hrsg.), Mobiliarsicherheiten – Vielfalt oder Einheit? (1999), 125, 127.
15 Vgl. für das Recht der Mobiliarsicherheiten z.B. die Beiträge in *Drobnig/Roth/Trunk* (Hrsg.), Mobiliarsicherheiten in Osteuropa (2002).
16 Siehe unter III.

II. Gründe, Alternativen und Rechtsgrundlage einer möglichen Vereinheitlichung des Rechts der Kreditsicherheiten

1. Gründe für eine Rechtsvereinheitlichung

a) Speziell für dingliche Sicherungsrechte

Hinsichtlich der dinglichen Sicherungsrechte stellt sich die Frage, ob eine Harmonisierung erst im Zuge einer Vereinheitlichung des gesamten Sachenrechts in Angriff genommen werden sollte. Auf eine solche Harmonisierung des gesamten Sachenrechts sollte aber angesichts der großen Unterschiede zwischen den nationalen Rechtsordnungen grundsätzlich nicht gewartet werden. Sachenrechtliche Aspekte sind bei grenzüberschreitenden Transaktionen selten Gegenstand einer Parteivereinbarung und waren deshalb vom Sog der Vereinheitlichung, der das Schuldvertragsrecht beherrscht, lange nicht erfasst.[17] Nicht zuletzt aufgrund der allgemein anerkannten Kollisionsregel der *lex rei sitae* wird das Sachenrecht gewissermaßen als vorgegebene „Gussform" wahrgenommen, in welche sich die Vorstellungen der Vertragschließenden einfügen müssen. Erst allmählich scheint sich eine Einsicht zu entwickeln, auch gewisse Elemente dieser „Gussformen" anzugleichen. Jedenfalls steht man hier noch am Beginn.

Der Bereich der dinglichen Sicherungsrechte weist zum Vertragsrecht viele Bezüge auf,[18] insbesondere muss kautelarjuristisch sichergestellt werden, dass eine Kreditsicherheit wirksam ausgestaltet wird. Obwohl auch in diesem Bereich die Rechtszersplitterung groß ist,[19] kann hier im Vergleich zu den anderen Bereichen des Sachenrechts am ehesten eine Harmonisierungsbereitschaft der europäischen Staaten erwartet werden. Eine Vereinheitlichung des Rechts der dinglichen Sicherungsrechte könnte dann womöglich auch eine weitere Angleichung der sachenrechtlichen „Gussformen" bis hin zur Entwicklung eines europäischen Güterrechts (unter Einbeziehung der Forderungsrechte und anderer Rechte wie das des geistigen Eigentums) anstoßen. Bis zur Verwirklichung einer solchen Angleichung muss jedoch auf die unterschiedlichen nationalen Sachenrechtstraditionen so weit wie nur möglich Rücksicht genommen werden.

---

17 Vgl. *Drobnig*, in: Martiny/Witzleb (Hrsg.), Auf dem Wege zu einem europäischen Zivilgesetzbuch (1999), 169, 170.
18 Siehe z.B. den Bericht an die Europäische Kommission von *von Bar/Drobnig*, Study on Property Law and Non-contractual Liability Law as they relate to Contract Law (2004), Rn. 501 ff. (http://europa.eu.int/comm/consumers/cons_int/safe_shop/fair_bus_pract/cont_law/study.pdf).
19 Vgl. an dieser Stelle z.B. nur den Vergleich des Regimes der Mobiliarsicherheiten in Deutschland, England, Frankreich und Ungarn (ferner den USA) bei *Drobnig*, in: Kreuzer (Hrsg.), Mobiliarsicherheiten – Vielfalt oder Einheit? (1999), 9, 10 ff.

b) Allgemein für alle Kreditsicherheiten

Der Hauptgrund für eine Harmonisierung könnte für alle Kreditsicherheiten darin gesehen werden, einen möglichst einheitlichen ökonomischen Rahmen für die Kreditvergabe festzulegen, um so zur Integration dieses Marktes und Senkung der Kreditkosten beizutragen.[20] Zudem soll eine Vereinheitlichung den Sicherungsnehmern über die Grenzen hinweg Rechtssicherheit verleihen, dass ihre Sicherungsrechte nicht mit dem Grenzübertritt verloren gehen oder nicht mehr durchsetzbar sind und der Rang der Sicherheit gewahrt bleibt. Diese Gründe für eine Vereinheitlichung sind bereits in der Begründung der Kommission zum Vorschlag für die Finanzsicherheiten-Richtlinie genannt worden.[21]

Weitere Antriebsfedern können die erwähnten außereuropäischen Vorbilder für eine Rechtsvereinheitlichung bestimmter Kreditsicherheiten sein. Nicht unterschätzt werden sollte hierbei der Aspekt, dass bei künftigen internationalen Vereinheitlichungsprojekten die EG insoweit mit einer Stimme sprechen könnte, als sie auf dem Gebiet Kreditsicherheiten rechtsetzend tätig würde.[22] Ferner setzt jede Rechtsvereinheitlichung voraus, dass sie mit den bisherigen Richtlinien und völkerrechtlichen Verpflichtungen der EG in Einklang steht.

2. Alternativen zur Vereinheitlichung des Sachrechts

a) Vereinheitlichung bzw. Änderung des Kollisionsrechts

Zwar scheint mittlerweile anerkannt, dass die Sachrechtsvereinheitlichung und die Harmonisierung des Kollisionsrechts sich nicht ausschließen.[23] Doch fragt sich – im europäischen Binnenmarkt etwa vor dem Hintergrund des Verhältnismäßigkeits- und des Subsidiaritätsprinzips (Art. 5 Abs. 2 und 3 EG-Vertrag)[24] –, ob als geeigneteres und milderes Mittel im Vergleich zur Sachrechtsvereinheitlichung nicht vorrangig das – in den Worten *Herbert Kronke*s

---

20 Kritisch *Drobnig*, a.a.O., 35 f. Siehe aber auch *dens.*, in: Martiny/Witzleb, Auf dem Wege zu einem europäischen Zivilgesetzbuch (1999), 169, 176. Zum „commercial approach" in der Rechtsangleichung vgl. *Kronke*, in: FS Henrich (2000), 385, 386 ff.
21 Vgl. ABl. EG Nr. C 180E/312 vom 26.6.2001 (unter Ziffer 1.2).
22 Unbefriedigend ist daher z.B. die Unterzeichnung der Kapstadt-Konvention nur durch manche Mitgliedstaaten und die geplante, nur bestimmte Teilbereiche betreffende Unterzeichnung der Kapstadt-Konvention durch die EG (siehe dazu o. bei Fn. 10).
23 Vgl. z.B. *Kronke*, in: Aufbruch nach Europa, 75 Jahre Max-Planck-Institut für Privatrecht (2001), 757 ff.
24 Vgl. zum Subsidiaritätsprinzip als Kompetenzausübungsschranke (so die h. M.) z.B. *Herrnfeld*, in: Schwarze (Hrsg.), EU-Kommentar (2000), Art. 94 EGV Rn. 18, Art. 95 EGV Rn. 25 f.; *Calliess*, in: Calliess/Ruffert (Hrsg.), Kommentar zum EU-Vertrag und EG-Vertrag, 2. Aufl. (2002), Art. 5 Rn. 2; *Koenig/Lorz*, JZ 2003, 167 ff.; siehe ferner bereits *Müller-Graff*, EuR 1989, 107, 134 f. In dieser Hinsicht muss allerdings zunächst eine EU-Kompetenz vorliegen, s. dazu u. II.3.

„schlanker(e), technokratischer(e) und [...] weniger dogmatikhörig(e)"[25] – Internationale Privatrecht vereinheitlicht oder geändert werden müsste.

Was zunächst die dinglichen Sicherheiten angeht, kann von einer Harmonisierung des Kollisionsrechts deshalb nicht gesprochen werden, weil allgemein die *lex rei sitae* gilt.[26] Es käme nur eine Abänderung dieser kollisionsrechtlichen Regel in Betracht, und zwar vornehmlich in Richtung auf eine Anerkennung dinglicher Mobiliarsicherungsrechte nach dem Herkunftslandprinzip.[27] Eine solche Geltung des Herkunftslandprinzips dürfte nicht schon aufgrund der gemeinschaftsrechtlichen Grundfreiheiten, insbesondere der Warenverkehrsfreiheit zwingend geboten sein.[28] Insoweit unterscheidet sich die Bestellung der Mobiliarsicherheiten von der Rechtsfähigkeit von Gesellschaften, die in den Kernbereich der Niederlassungsfreiheit fällt und nach der Überseering-Entscheidung des EuGH[29] vor einem Statutenwechsel zu schützen ist. Selbst wenn man im Einzelfall so weit ginge, einen Verstoß gegen das Verbot mengenmäßiger Einfuhrbeschränkungen und Maßnahmen gleicher Art nach Art. 28 EG-Vertrag anzunehmen, etwa bei nationalen Beschränkungen der Anerkennung von Warenkreditsicherheiten,[30] zöge dies nicht zwingend die pauschale Geltung des Herkunftslandprinzips auf Kollisionsrechtsebene nach sich.[31]

Letztlich können diese Fragen hier offen bleiben, weil für die normgebende Perspektive die Verankerung des Herkunftslandprinzips für Mobiliarsicherheiten im Vergleich zur Sachrechtsvereinheitlichung nicht das geeignetere und mildere Mittel darstellen würde. Das Herkunftslandprinzip beantwortet nicht die Frage, wie verhindert werden kann, dass die Anerkennung fremder Sicherheiten mit weniger strengen Voraussetzungen zu einer unzulässigen Diskriminierung inländischer Sicherheiten des Lageortstaates führt.[32] Gelöst würde auch nicht das noch drängendere Problem, wie unter Geltung des Herkunftsland-

---

25 *Kronke*, a.a.O., 769.
26 Vgl. z.B. MünchKomm/*Kreuzer*, 3. Aufl. (1998), Nach Art. 38 EGBGB Anh. I Rn. 12.
27 Zum Entwurf der Fédération Bancaire de la C.E.E. aus den 1960er Jahren siehe *Seif*, Der Bestandsschutz besitzloser Mobiliarsicherheiten im deutschen und englischen Recht (1997), 276 f.
28 Vgl. v. a. *Röthel*, ZIP 2003, 1027, 1032, in Auseinandersetzung mit den Folgen des Überseering-Urteils des EuGH. Vor diesem Urteil wurde eine kollisionsrechtliche Wirkung der Grundfreiheiten überwiegend abgelehnt, vgl. z.B. v. *Wilmowsky*, Europäisches Kreditsicherungsrecht (1996), 52 ff.; für das Internationale Deliktsrecht z.B. *Schaub*, RabelsZ 66 (2002), 18, 31 ff.; zur Kritik am Herkunftslandprinzip im Vorschlag der Kommission für eine Dienstleistungs-RL z.B. *Basedow*, EuZW 2004, 423, 424.
29 EuGH, JZ 2003, 947 ff.
30 Vgl. *Kieninger*, Mobiliarsicherheiten im Europäischen Binnenmarkt (1996), 122 ff., 152 ff., 157 ff., 189, 193, 196.
31 Vgl. *Kieninger*, a.a.O., 127; *dies.*, in: FS 75 Jahre Max-Planck-Institut für Privatrecht (2001), 151, 163; anders offenbar *Schulte-Braucks*, NJW 2001, 103, 107 (Fn. 55).
32 Vgl. *Kreuzer*, a.a.O.

prinzips nach fremdem Recht bestellte Sicherheiten in Einklang mit der übrigen Rechtsordnung des Lageortstaates zu bringen,[33] in sie zu „übersetzen"[34] sind.

In einem Richtlinienentwurf der Kommission von 1973 über die Anerkennung von besitzlosen Sicherheiten an beweglichen Sachen und von Eigentumsvorbehaltsklauseln bei Verkäufen beweglicher Sachen[35] wurde versucht, das Problem dadurch zu bewältigen, dass zusätzlich zu einer Pflicht zur Anerkennung besitzloser Sicherungsrechte (Art. 1) und einer Registrierungspflicht (Artt. 6 ff.) in Artt. 3 und 4 jeweils Anweisungen vorgesehen sind, in welche inländischen funktionsäquivalenten Sicherungsrechte eine besitzlose Mobiliarsicherheit in den jeweiligen Mitgliedstaaten übergeleitet werden soll. Eine gewisse Ähnlichkeit hat dies mit der von der deutschen Rechtsprechung bereits seit längerem praktizierten und in der Literatur wohl herrschenden Transpositionslehre.[36] Die Beratungen zu diesem Richtlinienentwurf wurden später auf den einfachen Eigentumsvorbehalt begrenzt und sind seit Beginn der 1980er Jahre nicht mehr fortgeführt worden.[37] Der Entwurf musste folgerichtig scheitern, weil die Anerkennung und Transposition ausländischer Sicherungsrechte für die Einzelstaaten erst dann akzeptabel wird, wenn das betreffende Sicherungsrecht mit der Rechtsordnung des jeweiligen Staates kompatibel ist, in welchen die besicherte Sache gelangt, und wenn eine Inländerdiskriminierung vermieden wird.[38] Dieser kollisionsrechtliche Ansatz setzt somit eine Harmonisierung des Sachrechts geradezu voraus.

Neben dem Anknüpfungspunkt des Herkunftslandes käme auf der Ebene des Kollisionsrechts insbesondere noch die Möglichkeit in Betracht, den Parteien

---

33 Vgl. z.B. *Coing*, ZfRV 8 (1967), 65, 78 f.; *Kreuzer*, in: FS v. Overbeck (1990), 613, 632; *Seif*, Der Bestandsschutz besitzloser Mobiliarsicherheiten im deutschen und englischen Recht (1997), 275.
34 So die Formulierung von *Coing*, a.a.O., 79.
35 Der RL-Entwurf (Doc XI/466/73-D) ist abgedruckt im Anhang zu *Drobnig/Goode*, in: Goode/Simmonds (Hrsg.), Commercial Operations in Europe (1978), 339, 378 ff. Siehe ferner bereits *Kieninger*, Mobiliarsicherheiten im Europäischen Binnenmarkt (1996), 216.
36 Zur „Transposition" ausländischer Sicherungsrechte im deutschen Recht vgl. BGHZ 39, 173, 177 f.; 45, 95, 97; BGH IPRax 1993, 176 und 178; zu den unterschiedlichen Verständnissen in der Literatur siehe z.B. *Rakob*, Ausländische Mobiliarsicherungsrechte im Inland (2001), 31 ff.; zur Kritik am herrschenden Verständnis der Transpositionslehre vgl. Staudinger-*Stoll*, Internationales Sachenrecht, 13. Bearb. (1996), Rn. 356 f.; *Rakob*, a.a.O., 38 ff.
37 Vgl. z.B. Staudinger-*Stoll*, Internationales Sachenrecht, 13. Bearb. (1996), Rn. 113.
38 Vgl. z.B. *Kieninger*, Mobiliarsicherheiten im Europäischen Binnenmarkt (1996), 216; *Kreuzer*, in: FS Schlechtriem (2003), 869, 870 f.; allgemein zur Notwendigkeit einer Rechtsvereinheitlichung bereits *Coing*, ZfRV 8 (1967), 65, 78 f.; *Hübner*, ZIP 1980, 825, 832.

autonom die Statutenbestimmung für die Mobiliarsicherheit zu überlassen.[39] Auch die parteiautonome Statutenbestimmung würde das Problem der Kompatibilität fremder Sicherheiten mit der Rechtsordnung des Lageortstaates nicht lösen,[40] insbesondere könnten die Parteien nicht zugleich auch das insolvenzrechtliche Statut wählen, weil eine solche Rechtswahl von der Verordnung 1346/2000 des Rates vom 29. Mai 2000[41] über Insolvenzverfahren nicht vorgesehen ist.[42] Dieses Problem wird auch nicht behoben, wenn man hinsichtlich bestimmter Aspekte, die über die wirksame Bestellung eines Sicherungsrechts hinausgehen, rechtswahlunabhängige Sonderanknüpfungen zuließe.[43] Außerdem bestünde unter Geltung einer freien Rechtswahl die Gefahr, dass Sicherungsnehmer diejenigen Statute bevorzugen, welche den geringsten Aufwand für die Bestellung der Sicherheit verlangen und dem Sicherungsgeber den geringsten Schutz bieten. Von dieser Präferenz könnten die Sicherungsnehmer dann die Kreditgewährung abhängig machen.[44]

Es überrascht vor diesem Hintergrund, dass die Kommission versucht hat, in ihrem geänderten Vorschlag vom 30. Oktober 1998 für eine Richtlinie des Europäischen Parlaments und des Rates zur Bekämpfung von Zahlungsverzug im Handelsverkehr[45] den Mitgliedstaaten eine Pflicht aufzuerlegen, einem Eigentumsvorbehalt auch im Verhältnis zu Dritten zur Wirksamkeit und insbesondere zur Konkursfestigkeit zu verhelfen, obwohl eine Rechtsvereinheitlichung auf diesem Gebiet bisher noch nicht stattgefunden hat. Immerhin hatte sich das Recht des Eigentumsvorbehalts in den Mitgliedstaaten bis dahin bereits insoweit angenähert – *Eva-Maria Kieninger* spricht von „spontaner Rechtsangleichung"[46] –, als im Grundsatz die Konkursfestigkeit des Eigentumsvorbehalts anerkannt wurde, wenn auch die Voraussetzungen zum Teil unter-

---

39 So im Grundsatz v. *Wilmowsky*, Europäisches Kreditsicherungsrecht (1996), 150 ff., 409.
40 Vgl. *Kreuzer*, a.a.O., 630 f.; *Rott*, Vereinheitlichung des Rechts der Mobiliarsicherheiten (2000), 34, 39; beide auch mit Ausführungen zu weiteren Anknüpfungsregeln; ferner *Kieninger*, Mobiliarsicherheiten im Europäischen Binnenmarkt (1996), 217.
41 ABl. EG Nr. L 160/1 vom 30.6.2000.
42 Vgl. auch bereits *Rott*, (o. Fn. 40), 35 f. zum Europäischen Insolvenzübereinkommen von 1996.
43 Für eine ausführliche Auseinandersetzung mit dieser Frage vgl. z.B. v. *Wilmowsky*, Europäisches Kreditsicherungsrecht (1996), 151 f., 153 ff. (§§ 5-9), 409, 410 ff.
44 Eine ähnliche Befürchtung wird auch z.B. geäußert von BGH ZIP 2000, 967, 968 (unter 2.c, 3. Abs. a. E.) (Vorlagebeschluss zum Überseering-Urteil des EuGH). Ob ein *race to the bottom* angenommen werden kann, mag dahinstehen, vgl. allgemein zu seinen Nachteilen z.B. *Kieninger*, Wettbewerb der Privatrechtsordnungen im Europäischen Binnenmarkt (2002), 16 ff., 67 ff., 96 ff., und speziell zum Sachenrecht, dem sie die Standortqualität abspricht, a.a.O., 82 f., 103. Die Überlegung des BGH (a.a.O.) zum Gesellschaftsrecht, die Gründungstheorie würde ein *race to the bottom* tatsächlich auslösen, wird z.B. abgelehnt von *Eidenmüller*, ZIP 2002, 2233, 2235 ff.
45 ABl. EG Nr. C 374/4 vom 3.12.1998.
46 *Kieninger*, in: FS 75 Jahre Max-Planck-Institut für Privatrecht (2001), 151, 153.

schiedlich geblieben sind.[47] Dennoch ist der Vorschlag der Kommission, der vom Europäischen Parlament unterstützt wurde, in Art. 4 Abs. 1 der schließlich verabschiedeten Richtlinie 2000/35/EG vom 29. Juni 2000 zur Bekämpfung von Zahlungsverzug im Geschäftsverkehr („Zahlungsverzugsrichtlinie")[48] so nicht verwirklicht worden. Zwar verstehen manche Art. 4 Abs. 1 dieser Richtlinie auch in seiner endgültigen Gestalt im Sinne einer Anerkennungspflicht des Eigentumsvorbehalts im Verhältnis zu Dritten.[49] Die Entstehungsgeschichte dieser Vorschrift,[50] der auf die Zahlungsbeschleunigung im Verhältnis zwischen Gläubiger und Schuldner beschränkte Zweck der Richtlinie[51] und die Verweisung auf die nationalen Vorschriften im Wortlaut von Art. 4 Abs. 1 sprechen jedoch eher dafür, dass diese Vorschrift nicht als Pflicht der Mitgliedstaaten ausgelegt werden kann, gerade den dinglichen Charakter und damit die Sicherungsfunktion von Eigentumsvorbehaltsklauseln anzuerkennen.[52] Die Zahlungsverzugsrichtlinie veranschaulicht besonders gut, dass eine wie auch immer geartete kollisionsrechtliche Lösung auf dem Gebiet der dinglichen Sicherheiten im Grunde genommen eine Sachrechtsvereinheitlichung geradezu voraussetzt.[53]

Neben den dinglichen Mobiliarsicherungsrechten stellt sich schließlich auch bei persönlichen Sicherheiten die Frage, ob eine Bürgschaft, Garantie, Patronatserklärung oder eine ähnliche Sicherheit, welche dem Recht eines anderen Mitgliedstaates untersteht oder unterstellt wird, mit der Rechtsordnung des Wohnsitz- oder Niederlassungsstaates des Sicherungsgebers kompatibel ist. Wenn man hier eine Lösung allein auf Kollisionsrechtsebene suchen wollte, müsste

---

47 Vgl. näher *Kieninger*, a.a.O., 153 ff.
48 ABl. EG Nr. L 200/35 vom 8.8.2000.
49 Vgl. *Heinrichs*, BB 2001, 157, 164; in diese Richtung argumentiert auch *Schmidt-Kessel*, NJW 2001, 97, 101 f., der eine der „Stoßrichtungen" der RL auch auf die „Verkehrsfähigkeit des Eigentumsvorbehalts" bezieht, allerdings seine Funktion als „Sicherungsmittel" durchaus nur als „Druckmittel" im Verhältnis zwischen Gläubiger und Schuldner sieht.
50 Vgl. hierzu z.B. *Schulz*, in: Ackermann/Arbold et. al. (Hrsg.), Jb.J.ZivRWiss 1999 (2000), 105, 111 ff.; *Kieninger*, in: FS 75 Jahre Max-Planck-Institut für Privatrecht (2001), 151, 158 ff.
51 Vgl. v. a. den vom Rat festgelegten Gemeinsamen Standpunkt (EG) Nr. 36/1999 zur Zahlungsverzugs-RL, ABl. EG Nr. C 284/1 vom 29.7.1999. Es sind keine Anhaltspunkte ersichtlich anzunehmen, die gegenteiligen Bestrebungen von Kommission und Parlament hätten sich im Vermittlungsverfahren durchgesetzt, vgl. z.B. *Gsell*, ZIP 2000, 1861, 1875.
52 Vgl. *Gsell*, a.a.O.; *Kieninger*, a.a.O., 160 ff. Auch *Leible/Staudinger*, KTS 2000, 533, 554, gehen offenbar davon aus, dass Art. 4 Abs. 1 der Zahlungsverzugs-RL lediglich „ein erster, wichtiger Schritt" sei, aber das Bedürfnis nach einer Rechtsangleichung des Eigentumsvorbehalts nicht gestillt hat.
53 Für eine Angleichung des Rechts des Eigentumsvorbehalts plädieren z.B. *Kieninger*, a.a.O., 166; *Schmidt-Kessel*, NJW 2001, 97, 102; auch *Schulte-Braucks*, NJW 2001, 103, 107, sieht Art. 4 der Zahlungsverzugs-RL „nur als einen ersten Schritt auf dem Wege zu einer erfolgreichen Rechtsangleichung".

man an den Wohnsitz oder die Niederlassung des Sicherungsgebers anknüpfen. Abgesehen davon, dass dies einen Statutenwechsel bei Umzügen des Sicherungsgebers nicht verhindert, würde man sich in Gegensatz zum geltenden Prinzip der freien Rechtswahl stellen. Von vornherein kommt daher nur die Vereinheitlichung der sich auf die Art der persönlichen Sicherheit und auf den Schutz des Sicherungsgebers beziehenden zwingenden nationalen Vorschriften in Betracht. Eine Alternative hierzu bietet sich auf kollisionsrechtlicher Ebene nicht.[54]

b) Schaffung eines europäischen Sicherungsrechts

Als weitere Alternative zu einer Harmonisierung der nationalen Rechtsordnungen kommt die Schaffung eines genuin europäischen Sicherungsrechts in Betracht, wie es vor allem *Karl Kreuzer* speziell für Mobiliarsicherheiten nach dem Vorbild des europäischen Gemeinschaftspatents bzw. der europäischen Gemeinschaftsmarke vorgeschlagen hat.[55] Später hat er seinen Vorschlag auf die internationale Ebene ausgedehnt.[56] Das europäische Mobiliarsicherungsrecht soll in ein zentrales Register eingetragen werden und von den Parteien unabhängig davon gewählt werden können, ob ein grenzüberschreitender Sachverhalt vorliegt oder nicht. Es soll zusätzlich neben die nationalen Sicherungsrechte treten und diese nicht antasten. Hierin liegt eine gewisse Ähnlichkeit dieses Vorschlages zu dem Statut der Europäischen Aktiengesellschaft (*societas europaea*). Mit ihr könnte der Vorschlag einer europäischen Mobiliarsicherheit das Schicksal teilen, wegen zu hoher Hürden möglicherweise von den Marktteilnehmern nicht angenommen zu werden. Verständigten sich die EU-Mitgliedstaaten hingegen auf niedrige Hürden, bestünde die Gefahr, dass in einigen Staaten nationale Schutzvorschriften von den Marktteilnehmern unterlaufen werden könnten, wenn sie das europäische Sicherungsrecht wählen.[57] Im Übrigen muss auch ein europäisches Sicherungsrecht jeweils in die Rechtsordnung

---

54　Offen kann hier die allgemeine Frage nach der adäquaten Eignung kollisionsrechtlicher Angleichungen im Verhältnis zur Sachrechtsharmonisierung bleiben. Gegen diese Eignung haben sich die Commission on European Contract Law und die Study Group on a European Civil Code in einer gemeinsamen Stellungnahme vom 25.10.2001 gegenüber der Kommission ausgesprochen (http://www.sgec.net/media/download/stellungnahme_kommission_5_final1.pdf).

55　Vgl. *Kreuzer*, in: FS v. Overbeck (1990), 613, 637 ff.; ähnlich auch bereits der Vorschlag von *Coing*, ZfRV 8 (1967), 65, 80, 82, eine fakultative Registrierung besitzloser Sicherungsrechte zu ermöglichen. Siehe ferner zum Vorschlag einer „Eurohypothek" als europäisches Grundpfandrecht u. III.5.

56　Auf dieser Ebene spricht er von einem „Transnationalen Sicherungsrecht", vgl. *Kreuzer*, Recueil des Cours (1996), Bd. 259, 27, 292 ff.

57　Wiederum kann dahinstehen, ob in diesem Fall von einem echten *race to the bottom* gesprochen werden kann (s. o. Fn. 44).

des Lageortstaates eingepasst werden.[58] Vor diesem Hintergrund ist der Vorschlag einer europäischen Mobiliarsicherheit als Vorstufe auf dem Weg zu einer Vereinheitlichung der nationalen Mobiliarsicherungsrechte zu sehen.[59] Der Vorschlag eines neben den nationalen Rechtsordnungen geltenden europäischen oder internationalen Mobiliarsicherungsrechts dürfte seinen großen Vorzug in der Möglichkeit haben, beschränkt auf bestimmte hochwertige Gegenstände, welche typischerweise grenzüberschreitend eingesetzt werden und für welche eine Rechtsvereinheitlichung daher wegen Geltung der *lex rei sitae* am dringendsten erscheint, einen Konsens zwischen möglichst vielen Staaten herzustellen und Modelle für eine weitere Rechtsvereinheitlichung zu entwickeln. So nimmt es nicht wunder, dass der Vorschlag eines internationalen Mobiliarsicherungsrechts erstmals in der bereits erwähnten Kapstadt-Konvention[60] für den Teilausschnitt bestimmter Luftfahrzeuggegenstände und – zumindest in Grundzügen, d.h. noch ohne nähere Einzelheiten enthaltende Protokolle – für die Teilausschnitte von Raumfahrzeugausrüstung sowie Eisenbahnrollmaterial verwirklicht worden ist.[61] Die Kapstadt-Konvention sieht ein neben die nationalen Sicherungsrechte tretendes internationales Sicherungsrecht vor, das mit Wirkung *inter partes* aufgrund schriftlicher Vereinbarung entsteht (Art. 7), die Wirkung *erga omnes* insbesondere hinsichtlich seines Ranges allerdings erst mit Eintragung in ein internationales, vollelektronisches Register erhält (Artt. 29, 30).[62]

3. Rechtsgrundlage für eine europäische Vereinheitlichung

Die Frage, auf welche Kompetenznorm des EG-Vertrages eine europäische Vereinheitlichung des Rechts der Kreditsicherheiten basiert werden könnte, ist bislang kaum einer Erörterung wert gewesen. Für die Schaffung eines Europäischen Zivilgesetzbuchs mag die Kompetenzfrage sich als *cura posterior* erweisen,[63] bei der isolierten Betrachtung einer Harmonisierung des Rechts der Kreditsicherheiten kann sie nicht unerörtert bleiben. Von vornherein kommt nur

---

58 Vgl. auch bereits *Drobnig*, RabelsZ 38 (1974), 468, 480 f., in Auseinandersetzung mit *Coings* Vorschlag (s. o. Fn. 55).
59 Auch *Kreuzer*, in: FS v. Overbeck (1990), 613, 638 (Fn. 59), versteht das europäische Sicherungsrecht als „Modell für die Reform der nationalen Mobiliarsicherungsrechte".
60 Siehe o. unter I. (bei Fn. 7). Zum internationalen Privatrecht als „Problemsache" dieser Konvention vgl. z.B. *Kronke*, in: FS Kegel (2002), 33 ff.
61 Zu den verschiedenen Kategorien von Sicherungsgütern siehe Art. 2 Abs. 3 der Konvention.
62 Die Frage, ob und inwieweit die Kapstadt-Konvention teilweise Modellwirkung für eine europäische Vereinheitlichung des Rechts der Mobiliarsicherheiten haben könnte, wird unter III.2.c erörtert.
63 So *von Bar*, in: FS Henrich (2000), 1, 5 f.

Art. 95 Abs. 1 EG-Vertrag in Betracht.[64] So ist auch die Finanzsicherheiten-Richtlinie auf diese Norm gestützt worden, wonach der Rat gemäß dem Verfahren des Art. 251 EG-Vertrag und nach Anhörung des Wirtschafts- und Sozialausschusses für die Verwirklichung der Ziele des Binnenmarktes Maßnahmen zur Angleichung von Rechtsvorschriften erlassen kann, welche die Errichtung und das Funktionieren des Binnenmarktes zum Gegenstand haben. Diese letztere Einschränkung findet sich auch in Artikel III-65 Abs. 1 des Vertragsentwurfs über eine Verfassung für Europa[65] und ist insoweit von der Regierungskonferenz vom 17./18. Juni 2004 nicht verändert worden.[66] Problematisch ist, ob die Errichtung und das Funktionieren des Binnenmarktes im Zusammenhang mit möglichen Maßnahmen zur Harmonisierung des Rechts der Kreditsicherheiten nur grenzüberschreitende Sicherungsgüter erfassen kann.

Bereits bei der Kapstadt-Konvention hat man die Erfahrung gemacht, dass nicht klar unterschieden werden kann zwischen einem Sicherungsgut mit rein binnenstaatlichem Bezug und einem solchen, das die Grenze zu einem anderen Staat überschreitet oder sonst wie Auslandsberührung aufweist.[67] Dass ein Sicherungsgut grenzüberschreitend eingesetzt wird, kann in aller Regel im Zeitpunkt der Bestellung des Sicherungsrechts und auch später nicht ausgeschlossen werden. Man behilft sich bei der Kapstadt-Konvention deshalb mit der Typizität, dass Luftfahrzeugausrüstung bestimmungsgemäß Grenzen überschreitet, und ferner damit, dass man den Vertragstaaten die Möglichkeit gibt, eine Nichtanwendungserklärung für reine Binnensachverhalte abzugeben.[68] Eine Rechtsvereinheitlichung auf bestimmte typische grenzüberschreitend eingesetzte Exportgüter oder Transportmittel zu beschränken, würde von vornherein an einer geeigneten Definition solcher Güter scheitern,[69] zumal letztlich den Marktteilnehmern die Entscheidung überlassen bleiben muss, aus einer Sache ein Exportgut oder ein Transportmittel oder ein sonst grenzüberschreitend verwendetes Gut werden zu lassen.

---

64 Kapitel 4 des EG-Vertrages betreffend den Kapital- und Zahlungsverkehr deckt von vornherein nur die Kreditvergabe selbst, nicht aber die Kreditsicherheiten. Die Bestellung einer Kreditsicherheit stellt auch keine Dienstleistung dar, so dass auch Maßnahmen nach Kapitel 3 des EG-Vertrages ausscheiden (s. im Übrigen Art. 51 Abs. 2 EG-Vertrag).
65 ABl. EU Nr. C 169/1 vom 18.7.2003 (dort S. 38).
66 Siehe die konsolidierte Fassung des Vertrags über eine Verfassung für Europa, Dokument CIG 86/04, http://ue.eu.int/igcpdf/de/04/cg00/cg00086.de04.pdf (Herunterladen nötig).
67 Vgl. *Kreuzer*, in: FS Schlechtriem (2003), 869, 882.
68 Art. 50 der Convention on International Interests in Mobile Equipment, abgedruckt im Anhang zu *Kronke*, ZLW 2002, 147, 150 ff.
69 So auch für Transportmittel *Drobnig*, in: Martiny/Witzleb, Auf dem Wege zu einem europäischen Zivilgesetzbuch (1999), 169, 175.

Vorzugswürdig erscheint deshalb, für den Binnenmarktbezug nicht auf den grenzüberschreitenden Charakter eines Sicherungsgutes abzustellen. Es genügt, dass ein nicht vereinheitlichtes Recht der Kreditsicherheiten geeignet ist, den freien Wettbewerb unter gesicherten Kreditgebern zu beeinträchtigen. Auf den Schutz der Kreditgläubiger vor Wettbewerbsverzerrungen hat auch die Kommission ihren – letztlich gescheiterten – Richtlinienentwurf von 1973 über die Anerkennung von besitzlosen Sicherheiten an beweglichen Sachen und von Eigentumsvorbehaltsklauseln bei Verkäufen beweglicher Sachen gestützt.[70] Im Licht des EuGH-Urteils zur Richtlinie 98/43/EG vom 6. Juli 1998 zur Angleichung der Rechts- und Verwaltungsvorschriften der Mitgliedstaaten über Werbung und Sponsoring zugunsten von Tabakerzeugnissen[71] muss zunächst der Zweck, Wettbewerbsverzerrungen zu beseitigen, vom gemeinschaftsrechtlichen Gesetzgeber tatsächlich verfolgt werden.[72] Probleme dürften in dieser Hinsicht bei einer Angleichung des Rechts der Kreditsicherheiten nicht bestehen, zumal anders als beim Tabakwerbeverbot hier nicht der Verdacht aufkommen kann, es würden andere Kompetenzregelungen des EG-Vertrages umgangen.[73] Ferner muss nach Ansicht des EuGH das Entstehen von Handelshindernissen infolge heterogener nationaler Rechtsvorschriften wahrscheinlich[74] und müssen die Wettbewerbsverzerrungen spürbar sein.[75] Beides kann für den Bereich der Kreditsicherheiten bejaht werden, weil Kredite praktisch nicht ohne Sicherheiten gewährt werden und wahrscheinlich ein – teilweise erst noch zu errichtender – grenzüberschreitender Kreditvergabemarkt in der Europäischen Union durch uneinheitliche nationale Vorschriften über Kreditsicherheiten behindert wird. Wettbewerbsverzerrungen können auch bei Immobiliarsicherheiten entstehen, zum Beispiel wenn der Kreditgeber ein nach dem Recht eines anderen Staates

---

70 Vgl. *Seif*, Der Bestandsschutz besitzloser Mobiliarsicherheiten im deutschen und englischen Recht (1997), 277. Zu diesem RL-Entwurf (Doc XI/466/73-D) siehe bereits o. II.2.a) (bei Fn. 35).
71 ABl. EG Nr. L 213/9 vom 6.7.1998.
72 Vgl. EuGH, JZ 2001, 32, 33 (unter (84) und (95)), m. Anm. *Götz*.
73 Im Fall des Tabakwerbeverbots war dies das Harmonisierungsverbot in Art. 152 Abs. 4 lit. c EG-Vertrag, vgl. *Götz*, a.a.O., 35; *Möstl*, EuR 2002, 318, 321.
74 Vgl. EuGH, JZ 2001, 32 (unter (86)).
75 Vgl. EuGH, JZ 2001, 32, 33 f. (unter (106) ff.). Speziell zum Erfordernis der „Spürbarkeit" siehe bereits die „Titandioxid"-Entscheidung des EuGH, JZ 1992, 578. Bei dem Recht der Kreditsicherheiten dürfte es sich aus ökonomischer Sicht um so genannte "Metaregeln" handeln, welche einen Systemwettbewerb (hier zwischen Kreditgebern) erst ermöglichen, indem sie das rechtliche Kleid von Sicherungsrechten bereit stellen, und bei welchen die Begründung einer spürbaren Wettbewerbsverzerrung in der Regel bejaht werden kann, vgl. z.B. *Tietje*, in: Grabitz/Hilf (Hrsg.), Das Recht der EU (1999), EGV Art. 95 Rn. 35 ff. und vor Art. 94-97 Rn. 27.

bestelltes Grundpfandrecht nicht akzeptiert oder es zwar akzeptiert, aber den Kredit nur zu für den Kreditnehmer schlechteren Konditionen gewähren kann.[76]
Für die Angleichung des Rechts der Kreditsicherheiten kann mithin der nach Art. 95 Abs. 1 EG-Vertrag erforderliche Binnenmarktbezug bejaht werden. Diese Harmonisierungskompetenz verleiht der EG eine eigene, gestalterische Normsetzungsbefugnis, die funktional an die Stelle der Mitgliedstaaten tritt.[77] Würde man hingegen den Binnenmarktbezug für manche Teilbereiche der Kreditsicherheiten verneinen, bliebe insoweit – und ferner auch für eine europäische Rechtsvereinheitlichung außerhalb der EU – noch der freilich erheblich steinigere Weg einer gemeineuropäischen Rechtsangleichung mittels zwischenstaatlicher Übereinkommen.

III. Beurteilung einer Rechtsvereinheitlichung hinsichtlich einzelner Kreditsicherheiten

1. Das Recht der persönlichen Sicherheiten

a) Das Bürgschaftsrecht als Kern einer möglichen Vereinheitlichung

Betrachtet man die Kreditsicherheiten im Einzelnen, haben die Bemühungen um eine europäische Rechtsvereinheitlichung auf dem Gebiet der persönlichen Sicherheiten bislang das höchste Niveau erreicht. Dies liegt vor allem daran, dass es sich um Vertragsrecht handelt, das von sachenrechtlichen „Gussformen" unabhängig ist, und dass mit der Bürgschaft in praktisch allen nationalen Rechtsordnungen gewissermaßen ein Archetyp existiert, in welchem für die relevanten Grundfragen wie Akzessorietät und Bürgenschutz bereits ähnliche Lösungen vorgeformt sind.[78]

Verhältnismäßig ausgefeilt ist dementsprechend die Ausgestaltung der „abhängige Garantie" genannten akzessorischen persönlichen Sicherheit im Entwurf der zur SGECC gehörenden Arbeitsgruppe „Kreditsicherheiten in den Ländern

---

[76] Die Frage des Binnenmarktbezugs für die Einführung eines einheitlichen Grundpfandrechts bejahend *Stöcker*, Die „Eurohypothek" (1992), 293 f. Die in den 1980er Jahren vorgeschlagene Eurohypothek (s. u. III.5) wurde speziell für grenzüberschreitende Kredite konzipiert, sollte aber nach einer Übergangsphase auch für Inlandskredite gelten, vgl. z.B. *Wehrens*, WM 1992, 557, 560.

[77] Vgl. z.B. *Müller-Graff*, EuR 1989, 107, 134; *Herrnfeld*, in: Schwarze (Hrsg.), EU-Kommentar (2000), Art. 94 EGV Rn. 36; *Möstl*, EuR 2002, 318, 324 ff.

[78] Vgl. z.B. *Drobnig*, in: Schlechtriem (Hrsg.), Wandlungen des Schuldrechts (2002), 153 f.; *ders.*, European Review of Private Law 2003, 623, 627.

der EU" vom Juni 2002 für Regelungen zu persönlichen Sicherheiten.[79] Erwähnenswert ist in dieser Hinsicht die grundsätzliche Beschränkung der abhängigen Garantie auf die Höhe der im Zeitpunkt der Garantie bestehenden gesicherten Forderung, was der deutschen „Anlass"-Rechtsprechung entspricht.[80] Eine Ausnahme soll für Globalgarantien bestehen, wobei man allerdings aus deutscher Sicht eine Rückausnahme für formularmäßige Globalgarantien vermisst.[81] Fremd ist aus deutscher Sicht ferner, dem Gläubiger auch während der Vertragslaufzeit schadensersatzbewehrte Aufklärungspflichten vor allem über Verzug und Zahlungsunfähigkeit des Hauptschuldners aufzuerlegen.[82] Solche Pflichten lassen sich auch ohne Gewalt in das deutsche Rechtssystem übernehmen, nur ist nicht ganz deutlich, worin der Schaden des Garantiegebers aus der Verletzung einer solchen Aufklärungspflicht bestehen soll.[83] Schließlich ist das Konzept der Akzessorietät für den Fall, dass der Garantiegeber den Gläubiger befriedigt, nicht konsequent eingehalten, weil nach dem Entwurf in diesem Fall auch nicht-akzessorische Sicherungsrechte auf den Garantiegeber übergehen sollen.[84] Bis auf die genannten Ungereimtheiten kann der Entwurf der SGECC insgesamt als gelungener Versuch betrachtet werden, die Rechtsvereinheitlichung auf dem Gebiet der akzessorischen persönlichen Sicherheiten ein gutes Stück voranzubringen.

Auf Patronatserklärungen (Comfort Letters) geht der Entwurf der SGECC über persönliche Sicherheiten nur insoweit ein, als er die „harte", verbindliche Pat-

---

79 Siehe (auch für die im Folgenden zitierten Vorschriften des Entwurfs der SGECC) http://www.sgecc.net/media/download/personal_securities.pdf, ferner das Inhaltsverzeichnis („Structure of the Code") des einem Treffen in Warschau im Juni 2004 unterbreiteten Materials auf der Homepage der Study Group (http://www.sgecc.net/index.php?subsite=subsite_4&id=5). Für die im Folgenden zitierten Vorschriften des Entwurfs der SGECC ist in Klammern jeweils auch die abweichende Zählweise des genannten Inhaltsverzeichnisses angegeben.
80 Siehe Art. 2.3 (2) (Art. IVG.204 (2)) des Entwurfs der SGECC über persönliche Sicherheiten. Außerdem soll nach Art. 2.10 (1) (Art. IVG.210 (1)) des Entwurfs bei zeitlich unbegrenzten (wohl Global-)Garantien die Haftung des Garantiegebers auch später durch einseitige Erklärung auf den dann aktuellen Betrag der gesicherten Forderung begrenzt werden können.
81 Siehe Art. 2.5 (1) (Art. IVG.205 (1)) des Entwurfs der SGECC über persönliche Sicherheiten. Aus der deutschen Rspr. über die Begrenzung des Sicherungszwecks formularmäßiger Globalbürgschaften vgl. z.B. BGHZ 137, 153, 155 ff.; BGHZ 143, 95, 96.
82 Siehe Art. 2.8 (Art. IVG.208) des Entwurfs der SGECC über persönliche Sicherheiten.
83 Ähnliches gilt für die Schadensersatzpflicht des Garantiegebers gegenüber dem Hauptschuldner nach Art. 2.13 (2) (Art. IVG.213 (2)) des Entwurfs der SGECC über persönliche Sicherheiten, wenn der Garantiegeber vor Befriedigung des Gläubigers keine Informationen über den noch ausstehenden Betrag der gesicherten Forderung beim Hauptschuldner einholt.
84 Siehe Art. 2.14 (3) (Art. IVG.214 (3)) des Entwurfs der SGECC über persönliche Sicherheiten. Nach Art. 3.8 (Art. IVG.308) dieses Entwurfs soll dies entsprechend auch für „unabhängige" Garantien gelten.

ronatserklärung im Zweifel dem Regime der abhängigen Garantie unterstellt.⁸⁵ Die Abgrenzung der „harten" Patronatserklärung von den vielfältigen Arten „weicher" Patronatserklärungen behandelt der Entwurf nicht.⁸⁶ Die bei der Auslegung „harter" Patronatserklärungen vielfach in den Vordergrund gestellten Alternativen, diese Erklärungen stellten entweder eine Garantie bzw. Bürgschaft dar oder würden lediglich zu Schadensersatz wegen der Verletzung einer Pflicht zur angemessenen Ausstattung der Tochtergesellschaft verpflichten,⁸⁷ dürften sich so unversöhnlich nicht gegenüberstehen, weil sich der Patron auf fehlendes Verschulden bei mangelhafter Ausstattung ohnehin kaum berufen kann und sich das positive Interesse aus der Verletzung der Ausstattungspflicht mit dem Garantieinteresse in aller Regel decken dürfte. Die Einordnung der „harten" Patronatserklärung als Garantie dürfte daher auch im europäischen Rahmen konsensfähig sein, ebenso die Vermutung, dass es sich im Zweifel um eine akzessorische Garantie handeln soll.

b) Die Vereinheitlichung des Rechts der „unabhängigen" Garantien

Auf dem Gebiet der „unabhängigen",⁸⁸ d.h. nicht-akzessorischen, selbstständigen Garantien dürfte eine Rechtsvereinheitlichung auf den ersten Blick inzwischen leichter fallen als bei abhängigen Garantien, weil sich die einzelnen Arten unabhängiger Garantien wie Akkreditive mit Garantiefunktion (Stand-by Letters of Credit)⁸⁹ unter dem Einfluss der grenzüberschreitenden Praxis des Kreditgeschäfts in allen Staaten parallel entwickelt haben, ohne gesetzlich geregelt worden zu sein.⁹⁰ In Frankreich und Spanien wurden unabhängige, nicht-kausale Garantien allerdings erst spät anerkannt.⁹¹

Der Entwurf der SGECC über persönliche Sicherheiten stellt in einem eigenen Abschnitt einige grundlegende Regeln für unabhängige Garantien auf, welche ebenfalls manche Unstimmigkeiten aufweisen. So kann man einzelnen Regelungen entnehmen, dass der Garantiegeber gegen den Gläubiger der unabhängi-

---

85 Siehe Art. 2.2 (2) (Art. IVG.202 (2)) des Entwurfs der SGECC über persönliche Sicherheiten. Für eine Einordnung der „harten Patronatserklärung" als selbstschuldnerische Bürgschaft auch bereits nach geltendem Recht vgl. z.B. *Drobnig*, in: Schlechtriem (Hrsg.), Wandlungen des Schuldrechts (2002), 153, 156.
86 Für die vielfältigen Interpretationsmöglichkeiten von Patronatserklärungen vgl. z.B. *Lwowski*, Das Recht der Kreditsicherung, 8. Aufl. (2000), 393-414 (Rn. 445-465).
87 Vgl. z.B. *Drobnig*, in: Schlechtriem (Hrsg.), Wandlungen des Schuldrechts (2002), 153, 156.
88 Diese im Entwurf der SGECC über persönliche Sicherheiten verwendete Terminologie soll hier zugrunde gelegt werden.
89 Zu weiteren Arten (mehr oder minder) unabhängiger Garantien vgl. z.B. *Wood*, Comparative Law of Security and Guarantees (1995), Kap. 29, 355 ff.
90 Vgl. z.B. *Drobnig*, European Review of Private Law 2003, 623, 629.
91 In Frankreich im Jahr 1982 und in Spanien im Jahr 1992, vgl. näher z.B. *Drobnig*, in: Schlechtriem (Hrsg.), Wandlungen des Schuldrechts (2002), 153, 154.

gen Garantie auch die Einwendungen des Hauptschuldners gegen die Hauptforderung geltend machen kann.[92] Die unabhängige Garantie ist aber *per definitionem* gerade nicht-akzessorisch, also eine von Bestand, Umfang und Wirksamkeit der gesicherten Forderung selbstständige Garantie. Dieser Widerspruch kann nur aufgelöst werden, wenn die Einwendungen und Einreden des Hauptschuldners, die auch dem Geber einer unabhängigen Garantie zustehen sollen, genau definiert werden. Doch nähert man sich dann immer mehr dem Konzept der abhängigen Garantie und es erhebt sich die Frage, ob und inwiefern die Unterscheidung überhaupt noch aufrechterhalten werden kann.

Ferner sind im Abschnitt über unabhängige Garantien neben Stand-by Letters of Credit auch einfache Letters of Credit (Dokumentenakkreditive) genannt,[93] was verwundert, haben doch einfache Letters of Credit im internationalen Handelsverkehr lediglich die Funktion einer Zahlungssicherung und nicht etwa einer Kreditsicherung.[94] Die Gleichbehandlung einfacher Letters of Credit mit Instrumenten der Kreditsicherung ist mithin nicht nur systematisch, sondern im Hinblick auf den im internationalen Handelsverkehr strikt abstrakten Charakter von Dokumentenakkreditiven auch praktisch sehr zweifelhaft.

c) Der Schutz des Garantiegebers, der Verbraucher ist

Einen besonderen Schutz sieht der Entwurf der SGECC in einem eigenen Abschnitt für Garantiegeber vor, die Verbraucher sind. Insbesondere soll ein Verbraucher die von ihm gegebene Garantie anfechten können, wenn ihn vor Vertragsschluss der Gläubiger nicht über Wirkung und Risiken der Garantie aufklärt oder im Fall eines erkannten Nähe- und Vertrauensverhältnisses zum Hauptschuldner nicht sicherstellt, dass der Garantiegeber unabhängig beraten wurde.[95] Dieser Vorschlag würde eine Lücke im gemeinschaftsrechtlichen Verbraucherschutz schließen, die der EuGH mit seiner Entscheidung aufgetan hat, dass die Verbraucherkreditrichtlinie auf Bürgschaften nicht anwendbar ist.[96] Die Lösung des Entwurfs der SGECC über persönliche Sicherheiten stellt sicherlich erst einen vorläufigen Kompromiss dar, der die verschiedenartigen Regelungen in den EU-Mitgliedstaaten berücksichtigen muss.[97] Diese Lösung

---

92 Siehe Art. 3.2 (2) und (5) (Art. IVG.302 (2) und (5) des Entwurfs der SGECC über persönliche Sicherheiten.
93 Siehe Art. 3.1 (2) (Art. IVG.301 (2)) des Entwurfs der SGECC über persönliche Sicherheiten.
94 Vgl. z.B. *Berger*, in: FS Schütze (1999), 103, 104 ff.; so auch *Drobnig*, European Review of Private Law 2003, 623, 631.
95 Siehe Art. 4.3 (1), (3) (Art. IVG.403 (1), (3)) des Entwurfs der SGECC über persönliche Sicherheiten.
96 Vgl. EuGH, ZIP 2000, 574.
97 Vgl. z.B. den Überblick bei *Drobnig*, European Business Organization Law Review 2001, 511, 515 ff.; *ders.*, in: Kreuzer (Hrsg.), Wandlungen des Schuldrechts (2002), 153, 158 f.; *ders.*, European Review of Private Law 2003, 623, 634 ff.

geht insgesamt über den von der deutschen Rechtsprechung bislang gewährten Bürgenschutz hinaus, weil sie im Grundsatz lediglich an die Verbrauchereigenschaft und nicht wie der BGH an ein emotionales Näheverhältnis und ein krasses Missverhältnis zwischen übernommener Verpflichtung und finanzieller Leistungsfähigkeit des Garantiegebers anknüpft.[98]

Der Ansatz, speziell einen Verbraucherschutz für Sicherungsgeber zu etablieren, birgt indessen die Gefahr, dass dieser Schutz auch auf dingliche Sicherungsrechte ausgedehnt wird. Besonders dürfte dies für Immobiliarsicherheiten zutreffen, die sich zwar nicht im Fokus der SGECC befinden, deren Einbeziehung in den Vereinheitlichungsprozess aber zusätzlich behindert würde, wenn einem Eigentümer mit Verbrauchereigenschaft unter Umständen ein Anfechtungsrecht gegeben würde. Nach der deutschen Rechtsprechung kann es zu einem krassen Missverhältnis zwischen übernommener Verpflichtung und finanzieller Leistungsfähigkeit bei Immobiliarsicherheiten deshalb nicht kommen, weil der Gläubiger sich von vornherein nur aus dem Grundstück befriedigen darf und sich nicht an das übrige Vermögen des Eigentümers halten kann.[99] Das gilt für alle dinglichen Sicherungsrechte. Unter diesem Aspekt wäre von vornherein vorzugswürdig, auch bei der Vereinheitlichung der persönlichen Sicherheiten für den Schutz von Verbrauchern zusätzlich an das erwähnte Erfordernis eines krassen Missverhältnisses anzuknüpfen.

d) Übergreifende Fragen wie im Fall einer Mehrheit von Sicherungsgebern

Zu den für alle persönlichen Sicherheiten geltenden Regelungen des Entwurfs der SGECC sollen hier nur noch die übergreifenden Fragen behandelt werden, welche den Rückgriff eines Sicherungsgebers, der den Gläubiger befriedigt, gegen andere Sicherungsgeber betreffen.[100] Soweit ersichtlich ist dies der erste rechtsangleichende Ansatz, der dieses Problem für alle Sicherheiten, auch die dinglichen, gemeinsam zu lösen trachtet. Wenn auch noch manches Detail in dem Entwurf der Diskussion bedarf,[101] dürfte diesem Ansatz im Wesentlichen Erfolg beschieden sein, weil er den Grundsatz einer anteiligen Haftung der Sicherungsgeber unabhängig davon verwirklicht, ob es sich um akzessorische

---

98 Vgl. zur neuen Rspr. des XI. Zivilsenats z.B. BGH, NJW 2002, 2228, 2229; NJW 2002, 2230, 2231; zur Entwicklung der deutschen Rspr. im Einzelnen vgl. z.B. *Fischer/Ganter/Kirchhof*, in: FS 50 Jahre BGH (2000), 33 ff.; *Nobbe/Kirchhof*, BKR 2001, 5 ff.
99 Vgl. BGH, NJW 2002, 2633 f.
100 Siehe Art. 1.6 (Art. IVG.106) des Entwurfs der SGECC über persönliche Sicherheiten.
101 So fragt sich bspw., warum Art. 1.6 (2d) (Art. IVG.106 (2d)) des Entwurfs der SGECC offenbar auch für den Geber einer unabhängigen Garantie die Begrenzung auf die Höhe des Anlasskredits im Verhältnis zu den anderen Sicherungsgebern gelten soll, wenn ihm diese Begrenzung im Verhältnis zum Gläubiger nicht eingeräumt ist.

oder nicht-akzessorische Sicherungsrechte handelt, und damit einen Wettlauf der Sicherungsgeber verhindert.[102]

2. Das Recht der Mobiliarsicherheiten für Geldkredite

a) Die Grundfrage nach dem Publizitätskonzept bei Mobiliarsicherheiten

Für die dinglichen Sicherheiten an beweglichen Sachen fällt der Ertrag der SGECC noch rudimentär aus. Der Entwurf der SGECC über Sicherheiten an beweglichen Sachen umfasst bislang lediglich vier Artikel über Anwendungsbereich, allgemeine Regelungen zur Sicherungsvereinbarung und zur gesicherten Forderung sowie eine Verweisung auf die Regelungen zu den Fällen einer Mehrheit von Sicherungsgebern im anderen Entwurf der SGECC über persönliche Sicherheiten. Vor aller Detailarbeit muss für eine europäische Rechtsvereinheitlichung jedoch zunächst geklärt werden, welchem Grundkonzept der Publizität hinsichtlich der Mobiliarsicherheiten gefolgt werden soll, genauer ob sich eine Rechtsvereinheitlichung primär am Publizitätsmittel des Besitzes bzw. eines Besitzsurrogats oder primär an der Eintragung in einem Register (oder zum Beispiel auf einem „title certificate" oder ähnlichem) oder an einer Kombination dieser Publizitätsmittel orientieren und wie dies näher ausgestaltet sein soll. Dieser bisher auch auf internationaler Ebene noch nicht entschiedenen Grundfrage wird im Folgenden zunächst in Anknüpfung an die verschiedenen Publizitätskonzepte in den nationalen Rechtsordnungen nachgegangen.

b) Anknüpfungspunkte in den nationalen Rechtsordnungen

Das Faustpfandrecht ist in allen Staaten die Grundform der Mobiliarsicherheiten.[103] Der Besitz an der Pfandsache verleiht dem Pfandrecht die Publizität im Verhältnis zu Dritten und schützt den Verpfänder zugleich vor einem pfandrechtsfreien Erwerb der Sache durch einen Dritten.[104] In praktisch allen Ländern hat jedoch das Faustpfandrecht seine Funktion im Wirtschaftsverkehr weitgehend verloren, weil der Sicherungsgeber auf den Besitz an seinen wirtschaftlichen Gütern in aller Regel angewiesen ist. Das Vertrauen von Erwerbern und potentiellen weiteren Pfandrechtsnehmern, dass der Veräußernde bzw. Schuldner lastenfreier Eigentümer der von ihm besessenen Sachen ist, wird nicht durch das Faustpfandrecht, sondern insbesondere durch die Möglichkeit gutgläubigen Erwerbs (von Eigentum oder Pfandrecht) geschützt.[105] Dem Sicherungsinteresse

---

102 Vgl. zum deutschen Recht BGHZ 108, 179, 183 ff., 186; BGH, NJW 1992, 3228, 3229.
103 Vgl. z.B. *Kieninger*, Mobiliarsicherheiten im Europäischen Binnenmarkt (1996), 23; *Drobnig*, in: Kreuzer (Hrsg.), Mobiliarsicherheiten – Vielfalt oder Einheit? (1999), 9, 10 f.; *ders.*, European Review of Private Law 2003, 623, 639 f.
104 Zu dieser hinter dem Faustpfand stehenden Motivation im deutschen Recht vgl. z.B. *Hromadka*, Die Entwicklung des Faustpfandprinzips im 18. und 19. Jahrhundert (1971), 1, 177 ff., siehe dort (41 ff.) auch zur historischen Entwicklung des Faustpfandprinzips.
105 Vgl. dazu im deutschen Recht z.B. *Hromadka*, a.a.O., 179 ff.

des Gläubigers an beweglichen Sachen, welche der Schuldner weiterhin besitzen soll, wird in den Mitgliedstaaten der EU auf unterschiedliche Weise Rechnung getragen.

In Deutschland ist die Sicherungsübereignung mittels Besitzkonstituts anerkannt, die nach außen weder durch Besitzübertragung noch durch eine Registereintragung kenntlich gemacht werden muss. Der Schutz ungesicherter Drittgläubiger wird in Deutschland mithin klein geschrieben. Niemand soll sich darauf verlassen dürfen, dass seinem Schuldner die in dessen Besitz befindlichen Sachen gehören und er sie nicht tags darauf veräußert oder gar verschenkt.[106]

In den Niederlanden verlief die Entwicklung zunächst parallel, 1992 verbot jedoch das neue niederländische Zivilgesetzbuch die Sicherungsübereignung und führte ein besitzloses, „stilles" Pfandrecht ein, das einer Beurkundung oder nicht-öffentlichen Registrierung der Urkunde bei einer Behörde bedarf.[107] Das österreichische ABGB verlangt für Verpfändung und Sicherungsübereignung einer beweglichen Sache die körperliche Übergabe oder – wenn diese unzweckmäßig ist – eine symbolische Übergabe der Sache.[108] In anderen Ländern wurde dem Bedürfnis nach besitzlosen Mobiliarsicherheiten mit der Einführung von Registerpfandrechten Rechnung getragen, in Frankreich[109] zum Beispiel nur für einzelne Sicherungsgüter wie Kraftfahrzeuge oder Ausrüstungs- und Investitionsgüter, von denen typischerweise davon auszugehen ist, dass der Sicherungsgeber auf ihren Besitz angewiesen ist, (auch) um den Kredit zurückzahlen zu können. Den Weg über spezielle Registerpfandrechte haben unter anderen Italien, Spanien, Belgien, Luxemburg und Griechenland beschritten,[110] ferner auch Polen und Ungarn.[111] In Italien und Spanien wird daneben die Si-

---

106 Vgl. z.B. *Hromadka*, a.a.O., 188 f., der deshalb auch im Schutz ungesicherter Drittgläubiger keine Rechtfertigung für das Faustpfandprinzip sieht.
107 Vgl. z.B. *Mincke*, Einführung in das niederländische Recht (2002), Rn. 201, 202 ff.; *Hartkamp*, RabelsZ 1993, 664, 676 f.; *Drobnig*, European Review of Private Law 2003, 623, 643; *Kieninger*, Mobiliarsicherheiten im Europäischen Binnenmarkt (1996), 29 f.
108 Siehe §§ 451, 452, 427 ABGB. Vgl. Staudinger/*Stoll*, Internationales Sachenrecht, 13. Bearb. (1996), Rn. 325, 343.
109 Vgl. z.B. *Ferid/Sonnenberger*, Das Französische Zivilrecht, Bd. 2, 2. Aufl. (1986), 678, 695 ff., 712 ff.; *Simler*, in: Kreuzer (Hrsg.), Mobiliarsicherheiten – Vielfalt oder Einheit? (1999), 105, 109 ff.; *Witz*, in: GS Schultz (1986), 399, 405 f.
110 Vgl. für Italien z.B. *Mühl*, Sicherungsübereignung, Sicherungsabtretung und Eigentumsvorbehalt im italienischen Recht (1980), 67 ff.; für Spanien, Belgien und Luxemburg z.B. *Kieninger*, Mobiliarsicherheiten im Europäischen Binnenmarkt (1996), 25 f.; für Griechenland vgl. z.B. *Floropoulou*, ZInsO 2002, 710 f.
111 Zur polnischen Regelung vgl. z.B. *Drobnig*, European Review of Private Law 2003, 623, 643 f.; zur ungarischen Regelung z.B. *Harmathy*, in: Kreuzer (Hrsg.), Mobiliarsicherheiten – Vielfalt oder Einheit? (1999), 75, 89 f.

cherungsübereignung immerhin diskutiert.[112] England erlaubt anderen Personen als inkorporierten Gesellschaften die Einräumung einer besitzlosen Mobiliarsicherheit nur in Gestalt einer *legal mortgage* mittels *bill of sale*, welche in ein Register eingetragen werden muss.[113] Diese Registereintragung trägt jedoch den Makel einer finanziellen Krise, weshalb auf dieses Sicherungsmittel nur äußerst selten zurückgegriffen wird.[114] Inkorporierte Gesellschaften haben neben der *legal mortgage* die Möglichkeit einer *fixed charge*, welche aber ebenfalls in aller Regel registriert werden muss, oder einer *floating charge*, welche immer einer Registereintragung bedarf.[115]

Insgesamt betrachtet steht das deutsche Recht mit der Möglichkeit einer „diskreten", für andere Gläubiger im Grundsatz nicht erkennbaren Sicherungsübereignung an beweglichen Sachen heute fast (mit Ausnahme vielleicht der Niederlande) allein da. Das deutsche Recht gibt den potentiellen Sicherungsnehmern nicht die Möglichkeit, sich mittels eines allgemein zugänglichen Registereintrags über bereits erfolgte Sicherungsübereignungen zu informieren. Sie können wegen § 933 BGB auch nicht gutgläubig besitzloses Sicherungseigentum erwerben. Im Fall einer antizipierten[116] Sicherungsübereignung besteht wegen der Anknüpfung an den Fremdbesitzwillen als Voraussetzung für ein Besitzmittlungsverhältnis die Gefahr eines Doppelspiels des Sicherungsgebers, der einem späteren Sicherungsnehmer wirksam Eigentum am Neubestand zum Beispiel eines Warenlagers einräumen kann. Der erste Sicherungsnehmer kann dann keine Rechte am Neubestand geltend machen. Abgesehen von diesem Fall bleibt der Prioritätsgrundsatz gewahrt.

c) Verschiedene Registermodelle als Vorbild für eine europäische Rechtsvereinheitlichung?

Die Tendenz geht insgesamt dahin, sich in einem Rechtsangleichungsprozess darauf zu verständigen, (neben einem Besitzpfandrecht) eine besitzlose Mobiliarsicherheit einzuführen, welche in einem europäischen Register eingetragen wird. Registersicherheiten an beweglichen Sachen sehen insbesondere die Kapstadt-Konvention, das Modellgesetz der EBRD sowie die Empfehlungen für den Entwurf eines „Legislative Guide on Secured Transactions" der Arbeitsgruppe

---

112 Vgl. *Kieninger*, a.a.O. Im griechischen Recht existiert sie, ihr wird aber Drittwirkung nur nach Registrierung zuerkannt, vgl. *Floropoulou*, a.a.O., 712.
113 Vgl. z.B. *Drobnig*, in: Kreuzer (Hrsg.), Mobiliarsicherheiten – Vielfalt oder Einheit? (1999), 9, 19 f.; *Seif*, Der Bestandsschutz besitzloser Mobiliarsicherheiten im deutschen und englischen Recht (1997), 16 ff.
114 Vgl. z.B. *Drobnig*, a.a.O., 19 f.; *Seif*, a.a.O., 27.
115 Vgl. z.B. *Goode*, in: Kreuzer (Hrsg.), Mobiliarsicherheiten – Vielfalt oder Einheit? (1999), 43, 61.
116 Vorweggenommen werden sowohl die dingliche Einigung als auch das Besitzkonstitut.

VI der UNCITRAL vor.[117] Unlängst haben sich die EBRD und UNCITRAL nicht zuletzt auch unter dem Einfluss der Entwicklung in den zentral- und osteuropäischen Staaten über eine möglichst optimale Ausgestaltung eines Registersystems für Sicherungsrechte ausgetauscht.[118]

Auch dem deutschen Recht sind Registerpfandrechte in Sonderfällen nicht unbekannt, wie die Schiffs- und die Flugzeughypothek, das Pächterpfandrecht und das Pfandrecht an Hochseekabeln zeigen.[119] Ältere Bestrebungen zur Einführung einer allgemeinen registrierungspflichtigen Mobiliarhypothek in Deutschland, insbesondere ausgehend von den Diskussionen auf dem 32. Deutschen Juristentag 1921,[120] sind bislang sämtlich gescheitert.[121]

Alle in Betracht kommenden Registermodelle müssen erst einmal die grundsätzliche Frage lösen, wie sie mit der Doppelgleisigkeit der Publizitätsmittel Registereintragung und Besitz umgehen. Die Lösung der Kapstadt-Konvention mit einer Art negativer Registerpublizität zum Beispiel mag zwar für potentielle Zweitsicherungsnehmer einen Vorteil bringen, weil sie sicher gehen können, dass ein Ausrüstungsgut, für das kein internationales Sicherungsrecht eingetragen ist, auch tatsächlich nicht mit einem solchen belastet ist.[122] Andererseits ist der Besitz als Publizitätsmittel entwertet, weil Erwerber des Sicherungsgutes kein lastenfreies Eigentum erwerben können.[123] Dieses Verkehrshemmnis mag für Luftfahrzeugausrüstung tragbar sein, nicht jedoch kann es für Gegenstände des Handelsverkehrs wie insbesondere Waren gelten. Das Modellgesetz der EBRD sieht in Artikel 19 die Befugnis des Sicherungsgebers zur lastenfreien Veräußerung im Rahmen seiner üblichen Geschäftstätigkeit und in Artikel 21.2.1 den lastenfreien Erwerb vor. Dies lehnt sich an § 9-320 (a) des US-amerikanischen Uniform Commercial Code (UCC) an.[124] Auch eine solche

---

117 Siehe Artt. 2, 18 ff., 29, 30 der Kapstadt-Konvention (s. o. Fn. 7), Artt. 6.1.1, 6.2, 7, 8 des Modellgesetzes der EBRD (s. o. Fn. 11) sowie den Bericht vom 7.6.2004 des Generalsekretärs der Working Group VI der UNCITRAL zur 6. Sitzung im Herbst 2004 in Wien unter III., Ziffer 15 (a) (s. o. Fn. 14).
118 Siehe den Bericht über das „EBRD Project on Publicity of Security Interests" von *Dahan* auf der 5. Sitzung vom 22.-26.3.2004 der UNCITRAL-Arbeitsgruppe VI in New York über Sicherungsrechte (siehe auf der Homepage von UNCITRAL http://www.uncitral.org/en-index.htm unter Working Groups, Working Group VI, 5. Sitzung in New York).
119 Vgl. m.w.Nw. zu diesen Gesetzen *Seif*, Der Bestandsschutz besitzloser Mobiliarsicherheiten im deutschen und englischen Recht (1997), 301.
120 Vgl. die Berichterstattungen von *Geiler* und *Melchior*, in: 32. DJT (1922), 185 ff., 203 ff.
121 Siehe den Überblick bei *Drobnig*, Empfehlen sich gesetzliche Maßnahmen zur Reform der Mobiliarsicherheiten?, in: 51. DJT, Bd. I (1976), Teil F, 57 f.
122 Vgl. *Kreuzer*, in: FS Schlechtriem (2003), 869, 892.
123 Siehe Art. 29 Abs. 3 (a) der Kapstadt-Konvention.
124 Siehe auch § 9-315 (a) UCC i. V. m. § 2-403 (2) UCC. Der UCC wird vielfach als Vorbild für eine Rechtsvereinheitlichung hervorgeho., vgl. z.B. *Coing*, ZfRV 8 (1967),

(Fortsetzung auf der nächsten Seite)

Erleichterung für den Rechtsverkehr muss jedoch zur Voraussetzung haben, dass ein Erwerber gutgläubig ist, weil sonst die Gefahr möglicher Umgehungsgeschäfte bestünde.[125] Praktisch gedacht darf für die Gutgläubigkeit jedenfalls bei Verkehrsgeschäften allerdings nicht gefordert werden, dass der Erwerber ins Register schaut. In diesem Sinne kann eine Vereinheitlichung der Mobiliarsicherheiten nicht verwirklicht werden, ohne auch die Gutglaubensvorschriften anzugleichen, was sich Rat und Kommission in ihrem Aktionsplan zur Umsetzung der Bestimmungen des Amsterdamer Vertrags vom 3. Dezember 1998[126] bereits vorgenommen haben.

Die etwaige Einführung eines europäischen Zentralregisters oder mehrerer Zentralregister in jedem Mitgliedstaat stößt in anderer Hinsicht auf noch größere Bedenken. Der Kostenaufwand und die Schwierigkeiten bei kurzfristigen Krediten und Massengeschäften können zur Behinderung des Rechtsverkehrs und zu einer Verteuerung von Krediten führen.[127] Auch zum Beispiel in der englischen Literatur gibt es Stimmen, die zu einem Überdenken des Registermodells mahnen, weil der übertriebene Schutz ungesicherter Drittgläubiger in keinem Verhältnis zum Nutzen für die gesicherten Gläubiger stehe – paradoxerweise werde im *trust*-Recht gerade das Konzept eines wirtschaftlichen Eigentums verfolgt, das vor Dritten gewissermaßen versteckt ist.[128]

In diesem Zusammenhang ist auch die Finanzsicherheiten-Richtlinie bedeutsam, welche die wirksame Bestellung einer Finanzsicherheit ausdrücklich nicht von der Eintragung in ein öffentliches Register oder von ähnlichen Formerfordernissen abhängig macht, um den Verwaltungsaufwand der Parteien möglichst gering zu halten.[129] Statt dessen begnügt sich die Richtlinie mit der „äußerlichen Nachvollziehbarkeit"[130] des Sicherungsgeschäfts, d.h. in der Regel mit einem schriftlichen Nachweis der Besitzverschaffung an einer Finanzsicherheit, mag die Besitzverschaffung auch in einer bloßen Kontogutschrift bestehen.

65, 80 ff.; *Drobnig*, in: Kreuzer (Hrsg.), Mobiliarsicherheiten – Vielfalt oder Einheit? (1999), 9, 16.
125 Z.B. könnte sonst ein bösgläubiger potentieller Zweitsicherungsnehmer die bereits belastete Sache im Rahmen des ordentlichen Geschäftsverkehrs selbst erwerben oder an einen Strohmann übereignen lassen oder sich in irgendeiner Weise den Besitz einräumen lassen (z.B. durch Übergabe eines Schlüssel zu den Lagerräumen).
126 ABl. EG Nr. C 19/1 vom 23.1.1999 (unter Ziffer 41 lit. f).
127 Kritisch deshalb auch z.B. *Schneider*, „Auf Deutschland könnte ein neues Register zukommen", Frankfurter Allgemeine Zeitung vom 2.4.2004. Siehe bereits 51. DJT, Bd. II. (1976), Teil O, 174, 181 (jeweils Ziff. 11 und 12).
128 Vgl. z.B. *Wood*, Comparative Law of Security and Guarantees (1995), 112 f. (Rn. 9-3 und 9-4).
129 Siehe Art. 3 und v. a. Erwägungsgrund (10) der Finanzsicherheiten-RL, ABl. EG Nr. L 168/43.
130 Erwägungsgrund (10) der Finanzsicherheiten-RL.

Auf dem Weg zu einem europäischen Recht der Kreditsicherheiten? 359

Um die Kosten zu minimieren, verfolgt die Kapstadt-Konvention nach dem Vorbild des UCC zwar das Konzept des so genannten *notice filing*, d.h. auf ausschließlich elektronischer Grundlage sollen schlicht gewisse Eckdaten der Sicherheitenbestellung wie Sicherungsgut und Sicherungsnehmer an das Register übermittelt werden, ohne dass Unterlagen übersendet werden müssen oder eine Kontrolle durch den Registerführer stattfindet.[131] Das *notice filing* beschwört die Gefahr von Missbräuchen, Manipulationen und Fehlern herauf, die erst im Nachhinein durch einen Berichtigungsanspruch oder vor einem Gericht korrigiert werden können. Eine unrichtige Eintragung kann zu einer Irreführung von Geschäftspartnern bis hin zu einer Rufschädigung und infolgedessen zu beträchtlichen Schäden des Sicherungsgebers führen, für die ein Verantwortlicher nicht immer haftbar gemacht werden kann. Sollte man ein Register für Mobiliarsicherheiten einführen wollen, müsste daher besser dem Konzept des so genannten *deed filing* gefolgt werden, das die Einreichung von Unterlagen und eine gewisse beschränkte Überprüfung durch den Registerführer vorsieht.[132]

Wenn auch die nationalen Rechtsordnungen mehrheitlich verschiedene Registermodelle für besitzlose Mobiliarsicherheiten vorsehen, sollte die Einführung eines oder mehrerer europäischer Zentralregister angesichts der erwähnten Fragen streng überprüft werden.[133] Sollte man trotz der hier geäußerten Bedenken dennoch zu dem Ergebnis kommen, dass dies die einzige Möglichkeit zu einer Rechtsvereinheitlichung ist, dürfte die Einführung eines Zentralregistersystems nur für näher zu bestimmende besonders wichtige Wirtschaftsgüter in Betracht kommen. Dieser Weg ist bereits in der Kapstadt-Konvention vorgezeichnet, die für bestimmte Ausrüstungsgüter in denjenigen EU-Mitgliedstaaten anwendbar ist, in welchen die Konvention in Kraft tritt. Diese Ausrüstungsgüter müssten ohnehin von einer abweichenden europäischen Rechtsvereinheitlichung ausgenommen werden, damit die Mitgliedstaaten, welche die Kapstadt-Konvention unterzeichnet haben, nicht vertragsbrüchig werden.[134] Des Weiteren könnte eine Registrierungspflicht für Globalsicherheiten, also Sicherungsverträge mit All-Klauseln erwogen werden, wie dies bereits auf dem 51. Deutschen Juristentag 1976 zur näheren Prüfung empfohlen wurde.[135] Dies würde im

---

131 Siehe Artt. 18 ff. der Kapstadt-Konvention und Art. XX des Protokolls über Luftfahrzeugausrüstung; vgl. hierzu z.B. *Kreuzer*, in: FS Schlechtriem (2003), 869, 888 ff.
132 Anders *van Erp*, European Law Review 2004, 91, 103 ff., 108 ff.
133 Besonders betont werden müssen hierbei ökonomische Gesichtspunkte, vgl. hierzu z.B. einerseits *Adam*, Ökonomische Analyse der Sicherungsrechte (1980), 179 ff., 195, 196 f. (der „publizitätsfreie" Sicherungsrechte verteidigt), und andererseits *Dorndorf/Frank*, ZIP 1985, 65, 75 ff., 78 (die sich für eine Registerlösung aussprechen).
134 Völkerrechtliche Verträge, die nur von einigen der EU-Mitgliedstaaten unterzeichnet worden sind, können sich somit als Hemmschuh für eine europäische Rechtsangleichung erweisen, vgl. zu dieser Problematik z.B. *von Bar*, in: FS Henrich (2000), 1, 9.
135 Vgl. 51. DJT, Bd. II (1976), Teil O, 174, 182 (jeweils Ziff. 12).

deutschen Recht insbesondere dem Problem abhelfen, dass die Rechtsprechung den Konflikt zwischen mehreren antizipierten Sicherungsübereignungen wechselnder (vor allem Waren-) Bestände hinsichtlich des Neubestands nicht nach dem Prioritätsgrundsatz entscheidet, sondern auf den wechselnden Fremdbesitzwillen des Sicherungsgebers abstellt.[136]

d) Weitere Eckpfeiler einer Vereinheitlichung, insbesondere der Bestimmtheits- und der Prioritätsgrundsatz

Als weitere Eckpfeiler einer Vereinheitlichung des Rechts der besitzlosen Mobiliarsicherheiten müssen vor allem der Bestimmtheits- und der Prioritätsgrundsatz berücksichtigt werden, weil beide Grundsätze soweit ersichtlich in allen Rechtsordnungen verankert sind – wenn auch hinsichtlich des Bestimmtheitsgrundsatzes mit unterschiedlicher Strenge.[137] Ein Thema für sich ist die Frage, ob man nach dem Vorbild der englischen *floating charge* und der in manchen europäischen Staaten existierenden Unternehmenshypotheken auf europäischer Ebene eine Globalsicherheit an Unternehmensgegenständen einführen sollte.[138] Eine derartige Abweichung vom Bestimmtheitsgrundsatz kennen jedoch viele europäische Staaten, darunter Deutschland, nicht. Eine solche Globalsicherheit an Unternehmensgegenständen würde daher tief in die Rechtstradition dieser Staaten eingreifen und den Rahmen einer Harmonisierung von Mindeststandards wohl überschreiten.

Ein wie auch immer gearteter Vorschlag zu einer europäischen Rechtsvereinheitlichung muss, um möglichst allen Rechtsordnungen gerecht zu werden, sowohl die beschränkt dinglichen Sicherungsrechte, etwa Registerpfandrechte, als auch die Sicherheiten in Gestalt einer Vollrechtsübertragung, wie die Sicherungsübereignung oder die *legal mort gage*, umfassen. Diesen weiten Ansatz verfolgt auch bereits die Finanzsicherheiten-Richtlinie.[139] Ferner muss darauf geachtet werden, dass entweder lediglich ein einziges besitzloses Mobiliarsicherungsrecht geschaffen wird oder verschiedene Arten besitzloser Mobiliarsicherungsrechte vorgesehen werden, die aber einheitlich zu behandeln sind. Wenn man mehrere unterschiedlich zu behandelnde Klassen von Sicherungsrechten wie im englischen Recht schüfe, könnte unter Umständen die Gefahr von Zirkelsituationen auftauchen, etwa die Situation, dass an einer Sache ein Siche-

---

136 Siehe zu diesem Problem neuerdings ausführlich und m. Nw. *Giesen*, AcP 203 (2003), 210, 228 ff., der sich entgegen der Rspr. des BGH für eine entsprechende Anwendung der §§ 161 Abs. 1, 185 Abs. 2 Satz 2, 1209 BGB ausspricht.
137 Vgl. zum Bestimmtheitsgrundsatz in den einzelnen europäischen Staaten z.B. *Drobnig*, in: Kreuzer (Hrsg.), Mobiliarsicherheiten – Vielfalt oder Einheit? (1999), 9, 21 ff.
138 Vgl. z.B. *Drobnig*, in: Kreuzer (Hrsg.), Mobiliarsicherheiten – Vielfalt oder Einheit? (1999), 9, 21 ff., 28; *ders.*, in: Schlechtriem (Hrsg.), Wandlungen des Schuldrechts (2002), 153, 162; *ders.*, ERPL 2003, 623, 647 f.; *Schulz*, in: Weick (Hrsg.), Competition or convergence (1999), 189, 199, 205 f.
139 Siehe Art. 2 Abs. 1 (a) – (c) dieser RL, ABl. EG Nr. L 168/43 vom 27.6.2002.

rungsrecht Vorrang vor einem zweiten hat, dieses zweite Vorrang vor einem dritten und dieses dritte wiederum Vorrang vor dem ersten Sicherungsrecht.[140]

3. Das Recht des Eigentumsvorbehalts

Das Recht des Eigentumsvorbehalts als besitzlose Mobiliarsicherheit für (Waren-)Lieferantenkredite ist auf europäischer Ebene trotz mancher Anläufe[141] noch nicht vereinheitlicht worden. Wie bereits erwähnt spricht vieles dagegen, dass die Zahlungsverzugsrichtlinie das Problem der Anerkennung von nach ausländischem Recht vereinbarten Eigentumsvorbehalten bereits auf kollisionsrechtlicher Ebene gelöst hat, weil die *erga-omnes*-Wirkung des Vorbehaltseigentums als Gegenstand der Anerkennungspflicht in der Endfassung von Art. 4 Abs. 1 der Richtlinie gerade gestrichen wurde.[142] Obwohl sich die nationalen Rechtsordnungen der EU-Mitgliedstaaten in Voraussetzungen und Wirkungen des Eigentumsvorbehalts etwas angenähert haben,[143] bleibt ein Bedürfnis nach Harmonisierung. Daran hat sich auch durch die Verordnung 1346/2000 des Rates vom 29. Mai 2000 über Insolvenzverfahren[144] nichts geändert, weil diese für die Vorfrage, ob und unter welchen Voraussetzungen ein Eigentumsvorbehalt wirksam besteht, nichts hergibt.[145]

Auf internationaler Ebene ist bisher eine Tendenz zu beobachten, den Eigentumsvorbehalt in die übergreifende Kategorie einer einheitlichen registrierungspflichtigen Mobiliarsicherheit einzubeziehen, wie dies beispielsweise im US-amerikanischen Recht der Fall ist.[146] So umfasst das internationale Sicherungsrecht in Art. 2 Abs. 2 b) der Kapstadt-Konvention auch Vorbehaltseigentum, das folglich registriert werden muss, um Wirkung gegenüber Dritten zu entfalten. Art. 9.1 des Modellgesetzes der EBRD wandelt einen Eigentumsvorbehalt automatisch in eine Warenlieferantensicherheit um, die nach Art. 9.4 erlischt, wenn sie nicht binnen sechs Monaten in das Sicherheitenregister eingetragen wird. Die Empfehlungen von UNCITRAL für einen „Draft Legislative Guide on Secured Transactions" lassen noch offen, ob sie den Eigentumsvorbehalt

---

140 Vgl. hierzu z.B. *Goode*, in: Kreuzer (Hrsg.), Mobiliarsicherheiten – Vielfalt oder Einheit? (1999), 43, 64.
141 Vgl. z.B. die Nw. bei *Kieninger*, WM 1998, 2213, 2218.
142 Siehe o. II.2.a).
143 Zu dieser „spontanen Rechtsangleichung" (*Kieninger*) s. o. II.2.a).
144 ABl. EG Nr. L 160/1 vom 30.6.2000.
145 Vgl. z.B. *Leible/Staudinger*, KTS 2000, 533, 551, 553 f.; *Kieninger*, in: FS 75 Jahre Max-Planck-Institut für Privatrecht (2001), 151, 166 (Fn. 67). Die Insolvenz-VO soll lediglich die Sicherheit von insolvenzspezifischen Einschränkungen schützen, vgl. zum Insolvenzübereinkommen von 1996, dem Vorgänger der Insolvenz-VO, z.B. *Flessner*, in: FS Drobnig (1998), 277, 279 f., 282 ff.
146 Siehe § 9-109 (a) (5) in Verbindung mit § 2-401 UCC. Zur älteren Fassung des UCC vgl. z.B. *Mooney*, in: Kreuzer (Hrsg.), Mobiliarsicherheiten – Vielfalt oder Einheit? (1999), 91, 92 f.

einbeziehen oder jedenfalls der einfache Eigentumsvorbehalt vom Anwendungsbereich der Empfehlungen und damit auch von einer Registrierungspflicht ausgeschlossen werden soll.[147]

Eine Registrierungspflicht für Eigentumsvorbehalte einzuführen, wäre jedoch angesichts der bereits angenäherten Regelungen in den EU-Mitgliedstaaten jedenfalls für den einfachen Eigentumsvorbehalt ein Rückschritt, weil die weitaus meisten europäischen Staaten eine Registrierung des einfachen Eigentumsvorbehalts nicht verlangen.[148] In Italien und Spanien dient die Registrierung im Wesentlichen als eine Möglichkeit unter mehreren, um eine beweiskräftige, „sichere" Datierung (*data certa* oder *fecha cierta*) der Eigentumsvorbehaltsvereinbarung zu gewährleisten und Rückdatierungen zum Nachteil der übrigen Gläubiger zu verhindern.[149] Eine ähnliche Funktion hat das Schriftformerfordernis im französischen Recht.[150] Die Konkursfestigkeit des einfachen Eigentumsvorbehalts wird nach Änderungen des Rechts oder der Rechtsprechung in Frankreich, Belgien, Luxemburg und Griechenland mittlerweile allgemein anerkannt,[151] freilich bleiben manche konstruktive Schwierigkeiten.[152]

Vor diesem Hintergrund erscheint es durchaus möglich, dass sich die EU-Mitgliedstaaten auf eine Rechtsangleichung verständigen, welche den einfachen Eigentumsvorbehalt – unabhängig davon, wie man bei den übrigen Mobiliarsicherheiten entscheidet – von einer Registrierungspflicht ausklammern. Weil die Vereinbarung eines einfachen Eigentumsvorbehalts zu den Massengeschäften gehört, wäre der Verwaltungsaufwand einer Registrierung sowohl für die Parteien als auch für die Registerführer besonders hoch. Außerdem würde sich für den gutgläubigen Erwerb von Waren, die dem Veräußerer unter Eigentumsvorbehalt geliefert wurden, im ordentlichen Geschäftsverkehr das Problem stellen, ob der Erwerber auf den Besitz oder die Verfügungsbefugnis des Veräußernden vertrauen darf oder ob er grob fahrlässig handelt, wenn er nicht ins Register schaut. Im letzteren Fall wäre ein gutgläubiger Erwerb an mit registriertem

---

147 Siehe den Bericht vom 7.6.2004 des Generalsekretärs der Working Group VI der UNCITRAL zur 6. Sitzung im Herbst 2004 in Wien unter I. (Ziffer 4.e) (s. o. Fn. 14 und 117).
148 Für einen neueren Überblick vgl. z.B. *Drobnig*, European Review of Private Law 2003, 623, 649 f., dort auch zu den Ausnahmen wie dem griechischen Recht. Eine weitere Ausnahme stellt die Schweiz dar, die allerdings nicht EU-Mitgliedstaat ist, vgl. z.B. *Rott*, Vereinheitlichung des Rechts der Mobiliarsicherheiten (2000), 8.
149 Vgl. z.B. *Kieninger*, Mobiliarsicherheiten im Europäischen Binnenmarkt (1996), 58 f., 62 f.; *dies.*, in: FS 75 Jahre Max-Planck-Institut für Privatrecht (2001), 151, 154 f.
150 Vgl. z.B. *Kieninger*, a.a.O., 154; *Rott*, a.a.O., 7.
151 Siehe näher *Kieninger*, in: FS 75 Jahre Max-Planck-Institut für Privatrecht (2001), 151, 153 f.; *Schulte-Braucks*, NJW 2001, 103, 106 f.
152 Vgl. z.B. zu dem Problem, wie im französischen Recht der Eigentumsvorbehalt dogmatisch auch ohne das Trennungsprinzip zu fassen sein könnte, *Pédamon*, in: FS Sonnenberger (2004), 63, 70 ff.

Eigentumsvorbehalt belasteten Waren nicht möglich, was ein erhebliches Verkehrshemmnis darstellen würde.[153]
Für die verschiedenen Arten eines verlängerten oder erweiterten Eigentumsvorbehalts dürfte hingegen eine gemeinsame Basis für die Rechtsvereinheitlichung auf europäischer Ebene fehlen. Anders als in Deutschland wird in den anderen EU-Mitgliedstaaten beispielsweise der Eigentumsvorbehalt an Waren, die zur Weiterveräußerung oder zur Weiterverarbeitung bestimmt sind, entweder von vornherein für unwirksam gehalten[154] oder strengen Voraussetzungen unterworfen, insbesondere einem Registrierungserfordernis.[155] Um dennoch das Recht des einfachen Eigentumsvorbehalts harmonisieren zu können, muss dieser daher von den Arten des verlängerten Eigentumsvorbehalts strikt getrennt werden. Für diese Trennung kann auf das englische und niederländische Recht zurückgegriffen werden: Hiernach wird streng unterschieden zwischen dem Vorbehalt des Eigentumsrechts einerseits und der zur Sicherung nichtbezahlter Erwerbspreise erfolgten Übertragung von Rechten des Schuldners wie den Forderungen aus den Weiterveräußerungen oder den Rechten an den weiterverarbeiteten Produkten andererseits. Nur für die letzteren Sicherungsübertragungen aus dem Vermögen des Schuldners an den Gläubiger gelten die Regeln für besitzlose Mobiliarsicherheiten oder für Sicherheiten an Rechten, einschließlich etwaiger Registrierungserfordernisse.[156]

4. Das Recht der Sicherheiten an Rechten

Aus dem Recht der Sicherheiten an Rechten hat die Finanzsicherheiten-Richtlinie nur den sehr begrenzten Teilbereich der besitzgebundenen Barsicherheiten und Finanzinstrumente vereinheitlicht, bei denen die Besitzverschaffung schriftlich nachgewiesen werden kann.[157] Auch im Übrigen hat die Finanzsicherheiten-Richtlinie einen recht engen persönlichen und sachlichen Anwendungsbereich,[158] so dass sie einer möglichen weiteren Vereinheitlichung auf diesem Rechtsgebiet nicht im Weg stehen dürfte.

---

153 Im italienischen Recht hat die Registrierung des Eigentumsvorbehalts die Funktion, für bestimmte Arten von Kaufsachen wie z.B. Maschinen von gewissem Wert den gutgläubigen Erwerb von Abkäufern zu verhindern, vgl. z.B. *Kieninger*, Mobiliarsicherheiten im Europäischen Binnenmarkt (1996), 59 f.
154 So im Wesentlichen im dänischen, schwedischen und finnischen Recht, vgl. z.B. *Kieninger*, in: FS 75 Jahre Max-Planck-Institut für Privatrecht (2001), 151, 155 f.
155 Vgl. z.B. *Goode*, in: Kreuzer (Hrsg.), Mobiliarsicherheiten – Vielfalt oder Einheit? (1999), 43, 50; *Drobnig*, in: Kreuzer (Hrsg.), Mobiliarsicherheiten – Vielfalt oder Einheit? (1999), 9, 27; *ders.*, European Review of Private Law 2003, 623, 651.
156 Vgl. zum Ganzen z.B. *Drobnig*, European Review of Private Law, a.a.O.; *Schulz*, in: Ackermann/Arbold et. al. (Hrsg.), Jb.J.ZivRWiss 1999 (2000), 105, 113.
157 Art. 1 (5) der Finanzsicherheiten-RL, ABl EG Nr. L 168/43 vom 27.6.2002.
158 Vgl. z.B. *Merkt/Rossbach*, ZfVglRWiss 102 (2003), 34, 40 ff.; *Flöther/Bräuer*, DZWiR 2004, 89, 90 ff.

Wer die Sicherungsrechte an Forderungen und anderen Rechten vereinheitlichen will, steht zunächst vor dem Grundproblem, dass einerseits manche europäische Rechtsordnungen entweder die Sicherungsabtretung verbieten wie die Niederlande oder ihr nur beschränkte Wirkung zuschreiben wie Belgien[159] und andererseits zum Beispiel das Common Law ein Pfandrecht an Forderungen und anderen Rechten nicht kennt.[160] Ähnlich wie bei Sicherungsrechten an beweglichen Sachen müsste eine Rechtsvereinheitlichung sowohl die Vollrechtsübertragung zu Sicherungszwecken als auch das Pfandrecht an Rechten zulassen und beide einheitlich behandeln. Ferner besteht das weitere Grundproblem, dass in vielen europäischen Staaten die Sicherungszession bzw. das Pfandrecht an Forderungen dem Drittschuldner angezeigt werden muss, in einigen europäischen Staaten hingegen die stille Sicherungszession erlaubt ist.[161] Jedenfalls ist man sich in vielen Staaten zunehmend des wirtschaftlich nachteiligen Effekts einer Anzeige an Drittschuldner bewusst geworden und hat Möglichkeiten geschaffen, die Anzeige zu ersetzen.

Das Modellgesetz der EBRD (Artt. 5.1, 6.1.1, 8) bezieht Rechte in den Sicherungsgegenstand ein und wendet die Registrierungspflicht auch auf Sicherungsrechte an Rechten an. Es geht (in Artt. 12, 13) stillschweigend von dem Grundsatz aus, dass ein Sicherungsrecht an Forderungen dem Drittschuldner nicht mitgeteilt werden muss. Gegen ein solches Registermodell sprechen zunächst die bereits im Zusammenhang mit besitzlosen Mobiliarsicherheiten geäußerten Bedenken. Ferner muss gefragt werden, ob nicht bereits wegen der Registereintragung das Sicherungsrecht an einer Forderung nicht mehr „still" ist.

Die unter Leitung der UNCITRAL ausgearbeitete und im Jahr 2001 angenommene UN-Konvention über die Abtretung von Forderungen im internationalen Handel (United Nations Convention on the Assignment of Receivables in International Trade)[162] ordnet Sicherungsrechte an Forderungen als Abtretungen ein (Art. 2 (a) Satz 2), trägt aber zu dem Grundproblem, unter welchen Voraussetzungen eine Sicherungsabtretung gegenüber Dritten wirksam ist, und wie Prioritätskonflikte zum Beispiel zwischen Zessionar und Gläubigern des Zedenten zu entscheiden sind, sachrechtlich keine endgültige Lösung bei, sondern

---

159 Vgl. z.B. *Drobnig*, European Review of Private Law 2003, 623, 656.
160 Vgl. z.B. die w. Nw. bei *Drobnig*, in: Kreuzer (Hrsg.), Mobiliarsicherheiten – Vielfalt oder Einheit? (1999), 9, 11.
161 Zur ersten Gruppe gehören etwa Italien und Schweden, im Grundsatz auch die Niederlande und Österreich, zur zweiten Gruppe Deutschland, England und Spanien; Siehe z.B. die Übersicht bei *von Bar/Drobnig*, Study on Property Law and Non-contractual Liability Law as they relate to Contract Law (2004), Rn. 517 (s. die in Fn. 18 zitierte Webseite).
162 Siehe auf der Webseite http://www.uncitral.org/en-index.htm unter „Adopted Texts". Die Konvention ist bislang nur von Luxemburg, Madagaskar und den USA unterzeichnet und noch nicht in Kraft getreten.

Auf dem Weg zu einem europäischen Recht der Kreditsicherheiten? 365

stellt den Vertragstaaten lediglich anheim, zwischen fünf Optionen zu wählen (Art. 42 und Annex zur Konvention).[163] Insgesamt ist noch nicht ersichtlich, welcher Weg bei einer möglichen Vereinheitlichung der Sicherungsrechte an Rechten eingeschlagen wird. Sollte man sich bei den besitzlosen Mobiliarsicherheiten für eine Registerlösung entscheiden, sie aber auf bestimmte wichtige Wirtschaftsgüter und Globalsicherheiten beschränken,[164] kämen bei Rechten ähnliche Beschränkungen in Betracht, etwa für Globalzessionen und bestimmte Immaterialgüterrechte.

5. Das Recht der Immobiliarsicherheiten

Das Recht der Immobiliarsicherheiten war bisher kaum Gegenstand von Vereinheitlichungsprojekten[165] und wird von der SGECC ausdrücklich ausgeklammert. Der Vorschlag der Internationalen Union des Lateinischen Notariats vom Ende der 1980er Jahre, eine neben die nationalen Grundpfandrechte tretende „Eurohypothek" in Anlehnung an den – wie die deutsche Grundschuld nichtakzessorischen – Schweizer Schuldbrief einzuführen, ist bisher nicht mehr aufgegriffen worden.[166] Bereits der für die Kommission erstellte *Segré*-Bericht sah ein Bedürfnis, die Rechtsvorschriften über Grundpfandrechte in den Mitgliedstaaten zu harmonisieren oder ein europäisches Grundpfandrecht einzuführen.[167] In einer von der Kommission vorgeschlagenen Richtlinie über die Niederlassungsfreiheit und den freien Dienstleistungsverkehr auf dem Gebiet des Hypothekarkredits wurde versucht, eine grundsätzliche Pflicht einzuführen, dass Finanzierungstechniken im Hypothekarkreditgeschäft, die im Herkunftsland eines Kreditinstituts zugelassen sind, auch im Aufnahmeland anerkannt

---

163 Vgl. z.B. *Kieninger*, in: FS 600 Jahre Würzburger Juristenfakultät (2002), 297, 305, 315 ff.
164 Siehe o. III.2.c).
165 Zu den einzelnen Vorschlägen und Entwicklungen vgl. z.B. *Stöcker*, Die „Eurohypothek" (1992), 216 ff.; *Röver*, Vergleichende Prinzipien dinglicher Sicherheiten (1999), 38 ff.; *Meyer*, EuZW 2004, 389 f. In jüngster Zeit beschäftigen sich wieder einzelne Monographien mit dem Thema, vgl. *Steven*, Immobiliarsicherheiten im englischen und deutschen Recht (2002), v.a. 300 ff., 362 f.; *Kircher*, Grundpfandrechte in Europa – Überlegungen zur Harmonisierung der Grundpfandrechte unter besonderer Berücksichtigung der deutschen, französischen und englischen Rechtsordnung (2004) (im Erscheinen).
166 Vgl. zur Eurohypothek näher z.B. *Stöcker*, a.a.O., 228 f., 269 ff.; *Wehrens*, WM 1992, 557, 560 ff.; krit. z.B. *Dumoulin*, RabelsZ 58 (1994), 367, 368 f. Andere befürworten, sich (zunächst) um die Schaffung eines akzessorisch ausgestalteten europäischen Grundpfandrechts zu bemühen, vgl. z.B. *Habersack*, JZ 1997, 857, 861 f.; *Wachter*, WM 1999, 49, 60 ff.
167 Vgl. *Stöcker*, a.a.O., 216 ff. Gegen eine Rechtsangleichung und nur für die Vorstufe eines „Eurogrundpfandrechts" plädiert z.B. *Stürner*, in: FS Serick (1992), 377, 387.

werden, in welchem das Kreditinstitut tätig wird.[168] Diesem Vorschlag war ähnlich wie dem Richtlinienentwurf der Kommission von 1973 über die Anerkennung besitzloser Mobiliarsicherheiten kein Erfolg beschieden, weil er den vorrangigen Schritt einer Sachrechtsvereinheitlichung überging.[169]

Auch wenn auf absehbare Zeit eine Vereinheitlichung der Grundpfandrechte nicht in Angriff genommen würde, muss sie in den anderen Bereichen des Kreditsicherungsrechts schon jetzt berücksichtigt werden. Insbesondere wenn man sich für Sicherheiten an bestimmten wirtschaftlich bedeutsamen Mobilien zu einer Rechtsvereinheitlichung auf der Grundlage eines Registersystems durchringen würde, müsste bei der Ausgestaltung dieses Registers bereits auf die nationalen Vorschriften über Grundbücher Rücksicht genommen werden. Sonst könnten bei den Mobilien in die nationalen Rechtsordnungen Regelungen wie zum Beispiel das *notice filing*[170] Eingang finden, die sich mit den grundbuchrechtlichen Vorschriften nicht vertragen und die auch nicht mit den Unterschieden zwischen beweglichen Sachen und Grundstücken erklärt werden können.

IV. Resümee

In einzelnen Schritten ist der Weg zu einem vereinheitlichten europäischen Recht der Kreditsicherheiten gewiss eingeschlagen. Vielfältige Gründe sprechen auch dafür, ihn fortzusetzen, zumal Maßnahmen auf kollisionsrechtlicher Ebene keine echte Alternative darstellen, sondern die Rechtsvereinheitlichung lediglich flankieren können. Die Möglichkeit, parallel zu den nationalen Rechtsordnungen europäische Sicherungsrechte einzuführen, stellt lediglich eine Vorstufe dar, auf die sich die Staaten eher verständigen können und die Modell für den weiteren Weg der Sachrechtsvereinheitlichung sein kann.

Am weitesten ist der Prozess einer europäischen Rechtsvereinheitlichung bei den persönlichen Sicherheiten gediehen. Um systematisch tragfähige Lösungen zum Beispiel für die Voraussetzungen des Garantiegeberschutzes zu finden, wäre wünschenswert, auch die übrigen Bereiche des Kreditsicherungsrechts bereits jetzt zu berücksichtigen. Bezüglich besitzloser Mobiliarsicherheiten für Geldkredite deutet sich zwar an, dass sich die EU-Mitgliedstaaten auf das Erfordernis einer Registereintragung als Publizitätserfordernis verständigen könnten. Gelöst werden müssen in dieser Hinsicht aber noch schwierige mate-

---

168 Siehe ABl. EG Nr. C 42/4 vom 14.2.1985 (dort Art. 5) sowie die Änderung dieses Vorschlags ABl. EG Nr. C 161/4 vom 19.6.1987 (dort Art. 4).
169 Vgl. o. unter II.2.a) (bei Fn. 35 ff.).
170 Soweit ersichtlich ist in keinem der EU-Mitgliedstaaten, die ein Grundbuch oder Hypothekenregister kennen, das Grundbuch oder Register nach den Prinzipien des *notice filing* organisiert, vgl. z.B. die Übersicht bei *Wehrens*, WM 1992, 557, 558 f.

riellrechtliche Fragen – wie die verkehrsgerechte Regelung eines gutgläubigen Erwerbs insbesondere von Waren – und organisationsrechtliche Fragen – wie die Entscheidung zwischen dem so genannten *deed filing* und dem so genannten *notice filing*. Sollten sich die EU-Mitgliedstaaten für ein Registersystem – etwa für bestimmte Wirtschaftsgüter und Globalsicherheiten – entscheiden, sollte der einfache Eigentumsvorbehalt von einer Registrierungspflicht ausgenommen werden. Wie schwierig der Weg einer europäischen Rechtsvereinheitlichung auf dem Gebiet der Kreditsicherheiten bleibt, zeigt sich bei den Sicherheiten an Rechten und bei den Immobiliarsicherheiten. Für letztere hat sich bislang noch nicht einmal die Vorstufe eines europäischen Grundpfandrechts durchsetzen lassen.

Um eine kohärente und systematische Vorgehensweise zu gewährleisten, sollte der europäische Rechtsvereinheitlichungsprozess möglichst auf alle persönlichen und dinglichen Sicherheiten erstreckt und das Recht der Kreditsicherheiten als Ganzes angegangen werden. Dies würde es vielleicht erleichtern, dass Grundsätze, die für bestimmte Sicherheiten allgemein anerkannt sind, auch die Diskussion um eine Rechtsangleichung bei den anderen Sicherheiten bereichern könnten. Als Beispiel mag die Frage dienen, ob eine abstrakte, nicht-akzessorische Sicherheit, wie sie für den Bereich der persönlichen Sicherheiten im Grundsatz allgemein akzeptiert wird, anders als die meisten EU-Mitgliedstaaten vorsehen, auch im Bereich der Immobiliarsicherheiten zugelassen werden sollte.[171] Nirgends dürfte die gebotene Systematisierung allerdings auf größere Vorbehalte stoßen als dort, wo in den nationalen Rechtsordnungen die sachenrechtlichen „Gussformen" tangiert sind. Ob der Weg zu einem einheitlichen europäischen Recht der Kreditsicherheiten nach etlichen Anläufen jemals zu Ende gegangen werden kann, muss sich daher noch weisen.

---

[171] Vgl. hierzu z.B. *Stürner*, in: FS Serick (1992), 377, 386 ff.

Der Eigentumsübergang beim Kauf beweglicher Sachen – Gedanken über die Methode der Rechtsvereinheitlichung am Beispiel der Study Group on a European Civil Code

Jakob Fortunat Stagl

I. Einleitung
II. Grundfragen der Fahrnisübereignung aus rechtsvergleichender Sicht
  1. Das Konsensualprinzip oder Einheitsprinzip
  2. Das Trennungs- und Abstraktionsprinzip
  3. Die Lehre von titulus et modus adquirendi
  4. Das Zahlungssystem
III. Das Auffinden der richtigen Regeln der Fahrnisübereignung
  1. Teleologische Argumente
    a) Schutz der Gläubiger des Käufers oder des Verkäufers?
    b) Interessenwertungen zugunsten des Übergabeerfordernisses
    c) Interssenwertungen zugunsten des Abstraktionserfordernisses
    d) Ergebnis
  2. Historische Argumente
  3. Systematische Argumente
    a) Systematische Konsequenz
    b) Systematische Kongruenz
      aa) Allgemein
      bb) Besondere Voraussetzungen
IV. Deduktive Ermittlungen der richtigen Regeln der Fahrnisübereignung
  1. Ableitung des dinglichen Vertrages
    a) Bedeutung der Vertragstheorie als notwendige Voraussetzung der Möglichkeit des dinglichen Vertrages
      aa) Naturrecht und Savigny
      bb) Code civil, BGB und European Civil Code
    b) Die Bedeutung des Pandektensystems als hinreichende Voraussetzung für das Erfordernis eines dinglichen Vertrages
    c) Ergebnis
  2. Ableitung des Übergabeerfordernisses
    a) Aus einem selbständigen Sachenrecht
    b) Aus der Gefahrtragung
  3. Ableitung der Rechtsgrundunabhängigkeit des dinglichen Vertrages
    a) Schlüsse aus dem Bereicherungsrecht
    b) Schluss aus der Fragilität des Kausalvertrages .
  4. Noch einmal: Die Zahlungsregel
V. Ergebnis

I. Einleitung

Will man das Recht in einem bestimmten Punkte vereinheitlichen, so hat man grundsätzlich zwei Möglichkeiten: Man kann entweder eine der vorhandenen Lösungen für allgemeingültig erklären, und sei es als Kompromiss, oder etwas gänzlich Neues schaffen. Bei der hier behandelten Frage kann man die zweite Möglichkeit getrost ausschließen, da nicht zu erwarten ist, dass es dem juristischen Scharfsinn unserer Zeit gelingen sollte, den vorhandenen Vorrat geltender und ehedem geltender Lösungen in dieser Frage um eine weitere zu bereichern[1].

Muss man also eine Auswahl unter den vorhandenen Lösungen treffen, stellt sich die Frage, mit welchen Gründen man die Entscheidung rechtfertigt. Rabel war einer der wenigen, die sich überhaupt hierzu äußerten[2]: „[...] la seule méthode qu'on puisse conseiller pour arriver à une loi uniforme, est de baser notre œuvre sur les règles fondamentales de droit privé, issus d'une comparaison soigneuse des lois nationales, en tenant compte des besoins du commerce". Von gemeinsamen fundamentalen Regeln kann man aber gerade für den Eigentumsübergang beim Kauf nicht ausgehen, da dieses Problem auf der Schnittstelle von Schuldrecht und Sachenrecht liegt[3], und je nach dem wo man sich stärker anlehnt, vollkommen unterschiedliche juristische Konstruktionen entstehen.

Gemeinsam mit *Savigny*[4] sei im Folgenden davon ausgegangen, dass man im Recht und damit auch in der Gesetzgebung Fragen wissenschaftlicher von solcher politischer Natur unterscheiden kann und dass die Probleme des Eigentumsübergangs beim Kauf vor allem wissenschaftlicher Natur sind. Diese Annahme wird ganz wesentlich dadurch unterstützt, dass es in Europa zwar eine Reihe unterschiedlicher Systeme zur Regelung dieser Frage gibt, sich die rechtsvergleichende Forschung aber darüber einig ist, dass die Unterschiede weniger in den Sachlösungen der einzelnen Rechtsordnungen liegen als in der juristisch-technischen Konstruktion[5].

---

1 Was nicht ein Mangel an Inspiration ist, sondern daran liegt, dass es für die Lösung rechtlicher Probleme nur einen sehr beschränkten Vorrat an Rechtsfiguren gibt, woraus sich im übrigen deren regelmäßige Wiederkehr erklärt; hierzu *Mayer-Maly*, JZ 1971, 1 ff.
2 In: von Caemmerer (Hrsg.): Gesammelte Aufsätze, III (1967), 477, 481; gleichsinnig *Kropholler*, Internationales Einheitsrecht – Allgemeine Lehren (1975), 254 ff.
3 *Kaser*, Compraventa y Transmission de la Propriedad en el Derecho romano y en la Dogmatica moderna (1962), 7.
4 Vom Beruf unserer Zeit für Gesetzgebung und Rechtswissenschaft, 3. Aufl. (1840), 12 und öfter, der allerdings von „technisch", statt wissenschaftlich spricht.
5 *von Bar/Drobnig*, The Interaction of Contract Law and Tort and Property Law in Europe (2004), 327 ff.; *von Caemmerer*, RabelsZ 12 (1938/39), 675, 682, 697; *van Vliet*, Transfer of moveables in German, French, English and Dutch law (2000), 201.

Haben wir also ein wissenschaftliches Problem vor uns, ist zu fordern, dass es auch mit wissenschaftlichen Methoden gelöst wird. Nach einer kurzen Darstellung des Vorrats an Modellen zur Bewältigung des Eigentumsübergangs beim Kauf beweglicher Sachen soll daher die Frage beantwortet werden, welche wissenschaftlichen Methoden bzw. Argumente in einer Diskussion de lege ferenda überhaupt zur Verfügung stehen, um eine Auswahl unter den vorhandenen Lösungen zu treffen. Dabei wird sich zeigen, dass es vor allem systematische Erwägungen sind, welche dem Postulat der Wissenschaftlichkeit genügen. In einem dritten Schritt soll diese Methode am Beispiel der Arbeit der Study Group on a European Civil Code vorgeführt werden. Diese ist für eine solche Exemplifizierung besonders geeignet, da sich der künftige European Civil Code schon in seinen Umrissen erkennen lässt, die Regeln Eigentumsübergang beim Kauf aber noch nicht beschlossen sind[6]. Zudem kann sich der Verfasser auf seine persönlichen Erfahrungen stützen, da er der Arbeitsgruppe „Transfer of Title" der Study Group bis vor kurzem angehört hat.

II. Grundfragen der Fahrnisübereignung aus rechtsvergleichender Sicht

In Europa sind im Wesentlichen drei Systeme der Fahrnisübereignung entwickelt worden[7], die im Folgenden kurz darzustellen sind.

1. Das Konsensualprinzip oder Einheitsprinzip

Nach dem Konsensual- oder Einheitsprinzip, welches vor allem im französischen Code civil und seinen Nachfolgern gilt[8], geht das Eigentum an der Kauf-

---

6   Die Homepage der Study Group (www.sgecc.net) enthält unter „texts", „Transfer of Moveable Property (draft articles as at June 2004)" einen vorläufigen, noch nicht beschlossenen Diskussionsentwurf. Dieser soll im Folgenden nicht behandelt werden.
7   Diese Dreiteilung verwenden etwa *von Caemmerer*, RabelsZ 12 (1938/39), 675 ff.; *Kaser*, (o. Fn. 3), 28 ff.; *Rabel*, Das Recht des Warenkaufs, I (1936), 27 ff.; *von Bar/Drobnig*, (o. Fn. 5), 325 ff., und *Rainer*, Corso di Sistemi giuridici comparati (2004), 179 f. Auf die Besonderheiten der skandinavischen Rechtsschule, die Systemen gegenüber generell skeptisch ist und von Fall zu Fall arbeiten möchte, kann ich mangels entsprechender Sprachkenntnisse nicht eingehen.
8   Z.B. Italien: Artt. 922, 1376 ff. Codice civile. Es scheint in gewissen Bereichen die Lehre von titulus et modus adquirendi parallel Geltung zu beanspruchen, sogar das Abstraktionsprinzip gilt in einigen Bereichen, hierzu *Zaccaria*, in: Cian/Trabucchi (Hrsg.): Commentario breve al Codice civile, 5. Aufl. (1997), Art. 1376 Rn. 1 ff.; Belgien: Artt. 711, 938, 1138, 1583 Code civil. Portugal: Artt. 408 f., 874, 879, 1316 Codigo Civil. Stark beeinflusst vom Code civil ist auch der englische Sale of Goods Act (sections 16 bis 26); hierzu *Chianale*, in: Vacca (Hrsg.): Vendita e Trasferimento della Proprietà nella Prospettiva Storico-Comparatistica (1991), II, 843 ff. Die Lage in England, die durch das Nebeneinander von Common Law und SGA erheblich verkompliziert wird, stellt ausführlich dar *van Vliet*, (o. Fn. 5), 91 ff.

sache mit Abschluss des Kaufvertrages auf den Käufer über, ohne dass es auf die Übergabe der Sache oder die Zahlung des Kaufpreises ankäme, wie es in der entscheidenden Bestimmung ausdrücklich heißt[9]. Der Code civil trennt also nicht zwischen Kausalgeschäft und dinglichem Vollzug, sondern stattet den Kaufvertrag selbst mit einem „effet translatif" aus[10].

2. Das Trennungs- und Abstraktionsprinzip

Den schärfsten Gegensatz zum Code civil bildet das deutsche BGB. Nach diesem kommt es dem Grundsatze nach für den Eigentumsübergang überhaupt nicht auf den Kaufvertrag und dessen Wirksamkeit an, vielmehr müssen sich die Parteien darüber einig sein, dass das Eigentum auf den Käufer übergehen soll[11]. Der Kaufvertrag wird aus dieser Sicht lediglich zum Motiv des den Eigentumsübergang bewirkenden dinglichen Vertrages.

Damit das Eigentum übergehe, ist weiters die Übergabe vorausgesetzt (Traditionsprinzip). An diese stellt das BGB allerdings so niedrige Anforderungen bzw. lässt so viele Ausnahmen zu (namentlich das constitutum possessorium[12]!), dass Heck davon sprechen konnte, das Traditionsprinzip sei nur das „historische Kostüm, in dem das Vertragsprinzip [Konsensualprinzip] Eingang in das geltende Recht gefunden hat"[13].

Das deutsche Recht trennt also die schuldrechtliche Verpflichtung zur Eigentumsübertragung von der als eigenständiges Rechtsgeschäft aufgefassten Übertragung des Eigentums (Trennungsprinzip). Da die Wirksamkeit des dinglichen Übertragungsgeschäfts (dinglicher Vertrag) durch die Wirksamkeit des zugrunde liegenden schuldrechtlichen Vertrages nicht berührt ist, spricht man davon, dass der dingliche Vertrag vom schuldrechtlichen abstrakt sei (Abstraktionsprinzip).

Im französischen Recht ist eine solche Abstraktion dem Prinzip nach nicht denkbar, da der Eigentumsübergang bereits durch den Kaufvertrag bewerkstelligt wird. Ist dieser unwirksam oder entfällt seine Wirksamkeit, geht das Eigentum nicht an den Käufer über oder es fällt wieder an den Verkäufer zurück. Um

---

9   Art 1583; auch Artt. 1138 und 711 Code civil.
10 Hierzu ausführlich *Saint-Alary Houin*, in: Vacca (o. Fn. 8), 197 ff.; *Ferid/Sonnenberger*, Das Französische Zivilrecht, Bd. 2, 2. Aufl. (1986), 2 G 201 ff.; *van Vliet*, (o. Fn. 5), 73 ff.
11 Aus § 929 Satz 1 BGB ergibt sich nur das Trennungsprinzip, die logische Voraussetzung des Abstraktionsprinzips. Dass im BGB das Abstraktionsprinzip gelte, ergibt sich aus den Materialien zum BGB und entspricht der allgemeinen Meinung; vgl. nur *Jauernig*, in: Jauernig, BGB, 11. Aufl. (2004), vor § 854 Rn. 13. Grundlegend zum Abstraktionsprinzip *Savigny*, System des heutigen römischen Rechts (1840 ff.), III, 356 ff.; *ders.*, Das Obligationenrecht als Theil des heutigen Römischen Rechts, II (1853), 254 ff.
12 § 932 BGB.
13 *Heck*, Grundriß des Sachenrechts (1930), 241.

diese Abhängigkeit des Eigentumsübergangs vom Kaufvertrag zu bezeichnen, spricht man von Kausalprinzip oder Rechtsgrundabhängigkeit.

Soweit ersichtlich kennt in Europa heutzutage wohl nur Griechenland eine mit der deutschen vergleichbare Regelung des Eigentumsüberganges[14]; im schottischen Recht ist diese Frage mangels eindeutiger Stellungnahme des Gesetzes hoch umstritten, wobei die Tendenz in Richtung Abstraktion geht[15]. Außerhalb Europas hat sich das Abstraktionsprinzip im Roman-Dutch Law Südafrikas durchgesetzt[16].

3. Die Lehre von titulus et modus adquirendi

Das österreichische und wohl auch das schweizerische sowie das niederländische Recht halten etwa die Mitte zwischen dem deutschen und dem französischen[17]. In den genannten Rechtsordnungen setzt man zum Übergang des Eigentums voraus, dass ein wirksamer Kauvertrag, eine iusta causa traditionis, vorliegt *und* dass die Sache übergeben werde. In Österreich nennt man dieses Prinzip mit einem gemeinrechtlichen Ausdruck Lehre von titulus et modus adquirendi, wobei titulus den gültigen Vertrag und modus die Übergabe bezeichnet[18]. Der Einfachheit halber wird diese Terminologie hier, mag dies auch ahistorisch sein, auch für die Niederlande und die Schweiz verwendet.

An den modus werden in diesen drei Rechtsordnungen wie in Deutschland keine hohen Anforderungen gestellt, insbesondere wird das constitutum possessorium zugelassen.

Nach der ursprünglichen Konzeption zumindest des österreichischen Gesetzes war der modus adquirendi als reiner Realakt aufzufassen, gab es also keinen dinglichen Vertrag[19]. Infolge des Einflusses der deutschen Lehre ist man aber in Österreich wie in den anderen genannten Ländern dazu übergegangen, auch

---

14 Art. 1034 Astikos Kodikas entspricht dem § 929 Satz 1 BGB, normiert also nur das Trennungs- nicht das Abstraktionsprinzip; Nw. zur Rechtslage finden sich bei *Schlechtriem*, Restitution und Bereichungsausgleich in Europa, I (2000), 288.

15 *Miller*, Corporeal Moveables in Scots Law (1991), § 8.06 ff. m. vielen w.Nw.; *Reid*, The Law of Property in Scotland (1996), § 608.

16 *Miller*, in: Zimmermann/Visser (Hrsg.): Southern Cross – Civil Law and Common Law in South Africa (1996), 727, 734 ff. m.w.Nw.; *Zimmermann*, The Law of Obligations (1990), 271.

17 So auch die Einschätzung von *Kaser*, (o. Fn. 3), 36.

18 Zu dieser Lehre *Coing*, Europäisches Privatrecht (1985), 178 f., 302 ff.; *Hofmann*, Die Lehre von titulus und modus adquirendi und von der iusta causa traditionis (1873), 1 ff.

19 So war nämlich der Stand der gemeinrechtlichen Lehre vor der Kodifikation; *Glück*, Ausführliche Erläuterungen der Pandekten nach Hellfeld (1807), 6. Buch, I. Titel §§ 578-579, VIII, 89 ff.; hierzu auch *Ranieri*, in: Coing/Wilhelm (Hrsg.). Wissenschaft und Kodifikation des Privatrechts im 19. Jahrhundert, II (1977), 90 f.

einen dinglichen Vertrag zu unterstellen bzw. zu fordern[20]. Dessen Wirksamkeit wird allerdings nicht von der des Kaufvertrages abstrahiert, sondern bleibt an diese gebunden. Neben dem Einfluss der deutschen Rechtswissenschaft dürfte zumindest in Österreich die Annahme eines dinglichen Vertrages vor allem deshalb erfolgt sein, weil dieser das besonders intrikate Problem der Konstruktion des Eigentumsvorbehaltes zu lösen vermag. Der französischen Lehre z.B. ist dies bislang noch nicht gelungen, wohl nicht zuletzt deshalb, weil sie den dinglichen Vertrag nicht kennt[21].

4. Das Zahlungssystem

Die Frage des Eigentumsvorbehaltes leitet über zu einem heutzutage weniger diskutierten Erfordernis des Eigentumsübergangs, der Zahlung des Kaufpreises. In den Institutionen Justinians heißt es hierzu in 2, 1, 41:

> „Und wenn nun Sachen aufgrund einer Schenkung oder einer Mitgift oder aus irgendeinem anderen Grund übergeben werden, wird das Eigentum unzweifelhaft übertragen. Sachen jedoch, die verkauft und übergeben sind, erwirbt der Käufer nur dann, wenn er dem Verkäufer den Kaufpreis gezahlt oder ihm in anderer Form Genüge getan hat, zum Beispiel durch Stellung eines Schuldübernehmers oder durch Pfandbestellung. Dies wird zwar auch im Zwölftafelgesetz so bestimmt; doch sagt man mit Recht, daß es auch nach Völkergemeinrecht, das heißt nach Naturrecht, gilt. Wenn aber derjenige, der die Sache verkauft hat, dem Käufer den Kaufpreis kreditiert, muß man sagen, daß die Sache sogleich Eigentum des Käufers wird[22]".

Im gemeinen Recht war vor allem wegen Inst. 2, 1, 41[23] eine Koppelung von Eigentumsübergang und Kaufpreiszahlung anerkannt; damit gelangte man zu einer Art Eigentumsvorbehalt von Gesetzes wegen. In welchen Fällen von einer Kreditierung des Kaufpreises mit der Folge sofortigen Eigentumsübergangs auszugehen sei, war hoch umstritten, hängt doch die praktische Bedeutung der

---

20 Niederlande (Art. 3:84 Burgerlijk Wetboek); *van Vliet*, (o. Fn. 5), 133 ff. Österreich (§§ 380, 423 ff. ABGB): Für die neuere Lehre grundlegend *Bydlinski*, in: Klang (Hrsg.): Kommentar zum ABGB, Bd. IV/2, 2. Aufl. (1978), 370 ff.; *Spielbüchler*, in: Rummel (Hrsg.): Kommentar zum ABGB, 3. Aufl. (2000), § 425 Rn. 2 m.w.Nw.; *Klicka*, in: Schwimann (Hrsg.): Praxiskommentar zum ABGB, 2. Aufl. (1998), § 380 Rn. 1; die Rspr. des OGH ist nicht ganz eindeutig: OGH SZ 67/213; ÖBA 1987, 51. Schweiz (Art. 714 ZGB): ständige Rspr. seit BGE 55 II 302; zuletzt bestätigt von BGE 121 III 345; *Schwander*, in: Honsel/Vogt/Geiser (Hrsg.): Basler Kommentar zum Schweizerischen Privatrecht, 2. Aufl. (2003), Art. 714 Rn. 5.
21 Nw. zu den einzelnen Konstruktionen bei *Saint-Alary Houin*, in: Vacca (o. Fn. 8), 197, 206 ff.
22 Übersetzung von *Behrends/Knütel/Kupisch/Seiler*, Corpus Iuris Civilis, Die Institutionen, 2. Aufl. (1997).
23 Zu dieser Stelle und ihrer Nachwirkung s. insb. *Feenstra*, Reclame en Revindicatie (1949); *Honoré*, in: Stein/Lewis (Hrsg.): Studies in Justinian's Institutes in memory of J. A. C. Thomas (1983), 56 ff.; *Luig*, in: Ankum/Spruit/Wubbe (Hrsg.): Satura Robert Feenstra (1985), 445 ff.; *Zimmermann*, (o. Fn. 16), 272 ff.

Zahlungsregel ganz entscheidend davon ab, ob man die Ausnahme von ihr vermutet oder nicht[24].

In einigen Statuarrechten wie etwa der Coutume de Paris von 1582 fanden sich vergleichbare Regelungen (Art. 176 f.)[25]. Ab 1800 etwa wird diese Regel in neuere Kodifikationen nicht mehr aufgenommen[26]. Sie verschwindet daher weitgehend aus dem Rechtsleben[27]. Eine Ausnahme macht auch hier wieder das Roman-Dutch Law von Südafrika, wo diese Regel nach wie vor aus Inst. 2, 1, 41 und dem darauf fußenden Schrifttum abgeleitet wird[28].

Von der 1. Kommission zur Beratung des BGB wurde die Zahlungsregel mit dem Bemerken abgelehnt, bedingte dingliche Verträge seien vom Gesetz nicht zu begünstigen, da sie zu unerwünschten Schwebezuständen führten[29]. Die Frage, ob dieses Argument in Anbetracht der heute gängigen Kautelar-Praxis, des unbestreitbaren Gerechtigkeitsgehalts dieser Regel[30] sowie der Überzeugung der Rechtsgenossen[31] noch zu halten ist, soll erst zum Schluss geklärt werden.

---

24   *Windscheid*, Lehrbuch des Pandektenrechts, 9. Aufl., bearb. v. Kipp (1906), § 172, 7 m.w.Nw.
25   Zitiert bei *Feenstra*, (o. Fn. 23), 208. Weitere Nw. bei *Brandt*, Eigentumserwerb und Austauschgeschäft (1940), 190 ff.
26   Siehe etwa § 1063 ABGB. Bezeichnend ist, dass *Coing* sie im ersten Band seines Europäischen Privatrechts (1500 bis 1800) behandelt, 307 ff., im zweiten Band (1800 bis 1914) hingegen nicht mehr.
27   In der deutschen Lehre wird allerdings diskutiert, ob zu vermuten sei, dass wertvolle Gegenstände, sollte ein Eigentumsvorbehalt nicht vereinbart worden sein, nur unter der Bedingung der Kaufpreiszahlung übereignet seien. Während der kleinere Teil der Lehre sich dafür ausspricht, dass eine nur bedingte Eigentumsübertragung zu vermuten sei, ist der wohl größere Teil dafür, dies nach den Umständen des Einzelfalles zu entscheiden. Für eine solche Vermutung LG Aachen MDR 1958, 514; *Westermann*, in: Münch-Komm, § 455 Rn. 16; *Schulte*, BB 1977, 269 ff.; auf die Umstände des Einzelfalls stellen ab *Berger*, in: Jauernig (o. Fn. 11), § 449 Rn. 6, und *Serick*, Eigentumsvorbehalt und Sicherungsübertragung, I (1965), 85 ff.
28   *Miller*, in: Zimmermann/Visser (o. Fn. 16), 727, 755 ff. m.w.Nw.; *Feenstra*, (o. Fn. 23), 155 ff. m.w.Nw.; *Zimmermann*, Das römisch-holländische Recht in Südafrika (1983); 125 f.; diese Regel scheint sich heutzutage aber auf den Fall zu beschränken, dass die erwartete Zahlung Zug um Zug gegen Übergabe der Sache unerwartet unterbleibt. Zur Geschichte dieser Regel im römisch-holländischen Recht *Miller*, in: Feenstra/Zimmermann (Hrsg.): Das römisch-holländische Recht (1992), 521, 531 ff.
29   Motive, in: Mugdan (Hrsg.): Die gesammten Materialien zum Bürgerlichen Gesetzbuch für das Deutsche Reich, III – Sachenrecht (1899), 186.
30   *Windscheid*, (o. F. 24), § 172, Fn. 19a, hält die „natürliche Billigkeit" für den Grund dieser Regel.
31   Praktisch jeder Schriftsteller meint, dass die vorherrschende Auffassung unter juristischen Laien dahin ginge, dass erst mit Zahlung das Eigentum übergehe.

III. Das Auffinden der richtigen Regeln der Fahrnisübereignung

Eingangs war das Postulat aufgestellt worden, die Regeln des Eigentumsübergangs müssten mit Hilfe wissenschaftlicher Argumente gefunden werden. Fragt sich nun, was für Argumente diese Voraussetzung erfüllen. In Analogie zu dem Kanon der Auslegung von Gesetzen kann man drei Typen von Argumenten unterscheiden: solche, die sich auf die (objektive) Teleologie stützen, solche, die sich auf die Geschichte stützen und solche, die sich auf die Systematik stützen. Wortlautargumente kommen zunächst nicht in Betracht, da es die Aufgabe der Redaktoren eines Gesetzes ist, einen autoritativen Text zu schaffen, nicht aber einen solchen auszulegen.

1. Teleologische Argumente

a) Schutz der Gläubiger des Käufers oder des Verkäufers?

Man könnte sagen, das Konsensualprinzip privilegiere die Gläubiger des Käufers, insoweit es das Eigentum so früh als möglich auf ihn übergehen lasse. Das deutsche und das österreichische Recht hingegen privilegierten die Gläubiger des Verkäufers, indem sie es ihm überlassen, das Eigentum zu übertragen und damit den Zeitpunkt des Eigentumsübergangs zeitlich nach hinten verschieben. Vor dem Hintergrund dieser sehr groben, wenn nicht falschen Einschätzung[32], war es der Salzburger Arbeitsgruppe „Transfer of Title" zunächst vorgegeben, nach Argumenten zu suchen, warum die Gläubiger des Käufers oder die des Verkäufers besonders zu privilegieren seien. Würden sich solche Gründe finden lassen, müsste man die Regeln der Eigentumsübertragung dem anpassen. Das Recht der Fahrnisübereignung sollte also dabei helfen, als legitim erkannte Interessen zu verwirklichen. Wie immer man zu diesem Ansatz stehen mag, es lassen sich solche Argumente nicht finden. Denn die Interessen der Gläubiger des Veräußerers und des Erwerbers „heben sich gegenseitig auf" (Heck)[33].

b) Interessenwertungen zugunsten des Übergabeerfordernisses

Aus Sicht der Interessenjurisprudenz geht es bei dem Übergabeerfordernis (Traditionsprinzip) einerseits um den Konflikt zwischen den Parteien, die ein Interesse daran haben, dass die von ihnen gewünschte Gestaltung auch dann Gültigkeit habe, wenn keine Übergabe erfolgte, und andererseits dem Interesse der Allgemeinheit daran, dass die dinglichen Rechtsverhältnisse sichtbar sei-

---

32   Je nach Fallgestaltung kann freilich auch das Abstraktionsprinzip dem Käufer zugute kommen, wie die Fälle von *Knütel*, in: Vacca (o. Fn. 8), 287, 288 f., zeigen.
33   *Heck*, (o. Fn. 13), 119; ähnlich *Flume*, Allgemeiner Teil des bürgerlichen Rechts, II – Das Rechtsgeschäft, 4. Aufl. (1992), § 12 III 3; *Grigoleit*, in: AcP 199 (1999), 379, 382; *Zimmermann*, (o. Fn. 16), 272.

en³⁴. Wie die quasi universelle Durchsetzung des constitutum possessorium zeigt³⁵, ist dieser Konflikt letztlich seit dem klassischen Römischen Recht zugunsten des Parteiinteresses entschieden³⁶. Dass das Traditionsprinzip gleichwohl noch Geltung beansprucht, kann daher wohl kaum darauf zurückzuführen sein, dass das Interesse der Allgemeinheit sich insoweit doch durchgesetzt habe. Zu legitimieren ist das Übergabeerfordernis deshalb letztlich nur als Erkenntnismittel für den Willen der Parteien, Eigentum übergehen zu lassen. So gesehen, handelt sich um eine Beweisregel³⁷. Dieser Beweisregel aber liegt weniger die Entscheidung eines Interessengegensatzes zugrunde als die von Juristen über Jahrtausende gesammelte Erfahrung, dass wer eine Sache zum Zwecke der Eigentumsübertragung übergibt, auch wollte, dass das Eigentum übergehe bzw. umgekehrt, dass wer die Sache nicht übergibt auch nicht will, dass das Eigentum übergehe.

c) Inerssenwertungen zugunsten des Abstraktionserfordernisses

Das Abstraktionsprinzip entlastet – zusammen mit dem gutgläubigen Erwerb vom Nichtberechtigten – Dritterwerber von Mängeln des Verhältnisses zwischen Verkäufer und Käufer. Eine im deutschen Schrifttum stark verbreitete Ansicht sucht daher das Abstraktionsprinzip mit dem Gedanken des Verkehrsschutzes zu legitimieren³⁸. Dies ist aber nicht überzeugend. Denn zum einen ist fraglich, ob es diese Funktion tatsächlich erfüllt³⁹. Und zum anderen stellt sich die Frage, ob der Verkehr des Schutzes durch das Abstraktionsprinzips überhaupt bedarf; in vielen Fällen erreicht man diesen nämlich schon durch die Regeln über den gutgläubigen Erwerb vom Nichtberechtigten⁴⁰. Da im übrigen in Österreich und der Schweiz keine Klagen darüber laut werden, dass die dort herrschende Rechtsgrundabhängigkeit der Übereignung den Rechtsverkehr in störender Weise behindere, besteht der Verdacht, dass man in Deutschland mit der Schutzbedürftigkeit ein wenig übertreibt – um z.B. das Abstraktionsprinzip zu legitimieren – und dass vielleicht das Abstraktionsprinzip notwendig ist nur

---

34 *Heck*, (o. Fn. 13), 234.
35 Hierzu *von Caemmerer*, RabelsZ 12 (1938/39), 675, 683 f.
36 D. 41, 2, 18, pr.; hierzu *Kaser/Knütel*, Römisches Privatrecht, 17. Aufl. (2003), § 20/6.
37 *Heck*, (o. Fn. 13), 234 f.
38 Dieser Begründungsansatz findet sich nicht bei *Savigny*, System (o. Fn. 11), III, 356 ff. (*Ranieri*, in: Coing/Wilhelm (o. Fn. 19), 90, 102), sondern später z.B. bei *Jhering*, Geist des römischen Rechts auf den verschiedenen Stufen seiner Entwicklung, 4. Aufl. (1888), III, 2, 206 ff., 213. Neuerdings hat diesen Ansatz *Stadler* unter dem programmatischen Titel „Gestaltungsfreiheit und Verkehrsschutz durch Abstraktion" (1996) mit umfassender rechtsvergleichender Analyse vertreten; sehr dezidiert in diese Richtung auch *Grigoleit*, AcP 199 (1999), 379 ff.
39 Hierzu die Analyse von *Kegel*, in: FS Mann (1977), 57, 78 ff.
40 Das war eines der aus seiner Sicht – wesentlichen Argumente des Schweizer Bundesgerichts (BGE 55 II 302) gegen das Abstraktionsprinzip; a.A in Bezug auf das deutsche Recht *Stadler*, (o. Fn. 38), 372 ff.

wegen anderer Besonderheiten des deutschen Zivilrechts[41]. Hierauf wird später zurückzukommen sein.

Die teleologische Begründung des Abstraktionsprinzips mit dem Verkehrsschutz hat außerdem den großen Nachteil, dass sie dazu zwingt, in zwei Konstellationen einen wirksamen Eigentumsübergang zu bejahen, obwohl dies dem Rechtsgefühl widerspricht: In der ersten Konstellation weiß ein Dritter sicher, dass der an ihn weiterveräußernde Käufer dem Erst-Verkäufer zur Rückgabe der Sache verpflichtet ist, etwa weil dieser den Kaufvertrag wegen Irrtums wirksam angefochten hat[42]. Hier den Dritten gleichwohl Eigentum erwerben zu lassen[43], um den Warenumsatz nicht zu gefährden, hieße, die Aufgabe des Rechts zu verkennen, „jedem das seine zu gewähren[44]" – diene dies nun dem Warenabsatz oder nicht[45].

In der anderen Konstellation lässt sich der Erwerber eine Sache übereignen, obwohl er weiß, dass sie ihm nicht geschuldet ist: A macht B das Angebot, B könne die bereits in seiner (B's) Verwahrung befindliche Uhr gegen eine Zahlung zu Eigentum erwerben. B erwidert, mit dem Erwerb der Uhr vollkommen einverstanden zu sein, diese jedoch mit Rücksicht auf eine frühere Äußerung des A als geschenkt betrachten zu wollen[46]. B akzeptiert also nur das Angebot der Übereignung, nicht das Angebot zum Abschluss des Kaufvertrages. Nimmt man den Verkehrsschutz als Begründung des Abstraktionsprinzips und damit auch als maßgebliche Maxime seiner Auslegung ernst, wird hier kein Weg an einem Eigentumserwerb des B vorbeigehen; Dritte würden sonst unter dem Mangel des Kausalgeschäfts zwischen A und B leiden müssen[47].

---

41 So auch *Jakobs*, in: SZRom 119 (2002), 269, 300, Fn. 83.
42 Die Anfechtung bei Irrtum erstreckt sich nach herrschender deutscher Auffassung nur auf das Kausalgeschäft, der dingliche Vertrag und damit die Eigentumslage bleiben in aller Regel unberührt; *Jauernig*, in: Jauernig (o. Fn. 11), § 119 Rn. 16.
43 So dezidiert *Grigoleit*, AcP 199 (1999), 379, 384; skeptisch *Stadler*, (o. Fn. 38), 379 f. „extreme Ausnahmefälle"; trotz Befürwortung des Abstraktionsprinzips ablehnend *Jakobs*, SZRom 199 (2002), 269, 322; *Kegel*, in: FS Mann (1977), 57, 80, und *Strohal*, JherJb 27, 335, 407 f., leiten et. al. hieraus ab, dass das Abstraktionsprinzip zu verwerfen sei.
44 Inst. 1, pr.; Übersetzung von *Behrends/Knütel/Kupisch/Seiler*.
45 *Kegel* z.B. lehnte u.a. gerade wegen dieser Konsequenz das Abstraktionsprinzip ab; in: FS Mann (1977), 57, 86.
46 Bsp. nach *Strohal*, JherJb 27, 335, 344.
47 Die Römer hätten diesen letzten Fall wohl als Delikt, als furtum, qualifiziert; siehe etwa D. 13, 1, 18. Mit einem Teil der deutschen Lehre halte ich es für richtig, diese Entscheidung der römischen Juristen auch auf das deutsche Recht zu übertragen, mit der Konsequenz, dass die Übereignung in diesem Fall als Verstoß gegren die guten Sitten nichtig ist; *Flume*, (o. Fn. 33), § 12 5 b, § 18 8 c) bb); ihm folgend *Jakobs*, SZRom 119 (2002), 269, 322, Fn. 137; *Strohal*, JherJb 27, 335, 344 ff. A.A. wohl die herrschende Meinung auf Grundlage der Doktrin, dass das Verfügungsgeschäft „sittlich neutral" sei; *Jauernig*, in: Jauernig (o. Fn. 11), § 138 Rn. 25.

An den erwähnten Fallgruppen fällt ein Umstand auf, der nur selten in Betracht gezogen wird. Unter Verkehrsschutz scheint man ausschließlich den Schutz der Drittererwerber zu verstehen. Warum aber? Der Erst-Verkäufer, welcher hier infolge einer teleologischen Übersteigerung des Abstraktionsprinzips das Eigentum verliert, gehört doch auch zum Verkehr und es sind keine Gründe ersichtlich, warum er weniger Schutzbedürftig sein sollte. Das Argument mit dem Verkehrsschutz arbeitet also mit einem unzulässig verkürzten Begriff des „Rechtsverkehrs".

Aus diesen Überlegungen ergibt sich zum einen, dass der Verkehrsschutz das Abstraktionsprinzip nicht erfordert und zum anderen, dass die teleologische Begründung des Abstraktionsprinzips durch den Verkehrsschutz zu Übersteigerungen führt, deren Ergebnisse alles andere als billig sind bzw. sich aus dem Verkehrsschutz nicht rechtfertigen lassen. Die teleologische Begründung des Abstraktionsprinzips erweist sich damit als dysfunktional.

d) Ergebnis

Das richtige System der Eigentumsübertragung lässt sich mit Interessenargumenten kaum finden. Zum einen fällt es sehr schwer, Interessen auszumachen, die zu schützen und durch eine rechtliche Regelung zu privilegieren sind. Zum anderen handelt sich bei der Entscheidung von Interessenkonflikten um Wertungen. Und solchen kann man sich anschließen oder auch nicht. Es gibt jedoch keine wissenschaftliche Methode, den anderen davon zu überzeugen, dieselbe Wertung treffen zu müssen wie man selbst[48].

2. Historische Argumente

Man könnte sich auf den Standpunkt stellen, es sei dasjenige Recht in einem künftigen europäischen Zivilgesetzbuch zur Geltung berufen, welches dem in Europa Althergebrachten am nächsten kommt. Was sich über Jahrhunderte bewährt habe, könne auch für die Zukunft nicht das Falsche sein. Im Hinblick auf die Eigentumsübertragung gibt es in Europa aber gerade *keine* einheitliche Tradition. Mit konservativen Argumenten ist also in dieser Frage nicht weiterzukommen.

Stets hat es aber neben der konservativen Strategie, das Bestehende aus der Vergangenheit zu legitimieren, auch den reaktionären Zugriff auf die Vergangenheit gegeben. Dies meint, dass man eine abgestorbene Vergangenheit wieder zu beleben versucht. Es darf nicht übersehen werden, dass reaktionäre Ideologien zur Grammatik politischer Legitimation gehören und als solche in Betracht gezogen werden müssen. Als eine Vergangenheit, die der Wiederbele-

---

48 Damit soll freilich nicht geleugnet sein, dass es möglich ist, mit Hilfe wissenschaftlicher Schlüsse aus einmal getroffenen Wertungen weitere Wertungen abzuleiten. Hierzu *Canaris*, Systemdenken und Systembegriff in der Jurisprudenz, 2. Aufl. (1983), 40 ff.

bung würdig wäre, käme hier wohl einzig das klassische Römische Recht in Betracht[49].

Allein, selbst wenn man hierzu bereit wäre, würde man damit dem Problem der unterschiedlichen Systeme der Eigentumsübertragung nicht entrinnen. Denn die Quellen des Römischen Rechts sind gerade in diesem Punkte so widersprüchlich und lückenhaft[50], dass es den einzelnen europäischen Rechtsordnungen möglich war, ihre einander scharf widersprechenden Systeme der Eigentumsübertragung aus eben diesen Quellen zu entwickeln[51]. Dementsprechend herrscht auch in der Wissenschaft vom Römischen Recht keine Einigkeit darüber, was das klassische römische Recht in diesem Punkte war[52]. Neben der Quellenlage hat die Uneinigkeit der Romanistik auch einen hermeneutischen Grund[53]: Natürlich ist unser Blick auf die römischen Quellen von einem Vorverständnis geprägt und dieses Vorverständnis ist zumeist daraus gespeist, was in der eigenen nationalen Rechtsordnung gilt, die ihrerseits wieder aus dem römischen Recht entstanden ist.

Es ist also nicht zu erwarten, dass es jemals eine Einigung über die Frage des Eigentumsüberganges bei Austauschgeschäften aufgrund historischer Argumente geben wird[54]. Was freilich an der Bedeutung des römischen Rechts für die künftige Kodifikation im Übrigen nichts ändert. Denn die Kodifikatoren arbeiten, wie noch zu zeigen sein wird, innerhalb einer Rechtskultur, die durchdrungen ist von Ideen und Begriff des römischen Rechts[55], sei es unmittelbar sei es durch Vermittlung der Glossatoren, der Pandektistik oder der modernen Romanistik. Welche Regel daher auch immer gefunden wird, sie wird durch römisches Recht stark beeinflusst sein, auch wenn die Kodifikatoren dies nicht wollten oder wussten. Das römische Recht hat seine Bedeutung also nicht als

---

49 Zur Eigentumsübertragung im Römischen Recht siehe die Darstellung bei *Schulz*, Classical Roman Law (1951), 343 ff.; *Kaser/Knütel*, (o. Fn. 36), § 24; *Kunkel/Mayer-Maly*, Römisches Recht, 4. Aufl. (1987), 156 ff.; von neueren Spezialuntersuchungen seien genannt: *Behrends*, in: Parico (Hrsg.): Seminarios Complutenses de Derecho romano (1997-1999), 133 ff.; *Kaser*, Bull. 1961, 61 ff.; *Pugliese*, in: Vacca (o. Fn. 8), 25 ff.
50 *Schulz*, (o. Fn. 49), 350. Die berühmteste Antinomie ist D. 41, 1, 36 einerseits und D. 12, 1, 18 andererseits.
51 Und sei es auf Umwegen über das Vulgarrecht oder die Glossatoren; *Kaser*, (o. Fn. 3), 42 f.
52 Siehe in Bezug auf das Problem der iusta causa traditionis *Kaser*, Bull. 1961, 61 ff.; *Kunkel/Mayer-Maly*, (o. Fn. 49), 156; *Kaser/Knütel*, (o. Fn 36), 25/11, und *Jakobs*, SZRom 119 (2002), 269, 304 ff.; *Schulz*, (o. Fn. 49), 350, andererseits.
53 Zu den Problemen der juristischen Hermeneutik *Betti*, in: FS Rabel, II (1954), 79 ff.
54 A.A. *Benke*, in: Gedächtnisschrift Hofmeister (1994), 31 ff., der aber z.B. das Erfordernis der Übergabe nicht damit begründet, dass diese römisches Recht gewesen sei, sondern damit, dass sie sich bei Gattungssachen leichter feststellen lasse als die Konkretisierung. Die Begründung des Rechtssatzes erfolgt also utilitaristisch.
55 Hierzu jüngst *Stein*, Römisches Recht und Europa (1996).

unmittelbare Quelle in dieser Frage, sondern für die Durchdringung des künftigen Rechts – „On ne peut jamais quitter les Romains[56]" (Montesquieu).

3. Systematische Argumente

a) Systematische Konsequenz

Unter systematischer Konsequenz sei hier verstanden, dass eine bestimmte Regel auf möglichst viele Fälle angewendet werden kann und daher so wenig Ausnahmen als möglich notwendig macht. Es geht also um Ökonomie und leichte Handhabung des Gesetzes.

Eines der klassischen[57], auch in der Study Group durchschlagenden Argumente gegen das französische Konsensualprinzip lautet dahin, dass dieses nur für den Fall von Speziessachen funktioniert, aber schon bei Gattungssachen oder noch herzustellenden Sachen der Modifikation bedarf[58]. Hierbei drängt sich aber die Frage auf, ob die anderen Systeme ohne vergleichbar schwere Brüche auskommen – nur dass wir eben unsere eigenen Systembrüche schon so gewohnt sind, dass wir sie kaum noch als solche empfinden. Verlangt man die Übergabe der Sache und begründet man dies wie üblich mit dem Publizitätsgedanken, fragt sich etwa, wie man es hiermit vereinbart, dass man regelmäßig das constitutum possessorium zulässt. Denn dies kommt einer rein konsensualen Eigentumsübertragung in der Sache sehr nahe[59]. Auch das Abstraktionsprinzip kann nicht frei von Ausnahmen durchgeführt werden. So sind Durchbrechungen anerkannt in Fällen der Sittenwidrigkeit, des vereinbarten Bedingungszusammenhangs und der Fehleridentität[60].

Zudem gibt das Postulat systematischer Konsequenz natürlich keine Antwort darauf, warum man sich für ein bestimmtes System entscheiden soll, dem gegenüber man dann konsequent zu sein hat. Die aus geforderter Konsequenz gewonnenen Argumente können also allenfalls unterstützende Bedeutung haben, aber die eigentliche Frage nicht entscheiden, welchem System zu folgen sei.

---

56 De l'esprit des lois, 11, 13.
57 *Bucher*, ZEuP 1998, 614, 618; *von Caemmerer*, RabelsZ 12 (1938/39), 675, 689.
58 Siehe die Fiktion in Art 1585 Code civil.
59 Die Zulässigkeit einer Übergabe im Wege des constitutum possessorium war auch nicht von ungefähr einer der Gründe, warum die Väter des Code civil das Konsensualprinzip übernahmen: In der französischen Notariatspraxis aus der Zeit vor dem Code war es üblich, dass die Parteien die formale Übergabe, vor allem bei Immobilien, durch solche fiktive Übergabeformen ersetzten. Vor diesem Hintergrund kann man das Konsensualprinzip als eine Kodifikation der vorrevolutionären Notariatspraxis begreifen. Hierzu *van Vliet*, (o. Fn. 5), 76 ff.
60 *Jauernig*, in: Jauernig (o. Fn. 11), vor § 854 Rn. 14 ff.

b) Systematische Kongruenz

aa) Allgemein

Wirkliche Überzeugungskraft haben letztlich nur die Argumente systematischer Kongruenz. Denn diese Schlüsse sind keine Werturteile wie die Bevorzugung bestimmter Interessen oder die historischen Argumente, sondern sind nachprüfbare Gedankengänge, so wie der Schluss von den zwei Seiten eines Dreiecks und dem dazwischen liegenden Winkel auf die übrigen Winkel, um einen Vergleich *Savignys* zu verwenden[61]. Der Grund hierfür liegt darin, dass sie sich an dem Kriterium der Systemgerechtigkeit messen lassen müssen, welches durch die Prinzipien von Einheit und Ordnung bestimmt wird. Und da die Schlüsse aus systematischer Kongruenz einer rationalen Nachprüfung zugänglich sind, sind sie wissenschaftlich[62] – soweit es eben geht[63]. Damit sind einzig und allein die Argumente aus systematischer Kongruenz in der Lage, die Diskussion um das richtige System des Eigentumsübergangs beim Kaufvertrag mit rationalen bzw. wissenschaftlichen Argumenten zu entscheiden.

Die Argumente aus systematischer Kongruenz sind aber nur dann zwingend, wenn man diejenigen Elemente des Systems, von denen man auf die anderen schließt, als Gegebenheit hinnimmt. Sie verlieren ihre Überzeugungskraft, wenn man das Zivilrechtssystem auf dem sie beruhen, zur Disposition stellt oder ändert. Insoweit ist diese Methode positivistisch, was indes nur eine Feststellung und kein Vorwurf ist.

bb) Besondere Voraussetzungen

Neben dieser praktischen Voraussetzung hat der Versuch, die richtigen Regeln der Fahrnisübereignung beim Kaufvertrag wissenschaftlich zu ermitteln, noch weitere praktische Voraussetzungen:

Das hier empfohlene und im Folgenden durchzuführende Schlussverfahren setzt zunächst voraus, dass die zwei Seiten und der dazwischen liegende Winkel des Dreiecks bekannt sind, dass also Gegebenheiten vorhanden sind, von denen aus wir weitere Schlüsse ziehen können. Ob das der Fall ist, soll sich sogleich erweisen.

---

61 *Savigny*, Vom Beruf unserer Zeit zur Gesetzgebung und Rechtsfindung, 3. Aufl. (1840), 22.
62 Im Ergebnis ebenso *Bydlinski*, Über prinzipiell-systematische Rechtsfindung im Privatrecht (1995), 1 f., 30 ff.; *ders.*, System und Prinzipien des Privatrechts (1996) m. vielen w. H.; *Savigny*, Beruf (o. Fn. 61), 22.
63 Dieser Einschränkung bedarf es, um klarzustellen, dass ein naturwissenschaftliches Niveau in der Jurisprudenz nicht erreicht werden kann, was aber nicht bedeutet, dass man das Kind mit dem Bade ausschüttet und das Postulat der Wissenschaftlichkeit aufgibt; hierzu etwa *Waldstein*, in: ANRW, hrsg. v. H. Temporini und W. Haase, Bd. 15 (1976), 1. 23 ff.

Diese Frage müsste weiters den Schlussstein und nicht das Fundament einer Kodifikation des Kaufvertrages bilden. Es muss also möglich und geboten sein, den sachenrechtlichen Aspekt des Kaufvertrages als letztes zu bestimmen. Dass dies der Fall ist, lehrt zunächst die Erfahrung. So hat Rabel die Ansicht vertreten, dass eine internationale Regelung des Kaufvertrages auf eine Kodifikation der sachenrechtlichen Komponente verzichten könnte, da diese zwar große theoretische, aber nur relativ geringe praktische Bedeutung habe[64] und das UN-Kaufrecht gibt ihm insoweit Recht, als es den sachenrechtlichen Aspekt überhaupt nicht regelt, sondern diese Frage dem IPR überantwortet, welches wiederum denkbar unterschiedliche Rechtsordnungen zur Entscheidung über die sachenrechtliche Komponente beruft[65].

Vor allem spricht aber eine theoretische Überlegung für einen kodifikatorischen Nachrang der sachenrechtlichen Seite des Kaufs: Die Übereignung der Kaufsache, wie immer sie auch erfolgt, dient nur dem Vollzug des ihr zugrunde liegenden Vertrages[66], stellt aber gerade keinen rechtlich anerkannten Grund dar, die Sache zu behalten[67]. Was sich im Falle der Unwirksamkeit des Kausalgeschäftes eben darin äußert, dass das Eigentum an den Verkäufer zurückfällt bzw. gar nicht erst übergeht oder er einen Rücküber-eignungsanspruch hat, je nach dem in welchem System man sich befindet[68]. Die Eigentumsverhältnisse sind daher bei Austauschgeschäften stets von der obligatorischen Rechtslage abhängig. Das Sachenrecht bzw. die dingliche Komponente des Kaufes muss also die im Schuldrecht bzw. die durch die schuldrechtliche Komponente vorgegebene Wertung nachvollziehen und kann dabei in sehr beschränktem Umfang eigene Wertungen zur Geltung bringen.

Die Frage des Eigentumsübergangs steht also in einem Verhältnis teleologischer Abhängigkeit zum Kaufvertrag. Woraus sich weiter ergibt, dass die Regeln des Eigentumsübergangs nicht *a priori* richtig oder falsch sind[69], sondern nur *a posteriori*, d.h. innerhalb eines bestimmten vorgegebenen Privatrechtssystems. Das Abstraktionsprinzip etwa ist die ideale Ergänzung des sonstigen deutschen Zivilrechts, wäre aber im Rahmen des Code civil völlig deplaziert; umgekehrt wäre ein translativer Effekt des Kaufvertrages ein störender Fremdkörper im deutschen Schuldrecht.

---

64 Rabel, (o. Fn. 7), I, 31 f.
65 Art. 4 Satz 2 lit. b) des CISG. Ähnlich verfuhr auch das ADHGB, welches in den Artt. 337 ff. gleichfalls den Eigentumsübergang nicht behandelte.
66 Zum vollziehenden Charakter des Sachenrechts und dem funktionalen Zshg. zwischen Schuld- und Sachenrecht etwa *Kramer*, in: MünchKomm, II, 3. Aufl. (1994), Einl. Rn. 16.
67 Hieran ändert natürlich auch das Abstraktionsprinzip nichts; ebenso *Rainer*, (o. Fn. 7), 168.
68 *Kegel*, in: FS Mann (1977), 57, 65.
69 *Flume*, (o. Fn. 33), § 12 III 3. Ähnlich *Strohal*, JherJb 27, 335, 336; *Kegel*, in: FS Mann (1977), 57, 78, und *Mayer-Maly*, in: Vacca (o. Fn. 8), 275, 285.

Schließlich muss die Kodifikation, auf welche diese Methode angewandt wird, selbst mit dem Willen zu Systematik geschaffen sein. Würde es sich etwa um eine rein topische Agglomeration von Normen handeln, wäre es nicht adäquat, diese systematisch weiterentwickeln zu wollen[70]. Doch das Gegenteil ist der Fall. Die Vorarbeiten der Study Group zeigen einen Willen zum System, dessen Intensität und Qualtiät (zumindest aus deutscher Sicht) in bester pandektistischer Tradition steht.

IV. Deduktive Ermittlungen der richtigen Regeln der Fahrnisübereignung

Ist einmal geklärt, dass die Frage des Eigentumsüberganges nicht das Fundament, sondern der Schlussstein entsprechender Kodifikationsarbeit sein soll, dass ihre Richtigkeit also nur a posteriori zu bestimmen ist, kann man darangehen, aus verschiedenen bereits vorhandenen Gegebenheiten der Kodifikationsarbeit der Study Group on a European Civil Code auf die richtigen Regeln der Fahrnisübereignung zu schließen. Diese Schlüsse können sich auf zweierlei stützen. Zum einen baut die Study Group auf den Vorarbeiten der Commission of European Contract Law unter dem Vorsitz von Lando auf, die im Jahre 2000 die Principles of European Contract Law (Lando Principles) vorgelegt hat[71]. Innerhalb der Study Group, die zu einem guten Teil aus denselben Personen besteht wie die Lando Commission und sich daher als deren Fortsetzung ansehen darf, werden die Lando Principles auch als Arbeitsgrundlage verwendet. Zum anderen liegen bereits Teile des Entwurfes der Study Group für ein europäisches Zivilgesetzbuch vor, insbesondere das Kaufrecht und eine vorläufige Gliederung des Gesamtwerkes[72].

1. Ableitung des dinglichen Vertrages

a) Bedeutung der Vertragstheorie als notwendige Voraussetzung der Möglichkeit des dinglichen Vertrages

aa) Naturrecht und Savigny

In der frühen Neuzeit war die bestimmende Schule europäischen Rechtsdenkens das Naturrecht, das erheblichen Einfluss auf den Code civil gehabt hat und

---

70 Zum Gegensatz axiomatisch-systematischer und topischer Rechtsfindung, *Kaser*, Zur Methode der römischen Rechtsfindung, 2. Aufl. (1969), (= Nachrichten der Akademie der Wissenschaften in Göttingen, I. Philologisch-Historische Klasse 1962), 51 ff.
71 Hrsg. v. Lando und Beale (2000).
72 Siehe auf der Homepage der Study Group, unter „texts", "Structure of the Code/Principles (as at June 2004)".

damit auch an der Ausbildung des Konsensualsystem beteiligt war[73]. Nach *Grotius*, dem einflussreichsten Naturrechtler, bedeutet ein Vertrag, dass man ein Stück seiner Freiheit, einer „particula libertatis", darbietet und an den Erwerber veräußert[74]. Hat nun der Kaufvertrag wie die anderen Verträge seinem Wesen nach eine entäußernde Natur, ist es nicht erforderlich, auch noch die Übergabe der Sache zur Voraussetzung des Eigentumsüberganges zum machen[75]. Stellt man dazu noch in Rechnung, dass das constitum possessorium ohnehin einer konsensualen Eigentumsübertragung sehr nahe kommt, drängt es sich auf, das Übergabeerfordernis ganz fallen zu lassen – und genau diese Konsequenz hat *Grotius* auch gezogen[76].

Demhingegen stellt die Vertragstheorie *Savignys*, welche für das BGB und damit die Existenz des dinglichen Vertrages in demselben entscheidend war, auf die Begründung eines Rechtsverhältnisses zwischen den Parteien ab. Der Vertrag bedeutet nicht so sehr eine Entäußerung von Freiheit[77] als eine Verbindung gegebener Personen zu etwas Neuem, einem „Rechtsverhältnis": Der Vertrag ist die Vereinigung mehrerer zu einer übereinstimmenden Willenserklärung, wodurch ihre Rechtsverhältnisse bestimmt werden"[78].

Indem der Vertrag ein Rechtsverhältnis begründet, verwandelt er Handlungen, „die bis dahin als zufällige und ungewisse künftige Ereignisse gedacht werden mussten, in nothwendige und gewisse Ereignisse. Ja der ganze Zweck der Obligationen geht dahin, den Berechtigten in die Lage zu setzen, dass er auf Eintritt dieser Ereignisse mit Sicherheit rechnen könne"[79]. Mittels einfachen Subsumtionsschlusses folgert *Savigny* aus dieser Bestimmung des Vertrages, dass die

---

[73] Dass man die Lehre Grotius' und Pufendorfs nicht eins zu eins als Quelle des Konsensualprinzips im Code civil ansehen kann, zeigt aufgrund umfassender Quellenanalyse und Erforschung der Gesetzgebungsgeschichte *Bucher*, ZEuP 1998, 615 ff. Gleichwohl sieht auch er Zusammenhänge der Naturrechtsschule und des Code civil (a.a.O., 657); siehe auch *Petrochi*, in: Vacca (o. Fn. 8), 169, 171 ff.

[74] *Grotius*, De iure belli ac pacis (erstmals 1625; hier benutzt die Ausgabe Amsterdam 1735), II, 11, 4. 1; ihm folgend *Pufendorf*, De iure naturae et gentium (1795), II, 5, 7. Hierzu *Coing*, (o. Fn. 18), I, 393, und *Wieacker*, in: FS Welzel (1974), 7 ff.

[75] Zu diesem Zshg. in Bezug auf Hegel, der sich in einer Traditionslinie mit Grotius befindet, *Landau*, in: ARSP 69 (1975), 117, 136 f.

[76] *Grotius*, (o. Fn. 74), II, 6, 1; a.a.O., II, 8, 25; a.a.O., II, 11, 1; a.a.O., II, 12, 15, 1: „De venditione & emtione notandum, etiam sine traditione, ipos contractus momento transferri dominium posse, atque id esse simplicissimum."

[77] Allerdings weist *Coing*, (o. Fn. 18), II, 341, darauf hin, dass sich auch die Pandektistik von der Lehre nicht vollständig gelöst habe, dass eine Verpflichtung Veräußerung von Freiheit bedeute. Allerdings bezieht sich nach der Pandektistik das durch Entäußerung eingeräumte subjektive Recht nur auf „Herrschaft über die einzelnen Handlungen der fremden Person" (*Savigny*, System (o. Fn. 11), I, 339); hierzu *Coing*, (o. Fn. 18), II, 270f.

[78] *Savigny*, System (o. Fn. 11), III, 309.

[79] *Savigny*, Obligationenrecht (o. Fn. 11), I, 8 f.

Übergabe einer Sache zum Zwecke der Eigentumsübertragung ein Vertrag sein müsse: „So ist die Tradition [d.h. das Gesamtgeschehen der Übergabe] ein wahrer Vertrag, da alle Merkmale des Vertragsbegriffs darin wahrgenommen werden: denn sie enthält von beiden Seiten die auf gegenwärtige Übertragung des Besitzes und Eigenthums gerichtete Willenserklärung und es werden die Rechtsverhältnisse der Handelnden dadurch neu bestimmt; dass diese Willenserklärung für sich allein nicht hinreicht zur vollständigen Tradition [i.S.v. Eigentumsübertragung], sondernd die wirkliche Erwerbung des Besitzes, als äußere Handlung, hinzutreten muss, hebt das Wesen des zum Grund liegenden Vertrages nicht auf"[80].

bb) Code civil, BGB und European Civil Code

Einmal gibt es also die Auffassung, dass dem Kaufvertrag selbst eine entäußernde Natur eigne und einmal die, dass der Kaufvertrag erst ein Rechtsverhältnis schafft aus dem sich dann in Folge die Übertragung des Eigentums ergeben soll, aber nicht notwendig muss[81]. Wenn man so will, kann man sagen, das französische Recht begreife den Kaufvertrag als Rechtsakt, das deutsche begreife ihn als Rechtsverhältnis[82]. Der Unterschied zwischen beiden wird besonders deutlich an vier zentralen Bestimmungen des französischen und deutschen Rechts: In Art 711 Code civil heißt es: „La propriété des biens s'acquiert et transmet [...] par l'effet des obligations". Wohingegen § 241 BGB bestimmt: „Kraft des Schuldverhältnisses ist der Gläubiger berechtigt, von dem Schuldner eine Leistung zu verlangen"[83]. Diese allgemeinen Bestimmungen über Verträge setzen sich fort in den besonderen Bestimmungen über den Kaufvertrag. Art. 1583 Code civil bestimmt: „Elle [la vente] est parfaite entre les parties, et la propriété est acquise de droit à l'acheteur à l'égard du vendeur, dès qu'on es convenu de la chose et du prix, quoique la chose n'ait pas encore été livrée ni le prix payé". Wohingegen es in § 433 Abs. 1 Satz 1 BGB heißt: „Durch den Kaufvertrag wird der Verkäufer einer Sache verpflichtet, dem Käufer die Sache zu übergeben und das Eigentum an der Sache zu verschaffen".

---

80 *Savigny*, System (o. Fn. 11), III, 312.
81 Dieser Gegensatz dürfte in etwa mit dem übereinstimmen, was *Flume* in seiner gleichnamigen Schrift als „Rechtsakt und Rechtsverhältnis" (1990) bezeichnet; s. insb. 53 ff. und 111 ff.
82 Zu dieser Unterscheidung *Flume*, Rechtsakt und Rechtsverhältnis (1990), 9 ff.
83 Zum Einheits- und Trennungsprinzip instruktiv *Larenz*, Schuldrecht Allgemeiner Teil, 13. Aufl. (1986), § 39, II; aus historischer Sicht erklärt diese Zusammenhänge *Schmidlin*, in: Vacca (o. Fn. 8), 305 ff.

Es liegt auf der Hand, dass die französische bzw. die naturrechtliche Vertragstheorie die Herausbildung eines eigenen dinglichen Vertrages nicht zulässt und dass umgekehrt die Herausbildung eines eigenen dinglichen Vertrages die selbstverständliche Konsequenz der Vertragstheorie des BGB bzw. *Savignys* ist[84].

Welcher dieser beiden Vertragstheorien stehen nun die Lando Principles näher? Deren Art. 2:101 bestimmt: „A contract is concluded if: a) the parties intend to be legally bound, and b) they reach a sufficient agreement without any further requirement". Diese Begriffsbestimmung der Lando Principles liest sich geradezu wie eine Übersetzung von *Savignys* Vertragsdefinition, insbesondere fehlt jeder Hinweis auf einen translativen Effekt des Vertrages. Da die Lando Principles den Vertrag schon vom Grundsatz her nicht mit einem „effet translatif" bekleiden, sondern ihn als Rechtsverhältnis begreifen, welches auf die Herbeiführung einer dinglichen Rechtsänderung gerichtet ist, erfüllen sie die notwendige Bedingung für die Annahme eines dinglichen Vertrages als einer Voraussetzung der Fahrnissübereignung. Dieses Ergebnis bestätigt sich, wenn man den bislang vorliegenden Entwurf des Kaufrechts der Study Group betrachtet[85]. In Article 2:001 heißt es unter der Überschrift „Obligations of the seller": "The seller must: (a) transfer the property in the goods, either immediately on conclusion of the contract or at some future time; ... [etc.]". Eine Verpflichtung, ein „must", hätte nur wenig Sinn, wenn dem Kaufvertrag ein „effet translatif" eignete, denn dann ginge das Eigentum ja mit Abschluss des Kaufvertrages über.

b) Die Bedeutung des Pandektensystems als hinreichende Voraussetzung für das Erfordernis eines dinglichen Vertrages

Die Ableitung des dinglichen Vertrages ergibt sich neben der entsprechenden Vertragstheorie ganz wesentlich aus der bereits vorliegenden Gliederung des European Civil Code. Um die Implikationen dieser Gliederung würdigen zu können, ist es nötig, sich darauf zu besinnen, dass es historisch gesehen auch andere Möglichkeiten gibt, den Stoff des bürgerlichen Rechts zu gliedern: Die bereits erwähnten Institutionen Justinians gliedern sich im Wesentlichen in drei Teile: personae, res und actiones (Personen, Sachen und Klagen). Die beiden den Sachen gewidmeten Bücher (2 und 3) behandeln das Sachenrecht, das Erbrecht und das Obligationenrecht. Am besten ist der Begriff „res" in Anlehnung an das niederländische Burgerlijk Wetboek und mit einem Sprachgebrauchs *Savignys*[86] mit dem Ausdruck „Vermögensrecht" zu verdeutschen.

---

84 So auch *Ranieri*, in: Coing et. al. (Hrsg.): Wissenschaft und Kodifikation des Privatrechts im 19. Jahrhundert (1974 ff.), 90, 102 f.; zu diesem Zshg. auch *Coing*, (o. Fn. 18), II, 394, und *Jakobs*, SZRom 199 (2002), 269, 300 f.
85 Abrufbar auf der Homepage der Study Group, unter „texts", „Sales, draft articles (as at June 2004)".
86 *Savigny*, System (o. Fn. 11), I, 403.

Diese Dreiteilung des Zivilrechts nennt man entweder das Institutionensystem oder nach seinem vermutlichen Schöpfer, Gajus, das gajanische System. Sowohl der Code civil als auch das österreichische ABGB folgen im Wesentlichen diesem System[87], wobei sie allerdings das Prozessrecht nicht behandeln.

Bis zur historischen Rechtsschule beherrschte diese Einteilung des juristischen Stoffes das Feld und suchten die meisten juristischen Theorien, aus dieser Ordnung des Stoffes heraus das Recht darzustellen und theoretisch zu begründen[88]. Eine der Folgen dieser Dreiteilung des Stoffes war, dass man als Verträge grundsätzlich nur die herkömmlichen Obligationen anerkannte.

Savigny befreite den Begriff des Vertrages aus dieser Enge[89] und schuf so die theoretische Voraussetzung für das dem BGB zugrunde liegende Pandektensystem[90], also die Teilung des Privatrechts in einen Allgemeinen Teil, Schuldrecht, Sachenrecht, Familienrecht und Erbrecht[91]. Denn nur wenn man den Vertragsbegriff vom Schuldvertrag emanzipiert, ist es möglich, so unterschiedliche Institute wie die Leihe, die Eheschließung und die Bestellung einer Hypothek unter diesen Oberbegriff zu fassen. Trennt man insbesondere Schuldrecht und Sachenrecht voneinander, ergibt es sich fast von selbst, dass man den Eigentumsübergang beim Kaufvertrag sachenrechtlichen Regeln unterstellt, also insbesondere dem schuldrechtlichen Vertrag keinen „effet translatif" zumisst. Umgekehrt legt der Code civil schon von seinem Aufbau her nahe, Schuldrecht und Sachenrecht nicht zu unterscheiden und infolgedessen schon dem Kaufvertrag eine dingliche Wirkung zu verschaffen. Der Code regelt zuerst die Rechtsverhältnisse der Personen, dann der Sachen und zuletzt die verschiedenen Arten, wie man Eigentum erwirbt – „Des différentes manières dont on acquiert la propriété". Und in diesem dritten und letzten Buch sind sowohl das Erbrecht als auch die Verträge im Allgemeinen und im Besonderen geregelt. Es wäre ein Systembruch, wenn nicht gar Unfug, ordnete der Code den Kaufvertrag unter die zitierte Überschrift des dritten Buches ein und verliehe er ihm nicht gleichzeitig einen translativen Effekt[92].

---

87   Auf diese unter deutschen Juristen wenig bekannte Verwandtschaft weist *Mayer-Maly*, in: Vacca (o. Fn. 8), 275, 276 f., hin.
88   Hierzu umfassend *Stein*, in: FS Warmelo (1984), 218 ff. Zu Gliederungen, die schon vor dem Pandektensystem auf die Dichotomie Eigentum-Schuldverhältnis abstellten; *Kupisch*, (o. Fn. 22), 294 f.
89   *Savigny*, System (o. Fn. 11), III, 312 ff.
90   Zum Pandektensystem allgemein *Schwarz*, SZRom 42 (1921), 578 ff.
91   Zum Verhältnis von Vertragsbegriff und Pandektensystem *Coing*, (o. Fn. 18), II, 393 f.
92   Einen Mittelweg schlägt das niederländische BW ein. Unter dem Oberbegriff Vermögensrecht behandelt es 1. diese Materie im allgemeinen (Buch 3), 2. das Erbrecht (Buch 4), 3. das Sachenrecht (Buch 5) und 4. das Obligationenrecht (Buch 6 bis 8).

Hat man sich aber dazu entschlossen, die Zuordnung von Sachen zu Personen als eigenes vom Schuldrecht scharf unterschiedenes Rechtsgebiet anzusehen, wie dies z.b. im BGB der Fall ist[93], ist es die ebenso fast notwendige Konsequenz, den Eigentumsübergang beim Kaufvertrag nicht als Folge des Kausalgeschäftes anzusehen, sondern den besonderen hierfür zuständigen Regeln zu unterstellen[94]. Unterstellt man aber den Eigentumsübergang beim Kaufvertrag dem Sachenrecht, so braucht man als weiteres konstruktives Erfordernis einen Vertrag, um den Eigentumsübergang zu erklären – das Kausalgeschäft darf ja keine Rolle mehr spielen und die schlichte Besitzverschaffung überträgt noch nicht das Eigentum.

Der dingliche Vertrag ist also das konstruktive Korrelat eines souveränen Sachenrechts[95].

c) Ergebnis

Welche Schlüsse lässt nun das bisher vorhandene Gerüst des European Civil Code auf die Existenz eines eigenständigen Sachenrechts und damit des dinglichen Vertrages zu? Buch I des bisherigen Entwurfs regelt Materien, die sich weitgehend mit dem Allgemeinen Teil des BGB decken, die Bücher II bis III regeln das Allgemeine Schuldrecht, IV bis VI das Besondere Schuldrecht, VII die Ungerechtfertigte Bereicherung, VIII das Eigentum an Sachen, IX Pfandrechte und X voraussichtlich Trust bzw. Treuhand. Das ist bis in Einzelheiten hinein dieselbe Pandekten-Struktur, die auch dem BGB zugrunde liegt. Auch der European Civil Code wird also ein eigenes Sachenrecht kennen und es wäre vor diesem Hintergrund ein logischer Bruch, die zu fordernde Übergabe der Sache nicht als eigenes Rechtsgeschäft (sprich Vertrag) anzusehen.

Die Scheidung von Schuldrecht und Sachenrecht, wie sie für den European Civil Code vorgezeichnet ist, erheischt also den dinglichen Vertrag als notwendige Voraussetzung des Eigentumsübergangs beim Kauf.

---

93 Motive, in: Mugdan (o. Fn. 22), III, 1.
94 „Das Sachenrecht muss, um seine Selbständigkeit zu wahren, die Erwerbung der dinglichen Rechte nach Gesichtspunkten ordnen, die auf seinem Gebiete liegen"; so die 1. Kommission, Motive, in: Mugdan (o. Fn. 22), III, 2. Aufl., 4 a.a.O., heißt es, ein ius ad rem, wie es die Lehre von titulus und modus gewährt, würde das „Wesen der Rechtsverhältnisse ... verdunkeln".
95 Diese Zusammenhänge in besonderem Bezug auf den eigentlichen Schöpfer des Pandektensystems, Hugo, analysiert *Jakobs*, SZRom 119 (2002), 269, 287 ff.; ebenso auch die Einschätzung von *Ranieri*, (o.Fn. 84), 90, 102, und *Brandt*, (o. Fn. 25), 66 f., in Bezug auf Savigny. Dies zeigt sich auch an der Schärfe, mit welcher die 1. Kommission die Autonomie des Sachenrechts gegenüber dem Schuldrecht verteidigte; Motive, in: Mugdan (o. Fn. 22), III, 2, 5.

Überdies spricht auch noch eine praktische Überlegung für den dinglichen Vertrag: Unabhängig davon, wie und ob der European Civil Code eine Regelung für den Eigentumsvorbehalt bzw. ein besitzloses Sicherungsrecht treffen wird, bietet der dingliche Vertrag den Parteien die Möglichkeit, für Kausalgeschäft und dingliches Geschäft unterschiedliche Regelungen zu vereinbaren – vor allem in Hinblick auf Bedingungen – und bereichert daher auf logisch konsistente Weise die konstruktiven Möglichkeiten des Zivilrechts[96].

2. Ableitung des Übergabeerfordernisses

a) Aus einem selbständigen Sachenrecht

Verlangte man keine Übergabe im technischen Sinne[97] zur Übertragung des Eigentums, befände man sich zwangsläufig im französischen Konsensualprinzip. Und dieses setzt einen entäußernden Effekt des Vertrages, welche die Lando Principles dem Vertrag aber nicht zumessen. Die Übergabe ist also, vollkommen unabhängig von irgendwelchen Publizitätserwägungen, ein notwendiges Abgrenzungskriterium gegenüber dem Konsensualprinzip. Und die Notwendigkeit dieser Abgrenzung ergibt sich aus dem zugrunde gelegten Vertragsverständnis sowie der gleichfalls zugrunde liegenden Trennung von Schuldrecht und Sachenrecht. Die Übergabe ist also (im hier ausschließlich erörterten Zusammenhang des Eigentumsübergangs beim Kauf) das notwendige Korrelat eines dinglichen Vertrages, welcher seinerseits das notwendige Korrelat eines souveränen Sachenrechts ist.

Aus der dem European Civil Code zugrunde liegenden Trennung von Schuldrecht und Sachenrecht ergibt sich eine weitere Überlegung zugunsten des Traditionserfordernisses. Die Trennung von Schuldrecht und Sachenrecht ergibt nur dann einen Sinn, wenn es sich dabei nicht einfach um eine Gliederung des Stoffes handelt, sondern wenn man auch einen sachlogischen Unterschied damit verbindet. Und dieser kann nur darin liegen, dass das Schuldrecht sich mit dem Verhältnis zweier oder mehrerer Personen zueinander befasst und dieses Verhältnis Dritte grundsätzlich nichts angeht, wohingegen das Sachenrecht Rechtsbeziehungen regelt, die Dritte grundsätzlich angehen und von ihnen zu respektieren sind[98]. Die Existenz eines eigenen Sachenrechts präjudiziert also die Existenz eines gegenüber jedermann wirkenden Eigentums.

---

96 So auch *Knütel*, in: Vacca (o. Fn. 8), 287, 301; *von Caemmerer*, RabelsZ 12 (1938/39), 675, 693, spricht vom dinglichen Vertrag als einer Frage, „feinerer juristischer Differenzierung".
97 D.h. unter Einschluss der Formen fiktiver Übergabe wie dem constitutum possessorium.
98 Siehe auch *von Bar/Drobnig*, (o. Fn. 5), 323: „The latter [contractual rights] constitute a bilateral relation between two parties and do not, as a rule, affect, or require respect by third persons. By contrast, property rights may affect, and must be respected by any third person whosoever comes in contact with a particular asset." Da die Autoren dieser
(Fortsetzung auf der nächsten Seite)

Damit ist aber das Konsensualprinzip nicht zu vereinbaren. Denn wie der Code civil lehrt, ist das lediglich durch Konsens übertragene Eigentum in vielen Fällen nur ein relatives Recht, d.h. ein solches, das lediglich zwischen Veräußerer und Erwerber besteht[99]. Das zeigt nichts deutlicher als die Regelung des Doppelverkaufs im Code Civil[100]: Wird eine Sache doppelt verkauft, erlangt derjenige „richtiges" Eigentum, der in ihren Besitz kommt[101]; und Art. 2279 gibt dem Käufer die rei vindicatio nur, wenn er Besitzer der Sache gewesen ist[102]. Schafft man aber ein nur inter partes wirkendes Eigentum, so verwischt man damit wieder die kategoriale Schärfe das Sachenrechts, welche eben darin besteht, dass es gegenüber jedermann geltende Rechte behandelt[103].

b) Aus der Gefahrtragung

Historisch gesehen spricht viel dafür, dass sich das französische Konsensualprinzip vor allem aus einer besonderen Regel zur Verteilung der Preisgefahr im römischen Recht herleitet[104]. Mit Perfektion des Kaufvertrages hatte der Käufer die Preisgefahr zu tragen, musste also den Kaufpreis auch dann zahlen, wenn die Sache durch Zufall unterging – „periculum est emptoris"[105]. Auch den Naturrechtlern war es nicht gelungen, sich von der Autorität dieser Regel freizumachen und so wurde sie in den Code civil rezipiert[106]. Gleichfalls in den

---

Studie prominente Mitglieder der Study Group sind (a.a.O., 21 f.), kann man diese Aussage als Stellungnahme der Study Group werten. Nicht wesentlich anders beschreibt auch die 1. Kommission den Unterschied von Sachenrecht und Schuldrecht; Motive, in: Mugdan (o. Fn. 22), III, 1.

99 Nicht umsonst war es nach Inkrafttreten des Code civil umstritten, ob das durch den Kaufvertrag übertragene Eigentum nur inter partes oder erga omnes wirkt; Nw. bei *Petrochi*, in: Vacca (o.Fn. 8), 169, 172. Auch heute noch wird in der französischen Lehre unterstrichen, dass die Besitzerlangung in bestimmten Konstellationen, allen voran der Doppelverkauf, notwendig ist, damit das Eigentum erga omnes wirkt; *Houin*, Les principaux Contrats spéciaux, in: Ghestin (Hrsg.): Traité de Droit civil (1996), Nr. 11.206; zur schwachen Stellung des Erwerbers vor der Übergabe auch *von Caemmerer*, RabelsZ 12 (1938/39), 675, 686.

100 Art. 1141.

101 Anders freilich *Grotius*, (o. Fn. 74), II, 12, 15, 2. Dies ist zwar systemgerecht, war aber für die Redaktoren des Code civil von den praktischen Konsequenzen her doch untragbar. Denn Grotius' Auffassung zufolge könnte der nichtbesitzende Ersterwerber die Sache vom besitzenden und ggf. bezahlt habenden Zweiterwerber vindizieren.

102 Code civil, édition Dalloz, 103. Aufl. (2004), Art. 2279 Bem. 3; *von Caemmerer*, RabelsZ 12 (1938/39), 675, 686.

103 Mit ähnlicher Argumentation *Michaels*, Sachzuordnung durch Kaufvertrag (2002), 216 ff.

104 So überzeugend *Bucher*, ZEuP 1998, 615, 651 ff.

105 Zum Kaufvertrag und insb. der Gefahrtragung im Römischen Recht *Kaser/Knütel*, (o. Fn. 36), § 41, und *Ernst*, SZRom 99 (1982), 216 ff.

106 1624 i.V.m. Art. 1138 Abs 2 i.V.m. Code civil; die letzte Vorschrift lautet: „Elle [l'obligation de livrer la chose] rend le créancier propriétaire et met la chose à ses risques dès l'instant où elle a dû être livrée, concore que la tradition n'en ait point été faite, à
(Fortsetzung auf der nächsten Seite)

Code rezipiert wurde die aus dem Römischen Recht stammende Regelung der Sachgefahr: „casum sentit dominus"[107]. Stellt man diese beiden Regeln wie in einem Syllogismus untereinander, gelangt man zu der conclusio, dass der Käufer mit Abschluss des Vertrages Eigentümer der Sache wird[108].

Wenn es auch für einen Juristen des deutschen Rechtskreises schwer verständlich ist, so besteht doch für französische Juristen eine innige Beziehung zwischen Gefahrübergang und Eigentumsübergang[109]. Dies ist auch verständlich. Denn wenn man den Käufer schon sofort die Gefahr tragen lässt, ist es nur billig, ihn damit zu entschädigen, dass er sofort Eigentümer wird. Und so ist es nicht verwunderlich, dass auch für das klassische römische Recht die Ansicht vertreten wird, der Käufer werde mit Abschluss des Kaufvertrages zwar nicht Eigentümer der Sache, doch gelange sie in sein „Vermögen"[110].

Wegen dieser innigen Beziehung von Gefahrtragung und Eigentum bzw. „Vermögen", ist es durchaus möglich, von den Regeln über den Gefahrübergang auf den Eigentumsübergang zu schließen. In dem Entwurf des Kaufrechts („Sales") der Study Group vom Juni 2004 ergibt sich aus den Artt 5:101 ff., dass die Preisgefahr erst mit Übergabe der Sache an den Käufer übergehen soll. Damit ist der Satz „periculum est emptoris" also aufgegeben. Verlagert sich aber die Gefahr erst mit Übergabe auf den Käufer, gibt es keinen guten Grund ihm vorher schon das Eigentum zu verschaffen. Umgekehrt spricht alles dafür, den Käufer erst mit Übergabe Eigentümer werden zu lassen, wenn er erst mit Übergabe die Gefahr trägt[111] – „Nam et commodum eius esse debet, cuius periculum est"[112].

3. Ableitung der Rechtsgrundunabhängigkeit des dinglichen Vertrages

Es zeigte sich am Beispiel des österreichischen Rechts, dass der dingliche Vertrag nicht notwendig abstrakt ist[113]. Es setzt also zwar das Abstraktionsprinzip

---

        moins que le débiteur ne soit en demeure de la livrer; auquel cas la chose reste aux risques de ce dernier."

107   Dies ergibt sich gleichfalls aus Art. 1138; *Ferid/Sonnenberger*, (o. Fn. 10), 2 G 231.

108   Zu diesem Zshg. auch *Kegel*, in: FS Mann (1977), 57, 75.

109   Siehe etwa *Houin*, (o. Fn. 99), Nr. 11.202, der argumentiert, der Käufer erlange einen Vorteil, das Eigentum nämlich, und müsse daher auch den Nachteil, das Risiko nämlich, tragen.

110   So *Ernst*, SZRom 99 (1982), 216, 243 ff., unter Berufung auf *Windscheid*, (o. Fn. 24), § 390. Im nachklassischen Recht ist man denn auch zur Eigentumsübertragung durch Kauf übergegangen; *Kaser/Knütel*, (o. Fn. 36), § 24/14.

111   Diesen Zshg. zwischen Besitzübergang und Gefahrübergang betont aus rechtsvergleichender Sicht auch *Rainer*, (o. Fn. 7), 180.

112   Inst. 3, 23, 3. Wobei die Römer freilich diesen Schluss aus ihrer Gefahrtragungsregel nicht gezogen haben.

113   A.A. war die 1. Kommission, Motive, in: Mugdan (o. Fn. 22), III, 4: „Die sachenrechtlichen Geschäfte sind nothwendig abstrakter Natur." Das ist sicher nicht richtig, wie das

(Fortsetzung auf der nächsten Seite)

das Trennungsprinzip voraus, doch ist die Abstraktion keine notwendige Folge des Trennungsprinzips[114].
Die Frage der Abhängigkeit oder Unabhängigkeit vom Rechtsgrund kann man nicht danach lösen, was natürlicher sei, d.h. den Vorstellungen des Verkehrs besser entspreche[115]. Konstruiert und damit unnatürlich sind alle Regeln in dieser Frage, die darüber hinausgehen, privatautonome Gestaltung oder die normative Kraft des Faktischen wie beim Barkauf anzuerkennen[116].

a) Schlüsse aus dem Bereicherungsrecht

Eines der klassischen Argumente für das Abstraktionsprinzip lautet dahin, dass der Titel über die Leistungskondiktion in den Digesten (D. 12, 6 de condictione indebiti) eine abstrakte Übereignung voraussetze: Die Kondiktion in Fällen eines irrtumsbehafteten Kausalgeschäfts wäre überflüssig, wenn die Vindikation gegeben wäre und die Vindikation ist deshalb nicht gegeben, weil trotz unwirksamen Kausalgeschäfts das Eigentums auf den Käufer übergegangen sei. Trotz irrtumsbehafteten Kausalgeschäfts könne das Eigentum aber nur dann übergehen, wenn die Übereignung rechtsgrundunabhängig bzw. abstrakt sei[117]. In seiner modernen Fassung lautet dieses Argument etwas anders: Zwar habe dieser Digestentitel heute keine Gesetzeskraft mehr, doch sei das in Wesentlichen römischrechtlich geprägte Bereicherungsrecht und nicht das gleichfalls römischrechtlich geprägte Recht der Vindikation der maßgeschneiderte und damit richtige Modus zur Rückabwicklung von Güteraustauschen auf Grundlage unwirksamer Verträge[118]. Der wesentliche Unterschied zwischen beiden Ansprüchen besteht nach geltendem deutschen Recht darin, dass bei der Vindikation im deutschen Recht der gutgläubige Empfänger die Nutzungen behalten kann[119], der Kondiktionsschuldner sie aber herausgeben muss[120]. Dafür kann

---

österreichische Recht zeigt. Wenn aber die Eigentumsübertragung abstrakt ist, dann bedarf es aus Gründen der Logik eines eigenen, dinglichen Vertrags, damit Eigentum übergehe; *Jakobs*, SZRom 119 (2002), 269, 318.

114 So auch *Kegel*, in: FS Mann (1977), 57, 78.
115 So aber *Bydlinski*, in: Klang IV/2 (o. Fn. 20), 372 ff.
116 Ebenso *Knütel*, in: Vacca (o. Fn. 8), 287, 298, in Bezug auf das ebenso banale wie häufige Argument, das Abstraktionsprinzip sei „unnatürlich". Dasselbe kann man, wie *Knütel* zu Recht bemerkt, auch von dem Unterscheidung von Besitz und Eigentum sagen, die ernstlich wohl niemand als „unnatürlich" wird zurückweisen wollen.
117 So *Savigny*, System (o. Fn.11), III, 356 f.; gegen diesen Schluss *Jahr*, SZRom 80 (1963), 141, 172, Fn. 79; *Rabel*, Grundzüge des Römischen Privatrechts, 2. Aufl. (1955), § 39; *van Vliet*, (o. Fn. 5), 189 f.
118 So *Jakobs*, SZRom 119 (2002), 268, 300 ff.
119 §§ 987, 993 BGB.
120 § 818 Abs. 1 BGB.

sich der Kondiktionsschuldner auf Entreicherung berufen[121], was dem Vindikationsschuldner versagt ist[122].

Dieser Gedankengang verschiebt das Problem aber nur zu der Frage, warum denn Kondiktionsansprüche geeigneter als Ansprüche aus der Vindikation seien, gescheiterte Verträge rückabzuwickeln. Die Herausgabe der gezogenen Nutzungen kann nicht das entscheidende Kriterium sein. Denn man könnte die Pflicht hierzu auch dem redlichen Vindikationsschuldner auferlegen[123].

Die Rückabwicklung gescheiterter Kaufverträge über die Kondiktion vermag aber das Problem der Abstraktheit von Geldzahlungen zu bewältigen, woraus sich für das deutsche Recht de lege lata ein starkes Argument zugunsten des Abstraktionsprinzips ergibt: Das Abstraktionsprinzip hat zur Folge, dass Käufer und Verkäufer bei Rückabwicklung eines gescheiterten Kaufvertrages gleichermaßen Kondiktionsansprüche zustehen. Wenn hingegen das Abstraktionsprinzip nicht gälte, also die Rückabwicklung über die Vindikation erfolgen müsste, wäre diese Parallelität nicht mehr gegeben, da der Verkäufer in aller Regel trotz fehlgeschlagenen Kaufvertrages Eigentümer des gezahlten Geldes wird, er also im Gegensatz zum Verkäufer auf Kondiktionsansprüche verwiesen wäre und sich daher ggf. den Einwand der Entreicherung entgegenhalten lassen müsste[124]. Freilich könnte man auch diese Konsequenzen de lege ferenda korrigieren, indem man z.B. den Einwand der Entreicherung striche und die hier greifenden Kondiktionsansprüche im Konkurs bevorrechtigte[125].

Die Antwort auf die Frage, ob man das Abstraktionsprinzip in den European Civil Code übernehmen muss, kann sich m.E. derzeit nicht aus Bereicherungsrecht ergeben. Etwas anderes wäre der Fall, wenn in der Study Group bereits ein Entwurf der Vindikation mit ihren Nebenansprüchen vorläge und man sagen müsste, dass die Vindikation schlechter als die Kondiktion geeignet sei, gescheiterte Verträge rückabzuwickeln. Denn nur in diesem Fall hätte das alte systematische Argument von dem abstrakten Vertrag als notwendigem Korrelat der Kondiktion eine neue und Akzeptanz heischende Rechtfertigung. Gleiches gilt für das Parallelitäts-Argument. Auch dessen Berechtigung kann erst überprüft werden, wenn die Kodifikationsarbeiten weiter vorangeschritten sind und auch Aussagen über das Konkursrecht vorliegen.

---

121 § 818 Abs. 3 BGB.
122 Zur ratio legis Motive, in: Mugdan (o. Fn.22), III, 218 ff.: Da man nicht genau wisse, ob man Eigentümer einer Sache sei, solle man durch diese Vorschriften vor Delikts- und Bereicherungsansprüchen geschützt sein.
123 Skeptisch gegenüber der Privilegierung des Vindikationsschuldners in dieser Hinsicht *Larenz/Canaris*, Lehrbuch des Schuldrechts, II/2, 13. Aufl. (1994), § 74 I 1 a).
124 So etwa *Grigoleit*, in: AcP 199 (1999), 379, 389; *Knütel*, in: Vacca (o. Fn. 8), 287, 299.
125 Vorschläge hierzu bei *Brandt*, (o. Fn. 25), 237 ff, 250 ff., und *Stadler*, (o. Fn. 38), 459 f.

b) Schluss aus der Fragilität des Kausalvertrages

Im Vergleich zu anderen Rechtsordnungen, namentlich Österreich[126] und der Schweiz[127], kennt das deutsche Recht eine sehr weitgehende Anfechtung des Vertrages wegen Irrtums[128]. Würde nun diese Fragilität des Kausalgeschäftes unmittelbar auf die dingliche Rechtslage durchschlagen – was das Abstraktionsprinzip eben gerade verhindert[129]! –, könnte dies in der Tat den Rechtsverkehr erheblich verunsichern[130]. Man kann also sagen, das Abstraktionsprinzip sei die notwendige Korrektur einer ganz und gar dem Willen als dem „einzig Wichtigem und Wirksamen (Savigny)"[131] verpflichteten Rechtsgeschäftslehre.

In den Lando Principles findet sich eine stark von der deutschen abweichende und an die österreichische erinnernde Regelung der Irrtumsanfechtung. Unter den Überschriften „Fundamental Mistake as to Facts or Law" und „Inaccuracy of Communication" setzen die Artt. 4:103 f. der Irrtumsanfechtung eine dreifache Grenze: Eine Irrtumsanfechtung ist erstens nur dann möglich, wenn auch der Anfechtungsgegner Verantwortung für den Irrtum trägt; zweitens ist vorausgesetzt, dass der Irrtum für den Vertrag kausal ist und dies für den Anfechtungsgegner auch erkennbar ist; schlussendlich darf drittens dem Irrenden sein Irrtum nicht vorwerfbar sein[132].

Ist die Irrtumsanfechtung nur unter so schweren Voraussetzungen möglich, ist das Abstraktionsprinzip nicht notwendig, um die Rechtssicherheit zu waren[133]. Ist aber das Abstraktionsprinzip insoweit nicht notwendig, spricht viel dafür, es nicht zu übernehmen. Die konstruktiven Vorteile des dinglichen Vertrages kann man auch ohne Abstraktion haben und die Abstraktion wird sich immer davor rechtfertigen müssen, dass sie bewusst eine Änderung der Eigentumsverhält-

---

126 § 871 ABGB.
127 Artt. 23 ff. OR.
128 § 119 BGB.
129 So zumindest, wenn man mit der h.M. in Deutschland davon ausgeht, dass die Irrtumsanfechtung nicht auf das Verfügungsgeschäft durchschlägt, da diese in aller Regel kein einheitliches Geschäft bilden; *Heinrichs*, in: Palandt Kommentar zum BGB, 63. Aufl. (2004), Rn. 23 vor § 104; *Schermaier*, in: Schmoekel/Rückert/Zimmermann (Hrsg.): Historisch-Kritischer Kommentar zum BGB, Bd 1 (2003), Rn. 10 ff. zu §§ 142-144, weist allerdings zu Recht darauf hin, dass es hier weniger um das Abstraktionsprinzip als um Fragen der Kausalität geht. Indes scheint die h.M. die Kausalitätsfragen in einer das Abstraktionsprinzip stärkenden Weise zu behandeln.
130 In diese Richtung argumentiert *Flume*, (o. Fn. 33), § 12 III 3; ihm folgend *Knütel*, in: Vacca (o. Fn. 8), 287, 302.
131 Formulierung von *Savigny*, System (o. Fn. 11), III, 258.
132 Hierzu die Darstellung und Analyse von *Wittwer*, Vertragsschluss, Vertragsauslegung und Vertragsanfechtung nach europäischem Recht (2004), 241 ff.
133 Damit erledigt sich auch das von *Flume*, (o. Fn. 33), § 12 III 3, gerade im Hinblick auf die Irrtumsanfechtung vorgebrachte Argument, dem Gläubiger könne es in der Einzelzwangsvollstreckung oder bei Konkurs nicht zugemutet werden, „von sämtlichen Fragwürdigkeiten des Kausalgeschäfts des Erwerbers" abhängig zu sein.

nisse zulässt, obwohl diese Änderung im Übrigen nicht gesollt ist. Es mag aber sehr wohl andere, derzeit nicht zu überblickende Gründe geben, aus denen das Abstraktionsprinzip doch erforderlich sein kann. Letztlich sind Kausalität und Abstraktion keine absoluten Begriffe, sondern lassen viele Übergangs- möglichkeiten offen[134]. So kann man etwa im Rahmen eines kausalen Systems darüber nachdenken, ob jede Anfechtung des Vertrages unmittelbar auf den dinglichen Vertrag durchschlagen soll und ob es nicht besser wäre, hinsichtlich der Wirkung ex tunc oder ex nunc der Anfechtung danach zu unterscheiden, welche der Parteien die Unwirksamkeit des Vertrages zu verantworten hat. Und entschlösse man sich für das Abstraktionsprinzip, bedeutete dies nicht, dass man die beiden oben genannten Fälle des bösgläubigen Dritten und dem wissentlichen Sich-Übereignen-Lassen einer nicht geschuldeten Sache so lösen muss, wie das deutsche Recht dies aufgrund der herrschenden teleologischen Begründung des Abstraktionsprinzips zu tun gezwungen ist. Auch könnte man darüber nachdenken, die Wirkungen des Abstraktionsprinzips darauf zu beschränken, wofür *Savigny* sie vorgesehen hatte, auf Fälle des Irrtums nämlich.

4. Noch einmal: Die Zahlungsregel

Der Einwand der 1. Kommission, dass die Zahlungsregel zu unerwünschten Schwebezuständen führe, ist nicht mehr berechtigt. Denn der Eigentumsvorbehalt ist ohnehin gängige Praxis. Wenn die 1. Kommission dies auch nicht aussprach, so dürfte ihre ablehnende Haltung weniger aus der Angst vor unerwünschten Schwebezuständen herrühren als daher, dass diese Regel natürlich ein Angriff auf die Eigenständigkeit des Sachenrechts ist; die Zahlungsregel kollidiert mit dem Trennungs- und dem Abstraktionsprinzip, deshalb sind ihre Wirkungen „unerwünscht". Gegen die Zahlungsregeln spricht m.E. zudem der Verdacht, dass sie mit Gedanken des Barkaufs innig verbunden ist[135] – worauf vor allem hindeutet, dass Justinian sie auf das Zwölftafelgesetz zurückführt. Und schließlich kann man aus Erfahrung vermuten, dass der Verkäufer Eigentum übertragen will, wenn er die Sache übergibt[136]. Man sollte es daher der Rechtsprechung überlassen, mit Hilfe von Vermutungen die Zahlungsregel in geeigneten Fallgruppen anzuwenden. Eine Vermutung von Gesetzes wegen wäre des Guten zuviel.

---

134 Hierzu ausführlich *van Vliet*, (o. Fn. 5), 171 ff.
135 Diese Vermutung teilen *Kaser/Knütel*, (o. Fn. 36), § 41/3.
136 So § 1063 ABGB.

V. Ergebnis

Aufgrund dieser Überlegung gelangt man zu dem Ergebnis, dass die Eigentumsübertragung im Rahmen des Kaufrechts:

1. einen dinglichen Vertrag voraussetzt und dass
2. die Übergabe erforderlich ist.

Offen ist derzeit noch die Frage von Kausalprinzip oder Abstraktion. Im Ergebnis gelangt man also im Wesentlichen zu der Lehre von titulus et modus adquirendi.

Vertrauen ist gut, Kontrolle ist besser

Positive Kompetenzkonflikte im Europäischen Zuständigkeits - und Anerkennungsrecht *de lege lata* und *de lege ferenda*

Robert Freitag

I. Einführung
II. Vertrauen ist gut...
  1. Funktionsbedingungen eines umfassenden Anerkennungssystems
  2. Vertrauensgrundsatz und Zuständigkeitssystem
  3. Der Vertrauensgrundsatz im Erkenntnisverfahren
    a) Die Vertrauensbasis: Amtswegige Zuständigkeitsprüfung
    b) Zentrale Regelungsmechanismen
      aa) Gemeinschaftsweite Rechtshängigkeitssperre
      bb) Gemeinschaftsweite Rechtskrafterstreckung
  4. Vertrauensgrundsatz und Entscheidungsanerkennung
    a) EuGVO, EheGVO I und II sowie EuVTVO
    b) EuInsVO
III. ... Kontrolle ist besser
  1. Zuständigkeits- ohne Kollisionsrechtsharmonisierung?
  2. Das enttäuschte Vertrauen in die Effizienz der Justizbehörden
    a) EuGVO
      aa) Problemstellung
      bb) Abhilfemöglichkeiten de lege lata?
    b) EheGVO
  3. Gemeinschaftsweite Gerichtspflichtigkeit des Beklagten
  4. Insolvenzrechtlicher Zuständigkeitsmissbrauch
IV. Abhilfemöglichkeiten *de lege ferenda*

I. Einführung

Zuständigkeitsrecht befasst sich immer auch und insbesondere mit der Regelung positiver Kompetenzkonflikte, d.h. mit der Frage, wie zu verfahren ist, wenn mehrere Gerichte für eine Streitigkeit tatsächlich oder vermeintlich zuständig sind bzw. vor unterschiedlichen Gerichten zur gleichen Zeit unterschiedliche Anträge in Bezug auf denselben Streitgegenstand anhängig gemacht werden.[1] Das gilt auch für das ständig wachsende Europäische Zivilverfahrensrecht ("EuZVR"), dessen zentrale Regelungsanliegen die gemeinschaftsweit einheitliche Normierung des Zuständigkeitsrechts sowie der Urteilsanerkennung und -vollstreckung ist. Sachlich einschlägig sind für den Untersuchungsgegenstand in Bezug auf Zivil- und Handelssachen das Brüsseler Gerichtsstands- und Vollstreckungsübereinkommen von 1968 ("EuGVÜ"),[2] an dessen Stelle seit dem 1. 3. 2002 in allen Mitgliedstaaten (mit Ausnahme Dänemarks) die dem EuGVÜ nachgebildete, dieses aber fortschreibende Europäische Gerichtsstands- und Vollstreckungsverordnung ("EuGVO")[3] getreten ist. Gleichsam als Ergänzung zur EuGVO wird am 21. 1. 2005 die Verordnung zur Einführung eines Europäischen Vollstreckungstitels ("EuVTVO")[4] in Kraft treten, aufgrund derer sich Gläubiger "unbestrittener Forderungen" einen gemeinschaftsweit vollstreckbaren Europäischen Vollstreckungstitel ausfertigen lassen können. Ein einheitliches Zuständigkeits-, Anerkennungs- und Vollstreckungsregime für Entscheidungen in Ehe- und Sorgerechtsangelegenheiten enthält die am 1. 3. 2001 in Kraft getretene sog. "EheGVO I",[5] die ab dem 1. 5. 2005 durch die in weiten Teilen identische Nachfolgeregelung der sog. "EheGVO II"[6] ersetzt werden wird. Die gemeinschaftsweite Regelung der internationalen Zuständigkeit der Gerichte in Bezug auf Entscheidungen in Insolvenzfragen steht im Mittelpunkt der Europäischen Insolvenzverordnung ("EuInsVO").[7]

Dieser *corpus iuris civilis proceduralis* behandelt positive Kompetenzkonflikte zwischen den Gerichten der Mitgliedstaaten im Wesentlichen nach dem "Vertrauensgrundsatz". Die Prüfung der internationalen Zuständigkeit wird im Sinne einer strikten zeitlichen Priorität abschließend bei demjenigen Gericht konzentriert, das zuerst mit dem Gegenstand befasst wurde. Die diesbezüglichen Entscheidungen sind in den anderen Mitgliedstaaten nicht nachprüfbar. Die nachstehenden Ausführungen sollen zunächst aufzeigen, dass das hinter dieser Regelung stehende Vertrauen in die richtige Anwendung des EuZVR zu ernsthaften Verwerfungen nicht nur führen kann, sondern auch führt und die Beachtung des EuZVR durch die mitgliedstaatlichen Gerichte in bestimmten Fällen der Kontrolle bedarf. An diesen Befund anschließend sind eigene Vorschläge zur zweckmäßigen Fortentwicklung des bestehenden Rechts zu machen.

---

1 Ausf. zu Definition und Problematik des "positiven Kompetenzkonfliktes" im IZPR *Hau*, Positive Kompetenzkonflikte im internationalen Zivilprozess (1996), 1 ff. m.w.Nw.
2 Übereinkommen v. 27.9.1968, BGBl. 1972 II, 774.
3 VO (EG) Nr. 44/2001, ABl. L12/1.
4 VO (EG) Nr. 805/2004, ABl. L 143/15.
5 VO (EG) Nr. 1447/2001, ABl. L 160/19.
6 VO (EG) Nr. 2201/2003, ABl. L 338/1.
7 VO (EG) Nr. 1346/2000, ABl. L 160/1.

II. Vertrauen ist gut...

1. Funktionsbedingungen eines umfassenden Anerkennungssystems

Das im EuZVR normierte System der gegenseitigen Anerkennung gerichtlicher Entscheidungen setzt ein begrüßenswertes Vertrauen der Mitgliedstaaten in die Gleichwertigkeit ihrer Gerichtssysteme im Hinblick auf die wesentlichen Anforderungen an Rechtsstaatlichkeit, Grundrechtsgewährleistungen, Effizienz und Qualität voraus. Dieses ist insoweit gerechtfertigt, als die Erreichung rechtlicher und praktischer Mindeststandards auch der Justizsysteme und Behörden zu den Voraussetzungen für die Aufnahme eines Staates in die Europäische Gemeinschaft bzw. Union gehört, die sich bekanntlich nicht ausschließlich als Wirtschafts-, sondern gerade auch als Rechts- und Wertegemeinschaft versteht.

Nur mit diesem in einem Binnenmarkt unabdingbaren wechselseitigen Vertrauen lässt sich erklären, dass in einem Mitgliedstaat ergangene Entscheidungen grundsätzlich ohne jede inhaltliche Nachprüfung *ipso iure* gemeinschaftsweit anerkannt werden. Wörtlich heißt es im *Jenard*-Bericht zu Art. 28 EuGVÜ (der Vorgängerregelung zu Art. 35 EuGVO):[8]

> "Wenn die sachliche Nachprüfung der Entscheidung ausgeschlossen wird, so kommt darin das volle Vertrauen in die Rechtspflege des Urteilsstaates zum Ausdruck [...]."

Dabei scheint ein historisches Stufenverhältnis auf, das das stetig wachsende Vertrauen reflektiert, welches die Mitgliedstaaten einander entgegenbringen: Einer der großen Fortschritte des EuGVÜ gegenüber dem bis dato geltenden Zustand bestand insbesondere in der Abschaffung des Erfordernisses eines Anerkennungsverfahrens, um der Entscheidung eines Mitgliedstaates in den anderen Mitgliedstaaten unmittelbare Wirkung zu verleihen. Allerdings ist für die Zulassung einer ausländischen Entscheidung zur Vollstreckung im Inland nach dem EuGVÜ die vorherige Durchführung eines Exequaturverfahrens erforderlich, in dem das Gericht des Vollstreckungsstaates das Vorliegen der Anerkennungsvoraussetzungen bzw. das Fehlen von Anerkennungshindernissen von Amts wegen prüft und in dem auch der Schuldner zu hören ist.[9]

Auf einem "Quantensprung"[10] basiert das Anerkennungs- und Vollstreckungsregime von EuGVO, EheGVO I und II. Danach ist zur Vollstreckung im Inland auch weiterhin ein Exequaturverfahren erforderlich. Doch wird die inländische Vollstreckungsklausel auf bloßen Antrag des Gläubigers erteilt, ohne dass etwaige (gegenüber dem EuGVÜ eingeschränkte) Anerkennungsvoraussetzungen

---

[8] Bericht von *Jenard* zum EuGVÜ, ABl. 1979 C 59/1, 46.
[9] Zur Amtsprüfung *Gottwald*, in: MünchKommZPO, Bd. III, 2. Aufl. (2001), Art. 27 EuGVÜ Rn. 5; *Kropholler*, Europäisches Zivilprozessrecht, 5. Aufl. (1996), vor Art. 26 EuGVÜ Rn. 6 ff. m.w.Nw.
[10] So *Kohler*, "Quantensprung im europäischen Justizraum", Editorial zu RIW 10 (2003).

bzw. -hindernisse zu prüfen oder die Schuldner zu beteiligen wären. Letzteren bleibt allerdings unbenommen, in einem Rechtsbehelfsverfahren die fehlende Anerkennungsfähigkeit zu rügen.[11] Diese Entwicklung spiegelt Erwägungsgrund 17 der EuGVO wider:

> "Aufgrund dieses gegenseitigen Vertrauens ist es auch gerechtfertigt, dass das Verfahren, mit dem eine in einem anderen Mitgliedstaat ergangene Entscheidung für vollstreckbar erklärt wird, rasch und effizient vonstatten geht. Die Vollstreckung einer Entscheidung muss daher fast automatisch nach einer einfachen formalen Prüfung der vorgelegten Schriftstücke erfolgen, ohne dass das Gericht die Möglichkeit hat, von Amts wegen eines der in dieser Verordnung vorgesehenen Vollstreckungshindernisse zu prüfen."

Sollte sich dieses Vertrauen ausnahmsweise *in concreto* als ungerechtfertigt erweisen, muss der Schuldner dies – etwa im Rahmen der *ordre public*-Kontrolle – im Vollstreckungsmitgliedstaat rügen.[12]

Den Kulminationspunkt der Entwicklung stellen EuVTVO und EuInsVO dar. Das Vertrauen in die Ordnungsgemäßheit der anzuerkennenden und zu vollstreckenden Entscheidungen ist hier so vollkommen, dass jede Überprüfung der Entscheidung im Vollstreckungsstaat entfällt. Einwände gegen die Einhaltung der Bestimmungen von EuVTVO und EuInsVO werden ausschließlich im Urteilsstaat geprüft. Erwägungsgrund 18 der EuVTVO formuliert dies wie folgt:[13]

> "Gegenseitiges Vertrauen in die ordnungsgemäße Rechtspflege in den Mitgliedstaaten rechtfertigt es, dass das Gericht nur eines Mitgliedstaates beurteilt, ob alle Voraussetzungen für die Bestätigung der Entscheidung als Europäischer Vollstreckungstitel vorliegen [...]."

Der Vertrauensgrundsatz hat Aufnahme in die Erwägungsgründe aller neueren Sekundärrechtsakte des EuZVR gefunden.[14] Auch der EuGH hat sich in seiner Judikatur zum EuGVÜ bereits mehrfach auf ihn berufen.[15] Das Vertrauensprinzip zählt damit nicht nur zum einfachen *acquis communautaire*, sondern stellt geradezu den Geltungsgrund des einheitlichen EuZVR dar.

2. Vertrauensgrundsatz und Zuständigkeitssystem

Das Vertrauen der Mitgliedstaaten untereinander bezieht sich zuvörderst auf die Einhaltung des durch das EuZVR geschaffenen Systems der Internationalen Zuständigkeit. Erst die einheitliche Zuständigkeitsordnung ermöglichte die

---

11 Vgl. Art. 43 EuGVO, Art. 26 EheGVO I, Art. 33 EheGVO II.
12 Vgl. Art. 34 Nr. 1 EuGVO, Art. 15 Abs. 1 lit. a), Abs. 2 lit. a), EheGVO I / Art. 22 lit. a), Art. 23 lit. a) EheGVO II.
13 Ähnlich auch Egrd. 22 zur EuInsVO.
14 Vgl. Egrde 16 und 17 zur EuGVO, Egrd 16 zur EheGVO, Egrd 21 zur EheGVO II; Egrd 22 zur EuInsVO, Egrd 18 zur EuVTVO.
15 EuGH, 9.12.2003, Rs. C-116/02 "Gasser/Misat", Rn. 72; EuGH, 27.4.2004, Rs. C-159/02 "Turner/Grovit", Rn. 24 f.

weitgehende Abschaffung eines Anerkennungsverfahrens.[16] Nur dieser Aspekt ist im weiteren Verlauf dieser Abhandlung im Hinblick auf seine Bedeutung für positive Kompetenzkonflikte näher zu untersuchen. Erforderlich für die Einführung eines einheitlichen Zuständigkeitssystems ist ein zweifaches Vertrauen der Mitgliedstaaten untereinander: In *rechtlicher* Hinsicht ist Funktionsbedingung des EuZVR die von allen Gerichten aller Mitgliedstaaten praktizierte regelkonforme Anwendung und Einhaltung der Zuständigkeitsregeln: Rechtswidrige Zuständigkeitsverneinungen durch zuständige Gerichte beeinträchtigen die Interessen der Parteien ebenso wie unrechtmäßige Zuständigkeitsbejahung durch unzuständige Gerichte. Aus Klägersicht ist damit der (positive) Justizgewährungsanspruch, aus Perspektive des Beklagten die (negative) Freiheit vor ausländischen Gerichtspflichtigkeiten adressiert. Der *Jenard*-Bericht zu Art. 28 EuGVÜ bemerkt dazu:[17]

"[...] dieses Vertrauen in die sachliche Richtigkeit der Entscheidung muss sich, wie es sich von selbst versteht, auch darauf erstrecken, dass der Richter des Urteilsstaates die Zuständigkeitsregeln des Übereinkommens richtig angewendet hat. [...]."

Daraus hat der EuGH bereits mehrfach gefolgert, kein Mitgliedstaat sei besser (oder schlechter) als ein anderer dazu in der Lage, die Einhaltung der Zuständigkeitsordnung zu überprüfen.[18]

In *praktischer* Hinsicht erfordert das einheitliche Zuständigkeitssystem die gemeinschaftsweite Einhaltung akzeptabler Effizienzstandards. Ein Mitgliedstaat kann nur in dem Umfang auf Jurisdiktion verzichten, in dem seinen Bürgern auch im Ausland effektiver Rechtsschutz gewährt wird. Rechtsverkürzungen können nicht nur aus schlechter, sondern auch aus unangemessen langer Rechtsanwendung entstehen.

Aus dem zuständigkeitsrechtlichen Vertrauensgrundsatz folgen die nachstehenden Konsequenzen bei der Behandlung positiver Kompetenzkonflikte im EuZVR. Diese führen im Sinne eines strikten Prioritätsprinzips zu einer Monopolisierung der Zuständigkeitsfrage bei demjenigen Gericht, bei dem der Streitgegenstand im Titelerlangungsverfahren zuerst "anhängig" (im Sinne der autonomen Definition dieses Begriffes im EuZVR[19]) gemacht wurde (Ausgangsgericht). Eine nachträgliche Prüfung kommt nur ausnahmsweise in Betracht.

---

16 *Auer*, in: Bülow/Böckstiegel/Geimer/Schütze (Hrsg.), Internationaler Rechtsverkehr in Zivil- und Handelssachen, Loseblatt, 19. Lfg., Einl. EuGVÜ Rn. 4; *Geimer/Schütze*, Europäisches Zivilverfahrensrecht, 2. Aufl. (2004), Einl. EuGVO Rn. 55 ff.
17 A.a.O., (o. Fn. 8).
18 EuGH, 27.6.1991, Rs. C-351/89 " Overseas Union Insurance", Slg. 1991, I-3313 Rn. 23; EuGH, 9.12.2003, Rs. C-116/02 "Gasser/Misat", Rn. 72; EuGH, 27.4.2004, Rs. C-159/02 "Turner/Grovit", Rn. 25.
19 Dazu u. II. 3. b aa.

3. Der Vertrauensgrundsatz im Erkenntnisverfahren

a) Die Vertrauensbasis: Amtswegige Zuständigkeitsprüfung

Bestandteil der Vertrauensbasis des EuZVR ist zunächst die in Art. 25 EuGVO, Art. 9 EheGVO I / Art. 17 EheGVO II normierte, der EuInsVO unausgesprochen zugrunde liegende[20] Verpflichtung der Gerichte zur amtswegigen Prüfung bestimmter ausschließlicher Zuständigkeiten.[21] Dies betrifft die insgesamt nicht der Parteidisposition unterliegenden Gerichtsstände beider Eheverordnungen sowie im Anwendungsbereich der EuGVO die primär im öffentlichen Interesse bzw. aufgrund größerer Sachnähe der zuständigen Gerichte zum Streitgegenstand[22] ausschließlichen Gerichtsstände des Art. 22 EuGVO. Verhindert wird damit nicht nur die Begründung von Zuständigkeiten durch rügelose Einlassung. Insbesondere können sich sowohl die Mitgliedsstaaten wie auch die Parteien darauf verlassen, dass wesentliche Aspekte der gemeinschaftlichen Zuständigkeitsordnung unabhängig von etwaigen Prozessmaximen der nationalen Prozessrechte eingehalten werden.

Im Anwendungsbereich der EuGVO besteht die Verpflichtung zur amtswegigen Zuständigkeitsprüfung gem. Art. 26 EuGVO darüber hinaus auch für nicht "ausschließliche" Gerichtsstände.[23] Diese Regelung dient sehr viel stärker als die Art. 25 EuGVO, Art. 9 EheGVO I / Art. 17 EheGVO II spezifisch international-verfahrensrechtlichen Parteiinteressen. Auch diejenige Partei, die sich nicht an einem Verfahren vor einem von ihr als unzuständig erachteten ausländischen Gericht beteiligt, soll auf die Einhaltung der europäischen Zuständigkeitsordnung vertrauen dürfen und sich nicht auf ein ausländisches Verfahren einlassen müssen, nur um die Unzuständigkeit des dortigen Gerichts zu rügen.[24]

---

20 Eine explizite Regelung in der EuInsVO war entbehrlich, da die Zuständigkeit der Gerichte in Insolvenzverfahren nicht der Parteidisposition unterliegt.

21 Für die EuVTVO stellt sich die Frage *ratione materiae* nicht. Die Internationale Zuständigkeit der Gerichte ergibt sich hier aus der EuGVO.

22 *Mankowski*, in: Rauscher (Hrsg.), Europäisches Zivilprozessrecht (2004), Art. 22 EuGVO Rn. 2; *Schlosser*, EU-Zivilprozessrecht, 2. Aufl. (2003), Art. 22 EuGVO Rn. 1.

23 Als "ausschließlich" bezeichnet die EuGVO die in Art. 22 EuGVO genannten Gerichtsstände sowie (falls nicht anders vereinbart) Zuständigkeiten aufgrund von Gerichtsstandsvereinbarungen, vgl. Art. 23 Abs. 1 S. 2 EuGVO. Im Zshg. mit Gerichtsstandsvereinbarungen bedeutet "Ausschließlichkeit" indes nur, dass die Zuständigkeit des prorogierten Gerichts nicht kumulativ neben die gesetzlichen Gerichtsstände der EuGVO treten soll, sondern diese verdrängt; im übrigen werden vereinbarte "ausschließliche" Gerichtsstände ebenso behandelt wie die sonstigen gesetzlichen nach EuGVO.

24 Dieser Telos des Art. 26 Abs. 1 EuGVO ist unstr., vgl. bereits die Erläuterung zu Art. 20 EuGVÜ im Bericht von *Jenard* (ABl. 1979 C 59/1); *Kropholler*, Europäisches Zivilprozessrecht, 7. Aufl. (2002), Art. 26 EuGVO Rn. 1, 4; Rauscher/*Mankowski*, Art. 26 EuGVO Rn. 1; *Schlosser*, EU-ZPR, Art. 26 EuGVO Rn. 1; *Geimer/Schütze*, Europäisches Zivilverfahrensrecht, 2. Aufl. (2004), Art. 26 EuGVO Rn. 4.

b) Zentrale Regelungsmechanismen

Positive Kompetenzkonflikte werden vom EuZVR[25] aufgrund gesetzlicher, von der Judikatur fortentwickelter Litispendenzregeln gelöst. Im Ergebnis bewirkt das EuZVR eine Konzentration der Zuständigkeitsprüfung bei dem zeitlich zuerst angerufenen Gericht im Sinne eines strikten zeitlichen Prioritätsprinzips.

aa) Gemeinschaftsweite Rechtshängigkeitssperre

Ist der Streitgegenstand bereits bei einem Gericht "anhängig", hat ein anderes Gericht innerhalb des europäischen Justizraumes die Rechtshängigkeitssperre unabhängig davon zu beachten, ob es das Ausgangsgericht für zuständig hält.[26] Das Zweitgericht hat daher das Verfahren von Amts wegen auszusetzen, um dem zuerst mit der Sache befassten Gericht die Klärung seiner Zuständigkeit zu ermöglichen.[27] Erklärt sich das Erstgericht für international zuständig, so ist die Klage vor dem Zweitgericht von Amts wegen abzuweisen, eine Überprüfung der Richtigkeit der Entscheidung des Erstgerichts findet nicht statt. Nur wenn sich das Erstgericht unanfechtbar für unzuständig erklärt, kann das Zweitverfahren wieder aufgenommen und dabei die Zuständigkeit des Zweitgerichts (nicht aber diejenige des Erstgerichts) geprüft werden.[28] Damit unterscheidet sich das EuZVR ganz maßgeblich vom autonomen deutschen Internationalen Zivilprozessrecht, nach dem die ausländische Rechtshängigkeit des Streitgegenstandes nur dann eine inländische Litispendenzsperre bewirkt, wenn ein Urteil des ausländischen Gerichts voraussichtlich im Inland anzuerkennen ist. Letzteres setzt die "Anerkennungszuständigkeit" des Ausgangsgerichts gem. § 328 Abs. 1 Nr. 1 ZPO voraus, die bekanntlich nur vorliegt, wenn das ausländische Gericht nach deutschem Verständnis international zuständig ist.[29]

Das Prioritäts- und Konzentrationsprinzip basiert auf zwei Eckpfeilern: Zentralbegriff jeder Rechtshängigkeitsregelung ist derjenige des Streitgegenstandes. Dieser wurde für das EuGVÜ (und damit auch die EuGVO) vom EuGH im

---

25 Die nachstehenden Ausführungen beziehen sich nur auf EuGVO und EheGVO I und II. Die *EuVTVO* enthält *ratione materia*e keine Zuständigkeitsregeln (s. o. Fn. 21). Die *EuInsVO* enthält eigenständige Regeln, dazu sogleich.
26 Allg. Meinung, vgl. nur *Kropholler*, EuZPR, Art. 27 EuGVO Rn. 19; *Schlosser*, EU-ZPR, Art. 27 EuGVO Rn. 10; Rauscher/*Leible*, Art. 27 EuGVO Rn. 16; *Hüßtege,* in: Thomas/Putzo (Hrsg.), ZPO, 26. Aufl. (2004), Art. 27 EuGVO Rn. 9 a.E.
27 Vgl. Art. 27 EuGVO, Art. 11 EheGVO I / Art. 19 EheGVO II.
28 Eine andere Frage ist, ob bzw. wie das Zweitgericht Kenntnis von der Rechtshängigkeit erlangt. In Ermangelung eines gemeinschaftsweiten Prozessregisters ist es auf die Mitwirkung der Parteien angewiesen. An dieser wird es hier selten fehlen, da der Kläger des Erstverfahrens dem Zweitgericht Mitteilung von der anderweitigen Rechtshängigkeit machen wird. Jedenfalls ist das Zweitgericht nicht verpflichtet, von Amts wegen zu ermitteln, vgl. Rauscher/*Leible*, Art. 27 EuGVO Rn. 20 m.w.Nw.
29 Statt aller *Nagel/Gottwald*, Internationales Zivilprozessrecht, 5. Aufl. (2002), § 5 Rn. 213 ff. m.w.Nw. zu Schrifttum und Rspr.

Sinne der sog. "Kernpunkttheorie" autonom entwickelt, um die Gefahr widersprechender Entscheidungen mitgliedstaatlicher Gerichte weitestgehend zu verhindern.[30] Maßgeblich ist, ob die möglicherweise konfligierenden Streitigkeiten auf "derselben Grundlage", d.h. denselben tatsächlichen oder rechtlichen Umständen beruhen und "denselben Gegenstand" haben, d.h. das gleiche Ziel verfolgen. Dabei soll es genügen, wenn die Klagen "im Kern" den gleichen Gegenstand haben, ohne dass ein absoluter Gleichklang der Anträge erforderlich wäre.[31] Ausdrücklich für in diesem Sinne "kernpunktidentisch" hat der EuGH eine Klage auf Feststellung des Nichtbestehens eines Anspruches (negative Feststellungsklage) und die korrespondierende, gegenläufige Leistungsklage gehalten.[32] Damit gilt für die Zwecke des EuZVR anderes als nach autonomen deutschen Prozessrecht.[33]

In Ehesachen ist die Rechtshängigkeitssperre durch Art. 11 Abs. 2 EheGVO I / Art. 19 Abs. 1 EheGVO II noch erweitert. Danach sperrt jeder statusrechtliche Antrag in Bezug auf die Ehe jede spätere Befassung eines anderen Gerichts auch mit einem anderen (weiter oder wenig weit gehenden) Antrag. So kann nach Anhängigmachung eines Antrages, der etwa nach italienischem Recht auf Anordnung des Getrenntlebens gerichtet ist, gemeinschaftsweit kein Scheidungsantrag mehr gestellt werden.[34]

Zweiter zentraler Aspekt der Litispendenzregelung ist die Bestimmung des Anhängigkeitszeitpunktes. Im Interesse der Vereinheitlichung der Rechtsanwendung und der "abgestimmten Rechtspflege" definiert das neuere EuZVR[35] – entgegen der bisherigen Rechtslage unter Geltung des EuGVÜ[36] –

---

[30] Grundlegend EuGH, 8.12.1987, Rs. 144/86 "Gubisch/Palumbo", Slg. 1987, 4861. Ausf. zum Zweck des Art. 27 EuGVO und der Zielsetzung der Rspr. etwa *Schack*, IPRax 1989, 139, 140; *ders.*, IPRax 1996, 80 ff.; *Kropholler*, EuZPR, Art. 27 EuGVO Rn. 3 ff.; *Geimer/Schütze*, EuZVR, Art. 27 Rn. 1 ff.

[31] EuGH, 8.12.1987, Rs. 144/86 "Gubisch/Palumbo", Slg. 1987, 4861 Rn. 16. Nachfolgend EuGH, 6.12.1994, Rs. C-406/92 "Tatry/Rataj", Slg. 1994, I-5439, Rn. 37 ff.

[32] EuGH, 6.12.1994, Rs. C-406/92 "Tatry/Rataj", Slg. 1994, I-5439, Rn. 37 ff.

[33] Für die §§ 261, 256 ZPO wird mehrheitlich angenommen, eine positive oder negative Feststellungsklage hindere eine spätere Leistungsklage nicht, weil die Feststellung des (Nicht-)Bestehens des streitigen Rechtsverhältnisses für die Leistungsklage lediglich vorgreiflich sei, vgl. BGH, 7.7.1994, NJW 1994, 3107, 3108; *Greger*, in: Zöller (Hrsg.), ZPO, 24. Aufl. (2004), § 256 ZPO Rn. 16. A.A. etwa *Lüke*, in: MünchKommZPO, Bd. I, 2. Aufl. (2000), § 256 Rn. 61 f. m.w.Nw. zur Gegenansicht.

[34] Krit. Staudinger/*Spellenberg* (2004), Art. 19 EheGVO II Rn. 1; Rauscher/*Rauscher* (2004), Art. 11 EheGVO I Rn. 8, 24 ff.

[35] Vgl. Art. 30 EuGVO, Art. 11 Abs. 4 EheGVO I / Art. 16 EheGVO II.

[36] Dort hatte der EuGH wegen der unterschiedlichen nationalen An- bzw. Rechtshängigkeitsregelungen noch vor einer konventionsautonomen Definition der "Anhängigkeit" zurückgeschreckt, vgl. EuGH, 7.6.1984, Rs. 129/83 "Zelger/Salinitri", Slg. 1984, 2397, Rn. 15. Das hatte wegen der sehr unterschiedlichen Zeiten bei der Klagezustellung zu erheblichen Unzuträglichkeiten geführt, vgl. etwa *Krusche*, MDR 2000, 676.

den Zeitpunkt der "Anhängigkeit" des Rechtsstreits bewusst[37] autonom. Entscheidend ist danach (grundsätzlich) der Zeitpunkt, in dem die das Verfahren betreibende Partei das verfahrenseinleitende Schriftstück bei Gericht einreicht. Auf den Zeitpunkt der Zustellung an den Beklagten kommt es insoweit nicht an, allerdings muss der Kläger alles ihm Obliegende getan haben, um die spätere Zustellung des Schriftstückes zu ermöglichen.[38] Damit trägt das neuere EuZVR dem Umstand Rechnung, dass trotz der postulierten tatsächlichen Gleichwertigkeit der Justizsysteme teilweise derart gravierende Unterschiede in der Dauer der Klagezustellung bestehen, dass Missbräuche nicht ausgeschlossen werden konnten.

Für die EuInsVO wurde auf eine Litispendenzregelung verzichtet. Hier hindert der vor einem Gericht gestellte Antrag auf Eröffnung eines Verfahrens die Stellung eines konkurrierenden Antrags in einem anderen Mitgliedstaat ebensowenig wie die dortige Verfahrenseröffnung. Regelungsmechanismus zur Bewältigung positiver Kompetenzkonflikte ist hier das Anerkennungsrecht.[39]

bb) Gemeinschaftsweite Rechtskrafterstreckung

Positive Kompetenzkonflikte erlangen Relevanz auch unter dem Gesichtspunkt der Rechtskraft. Das EuZVR hat ein System gegenseitiger Anerkennung gerichtlicher Entscheidungen geschaffen, d.h. jede mitgliedstaatliche Entscheidung wird – von Ausnahmefällen abgesehen[40] – *ipso iure* in allen anderen Mitgliedstaaten anerkannt.[41] Dabei gilt der Grundsatz der Wirkungserstreckung, d.h. die ausländische Entscheidung hat im Inland die gleichen Wirkungen wie im Erlassstaat.[42] Zu den anzuerkennenden Urteilswirkungen zählt (selbstverständlich) auch die Rechtskraft der ausländischen Entscheidung. Eine trotz Vorliegens einer mitgliedstaatlichen Entscheidung über denselben Streitgegenstand erhobene Klage ist daher unzulässig,[43] und zwar selbst dann, wenn das erste Gericht die Zuständigkeitsordnung des EuZVR verkannt hat.

---

37 Vgl. Egrd. 15 zur EuGVO.
38 Ob die nach deutschem Recht erforderliche Zahlung eines Prozesskostenvorschusses damit auch erst nach Einreichung des Antrages bei Gericht erfolgen kann, ist umstritten, vgl. *Schlosser*, EU-ZVR, Art. 30 EuGVO Rn. 1.
39 Dazu u. II. 4. b.
40 Vgl. die Anerkennungshindernisse bzw. negativen Anerkennungsvoraussetzungen der Art. 34 EuGVO, Art. 15 EheGVO I / Art. 22, 23 EheGVO II, Art. 26 EuInsVO.
41 Sogleich u. II. 4.
42 Unstr., für die EuGVO vgl. Rauscher/*Leible*, Art. 33 EuGVO Rn. 3 ff., für die EheGVO Staudinger/*Spellenberg* (2004), Art. 21 EheGVO II Rn. 46 ff.
43 EuGH, 30.11.1976, Rs. 42/76 "de Wolf/Cox", Slg. 1976, 1759 Rn. 9 f.: Der EuGH leitete die im EuGVÜ nicht explizit erwähnte Unzulässigkeit eines neuen Verfahrens über den bereits rechtskräftig entschiedenen Streit aus dem Verbot der Nachprüfung der Ausgangsentscheidung ab. Vgl. auch *Nagel/Gottwald*, IZPR, Rn. 115 f. sowie Rauscher/*Leible*, Art. 33 EuGVO Rn. 4, jew. m.w.Nw.

4. Vertrauensgrundsatz und Entscheidungsanerkennung

a) EuGVO, EheGVO I und II sowie EuVTVO

Auch im Anerkennungsrecht ist die Nachprüfung der internationalen Zuständigkeit des Ausgangsgerichts weitgehend ausgeschlossen, Art. 35 Abs. 3 EuGVO, Art. 17 EheGVO I / Art. 24 EheGVO II. Eine Missachtung der Zuständigkeitsregeln durch das Ausgangsgericht zählt auch nicht zum anerkennungsrechtlichen *ordre public*. Dies soll nach der Rechtsprechung des EuGH sogar gelten, wenn die vom Ausgangsgericht angenommene Zuständigkeit krass gegen die gemeinsame europäische Zuständigkeitsordnung verstößt, etwa weil das Gericht seine Zuständigkeit auf eine nach EuGVO oder EheGVO I oder II explizit ausgeschlossene exorbitante nationale Zuständigkeit gestützt hat.[44] Keine Rolle spielt auch, ob das Ausgangsgericht seine internationale Zuständigkeit auf Bestimmungen des EuZVR oder (zu Recht oder zu Unrecht) nationales Recht gestützt hat.[45] Implizit beschränkt ist das Nachprüfungsverbot allerdings auf Zuständigkeiten des Erstgerichts, die in den sachlichen und intertemporalen Anwendungsbereich des EuZVR fallen.[46]

Die EuVTVO sieht ebenfalls keine Überprüfung der Internationalen Zuständigkeit des Ausgangsgerichts (bei gerichtlichen Entscheidungen bzw. Vergleichen) bzw. der Ausgangsbehörde (bei vollstreckbaren Urkunden) im Vollstreckungsmitgliedstaat vor. Ein Europäischer Vollsteckungstitel ist ohne jegliche Kontrolle gemeinschaftsweit vollsteckbar, Mängel können gem. Art. 10 Abs. 1 lit. b EuVTVO ausschließlich vor dem Ausgangsgericht gerügt werden.

Nur Art. 35 Abs. 1, 2 EuGVO erlaubt überhaupt die Überprüfung der Internationalen Zuständigkeit des Ausgangsgerichts, jedoch beschränkt auf die Zuständigkeiten in Verbraucher- und Versicherungssachen und die ausschließlichen Zuständigkeiten des Art. 22 EuGVO.[47] Eine bedeutende Gegenausnahme er-

---

44   EuGH, 28.3.2000, Rs. C-7/98 "Krombach/Bamberski", Slg. 2000, I-1935 Rn. 33.
45   Für die EuGVO: Rauscher/*Leible*, Art. 35 EuGVO Rn. 4. Für die (insoweit identischen) EheGVO I und II: Staudinger/*Spellenberg* (2004), Art. 24 EheGVO II Rn. 2.
46   Mittlerweile h.M., vgl. Rauscher/*Leible*, Art. 35 EuGVO Rn. 2; *ders.*, Art. 32 EuGVO Rn. 1; *Kropholler*, EuZPR, Art. 35 EuGVO Rn. 1; *ders.*, Art. 32 EuGVO Rn. 3 f.; *Geimer/Schütze*, EuZVR, Art. 32 EuGVO Rn. 7.
47   Art. 35 Abs. 1 EuGVO bezweckt den Schutz des Versicherungsnehmers bzw. Verbrauchers. Eine Zuständigkeitsüberprüfung zu Lasten des Versicherungsnehmers bzw. Verbrauchers scheidet damit aus, vgl. *Grunsky*, JZ 1973, 640, 646; *Geimer*, RIW 1980, 305, 306 f.; *Schlosser*, EuZPR, Art. 34-36 EuGVO Rn. 32; Rauscher/*Leible*, Art. 35 EuGVO Rn. 6; *Geimer/Schütze*, EuZVR, Art. 35 EuGVO Rn. 16 ff.; unentschieden *Kropholler*, EuZPR, Art. 35 EuGVO Rn. 8; *Weth*, in: Musielak, ZPO, 3. Aufl. (2002), Art. 35 EuGVO Rn. 3 ("bedenkenswert"); a.A. MünchKommZPO/*Gottwald*, Art. 28 EuGVÜ Rn. 10, 12; Thomas/Putzo/*Hüßtege*, Art. 35 EuGVO Rn. 3. War der Versicherungsnehmer bzw. Verbraucher im Ausgangsverfahren die klagende Partei, dürfte *(Fortsetzung auf der nächsten Seite)*

fährt Art. 35 Abs. 1 EuGVO zudem durch Art. 35 Abs. 2 EuGVO, wonach das Zweitgericht an die Tatsachenfeststellungen des Ausgangsgerichts zur Zuständigkeit gebunden ist.[48] Hat das Ausgangsgericht etwa das Vorliegen eines Verbrauchervertrages im Sinne des Art. 15 Abs. 1 EuGVO bejaht, weil es bei einer gemischt gewerblich-privaten Tätigkeit des Schuldners ein Überwiegen der gewerblichen Zielsetzung festgestellt hat, so ist das Anerkennungsgericht an diese Feststellung selbst dann gebunden, wenn es das Verhältnis anders gewichtet.[49] Zudem wird im Schrifttum vertreten, dass die Parteien in Bezug auf die für die Zuständigkeitsfrage maßgeblichen Tatsachen vor dem Zweitgericht jedenfalls insoweit präkludiert sind, als sie die Tatsachen bereits vor dem Erstgericht hätten vorbringen können. Das Zweitgericht habe sich bei der Überprüfung der internationalen Zuständigkeit des Erstgerichts damit auf die im Tatbestand der Entscheidung aufgeführten Tatsachen zu beschränken.[50] Eine Ausnahme hat das *OLG Stuttgart* für den Fall gemacht, dass die ausländische Entscheidung in einem summarischen Verfahren ohne Prüfung des klägerischen Vorbringens ergangen ist (österreichischer Zahlungsbefehl).[51] Das führt zu dem Wertungswiderspruch, dass derjenige Beklagte, der sich im Ausgangsverfahren (wenn auch erfolglos) gegen die Annahme der Zuständigkeit des Ausgangsgerichts verteidigt hat, schlechter stünde als derjenige, der auf eine Verteidigung ganz verzichtet. Zudem lässt sich die geschilderte Auffassung jedenfalls unter Geltung der EuVTVO nicht aufrechterhalten. Denn diese knüpft das kategorische Verbot der Entscheidungsüberprüfung im Vollstreckungsstaat gerade daran, dass die als Europäischer Vollstreckungstitel ausgefertigte Entscheidung eine sog. "unbestrittene Forderung" im Sinne des Art. 3 Abs. 1 EuVTVO tituliert.

Art. 35 Abs. 1, 2 ebenfalls nicht einschlägig sein, *Geimer/Schütze*, EuZVR, Art. 35 EuGVO Rn. 21.

[48] Nicht zu vertiefen ist der Streit darüber, ob Art. 35 Abs. 2 EuGVO nur für Tatsachen gilt, die einer Anerkennung entgegenstehen. In diesem Fall könnten i.R.d. Prüfung des Art. 35 Abs. 1 EuGVO Tatsachen, die die vom Ausgangsgericht angenommene Zuständigkeit stützen, auch im Anerkennungsverfahren ungehindert vorgetragen werden, i.d.S. *Geimer*, RIW 1976, 139, 147; *Geimer/Schütze*, EuZVR, Art. 35 Rn. 45. A.A. etwa Thomas/Putzo/*Hüßtege*, Art. 35 EuGVO Rn. 6; *Kropholler*, EuZPR, Art. 35 Rn. 23; Rauscher/*Leible*, Art. 35 Rn. 15, beide m.w.Nw.

[49] Statt aller Rauscher/*Leible*, Art. 35 EuGVO Rn. 16.

[50] Thomas/Putzo/*Hüßtege*, Art. 35 EuGVO Rn. 6; Rauscher/*Leible*, Art. 35 Rn. 15; *Kropholler*, EuZPR, Art. 35 EuGVO Rn. 21; *Geimer/Schütze*, EuZVR, Art. 35 EuGVO Rn. 45; Generalanwalt *Léger*, Rs. C-99/96 "Mietz", Slg. 1999, I-2294, Rn. 59. A.A. MünchKommZPO/*Gottwald*, Art. 29 EuGVÜ Rn. 23; *Martiny*, in: Handbuch des Internationalen Zivilverfahrensrechts, hrsg. vom Max-Planck-Institut für ausländisches und internationales Privatrecht, Bd. III/2 (1984), Kap. II Rn. 175 a.E. Zu der diesbezüglichen Vorlagefrage des BGH (NJW 1997, 2685) musste der EuGH in der Entscheidung "Mietz" keine Stellung nehmen.

[51] OLG Stuttgart, NJW-RR 2001, 858.

b) EuInsVO

Die EuInsVO basiert ebenfalls auf der *ipso iure*-Anerkennung mitgliedstaatlicher Entscheidungen ohne Überprüfung der Zuständigkeit des Ausgangsgerichts. Hat das Gericht eines Mitgliedstaates ein Insolvenzverfahren eröffnet und ergibt sich aus dem Eröffnungsbeschluss, dass das Verfahren das gesamte Vermögen des Schuldners erfassen soll, ist diese Entscheidung gemeinschaftsweit hinzunehmen, auch wenn das Gericht für die Eröffnung eines Hauptinsolvenzverfahrens nicht zuständig war: Zwar findet sich dieser Grundsatz nicht im Text der EuInsVO. Doch schreiben die Art. 16, 17 EuInsVO vor, dass die Eröffnung eines Verfahrens in einem Mitgliedstaat kraft Gesetzes auch in den anderen anzuerkennen sei. Und nach Erwägungsgrund 22 zur EuInsVO "sollte" bei der Anerkennung gerichtlicher Entscheidungen der Prioritätsgrundsatz gelten. Da die EuInsVO keine weiteren Anerkennungsvoraussetzungen bzw. -hindernisse kennt, kommt eine Nichtanerkennung der Verfahrenseröffnung nur bei Vorliegen eines Verstoßes gegen den *ordre public* des Anerkennungsstaates (Art. 26 EuInsVO) in Betracht. Zu diesem soll nach herrschender Auffassung jedenfalls die fehlende Zuständigkeit des Ausgangsgerichts nicht zählen.[52] Das deutsche Recht scheint diesen Grundsatz in Art. 103 §§ 3, 4 EGInsO festgeschrieben zu haben.[53]

III. ... Kontrolle ist besser

Die geschilderte Behandlung positiver Kompetenzkonflikte im EuZVR wirft im Einzelnen gravierende rechtliche und rechtspolitische Probleme auf. Das liegt zum einen an (noch näher zu schildernden) Defiziten der europäischen Zuständigkeitsordnung. Zum anderen zeichnen sich in der Rechtspraxis einiger Mitgliedstaaten nachteilige Entwicklungen ab, die die Unbegründetheit des vom EuZVR postulierten unbedingten Vertrauens in die rechtlichen wie auch in die tatsächlichen Fähigkeiten der nationalen Gerichte erweisen: Weder wenden die nationalen Gerichte die gemeinschaftsrechtliche Zuständigkeitsordnung stets korrekt an, noch ist die Gerichtspraxis aller Justizbehörden mit den Anforderungen an das geschilderte Zuständigkeitssystem in Einklang zu bringen.

1. Zuständigkeits- ohne Kollisionsrechtsharmonisierung?

Entscheidender Geburtsfehler des EuZVR im Bereich des Ehe- und Sorgerechts sowie des internationalen Deliktsrechts liegt darin, dass die Gemeinschaft mit

---

52 *Leible/Staudinger*, KTS 2000, 533, 545 f.; *Paulus*, ZIP 2003, 1725, 1727 ff.,; *Herchen*, ZInsO 2004, 61, 62 f.; *Weller*, IPRax 2004, 412, 417; *Reinhart*, in: MünchKommInsO, Bd. III (2003), Art. 3 EuInsVO Rn. 3.
53 Zu den Ausnahmen s. u. III. 4.

der Harmonisierung des Zuständigkeitsrechts den zweiten Schritt vor dem ersten getan hat.[54] Solange für eine Klage bzw. einen Antrag nicht exakt ein, sondern zwei oder gar noch weitere Gerichtsstände zur Verfügung stehen, hat die durch den jeweiligen Kläger zu treffende Wahl des Gerichts Auswirkungen auf das Kollisions- und damit auch auf das Sachrecht. Geradezu notwendige Folge dieses Zustandes ist das sog. *"forum shopping"*. Nun ließe sich zwar darüber nachdenken, im *forum shopping*, insbesondere im Anwendungsbereich von EheGVO I und II, nichts anderes zu sehen als die unvermeidbare und damit legitime Konsequenz unvollständiger Sach- und Kollisionsrechtsharmonisierung.[55] Immerhin scheinen die Wahlgerichtsstände von EheGVO I und II spezifisch international-zuständigkeitsrechtlichen Erwägungen zu folgen und nicht etwa am sach- oder kollisionsrechtlichen Ergebnis ausgerichtet zu sein.[56] Zudem unterstellt das in Art. 18 EheGVO I / Art. 25 EheGVO II enthaltene Verbot, ausländische Entscheidungen auf ihre Kollisionsrechtskonformität zu prüfen, die Gleichwertigkeit der angewendeten Sach- und Kollisionsrechte.[57] Die Vereinheitlichung des Zuständigkeitsrechts wäre damit zumindest ein erster Schritt in die richtige Richtung der Schaffung eines einheitlichen Rechtsraums.

Gravierende Bedenken ergeben sich freilich daraus, dass EheGVO I und II auf der Anerkennungsebene einseitig die Ehescheidung fördern. Denn *ratione materiae* befassen sich beide Verordnungen gemäß ihrem jeweiligen Art. 1 Abs. 1 ausschließlich mit Statutsentscheidungen, die das Eheband auflösen oder zumindest lockern.[58] Keine Zuständigkeits- und Anerkennungsvorschriften enthalten sie für Gerichtsentscheidungen, die eine Auflösung der Ehe oder eine Lockerung des Ehebandes ablehnen. Der Scheidungswillige kann sein Begehren daher zwar so lange nicht verfolgen, wie ein weniger weitgehender Antrag (etwa auf Trennung von Tisch und Bett) bereits vor einem anderen Gericht anhängig ist.[59] Ist dieses Verfahren indes abgeschlossen, kann er unabhängig vom Ausgang des Erstverfahrens das Scheidungsbegehren beliebig weiterverfolgen, ohne dass dem der Einwand der Rechtskraft entgegenstünde. Damit wird das von manchen Rechtsordnungen höher gewichtete staatliche oder reli-

---

54 Ebenso *Geimer/Schütze*, Art. 2 EheGVO I Rn. 2; *Schlosser*, EU-ZPR, Art. 2 EheGVO I Rn. 1; Rauscher/*Rauscher*, Art. 2 EheGVO I Rn. 7; Staudinger/*Spellenberg* (2004), Vor Art. 1 EheGVO II Rn. 44. Prägnant *Kohler*, NJW 2001, 10, 15 ("Die Ehe erscheint so als jedenfalls kollisionsrechtlich unerwünschter Zustand, dessen Entstehung erschwert und dessen Beseitigung erleichtert werden soll.").
55 So *Pfeiffer*, Internationale Zuständigkeit und prozessuale Gerechtigkeit (1995), 487 ff.
56 Zur Unabhängigkeit der Anknüpfungspunkte des IZPR von denjenigen des IPR statt aller *Schack*, Internationales Zivilverfahrensrecht, 3. Aufl. (2002), § 8 Rn. 199 ff.; *Geimer*, Internationales Zivilprozessrecht, 4. Aufl. (2001), Rn. 19 ff., 32 ff.
57 Gem. Art. 18 EheGVO I / Art. 25 EheGVO II darf die Anerkennung nicht versagt werden, weil eine entsprechende Entscheidung im Anerkennungsstaat nicht möglich wäre.
58 Unverständlich *Wagner*, IPRax 2001, 73, 76 (die Beschränkung der Anerkennung auf Lockerungen des Ehebandes ergebe sich "weniger aus dem Wortlaut" der EheGVO I).
59 Zur erweiterten Rechtshängigkeitssperre in eherechtlichen Statusfragen o. II. 3. b aa.

giöse Interesse am Bestand der Ehe zu Gunsten scheidungsfreundlicher Regelungen benachteiligt. Dazu mag man je nach religiöser oder rechtspolitischer Auffassung stehen wie man will.[60] Dem durch EheGVO I und II ermöglichten europäischen "Scheidungstourismus" haftet jedenfalls das Odium der Willkürlichkeit an.[61] Zudem liegt gerade in der Förderung eines sachrechtlich bevorzugten Ergebnisses ein Verstoß gegen allgemeine Prinzipien des Internationalen Zivilprozessrechts.[62] Schließlich sollte ein einheitlicher Rechtsraum den Bürgern Rechtssicherheit dergestalt einräumen, dass diese unabhängig vom Forum einer eventuellen späteren Klage ihre Statusverhältnisse sicher beurteilen können.

2. Das enttäuschte Vertrauen in die Effizienz der Justizbehörden

a) EuGVO

aa) Problemstellung

Die postulierte Gleichwertigkeit aller Gerichte in der Gemeinschaft basiert insoweit auf einer Fiktion, als sie die großen tatsächlichen Differenzen im Hinblick auf die Geschwindigkeit der Bearbeitung von Klagen und Anträgen schlicht ignoriert.[63] Eines der am meisten diskutierten Problemfelder des Zuständigkeitssystems der EuGVO ist denn auch seine Anfälligkeit für so genannte "Torpedoklagen".[64] Notorisch wurden diese zunächst im Patentrecht, wo sich "italienische" und "belgische Torpedos" einer zweifelhaften Beliebtheit erfreuen und Anlass zu heftigen Diskussionen geben.[65] Aber auch zahlungsunwillige Schuldner von Geldforderungen, die damit rechnen, vom Gläubiger gerichtlich auf Zahlung in Anspruch genommen zu werden, können ihre Verurteilung zur Leistung verzögern. Die hinter beiden Erscheinungen stehende Problematik hat spätestens nach der Entscheidung des EuGH in der Sache "Gasser"[66] die ihr gebührende Aufmerksamkeit gefunden.[67]

---

60 Zu beachten ist allerdings, dass EheGVO I und II auf der Kompetenzgrundlage des Art. 65 EGV und damit einstimmig erlassen wurden.
61 Nw. o. Fn. 54.
62 Ausf. zur international-zivilprozessualen Gerechtigkeit *Pfeiffer*, (o. Fn. 55), 337 ff.
63 Wie hier *Jayme/Kohler*, IPRax 2002, 461, 468 ("Brüche werden sichtbar"); *Kohler*, in: Baur/Mansel (Hrsg.), Systemwechsel im europäischen Kollisionsrecht (2004), 149, 156 ("Simulation" und "Fiktion"); *Stadler*, IPRax 2004, 2, 7. A.A. zuletzt dezidiert *Stein*, IPRax 2004, 181 ff.
64 Die Begrifflichkeit geht zurück auf *Franzosi*, EIPR 1997, 382 ff.
65 *Franzosi*, (o. Fn. 64); *ders.*, IIC 2002, 154 ff.; *Jandoli*, IIC 2000, 783 ff.; *Staudinger*, GRURInt 2000, 1022 ff.; *Tilmann/Falck*, GRUR 2000, 279 ff.; *Pitz*, GRURInt 2001, 32 ff.; *Treichel*, GRURInt 2001, 175 ff.; *Grabinski*, GRURInt 2001, 199, 209 ff.; *Kur*, GRURInt 2001, 908, 911 f.
66 EuGH, 9.12.2003, Rs. C-116/02 "Gasser/Misat".

In praxi kommt der Patentrechtsverletzer bzw. Schuldner einer Geldforderung seiner Verurteilung zur Unterlassung bzw. Leistung auf Betreiben des Rechts- bzw. Forderungsinhaber zuvor, indem er negative Feststellungsklage vor einem besonders langsamen Gericht erhebt.[68] Ab Anhängigkeit der Feststellungsklage können andere Gerichte mit der Sache nicht befasst werden, weil dem späteren Antrag der Litispendenzeinwand entgegensteht. Erklärt sich das Ausgangsgericht für zuständig, ist der Gläubiger, der die Zuständigkeit bestreitet, auf die Einlegung von Rechtsmitteln angewiesen. Eine Klärung der Zuständigkeitsfrage durch den EuGH kommt erst in der letzten Instanz in Betracht, da zuvor gem. Art. 68 Abs. 1 EGV in Bezug auf alle auf die Kompetenz des Art. 65 EGV gestützten Rechtsakte des EuZVR keine Vorlageberechtigung besteht. Und selbst wenn sich das Erstgericht für unzuständig erklären sollte, kann diese Entscheidung Monate oder Jahre dauern und im Übrigen vom Feststellungskläger notfalls bis zum EuGH angefochten werden.[69] Die Klärung allein der (Un-)Zuständigkeit des aufgrund einer Torpedoklage angerufenen Gerichts kann damit Jahre in Anspruch nehmen, ohne dass notwendig auch bereits in der Sache selbst verhandelt worden wäre. Eine derartige Vorgehensweise kann insbesondere dann, wenn der Gläubiger einer Geldforderung akuten Liquiditätsbedarf hat, erheblichen Druck aufbauen. Dieser mag dazu führen, dass der Gläubiger selbst dann auf dem Verhandlungswege auf größere Teile der Forderung verzichtet, wenn das Ausgangsgericht unzuständig ist. Jedenfalls wird der Gläubiger bzw. Rechtsinhaber genau überlegen, ob er seine Verteidigung gegen die "Torpedoklage" tatsächlich auf die Frage der Zuständigkeit beschränkt, oder ob er sich zumindest hilfsweise zur Sache einlässt oder gar eine Zuständigkeit kraft rügeloser Einlassung gem. Art. 24 EuGVO begründet. Dann allerdings muss er vor dem an sich unzuständigen Gericht alle kollisions- und materiellrechtlichen Ausführungen machen, zu deren Beurteilung nach der Zuständigkeitsordnung des EuZPR an sich ein anderes Gericht berufen ist.

bb) Abhilfemöglichkeiten de lege lata?

Rein tatsächlich kann der Gläubiger zunächst versuchen, ungeachtet der Litispendenz Leistungsklage vor dem seiner Ansicht nach zuständigen Gericht in

---

67 Vgl. *Jayme/Kohler*, IPRax 2002, 461, 467 f.; *Simons*, EuLF 2003, 289 ff.; *Muir Watt*, Anm. zu EuGH 9.12.2003 "Gasser/Misat", Rev. crit. d.i.p. 93 (2004), 459 ff.; *Thiele*, RIW 2004, 285 ff.; *Grothe*, IPRax 2004, 205 ff.; *Schilling*, IPRax 2004, 294 ff.; *Mankowski*, EWiR 2004, 439 f.

68 Das setzt allerdings voraus, dass das Prozessrecht des Forums das Institut der negativen Feststellungsklage kennt, was nicht in allen Staaten der Fall ist, vgl. etwa zum französischen Recht *Cuniberti*, JDI 2004, 77 ff.

69 Geradezu zynisch mutet daher an, dass Art. 68 Abs. 1 EGV ausgerechnet der Verfahrens*beschleunigung* (in Asylsachen) dienen soll. Statt dessen drohen EMRK-widrige Verfahrensverzögerungen, vgl. *Ludwig*, Die Rolle des EuGH im Bereich Justiz und Inneres nach dem Vertrag von Amsterdam (2002), 172; *Pache/Knauff*, NVwZ 2004, 16, 18 m.w.Nw. in Fn. 36.

dem Vertrauen darauf zu erheben, dieses werde die anderweitige Rechtshängigkeit übersehen (oder ignorieren) und seine Entscheidung schneller als das Erstgericht treffen. In diesem Fall würde auf der anerkennungsrechtlichen Ebene die zuerst ergangene Entscheidung der späteren gem. Art. 34 Nr. 4 EuGVO vorgehen und zwar unabhängig davon, welche Klage zuerst anhängig gemacht worden war. Und selbst wenn das Zweitgericht erst nach dem Erstgericht entschiede, wäre zumindest im Zweitstaat eine Anerkennung der früheren Entscheidung gem. Art. 34 Nr. 3 EuGVO ausgeschlossen. Auf den Erfolg einer solchen Vorgehensweise kann sich der Gläubiger freilich nicht verlassen. Denn der Schuldner wird die Anhängigkeit im Ausland rügen. Eine Fortsetzung des Verfahrens erforderte dann einen bewussten Rechtsverstoß durch das Zweitgericht.

Früher wurde zum Teil auch zum EuGVÜ behauptet, negative Feststellungs- und korrespondierende Leistungsklage hätten (ebenso wie im deutschen Recht[70]) nicht denselben Streitgegenstand. Beide Rechtsschutzbegehren stünden lediglich "im Zusammenhang" im Sinne des Art. 28 EuGVO und könnten damit miteinander verbunden werden, ohne dass hierzu freilich eine Pflicht bestünde.[71] Faktisch hat sich diese Diskussion spätestens durch das Judikat des EuGH in der Sache "Tatry / Rataj"[72] erledigt. Darin bestätigte der EuGH seine bereits in der Entscheidung "Gubisch / Palumbo"[73] entwickelten Grundsätze zur konventionsautonomen Definition des Rechtshängigkeits- und damit auch des Streitgegenstandsbegriffes im Sinne der "Kernpunkttheorie".[74] Inhaltlich spricht gegen die Ablehnung der Streitgegenstandsidentität, dass sie Doppelprozesse sowie den Erlass miteinander unvereinbarer Entscheidungen zu Lasten der Verfahrens- und damit auch Entscheidungskonzentration fördert.[75] Diese Ziele sind jedenfalls in den Bereichen, in denen das Kollisionsrecht (noch) nicht vollständig vereinheitlicht ist, besonders vordringlich, da andernfalls schon aufgrund unterschiedlicher Foren über den Streitgegenstand unterschiedlich entschieden werden könnte. Es entspricht zudem der prozessualen Fairness, auch dem Schuldner das Recht einzuräumen, die prozessuale Initiative ergreifen und als Kläger einer negativen Feststellungsklage von etwaigen alternativen Gerichtsständen des EuZVR profitieren zu können.[76] Abschließend sei darauf

---

70 Vgl. o. II 3. b aa.
71 So *Wolf*, In: FS Schwab (1990), 561, 573 f; MünchKommZPO/*Gottwald*, Art. 21 EuGVÜ Rn. 9.
72 EuGH, 6.12.1994, Rs. C-406/92 "Tatry/Rataj", Slg. 1994, I-5439.
73 EuGH, 8.12.1987, Rs. 144/86 "Gubisch/Palumbo", Slg. 1987, 4861 Rn. 6 ff.
74 Ausf. zur europäischen Rspr. *Wernecke*, Die Einheitlichkeit des europäischen und des nationalen Begriffs vom Streitgegenstand (2003), 14 ff.
75 Nw. o. Fn. 30.
76 Allerdings wird in der Praxis der Gläubiger regelmäßig ein höheres Interesse an der Durchsetzung seiner (vermeintlichen) Forderung bzw. seines vermeintlichen Rechts haben als umgekehrt der nur vermeintliche Schuldner an der Feststellung, dass der von der Gegenseite behauptete Anspruch nicht besteht.

hingewiesen, dass die Problematik den für die Ausarbeitung der EuGVO zuständigen Kommissionen bekannt war, man sich gleichwohl nicht auf einen vom bisherigen abweichenden Streitgegenstandsbegriff einigen konnte.[77] Ferner ließe sich an eine Abwehr von Torpedoklagen durch die Herausbildung eines autonom gemeinschaftsrechtlichen Begriffes des "zuständigkeitsrechtlichen Verfahrensmissbrauches"[78] oder die Anwendung der anglo-amerikanischen Doktrin des *forum non conveniens* denken.[79] Während die *forum non conveniens*-Lehre in erster Linie das im Wege der Torpedoklage angerufene Erstgericht dazu berechtigen würde, die Torpedoklage trotz Vorliegens einer Zuständigkeit nach EuZVR abzuweisen, zielte der Einwand des Rechtsmissbrauchs darauf, dem Zweitgericht die Außerachtlassung der Rechtshängigkeitssperre zu gestatten. Jedenfalls die Lehre vom *forum non conveniens* hat im Zuständigkeitssystem des EuZVR keinen Platz.[80] Dieses hat typisierend und abschließend darüber entschieden, wann und unter welchen Umständen ein Gerichtsstand eröffnet bzw. nicht gegeben ist. Für Ermessensentscheidungen anhand der äußerst unbestimmten Kriterien der *forum non conveniens*-Doktrin ist daneben schon unter Gesichtspunkten der Einheitlichkeit der Anwendung des EuZVR und der Rechtssicherheit kein Raum.[81] Andernfalls könnte jedes nationale Gericht die Anhängigkeit der Sache vor einem anderen mitgliedstaatlichen Gericht mit der Begründung ignorieren, sie verstoße gegen die schützenswerten Zuständigkeitsinteressen des hiesigen Klägers und dortigen Beklagten. Damit würde ein unerträgliches Maß nicht justiziabler Beliebigkeit in das EuZVR eingeführt. Aus sehr praktischen Gründen wird im Übrigen eine Klageabweisung durch das zuerst angerufene Gericht regelmäßig schon deswegen ausscheiden, weil gerade dieses kaum geneigt sein dürfte, sich selbst das Zeugnis anerkannter Langsamkeit auszustellen.[82] Der umgekehrte Weg, die ausländische Anhängigkeit im Inland deswegen unbeachtet zu lassen, weil sie

---

77 *Makridou*, in: FS Beys (2003), 941, 948 ff.; *Kohler*, in: Gottwald (Hrsg.), Revision des EuGVÜ - Neues Schiedsverfahrensrecht (2000), 1, 26 ff.
78 So unter Berufung darauf, dass Art. 6 EMRK auch den Verfahrensmissbrauch durch Private untersage *Grothe*, IPRax 2004, 205, 208 ff.
79 Beide Aspekte angedacht bei *Muir Watt*, Anm. zu EuGH, 9.12.2003 "Gasser/Misat", Rev. crit. d.i.p. 93 (2004), 459, 462.
80 Eine positivrechtliche Ausnahme macht Art. 15 EheGVO II, der in Kindschaftssachen den Gerichten eines Mitgliedstaates die Möglichkeit eröffnet, ein anderes Gericht um Übernahme des Rechtsstreites zu ersuchen, wenn es dieses für besser geeignet hält, eine Entscheidung zu treffen.
81 Unstr., *Huber*, Die englische forum-non-conveniens-Doktrin und ihre Anwendung im Rahmen des Europäischen Gerichtsstands- und Vollstreckungsübereinkommens (1994), 156 ff.; *Dorsel*, Forum non conveniens (1996), 182 ff.; *Erwand*, forum non conveniens und EuGVÜ (1996), 185 ff., alle m.w.Nw.
82 Anders Tribunal de Première Instance de Bruxelles vom 12.5.2000, GRURInt 2001, 170 ff., das eine Klage auf Feststellung, dass eine Patentverletzung nicht vorliege, wegen Rechtsmissbrauchs als unzulässig abwies.

ausschließlich der Prozessverschleppung diene, muss aus den gleichen Gründen ausscheiden.[83] Das Anerkennungssystem des EuZVR wäre ebenso wie der Grundsatz prozessualer Gleichbehandlung der Parteien zur faktischen Bedeutungslosigkeit verurteilt, könnte jedes mitgliedstaatliche Gericht eine negative Feststellungsklage vor einem ausländischen Gericht mit der kaum justiziablen Begründung ignorieren, diese werde ausschließlich missbräuchlich betrieben.

Eine gangbare Lösung bestünde jedenfalls für Fälle, in denen die Parteien eine schriftliche Gerichtsstandsvereinbarung getroffen haben, in einer teleologischen Reduktion des Art. 27 EuGVO. Insbesondere[84] Generalanwalt *Léger* hatte in der Sache "Gasser" dafür plädiert,[85] bei Vorliegen einer Gerichtsstandsvereinbarung die Prüfung der internationalen Zuständigkeit bei dem in der Gerichtsstandsvereinbarung benannten Gericht anzusiedeln. Hierfür spricht ganz wesentlich, dass Gerichtsstandsvereinbarungen dem Bedürfnis beider Parteien nach Rechtssicherheit entspringen. Gesteht man einer Partei zu, abweichend von der Vereinbarung ein anderes als das prorogierte Gericht anzurufen und damit eine gemeinschaftsweite Rechtshängigkeitssperre und faktische Prozessverschleppung zu bewirken, führt dies die Funktion der Vereinbarung *ad absurdum*. Ferner wird jedenfalls bei schriftlichen Prorogationen außerhalb von Verbraucher-, Versicherungs- oder Arbeitssachen vermutlich nur vergleichsweise selten Streit über Zustandekommen, Wirksamkeit und Inhalt der Vereinbarung bestehen.[86] Jedenfalls spricht viel dafür, Beweis-, aber auch Zuständigkeitslast für die Irrelevanz schriftlicher Gerichtsstandsklauseln der Partei aufzuerlegen, die die Wirksamkeit der Vereinbarung bestreitet. Das prorogierte Gericht steht der Entscheidung besonders nahe, da nur die förmlichen Voraussetzungen wirksamer Gerichtsstandsvereinbarungen in der EuGVO normiert sind, während im Übrigen ein Rückgriff auf das nach den kollisionsrechtlichen Regeln des Forums zu bestimmende Sachrecht erforderlich ist, um etwa die Voraussetzungen der Rechts- und Geschäftsfähigkeit, etwaige Willensmängel etc. festzustellen.[87] Insoweit maßgeblich ist das der Rechtsstreitigkeit zu Grunde liegende Sachrecht, d.h. das Vertragsstatut.[88] Parteien, die eine Gerichtsstandsvereinbarung treffen, werden aber regelmäßig auch für ein Recht optieren. Dabei entspricht es gängiger Praxis, das Gericht für zuständig zu erklären, dessen Recht man zuvor gewählt hat – und umgekehrt. Für die Frage, ob eine Rechtswahlvereinbarung wirksam ist, ist gem. Art. 27 Abs. 4, 31 Abs. 1

---

83   LG Frankfurt a.M., IPRax 1990, 234; Rauscher/*Leible*, Art. 27 EuGVO Rn. 18.
84   Ebenso *Muir Watt*, Anm. zu EuGH 9.12.2003 "Gasser/Misat", Rev. crit. d.i.p. 93 (2004), 459, 462; *Mankowski*, EWiR 2004, 439, 440.
85   Schlussantrag v. 9.9.2003 in der Rs. C-116/02 "Gasser/Misat", Rn. 43 ff.
86   Anderes gilt für Gerichtsstandsvereinbarungen gem. Art. 23 Abs. 1 lit. b) und c) EuGVO, die im Streitfall umfängliche Sachverhaltsermittlungen erfordern können.
87   Diesen Umstand ignoriert *Grothe*, Zwei Einschränkungen des Prioritätsprinzips im europäischen Zuständigkeitsrecht, IPRax 2004, 205, 208.
88   Rauscher/*Mankowski*, Art. 23 EuGVO Rn. 41.

EGBGB wiederum das gewählte Recht des Forums maßgeblich. Ferner lässt sich selbst bei Fehlen einer ausdrücklichen Rechtswahl aus der Existenz einer Gerichtsstandsvereinbarung häufig auf eine entsprechende korrespondierende Rechtswahl schließen.[89] Das prorogierte Gericht hat damit in der Regel für die nicht vom EuZVR geregelten Fragen im Zusammenhang mit der Gerichtsstandsvereinbarung sein eigenes Sachrecht anzuwenden, während ein anderes Gericht auf die Einholung von Fremdrechtsgutachten angewiesen ist. Gleichwohl hat der EuGH dieser Vorgehensweise eine Absage erteilt und sich dabei auf den zuständigkeitsrechtlichen Vertrauensgrundsatz und die Rechtssicherheit berufen.[90] Das überzeugt nicht, da jedenfalls die Rechtssicherheit dann nicht gefährdet ist, wenn man die hier geforderte Regel konsequent auf schriftliche Vereinbarungen anwendet. Mit der Entscheidung "Gasser / Misat" wurde daher leichtfertig ein Korrektiv aus der Hand gegeben, mit dem sich einer Vielzahl von Missbrauchsfällen hätte vorbeugen lassen.

Eine Grenze der Rechtshängigkeitssperre folgt immerhin aus Art. 6 EMRK[91] Die anderweitige Litispendenz ist dann unbeachtlich, wenn wegen überlanger Verfahrensdauer vor dem Erstgericht eine konkrete Verletzung des durch Art. 6 EMRK verbürgten Justizgewährungsanspruches zu besorgen ist. Fraglich ist allerdings, wann diese Voraussetzungen vorliegen. Die ausländische Anhängigkeit kann jedenfalls ignoriert werden, wenn das Auslandsverfahren bereits die durch Art. 6 EMRK gezogenen Zeitgrenzen[92] überschritten hat. Hierdurch wäre der Gläubiger freilich darauf beschränkt, den Eintritt einer Menschenrechtsverletzung abzuwarten, bevor er sein Klagebegehren weiterverfolgen kann. Zutreffend ist es daher, auf die bereits absehbare, voraussichtliche EMRK-widrige Verfahrensdauer abzustellen. Dies kann freilich nicht in der Form geschehen,

---

89 Ausf. *Martiny*, in: Reithmann/Martiny (Hrsg.), Internationales Vertragsrecht, 6. Aufl. (2004), Rn. 86 f. m.w.Nw.
90 EuGH, 9.12.2003, Rs. C-116/02 "Gasser/Misat", Rn. 41 ff
91 Ausf. *Schilling*, IPRax 2004, 294 ff.; *Grothe*, IPRax 2004, 205, 208 ff.; *Krusche*, MDR 2000, 677, 678 f. Vgl. auch Rauscher/*Leible*, Art. 27 EuGVO Rn. 18; *Schlosser*, EU-ZVR Art. 27 EuGVO Rn. 11; *Geimer/Schütze*, EuZVR, Art. 27 EuGVO Rn. 58 m.w.Nw.
92 Für die Beurteilung einer "überlangen Verfahrensdauer" i.S.d Art. 6 EMRK kommt es auf die Umstände des Einzelfalls an, d.h. insb. auf die tatsächlichen und/oder rechtlichen Schwierigkeiten des Falles, vgl. *Miehsler/Vogler*, in: Karl (Hrsg.), IntKommEMRK, Loseblatt, Art. 6 EMRK, Bearb. (1986), Rn. 317 ff.; *Peukert*, in: Frowein/Peukert, EMRK (1996), Art. 6 EMRK Rn. 143 ff. Zu den zu beachtenden Faktoren dürfte neben der Internationalität des Sachverhalts, die komplexe Fragen des internationalen Zuständigkeit, der Bestimmung des anwendbaren Rechts und ggf. der Ermittlung des Inhalts des anwendbaren Rechts mit sich bringen kann, gehören. Allerdings ist eine Verfahrensdauer von zehn Jahren oder mehr ein Indiz für einen Verstoß, vgl. *Miehsler/Volger*, a.a.O., Rn. 317 sowie *Peukert*, a.a.O., Rn. 141 m.w.Nw. zur Rspr., die zum Teil auch zehnjährige Verfahren für nicht EMRK-widrig gehalten hat. Vgl. auch die Nw. bei *Grothe*, IPRax 2004, 205, 211, wonach Verfahrensdauern von gut drei Jahren – pro Instanz – den Grenzbereich des noch Zulässigen darstellen dürften.

dass inländische Gerichte pauschal Verfahren beispielsweise vor italienischen oder belgischen Gerichten ignorieren. Erforderlich ist vielmehr, dass das Auslandsverfahren bereits eingeleitet ist und eine Entscheidung über trotz überwiegend wahrscheinlichen Bevorstehens eines Verstoßes gegen die von Art. 6 EMRK gezogene Zeitgrenze noch immer nicht ergangen ist.

Auch der Ausweg über Art. 6 EMRK hilft dem Forderungsgläubiger bzw. Rechtsinhaber nur begrenzt, da er mit Anhängigmachung der Torpedoklage mittelfristig an einer Titulierung seines Anspruchs gehindert ist. Einziges mit dem Zuständigkeitssystem des EuZVR und dem Vertrauensgrundsatz ohne weiteres vereinbares Korrektiv ist damit der einstweilige Rechtsschutz. Gem. Art. 31 EuGVO kann jede Partei bei jedem mitgliedstaatlichen Gericht, das nach dem europäischen Zuständigkeitsregime für die Entscheidung in der Hauptsache zuständig wäre, auch Maßnahmen des vorläufigen Rechtsschutzes beantragen,[93] die gemeinschaftsweit anzuerkennen und grundsätzlich[94] in allen Mitgliedstaaten vollstreckbar sind.[95] Ferner eröffnet Art. 31 EuGVO dem Gläubiger den Weg zu den nach nationalem Prozessrecht für den einstweiligen Rechtsschutz international zuständigen Gerichten. In letzterem Fall sind die Rechte des Gläubigers freilich begrenzt. So erfordert eine Maßnahme des einstweiligen Rechtsschutzes durch ein Gericht, das seine Zuständigkeit auf nationales Recht stützt, nach Auffassung des EuGH, dass "zwischen dem Gegenstand dieser Maßnahme und der gebietsbezogenen Zuständigkeit des Vertragsstaats des angerufenen Gerichts eine reale Verknüpfung besteht".[96] Unklar ist, ob dies bedeutet, dass ein nach nationalem Recht zuständiges Gericht allein Maßnahmen erlassen darf, die auf dem Gebiet "seines" Mitgliedstaates zu vollstrecken sind. Umstritten ist ferner, ob eine Anerkennung von auf nationales Zuständigkeitsrecht gestützten Maßnahmen im restlichen Gemeinschaftsgebiet in Betracht kommt.[97] Schon wegen der jedenfalls erforderlichen Nähebeziehung zwischen Gericht und angeordneter Maßnahme sind Maßnahmen aufgrund rein

---

[93] Unstr., EuGH, 17.11.1998, Rs. C-391/95 "Van Uden/Deco-Line", Slg. 1998, I-7091 Rn. 19; *Schlosser*, EU-ZPR, Art. 31 EuGVO Rn. 2; Thomas/Putzo/*Hüßtege*, Art. 31 EuGVO Rn. 3.

[94] Jedenfalls soweit dem Schuldner rechtliches Gehör gewährt wurde, vgl. EuGH, 21.5.1980, Rs. 125/79 "Denilauler/Couchet Frères", Slg. 1980, 1553 Rn. 12 ff.

[95] Etwa EuGH, 21.5.1980, Rs. 125/79 "Denilauler/Couchet Frères" (o. Fn. 94); EuGH, 6.6.2002, Rs. C-80/00 "Italian Leather", Slg. 2002, I-4995 Rn. 41. Weitere Nw. bei Rauscher/*Leible*, Art. 31 EuGVO Rn. 37; *Nagel/Gottwald*, Internationales Zivilprozessrecht, § 15 Rn. 3.

[96] EuGH, 17.11.1998, Rs. C-391/95 "Van Uden/Deco-Line", Slg. 1998, I-7122 Rn. 40. Daraus wird zum Teil gefolgert, die einstweilige Maßnahme müsse im Gerichtsstaat vollstreckt werden. Ob eine derart enge Verknüpfung tatsächlich erforderlich ist, ist freilich zweifelhaft, vgl. dazu Rauscher/*Leible*, Art. 31 EuGVO Rn. 23 ff.; *Schlosser*, EU-ZPR, Art. 31 EuGVO Rn. 4.

[97] Die grundsätzliche Anerkennungsfähigkeit ist mit *Heß*, IPRax 2000, 370, 373; Rauscher/*Leible*, Art. 31 EuGVO Rn. 38 zu bejahen.

nationaler Zuständigkeiten jedoch von erheblich geringerem praktischen Interesse als solche, die von einem Hauptsachegericht im Sinne der EuGVO erlassen wurden.[98] Hinzu kommt, dass nach der Rechtsprechung des EuGH eine auf nationales Recht gestützte einstweilige Maßnahme nur dann zu einer (vorläufigen) Befriedigung des Gläubigers führen darf, wenn (insbesondere durch Stellung von Bürgschaften) die Rückgängigmachung der Leistung gesichert ist.[99]

Freilich sind auch die Voraussetzungen, unter denen der Gläubiger von einem nach EuZVR für die Hauptsache zuständigen Gericht den Erlass einstweiliger Maßnahmen verlangen kann, umstritten. Das betrifft insbesondere die Frage, ob die bereits erfolgte Anhängigmachung der Hauptsache in einem Mitgliedstaat im Sinne der Verfahrenskonzentration dazu führt, dass nur dieses Gericht als Hauptsachegericht im Sinne des Art. 31 EuGVO zu betrachten ist bzw. ein anderes nach EuGVO zuständiges "Hauptsachegericht" nur Maßnahmen erlassen darf, die im Gebiet seines Mitgliedstaates vollstreckt werden dürfen. Teilweise wird eine solche Konzentration aus prozessökonomischen Gründen befürwortet und zudem damit begründet, andernfalls drohe eine Umgehung der Zuständigkeitsordnung des EuZVR.[100] Dem ist auch und gerade im vorliegenden Zusammenhang entschieden zu widersprechen.[101] Der EuGH hat zu der Frage bislang noch nicht ausdrücklich Stellung genommen. In "Van Uden / Deco-Line" hat er aber entschieden, die Zuständigkeiten zum Erlass einstweiliger Maßnahmen nach nationalem Recht würden durch die anderweitige Anhängigkeit der Hauptsache nicht ausgeschlossen.[102] Das muss (erst Recht) gelten, wenn sich die Zuständigkeit des Gerichts im einstweiligen Rechtsschutz auf das EuZVR stützen lässt. Nicht nur würden andernfalls die Hauptsachezuständigkeiten nach EuZVR gegenüber denen aus nationalem Recht benachteiligt. Auch hätte eine "Torpedoklage" vor einem unzuständigen Gericht zur Folge, dass der Gläubiger noch nicht einmal im einstweiligen Rechtsschutz vor den eigentlich

---

98 Ebenso *Schlosser*, EU-ZPR, Art. 31 EuGVO Rn. 20.
99 EuGH, 17.11.1998, Rs. C-391/95 "Van Uden/Deco-Line", Slg. 1998, I-7122 Rn. 47; EuGH, 27.4.1999, Rs. C-99/96 "Mietz", Slg. 1999, I-2277 Rn. 42. Vgl. auch *Geimer/Schütze*, Art. 31 EuGVO Rn. 16; *Rauscher/Leible*, Art. 31 EuGVO Rn. 11 f.
100 So insb. *Schulz*, ZEuP 2001, 805, 813 f.; *Wolf*, EWS 2000, 11, 18 f.; *Kropholler*, Art. 31 EuGVO Rn. 11.
101 Wie hier etwa *Spellenberg/Leible*, Anm. zu EuGH "Van Uden/Deco-Line" und "Mietz", ZZPInt 4 (1999), 225, 228; *Heß/Vollkommer*, IPRax 1999, 220, 221 f.; *Heß*, IPRax 2000, 370, 373 f.; wohl auch *Stadler*, JZ 1999, 1089, 1099. Ähnlich *Geimer/Schütze*, Art. 31 EuGVO Rn. 8, die allerdings fordern, die Verfahren in der Hauptsache und im einstweiligen Rechtsschutz "müssen sinnvoll koordiniert werden, notfalls durch Aussetzung (Art. 28)", ohne freilich zu erläutern, welches Verfahren auszusetzen ist.
102 EuGH, 17.11.1998, Rs. C-391/95 "Van Uden/Deco-Line", Slg. 1998, I-7122 Rn. 29 (zu Art. 24 EuGVÜ). "Die Tatsache allein, dass bei einem Gericht eines Vertragsstaats ein Hauptsacheverfahren anhängig ist oder werden kann, nimmt dem Gericht eines anderen Vertragsstaates nicht seine Zuständigkeit aus Artikel 24 des Übereinkommens."

nach EuZVR zuständigen Gerichten eine einstweilige Maßnahme beantragen und gemeinschaftsweit vollstrecken könnte. Damit aber wurde der Justizgewährungsanspruch über Gebühr eingeschränkt.[103] Er müsste entweder vor einem langsamen Gericht den Erlass einstweiliger Maßnahmen beantragen oder wäre darauf angewiesen, in jedem Mitgliedstaat, in dem sich möglicherweise vollstreckbares Schuldnervermögen befindet, gesonderte Anträge zu stellen. Diese Erschwernis ist nicht akzeptabel, zumal eine Aushebelung der Hauptsachezuständigkeit schon deswegen nicht droht, weil einstweiliger und endgültiger Rechtsschutz unterschiedliche Streitgegenstände haben und nur das Hauptsachegericht definitiv darüber entscheidet, ob die einstweilige Maßnahme begründet oder unbegründet war.[104]

Vollständige Abhilfe kann der Ausweg über den einstweiligen Rechtsschutz allerdings nicht bieten: Zum einen trägt der Gläubiger im einstweiligen Rechtsschutz das Risiko, für die Vollstreckung solcher vorläufigen Maßnahmen, die sich im Nachhinein wegen einer abweichenden Beurteilung des Verfügungsanspruches durch das Hauptsachegericht als unbegründet erweisen, gegebenenfalls Schadensersatz leisten zu müssen.[105] Zum zweiten bedarf es für einen Antrag stets der Eilbedürftigkeit. Diese wird im Fall drohender Verstöße des Auslandsverfahrens gegen Art. 6 EMRK stets vorliegen, andernfalls nur, wenn sie nach dem anwendbaren nationalen Verfahrensrecht tatsächlich dargetan ist.

b) EheGVO

Vergleichbare Probleme der Verfahrensblockade können sich auch im Anwendungsbereich beider Eheverordnungen aufgrund der gegenüber der EuGVO erweiterten Rechtshängigkeitssperre[106] stellen. Beantragt eine Partei, die eine Scheidung verhindern oder zumindest verzögern will, vor einem langsamen Gericht die gerichtliche Anordnung des Getrenntlebens, kann sie die Scheidung – jedenfalls vor einem anderen Gericht[107] – gemeinschaftsweit blockieren. Diese Möglichkeit wird noch durch die zahlreichen Wahlgerichtsstände der Eheverordnungen und die vergleichsweise einfache Möglichkeit, durch Verlagerung des gewöhnlichen Aufenthalts Klägergerichtsstände zu schaffen,[108] erleichtert. Erschwerend kommt hinzu, dass etwa nach niederländischem Recht

---

103 So auch *Heß/Vollkommer*, IPRax 1999, 220, 224.
104 A.A. offenbar *Stadler*, Erlass und Freizügigkeit einstweiliger Maßnahmen im Anwendungsbereich des EuGVÜ, JZ 1999, 1089, 1099.
105 Dazu *Freitag*, IPRax 2002, 267 ff. m.w.Nw.
106 II. 3. b aa.
107 Die Gegenseite kann vor dem zuerst angerufenen Gericht Widerklage auf Scheidung einreichen, vgl. Art. 5 EheGVO I / Art. 4 EheGVO II, unterliegt dann aber auch den dort geltenden Gerichtsgebräuchen.
108 Vgl. Art. 2 Abs. 1 lit. a, 5. und 6. Spiegelstr. EheGVO I, Art. 3 Abs. 1 lit. a, 5. und 6. Spiegelstr. EheGVO II, wonach ein sechs- bzw. zwölfmonatiger gewöhnlicher Aufenthalt im Gerichtsstaat genügt.

die gerichtliche Anordnung des Getrenntlebens eine Scheidung für drei Jahre ausschließt.[109] Ist eine entsprechende Anordnung rechtskräftig erlassen, kann die scheidungswillige Gegenseite die Beendigung der Ehe nur dadurch erreichen, dass sie sich an ein Gericht wendet, das nach seinem Kollisionsrecht jedenfalls nicht zur Anwendung niederländischen Sachrechts kommt.[110]

Abhilfe ist hier auch im Wege des einstweiligen Rechtsschutzes nur begrenzt zu erlangen: Einen Antrag auf vorläufige Regelung der Statusfrage kennt wohl keine nationale Rechtsordnung,[111] einstweilige Maßnahmen kommen daher nur in Bezug auf Sorgerechtsangelegenheiten sowie die Nutzung von Hausrat und gemeinsamer Ehewohnung in Betracht.

3. Gemeinschaftsweite Gerichtspflichtigkeit des Beklagten

Ein weiterer Schwachpunkt des geschilderten vertrauensbasierten Zuständigkeitssystems – jedenfalls von EuGVO und EuVTVO[112] – ist die gemeinschaftsweite Gerichtspflichtigkeit des Beklagten, die sich aus einer Zusammenschau des Vertrauensgrundsatzes im Erkenntnis- und Anerkennungsverfahren ergibt. Im sachlichen Anwendungsbereich von EuGVO und EuVTVO, gilt das weithin unstreitige Diktum "wonach es für den Beklagten jedenfalls eine riskante Strategie wäre, auf eine zuverlässige Klärung der Zuständigkeitsfrage im Erststaat zu setzen und sich nicht einzulassen."[113] Im Erkenntnisverfahren hat das Ausgangsgericht zwar die Einhaltung der Zuständigkeitsvorschriften von Amts wegen zu prüfen.[114] Gleichwohl kann sich der zu Unrecht im Ausland Verklagte nicht darauf verlassen, dass ihm keine zuständigkeitsrechtlichen Nachteile entstehen, wenn er sich nicht auf das Auslandsverfahren einlässt. So ist weder ein in- noch ein ausländisches Gericht davor gefeit, die Zuständigkeitsnormen des EuZPR (versehentlich) unzutreffend anzuwenden. Ohne eine Rüge der

---

109 Vgl. Art. 1:150, 1:179 des niederländischen Bürgerlichen Gesetzbuches.
110 Das Zweitgericht ist nur verpflichtet, die durch die Anordnung des Getrenntlebens eingetretene Statusänderung anzuerkennen. Dagegen handelt es sich bei der Scheidungssperre um eine materiell-rechtliche Regelung, die nicht an den anzuerkennenden Urteilswirkungen teilnimmt, Staudinger/*Spellenberg* (2004), Art. 21 EheGVO II Rn. 55.
111 Allg. Meinung, vgl. Rauscher/*Rauscher*, Art. 12 EheGVO I Rn. 10.
112 Anderes gilt für die Gerichtspflichtigkeit des Beklagten nach EheGVO I und II. Zwar enthalten die Art. 2 Abs. 1 lit. a, 5. und 6. Spiegelstr. EheGVO I / Art. 3 Abs. 1 lit. a, 5. und 6. Spiegelstr. EheGVO II "Klägergerichtsstände". Diese sind in Statutsfragen jedoch letztlich unvermeidlich, will man nicht die regelungsbedürftige, vulgo scheidungs- oder trennungswillige Partei dazu zwingen, ihr berechtigtes Anliegen stets im Ausland geltend machen und der regelungsunwilligen Gegenseite gleichsam hinterherreisen zu müssen, vgl. Rauscher/*Rauscher*, Art. 2 EheGVO I Rn. 23 f.; Staudinger/*Spellenberg*, Art. 3 EheGVO II Rn. 15.
113 So Rauscher/*Mankowski*, Art. 26 EuGVO Rn. 3. Ebenso *Schulte-Beckhausen*, Internationales Zuständigkeit durch rügelose Einlassung im europäischen Zivilprozessrecht (1994), 206 ff. (zu Art. 18 EuGVÜ); *Geimer/Schütze*, EuZVR, Art. 26 EuGVO Rn. 13.
114 O. II. 3. a.

betroffenen Partei wird es den Fehler freilich häufig nicht bemerken. Doch selbst die rechtsfehlerfreie Anwendung des Zuständigkeitsrechts durch das Ausgangsgerichts schützt den Beklagten nicht vor ungewollter Gerichtspflicht im Ausland. Prüfung von Amts wegen ist auch für die Zwecke des EuZVR nicht mit der Ermittlung von Amts wegen gleichzusetzen. So ist das Gericht zwar auch an unbestrittenen Tatsachenvortrag des Klägers zur Zuständigkeitsfrage nicht gebunden.[115] Allerdings genügt es seiner Pflicht zur amtswegigen Prüfung, wenn es seine Zuständigkeit aufgrund von Tatsachen bejaht, die der Kläger schlüssig behauptet und beigebracht hat.[116] Nur bei Zweifeln an seiner Zuständigkeit ist das Gericht verpflichtet, vom Kläger die Beibringung von Beweisen zu verlangen oder selbst in die Amtsermittlung einzutreten. Trägt etwa der Kläger in einer Verbraucherstreitigkeit im Anwendungsbereich der EuGVO nichts dazu vor, dass der Beklagte mit dem Geschäft eine private Zielsetzung verfolgt habe und ist eine solche aufgrund des Geschäftsgegenstandes auch nicht ohne weiteres ersichtlich, so kann das Gericht seine Zuständigkeit am Erfüllungsort (vgl. Art. 5 Nr. 1 EuGVO) bejahen. Im Anerkennungsstadium ist der Beklagte hinsichtlich der Zuständigkeitsfrage im Rahmen der EuGVO weitgehend, im Anwendungsbereich der EuVTVO sogar vollständig "präkludiert".[117] Damit läuft der von den Art. 2, 12 Abs. 1, 16 Abs. 2, 20 Abs. 1 EuGVO bezweckte zuständigkeitsrechtliche Beklagtenschutz weitgehend leer.

Nun mag man über die rechtspolitische Sinnhaftigkeit des Satzes "actor sequitur forum rei" und die Einführung von Schutzgerichtsständen zu Gunsten "marktschwächerer" Parteien trefflich streiten.[118] So gibt es zahlreiche Stimmen, die bereits in Art. 35 Abs. 1 EuGVO einen "Sündenfall" sehen.[119] Diese Sichtweise ignoriert freilich die erheblichen Nachteile der Rechtsverteidigung im Ausland.[120] Die Gerichtspflichtigkeit vor einem ausländischen Gericht ist mit sehr viel nachteiligeren Konsequenzen verbunden als diejenige vor einem auch noch

---

115 Rauscher/*Mankowski*, Art. 26 EuGVO Rn. 6; *Schlosser*, EU-ZPR, Art. 26 EuGVO Rn. 1.
116 Zur EuGVO Rauscher/*Staudinger*, Art. 25 EuGVO Rn 5; Rauscher/*Mankowski*, Art. 26 EuGVO Rn. 5; zur EheGVO Staudinger/*Spellenberg* (2004), Art. 17 EheGVO II Rn. 4 ff.
117 Vgl. o. II. 4. a.
118 Besonders kritisch etwa *Buchner*, Kläger- und Beklagtenschutz im Recht der internationalen Zuständigkeit (1998), der insgesamt für die Einführung streitgegenstandsbezogener Zuständigkeiten plädiert.
119 Vgl. etwa *Geimer*, RIW 1976, 139, 147; *Schütze*, AWD 1974, 428, 429 ("Dieses Vertrauen endet aber beim Abzahlungskäufer. Wir nehmen hin, dass die internationale Zuständigkeit beim existenzbedrohenden Millionenprozess nicht nachgeprüft wird, schützen aber den Käufer eines Staubsaugers wegen eines Restkaufpreises von DM 97,63. Im Partnerstaat könnte ja Klassenjustiz herrschen").
120 Wie hier *Stadler*, IPRax 2004, 2, 9 f., die darauf abstellt, dass dem Beklagten häufig das Bewusstsein fehle, sich im Ausland einlassen zu müssen, um Rechtsnachteile zu vermeiden.

so weit entfernten Gericht im Inland:[121] Ein durchschnittlicher Verbraucher, Arbeitnehmer oder Versicherungsnehmer wird schon nicht wissen, ob bzw. wie und innerhalb welcher Frist er sich gegen das Verlangen der Gegenseite zur Wehr setzen soll. Bei einem Verfahren ohne Anwaltszwang ist das Risiko, im Ausland wegen ungenügender Verteidigung Rechtsnachteile zu erleiden, gegenüber demjenigen bei einem vergleichbaren inländischen Prozess erheblich gesteigert. Die Einschaltung eines lokalen ausländischen Anwaltes empfiehlt sich auch bereits deswegen, weil praktisch nur so eine zügige Kommunikation mit dem Gegner und dem Gericht möglich ist. Es kann allerdings nicht davon ausgegangen werden, dass der "Normalbürger" ohne weiteres vertrauenswürdige Rechtsanwälte im ausländischen Gerichtsstaat kennt. Er wird sich daher zunächst an seinen heimischen Anwalt wenden, der dann seinerseits einen ausländischen Kollegen empfiehlt. Das verursacht erhebliche Kosten, die – unabhängig von ihrer eventuell fehlenden Erstattungsfähigkeit[122] – jedenfalls zunächst vom Beklagten vorzuschießen sind. Manche ausländischen Rechte kennen anders als das deutsche auch keinen oder nur einen eingeschränkten Anspruch auf prozessuale Kostenerstattung. In derartigen Fällen erhält auch derjenige Beklagte, der sich erfolgreich wehrt, nur dann Ersatz der von ihm verauslagten Verteidigungskosten, wenn zumindest das in der Sache anwendbare Recht dies vorsieht. Selbst dann bedarf es zur Geltendmachung eines materiellen Erstattungsanspruchs einer erneuten Klage vor dem hierfür zuständigen Gericht, die sich häufig nicht rentieren wird.

Auch liegt der Grundsatz, dass der Beklagte vor ausländischen Gerichtsständen zu schützen sei, bereits dem allgemeinen Beklagtengerichtsstand des Art. 2 EuGVO zu Grunde.[123] So hat der EuGH festgehalten, Art. 2 EuGVÜ diene den Interessen des Beklagten; ihm sei daher dadurch zur weitestgehenden Durchsetzung zu verhelfen, dass die besonderen Zuständigkeitsvorschriften des EuGVÜ restriktiv auszulegen seien.[124] Gleiches muss noch in viel stärkerem Maße für die besonderen Beklagtengerichtsstände der Art. 12 Abs. 1, 16 Abs. 2, 20 Abs. 1 EuGVO in Versicherungs-, Verbraucher- und Arbeitssachen gelten. Ferner bezweckt die in Art. 26 EuGVO enthaltene Verpflichtung des Erstgerichts, im Erkenntnisverfahren seine internationale Zuständigkeit von Amts

---

[121] Daher trifft es gerade nicht, wenn *Geimer* (in: FS Schwind (1993), 17, 28 f.) die Problematik innerhalb Europas mit innerstaatlichen Fällen gleichsetzt: "So muss sich der kleine Winzer aus den Seealpen auch in Paris verteidigen, wenn er dort verklagt wird. Das gleiche gilt für einen Bergbauern aus Berchtesgaden vor einem Gericht in Schleswig-Holstein oder einen Südtiroler, den man vor ein Gericht in Palermo zitiert."

[122] Im deutschen Recht ist die Frage umstr., vgl. *Herget*, in: Zöller, (o. Fn. 33), § 91 ZPO Rn. 13 (Stichwort: "Ausländischer Anwalt"); *Hartmann*, in: Baumbach/Lauterbach/Albers/Hartmann (Hrsg.), ZPO, 61. Aufl. (2003), § 91 ZPO Rn. 220 ff.

[123] So die Erläuterung zu Art. 2 EuGVÜ im "*Jenard*"-Bericht (ABl. 1979 Nr. C59/1, 18) und Erwägungsgrund 11 zur EuGVO.

[124] Etwa EuGH, 17.6.1992, Rs. C-26/91 "Handte", Slg. 1992, I-3967 Rn. 14. Besonders prägnant EuGH, 13.7.2000, Rs. C-412/98 "Group Josi", Slg. 2000, I-5925 Rn. 34 ff.

wegen zu prüfen, ebenfalls, den Beklagten vor unerwünschten Gerichtspflichtigkeiten zu bewahren.[125] Die Beschränkung der Nachprüfbarkeit der Zuständigkeitsregeln jedenfalls der besonderen Schutzzuständigkeiten ist damit rechtspolitisch bedenklich und auch systemwidrig. Abhilfe *de lege lata* scheint aufgrund des eindeutigen Wortlauts von EuGVO und EuVTVO nicht möglich.

Schranken werden unbeschränkten Gerichtspflichtigkeiten immerhin durch das nationale Verfassungsrecht wie auch Art. 6 EMRK gezogen. Diese gewähren dem Beklagten Schutz vor Gerichtspflichtigkeiten in Staaten, zu dem der Streitgegenstand keinerlei Bezüge aufweist und vor denen dem Beklagten die Einlassung auf das Auslandsverfahren unzumutbar ist.[126] Der Sache nach geht es um den allgemeinen Freiheitsanspruch vor staatlicher (Gerichts-)Gewalt und den "fair trial"-Grundsatz. Das muss entgegen anderer Auffassung[127] auch in einer geographisch stetig wachsenden EU gelten, die sich mittlerweile von Portugal bis ins Baltikum und von Kreta bzw. Sizilien bis nach Skandinavien erstreckt. Nun werden Situationen, in denen ein Gericht eines Mitgliedstaates seine Zuständigkeit bejaht, ohne dass ein relevanter Bezug des Sachverhaltes zu seinem Territorium vorliegt, im Anwendungsbereich der EuGVO sehr selten sein;[128] sie werden auch in demjenigen der EuVTVO kaum vorkommen. Doch ist hier die Gefahr erheblich gesteigert, da es gerade um Titel geht, die in summarischen Verfahren ergangen sind. Diese bergen besondere Missbrauchsrisiken, da der Beklagte sich häufig nicht einlässt und das Gericht nur oberflächlich prüft.[129]

Zum Teil nimmt das Schrifttum unter Berufung auf die Rechtsprechung des *BVerfG*[130] sogar an, Art. 19 Abs. 4 GG erfordere, dass sich ein inländischer Schuldner gegen eine inländische Vollstreckung aus einem ausländischen Urteil stets mit inländischen Rechtsmitteln müsse zur Wehr setzen können. Die Vollstreckung ausländischer Urteile stelle Ausübung inländischer Hoheitsgewalt dar, so dass ein genereller Ausschluss selbst der ordre public-Prüfung im Voll-

---

125 Vgl. die Nw. o. Fn. 24.
126 *Pfeiffer*, (o. Fn. 55), 577 ff.; *Grolimund*, Drittstaatenproblematik des europäischen Zivilverfahrensrechts (2000), 252 f., 259 ff.; grundsätzlich ebenso *Geimer*, Anerkennung ausländischer Entscheidungen in Deutschland (1995), 18 ff.; ders., (o. Fn. 121), 27 ff. A.A. etwa *Schack*, ZZP 97 (1984), 46, 59 f.
127 Insb. *Geimer*, (o. Fn. 121), 27 ff., der der Auffassung ist, innerhalb des Gemeinschaftsgebietes (Stand 1993) sei Gerichtspflichtigkeit stets zumutbar.
128 Art. 3 Abs. 2 EuGVO verbietet bestimmte exorbitante Zuständigkeiten. Zur Problematik im Verhältnis zu Drittstaaten ausf. *Grolimund*, (o. Fn. 126).
129 Bekanntlich hat die Missbrauchsanfälligkeit des Mahnverfahrens den BGH veranlasst, die Rechtskraft von Vollstreckungsbescheiden über § 826 BGB einzuschränken, *Vollkommer*, in: Zöller, (o. Fn. 33), § 700 ZPO Rn. 16 ff.; *Wagner*, in: MünchKommBGB, Bd. 5, 4. Aufl. (2004), § 826 BGB Rn. 134 ff.
130 BVerfGE 63, 343, 375 ff. (deutsch-österr. Rechtshilfevertrag).

streckungsstaat nicht in Betracht komme.[131] Inwieweit das auch im Anwendungsbereich von EuGVO und EuVTVO gilt, ist sehr zweifelhaft, mag aber im vorliegenden zuständigkeitsrechtlichen Zusammenhang dahinstehen.[132] Jedenfalls dann, wenn der Verstoß gegen Art. 6 EMRK gerade in der Zuständigkeitsbejahung durch das ausländische Gericht besteht, kommt ein Verweis des Schuldners auf den Rechtsschutz im Ausland nicht in Betracht, da sonst der Verstoß gegen die EMRK perpetuiert würde. Aus dem Verbot EMRK-widriger Zuständigkeiten folgt damit logisch auch ein Anerkennungsverbot in Bezug auf entsprechende Entscheidungen.[133] Auch das Gemeinschaftsrecht erkennt die wesentlichen Grundprinzipien des Menschenrechtsschutzes an (vgl. Art. 6 EUV). EuVTVO und EuGVO sind somit primärrechtskonform dahin auszulegen, dass sie keine Anerkennung bewirken und Vollstreckung verlangen, wenn das anzuerkennende bzw. zu vollstreckende Urteil unter EMRK-widriger Zuständigkeitsbejahung ergangen ist. Im Ergebnis ist eine genuin gemeinschaftsrechtlich verstandene *ordre public*-Kontrolle in Bezug auf zuständigkeitsrechtliche Verstöße immer möglich, wird aber *in praxi* kaum je geboten sein, da nicht jeder Verstoß gegen die Zuständigkeitsvorschriften des EuZVR zugleich menschenrechtswidrig ist. Die kritischen Fallkonstellationen werden durch Prozessbetrug charakterisiert sein, indem der Kläger einen nicht bestehenden materiell-rechtlichen Anspruch schlicht "behauptet", um ihn sodann am "Erfüllungsort", d.h. an seinem eigenen Sitz bzw. gewöhnlichen Aufenthalt, einzuklagen. Dass derartiges Vorgehen nicht vom EuZVR sanktioniert werden darf, dürfte außer Frage stehen.[134]

4. Insolvenzrechtlicher Zuständigkeitsmissbrauch

Auch das Vertrauen in die korrekte Anwendung der Zuständigkeitsvorschriften der EuInsVO wird in der Praxis missbraucht.[135] Vornehmer formuliert handelt

---

131 *Geimer*, (o. Fn. 126), 18 ff. ("Das GG verbietet, eine ausländische Entscheidung blindlings anzuerkennen") sowie die in der nachfolgenden Fn. Genannten.

132 Krit. zur EuVTVO *Kohler*, in: Baur/Mansel (Hrsg.), Systemwechsel im europäischen Kollisionsrecht, 149, 153; *Stadler*, IPRax 2004, 2, 8 f. A.A. *Heß*, IPRax 2001, 389, 394 ff.; *Stein*, IPRax 2004, 181 ff.

133 So *Grolimund*, (o. Fn. 126), 259 in Bezug auf reine Kläger- und Vermögensgerichtsstände sowie Beklagtengerichtsstände aufgrund schlichten Aufenthalts. Dieses Verdikt müsste auch für die Verpflichtung zur Anerkennung von Entscheidungen gelten, die unter Verstoß gegen die elementaren Zuständigkeitsinteressen des Beklagten ergangen sind.

134 Vgl. *Stadler*, in: Gottwald (Hrsg.), Revision des EuGVÜ - Neues Schiedsverfahrensrecht (2000), 37, 43 ff. sowie *Geimer*, Anm. zu EuGH, 28.3.2000, Rs. C-7/98 "Krombach/Bamberski", ZIP 2000, 863, die für einen (notwendig europäischen) *ordre public* plädieren.

135 *Mankowski*, EWiR 2003, 1239, 1240 spricht insoweit zu Recht von "Insolvenztourismus und -imperialismus", "Usurpation" und "aggressiver Rechtsblindheit". Weitere Nw. zur Problematik im Folgenden, insb. in Fn. 52.

es sich um ein Problem divergierender Auslegung des Art. 3 Abs. 1 EuInsVO das zum insolvenzrechtlichen *forum shopping* sowie zum Teil zum Erlass widersprechender Entscheidungen in den Mitgliedstaaten führt.

Die EuInsVO zielt auf die zentrale Abwicklung bzw. Sanierung des gesamten in- und ausländischen Vermögens des insolventen Schuldners in einem sog. Hauptinsolvenzverfahren. Zuständig für die Eröffnung eines Hauptinsolvenzverfahrens sind gem. Art. 3 Abs. 1 EuInsVO die Gerichte des Mitgliedstaates, in dem "der Schuldner den Mittelpunkt seiner wirtschaftlichen Interessen hat." Das Verfahren wird grundsätzlich nach dem nationalen Recht desjenigen Mitgliedstaates geführt, dessen Gerichte das Verfahren eröffnet haben und nimmt nach diesem Recht gemeinschaftsweit das Schuldnervermögen in Beschlag Die Entscheidungen des Insolvenzgerichts einschließlich derjenigen über die Eröffnung des Verfahrens und die Einsetzung eines Verwalters werden *ipso iure* in allen Mitgliedstaaten anerkannt, ohne dass die Zuständigkeit des ausländischen Gerichts überprüft werden dürfte. Der Verwalter des Hauptinsolvenzverfahrens ist in allen Mitgliedstaaten ohne weiteres zuständig und zum Erlass aller erforderlichen Entscheidungen befugt. Durchbrochen wird dieser universelle Ansatz durch die Zulassung so genannter Sekundärinsolvenzverfahren, die in anderen Mitgliedstaaten als demjenigen des Hauptinsolvenzverfahrens eröffnet werden können. Sekundärinsolvenzverfahren haben indes nur beschränkte Wirkung. Sie erfassen nur das Vermögen des Schuldners in dem betreffenden Mitgliedstaat und sind gem. Art. 3 Abs. 3 S. 2 EuInsVO auf die Liquidation des Schuldnervermögens gerichtet, dem Hauptinsolvenzverfahren untergeordnet und mit diesem abzustimmen.[136]

Für die Kompetenzabgrenzung zwischen den Mitgliedstaaten ist damit der Begriff des "Mittelpunktes der wirtschaftlichen Interessen des Schuldners" entscheidend. Gem. Art. 3 Abs. 1 S. 2 EuInsVO wird dieser bei juristischen Personen an deren Satzungssitz vermutet. Nach Erwägungsgrund 13 zur EuInsVO handelt sich im Übrigen um den Ort, "an dem der Schuldner gewöhnlich der Verwaltung seiner Interessen nachgeht und damit für Dritte feststellbar ist." Was darunter zu verstehen ist, ist unklar und noch im Fluss. Besonders bei englischen (und irischen) Gerichten ist (bzw. war) es Praxis, Hauptinsolvenzverfahren über Gesellschaften zu eröffnen, die in anderen Mitgliedstaaten registriert sind, dort auch ihre wesentliche Geschäftstätigkeit entfalten, jedoch im Rahmen eines Konzernverbundes von England aus gesteuert werden.[137] Das hat

---

136 Ausf. zur Verfahrenskoordination *Staak*, NZI 2004, 480 ff.
137 Instruktiv *High Court of Justive Leeds* v. 16.5.2003 - "ISA", ZIP 2004, 963 Rn. 12 ff.: Die Zuständigkeit der englischen Insolvenzgerichte für die Eröffnung von Hauptinsolvenzverfahren über das Vermögen deutscher und französischer Gesellschaften wurde damit begründet, dass die Geschäftsführungen dieser Gesellschaften nur mit Zustimmung der englischen Muttergesellschaft handeln durften. Anders dagegen *Supreme Court of Ireland* v. 27.7.2004 - "Parmalat", NZI 2004, 505.

zur abenteuerlichen Konsequenz, dass ausländische Verwalter Insolvenzverfahren nach ihrem Heimatrecht über inländische Gesellschaften mit hauptsächlich inländischen Angestellten und Gläubigern führen.

Nur scheinbar handelt es sich allein um einen Streit zwischen Anwälten um wirtschaftlich lukrative Verwaltungsmandate. Nachteilig betroffen von Verfahrenseröffnungen durch unzuständige Gerichte sind insbesondere die inländischen Insolvenzgläubiger, zu denen auch die Arbeitnehmer zählen. Da die gute Zusammenarbeit mit dem Verwalter in der Praxis von essentieller Bedeutung ist, bedeuten bereits entfernungs- und sprachbedingte Verständigungsprobleme mit ausländischen Administratoren erhebliche praktische Nachteile. Ein Gläubiger, der aus Zeit- und Kostengründen nicht an einer Gläubigerversammlung im Ausland teilnimmt, wird Schwierigkeiten haben, seine berechtigten Interessen durchzusetzen. Zusätzlich entstehen im Zusammenhang mit der Anwendung ausländischen Insolvenzrechts nicht erstattungsfähige Mehrkosten vor allem aufgrund der (dringend anzuratenden) Einholung externen Rechtsrates im betreffenden Recht. Besonders prekär insbesondere aus Sicht der inländischen Arbeitnehmer ist, dass die Eröffnung eines Hauptinsolvenzverfahrens im Ausland ein inländisches Sekundärinsolvenzverfahren zwar nicht ausschließt, letzteres aber zwingend auf Liquidation gerichtet ist und eine Sanierung nicht in Betracht kommt, Art. 3 Abs. 3 S. 2 EuInsVO. Und die Stärkung der Sanierung als eigenständiges Verfahrensziel war bekanntlich wesentliches Anliegen bei der Neuordnung des hiesigen Insolvenzrechts.[138] Jedenfalls kann trotz aller postulierter Gleichwertigkeit in- und ausländischer Verfahren nicht ausgeschlossen werden, dass ausländische Verwalter ein geringeres Interesse an der Erhaltung inländischer Arbeitsplätze haben als inländische – und umgekehrt.

Die pauschale Annahme von Konzernzuständigkeiten widerspricht eindeutig der Intention des europäischen Gesetzgebers, die sich aus den Vorarbeiten zu dem letztlich durch die EuInsVO ersetzten EG-Konkursübereinkommen ergibt.[139] Bedenkt man, dass Insolvenzverfahren in der Praxis sehr schnell betrieben werden müssen, kommt eine langwierige Klärung der Zuständigkeitsfrage aufgrund von Rechtsbehelfen im Ausgangsstaat allerdings regelmäßig zu spät; Gleiches gilt für eine Entscheidung durch den EuGH, da dieser gem. Art. 68

---

[138] Vgl. § 1 S. 1, 2. Alt. InsO sowie statt aller *Ganter*, in: MünchKommInsO, Bd I (2001), § 1 InsO Rn. 2 m.w.Nw.

[139] Vgl. den Bericht von *Lemontey* zum Entwurf eines EG-Übereinkommens über den Konkurs, Vergleiche und ähnliche Verfahren (abgedruckt in: *Kegel* [Hrsg.], Vorschläge und Gutachten zum Entwurf eines EG-Konkursübereinkommens (1988), 93 ff.). Dort wird (Rn. 28) festgehalten, es komme nicht darauf an, wo etwaige Anteilseigner der Gesellschaft auf deren Geschicke Einfluss nehmen, sondern allein darauf, wo die Unternehmensentscheidungen durch die Geschäftsführung umgesetzt werden. Vgl. dazu auch *Weller*, IPRax 2004, 412, 415 f. sowie *Supreme Court of Ireland* v. 27.7.2004 - "Parmalat", NZI 2004, 505.

EGV erst durch ein letztinstanzliches Gericht angerufen werden darf.[140] Eine gemeinschaftsweite Bindung aller Gerichte an grob rechtswidrige ausländische Entscheidungen muss daher ausscheiden, um allfällige Rechtsverkürzungen zu Lasten inländischer Gläubiger zu vermeiden. Wenig hilfreich ist allerdings, wenn nun kontinental-europäische Gerichte ebenfalls ihre Zuständigkeit für die Eröffnung von "Konzerninsolvenzverfahren" bejahen, falls nur die Mutter im Inland sitzt[141] oder aber die englischen oder irischen Gerichte entgegen dem Prioritätsprinzip davon ausgehen, eine von ihnen zeitlich später ausgesprochene Verfahrenseröffnung wirke auf den Zeitpunkt der Antragstellung zurück.[142] Beide Vorgehensweisen zerstören das der EuInsVO zugrunde liegende Vertrauen und führen zum Rechtschaos. Man wird sich daher *Mankowski* anschließen müssen und mit einem entschiedenen "das darf nicht sein!"[143] einstweilen davon auszugehen haben, dass die Eröffnung eines Hauptinsolvenzverfahrens durch das Gericht eines Mitgliedstaates, auf dessen Territorium der Schuldner nur völlig untergeordnete Interessen und keinen satzungsmäßigen Verwaltungssitz hat, schlicht willkürlich ist und im Inland keine Wirkungen entfaltet. *Mankowski* begründet dieses Ergebnis mit dem Wortlaut des Art. 16 Abs. 1 EuInsVO, wonach nur solche Verfahrenseröffnungen anzuerkennen sind, die auf einer Zuständigkeit "nach Art. 3 Abs. 1 EuInsVO" beruhen, an der es aber gerade fehle.[144] Das widerspricht freilich Telos und Erwägungsgründen der EuInsVO. Richtiger erscheint es, Art. 26 EuInsVO anzuwenden und bei konkret unvertretbaren Ergebnissen der Anerkennung, insbesondere im Hinblick auf irreparable Benachteiligungen inländischer Gläubiger (Arbeitnehmer), einen Verstoß gegen den *ordre public* anzunehmen.[145] In Bezug auf die Art. 102 §§ 3, 4 EGInsO lässt sich das hier vertretene Ergebnis damit rechtfertigen, dass der deutsche Gesetzgeber die EuInsVO nur in das deutsche Recht "einpassen", nicht aber über diese hinausgehen wollte.[146] Auch diese "juristische Krücke"

---

140 Wie hier *Paulus*, ZIP 2003, 1725, 1726. Erfreulich daher der Vorlagebeschluss des *Supreme Court of Ireland* v. 27.7.2004, NZI 2004, 505, der die "great urgency" der Angelegenheit hervorhebt. Näher zur Problematik des Art. 68 EGV u. IV.5. und 6.
141 Etwa *Tribunale Civile di Parma* v. 19.2.2004 - "Parmalat", ZIP 2004, 1220 (Anm. *Riera/Wagner*). Das *AG München* v. 4.5.2004 - "Hettlage", ZIP 2004, 962 (zust. Anm. *Paulus*) hat ein Insolvenzverfahren über das Vermögen einer österreichischen Gesellschaft eröffnet, dies aber (zu Recht) damit begründet, die Geschäfte des Unternehmens seien für Dritte erkennbar am Sitz der deutschen Muttergesellschaft geführt worden.
142 *High Court Dublin* v. 23.3.2004 - "Pamalat", ZIP 2004, 1223, 1224 (Anm. *Herweg/Tschauner*, EWiR 2004, 599) unter Berufung auf sec. 220 Abs. 2 des irischen Companies Act 1963.
143 *Mankowski*, EWiR 2003, 767, 768.
144 Ausf. *Mankowski*, EWiR 2003, 767 f.; *ders.*, EWiR 2003, 1239 f.
145 Ebenso *High Court of Dublin* v. 23.3.2004 - "Parmalat", ZIP 2004, 1223, 1226 f., der sich allerdings insb. auf Art. 6 EMRK und das Recht auf "fair hearing" beruft.
146 Regierungsbegründung BT-Drucks. 15/16, 1, 11 ("Die VO lässt diese territorialen Verfahren [Sekundärinsolvenz- und Partikularverfahren, Anm. des *Verf.*] nur zu, sofern der Schuldner in dem betreffenden Staat eine Niederlassung unterhält und in diesem *(Fortsetzung auf der nächsten Seite)*

befriedigt kaum, doch Vertrauen ohne Kontrolle führt letztlich zum "race to the administratorship". Zu bedenken ist auch, dass überhaupt nur dann, wenn zumindest in einem Insolvenzverfahren alle Instanzen hinreichenden Mut beweisen und auf ihrer Rechtsauffassung beharren,[147] die Frage der Anerkennung zuständigkeitswidriger Entscheidungen dem EuGH vorgelegt werden kann.[148]

IV. Abhilfemöglichkeiten *de lege ferenda*

Die vorstehenden Ausführungen zeigen, dass die Behandlung positiver Kompetenzkonflikte im geltenden EuZVR zum Teil bereits im Ausgangspunkt verfehlt ist, zum Teil zu Missbrauch geradezu einlädt und dass nicht in allen Fällen *de lege lata* angemessene Abhilfe möglich ist. Damit erweist sich auch im europäischen Zuständigkeitsrecht die Richtigkeit des Sprichwortes, dass Vertrauen zwar gut, Kontrolle aber besser ist. Daraus sind zur Beseitigung der geschilderten Verwerfungen auch *de lege ferenda* Schlussfolgerungen zu ziehen.

1. Im Ausgangspunkt steht das Petitum, im Anwendungsbereich des gesamten EuZVR (endlich) auch das Kollisionsrecht zu harmonisieren. Damit lässt sich dem *forum shopping* der Boden entziehen, soweit dieses betrieben wird, um ein in der Sache günstiges Recht zu erhalten. Nur so wird es auch gelingen, das europäische Zuständigkeitsrecht wieder auf seine eigentliche Funktion zurückzuführen, die darin besteht, die Entscheidung grenzüberschreitender Streitigkeiten anhand der Kriterien international-zivilprozessualer Gerechtigkeit demjenigen Gericht zuzuweisen, das hierfür am Besten geeignet ist.

2. Zur Bewältigung der "Torpedoklagen" hat *K. Otte* bereits 1999 einen grundsätzlich gangbaren Weg für eine Revision der Rechtshängigkeitsregel des Art. 27 EuGVO aufgezeigt, der die Interessen beider Prozessparteien angemessen berücksichtigt.[149] *Otte* schlägt vor, bei Beibehaltung der Streitgegenstandsidentität von negativer Feststellungsklage und korrespondierender Leistungsklage das in Art. 27 EuGVO angeordnete Prioritätsprinzip im Verhältnis dieser Klagen zueinander umzukehren: Wird vom Schuldner zuerst negative Feststel-

---

Staat sich nicht der Mittelpunkt der hauptsächlichen Interessen des Schuldners befindet, denn dann wäre ein Hauptinsolvenzverfahren zu eröffnen"). Der Rechtsausschuss (BT-Drucks. 15/323) hat diesbzgl. keinerlei Einwendungen erhoben.

147 Anders OLG Düsseldorf, 9.7.2004 - "ISA", ZIP 2004, 1514, sowie CA Versailles 4.9.2003 - "ISA", Dalloz 2003, jur. 2352 (abl. Anm. *Mankowski*, EWiR 2003, 1239), die die von einem englischen Gericht eröffneten Hauptinsolvenzverfahren über deutsche bzw. französische Gesellschaften anerkannten.

148 Sehr erfreulich daher Vorlagebeschluss des *Supreme Court of Ireland* v. 27.7.2004 - "Pamalat", NZI 2004, 505.

149 *Otte*, in: FS Schütze (1999), 621, 638 ff.

lungsklage erhoben, hat das Gericht sein Verfahren auszusetzen, falls der (Putativ-)Gläubiger innerhalb angemessener Frist (höchstens sechs Monate) nach Erhebung der Feststellungsklage seinerseits seinen Leistungsanspruch gerichtlich vor einem anderen Gericht verfolgt. In diesem Fall soll das mit der Leistungsklage befasste Zweitgericht die Zuständigkeitsfrage abschließend und mit Bindung auch für das Erstverfahren prüfen. Erklärt sich das Zweitgericht für zuständig, so hat das Erstgericht die Feststellungsklage abzuweisen.

Allerdings bedarf dieser begrüßenswerte Vorschlag einer wesentlichen Einschränkung: Er ist nur akzeptabel, soweit für den Streitgegenstand das Kollisionsrecht vereinheitlicht ist. Denn andernfalls könnte bei alternativen Gerichtsständen alleine der Gläubiger im Wege des *forum shopping* darüber entscheiden, welches Recht Anwendung findet. Für eine solche Bevorzugung sind aber keine Rechtfertigungsgründe ersichtlich.

Ähnlich ist auch bei Vorliegen schriftlicher Gerichtsstandsvereinbarungen zu verfahren. Das vereinbarte Gericht ist zur Prüfung der Prorogation zu berechtigen, selbst wenn derselbe Streitgegenstand bereits im Ausland anhängig ist. Auch hier ist im Interesse des Klägers des Erstverfahrens und zur Vermeidung der Prozessverschleppung vorzusehen, dass diejenige Partei, die sich auf den Auslandsprozess nicht einlassen und das prorogierte Gericht anrufen will, dies innerhalb angemessener Frist zu tun hat. Dagegen bedarf es keiner Beschränkung der Regelung auf Streitgegenstände, deren Kollisionsrecht gemeinschaftsweit vereinheitlicht ist, da die Wirksamkeit der Gerichtsstandsvereinbarung einheitlich nach dem in der gesamten Gemeinschaft geltenden Römischen Schuldvertragsübereinkommen[150] zu ermitteln ist.

Einen weiteren hilfreichen Vorschlag zur Bewältigung unerträglicher Rechtshängigkeitssperren hat zuletzt *McGuire* vorgeschlagen. Sie fordert, verbindliche Höchstfristen festzulegen, innerhalb derer das Erstgericht über die Zuständigkeitsfrage zu entscheiden hat, widrigenfalls die Rechtshängigkeitssperre gem. Art. 27 EuGVO entfällt. Dadurch wird die keiner pauschalen Beantwortung zugängliche Frage, ob die Dauer des Erstverfahrens gegen Art. 6 EMRK verstößt und die Litispendenz somit unbeachtet bleiben kann,[151] auf eine objektiv vorhersehbare Grundlage gestellt und damit der Rechtssicherheit gedient.[152]

3. Die fast unbeschränkte internationale Gerichtspflichtigkeit des Beklagten in Arbeits-, Versicherungs- und Verbrauchersachen ist inakzeptabel. Dem ist durch Revision der Art. 35 Abs. 1, 2 EuGVO Rechnung zu tragen. Arbeitssachen sind in den Ausnahmekatalog des Art. 35 Abs. 1 EuGVO aufzunehmen, Art. 35 Abs. 2 EuGVO ist ersatzlos zu streichen. Ebenfalls zu streichen ist die

---

150 Abk. v. 19.6.1980, BGBl. 1986 II, 810.
151 Siehe o. II. 2. a bb.
152 Ausf. *McGuire*, Verfahrenskoordination und Verjährungsunterbrechung im Europäischen Prozessrecht (2004), 130 ff. m.w.Nw.

Aufnahme von Arbeits- und Verbraucherstreitigkeiten in den Anwendungsbereich der EuVTVO. Die danach mögliche unterschiedliche Einschätzung von Zuständigkeitsfragen durch unterschiedliche Gerichte unterschiedlicher Mitgliedstaaten birgt freilich die Gefahr weiterer Kompetenzkonflikte. Nun sind, wie der EuGH zutreffend festgestellt hat, die Gerichte keines Mitgliedstaates besser zur Anwendung und Auslegung des Gemeinschaftsrechts in der Lage als diejenigen eines anderen.[153] Abhilfe lässt sich nur schaffen, wenn das Gericht des Anerkennungsstaates verpflichtet wird, im Wege der "europäischen Divergenzvorlage" den EuGH anzurufen, wenn es beabsichtigt, das Urteil des Ausgangsgerichts wegen Verstoßes gegen die europäischen Zuständigkeitsregeln nicht anzuerkennen.[154] Selbstverständlich hat es die Zuständigkeit des Erstgerichts hinzunehmen, wenn diese auf einer Vorabentscheidung des EuGH im Ausgangsverfahrens beruht.

4. Bei der Anwendung der EuInsVO zeichnet sich ein "race to the bottom" ab. Eine Klärung der wesentlichen Zuständigkeitsfragen durch den EuGH steht aus und ist in dieser auf Eilentscheidungen angewiesenen Materie vorerst wohl auch nicht zu erwarten. Hier manifestiert sich in besonderem Maße der Grundsatz, dass Vertrauen stets auch der Kontrolle bedarf. Die EuInsVO ist daher dahingehend zu revidieren, dass das Gericht eines Mitgliedstaates, das der Auffassung ist, die Eröffnung eines Hauptinsolvenzverfahrens durch das Gericht eines anderen Mitgliedstaates widerspreche offensichtlich der Zuständigkeitsordnung des Art. 3 Abs. 1 EuInsVO, berechtigt sein muss, die ausländische Entscheidung unter den nachstehenden Voraussetzungen, wenn auch nur vorläufig und nur in begrenztem Umfang, nicht anzuerkennen:

a) Eine vorläufige Nichtanerkennung im Zweitstaat kommt nur in Betracht, wenn es sich bei der im Zweitstaat befindlichen "Niederlassung" des Schuldners um den satzungsmäßigen Gesellschaftssitz handelt. Dieser Einschränkung bedarf es, weil die Sanierung einer unselbständigen Niederlassung nicht möglich ist, ohne diese rechtlich vom Schuldnervermögen abzuspalten. Hierfür bedürfte es einer Mitwirkung des Schuldners oder seiner Organe sowie der ausländischen Registerbehörden, die nicht dem Zugriff des Verwalters des Zweitverfahrens unterliegen. Zudem ist durch dieses Kriterium sichergestellt, dass nur echte Missbrauchsfälle aus dem Anwendungsbereich des ausländischen Hauptinsolvenzverfahrens herausfallen. Nicht verhindert werden können damit freilich Zuständigkeitsmissbräuche in Bezug auf Auslandsgesellschaften mit effektivem Sitz im Inland, deren Zahl ständig zunimmt.

b) Will das Zweitgericht eine Verfahrenseröffnung im Ausland nicht anerkennen, hat es seine Auffassung zu begründen und den EuGH um Auslegung des

---
153 O. bei Fn. 18.
154 Ob etwas anderes gelten muss, wenn die Zuständigkeit des Ausgangsgerichts gem. Art. 4 EuGVO auf nationales Recht gestützt wird, soll hier nicht weiter vertieft werden.

Art. 3 Abs. 1 EuInsVO anzurufen. Eine Aussetzung unter Vorlage kommt nicht in Betracht, wenn der EuGH bereits im Erstverfahren über die Zuständigkeitsfrage entschieden hat. Umgekehrt bedarf es keiner Vorlage an den EuGH durch das Zweitgericht, wenn bei diesem bereits ein Verfahren anhängig ist.

c) Die vorläufige Nichtanerkennung ist auf das Territorium des Staates des Zweitgerichts zu beschränken. Das vermeidet einen Wettlauf um die universelle Zuständigkeit für die Verwaltung und dass alle Gläubiger ihre Forderungen bei allen Verfahren anzumelden haben. Insoweit beinhaltet der vorliegende Vorschlag keine Änderung gegenüber der geltenden Rechtslage. Dadurch werden die Sanierungschancen gegebenenfalls zwar erheblich geschmälert, doch ist diese Einschränkung im Interesse der ausländischen Gläubiger hinzunehmen.

d) Bejaht der EuGH die Zuständigkeit des Erstgerichts, ist das Verfahren im Zweitstaat als normales Sekundärinsolvenzverfahren im Sinne der EuInsVO fortzuführen. Bejaht der EuGH die Zuständigkeit des Zweitgerichts, hat sich das Erstgericht für unzuständig zu erklären und auf seinem Territorium lediglich ein Sekundärinsolvenzverfahren durchzuführen, während das Zweitgericht sich zur Führung des Hauptinsolvenzverfahrens für zuständig erklären kann.

5. Die geschilderten Reformen erfordern insbesondere ein Umdenken in Bezug auf Funktion und Rolle des EuGH bei Auslegung und Anwendung des EuZVR. Der EuGH ist in seiner derzeitigen Größe und Zusammensetzung den an ihn gestellten Aufgaben nur noch beschränkt gewachsen. Die Furcht vor einer Überforderung des EuGH stand auch hinter Art. 68 Abs. 1 EGV,[155] der die Befugnis der mitgliedstaatlichen Gerichte zur Vorlage von Rechtsfragen an den EuGH in Bezug auf Rechtsakte, die auf der Kompetenzgrundlage des Art. 65 EGV erlassen wurden (und damit für das gesamte neuere EuZVR), auf letztinstanzliche Gerichte beschränkt. Das führt zu unerfreulichen Zuständen und ist einer dem Prinzip der Rechtsstaatlichkeit verpflichteten Gemeinschaft nicht würdig.[156] Art. 68 Abs. 1 EGV ist daher dahin zu ändern, dass jedes Gericht zur Befassung des EuGH mit Vorlagefragen aus dem Bereich des EuZVR befugt ist.[157]

6. Zur effektiven und gemeinschaftsweit einheitlichen Durchsetzung des EuZVR ist eine grundlegende institutionelle Reform des EuGH erforderlich. Ziel muss es sein, dem EuGH zu ermöglichen, seiner Aufgabe als "Hüter des Gemeinschaftsrechts" nachzukommen. Hierzu bedarf es insbesondere der per-

---

155 Ausf. Nw. bei *Pache/Knauf*, NVwZ 2004, 16, 18 Fn. 35.
156 Krit. auch *Weiß*, in: Streinz (Hrsg.), Kommentar zu EUV/EGV (2003), Art. 68 Rn. 1 ff. m.w.Nw. sowie *Pache/Knauff*, NVwZ 2004, 16 ff.
157 Falls man Art. 68 Abs. 1 EGV nicht ohnehin wegen Verstoßes gegen das Rechtsstaatsprinzip für gemeinschaftsrechtswidriges Primärrecht und damit für nichtig hält, *Pache/Knauff*, (o. Fn. 69), weil er keine Überprüfung der Wirksamkeit von Rechtsakten des sekundären Gemeinschaftsrechts gestattet.

sonellen Aufstockung des EuGH und der Schaffung spezialisierter Kammern, die aufgrund ihrer Besetzung und Sachkompetenz zur zügigen und angemessenen Streitentscheidung befähigt sind. Nur wenn eine solche Reform gelingt, werden EuZVR und EuGH auch langfristig dazu in der Lage sein, den in einer größer werdenden Gemeinschaft zunehmenden Zentrifugalkräften – auch im Bereich der positiven Kompetenzkonflikte – Herr zu werden.[158]

---

[158] Zur Rolle und möglichen Reformen des EuGH im Zivilrecht vgl. die Beiträge von *Basedow, Ferrand, Gormley, Hakenberg, Halberstam, Hess, Hirte, Hopt, Meier, Reich, Remien, v. Sachsen Gesaphe, Samtleben* und *Trocker*, in: RabelsZ 66 (2002), 201-631 (anlässlich des Symposiums "Europäische Gerichtsbarkeit – Erfahrungen und Reformdiskussion im Lichte des Europäischen Privatrechts – Symposium zum 75jährigen Bestehen des Max-Planck-Instituts für ausländisches und internationales Privatrecht").

Verzeichnis der Autoren und Herausgeber

Christian Bendel, Dipl.-Jur., Wiss. Mit., Universität Göttingen, Lehrstuhl für Bürgerliches Recht, Medizinrecht, Internationales Privatrecht und Rechtsvergleichung (Prof. Dr. Christiane Wendehorst), Platz der Göttinger Sieben 6, D-37073 Göttingen.

Georg Bitter, Dr., Wiss. Ass., Universität Bonn, Institut für Handels- und Wirtschaftsrecht, Adenauerallee 24-42 (Westturm), D-53113 Bonn.

Gralf-Peter Calliess, Dr., Wiss. Mit., Universität Frankfurt am Main, Senckenberganlage 31, D-60054 Frankfurt.

Aurelia Colombi Ciacchi, Dr., Marie-Curie-Fellow, University of Oxford, Institute of European and Comparative Law/Universität Bremen, Zentrum für europäische Rechtspolitik, Universitätsallee, D-28359 Bremen.

Robert Markus Freitag, Dr., Maître en droit, Wiss. Ass., Universität Bayreuth, Lehrstuhl für Zivilrecht, Internationales Privatrecht und Rechtsvergleichung, Erzgießereistr. 5a, D-80335 München.

Stefan J. Geibel, Dr., Maître en droit (Aix-Marseille III), Wiss. Ass., Eberhard-Karls-Universität Tübingen, Lehrstuhl für Bürgerliches Recht, Europäische Rechtsgeschichte, Versicherungsrecht (Prof. Dr. Gottfried Schiemann), Wilhelmstraße 7, D-72074 Tübingen.

Michael Hassemer, Dr., Wiss. Ass., Universität München, Institut für Internationales Recht/Lehrstuhl für Europäisches und Internationales Wirtschaftsrecht, Ludwigstr. 29/III, D-80539 München.

Klaus Heine, Dr., Wiss. Ass., Universität Marburg, Fachbereich Wirtschaftswissenschaften, Abt. Wirtschaftspolitik, Am Plan 2, D-35032 Marburg.

Lorenz Kähler, Dr., Wiss. Mit., Universität Göttingen, Lehrstuhl für Rechts- und Sozialphilosophie, Platz der Göttinger Sieben 6, D-37073 Göttingen.

Mel Kenny, Dr., LL.M. (Leicester), Wiss. Mit., Universität Luzern, Forschungsstelle für Internationalisiertes und Europäisiertes Privatrecht, Hirschengraben 43, CH-6000 Luzern 7.

Ilka Klöckner, Wiss. Mit., Stipendiatin der Albert-Ludwigs-Universität Freiburg/Institut für ausländisches und internationales Privatrecht, Niemensstr. 10, D-79098 Freiburg.

Inge Kroppenberg, Dr., Wiss. Ass., Universität Mainz, Fachbereich Rechts- und Wirtschaftswissenschaften, Jakob-Welder-Weg 9, D-55099 Mainz.

Matthias Leistner, Dr., LL.M. (Cambridge), Stipendiat des Bayerischen Habilitationsförderpreises, Ludwig-Maximilians-Universität/Max-Planck-Institut für Geistiges Eigentum, Wettbewerbs- und Steuerrecht, Marstallplatz 1, D-80539 München.

Mary-Rose McGuire, Dr., M.Jur. (Göttingen), Wiss. Mit., Universität Osnabrück, European Legal Studies Institute, Heger-Tor-Wall 12, D-49074 Osnabrück.

Nicole Nickel, Dipl.-Jur., Referendarin am OLG Braunschweig/Universität Göttingen, Lehrstuhl für Bürgerliches Recht, Zivilprozessrecht und Rechtsvergleichung, Platz der Göttinger Sieben 6, D-37073 Göttingen.

Barbara Reich, Dipl.-Jur., Referendarin am OLG Braunschweig/Universität Göttingen, Lehrstuhl für Bürgerliches Recht, Medizinrecht, Internationales Privatrecht und Rechtsvergleichung (Prof. Dr. Christiane Wendehorst), Platz der Göttinger Sieben 6, D-37073 Göttingen.

Kristina Riedl, Dr., LL.M. (EHI Florenz), Univ.-Ass., Universität Wien, Institut für Zivilrecht, Schottenbastei 10-16, A-1010 Wien.

Katarina Röpke, Humboldt-Universität Berlin, Lehrstuhl für deutsches, europäisches und internationales Zivil- und Wirtschaftsrecht und Institutionenökonomik (Prof. Dr. Dr. Ch. Kirchner), Unter den Linden 6, D-10099 Berlin.

Kathrin Sachse, Stipendiatin der Studienstiftung des deutschen Volkes/Wiss. Mit., Lehrstuhl für Bürgerliches Recht und Arbeitsrecht, Platz der Göttinger Sieben 7, D-37073 Göttingen.

Jacob Fortunat Stagl, Dr., Wiss. Ass., Universität Münster, Institut für Rechtsgeschichte, Abteilung Römisches Recht, Universitätsstrasse 14-16, D-48143 Münster.

Michael Stürner, Dr., Wiss. Mit., Universität Köln, Institut für Internationales und Ausländisches Privatrecht, Gottfried-Keller-Str. 2, D-50931 Köln.

Andrea Tietze, Dr., Referendarin am OLG Braunschweig/Universität Göttingen, Lehrstuhl für Bürgerliches Recht, Zivilprozessrecht und Rechtsvergleichung, Platz der Göttinger Sieben 6, D-37073 Göttingen.

Eileen Wehling, Wiss. Mit., Universität Göttingen, Lehrstuhl für Bürgerliches Recht, Zivilprozessrecht und Rechtsvergleichung, Platz der Göttinger Sieben 6, D-37073 Göttingen.

Matthias Friedrich Weller, Wiss. Ass., Universität Heidelberg, Institut für ausländisches und internationales Privat- und Wirtschaftsrecht, Augustinergasse 9, D-69117 Heidelberg.

FUNDIERTE ANALYSEN.

Zivilrecht unter europäischem Einfluss

Die richtlinienkonforme Auslegung des BGB und anderer Gesetze – Erläuterungen der wichtigsten EG-Verordnungen

hrsg. von Dr. Martin Gebauer, Universität Heidelberg, und Dr. Thomas Wiedmann, Justizdienst Baden-Württemberg, mit einem Geleitwort von Professor Dr. Günter Hirsch, Präsident des Bundesgerichtshofs, Karlsruhe

2005, 1704 Seiten, € 158,–

ISBN 3-415-03428-3

Das Handbuch erläutert erstmals **systematisch und umfassend** die europäischen Einflüsse auf das BGB und die betroffenen Spezialgebiete.

Das Werk deckt sowohl das materielle Zivilrecht mit dem BGB und den wirtschaftsnahen Spezialgebieten als auch die verfahrensrechtlichen Aspekte ab.

Die Autoren kommentieren **zentrale Vorschriften des BGB**: Verzug, Allgemeine Geschäftsbedingungen, Kaufvertrag und viele weitere Bestimmungen unterliegen europäischen Vorgaben. Gleiches gilt für **wichtige Spezialgebiete** vom Arbeitsrecht bis zum Kartellrecht. Darüber hinaus erfährt auch das **Zivilprozessrecht** grundlegende Änderungen durch das Gemeinschaftsrecht. Das Buch umfasst praxisgerechte Kommentierungen zu den wichtigsten EG-Verordnungen.

Einführende Kapitel erklären **Grundbegriffe des Europarechts** mit den **Konsequenzen für das Zivilrecht**.

In 35 Kapiteln bieten **26 Autoren** aus Justiz, Anwaltschaft und Wissenschaft jedem, der beruflich mit zivilrechtlichen Fragestellungen befasst ist, einen raschen und sicheren Zugriff auf die europäischen Vorgaben des jeweiligen Rechtsgebiets.

»Dass dabei auf die z.T. äußerst umfangreiche Judikatur des Europäischen Gerichtshofs und des Gerichts erster Instanz jeweils in prägnanter Zusammenfassung Bezug genommen wird, verleiht den Kommentierungen **besondere Autorität**.«
Aus dem Geleitwort von Prof. Dr. Günter Hirsch, Präsident des BGH und ehemaliger Richter am EuGH

Zu beziehen bei Ihrer Buchhandlung oder beim
RICHARD BOORBERG VERLAG GmbH & Co KG
70551 Stuttgart bzw. Postfach 80 03 40, 81603 München
Internet: www.boorberg.de   E-Mail: bestellung@boorberg.de

BOORBERG

AUS DERSELBEN REIHE.

IMMENHAUSER/WICHTERMANN (Hrsg.)
Vernetzte Welt – globales Recht
Berner Tagung 9.–12. September 1998
Jahrbuch Junger Zivilrechtswissenschaftler 1998
1999, 288 Seiten, € 34,–
ISBN 3-415-02559-4

ACKERMANN/ARNOLD/ECKARDT/GIESEN/KLOSE/KRÄMER/LAKKIS/
MÜLLER-EHLEN/RICKEN/SCHNORR/SCHULTES (Hrsg.)
Tradition und Fortschritt im Recht
Bonner Tagung 8.–11. September 1999
Jahrbuch Junger Zivilrechtswissenschaftler 1999
2000, 238 Seiten, € 32,–
ISBN 3-415-02727-9

HELMS/NEUMANN/CASPERS/SAILER/SCHMIDT-KESSEL (Hrsg.)
Das neue Schuldrecht
Freiburger Tagung 5.–8. September 2001
Jahrbuch Junger Zivilrechtswissenschaftler 2001
2001, 350 Seiten, € 32,–
ISBN 3-415-02954-9

WITT/CASPER/BEDNARZ/GEBAUER/GERNOTH/GRAHN/HAUBOLD/
HUBER/SCHULZE/TEICHMANN/WITTEBORG (Hrsg.)
Die Privatisierung des Privatrechts – rechtliche Gestaltung ohne staatlichen Zwang
Heidelberger Tagung 4.–7. September 2002
Jahrbuch Junger Zivilrechtswissenschaftler 2002
2003, 304 Seiten, € 32,–
ISBN 3-415-03123-3

PEER/FABER/AUER/GÖTZL/HEIDINGER/HOLLY/JANISCH/RÜFFLER/
SPROHAR-HEIMLICH/STAGL/WASS (Hrsg.)
Die soziale Dimension des Zivilrechts – Zivilrecht zwischen Liberalismus und sozialer Verantwortung
Salzburger Tagung 10.–13. September 2003
Jahrbuch Junger Zivilrechtswissenschaftler 2003
2004, 334 Seiten, € 34,–
ISBN 3-415-03293-0

Zu beziehen bei Ihrer Buchhandlung oder beim
RICHARD BOORBERG VERLAG GmbH & Co KG
70551 Stuttgart bzw. Postfach 80 03 40, 81603 München
Internet: www.boorberg.de   E-Mail: bestellung@boorberg.de